Beiträge zum Sicherheitsrecht und zur Sicherheitspolitik

herausgegeben von

Jan-Hendrik Dietrich, Klaus Ferdinand Gärditz
und Kurt Graulich

12

Sandra Lukosek

Vereine als Gefahr

Die Reformbedürftigkeit des Vereinsrechts
im Umgang mit kriminellen und
extremistischen Vereinigungen

Mohr Siebeck

Sandra Lukosek, geboren 1990; Studium der Rechtswissenschaft an der Humboldt-Universität zu Berlin und am King's College in London; Promotion (Potsdam); Mitarbeiterin im Deutschen Bundestag; Rechtsreferendariat am Kammergericht Berlin; Wissenschaftliche Mitarbeiterin am Bundesverfassungsgericht.
orcid.org/0000-0001-7870-2895

ISBN 978-3-16-161409-5 / eISBN 978-3-16-161410-1
DOI 10.1628/978-3-16-161410-1

ISSN 2568-731X / eISSN 2569-0922
(Beiträge zum Sicherheitsrecht und zur Sicherheitspolitik)

Die Deutsche Nationalbibliothek verzeichnet diese Publikation in der Deutschen Nationalbibliographie; detaillierte bibliographische Daten sind über *http://dnb.dnb.de* abrufbar.

© 2023 Mohr Siebeck Tübingen. www.mohrsiebeck.com

Das Werk einschließlich aller seiner Teile ist urheberrechtlich geschützt. Jede Verwertung außerhalb der engen Grenzen des Urheberrechtsgesetzes ist ohne Zustimmung des Verlags unzulässig und strafbar. Das gilt insbesondere für die Verbreitung, Vervielfältigung, Übersetzung und die Einspeicherung und Verarbeitung in elektronischen Systemen.

Das Buch wurde von Gulde Druck in Tübingen gesetzt, auf alterungsbeständiges Werkdruckpapier gedruckt und gebunden.

Printed in Germany.

Für Florian, Katrin und Thomas

Vorwort

Die vorliegende Arbeit wurde im Sommersemester 2021 von der Juristischen Fakultät der Universität Potsdam als Dissertation angenommen. Für die veröffentlichte Fassung wurden Rechtsprechung und Literatur bis Ende 2022 berücksichtigt.

Zahlreiche Menschen haben zum Gelingen dieser Dissertation beigetragen. Herzlich danken möchte ich Prof. Dr. Thorsten Ingo Schmidt für seine fachliche Betreuung unter Gewährung großzügiger wissenschaftlicher Freiheit und für die Erstellung des Erstgutachtens. Mein besonderer Dank gilt Prof. Dr. Hans Hofmann für die äußerst rasche Zweitbegutachtung und seine wertvolle und stetige Begleitung dieses Projekts sowie weiterer Vorhaben. Für die Aufnahme dieser Arbeit danke ich den Herausgebern der Schriftenreihe „Beiträge zum Sicherheitsrecht und zur Sicherheitspolitik".

Als Quelle vielseitiger Inspiration gebührt der Konrad-Adenauer-Stiftung großer Dank für die Förderung meiner gesamten Ausbildung.

Tiefer Dank geht an meine wunderbaren Lebensbegleiterinnen und Lebensbegleiter Dr. Philipp Halm, Dr. Tanja Altunjan, StA'in Jenny Barthel, Dr. to be Carina Kellner und Dr. Henrike von Scheliha nicht nur für die ausdauernde Durchsicht des Manuskripts, sondern auch für ihre immerwährende und vielschichtige Unterstützung. Vor allem möchte ich ihnen sowie Josephine Etzold und Alexander Bormann dafür danken, dass sie in jeder Lebensphase unbedingt an meiner Seite stehen.

Mein größter Dank gilt meiner Familie: An meinen Bruder Florian Lukosek, auf den ich mich stets verlassen kann, und an meine Eltern Thomas und Katrin Lukosek, derer liebevollen und unerschöpflichen Unterstützung ich mir nicht nur während der Dissertation zu jeder Zeit sicher sein konnte. Sie und meine Großmütter Liane Köck und Hella Lukosek haben meinen Werdegang maßgeblich geprägt und gefördert.

Ihnen ist diese Arbeit gewidmet.

Karlsruhe, im April 2023　　　　　　　　　　　　　　　　　　Sandra Lukosek

Inhaltsübersicht

Vorwort	VII
Inhaltsverzeichnis	XIII
Abbildungsverzeichnis	XXIII
Abkürzungsverzeichnis	XXV
Hinführung und Gang der Untersuchung	1

Erster Teil: Grundlagen ... 9

Kapitel 1: Das Grundrecht der Vereinigungsfreiheit ... 11
A. Die Entwicklung der Vereinigungsfreiheit bis zur Verabschiedung des Grundgesetzes ... 11
B. Die Vereinigungsfreiheit im Bonner Grundgesetz ... 17

Kapitel 2: Einführung in das öffentliche Vereinsrecht ... 37
A. Die Entwicklung des öffentlichen Vereinsrechts ... 37
B. Das Vereinsgesetz vom 5. August 1964 ... 40
C. Zusammenfassung ... 46

Kapitel 3: Auslegungsregeln für vereinsrechtliche Tatbestände als Ausprägung des Rechtsstaatsprinzips ... 47
A. Die Entscheidungsspielräume der Verwaltung mit Übersicht ... 47
B. Die Grenzen der Gesetzesauslegung und gerichtliche Überprüfbarkeit ... 49
C. Auslegungsmethoden im Rahmen verwaltungsrechtlicher Normanwendung ... 50
D. Zusammenfassung ... 60

Kapitel 4: Untersuchungsobjekte ... 61
A. Rockervereine ... 61
B. Islamistisch-extremistische Vereine ... 67
C. Zusammenfassung ... 71

Zweiter Teil: Hauptteil 73

Kapitel 5: Der Vereinsbegriff nach § 2 Abs. 1 VereinsG und seine Weiterentwicklung 75
A. Begriffsbestimmung 75
B. Die einzelnen Begriffsmerkmale 77
C. Beginn und Ende des Vereins 86
D. Zusammenfassung 87

Kapitel 6: Vereinsverbote wegen Strafgesetzwidrigkeit nach § 3 Abs. 1 VereinsG am Beispiel von Rockervereinen 89
A. Die Entwicklung des Verbotsgrundes der Strafgesetzwidrigkeit 89
B. Der Verbotstatbestand der Strafgesetzwidrigkeit 91
C. Die Weiterentwicklung des Verbotsmechanismus bei Teilorganisationen und Teilvereinen 126
D. Zusammenfassung 139

Kapitel 7: Verbote islamistisch-extremistischer Vereine wegen Verfassungs- und Völkerverständigungswidrigkeit nach § 3 Abs. 1 VereinsG 143
A. Das „Ob" des Verbots – Die Schrankenproblematik beim Verbot von Religionsgemeinschaften 143
B. Das „Wie" des Verbietens – Islamistisch-extremistische Vereine als neues Anwendungsfeld der Verbotstatbestände 164
C. Reichweite der Wirkung der Verbote islamistisch-extremistischer Vereine 182
D. Zusammenfassung 186
E. Übersicht – Tatbestandsmerkmale der Verbotsgründe nach Art. 9 Abs. 2 GG bzw. § 3 Abs. 1 VereinsG 188

Kapitel 8: Verfassungsmäßigkeit der Zuständigkeitsregelungen nach § 3 Abs. 2 VereinsG 189
A. Verbotszuständigkeit 189
B. Ermittlungsbefugnisse der Verbotsbehörden 195
C. Zusammenfassung 197

Kapitel 9: Das Kennzeichenverbot nach § 9 VereinsG 199
A. Überblick zu den Regelungen des Kennzeichenverbots 199
B. Die Reformen des Kennzeichenverbots seit 2001 201

C. Verfassungsmäßigkeit des Verwendungsverbots wesentlich gleicher
   Kennzeichen 209
D. Reformvorschlag 229
E. Zusammenfassung 232

Dritter Teil: Exkurs und Ausblick 235

Kapitel 10: Weitere Maßnahmen gegen Vereinsmitglieder am Beispiel
des Waffenrechts 237
A. Einführung ins WaffG 237
B. Der Entzug waffenrechtlicher Erlaubnisse wegen Vereinsmitgliedschaft . 243
C. Zusammenfassung 256

Kapitel 11: Die Reichsbürgerbewegung als Exkurs und Ausblick 259
A. Das Phänomen der Reichsbürger 259
B. Vereinsrecht und Reichsbürger 262
C. Waffenrecht und Reichsbürger 272

Kapitel 12: Rechtspolitische Vorschläge zur Fortentwicklung
des Vereinsrechts 279
A. Notwendigkeit zur Weiterentwicklung des Vereinsrechts 280
B. Keine Neuregelung des Schrankenvorbehalts in Art. 9 Abs. 2 GG 281
C. Zusammenfassung der Ergebnisse und Reformvorschläge
   zur Weiterentwicklung des Vereinsrechts 283

Kapitel 13: Zentrale Thesen der Arbeit 291

Glossar zu den Begrifflichkeiten der Rockerbewegungen 295
Anhang 1 – Verbotene Rockervereine 297
Anhang 2 – Verbotene islamistisch-extremistische Vereine 301

Literaturverzeichnis 305
Stichwortverzeichnis 321

Inhaltsverzeichnis

Vorwort VII
Inhaltsübersicht IX
Abbildungsverzeichnis XXIII
Abkürzungsverzeichnis XXV

Hinführung und Gang der Untersuchung 1

Erster Teil: Grundlagen 9

Kapitel 1: Das Grundrecht der Vereinigungsfreiheit 11

A. Die Entwicklung der Vereinigungsfreiheit bis zur Verabschiedung
   des Grundgesetzes 11
   I. Die Vereinigungsfreiheit als Länderangelegenheit im 19. Jahrhundert   11
      1. Deutscher Bund und Konstitutionalisierung 12
      2. Märzrevolution und Paulskirchenverfassung 13
      3. Deutsches Kaiserreich und Reichsverfassung 15
      4. Zwischenergebnis 15
   II. Die Vereinigungsfreiheit in der Weimarer Reichsverfassung 16
   III. Zwischenergebnis 17
B. Die Vereinigungsfreiheit im Bonner Grundgesetz 17
   I. Die allgemeine Vereinigungsfreiheit 18
      1. Entstehungsgeschichte 18
      2. Umfang der Vereinigungsfreiheit nach Art. 9 Abs. 1 GG 19
         a) Doppelgrundrecht 19
         b) Begriff der Vereinigung 20
         c) Gewährleistungsumfang 22
            aa) Positive und negative Vereinigungsfreiheit 22
            bb) Die Schutzgehalte der Vereinsorganisation und
                Vereinsbetätigung 23
            cc) Weitere Gewährleistungsdimensionen 25
                (1) Status activus 25
                (2) Status positivus 25
            dd) Zwischenergebnis 26

        d) Eingriffe in die Vereinigungsfreiheit 26
        e) Gesetzliche Ausgestaltung der Vereinigungsfreiheit 27
    3. Beschränkungen durch Art. 9 Abs. 2 GG 29
    4. Weitere Beschränkungen durch kollidierendes Verfassungsrecht ... 30
    5. Zwischenergebnis 31
  II. Die religiöse Vereinigungsfreiheit 31
    1. Aufhebung des Religionsprivilegs 32
    2. Umfang der religiösen Vereinigungsfreiheit 32
        a) Religionsgemeinschaft und religiöser Verein 32
        b) Herleitung und Verhältnis zu anderen Grundrechten 33
        c) Menschenrecht 34
        d) Gewährleistungsumfang 35
    3. Eingriff und Schranken 35
    4. Zwischenergebnis 35
  III. Zusammenfassung und Ausblick 35

Kapitel 2: Einführung in das öffentliche Vereinsrecht 37

A. Die Entwicklung des öffentlichen Vereinsrechts 37
  I. Das Vereinsrecht in den Ländern 37
  II. Das Reichsvereinsgesetz vom 19. April 1908 38
    1. Anlass und Gesetzgebungsverfahren 38
    2. Zentrale Regelungen 39
  III. Zwischenergebnis 40

B. Das Vereinsgesetz vom 5. August 1964 40
  I. Anlass und Gesetzgebungsverfahren 41
  II. Zentrale Regelungen 42
    1. Das Vereinsgesetz als Ausführungsgesetz zu Art. 9 Abs. 1
       und Abs. 2 GG 42
    2. Die „Polizeifestigkeit" des Vereinsrechts 43
    3. Das Erfordernis der Verbotsverfügung 43
    4. Die Verbotszuständigkeit des Bundes 44
    5. Vereinstypen nach Vereinsgesetz, insb. ausländischer Verein
       und Ausländerverein 44
  III. Zwischenergebnis 45

C. Zusammenfassung 46

**Kapitel 3: Auslegungsregeln für vereinsrechtliche Tatbestände
als Ausprägung des Rechtsstaatsprinzips** 47

A. Die Entscheidungsspielräume der Verwaltung mit Übersicht 47

B. Die Grenzen der Gesetzesauslegung und gerichtliche Überprüfbarkeit .. 49

C. Auslegungsmethoden im Rahmen verwaltungsrechtlicher
Normanwendung 50
    I. Grammatische Auslegung 51
   II. Teleologische und historische Auslegung 51
 III. Systematische Auslegung 52
 IV. Subsidiäre Auslegungsmittel 53
      1. Der Grundsatz der extensiven Auslegung 53
      2. Der Grundsatz der restriktiven Auslegung 54
         a) Die restriktive Auslegung in anderen Rechtsgebieten 55
           aa) Strafrecht 55
           bb) Zivilrecht 55
           cc) Völkerrecht 56
         b) Die restriktive Auslegung vereinsrechtlicher Tatbestände 56
           aa) Auslegung der Tatbestände des Vereinsverbots 56
           bb) Auslegung der Tatbestände des Kennzeichenverbots 59
           cc) Zwischenergebnis 60

D. Zusammenfassung 60

Kapitel 4: Untersuchungsobjekte 61

A. Rockervereine 61
    I. Das Phänomen der Rocker, Strukturen und Begrifflichkeiten 61
   II. Einzelne Motorradclubs 64
      1. Hells Angels MC 64
      2. Bandidos MC 65
      3. Gremium MC 66

B. Islamistisch-extremistische Vereine 67
    I. Jihadistische Vereine 67
   II. Salafistische Vereine 68
 III. Sonstige islamistische Vereine 70

C. Zusammenfassung 71

Zweiter Teil: Hauptteil 73

Kapitel 5: Der Vereinsbegriff nach § 2 Abs. 1 VereinsG und seine
Weiterentwicklung 75

A. Begriffsbestimmung 75
    I. Zivilrechtlicher Vereinsbegriff 75
   II. Öffentlich-rechtlicher Vereinsbegriff 76

B. Die einzelnen Begriffsmerkmale 77

I.	Zusammenschluss mehrerer Personen	78
II.	Freiwilligkeit und gemeinsamer Zweck	80
III.	Dauerhafte und organisierte Willensbildung	81
	1. Organisationsstruktur von Rockervereinen	81
	2. Organisationsstruktur islamistisch-extremistischer Vereine	83
IV.	Zwischenergebnis	85

C. Beginn und Ende des Vereins 86

D. Zusammenfassung 87

Kapitel 6: Vereinsverbote wegen Strafgesetzwidrigkeit nach § 3 Abs. 1 VereinsG am Beispiel von Rockervereinen 89

A. Die Entwicklung des Verbotsgrundes der Strafgesetzwidrigkeit 89

B. Der Verbotstatbestand der Strafgesetzwidrigkeit 91
   I. Strafgesetzwidrige Zwecke 91
      1. Vereinszweck nach Satzung 91
      2. Anderweitig festgelegte oder herleitbare Zwecke 91
      3. Unterscheidung zwischen Haupt- und Nebenzweck 92
      4. Zurechenbares Verhalten der Vereinsorgane/-mitglieder 93
      5. Zwischenergebnis 95
   II. Strafgesetzwidrige Tätigkeit 95
      1. Verhalten 95
         a) Verstoß gegen Strafgesetze 95
         b) Verstoß gegen Ordnungswidrigkeitenrecht 96
         c) Haupt- und Nebentätigkeiten 97
         d) Maßgeblicher Beurteilungszeitpunkt 98
         e) Zwischenergebnis 98
      2. Zurechnung 99
         a) Zurechnung des Verhaltens der Vereinsorgane 99
         b) Zurechnung des Verhaltens der Vereinsmitglieder 100
         c) Zurechnung des Verhaltens Dritter 101
         d) Zwischenergebnis 102
      3. Prägung 102
         a) Vielzahl von Straftaten 102
         b) Hilfestellung und Unterstützung durch Verein 104
         c) Einzelne Straftat 106
            aa) Zu untersuchende Entscheidungen 106
               (1) Die Entscheidung des OVG Schleswig-Holstein vom 19. Juni 2012 106
               (2) Die Entscheidung des OVG Schleswig-Holstein vom 26. Februar 2014 108
               (3) Die Entscheidung des BVerwG vom 7. Januar 2016 108
               (4) Die Entscheidung des OVG Berlin-Brandenburg vom 29. September 2020 109

bb) Bisherige Bewertung der Rechtsprechung 110
cc) Auslegung des Verbotstatbestands 112
   (1) Grammatische Auslegung 112
   (2) Teleologische Auslegung 113
      (a) Verbotstatbestand nach § 3 Abs. 1 VereinsG 113
      (b) Zurechnungstatbestand nach § 3 Abs. 5 VereinsG . . . 115
   (3) Historische Auslegung 115
   (4) Systematische Auslegung 117
   (5) Grundrechtsorientierte Auslegung 118
      (a) Verhältnismäßigkeitsprüfung auf Tatbestandsseite . . 118
      (b) Restriktive Auslegung zur Wahrung der
         Verhältnismäßigkeit 120
         (aa) Eingriffsschwelle 120
         (bb) Erheblichkeit und Schwere der Tat 121
         (cc) Anzahl der handelnden Personen 122
         (dd) Motivlage und Vereinsbezug 123
dd) Zwischenergebnis 124
d) Ergebnis 125

C. Die Weiterentwicklung des Verbotsmechanismus bei Teilorganisationen
und Teilvereinen 126
  I. Das Verbot von Teilorganisationen und Teilvereinen
    nach § 3 Abs. 3 VereinsG 126
  II. Die Teilorganisations-/ vereinsrechtsprechung des
     Bundesverwaltungsgerichts 128
    1. Die Verbote von Satudarah Maluku MC und Gremium MC Sachsen . 128
    2. Übertragbarkeit der Teilorganisations-/ vereinsrechtsprechung
       auf andere Motorradclubs 129
      a) Hells Angels MC 129
      b) Bandidos MC 131
      c) Subsumtion 132
  III. Einführung eines horizontalen Verbotsmechanismus 133
  IV. Verfassungskonforme Auslegung des neuen Tatbestands 135
    1. Einordnung als Schwesterverein 136
    2. Identität zur übergeordneten Organisation 137
    3. Zurechnung des verbotsrelevanten Verhaltens des Schwestervereins . 137
  V. Ergebnis 138

D. Zusammenfassung 139

Kapitel 7: Verbote islamistisch-extremistischer Vereine wegen Verfassungs-
und Völkerverständigungswidrigkeit nach § 3 Abs. 1 VereinsG 143

A. Das „Ob" des Verbots – Die Schrankenproblematik beim Verbot
von Religionsgemeinschaften 143
  I. Einfacher Gesetzesvorbehalt aus Art. 136 Abs. 1 WRV 144

II. Verfassungsimmanente Schranken in Art. 4 Abs. 1, Abs. 2 GG 145
  III. Verfassungsunmittelbare Schranke des Art. 9 Abs. 2 GG 146
       1. Unmittelbare Heranziehung 146
       2. Mittelbare Heranziehung 147
  IV. Die Rechtsprechung des Bundesverwaltungsgerichts 147
   V. Stellungnahme 148
       1. Lösung über Art. 136 Abs. 1 WRV i. V. m. Art. 140 GG 149
       2. Lösung über Art. 9 Abs. 2 GG 149
       3. Lösung über Art. 4 Abs. 1, Abs. 2 GG 152
          a) Rechtsgüter mit Verfassungsrang und Grundrechte Dritter 152
          b) Vorbehalt des Gesetzes 152
          c) Verfassungskonforme Auslegung des § 3 Abs. 1 VereinsG 154
       4. Zwischenergebnis 156
  VI. Bedeutung der Schrankenproblematik 157
       1. Terminologische Abgrenzung 157
          a) Privatrechtliche Religionsgemeinschaften 157
          b) Öffentlich-rechtliche Religionsgemeinschaften 158
          c) Religiöse Vereine 159
          d) Zwischenergebnis 159
       2. Islamische Organisationsstruktur in Deutschland 160
       3. Zwischenergebnis 162
  VII. Zusammenfassung mit Übersicht 163

B. Das „Wie" des Verbietens – Islamistisch-extremistische Vereine
   als neues Anwendungsfeld der Verbotstatbestände 164
    I. Die Entwicklung der Verbotstatbestände der Verfassungs- und
       Völkerverständigungswidrigkeit 164
   II. Die Verbotstatbestände im Einzelnen 165
       1. Die verfassungsmäßige Ordnung 166
          a) Bisheriges Begriffsverständnis 166
          b) Übertragung auf islamistisch-extremistische Vereine 168
          c) Zwischenergebnis 171
       2. Der Gedanke der Völkerverständigung 171
          a) Bisheriges Begriffsverständnis 171
          b) Übertragung auf islamistisch-extremistische Vereine 172
          c) Zwischenergebnis 174
       3. Sich richten 175
          a) Aggressiv-kämpferische Haltung gegen die verfassungsmäßige
             Ordnung 176
          b) Fortlaufende Untergrabung des Gedankens der
             Völkerverständigung 177
          c) Zurechnung und Prägung 177
          d) Eingriffsschwelle 178
          e) Zwischenergebnis 180
  III. Zusammenfassung 181

Inhaltsverzeichnis XIX

C. Reichweite der Wirkung der Verbote islamistisch-extremistischer Vereine 182
   I. Reichweite der Verbote nach § 3 Abs. 3 VereinsG und § 8 VereinsG . 182
      1. Das Verbot von Teilorganisationen und Teilvereinen nach
§ 3 Abs. 3 VereinsG 182
      2. Das Verbot von Ersatzorganisationen nach § 8 VereinsG 183
      3. Zwischenergebnis 184
   II. Die Möglichkeit der Verwirkung der Vereinigungsfreiheit nach
Art. 18 GG 184

D. Zusammenfassung 186

E. Übersicht – Tatbestandsmerkmale der Verbotsgründe nach
Art. 9 Abs. 2 GG bzw. § 3 Abs. 1 VereinsG 188

**Kapitel 8: Verfassungsmäßigkeit der Zuständigkeitsregelungen
nach § 3 Abs. 2 VereinsG** 189

A. Verbotszuständigkeit 189
   I. Verbotszuständigkeit der Länder 189
   II. Zuständigkeitsteilung zwischen Bund und Ländern 190
      1. Verfassungsmäßigkeit der Zuständigkeitsregelung 191
      2. Abgrenzung der Bundes- und Länderzuständigkeit 193
      3. Zwischenergebnis 194

B. Ermittlungsbefugnisse der Verbotsbehörden 195

C. Zusammenfassung 197

Kapitel 9: Das Kennzeichenverbot nach § 9 VereinsG 199

A. Überblick zu den Regelungen des Kennzeichenverbots 199

B. Die Reformen des Kennzeichenverbots seit 2001 201
   I. Terrorismusbekämpfungsgesetz vom 9. Januar 2002 201
   II. Zweites Gesetz zur Änderung des Vereinsgesetzes
vom 10. März 2017 202
      1. Entwicklung bis zur Gesetzesänderung 203
        a) Problemdarstellung 203
        b) Lösungsansätze aus der Rechtsprechung 204
      2. Einführung eines Verwendungsverbots wesentlich gleicher
Kennzeichen 208
   III. Zusammenfassung 209

C. Verfassungsmäßigkeit des Verwendungsverbots wesentlich gleicher
Kennzeichen 209
   I. Reaktionen auf Gesetzesänderung 210
   II. Vereinbarkeit mit der Vereinigungsfreiheit in Art. 9 Abs. 1 GG 212

	1. Verwendung von Kennzeichen als von der Vereinigungsfreiheit geschützte Vereinsbetätigung	213
	2. Eingriff durch Verwendungsverbot	216
	3. Rechtfertigung des Verwendungsverbots	216
	a) Schrankenvorbehalt für § 9 Abs. 3 VereinsG	217
	b) Verhältnismäßigkeit und Gebot der restriktiven Auslegung als Schranken-Schranken	219
	aa) Ziel des Gesetzes	220
	bb) Geeignetheit	220
	cc) Erforderlichkeit	221
	dd) Angemessenheit	221
	(1) Notwendigkeit der restriktiven Auslegung	222
	(2) Grenzen der restriktiven Auslegung	223
	(a) Der Wille des Gesetzgebers	223
	(b) Der Wortlaut der Norm	224
	(3) Zwischenergebnis	227
III.	Kein Einzelfallgesetz	227
IV.	Betroffenheit weiterer Grundrechte	228
V.	Zusammenfassung	229

D. Reformvorschlag ... 229

E. Zusammenfassung ... 232

Dritter Teil: Exkurs und Ausblick ... 235

Kapitel 10: Weitere Maßnahmen gegen Vereinsmitglieder am Beispiel des Waffenrechts ... 237

A. Einführung ins WaffG ... 237
   I. Die Systematik des WaffG nach 2002 ... 238
   II. Die Regelung der Zuverlässigkeit nach § 5 WaffG ... 238
      1. Regelunzuverlässigkeit bei Mitgliedschaft in einem verbotenen Verein ... 239
      2. Absolute Unzuverlässigkeit bei negativer Verhaltensprognose ... 240
      3. Regelunzuverlässigkeit bei verfassungsfeindlicher Betätigung ... 240

B. Der Entzug waffenrechtlicher Erlaubnisse wegen Vereinsmitgliedschaft ... 243
   I. Absolute Unzuverlässigkeit bei Mitgliedschaft in Rockerverein ... 243
      1. Unzuverlässigkeit bei Ausübung eines Amtes ... 244
      2. Kausalzusammenhang zwischen Unzuverlässigkeit und Mitgliedschaft ... 245
      3. Keine restriktive Auslegung waffenrechtlicher Tatbestandsmerkmale ... 248
      4. Weite Auslegung waffenrechtlicher Tatbestandsmerkmale ... 250

Inhaltsverzeichnis

   a) Der Grundsatz der weiten Auslegung als Ausprägung der
    Verhältnismäßigkeit 251
   b) Einordnung von Rockerbewegungen als sog. Outlaw
    Motorcycle Gangs 252
   c) Zuordnung von zugehörigen oder nahestehenden Personen 253
  5. Zusammenfassung 253
 II. Regelunzuverlässigkeit bei Anhängern der islamistisch-
  extremistischen Szene 254

C. Zusammenfassung 256

Kapitel 11: Die Reichsbürgerbewegung als Exkurs und Ausblick 259

A. Das Phänomen der Reichsbürger 259

B. Vereinsrecht und Reichsbürger 262
 I. Übertragbarkeit des Vereinsbegriffs auf die Reichsbürgerbewegung 262
  1. Vereinsstrukturen in der Reichsbürgerbewegung 262
  2. Reichsbürgervereine als Vereine im Sinne des § 2 Abs. 1 VereinsG . 264
 II. Möglichkeit von Vereinsverboten innerhalb der
  Reichsbürgerbewegung 266
  1. Strafgesetzwidrigkeit 266
  2. Verfassungsfeindlichkeit 267
  3. Völkerverständigungswidrigkeit 269
  4. Verbot des Vereins „Geeinte deutsche Völker und Stämme" 271
 III. Zusammenfassung 271

C. Waffenrecht und Reichsbürger 272
 I. Erste Rechtsprechungsphase 274
 II. Zweite Rechtsprechungsphase 275
 III. Differenzierung zwischen handelnden Akteuren 277
 IV. Zusammenfassung 278

**Kapitel 12: Rechtspolitische Vorschläge zur Fortentwicklung
des Vereinsrechts** 279

A. Notwendigkeit zur Weiterentwicklung des Vereinsrechts 280

B. Keine Neuregelung des Schrankenvorbehalts in Art. 9 Abs. 2 GG 281

C. Zusammenfassung der Ergebnisse und Reformvorschläge zur
 Weiterentwicklung des Vereinsrechts 283
 I. Entwicklung der Vereinigungsfreiheit und des Vereinsrechts 283
 II. Verhältnismäßigkeitserwägungen auf Tatbestandsseite 284
  1. Die restriktive Auslegung des Verbotstatbestands der
   Strafgesetzwidrigkeit 284

      2. Die restriktive Auslegung der Verbotstatbestände der Verfassungs-
         oder Völkerverständigungswidrigkeit 285
      3. Erweiterung der Verbotsstruktur auf Schwestervereine als Teilvereine   286
      4. Schrankenregelung im Fall eines Verbots inländischer Religions-
         gemeinschaften 286
      5. Verbotszuständigkeit und Ermittlungsbefugnisse 287
  III. Verwendungsverbot wesentlich gleicher Kennzeichen 287
  IV. Waffenrechtliche Unzuverlässigkeit wegen Gruppenzugehörigkeit . . 288
   V. Vereinsverbot als taugliches Mittel gegen neue Bedrohungspotentiale   289

Kapitel 13: Zentrale Thesen der Arbeit 291

Glossar zu den Begrifflichkeiten der Rockerbewegungen 295
Anhang 1 – Verbotene Rockervereine 297
Anhang 2 – Verbotene islamistisch-extremistische Vereine 301

Literaturverzeichnis 305
Stichwortverzeichnis 321

Abbildungsverzeichnis

Abbildung 1: Entscheidungsspielräume der Verwaltung   49
Abbildung 2: Grundrechtliche Schutzgehalte nach Organisationsstrukturen .   163
Abbildung 3: Verbotsgründe nach Art. 9 Abs. 2 GG bzw. § 3 Abs. 1 VereinsG   188

Abkürzungsverzeichnis

a. A.	andere Ansicht
Abs.	Absatz
AEMR	Allgemeine Erklärung der Menschenrechte vom 10. Dezember 1948
a. F.	alte Fassung
AfkKR	Archiv für katholisches Kirchenrecht
AK-GG	Alternativkommentar zum Grundgesetz
AktG	Aktiengesetz vom 6. September 1965
ALR	Allgemeines Landrecht für die preußischen Staaten von 1794
Alt.	Alternative
AMA	American Motorcyclist Association
Amtsbl.	Amtsblatt
Anm.	Anmerkung
APuZ	Aus Politik und Zeitgeschichte
Art.	Artikel
ASOG Bln	Allgemeines Sicherheits- und Ordnungsgesetz Berlin vom 11. Oktober 2006
Aufl.	Auflage
BayGVBl.	Bayrisches Gesetz- und Verordnungsblatt
BayVGH	Bayerischer Verwaltungsgerichtshof
BbgPolG	Brandenburgisches Polizeigesetz vom 19. März 1996
Bd.	Band
BeckOK	Beck'scher Online-Kommentar
BGB	Bürgerliches Gesetzbuch vom 18. August 1896
BGBl.	Bundesgesetzblatt
BGH	Bundesgerichtshof
BKA	Bundeskriminalamt
BMI	Bundesministerium des Innern
BRat	Bundesrat
BRD	Bundesrepublik Deutschland
BremGVBl.	Bremer Gesetz- und Verordnungsblatt
bspw.	beispielsweise
BT	Bundestag
BT Drs.	Bundestagsdrucksache
BV	Verfassung des Freistaats Bayern vom 2. Dezember 1946
BVerfG	Bundesverfassungsgericht
BVerfGE	Entscheidungen der amtlichen Sammlung des Bundesverfassungsgerichts
BVerfSchG	Bundesverfassungsschutzgesetz vom 20. Dezember 1990
BVerwG	Bundesverwaltungsgericht
BVerwGE	Entscheidungen der amtlichen Sammlung des Bundesverwaltungsgerichts
BVerwGG	Bundesverwaltungsgerichtsgesetz vom 23. September 1952

bzw.	beziehungsweise
CILIP	Chartered Institute of Library and Information Professionals
DBA	Deutsche Bundesakte vom 8. Juni 2015
ders.	derselbe
d. h.	das heißt
dies.	dieselbe
DÖV	Die öffentliche Verwaltung
dpa	Deutsche Presse-Agentur
DPolBl.	Deutsches Polizeiblatt
Drs.	Drucksache
DVBl.	Deutsches Verwaltungsblatt
ErgLfg.	Ergänzungslieferung
EMRK	Europäische Menschenrechtskonvention vom 1. Juni 2010
e.V.	eingetragener Verein
f., ff.	folgende
FAZ	Frankfurter Allgemeine Zeitung
Fn.	Fußnote
FS	Festschrift
g	Gramm
GA	Goltdammer's Archiv für Strafrecht
GenG	Genossenschaftsgesetz (Gesetz betreffend die Erwerbs- und Wirtschaftsgenossenschaften) vom 1. Mai 1889
GewO	Gewerbeordnung vom 21. Juni 1869
GG	Grundgesetz vom 23. Mai 1949
GmbHG	Gesetz betreffend die Gesellschaften mit beschränkter Haftung vom 20. April 1892
GRCh	Grundrechtecharta vom 30. März 2010
GRG	Frankfurter Grundrechtegesetz vom 27. Dezember 1848
GVBl.	Gesetz- und Verordnungsblatt
HessVGH	Hessischer Verwaltungsgerichtshof
HGB	Handelsgesetzbuch vom 10. Mai 1897
Hrgs.	Herausgeber
HRRS	HöchstRichterliche Rechtsprechung im Strafrecht
HSFK	Hessische Stiftung für Friedens- und Konfliktforschung
IPBPR	Internationaler Pakt über bürgerliche und politische Rechte
i. S. d.	im Sinne des
i. V. m.	in Verbindung mit
jM	Juris – die Monatszeitschrift
JR	Juristische Rundschau
jurisPR	Juris PraxisReporte
JuS	Juristische Schulung
JZ	Juristenzeitung
KJ	Kritische Justiz
KommP BY	KommunalPraxis Bayern
KrimJ	Kriminologisches Journal
KritV	Kritische Vierteljahresschrift
KWG	Gesetz über das Kreditwesen vom 10. Juli 1961
Lfg.	Lieferung

LG	Landgericht
lit.	Littera (lat. Buchstabe)
LKV	Landes- und Kommunalverwaltung
LT	Landtag
LT Drs.	Landtagsdrucksache
lto	Legal Tribune Online
MC	Motorradclub
MschrKrim	Monatszeitschrift für Kriminologie und Strafrechtsreform
m.w.N.	mit weiteren Nachweisen
n.F.	neue Fassung
NJOZ	Neue Juristische Online-Zeitschrift
NJW	Neue Juristische Wochenschrift
Nr.	Nummer
NRW	Nordrhein-Westfalen
NStZ	Neue Zeitschrift für Strafrecht
NVwZ/-RR	Neue Zeitschrift für Verwaltungsrecht/-Rechtsprechungs-Report
NWVBl.	Nordrhein-Westfälischen Verwaltungsblätter
NZG	Neue Zeitschrift für Gesellschaftsrecht
o.Ä.	oder Ähnliches
OK	Organisierte Kriminalität
OLG	Oberlandesgericht
OMCG/s	Outlaw Motorcycle Gang/s
OWiG	Gesetz über Ordnungswidrigkeiten vom 24. Mai 1968
OVG	Oberverwaltungsgericht
PartG	Parteiengesetz vom 24. Juli 1967
PKK	Partiya Karkeren Kurdistane (Arbeiterpartei Kurdistans)
Preuß. OVG	Preußisches Oberverwaltungsgericht
PrGS	Preußische Gesetzessammlung von 1810–1906 (Gesetzessammlung für die Königlich Preußischen Staaten)
RdA	Recht der Arbeit/Zeitschrift für die Wissenschaft und Praxis des gesamten Arbeitsrechts
Rev.	Revision
RGBl.	Reichsgesetzblatt
Rn.	Randnummer
RP	Rheinische Post
RV 1871	Verfassung des Deutschen Reiches vom 16. April 1871
RVG	Reichsvereinsgesetz vom 19. April 1908
S.	Seite
s.o.	siehe oben
sog.	sogenannte
StGB	Strafgesetzbuch vom 15. Mai 1871
str.	strittig
StraFo	Strafverteidiger Forum
StrafR	Strafrecht
st.Rspr.	ständige Rechtsprechung
s.u.	siehe unten
TierSchG	Tierschutzgesetz vom 24. Juli 1972
u.a.	unter anderen

Univ.	Universität
Urt.	Urteil
USA	United States of America
u.v.	unter vielen
v.	von/vom
v. a.	vor allem
VAG	Versicherungsaufsichtsgesetz vom 1. April 2015
VBlBW.	Verwaltungsblätter für Baden-Württemberg
VereinsG	Vereinsgesetz vom 5. August 1964
VerwArch	Verwaltungsarchiv
VerwRdSch	Verwaltungsrundschau
VG	Verwaltungsgericht
VGH	Verwaltungsgerichtshof
vgl.	vergleiche
VOBl.	Verordnungsblatt
VvB	Verfassung von Berlin vom 23. November 1995
VwGO	Verwaltungsgerichtsordnung vom 21. Januar 1960
VwVfG	Verwaltungsverfahrensgesetz vom 25. Mai 1976
WaffG	Waffengesetz vom 11. Oktober 2002
WD	Wissenschaftlicher Dienst
WRV	Weimarer Reichsverfassung vom 11. August 1919
z. B.	zum Beispiel
ZevKR	Zeitschrift für evangelisches Kirchenrecht
ZRP	Zeitschrift für Rechtspolitik
zugl.	zugleich

Hinführung und Gang der Untersuchung

Sicherheitsrecht, das ist gleichermaßen das verfassungsrechtlich verankerte System der wehrhaften Demokratie wie Strafrecht, Strafprozessrecht und Gefahrenabwehrrecht. Die Bedrohungslagen, denen es zu begegnen hat, sind vielfältig. Fokus dieser Arbeit ist der Umgang mit Vereinen und Gruppierungen. Deren sich in den vergangenen Jahrzehnten verändernde und wachsende Gefährlichkeit führte zu einem Umdenken der Sicherheitsbehörden und auch im Sicherheitsrecht, welches sich bislang besser im Strafrecht als im Gefahrenabwehrrecht nachzeichnen lässt. Diese Lücke soll die vorliegende Arbeit schließen.

Im Straf- und Strafprozessrecht wurden Ende der 1970er als auch zu Beginn des 21. Jahrhunderts etliche Gesetze[1] zur Bekämpfung des Terrorismus, begleitet durch eine umfangreiche rechtswissenschaftliche Auseinandersetzung,[2] eingeführt. Zentraler Bestandteil der Reformen war die neue Vereinigungsstrafbarkeit. 1976 wurde mit § 129a StGB die Bildung terroristischer Vereinigungen strafbar. Mit Einführung des § 129b StGB erweiterte man 2002 den Adressatenkreis auf Vereinigungen im Ausland.[3] §§ 129, 129a StGB sind die strafrechtlichen Pendants zu Art. 9 Abs. 2 GG und § 3 Abs. 1 VereinsG, die das präventive Vereinigungsverbotsrecht regeln.

In der Zusammenschau aus Art. 9 Abs. 2 GG (Verbot von Vereinigungen), Art. 18 Satz 1 GG (Verwirkung von Grundrechten) sowie Art. 21 Abs. 2 GG (Verbot von Parteien) entstand 1949 mit der Neufassung des Grundgesetzes das System der Wehrhaftigkeit der Verfassung. Im Rahmen dessen erweiterte man als Lehre aus den Erfahrungen der Weimarer Republik und dem Nationalsozialismus auch die Beschränkungsmöglichkeiten für Vereinigungen. In Art. 9 Abs. 2 GG wurden drei weitere Verbotsgründe Verbot bei strafgesetzwidriger Tätigkeit, Handeln gegen die ver-

---

[1] Einführung des § 129a StGB durch das Gesetz zur Änderung des Strafgesetzbuches, der Strafprozessordnung, des Gerichtsverfassungsgesetzes, der Bundesrechtsanwaltsordnung und des Strafvollzuggesetzes (1976), Einführung des § 129b StGB durch das 34. Strafrechtsänderungsgesetz (2002), Terrorismusbekämpfungsgesetz (2002), Gesetz zur Abwehr von Gefahren des internationalen Terrorismus durch das Bundeskriminalamt (2008), Gesetz zur Verfolgung der Vorbereitung von schweren staatsgefährdenden Gewalttaten (2009), Gesetz zur Änderung des Antiterrordateigesetzes (2014).

[2] Statt vieler *Zöller*, Terrorismusstrafrecht, 2009.

[3] Umfassender Überblick unter *Wissenschaftlicher Dienst des Deutschen Bundestages*, Maßnahmen des Bundes zur Terrorismusbekämpfung seit 2001, 6. März 2015, WD 3 – 3000 – 044/15.

fassungsmäßige Ordnung sowie Handeln gegen die Völkerverständigung aufgenommen.

Während *Planker* 1994 das Vereinigungsverbotsrecht noch zur „aussterbenden Art [der] Rechtsmaterien"[4] zählte, ist die Anzahl an Verbotsverfügungen seitdem beachtlich gestiegen. Während bis 1990 auf Bundesebene nur 13 Vereine verboten wurden, wurden seit 1990 60 Verbotsverfügungen, davon allein 30 gegen islamistisch-extremistische Vereinigungen, ausgesprochen.[5] Hinzu kommen mindestens 20 Verbote von Rockervereinen durch die einzelnen Bundesländer.[6] In der Strategie der Bundesregierung zur Extremismusprävention werden Vereinsverbote[7] als taugliches rechtsstaatliches Mittel gegen demokratiefeindliche Bestrebungen durch extremistische Gruppierungen beschrieben.[8] Trotzdem wurden seit Verabschiedung des Grundgesetzes erst vier Grundrechtsverwirkungsverfahren durchgeführt, die allesamt schon im Vorverfahren abgelehnt wurden.[9] Parteiverbotsverfahren werden gleichermaßen selten durchgeführt, von den ebenfalls nur vier Verfahren hatten zwei Erfolg.[10] Das Vereinsverbot ist damit das in der Praxis relevanteste Instrument der wehrhaften Demokratie.

Das Vereinigungsverbotsrecht ist verfassungsunmittelbar in Art. 9 Abs. 2 GG verankert und ist im Gegensatz zu anderen hoheitsrechtlichen Maßnahmen nur ergänzend einfachgesetzlich konkretisiert. Zur Ausgestaltung des verfassungsrechtlich vorgegebenen Verbotsrechts wurde das Öffentliche Vereinsgesetz eingeführt. Das seit 1964 bestehende Gesetzeswerk wurde erstmals nach den Terroranschlägen von 2001 und seitdem mehrmals reformiert. Im Ersten Anti-Terrorpaket vom 4. Dezember 2001 hob der Gesetzgeber das Religionsprivileg auf, welches bis dahin Religionsgemeinschaften vom Anwendungsbereich des Vereinsgesetzes ausnahm. Damit wurde das Vorgehen gegen islamistisch-extremistische Religionsgemeinschaften mittels Vereinsverboten möglich. Das Zweite Anti-Terrorpaket vom 9. Januar 2002

---

[4] *Planker*, Das Vereinsverbot gem. Art. 9 Abs. 2 GG/§§ 3 ff. VereinsG, 1994, S. 1.

[5] *Bundesamt für Verfassungsschutz*, Verfassungsschutzbericht 2021, veröffentlicht am 07.06.2022, Anhang Übersicht über Verbotsmaßnahmen des BMI gegen extremistische Bestrebungen im Zeitraum Januar 1990 bis Dezember 2021; vgl. auch Anhang 1 und 2.

[6] Vgl. Anhang 1 – Verbotene Rockervereine; darüber hinaus kommen auf Landesebene Verbote von links- und rechtsextremistischen, islamistisch-extremistischen und ausländerextremistischen Vereinen hinzu.

[7] Die Begriffe Vereinigungsverbotsrecht und Vereinsverbotsrecht sowie Vereinigungsverbot und Vereinsverbot werden synonym verwendet.

[8] Vgl. *Bundesministerium des Innern*, Strategie der Bundesregierung zur Extremismusprävention und Demokratieförderung, Juli 2016, S. 13.

[9] *Wissenschaftlicher Dienst des Deutschen Bundestages*, Zur Verwirkung von Grundrechten nach Art. 18 GG, 3. Juli 2019, WD 3 – 3000 – 169/19, S. 8.

[10] Erfolgreiche Parteiverbotsverfahren waren die der Sozialistischen Reichspartei (SRP), vgl. BVerfGE 2, 1 sowie der Kommunistischen Partei Deutschlands (KPD), vgl. BVerfGE 5, 85; nicht erfolgreich waren die zwei Verbotsverfahren gegen die Nationaldemokratische Partei Deutschlands (NPD), vgl. BVerfGE 107, 339; 144, 20.

und das Zweite Gesetz zur Änderung des Vereinsgesetzes vom 10. März 2017 nutzte der Gesetzgeber zur Erweiterung der Regelung des Kennzeichenverbots in § 9 VereinsG. Vom modifizierten Kennzeichenverbot nach § 9 Abs. 3 VereinsG sind insbesondere Rockervereine aufgrund ihrer Vereinsstrukturen betroffen. Mit den Gesetzen sollte den Gefahren für die innere Sicherheit und Ordnung frühzeitig begegnet werden, indem Handlungsoptionen zur Bekämpfung von Rockervereinen und (islamistisch) extremistischen Vereinen erweitert wurden.

Die aktuell im Fokus der Verbotsbehörden stehenden und mit den Gesetzesänderungen adressierten Vereinigungen – Rockervereine und islamistisch-extremistische Vereine – dienen dieser Arbeit zur Veranschaulichung der rechtlichen Entwicklung des Vereinsrechts als Untersuchungsobjekte.

Rockervereine sind ein in der rechtswissenschaftlichen Diskussion vernachlässigtes, aber kontinuierlich sicherheitsrelevantes Gefährdungsphänomen. Mit dem Begriff der Rockervereine werden die rechtlich selbständigen Ortsgruppen innerhalb bundes- bzw. weltweit agierender Motorrad- bzw. Rockerclubs beschrieben. Die in dieser Arbeit schwerpunktmäßig untersuchten Motorradclubs Hells Angels MC, Bandidos MC und Gremium MC werden von den Sicherheitsbehörden dem Bereich der Organisierten Kriminalität zugeordnet. Gremium MC gründete sich 1972 in Mannheim, Hells Angels MC etablierte 1973 die erste deutsche Ortsgruppe in Hamburg und Bandidos MC kam 1999 nach Deutschland und formierte eine Ortsgruppe in Gelsenkirchen.

Vereinsrechtlich liegt die Besonderheit der Rockervereine in ihrer Struktur. Sie sind rechtlich selbständige Vereine und damit eigens Adressaten vereinsrechtlicher Maßnahmen. Die Möglichkeit im Rahmen eines Verbots, Teilorganisationen und Teilvereine nach § 3 Abs. 3 VereinsG mitzuverbieten, besteht daher bei Rockervereinen bis auf wenige Ausnahmen bislang in der Regel nicht (vertikale Verbotswirkung). Die Anwendbarkeit vereinsrechtlicher Maßnahmen und die Möglichkeit der Zurechnung verbotsrelevanten Verhaltens stoßen immer dann an ihre Grenzen, wenn das gegen einen Verein Verfügte auch gegen andere, mit diesem verbundene, rechtlich aber eigenständige Vereine wirken soll (horizontale Verbotswirkung). Dies kann, wie bei den Rockervereinen, sachgerecht sein, da sie Bestandteil eines Gesamt-Motorradclubs als übergeordnete Organisationseinheit sind. In der Gesetzgebung und Rechtsanwendung ist bislang keine zufriedenstellende Lösung entwickelt worden. Diese Arbeit schlägt die Regelung einer vertikalen Wirkdimension bei Vereinsverboten, etwa in einem neuen § 3 Abs. 4 VereinsG vor.

Seit 2010 wird verstärkt mit verwaltungsrechtlichen, insbesondere vereins- und waffenrechtlichen Maßnahmen gegen Rockervereine und ihre Mitglieder vorgegangen.[11] Dieses Vorgehen wurde notwendig, weil die häufig gewaltvollen Gebiets- und

---

[11] Siehe dazu *Bundesrat*, Bekämpfungsstrategie „Rockerkriminalität – Rahmenkonzeption", Stand 07.10.2010, S. 6; *Albrecht*, DPolBl. 3/2015, 29 (29); *J. Bader*, Kriminalistik 2011, 227 (227); *Feltes/Reiners*, KrimJ 2018, 295 (298); *Unkroth*, KommP BY 2015, 299 (299).

Machtkämpfe unter den rivalisierenden Motorradclubs zunahmen. Wurden von 1983 bis 2009 insgesamt nur fünf Rockervereine verboten, sind seit 2010 knapp fünfundzwanzig Vereine wegen Strafgesetzwidrigkeit nach Art. 9 Abs. 2 GG i.V.m. § 3 Abs. 1 VereinsG verboten. Insgesamt ergingen mindestens neunundzwanzig Verfügungen gegen kriminelle Vereine bzw. gegen ihre Teil- und Unterstützervereine.[12] Durch eine Reform des Vereinsgesetzes 2017 wurden Schwestervereinen verbotener Rockervereine das Tragen ihrer einheitlichen Kennzeichen untersagt. Außerhalb des Vereinsrechts wirkt sich die Mitgliedschaft in einem Rockerverein vor allem im Waffenrecht aus. Nach einer Leitentscheidung des Bundesverwaltungsgerichts vom 28. Januar 2015[13] werden Mitglieder von Rockervereinen aufgrund ihrer Gruppenzugehörigkeit als waffenrechtlich unzuverlässig (vgl. § 5 WaffG) eingeordnet. Infolgedessen werden ihnen nach § 45 WaffG die waffenrechtlichen Erlaubnisse entzogen oder ihnen gegenüber nach § 41 WaffG Waffenverbote verfügt.

Neben den Rockervereinen wird auch der vereinsrechtliche Umgang mit islamistisch-extremistischen Vereinigungen untersucht. Die Rechtsordnung sah sich in den 70er Jahren schon einmal durch eine Form von Terrorismus bedroht, die sich in der Entwicklung des Sicherheitsrechts deutlich nachvollziehen lässt. Der Terror der RAF markierte zunächst das Ende der strafrechtlichen Entkriminalisierung. Die sich seitdem abzeichnende und bis heute andauernde Ära im Sicherheitsrecht wurde spätestens durch die Folgen der Terroranschläge auf das World Trade Center in New York und auf das Pentagon in Washington vom 11. September 2001 manifestiert. Der islamistische Terrorismus als neuartiges Gefährdungsphänomen stellt eine ernste Herausforderung für die innere Sicherheit dar. Das Bundesamt für Verfassungsschutz führte in seinem Verfassungsschutzbericht 2018 aus, dass es innerhalb der islamistischen Szene eine Kräfteverschiebung hin zum gewaltorientierten, sog. jihadistischen Bereich verzeichnet.[14] Die Verbotsgründe des Sichrichtens gegen die verfassungsmäßige Ordnung oder den Gedanken der Völkerverständigung wurden bislang fast ausschließlich auf vermeintlich klassische Phänomene, wie Links- oder Rechtsextremismus, angewendet. Nunmehr ist die für derartige Fälle entwickelte Auslegung der Verbotsnormen auf die neueren Phänomene, wie den islamistischen Terrorismus, zu übertragen. Im Fall eines Verbots inländischer Religionsgemeinschaften sind diese durch die religiöse Vereinigungsfreiheit zusätzlich geschützt. Durch die Grundrechtskollision ist seit langem umstritten, welche Schranken zur Rechtfertigung des Eingriffs in die Grundrechte herangezogen werden.

Obwohl die Herausforderungen bei Auslegung und Anwendung des Vereinigungsverbotsrechts auf neue Gefährdungsphänomene groß sind, kam dem öffentlichen Vereinsrecht als Sondersicherheitsrecht bislang keine der Vereinigungsstrafbarkeit

---

[12] Siehe Anhang 1 – Verbotene Rockervereine.
[13] BVerwG, NJW 2015, 3594.
[14] *Bundesamt für Verfassungsschutz*, Verfassungsschutzbericht 2018, veröffentlicht am 27.06.2019, S. 177.

vergleichbare Aufmerksamkeit zu.[15] Die Weiterentwicklung des Handlungsrahmens in Reaktion auf die veränderten, vielschichtigen Bedrohungslagen übernahmen bisher zu einem Großteil die Rechtsanwender, namentlich die Verbotsbehörden und die Verwaltungsgerichte. In der vorliegenden Arbeit wird der Wandel in der Anwendung des Vereinigungsverbotsrechts, der sich durch eine veränderte Auslegung der Verbotstatbestände manifestiert, nachgezeichnet. Die Auslegung von Tatbeständen erfordert im besonders grundrechtssensitiven Sicherheitsrecht die Heranziehung subsidiärer Auslegungsregeln, insbesondere die restriktive Auslegung als Ausprägung der Verhältnismäßigkeit. Hinsichtlich der Übertragung der Verbotstatbestände auf die Gefährdungsphänomene werden Fallgruppen herausgebildet, bei welchen der Verbotstatbestand in der Regel gegeben ist. Stößt die verfassungskonforme Auslegung an ihre Grenzen, muss über eine Fortentwicklung des Vereinsrechts nachgedacht werden. Die Möglichkeiten erstrecken sich von Verfassungsänderung und Einführung eines einfachen Gesetzesvorbehalts in Art. 9 Abs. 2 GG bis hin zur Anpassung der einfachgesetzlichen Ausgestaltung des verfassungsunmittelbar geregelten Vereinigungsverbotsrechts.

Die rechtlichen Herausforderungen der in Art. 9 Abs. 2 GG i. V. m. § 3 Abs. 1 VereinsG geregelten Verbotstatbestände, aber auch die Potentiale des Vereinsverbotsrechts stellen noch immer allenfalls einen untergeordneten Aspekt in der rechtswissenschaftlichen Auseinandersetzung dar. Neben der zentralen Frage, ob und in welcher Form das Vereinsrecht reformiert werden muss, geht die vorliegende Arbeit auch den weiteren Leitfragen nach, wie sich das Vereinigungsverbotsrecht aus sicherheitsrechtlicher Perspektive verändert hat und wie der Staat unter Beachtung der rechtsstaatlich gebotenen Grenzen auf Gruppierungen reagieren kann, die durch ihr Verhalten eine Gefährdung für die öffentliche Sicherheit und Ordnung darstellen und zum Teil den Staat in seinen Grundsätzen und seiner Existenz bedrohen. Oder anders formuliert: Wie weit sind präventive und repressive Maßnahmen der Gefahrenabwehr gerechtfertigt, ohne die Freiheitsrechte der betroffenen Vereine und Vereinsmitglieder unzulässig zu beschränken?

Hinsichtlich der Verbotspraxis bei Rockervereinen wird den Fragen nachgegangen, ob diese mit der durch Art. 9 Abs. 1, Abs. 2 GG gebotenen restriktiven Auslegung des Verbotstatbestands der Strafgesetzwidrigkeit vereinbar ist und ob sich ein Vereinsverbot auf gleichrangige Schwestervereine innerhalb einer übergeordneten Gesamtorganisation auswirken kann. Für das Kennzeichenverbot gilt es zu klären, ob das Tragen von Kennzeichen als Vereinsbetätigung vom Schutzbereich umfasst ist, ob weitere Eingriffe in die Vereinigungsfreiheit, die kein Vereinsverbot darstellen, von der verfassungsunmittelbaren Schrankenregelung umfasst sind und ob der Eingriff in die Vereinigungsfreiheit durch das neue Kennzeichenverwendungsverbot noch verhältnismäßig ist. Für die untersuchten Verbote bei islamistisch-extremisti-

---

[15] Allenfalls bei einzelnen Phänomenen wie der Aufhebung des Religionsprivilegs bei Religionsgemeinschaften 2001.

schen Vereinen gilt es zu klären, ob die Weiterentwicklung der Verbotsgründe des Sichrichtens gegen die verfassungsmäßige Ordnung oder gegen den Gedanken der Völkerverständigung mit Art. 9 Abs. 2 GG vereinbar ist und mit welcher Schrankenregelung Eingriffe in die religiöse Vereinigungsfreiheit gerechtfertigt werden können.

Es wird darauf hingewiesen, dass es sich bei der vorliegenden Arbeit um eine rechtswissenschaftliche Betrachtung der Entwicklung und des Reformbedarfs des öffentlichen Vereinsrechts handelt. Die Arbeit nimmt keine Bewertung der Handlungsstrategien der Sicherheitsbehörden vor und leistet allenfalls mittelbar einen Beitrag zur öffentlichen Diskussion über die politischen Konzepte im Kampf gegen kriminelle oder verfassungsfeindliche Vereinigungen.

Die Arbeit gliedert sich in drei Teile. Die Kapitel 1 bis 4 dienen der Klärung rechtlicher und tatsächlicher Grundlagen. Im ersten Kapitel wird das Grundrecht der Vereinigungsfreiheit und seine Entstehung ausgehend vom 19. Jahrhundert umrissen. Anschließend wird der verfassungsrechtliche Bewertungsmaßstab dargestellt, an dem sich in der späteren Untersuchung die Verfassungsmäßigkeit der vereinsrechtlichen Maßnahmen entscheidet. Im Einzelnen sind dies die allgemeine Vereinigungsfreiheit nach Art. 9 Abs. 1, Abs. 2 GG und die spezielle, religiöse Vereinigungsfreiheit nach Art. 4 Abs. 1, Abs. 2 GG und Art. 137 Abs. 2 Satz 1 WRV i. V. m. Art. 140 GG sowie deren Eingriffs- und Rechtfertigungsmöglichkeiten.

Das öffentliche Vereinsrecht besteht neben der verfassungsrechtlich normierten Vereinigungsfreiheit auch aus dem Gesetz zur Regelung des öffentlichen Vereinsrechts (Vereinsgesetz, VereinsG) vom 5. August 1964. Im zweiten Kapitel werden die Geschichte des öffentlichen Vereinsrechts sowie Konzeption und zentrale Regelungen des Vereinsgesetzes vorgestellt. Das dritte Kapitel dient der Übersicht über die Entscheidungsspielräume in der Verwaltung, den Grenzen der Gesetzesauslegung und der gerichtlichen Überprüfbarkeit. Zudem werden die sog. klassischen und subsidiären Auslegungsregeln vorgestellt, welche insbesondere bei der Auslegung sicherheitsrechtlicher Tatbestände zur Wahrung des Grundsatzes der Verhältnismäßigkeit eine zentrale Rolle spielen.

Das letzte, vierte Kapitel des Grundlagenteils stellt die Untersuchungsgegenstände, d. h. die Rockervereine und islamistisch-extremistischen Vereine vor. Es wird in die Strukturen und Charakteristika der Rocker- und Motorradclubs eingeführt. Außerdem werden die drei für diese Arbeit zentralen Motorradclubs (Hells Angels MC, Bandidos MC und Gremium MC) vorgestellt. Anschließend werden die Grundzüge und einzelnen Ausprägungen des islamistischen Extremismus als religiös verbrämte Form eines politischen Extremismus skizziert (im Einzelnen palästinensisch-islamistisch, jihadistisch und salafistisch).

Im Hauptteil werden in den Kapiteln 5 bis 9 die zentralen Regelungen aus dem Vereinsgesetz untersucht. Kapitel 5 beschäftigt sich mit dem Vereinsbegriff nach § 2 Abs. 1 VereinsG und der Auslegung der Begriffsmerkmale. In den Kapiteln 6 und 7 wird das Vereinsverbot nach § 3 Abs. 1 VereinsG als zentrale vereinsrechtliche Maßnahme thematisiert. In diesen beiden Kapiteln geht die Arbeit den Fragen nach, ob und wie sich die Auswahl der Verbotstatbestände historisch begründen lässt, unter welchen Voraussetzungen Vereinsverbote gerechtfertigt sind, wie die Auslegung der Verbotstatbestände und die Begründung von Vereinsverboten weiterentwickelt wurde und wo ihre verfassungsrechtlichen Grenzen liegen. Methodisch wird die verwaltungsgerichtliche Praxis, im Speziellen die Veränderung und Weiterentwicklung in den Einlassungen analysiert und ausgewertet. Die Auswertung dieser Rechtsprechung bietet die Möglichkeit, qualifizierbare und quantifizierbare Erkenntnisse zum Vorgehen gegen Vereine und zur Relevanz von Rockervereinen und islamistisch-extremistischen Strukturen zu erhalten. Mit einem Vereinsverbot eng verknüpft ist das Verbot von Teilorganisationen und Teilvereinen nach § 3 Abs. 3 VereinsG, welches sowohl im Fall der Rockervereine als auch im Fall der islamistisch-extremistischen Vereine ebenfalls Gegenstand der Kapitel 6 und 7 ist.

In Kapitel 8 wird die Verfassungsmäßigkeit der Zuständigkeitsregelung behandelt. Die Zuständigkeit für das naturgemäß vorgelagerte Ermittlungsverfahren und das sich anschließende Verbotsverfahren teilt sich zwischen Bund und Ländern auf und richtet sich nach der Erkennbarkeit der Vereinsorganisation und -tätigkeit.

Mit einem Vereinsverbot gehen in der Regel weitere Verbotsannexmaßnahmen einher, allen voran das Verbot der Verwendung von Kennzeichen des verbotenen Vereins nach § 9 Abs. 1 VereinsG. Nach einer Aufbereitung der Verwendungsverbotstatbestände und der Rechtsprechung zum Verwendungsverbot wird in Kapitel 9 die Verfassungsmäßigkeit der Neuregelung des Kennzeichenverwendungsverbots in § 9 Abs. 3 VereinsG aus dem Jahr 2017 geprüft und eine weitere Neuregelung vorgeschlagen.

Im Exkurs und Ausblick (Kapitel 10 und 11) wird die waffenrechtliche Zuverlässigkeit von Mitgliedern bestimmter, potenziell verbotswürdiger Vereinigungen nach § 5 WaffG thematisiert. Sowohl bei Mitgliedern von Rockervereinen als auch von islamistisch-extremistischen Vereinen stellt die Vereinszugehörigkeit mittlerweile ein taugliches Wesensmerkmal der Person dar, um ihnen ihre waffenrechtliche Zuverlässigkeit abzusprechen, mit der Folge des Entzugs ihrer waffenrechtlichen Erlaubnis. In Kapitel 11 wird die in den vergangenen Jahren relevanter gewordene Reichsbürgerbewegung vorgestellt. Nach summarischer Prüfung könnte den Strukturen der Reichsbürgerbewegung stärker mit vereinsrechtlichen Maßnahmen begegnet werden. Weder die Einordnung von Reichsbürgervereinen in den öffentlichen Vereinsbegriff noch der Nachweis verbotswürdigen Verhaltens unter Heranziehung der Verbotstatbestände sind problematisch. Bislang wirkt sich die Einordnung als Reichsbürger allerdings vor allem auf deren waffenrechtliche Zuverlässigkeit aus. Der Schlussteil (Kapitel 12) unterstreicht nochmals die Notwendigkeit einer Weiterentwicklung des Vereinsrechts und fasst die in den vorausgehenden Kapiteln erarbeiteten Reformvorschläge sowie die zentralen Thesen dieser Arbeit zusammen.

Erster Teil: Grundlagen

Kapitel 1

Das Grundrecht der Vereinigungsfreiheit

Das Vereinswesen ist ein fester Bestandteil gesellschaftlichen Lebens und die Vereinigungsfreiheit aus heutiger Perspektive aus dem Kanon der Grund- und Bürgerrechte nicht mehr wegzudenken. Im Folgenden werden zunächst die historischen Grundlagen der Vereinigungsfreiheit in Art. 9 Abs. 1 GG umrissen, bevor der verfassungsrechtliche Bewertungsmaßstab erarbeitet wird, an dem in der späteren Untersuchung die Vereinbarkeit der vereinsrechtlichen Maßnahmen zu messen ist.

A. Die Entwicklung der Vereinigungsfreiheit bis zur Verabschiedung des Grundgesetzes

Die ersten Formen des Vereinens finden sich bereits im römischen Recht. Die Geburtsstunde der Freiheit, sich zu vereinen, auf deren Grundlage sich die Vereinigungsfreiheit in der Ausprägung, wie wir sie heute kennen, herausgebildet hat, schlug jedoch erst in der zweiten Hälfte des 19. Jahrhunderts. Sie ist im Wesentlichen auf den Entwurf der Paulskirchenverfassung zurückzuführen. Endgültig als Bürgerrecht durchsetzen konnte sich die Vereinigungsfreiheit in der Weimarer Reichsverfassung.

I. Die Vereinigungsfreiheit als Länderangelegenheit im 19. Jahrhundert

Das 19. Jahrhundert lässt sich mit Blick auf die Vereinigungsfreiheit in drei wesentliche Abschnitte teilen. Zu Beginn kam es durch die Gründung des Deutschen Bundes zu einer Konstitutionalisierungsphase in den Mitgliedstaaten. Die Verfassungsinhalte konnten die Staatsbürger und Untertanen jedoch nicht überzeugen, sodass infolge der Märzrevolution insbesondere bei den Staats- und Grundrechten nachgebessert werden musste. Die von den Revolutionären gewünschte reichsweite (Paulskirchen-)Verfassung wurde nicht verabschiedet. Dazu kam es erst durch die Gründung des Deutschen Kaiserreiches 1871 mit Verabschiedung der ersten Gesamtverfassung für das Deutsche Reich.

1. Deutscher Bund und Konstitutionalisierung

Als 1815 auf dem Wiener Kongress der Deutsche Bund gegründet wurde, schlossen sich 41 deutsche Einzelstaaten in einem völkerrechtlichen Staatenbund zusammen.[1] Die Deutsche Bundesakte vom 8. Juni 2015 (DBA), das erste „Verfassungsgesetz", enthielt keinen eigenen Grundrechtekatalog. Die Mitgliedstaaten des Deutschen Bundes vereinbarten aber, dass sich alle Länder eine „landständische Verfassung" geben müssen (Art. XIII DBA). Auch wenn die Bundesakte nur in der Rechtsqualität eines völkerrechtlichen Vertrages verabschiedet wurde, schränkte insbesondere diese Regelung die Souveränität der Einzelstaaten erheblich ein.[2]

In der sich anschließenden Phase des Frühkonstitutionalismus (1814–1824) wurde der Verfassungsauftrag unterschiedlich von den Ländern interpretiert und auch nur zum Teil vollzogen. Dies hatte einen Flickenteppich an Verfassungstexten – teilweise mit,[3] teilweise ohne Grundrechte[4] – zur Folge.[5] Manche Länder, wie die anhaltinischen Staaten oder das Königreich Preußen,[6] setzten den Auftrag zunächst gar nicht um.[7] Enthielten die Verfassungen, wie in Bayern, Baden und Württemberg, bereits Grundrechtskataloge, regelten sie unter anderem die persönliche Freiheit, die Gewissens- und Pressefreiheit, die Auswanderungsfreiheit oder die Gleichheit vor dem Gesetz, aber noch nicht die Versammlungs- und Vereinigungsfreiheit.

---

[1] *Frotscher/Pieroth*, Verfassungsgeschichte, 18. Aufl. 2019, S. 122; *Kotulla*, Deutsches Verfassungsrecht 1806–1918, 2006, S. 47 f.

[2] *Blanke*, Deutsche Verfassungen, 2003, S. 13 f.; *Frotscher/Pieroth*, Verfassungsgeschichte, 18. Aufl. 2019, S. 124; *Kotulla*, Deutsches Verfassungsrecht 1806–1918, 2006, S. 47 f.

[3] Die Verfassungs-Urkunde des Königreichs Bayern vom 26. Mai 1818 sah im vierten Titel allgemeine Rechte und Pflichten vor, vgl. Gesetzblatt für das Königreich Bayern 1818, S. 101; die Verfassungsurkunde für das Großherzogtum Baden vom 22. August 1818 enthielt im 2. Abschnitt Staatsbürgerliche und politische Rechte, vgl. Großherzoglich-Badisches Staats- und Regierungsblatt 1818, Nr. XVIII, S. 101 ff.; die Verfassungsurkunde für das Königreich Württemberg vom 25. September 1819 regelte im dritten Kapitel die allgemeinen Rechtsverhältnisse der Staatsbürger, vgl. Königlich Württembergisches Staats- und Regierungsblatt 1819, Nr. 65, S. 633 ff.

[4] U.a. Verfassung des Herzogtums Nassau vom 1./2. September 1814, Verordnungsblatt des Herzogtums Nassau 1814, S. 67; Verordnung über die ständische Verfassung des Fürstentums Schaumburg-Lippe vom 15. Januar 1816, veröffentlicht unter http://www.verfassungen.de/nds/schaumburg-lippe/verf16.htm (zuletzt abgerufen am 15.03.2023); Grundgesetz über die Landständische Verfassung des Großherzogtums Sachsen-Weimar-Eisenach vom 5. Mai 1816, veröffentlicht unter http://www.verfassungen.de/th/Sachsen-Weimar-Eisenach/verf16-i.htm (zuletzt abgerufen am 15.03.2023).

[5] Ausführlich zur Auslegungsdebatte des Art. XIII DBA, siehe *Frotscher/Pieroth*, Verfassungsgeschichte, 18. Aufl. 2019, S. 124 ff.

[6] Die Verabschiedung der Verfassung dauerte bis zum 31. Januar 1850, vgl. PrGS 1850 Nr. 3212, S. 17.

[7] *Kotulla*, Deutsches Verfassungsrecht 1806–1918, 2006, S. 320.

A. Die Entwicklung der Vereinigungsfreiheit bis zur Verabschiedung des Grundgesetzes

Bis zur Märzrevolution schloss sich eine weitere Konstitutionalisierungsphase an, namentlich der mitteldeutsche Konstitutionalismus ab 1830.[8] In dieser Zeit entstanden unter anderem die Verfassungsurkunde für das Königreich Sachsen vom 4. September 1831[9] und das Grundgesetz des Königreichs Hannovers vom 26. September 1833.[10] Auch wenn die späteren Verfassungen die „allgemeinen Rechte und Pflichten der Unterthanen" regelten, enthielten sie weiterhin keine Versammlungs- oder Vereinigungsfreiheit.[11]

Gleichzeitig formierten sich in der ersten Hälfte des 19. Jahrhunderts immer mehr Vereine, die die Bildung eines geeinten Nationalstaates und die Umsetzung der bürgerlich-liberalen Bestrebungen nach Freiheit, Eigentum und Sicherheit als Ergebnisse der Aufklärung und Französischen Revolution forderten.[12] Sie organisierten sich in Burschenschaften und Nationalstaats-Vereinen. Die Landesoberhäupter der Mitgliedstaaten fürchteten die organisierte Willensbildung und Interessensvertretung und konnten sie anfangs mittels Beschlüssen der Bundesversammlung, dem einzigen Organ des Deutschen Bundes, weitestgehend erfolgreich unterdrücken.[13] In Art. 2 des Bundesbeschlusses vom 5. Juli 1832 wurden als Reaktion auf das Hambacher Fest, bei dem die Liberalen die nationale Einheit forderten, die Mitglieder des Deutschen Bundes dazu verpflichtet, alle Vereine mit politischen Zwecken zu verbieten.[14]

2. Märzrevolution und Paulskirchenverfassung

Die Märzrevolution konnte damit nicht mehr verhindert werden und als deren Ergebnis trat im Jahr 1848 endgültig eine Zeit der Liberalisierung und damit die dritte Phase der Verfassungsgebung ein.[15] Noch vor dem Paulskirchenentwurf entstand der sog. Katalog der Grundrechte des deutschen Volkes. Dieser Grundrechtekatalog wurde am 27. Dezember 1848 im Frankfurter Grundrechtegesetz (GRG) festgeschrieben und sprach in Abschnitt I Art. VII § 30 GRG allen Deutschen das Recht zu, Vereine zu bilden.[16] Die Herausbildung der Vereinigungsfreiheit, wenn sie in der zweiten

---

[8] *Frotscher/Pieroth*, Verfassungsgeschichte, 18. Aufl. 2019, S. 135 f.

[9] Gesetzessammlung für das Königreich Sachsen 1831–1834 (1831), S. 241.

[10] Sammlung der Gesetze, Verordnungen und Ausschreiben für das Königreich Hannover vom Jahre 1833, Nr. 24, S. 279 ff.

[11] Vgl. Gesetzessammlung für das Königreich Sachsen 1831–1834, S. 248; Sammlung der Gesetze, Verordnungen und Ausschreiben für das Königreich Hannover vom Jahre 1833, Nr. 24, S. 292 ff.

[12] *Frotscher/Pieroth*, Verfassungsgeschichte, 18. Aufl. 2019, S. 147 ff.

[13] *Schnorr*, Öffentliches Vereinsrecht, 1965, Einleitung, S. 20.

[14] *Huber*, in: Huber (Hrsg.), Dokumente zur deutschen Verfassungsgeschichte, 3. Aufl. 1978, Band 1 (1803–1850), S. 134; *Winkler*, in: von Münch/Kunig (Hrsg.), Grundgesetz, 7. Aufl. 2021, Art. 9, Rn. 3.

[15] *Huber*, in: Huber (Hrsg.), Deutsche Verfassungsgeschichte seit 1789, 3. Aufl. 1988, S. 774, 777; *Seifert*, DÖV 1964, 685 (685).

[16] Der genaue Wortlaut, der dem einer analogen Regelung in der belgischen Verfassung entsprach, lautete: „Die Deutschen haben das Recht, Vereine zu bilden. Dieses Recht soll durch

Hälfte des 19. Jahrhunderts auch ein „spätes" Grundrecht darstellt, bedeutete das Ende des geheimen Vereinswesens und der Geheimbünde.[17] Der Grundrechtekatalog wurde in den Entwurf der Paulskirchenverfassung von 1849 aufgenommen, die aufgrund der Ablehnung Preußens jedoch nicht in Kraft trat.[18] Auch die einfachgesetzliche Regelung des Grundrechtekatalogs wurde kurz darauf durch Bundesbeschluss vom 23. August 1851 von der Bundesversammlung wieder aufgehoben.[19]

Trotz des Scheiterns der Paulskirchenverfassung und der Aufhebung des Grundrechtekatalogs nahm die Konstitutionalisierung in den Mitgliedstaaten ihren Lauf. Verfassungen mit Grundrechtekatalogen, die nun auch die Vereinigungsfreiheit als Bürgerrecht enthielten, wurden von mehreren Ländern verabschiedet. Sowohl im Fürstentum Reuß Jüngerer Linie in § 32 Staatsgrundgesetz vom 30. November 1849 als auch im Fürstentum Schwarzburg-Sonderhausen in § 34 Verfassungsgesetz vom 12. Dezember 1849 wurden jeweils für Staatsangehörige das Recht vorgehalten, Vereine ohne Beschränkung durch vorbeugende Maßregeln bilden zu können.[20] In Preußen wurde eine solche Vereinigungsfreiheit in Art. 30 Preußische Verfassung vom 31. Januar 1850 eingeführt, nach dem alle Preußen das Recht hatten, sich zu solchen Zwecken, welche den Strafgesetzen nicht zuwiderliefen, in Gesellschaften zu vereinigen.[21] Die Preußen waren es auch, die bereits Ende des 18. Jahrhunderts im Allgemeinen Landrecht Preußens (ALR) eine freiheitliche Vereinsbildung anerkannten und den damals verbreiteten Genehmigungsvorbehalt durch die Polizei aufhoben.[22]

---

keine vorbeugende Maßregel beschränkt werden."; vgl. im Gesetz betreffend die Grundrechte des deutschen Volks vom 27. Dezember 1848, RGBl. 1848 Nr. 8 S. 49.

[17] *Bauer*, in: Dreier (Hrsg.), Grundgesetz, 3. Aufl. 2013, Art. 9, Rn. 1; *Höfling*, in: Sachs (Hrsg.), Grundgesetz, 9. Aufl. 2021, Art. 9, Rn. 1; *Tillmann*, Staat und Vereinigungsfreiheit im 19. Jahrhundert, 1976, Einleitung, S. 1, 21.

[18] In Abschnitt VI Artikel VIII § 162 Satz 1 war wortgleich die Vereinigungsfreiheit aus dem Frankfurter Grundrechtegesetz übernommen worden, vgl. RGBl. 1849 Nr. 16 S. 101; Schuster/Liebig, Alle deutschen Verfassungen, 1985, Nr. 1, § 162.

[19] *Blanke*, Deutsche Verfassungen, 2003, S. 25 f.; *Huber*, Deutsche Verfassungsgeschichte seit 1789, 3. Aufl. 1988, S. 136; *Tillmann*, Staat und Vereinigungsfreiheit im 19. Jahrhundert, 1976, S. 29.

[20] Der genaue Wortlaut des § 32 Staatsgrundgesetz des Fürstentums Reuß Jüngerer Linie: „§ 32 Die Staatsangehörigen haben das Recht, Vereine zu bilden. Dieses Recht soll durch keine vorbeugende Maßregel beschränkt werden.", vgl. *Kotulla*, Thüringische Verfassungsurkunden. Vom Beginn des 19. Jahrhunderts bis heute, 2015, S. 316, 936.

[21] Genauer Wortlaut: „Alle Preußen haben das Recht, sich zu solchen Zwecken, welche den Strafgesetzen nicht zuwiderlaufen, in Gesellschaften zu vereinigen. Das Gesetz regelt, insbesondere zur Aufrechterhaltung der öffentlichen Sicherheit, die Ausübung des in diesem und in dem vorstehenden Artikel 29 gewährleisteten Rechts. Politische Vereine können Beschränkungen und vorübergehenden Verboten im Wege der Gesetzgebung unterworfen werden.", vgl. in PrGS 1850 Nr. 3212, S. 17.

[22] Im Zweythen Theil, Sechster Titel des Allgemeinen Landrechts Preußen (ALR) 1794 waren die Gesellschaften, Corporationen und Gemeinen geregelt. Nach § 2 Sechster Titel ALR

In den Herzogtümern Sachsen-Coburg und Gotha hatten alle Staatsangehörigen das Recht, Vereine zu bilden, die nicht den Strafgesetzen oder der Sittlichkeit zuwiderliefen (vgl. § 46 Staatsgrundgesetz vom 3. Mai 1852).[23] Ähnliche verfassungsrechtliche Regelungen fanden sich in Art. 51 des revidierten Staatsgrundgesetzes des Großherzogtums Oldenburg vom 18. November 1852 sowie in Art. 28 des Grundgesetzes für die vereinigte landständische Verfassung des Herzogtums Sachsen-Meiningen vom 23. August 1829.[24]

3. Deutsches Kaiserreich und Reichsverfassung

Mit der Gründung des Deutschen Kaiserreichs wurde am 16. April 1871 die erste gesamtdeutsche Verfassung verabschiedet, die anders als die Paulskirchenverfassung auch in Kraft trat.[25] Sie bestätigte die Gewährleistung von Bürgerrechten als Länderangelegenheit, weswegen sie selbst keinen Grundrechtsteil enthielt. Man beschränkte sich auf die Festlegung einer formellen Kompetenzzuweisung und ordnete nach Art. 4 Nr. 16 RV 1871 die Gesetzgebung über das Vereinswesen dem Reich zu.[26] Als der Gesetzgeber 1908 von dieser Kompetenz Gebrauch machte und das Reichsvereinsgesetz in Kraft trat, wurde die Vereinigungsfreiheit erstmals reichsweit einfachgesetzlich gewährleistet.[27]

4. Zwischenergebnis

In der ersten Hälfte des 19. Jahrhunderts kommt es als Folge der Gründung des Deutschen Bundes zur ersten Phase moderner Verfassungsgebung in den Mitgliedstaaten. Interpretation und Auslegung des Verfassungsauftrages fallen im Einzelnen sehr unterschiedlich aus. Während die drei bedeutsamen süddeutschen Länder Bayern, Baden und Württemberg Verfassungen mit Grundrechtskatalogen verabschieden, regeln kleinere Länder ihre Angelegenheiten ohne Rechte für ihre Untertanen.

Das ändert sich erst durch die Märzrevolution im Jahr 1848. Mit dem Frankfurter Grundrechtegesetz wurde zunächst einfachgesetzlich ein Grundrechtekatalog festgeschrieben, der erstmals auch die Vereinigungsfreiheit vorsah. Zwar entfaltete er nicht

---

wurden Gesellschaften erlaubt, „in so fern [deren] Zweck mit dem gemeinen Wohl bestehen kann.".

[23] *Kotulla*, Thüringische Verfassungsurkunden. Vom Beginn des 19. Jahrhunderts bis heute, 2015, S. 152.

[24] *Tillmann*, Staat und Vereinigungsfreiheit im 19. Jahrhundert, 1976, S. 37.

[25] RGBl. 1871 Nr. 16 S. 64; *Huber*, in: Huber (Hrsg.), Dokumente zur deutschen Verfassungsgeschichte, 3. Aufl. 1986, Band 2 (1851–1900), S. 384 ff.

[26] *Marx*, in: Lisken/Denninger (Hrsg.), Handbuch des Polizeirechts, 7. Aufl. 2021, I. Teil VII: Öffentliches Vereinsrecht, Rn. 480.

[27] Dazu auch Erster Teil Kapitel 2 A. II.; RGBl. 1908 Nr. 18 S. 151; *Huber*, in: Huber (Hrsg.), Dokumente zur deutschen Verfassungsgeschichte, 3. Aufl. 1990, Band 3 (1900–1918), S. 17 ff.

wie geplant durch Aufnahme in die Paulskirchenverfassung gesamtdeutsche Wirkkraft, doch strahlte er nach deren Scheitern in die dritte Konstitutionalisierungsphase der Länder aus. Auch nach Gründung des deutschen Kaiserreichs 1871 blieb die Regelung der Grundrechte und damit auch der Vereinigungsfreiheit Ländersache.

II. Die Vereinigungsfreiheit in der Weimarer Reichsverfassung

Mit ihrer Kodifizierung in der Weimarer Reichsverfassung vom 11. August 1919 (WRV) erhielt die allgemeine Vereinigungsfreiheit letztlich für das gesamte Reich Verfassungsrang.[28] Im ersten Abschnitt des zweiten Hauptteils wurde in Art. 124 WRV folgendes Grundrecht normiert:

„Alle Deutschen haben das Recht, zu Zwecken, die den Strafgesetzen nicht zuwiderlaufen, Vereine oder Gesellschaften zu bilden. Dies Recht kann nicht durch Vorbeugungsmaßregeln beschränkt werden. Für religiöse Vereine und Gesellschaften gelten dieselben Bestimmungen.

Der Erwerb der Rechtsfähigkeit steht jedem Verein gemäß den Vorschriften des bürgerlichen Rechts frei. Er darf einem Vereine nicht aus dem Grund versagt werden, daß er einen politischen, sozialpolitischen oder religiösen Zweck verfolgt."

Die Vereinigungsfreiheit wurde als Bürgerrecht ausgestaltet und stand allen deutschen Staatsangehörigen zu. Weitere Regelungen, die das wachsende Schutzniveau der Vereinigungsfreiheit untermauerten, waren die Versammlungsfreiheit in Art. 123 WRV, die Vereinigungsfreiheit der Beamten nach Art. 130 Abs. 2 WRV, die Freiheit der Bildung von Religionsgemeinschaften nach Art. 137 Abs. 2 und 3 WRV sowie die Vereinigungsfreiheit zur Wahrung und Förderung der Arbeits- und Wirtschaftsbedingungen (Koalitionsfreiheit) nach Art. 159 WRV.[29]

Die gestärkte Position der Vereinigungsfreiheit sollte nicht lange halten. Die errungenen Grundrechtsgewährleistungen wurden durch die Notverordnungspraxis nach Art. 48 Abs. 2 WRV[30] sowie durch die sog. Republikschutzgesetze vom 21. Juli 1922[31] und vom 25. März 1930[32] wieder entwertet.[33] Art. 48 Abs. 2 WRV ermächtigte den Reichspräsidenten im Falle einer erheblichen Störung oder Gefährdung der öffentlichen Sicherheit und Ordnung, die zur Wiederherstellung dieser nötigen Maßnahmen zu treffen. Zu diesem Zweck konnten vorübergehend diverse Grundrechte

---

[28] RGBl. 1919 Nr. 152 S. 1383; *Huber*, in: Huber (Hrsg.), Dokumente zur deutschen Verfassungsgeschichte, 3. Aufl. 1992, Band 4 (1919–1933), S. 151 ff.

[29] *Heinrich*, in: Joecks/Miebach (Hrsg.), Münchener Kommentar zum Strafgesetzbuch, 4. Aufl. 2022, VereinsG, Vor § 1, Rn. 3.

[30] Vgl. Präsidialverordnung zur Bekämpfung politischer Ausschreitungen vom 28. März 1931 sowie Präsidialverordnung zur Erhaltung des inneren Friedens vom 19. Dezember 1932; *Schnorr*, Öffentliches Vereinsrecht, 1965, S. 27.

[31] RGBl. 1922 Nr. 52 S. 585.

[32] RGBl. 1930 Nr. 9 S. 91.

[33] *Marx*, in: Lisken/Denninger (Hrsg.), Handbuch des Polizeirechts, 7. Aufl. 2021, I. Teil VII: Öffentliches Vereinsrecht, Rn. 482.

und so auch Art. 124 WRV ganz oder teilweise außer Kraft gesetzt werden. Die Gesetze zum Schutz der Republik wurden infolge des Mordes an Reichsaußenminister Walter Rathenau erlassen und verboten Vereine und Organisationen, die sich gegen die verfassungsmäßige Ordnung richteten.[34] Schließlich wurde die Vereinigungsfreiheit durch § 1 der Verordnung des Reichspräsidenten zum Schutze von Volk und Staat vom 28. Februar 1933 durch Reichspräsident Hindenburg gänzlich abgeschafft.[35]

III. Zwischenergebnis

Der Weg, den die Vereinigungsfreiheit im 19. und 20. Jahrhundert zunächst durch die Landesgesetze und Landesverfassungen und später in der Weimarer Reichsverfassung 1919 zurückgelegt hat, sowie ihr Bedeutungszuwachs waren enorm. In den ersten beiden Konstitutionalisierungsphasen des 19. Jahrhunderts entstanden infolge des Verfassungsauftrags in der Deutschen Bundesakte des Deutschen Bundes 1815 zahlreiche Landesverfassungen, die je nach Interpretation des Art. XIII DBA zunächst nur zum Teil erste Grundrechtskataloge enthielten. Infolge der Märzrevolution und der Aufnahme der Vereinigungsfreiheit in das Frankfurter Grundrechtegesetz 1848 bahnte sich die Vereinigungsfreiheit in der postrevolutionären dritten Phase letztlich ihren Weg in die Landesverfassungen. Waren Vereine mit Ausnahme Preußens und seiner frühen Regelung im ALR bis zur Aufnahme der Vereinigungsfreiheit in die Landesverfassungen weitestgehend nur nach Genehmigung durch die Polizeien erlaubt, begann nun eine Periode, in der sich zunächst eine vorbehaltslose Freiheit zur Bildung von Vereinen durchsetzte. Ihren Ursprung findet die Vereinigungsfreiheit damit in der zweiten Hälfte des 19. Jahrhunderts, als in der Reaktionsära eine Phase der Liberalisierung begann, die für die Vereinigungsfreiheit letztlich in der erstmaligen verfassungsrechtlichen Kodifikation in der Weimarer Reichsverfassung ihren Höhepunkt fand.

B. Die Vereinigungsfreiheit im Bonner Grundgesetz

Die Vereinigungsfreiheit findet sich seit 1949 im Bonner Grundgesetz und bildet die verfassungsrechtliche Grundlage für die einfachgesetzliche Konkretisierung im öffentlichen Vereinsgesetz. Art. 9 Abs. 1 GG gewährleistet die allgemeine Vereinigungsfreiheit, wonach alle Deutschen das Recht haben, Vereine und Gesellschaften

---

[34] *Frotscher/Pieroth*, Verfassungsgeschichte, 18. Aufl. 2019, S. 294.
[35] RGBl. 1933 Nr. 17 S. 83; *Heinrich*, in: Joecks/Miebach (Hrsg.), Münchener Kommentar zum Strafgesetzbuch, 4. Aufl. 2022, VereinsG, Vor § 1, Rn. 3; *Wache*, in: Erbs/Kohlhaas u. a. (Hrsg.), Strafrechtliche Nebengesetze, VereinsG, 240. EL April 2022, Vorb, Rn. 5; *Buchheister*, LKV 2016, 160 (160).

zu bilden. Im Fall von Religionsgemeinschaften ergibt sich aus der Gesamtschau von Art. 4 Abs. 1, Abs. 2 GG und Art. 137 Abs. 2 Satz 1 WRV i. V. m. Art. 140 GG das speziellere Recht, sich zur gemeinsamen Betätigung eines Glaubens zusammenschließen und organisieren zu können (sog. religiöse Vereinigungsfreiheit).

I. Die allgemeine Vereinigungsfreiheit

Die Freiheit, sich zu vereinen, wurde im Grundgesetz unter Erweiterung der Beschränkungsmöglichkeiten als Bürgergrundrecht aufgenommen. Die Konzeption des Grundrechts der Vereinigungsfreiheit in Art. 9 Abs. 1 und Abs. 2 GG unterscheidet sich durch die Aufnahme verfassungsunmittelbarer Schranken von den meisten anderen durch die Verfassung gewährten Grundrechten.

1. Entstehungsgeschichte

Nach dem Zweiten Weltkrieg wurde die Vereinigungsfreiheit schrittweise wieder eingeführt, zunächst mit den Verordnungen der Militärregierungen in der britischen und amerikanischen Besatzungszone.[36] Auch die neu gegliederten Bundesländer nahmen die Vereinigungsfreiheit als Bürgerrecht in ihre Verfassungen auf,[37] bevor sie zusammen mit der Koalitionsfreiheit am 23. Mai 1949 in Artikel 9 GG verfassungsrechtlich garantiert wurde:[38]

„Abs. 1: Alle Deutschen haben das Recht, Vereine und Gesellschaften zu bilden.

Abs. 2: Vereinigungen, deren Zwecke oder deren Tätigkeit den Strafgesetzen zuwiderlaufen oder die sich gegen die verfassungsmäßige Ordnung oder gegen den Gedanken der Völkerverständigung richten, sind verboten.

[Abs. 3: Koalitionsfreiheit]"

Im Vergleich zur Vorgängerversion in Art. 124 WRV wurde die Vereinigungsfreiheit in Art. 9 GG restriktiver ausgestaltet. In der Weimarer Republik konnte die Vereinigungsfreiheit nur beschränkt werden, wenn der Vereinszweck den Strafgesetzen zuwiderlief. Als Lehre aus den Schwächen der Weimarer Verfassungskonzeption, die mitursächlich die Entstehung des Dritten Reichs als totalitäres Regime begünstigten, nahm der Verfassungsgeber nun weitere Verbotstatbestände in Art. 9 Abs. 2 GG auf.[39]

---

[36] *Schnorr*, Öffentliches Vereinsrecht, 1965, Einleitung, S. 28.

[37] Vgl. u. a. Art. 114 Bayerische Verfassung vom 2. Dezember 1946, siehe BayGVBl. 1946 Nr. 23 S. 3; Art. 15 Verfassung des Landes Hessen vom 1. Dezember 1946, siehe GVBl. 1946 S. 229; Art. 13 Verfassung für Rheinland-Pfalz vom 18. Mai 1947, siehe VOBl. 1947 S. 209; Art. 17 Bremer Verfassung vom 21. Oktober 1947, siehe BremGBl. 1947 S. 251; Art. 7 Verfassung des Saarlandes vom 15. Dezember 1947, siehe Amtsbl. 1947 S. 1077; Art. 18 Berliner Verfassung vom 1. September 1950, siehe VOBl. 1950 S. 433 (heute Art. 27 VvB).

[38] BGBl. 1949 I 2.

[39] BVerfGE, NJW 1990, 37 (38).

Im Einzelnen sind Vereine seitdem auch bei strafbaren Tätigkeiten sowie bei Handlungen gegen die verfassungsmäßige Ordnung und gegen den Gedanken der Völkerverständigung verboten.[40]

Die Verbotstatbestände wurden verfassungsunmittelbar als Gewährleistungsschranken in Art. 9 Abs. 2 GG geregelt und damit gesetzesfest gestaltet. Sie können nicht durch einfachgesetzliche Regelungen eingeschränkt, erweitert oder verändert werden.[41] Ein weiterer Unterschied zur Vorgängerregelung liegt darin, dass es für ein Vereinsverbot nach dem Wortlaut des Art. 124 WRV eines konstitutiven Verwaltungsaktes bedurfte. In der Neugestaltung der Vereinigungsfreiheit fehlt diese Voraussetzung. Bis zur Klarstellung durch das Vereinsgesetz 1964 herrschte folglich Uneinigkeit darüber, ob Vereinigungen bereits kraft Verfassungsnorm verboten sind. Nach dem Wortlaut des Grundgesetzes hat eine entsprechende Verbotsverfügung der Verwaltungsbehörde, wie sie § 3 Abs. 1 VereinsG nun vorsieht, jedenfalls keine konstitutive, sondern allenfalls eine feststellende Wirkung.[42]

Weitere, mit der Vereinigungsfreiheit in Art. 9 GG zusammenhängende Regelungen im Grundgesetz sind Art. 18 GG (Verwirkung der Grundrechte) und Art. 21 GG (Parteien). Mit der Vereinigungsfreiheit vergleichbare Normen wie die Grundrechtsgarantie für Unionsbürger, sich frei mit anderen zusammenzuschließen, finden sich mittlerweile auch im Europa- und Völkerrecht, in Art. 12 Abs. 1 der Charta der Grundrechte der Europäischen Union (GRCh) sowie in Art. 11 Abs. 1 der Europäischen Menschenrechtskonvention (EMRK), Art. 20 Nr. 1 Allgemeine Erklärung der Menschenrechte (AEMR) und in Art. 22 Abs. 1 Internationaler Pakt über bürgerliche und politische Rechte (IPBPR).

2. Umfang der Vereinigungsfreiheit nach Art. 9 Abs. 1 GG

Die Vereinigungsfreiheit und das Vereinsgesetz sind eng miteinander verwoben, sodass zur Bestimmung des Schutzgehalts der Vereinigungsfreiheit auch auf die einfachgesetzlichen Bestimmungen des Vereinsgesetzes zurückgegriffen wird.

a) Doppelgrundrecht

Die Vereinigungsfreiheit ist als Bürger- und als sog. Doppelgrundrecht ausgestaltet. Als Bürgergrundrecht sind zunächst alle deutschen Staatsbürger im Sinne der Regelung des Art. 116 Abs. 1 GG Grundrechtsträger. Sie haben die Freiheit, sich zu verei-

---

[40] Detaillierter zur Entwicklung der Verbotstatbestände der Vereinigungsfreiheit in Art. 9 Abs. 2 GG siehe unter Zweiter Teil Kapitel 6 A. und Kapitel 7 B. I.; *Schnorr*, Öffentliches Vereinsrecht, 1965, Einleitung, S. 29.

[41] *Von Feldmann*, DÖV 1965, 29 (29); *Schnorr*, Öffentliches Vereinsrecht, 1965, Einleitung, S. 29.

[42] *Heinrich*, in: Joecks/Miebach (Hrsg.), Münchener Kommentar zum Strafgesetzbuch, 4. Aufl. 2022, VereinsG, Vor § 1, Rn. 4.

nen sowie Vereinigungen mit Sitz in Deutschland oder maßgeblich von deutschen Staatsbürgern bestimmte und kontrollierte Vereinigungen im Ausland zu bilden.

Ausländer, Ausländervereine und ausländische Vereine sind im Fall einer Vereinsbildung jedoch nicht schutzlos gestellt. Ihr Grundrechtsschutz ergibt sich bei Grundrechten, die die Staatsbürgerschaft voraussetzen, aus der allgemeinen Handlungsfreiheit nach Art. 2 Abs. 1 GG (i. V. m. Art. 19 Abs. 3 GG).[43] Zudem garantiert § 1 Abs. 1 VereinsG einfachgesetzlich die Freiheit zur Bildung von Vereinen (Vereinsfreiheit), ohne dabei zwischen Staatsbürgern und Nicht-Staatsbürgern zu unterscheiden.

Nach der Lehre vom Doppelgrundrecht schützt Art. 9 Abs. 1 GG natürliche und juristische Personen.[44] Das umfasst den Einzelnen als Mitglied einer Vereinigung sowie die Vereinigung selbst und kann dazu führen, dass ein Vereinsmitglied Grundrechtsschutz gegen die Vereinigung geltend macht.[45]

b) Begriff der Vereinigung

Der Begriff der Vereinigung, wie er in Art. 9 Abs. 2 GG verwendet wird, dient als Oberbegriff für Vereine und Gesellschaften, die in Art. 9 Abs. 1 GG aufgezählt werden. Eine Vereinigung im Sinne des Art. 9 GG ist jede Mehrheit natürlicher oder juristischer Personen, die sich ohne Rücksicht auf die Rechtsform oder die Rechtsfähigkeit für längere Zeit zu einem gemeinsamen Zweck freiwillig zusammengeschlossen und einer organisierten Willensbildung unterworfen hat.[46]

---

[43] *Cornils*, in: Epping/Hillgruber (Hrsg.), BeckOK Grundgesetz, 51. Edition, Stand 15.05.2022, Art. 9, Rn. 4; *Merten*, in: Isensee/Kirchhof (Hrsg.), Handbuch des Staatsrechts der Bundesrepublik Deutschland, 3. Aufl. 2009, § 165, Rn. 25; *Michael*, JZ 2007, 146 (146); a. A. nur einfachgesetzlicher Schutz nach *Scholz*, in: Dürig/Herzog u. a. (Hrsg.), Grundgesetz, Lfg. 96 November 2021, Art. 9, Rn. 47.

[44] St.Rspr. seit BVerfGE 13, 174 (175); *Cornils*, in: Epping/Hillgruber (Hrsg.), BeckOK Grundgesetz, 51. Edition, Stand 15.05.2022, Art. 9, Rn. 1, 3; *Jarass*, in: Jarass/Pieroth (Hrsg.), Grundgesetz, 16. Aufl. 2020, Art. 9, Rn. 11; *Kannengießer*, in: Schmidt-Bleibtreu/Hofmann u. a. (Hrsg.), Grundgesetz, 15. Aufl. 2022, Art. 9, Rn. 6; *Merten*, in: Isensee/Kirchhof (Hrsg.), Handbuch des Staatsrechts der Bundesrepublik Deutschland, 3. Aufl. 2009, § 165, Rn. 28 f.; a. A. Grundrechtsschutz für Vereinigungen als Kollektiv kann sich nur aus Art. 19 Abs. 3 GG als lex specialis Regelung vor Art. 9 Abs. 1 GG ergeben, so *J. Heinrich*, Vereinigungsfreiheit und Vereinigungsverbot, 2005, S. 43 ff.; *Höfling*, in: Sachs (Hrsg.), Grundgesetz, 9. Aufl. 2021, Art. 9, Rn. 26 f., 34; *Kemper*, in: von Mangoldt/Klein u. a. (Hrsg.), Grundgesetz, 7. Aufl. 2018, Art. 9, Rn. 62 f.; *Kingreen/Poscher*, Grundrechte, 37. Aufl. 2021, Rn. 850, 916; *Scholz*, in: Dürig/Herzog u. a. (Hrsg.), Grundgesetz, Lfg. 96 November 2021, Art. 9, Rn. 24 f.

[45] *Scholz*, in: Dürig/Herzog u. a. (Hrsg.), Grundgesetz, Lfg. 96 November 2021, Art. 9, Rn. 98.

[46] BVerfG, Nichtannahmebeschluss vom 02.07.2019 – 1 BvR 1099/16, juris, Rn. 15; *J. Heinrich*, Vereinigungsfreiheit und Vereinigungsverbot, 2005, S. 33; *Höfling*, in: Sachs (Hrsg.), Grundgesetz, 9. Aufl. 2021, Art. 9, Rn. 9; *Roggenkamp*, in: Albrecht/Roggenkamp (Hrsg.), Vereinsgesetz Kommentar, 2014, § 2, Rn. 8; *Rudroff*, Das Vereinigungsverbot nach Art. 9 Abs. 2

Mit Einführung des Vereinsgesetzes hat dieses Begriffsverständnis in § 2 Abs. 1 VereinsG einen einfachgesetzlichen Niederschlag gefunden.[47] Eine Verfassungsnorm kann qua Normenhierarchie nicht durch ein einfaches Gesetz festgelegt werden. Die einfachgesetzliche Regelung folgt vielmehr aus der Verfassungsnorm, weswegen sich § 2 Abs. 1 VereinsG aus Art. 9 Abs. 1 GG ableitet und nicht andersherum.[48] Ein Rückgriff auf die Legaldefinition in § 2 Abs. 1 VereinsG zur Klarstellung des Schutzbereichs in Art. 9 Abs. 1 GG ist dennoch möglich und in diesem Fall auch geboten.[49] Das Vereinsgesetz stellt die einfachgesetzliche Ausgestaltung des Grundrechts der Vereinigungsfreiheit und des verfassungsunmittelbar geregelten Vereinigungsverbotsrechts dar. Eine identische Begriffsbestimmung sichert eine einheitliche Vereinigungsverbotspraxis. Andernfalls könnte das aus Art. 9 Abs. 2 GG folgende Vereinigungsverbot nach § 3 Abs. 1 VereinsG nicht umgesetzt werden und umgekehrt bestünde die Gefahr, dass das Vereinsgesetz auch auf Organisationsformen angewandt wird, die nicht von Art. 9 Abs. 2 GG umfasst sind.[50]

Von der Vereinigungsfreiheit geschützte Vereinigungen sind jedenfalls Vereine und Gesellschaften, also nach §§ 55 ff. BGB eingetragene[51] und nicht-eingetragene Vereine, wirtschaftliche Vereine nach § 22 BGB sowie Personen- und Kapitalgesellschaften (vgl. insoweit auch § 17 VereinsG).[52] Insbesondere im Rahmen der Terrorismus- und Extremismusbekämpfung wurden bereits diverse Kapitalgesellschaften verboten.[53] Mangels notwendigen Zusammenschlusses von Personen sind Stiftungen und Ein-Mann-GmbHs keine Vereinigungen im Sinne des Art. 9 Abs. 1 GG. Koalitionen, Parteien und privatrechtliche Religionsgemeinschaften sind lex specialis durch die Vereinigungsfreiheiten in Art. 9 Abs. 3 GG, Art. 21 GG sowie Art. 4 und Art. 137

GG und dessen verwaltungsrechtliche Auswirkungen, 1995, S. 3; *Scholz*, in: Dürig/Herzog u. a. (Hrsg.), Grundgesetz, Lfg. 96 November 2021, Art. 9, Rn. 57.

[47] Ausführliche Darstellung zum Vereinsbegriff und den einzelnen Begriffsmerkmalen unter Zweiter Teil Kapitel 5.

[48] *Jarass*, DÖV 2019, 457 (461).

[49] BVerfG, Nichtannahmebeschluss vom 02.07.2019 – 1 BvR 1099/16, juris, Rn. 15.

[50] *Schnorr*, Öffentliches Vereinsrecht, 1965, § 2, Rn. 2.

[51] So auch schon *Schnorr*, Öffentliches Vereinsrecht, 1965, § 2, Rn. 1; BVerwG, Urteil vom 04.11.2016 – 1 A 5/15, Buchholz 402.45 VereinsG Nr. 71, Rn. 19.

[52] *Bundesregierung*, Entwurf eines Vereinsgesetzes, 24.05.1962, BT Drs. IV/430, S. 10; *Mansel*, in: Jauernig (Hrsg.), BGB Kommentar, 18. Aufl. 2021, § 21, Rn. 2; str. für Kapitalgesellschaften: für uneingeschränkten Schutz siehe *Bauer*, in: Dreier (Hrsg.), Grundgesetz, 3. Aufl. 2013, Art. 9, Rn. 35; *Jarass*, in: Jarass/Pieroth (Hrsg.), Grundgesetz, 16. Aufl. 2020, Art. 9, Rn. 5; *Merten*, in: Isensee/Kirchhof (Hrsg.), Handbuch des Staatsrechts der Bundesrepublik Deutschland, 3. Aufl. 2009, § 165, Rn. 43; *Roth*, in: Schenke/Graulich u. a. (Hrsg.), Sicherheitsrecht des Bundes, 2. Aufl. 2019, § 2 VereinsG, Rn. 25; *Schnorr*, Die Polizei 1965, 48 (48); a.A. Kapitalgesellschaften sollen mangels personalen Element nicht mitumfasst sein, siehe *Kannengießer*, in: Schmidt-Bleibtreu/Hofmann u. a. (Hrsg.), Grundgesetz, 15. Aufl. 2022, Art. 9, Rn. 10; *Wache*, in: Erbs/Kohlhaas u. a. (Hrsg.), Strafrechtliche Nebengesetze, VereinsG, 240. EL April 2022, § 2, Rn. 5.

[53] Siehe im Einzelnen unter Zweiter Teil Kapitel 5 A. II.

Abs. 2 Satz 1 WRV i. V. m. Art. 140 GG geschützt. Einfachgesetzlich stellt dies § 2 Abs. 2 VereinsG für Parteien und Fraktionen klar. Bis zur Aufhebung des Religionsprivilegs[54] waren auch die Religionsgemeinschaften Teil dieser Aufzählung.

c) Gewährleistungsumfang

Die Vereinigungsfreiheit schützt die „organisatorische Komponente kommunikativer Freiheit".[55] Sie lässt eine enge Verbindung zu den sog. Kommunikationsgrundrechten (Art. 5 GG und Art. 8 GG) erkennen und erweitert Aspekte dieser Schutzbereiche als Äußerungsform freier Persönlichkeitsbildung und -entfaltung auf das Assoziationswesen.[56] Als Abwehrrecht konzipiert, schützt sie vor staatlichen Eingriffen und Beschränkungen in die Freiheit, sich zu vereinen. Gleichzeitig erlangt sie als Recht auf Gewährung bestimmter Organisationsformen in Form einer Teilgarantie weitere Bedeutung.[57] Sie ist Ausdruck des Prinzips freier sozialer Gruppenbildung und verkörpert damit ein konstituierendes Prinzip der demokratischen und rechtsstaatlichen Ordnung des Grundgesetzes.[58]

aa) Positive und negative Vereinigungsfreiheit

Unmittelbar aus dem Wortlaut ergibt sich zunächst die (positive) Freiheit, Vereine und Gesellschaften zu bilden. Ausprägungen dessen sind die Freiheit, Vereinigungen zu gründen und zu bilden, ihnen beizutreten und in ihnen zu verbleiben. Bestandteile dieser Gründungsfreiheit sind auch die Entscheidungen über Zeitpunkt, Zweck, Rechtsform, Satzung und Sitz. Nach der Gründung sind die Vereinigungen als solche in ihrer Existenz und Funktionsfähigkeit geschützt.[59] Vom Schutzbereich erfasst sind nur frei gebildete privatrechtliche Vereinigungen, nicht dagegen staatlich angeordnete, öffentlich-rechtliche Vereinigungen.[60] Die negative Vereinigungsfreiheit beinhal-

---

[54] Siehe dazu ausführlich unter Erster Teil Kapitel 1 B II. 1.
[55] *Cornils*, in: Epping/Hillgruber (Hrsg.), BeckOK Grundgesetz, 51. Edition, Stand 15.05.2022, Art. 9, Rn. 7.
[56] *Höfling*, in: Sachs (Hrsg.), Grundgesetz, 9. Aufl. 2021, Art. 9, Rn. 3; *Merten*, in: Isensee/Kirchhof (Hrsg.), Handbuch des Staatsrechts der Bundesrepublik Deutschland, 3. Aufl. 2009, § 165, Rn. 2; *Scholz*, in: Dürig/Herzog u. a. (Hrsg.), Grundgesetz, Lfg. 96 November 2021, Art. 9, Rn. 8.
[57] *Höfling*, in: Sachs (Hrsg.), Grundgesetz, 9. Aufl. 2021, Art. 9, Rn. 28; *Scholz*, in: Dürig/Herzog u. a. (Hrsg.), Grundgesetz, Lfg. 96 November 2021, Art. 9, Rn. 22 (sog. status collectivus).
[58] BVerfGE 38, 281 (303).
[59] BVerfGE 13, 174 (175); *Schnorr*, Die Polizei 1965, 48 (50).
[60] *Bauer*, in: Dreier (Hrsg.), Grundgesetz, 3. Aufl. 2013, Art. 9, Rn. 37; *Cornils*, in: Epping/Hillgruber (Hrsg.), BeckOK Grundgesetz, 51. Edition, Stand 15.05.2022, Art. 9, Rn. 10.1; *Heinrich*, in: Joecks/Miebach (Hrsg.), Münchener Kommentar zum Strafgesetzbuch, 4. Aufl. 2022, VereinsG, § 20, Rn. 9; *Jarass*, in: Jarass/Pieroth (Hrsg.), Grundgesetz, 16. Aufl. 2020, Art. 9, Rn. 4; *Kannengießer*, in: Schmidt-Bleibtreu/Hofmann u. a. (Hrsg.), Grundgesetz,

tet die Freiheit, Vereinigungen nicht zu gründen, ihnen nicht beizutreten,[61] aus ihnen auszutreten oder sie aufzulösen.[62]

bb) Die Schutzgehalte der Vereinsorganisation und Vereinsbetätigung

Neben der Vereinsgründung sind bis zu einem gewissen Maß auch die Vereinsorganisation und -betätigung als Teilgarantien der Vereinigungsfreiheit geschützt.[63] Abgeleitet wird dies aus der historischen Genese des Vereinsgesetzes. Während der Wortlaut des Art. 9 Abs. 1 GG allein die Bildung von Vereinigungen unter Schutz stellt, nannte der in der ersten Lesung im Bundestag eingebrachte Gesetzentwurf für ein neues Vereinsgesetz 1962 unter § 2 Abs. 2 VereinsG auch die Betätigung der Vereine als Aspekt der Vereinsfreiheit. § 2 VereinsG, der ausdrücklich die Vereinsfreiheit festschreibt, sah im zweiten Absatz den Passus vor, dass „die Betätigung der Vereine, ihrer Mitglieder und Beauftragten […] den allgemeinen, für jedermann verbindlichen Gesetzen" unterliegt.[64] Nach der Überweisung in den Ausschuss für Inneres zur weiteren Behandlung des Entwurfs strich man diese Formulierung, weil man sie als Einführung eines allgemeinen Gesetzesvorbehalts hätte verstehen können.[65] Stattdessen wurde die Vereinsfreiheit in § 1 Abs. 1 VereinsG geregelt und im zweiten Absatz eine Klausel zur Polizeifestigkeit des Vereinsrechts eingefügt.[66] Das Bundesverfassungs-

---

15. Aufl. 2022, Art. 9, Rn. 6, 8f.; *Kingreen/Poscher*, Grundrechte, 37. Aufl. 2021, Rn. 918; *Merten*, in: Isensee/Kirchhof (Hrsg.), Handbuch des Staatsrechts der Bundesrepublik Deutschland, 3. Aufl. 2009, § 165, Rn. 62; *Scholz*, in: Dürig/Herzog u. a. (Hrsg.), Grundgesetz, Lfg. 96 November 2021, Art. 9, Rn. 55; *Winkler*, in: von Münch/Kunig (Hrsg.), Grundgesetz, 7. Aufl. 2021, Art. 9, Rn. 26.

[61] Strittig ist insoweit, ob die negative Vereinigungsfreiheit des Einzelnen vor öffentlich-rechtlichen Zwangsvereinigungen schützen kann, dies bejahend *Bauer*, in: Dreier (Hrsg.), Grundgesetz, 3. Aufl. 2013, Art. 9, Rn. 47; *Cornils*, in: Epping/Hillgruber (Hrsg.), BeckOK Grundgesetz, 51. Edition, Stand 15.05.2022, Art. 9, Rn. 10.1; *Höfling*, in: Sachs (Hrsg.), Grundgesetz, 9. Aufl. 2021, Art. 9, Rn. 22f.; *Kemper*, in: von Mangoldt/Klein u. a. (Hrsg.), Grundgesetz, 7. Aufl. 2018, Art. 9, Rn. 29, 58ff.; *Kingreen/Poscher*, Grundrechte, 37. Aufl. 2021, Rn. 924; *Merten*, in: Isensee/Kirchhof (Hrsg.), Handbuch des Staatsrechts der Bundesrepublik Deutschland, 3. Aufl. 2009, § 165, Rn. 62; *Scholz*, in: Dürig/Herzog u. a. (Hrsg.), Grundgesetz, Lfg. 96 November 2021, Art. 9, Rn. 90; für eine Beschränkung auf privatrechtliche Vereinigungen: in st.Rspr. BVerfGE 10, 89 (102); 38, 281 (297); *Jarass*, in: Jarass/Pieroth (Hrsg.), Grundgesetz, 16. Aufl. 2020, Art. 9, Rn. 7; *Winkler*, in: von Münch/Kunig (Hrsg.), Grundgesetz, 7. Aufl. 2021, Art. 9, Rn. 51.

[62] BVerfGE 50, 290 (354); *Cornils*, in: Epping/Hillgruber (Hrsg.), BeckOK Grundgesetz, 51. Edition, Stand 15.05.2022, Art. 9, Rn. 10; ausführlich dazu *Etzrodt*, Der Grundrechtsschutz der negativen Vereinigungsfreiheit, 1980.

[63] Ausführlich zu der Frage, ob das Tragen von Kennzeichen als Teil der Vereinsbetätigung vom Schutzbereich der Vereinigungsfreiheit mitumfasst ist, siehe Zweiter Teil Kapitel 9 C. II. 1.

[64] BT Drs. IV/430, S. 2.

[65] BGBl. 1964 I 593; *Schnorr*, RdA 1964, 317 (318).

[66] Siehe dazu Erster Teil Kapitel 2. B. II. 2.

gericht bestätigte diese Lesart und konkretisierte in einem Beschluss von 1971, dass der Schutzgehalt der Vereinigungsfreiheit über die bloße Vereinsgründung hinausgeht. Neben der internen und externen Vereins*organisation* ist auch die interne Vereins*betätigung* geschützt. Das umfasst einen Kernbereich an Vereinstätigkeit, zu dem auch die Namensführung des Vereins gehört.[67]

In der Mitbestimmungsentscheidung vom 1. März 1979 ordnete das Bundesverfassungsgericht die Vereinsorganisation als Bestandteil der Vereinsautonomie ein. Ausprägungen dieser sind das Recht zur Selbstbestimmung der Mitglieder und des Vereins über die eigene Organisation, das Verfahren der Willensbildung, wie die Durchführung von Mitgliederversammlungen und Gremienwahlen, die Führung der Geschäfte, die Verhängung von Vereinsstrafen sowie das Recht, sich keine bestimmte innere Ordnung zu geben.[68]

Als interne Vereinsbetätigung geschützt sind die Vereinsdaten, der Entschluss über Aufnahme und Ausschluss von Mitgliedern, das Namensrecht sowie die Entscheidung über die Selbstauflösung. Der Schutz der nach außen wirkenden, externen Vereinsbetätigung ist von der Vereinigungsfreiheit nur insoweit mitumfasst, als es sich um vereinigungsspezifische Betätigungen und einen die Existenz des Vereins sichernden Außenkontakt in Form von Selbstdarstellung und Mitgliederwerbung handelt.[69] Bei darüber hinausgehenden, nicht vereinsspezifischen Tätigkeiten reicht der Schutz der Vereinigung nicht weiter als der Schutz der in ihr zusammengefassten Einzelpersonen, da sonst die Vereinigung vielfach besser gestellt wäre als der Einzelne.[70] Ohne besonderen Schutz der Organisationsform ist der Einzelne insbesondere durch die anderen Kommunikationsgrundrechte geschützt, vgl. Art. 5 GG und Art. 8 GG.

cc) Weitere Gewährleistungsdimensionen

Neben dem soeben beschriebenen status negativus werden auch weitere Gewährleistungsdimensionen für die Vereinigungsfreiheit diskutiert, im Einzelnen die Vereini-

---

[67] BVerfGE 30, 227 (241).
[68] BVerfGE 50, 290 (354); konkretisiert durch: *Merten*, in: Isensee/Kirchhof (Hrsg.), Handbuch des Staatsrechts der Bundesrepublik Deutschland, 3. Aufl. 2009, § 165, Rn. 50, 52; *Winkler*, in: Münch/Kunig (Hrsg.), Grundgesetz, 7. Aufl. 2021, Art. 9, Rn. 48.
[69] BVerfGE 84, 372 (380); *Cornils*, in: Epping/Hillgruber (Hrsg.), BeckOK Grundgesetz, 51. Edition, Stand 15.05.2022, Art. 9, Rn. 12; *Höfling*, in: Sachs (Hrsg.), Grundgesetz, 9. Aufl. 2021, Art. 9, Rn. 19 f.; *Jarass*, in: Jarass/Pieroth (Hrsg.), Grundgesetz, 16. Aufl. 2020, Art. 9, Rn. 8.
[70] BVerfGE 54, 237 (251); BVerfG, NJW 2000, 1251 (1251); BVerfG, NJW 2015, 612 (612 f.); *Cornils*, in: Epping/Hillgruber (Hrsg.), BeckOK Grundgesetz, 51. Edition, Stand 15.05.2022, Art. 9, Rn. 13; *Höfling*, in: Sachs (Hrsg.), Grundgesetz, 9. Aufl. 2021, Art. 9, Rn. 20 f.; *Jarass*, in: Jarass/Pieroth (Hrsg.), Grundgesetz, 16. Aufl. 2020, Art. 9, Rn. 9; *Merten*, in: Isensee/Kirchhof (Hrsg.), Handbuch des Staatsrechts der Bundesrepublik Deutschland, 3. Aufl. 2009, § 165, Rn. 52.

gungsfreiheit als Gestaltungsrecht (status activus) und als Leistungsrecht (status positivus).

(1) Status activus

Der status activus beschreibt die Freiheit des Einzelnen im und für den Staat und ordnet die Grundrechte als Gestaltungsrechte ein, durch die dem Einzelnen ein Recht auf Teilhabe am Gemeinwesen zugesprochen wird.[71] Während *Höfling* in der Vereinigungsfreiheit kein Gestaltungsrecht erkennt,[72] ordnen *Merten, Bauer* und *Scholz* ihr zumindest insoweit einen Gestaltungsgehalt zu, als dass sie Vereinen und Bürgern, die als Vereinsmitglieder aktiv politische Zwecke verfolgen, ein Recht auf Teilhabe an der politischen Willensbildung und politischen Entscheidungsprozessen einräumen.[73] Die meisten politischen Vereine sind als Parteien in ihrer Freiheit, Existenz und Mitwirkung an der politischen Willensbildung durch Art. 21 GG geschützt. Dieser Schutz hat sich historisch aus der allgemeinen Vereinigungsfreiheit in Art. 9 Abs. 1 GG herausgebildet. Die Parteienfreiheit nach Art. 21 GG ist somit, wie die religiöse Vereinigungsfreiheit für Religionsgemeinschaften,[74] eine spezielle Ausprägung der Vereinigungsfreiheit.[75] Politische Vereine, die nicht den Status einer Partei erlangen, also solche die vor allem bei der Bildung der öffentlichen Meinung und im vorpolitischen Bereich wirken, können sich auf die allgemeine Vereinigungsfreiheit als Mitwirkungsrecht berufen.[76] Das können neben lokalen Rathausparteien auch Wählervereinigungen sein.

(2) Status positivus

Beim status positivus ist der Einzelne zur Schaffung und Erhaltung seiner Freiheit auf den Staat angewiesen. Die betroffenen Grundrechte sind als Leistungsrechte ausgestaltet, welche im Gegensatz zu einem Abwehrrecht nicht den Schutz *vor* dem Staat, sondern den Schutz *durch* den Staat forciert.[77] Es ist zwischen zwei Ausprägungen des status positivus zu unterscheiden. Einerseits ist ein Anspruch auf Schutz durch bereits bestehende Leistungen, Verfahren oder Vorkehrungen bzw. auf Schutz

---

[71] *Epping*, Grundrechte, 9. Aufl. 2021, Rn. 21; *Voßkuhle/Kaiser*, JuS 2011, 411 (412).

[72] *Höfling*, in: Sachs (Hrsg.), Grundgesetz, 9. Aufl. 2021, Art. 9, Rn. 29.

[73] *Bauer*, in: Dreier (Hrsg.), Grundgesetz, 3. Aufl. 2013, Art. 9, Rn. 22, 65; *Merten*, in: Isensee/Kirchhof (Hrsg.), Handbuch des Staatsrechts der Bundesrepublik Deutschland, 3. Aufl. 2009, § 165, Rn. 9; *Scholz*, in: Dürig/Herzog u. a. (Hrsg.), Grundgesetz, Lfg. 96 November 2021, Art. 9, Rn. 35.

[74] Siehe ausführlich zur religiösen Vereinigungsfreiheit unter Erster Teil Kapitel 1 B. II.

[75] *Merten*, in: Isensee/Kirchhof (Hrsg.), Handbuch des Staatsrechts der Bundesrepublik Deutschland, 3. Aufl. 2009, § 165, Rn. 7 f.

[76] *Merten*, in: Isensee/Kirchhof (Hrsg.), Handbuch des Staatsrechts der Bundesrepublik Deutschland, 3. Aufl. 2009, § 165, Rn. 9.

[77] *Kingreen/Poscher*, Grundrechte, 37. Aufl. 2021, Rn. 113.

in bestehenden staatlichen Einrichtungen denkbar (derivativer Leistungsanspruch). Andererseits kann auch ein Anspruch auf Schutz durch die Bereitstellung bzw. Schaffung von noch nicht vorhandenen Strukturen existieren (originärer Leistungsanspruch).[78]

Die Vereinigungsfreiheit ist ein Freiheitsrecht, welches unabhängig von staatlicher Unterstützung (z. B. in Form von Vereinssubventionierung und/oder -förderung) ausgeübt werden kann und darum keine originär leistungsrechtliche Grundrechtskomponente enthält.[79] Derivativ kann aus der Vereinigungsfreiheit in Zusammenhang mit dem allgemeinen Gleichbehandlungssatz ein Leistungsanspruch erwachsen, z. B. in Fällen gleicher Berücksichtigung bei staatlicher Vereinsförderung oder gleichen Zugangs zu öffentlichen Einrichtungen.[80]

dd) Zwischenergebnis

Die Vereinigungsfreiheit ist ein Abwehrrecht (status negativus) und enthält Teilgarantien hinsichtlich der Umsetzung und konkreten Ausgestaltung im Rahmen der Bildung von Vereinigungen. Das umfasst neben der Vereinsgründung auch die interne und externe Vereinsorganisation sowie die interne Vereinsbetätigung. Darüberhinausgehende Gewährleistungsdimensionen können in Form eines Mitwirkungsrechts für politische Vereine und eines Rechts auf Gleichbehandlung festgehalten werden.

d) Eingriffe in die Vereinigungsfreiheit

Es sind in allen „Lebensphasen" eines Vereins Eingriffe denkbar, die ihn in seiner Vereinigungsfreiheit beeinträchtigen. Vor der Gründung des Vereins können präventive Vereinskontrollen oder Gründungsverbote die perspektivische Funktionsfähigkeit der Vereinigung derart beeinträchtigen, dass dadurch eine Gründung verhindert oder erschwert wird.[81] Art. 124 Abs. 1 Satz 2 WRV stellte darum klar, dass die Vereinigungsfreiheit nicht durch Vorbeugungsmaßregeln beschränkt werden dürfe.[82]

Nach der Gründung des Vereins kann durch zahlreiche Maßnahmen in den Bestand des Vereins eingegriffen werden. Neben dem „klassischen" Eingriff in die Vereinigungsfreiheit durch Vereinsverbote können auch Konzessionssysteme, Genehmigungsvorbehalte für Vereinssatzungen (vgl. § 15 WaffG für schießsportliche Verei-

---

[78] *Kingreen/Poscher*, Grundrechte, 37. Aufl. 2021, Rn. 113.

[79] *Bauer*, in: Dreier (Hrsg.), Grundgesetz, 3. Aufl. 2013, Art. 9, Rn. 65; *Merten*, in: Isensee/Kirchhof (Hrsg.), Handbuch des Staatsrechts der Bundesrepublik Deutschland, 3. Aufl. 2009, § 165, Rn. 15 f.; *Scholz*, in: Dürig/Herzog u. a. (Hrsg.), Grundgesetz, Lfg. 96 November 2021, Art. 9, Rn. 32; *Winkler*, in: von Münch/Kunig (Hrsg.), Grundgesetz, 7. Aufl. 2021, Art. 9, Rn. 68.

[80] OVG Berlin-Brandenburg, Beschluss vom 24.03.2011 – 10 N 50.09, NVwZ-RR 2011, 575; *Bauer*, in: Dreier (Hrsg.), Grundgesetz, 3. Aufl. 2013, Art. 9, Rn. 65.

[81] BVerfG, NVwZ 2003, 855 (856).

[82] Siehe auch Erster Teil Kapitel 1. A. II.

ne), Beitrittsbeschränkungen oder -zwang, Maßnahmen zur Erschwerung der Mitgliederwerbung, Kennzeichenverbote, Tätigkeitsverbote oder die Schließung von Vereinsgeschäftsstellen zu einer Beschränkung des Grundrechts führen.[83] Hinzukommen faktische Behinderungen, wenn sie ein gewisses Gewicht haben, z. B. nachrichtendienstliche Beobachtung oder Unterwanderung.[84]

Neben den gefahrenabwehrrechtlichen Verbotsmöglichkeiten nach § 3 Abs. 1 VereinsG i. V. m. Art. 9 Abs. 2 GG kommen weitere Maßnahmen aus anderen Rechtsgebieten in Betracht. Nach § 30 VereinsG bleiben diverse Regelungen unberührt, die die Vereinigungsfreiheit ebenfalls beeinträchtigen können. Nach § 30 Abs. 2 Nr. 2 VereinsG bleibt die Entziehung der Rechtsfähigkeit nach §§ 43, 44 BGB möglich.[85] Die Vorschriften bestanden bereits als 1908 das Reichsvereinsgesetz in Kraft trat und in § 2 eine Verbotsmöglichkeit bei einem Verstoß gegen die Strafgesetze vorsah. § 43 BGB unterscheidet sich insoweit von § 2 RVG/§ 3 Abs. 1 VereinsG, als dass der Entzug der Rechtsfähigkeit nicht automatisch zur Auflösung des Vereins führt, sondern dieser gegebenenfalls als nichtrechtsfähiger Verein weiterbestehen kann. Verbot und Auflösung des Vereins nach Vereinsgesetz sehen wiederum nicht ausdrücklich den Entzug der Rechtsfähigkeit vor, dazu kommt es im Fall einer Auflösung aber automatisch. Der Entzug der Rechtsfähigkeit ist nur in den Grenzen der §§ 43, 44 BGB möglich.[86] Eine weitere Ausnahme von den Verbotswegen des Vereinsgesetzes ist die Auflösung bestimmter Sondervereine, u. a. wegen Gemeinwohlgefährdung, vgl. § 30 Abs. 2 Nr. 3 VereinsG i. V. m. § 62 GmbHG, §§ 288 ff. AktG, § 81 GenG, § 304 VAG, § 38 KWG.

e) Gesetzliche Ausgestaltung der Vereinigungsfreiheit

Ein Eingriff, der das Erfordernis verfassungsrechtlicher Rechtfertigung auslöst, ist von der bloßen Ausgestaltung der Vereinigungsfreiheit zu unterscheiden.[87] Die Vereinigungsfreiheit ist ein normgeprägtes Grundrecht, d. h. es besteht ein subjektives Recht zur Assoziation und gleichzeitig ein Erfordernis zur Schaffung und Geltung einer gesetzlichen Mindestausgestaltung in Form von Organisations- und Verfahrensregelungen. Das Bundesverfassungsgericht formuliert es in seiner Mitbestimmungsentscheidung wie folgt:

---

[83] *Höfling*, in: Sachs (Hrsg.), Grundgesetz, 9. Aufl. 2021, Art. 9, Rn. 36; *Schnorr*, Die Polizei 1965, 48 (50).

[84] *Cornils*, in: Epping/Hillgruber (Hrsg.), BeckOK Grundgesetz, 51. Edition, Stand 15.05.2022, Art. 9, Rn. 17.

[85] *Seifert*, DÖV 1964, 685 (686); *von Feldmann*, DÖV 1965, 29 (30).

[86] *Scholz*, in: Dürig/Herzog u. a. (Hrsg.), Grundgesetz, Lfg. 96 November 2021, Art. 9, Rn. 139.

[87] BVerfGE 50, 290 (354 f.); *Höfling*, in: Sachs (Hrsg.), Grundgesetz, 9. Aufl. 2021, Art. 9, Rn. 35; *Kingreen/Poscher*, Grundrechte, 37. Aufl. 2021, Rn. 936 f.

„Vereinigungsfreiheit ist in mehr oder minder großem Umfang auf Regelungen angewiesen, welche die freien Zusammenschlüsse und ihr Leben in die allgemeine Rechtsordnung einfügen, die Sicherheit des Rechtsverkehrs gewährleisten, Rechte der Mitglieder sichern und den schutzbedürftigen Belangen Dritter oder auch öffentlichen Interessen Rechnung tragen. Demgemäß ist mit der verfassungsrechtlichen Garantie der Vereinigungsfreiheit seit jeher die Notwendigkeit einer gesetzlichen Ausgestaltung dieser Freiheit verbunden, ohne die sie praktische Wirksamkeit nicht gewinnen könnte. Diese Notwendigkeit gehört von vornherein zum Inhalt des Art. 9 Abs. 1 GG."[88]

Der Gesetzgeber ist in der Erfüllung seines Ausgestaltungsauftrages wegen seiner Einschätzungsprärogative frei. Er ist insbesondere nicht an bereits existierende Rechtsformen gebunden. Das Erfordernis der gesetzgeberischen Ausgestaltung kann nicht dazu führen, dass bestimmte, bereits bestehende rechtliche Konstrukte in Form einer verfassungsrechtlichen Institutsgarantie geschützt werden.[89] Beispiele für derartige Ausgestaltungen sind etwa Mindestkapitalvorschriften oder Eintragungspflichten in Vereins- und Handelsregister.[90]

Da Grundrechtsausgestaltungen nach dem Bundesverfassungsgericht zum Inhalt des Art. 9 Abs. 1 GG gehören, stellen sie keinen Eingriff in die Vereinigungsfreiheit dar. Die Vereinigungsfreiheit wird erst durch derartige Organisations- und Verfahrensregelungen ausreichend inhaltlich konkretisiert, sodass darin – vergleichbar mit der Differenzierung in Art. 14 Abs. 1 Satz 2 und Abs. 3 GG zwischen Enteignung und Inhaltsbestimmung – kein Eingriff in die Vereinigungsfreiheit liegt.[91] Dennoch können auch solche grundrechtsausgestaltenden Bestimmungen unzulässig sein, wenn sie den Kernbereich der Vereinigungsfreiheit und die Vereinsautonomie negieren und den Grundsatz der Verhältnismäßigkeit missachten. Das Bedürfnis nach Ordnung und Regelung des Vereinslebens sowie des Schutzes sonstiger Belange muss im Rahmen der praktischen Konkordanz mit der Freiheit zur Assoziation und deren Selbstbestimmung im Verhältnis stehen.[92]

---

[88] BVerfGE 50, 290 (354).

[89] BVerfGE 50, 290 (355); *Cornils*, in: Epping/Hillgruber (Hrsg.), BeckOK Grundgesetz, 51. Edition, Stand 15.05.2022, Art. 9, Rn. 18; *Höfling*, in: Sachs (Hrsg.), Grundgesetz, 9. Aufl. 2021, Art. 9, Rn. 6, 38; *Kannengießer*, in: Schmidt-Bleibtreu/Hofmann u. a. (Hrsg.), Grundgesetz, 15. Aufl. 2022, Art. 9, Rn. 12.

[90] *Kingreen/Poscher*, Grundrechte, 37. Aufl. 2021, Rn. 937; *Winkler*, in: von Münch/Kunig (Hrsg.), Grundgesetz, 7. Aufl. 2021, Art. 9, Rn. 64.

[91] *Höfling*, in: Sachs (Hrsg.), Grundgesetz, 9. Aufl. 2021, Art. 9, Rn. 35; *Winkler*, in: von Münch/Kunig (Hrsg.), Grundgesetz, 7. Aufl. 2021, Art. 9, Rn. 62; a. A. auch Grundrechtsausgestaltung ist freiheitsbegrenzend, so *Cornils*, in: Epping/Hillgruber (Hrsg.), BeckOK Grundgesetz, 51. Edition, Stand 15.05.2022, Art. 9, Rn. 20.

[92] BVerfGE 50, 290 (355); *Winkler*, in: von Münch/Kunig (Hrsg.), Grundgesetz, 7. Aufl. 2021, Art. 9, Rn. 63.

3. Beschränkungen durch Art. 9 Abs. 2 GG

Vereinigungen, deren Zwecke oder deren Tätigkeit den Strafgesetzen zuwiderlaufen oder die sich gegen die verfassungsmäßige Ordnung oder gegen den Gedanken der Völkerverständigung richten, sind nach Art. 9 Abs. 2 GG verboten. Es besteht Einigkeit darüber, dass die Vereinigungsfreiheit vom Verfassungsgeber nicht uneingeschränkt gewährt wird. Die Einordnung der Regelung als Schutzbereichsbegrenzung[93] oder verfassungsunmittelbare Schranke[94] ist indes umstritten.

Für eine Schutzbereichsverengung spricht laut *Merten* die Zusammenschau aus Art. 9 Abs. 1 und Abs. 2 GG und die Formulierung „sind verboten" am Ende des zweiten Absatzes. Die Verbotstatbestände sollen demnach als negative Tatbestandsmerkmale schutzbereichsbegrenzend wirken und strafgesetzwidrige, verfassungswidrige sowie völkerverständigungswidrige Vereinigungen von Anfang an vom Schutzbereich der Vereinigungsfreiheit ausschließen.[95] Dagegen ist als systematisches Argument einzuwenden, dass die Regelung der Vereinigungsfreiheit zwischen Schutzbereich im ersten Absatz und Schrankenregelung im zweiten Absatz aufgeteilt ist. Das Bundesverfassungsgericht formulierte in seiner Entscheidung vom 13. Juli 2018, dass die Vereinigungsfreiheit „mit der sich aus Art. 9 Abs. 2 GG ergebenden Einschränkungsmöglichkeit gewährleistet" ist.[96] Da ähnliche Formulierungen des Bundesverfassungsgerichts[97] zuvor teilweise als Schutzbereichsbegrenzung interpretiert wurden,[98] wird das Gericht in seiner jüngsten Entscheidung deutlich:

---

[93] *Michael*, in: Häberle/Morlok u.a. (Hrsg.), Festschrift für Dimitris Th. Tsatsos, 2003, S. 392; *Merten*, in: Isensee/Kirchhof (Hrsg.), Handbuch des Staatsrechts der Bundesrepublik Deutschland, 3. Aufl. 2009, § 165, Rn. 75.

[94] *Cornils*, in: Epping/Hillgruber (Hrsg.), BeckOK Grundgesetz, 51. Edition, Stand 15.05.2022, Art. 9, Rn. 23; *Höfling*, in: Sachs (Hrsg.), Grundgesetz, 9. Aufl. 2021, Art. 9, Rn. 40; *Jarass*, in: Jarass/Pieroth (Hrsg.), Grundgesetz, 16. Aufl. 2020, Art. 9, Rn. 17; *Kannengießer*, in: Schmidt-Bleibtreu/Hofmann u.a. (Hrsg.), Grundgesetz, 15. Aufl. 2022, Art. 9, Rn. 18; *Kingreen/Poscher*, Grundrechte, 37. Aufl. 2021, Rn. 941 (Jarass und Kannengießer gehen von einem einfachen Gesetzesvorbehalt aus; Kingreen/Poscher sehen in Art. 9 Abs. 2 GG keinen ausdrücklichen Gesetzesvorbehalt, er enthalte aber das Verbot bestimmter Vereinigungen); *Schaks*, in: Stern/Sodan u.a. (Hrsg.), Das Staatsrecht der Bundesrepublik Deutschland. Die einzelnen Grundrechte, Band IV, 2. Aufl. 2022, § 116, S. 532; *Scholz*, in: Dürig/Herzog u.a. (Hrsg.), Grundgesetz, Lfg. 96 November 2021, Art. 9, Rn. 113.

[95] *Merten*, in: Isensee/Kirchhof (Hrsg.), Handbuch des Staatsrechts der Bundesrepublik Deutschland, 3. Aufl. 2009, § 165, Rn. 75.

[96] BVerfGE 149, 160 (194).

[97] So etwa „Mit dieser abschließenden Festlegung von Verbotsgründen beschränkt Art. 9 II GG das kollektive Recht auf Fortbestand der Vereinigung und setzt dem Grundrecht der Vereinigungsfreiheit von Verfassungs wegen eine eigenständige Grenze. Art. 9 GG ist dahin auszulegen, daß Abs. 1 die Vereinigungsfreiheit lediglich mit der sich aus Abs. 2 ergebenden Einschränkung gewährleistet.", vgl. BVerfG, NJW 1990, 37 (38).

[98] *Cornils*, in: Epping/Hillgruber (Hrsg.), BeckOK Grundgesetz, 51. Edition, Stand 15.05.2022, Art. 9, Rn. 23.1.

„Art. 9 Abs. 2 GG statuiert ein Vereinigungsverbot als Schranke der Vereinigungsfreiheit, wenn sich die Vereinigung gegen bestimmte Rechtsgüter von hervorgehobener Bedeutung richtet oder diesen zuwiderläuft."[99]

Die Regelung des Art. 9 Abs. 2 GG wird dabei als Instrument des präventiven Verfassungsschutzes und im Schulterschluss mit Art. 18 GG und Art. 21 Abs. 2 GG als Ausdruck des Bekenntnisses des Grundgesetzes zu einer wehrhaften Demokratie eingeordnet.[100]

Die in Art. 9 Abs. 2 GG normierten Verbotsgründe sind abschließend. Ein Vereinsverbot aus anderen Gründen ist ausgeschlossen. Der Gesetzgeber kann das Instrument der Vereinsverbote innerhalb dieses materiellen Regelungsgehalts näher konkretisieren, eine inhaltliche Erweiterung widerspräche jedoch der verfassungsunmittelbaren Formulierung der Schrankenregelung. Das Vereinsgesetz und im speziellen die Vereinsverbotsnorm geben deshalb die verfassungsrechtliche Bestimmung des Art. 9 Abs. 2 GG aus materieller Sicht nur einfachgesetzlich wieder und legen die formellen Voraussetzungen eines Vereinsverbotes fest.

Neben dem Verbot als in Art. 9 Abs. 2 GG ausdrücklich geregelte Beschränkungsmöglichkeit können über die verfassungsunmittelbare Schrankenregelung auch verbotsgleiche und mildere Maßnahmen gerechtfertigt sein.[101] Obwohl es der Wortlaut des Vorbehalts nicht vorsieht, sind von Art. 9 Abs. 2 GG auch Betätigungsverbote oder ein von einem Vereinsverbot entkoppeltes Kennzeichenverbot[102] gedeckt.

4. Weitere Beschränkungen durch kollidierendes Verfassungsrecht

Trotz der Sperrwirkung des Vereinsverbotsrechts, die zuletzt noch einmal für alle verfassungsrechtlichen Staatsschutzbestimmungen vom Bundesverfassungsgericht bestätigt wurde,[103] bleibt die in Art. 9 Abs. 2 GG vorgehaltene Schrankenregelung nicht die einzige Möglichkeit, Eingriffe in die Vereinigungsfreiheit zu rechtfertigen.[104] Durch verfassungsimmanente Schranken können auch weit weniger beeinträchtigende Maßnahmen gegen Vereine gerechtfertigt sein, da Vereinen sonst gestattet wäre, was natürlichen Personen nur innerhalb der Grenzen des Art. 2 Abs. 1 GG erlaubt ist.[105] Die Maßnahmen müssen dabei einen nicht durch Art. 9 Abs. 2 GG er-

---

[99] BVerfGE 149, 160 (195 f.).
[100] BVerfGE 149, 160 (194); 80, 244 (253).
[101] BVerfGE 30, 227 (243).
[102] Siehe dazu ausführlich unter Zweiter Teil Kapitel 9.
[103] Für die Normen der wehrhaften Demokratie (Art. 9 Abs. 2, Art. 18, Art. 21 Abs. 2 GG) vgl. BVerfGE 111, 147 (158 f.).
[104] BVerfGE 149, 160 (195); *Schiffbauer*, JZ 2019, 130 (132).
[105] BVerfGE 30, 227 (243); *Bauer*, in: Dreier (Hrsg.), Grundgesetz, 3. Aufl. 2013, Art. 9, Rn. 59; *Schiffbauer*, in: Reichert (Hrsg.), Handbuch Vereins- und Verbandsrecht, 14. Aufl. 2018, S. 1260, Rn. 117; *Scholz*, in: Dürig/Herzog u. a. (Hrsg.), Grundgesetz, Lfg. 96 November 2021, Art. 9, Rn. 7; *Winkler*, in: von Münch/Kunig (Hrsg.), Grundgesetz, 7. Aufl. 2021, Art. 9, Rn. 9; dazu kritisch *Kemper*, in: von Mangoldt/Klein u. a. (Hrsg.), Grundgesetz, 7. Aufl. 2018,

fassten Bereich umfassen und dürfen nicht unter Umgehung der verfassungsrechtlichen Schrankenregelung indirekt zu einem faktischen Vereinsverbot reifen.[106] In diesem Rahmen sind Maßnahmen aus dem Polizei- und Sicherheitsrecht, Baurecht, Gewerberecht oder Strafrecht denkbar.

5. Zwischenergebnis

Die Vereinigungsfreiheit schützt als Doppelgrundrecht den Verein selbst und dessen Vereinsmitglieder. Das Begriffsverständnis des Vereinigungsbegriffs in Art. 9 Abs. 1 und Abs. 2 GG hat in der Legaldefinition des Vereins in § 2 Abs. 1 VereinsG ihren Niederschlag gefunden. Das Grundrecht der Vereinigungsfreiheit gewährleistet neben der Vereinsgründung auch die Vereinsorganisation und -betätigung. Die interne Vereinsbetätigung gilt als Bestandteil des Kernbereichs der Vereinigungsfreiheit, während die externe Vereinsbetätigung nur insoweit geschützt ist, als dass es sich um vereinsspezifische und um die Existenz des Vereins sichernde Tätigkeiten handelt.

Art. 9 Abs. 2 GG ist keine Schutzbereichsbegrenzung, sondern eine verfassungsunmittelbare Schrankenregelung. Bei der Neufassung des Grundgesetzes 1949 erweiterte man als Lehre aus der Weimarer Republik und der NS-Diktatur die Beschränkungsmöglichkeiten für Vereinigungen, indem in Art. 9 Abs. 2 GG drei weitere Verbotsgründe (strafgesetzwidrige Tätigkeit, Handeln gegen die verfassungsmäßige Ordnung sowie Handeln gegen den Gedanken der Völkerverständigung) aufgenommen wurden. Neben dem Verbot von Vereinen als die zentrale Beschränkungsmöglichkeit der Vereinigungsfreiheit können auch sonstige, vergleichsweise mildere Eingriffe durch die Vorbehaltsregelung sowie im Wege kollidierenden Verfassungsrechts gerechtfertigt werden.

II. Die religiöse Vereinigungsfreiheit

Das Grundgesetz enthält eine Reihe spezieller Vereinigungsfreiheiten, wovon die religiöse Vereinigungsfreiheit für die weitere Bearbeitung von besonderer Relevanz ist. Die weltanschauliche Vereinigungsfreiheit nach Art. 4 Abs. 1, Abs. 2 GG und Art. 137 Abs. 2 Satz 1 WRV i. V. m. Art. 140 GG, die Koalitionsfreiheit nach Art. 9 Abs. 3 GG und die Parteienfreiheit nach Art. 21 GG können an dieser Stelle als spezielle Vereinigungsfreiheiten zurückgestellt werden.

Art. 9, Rn. 80, er gesteht wenigstens zu, dass über die explizite Schrankenregelung des Art. 9 Abs. 2 GG hinaus Schranken grundrechtlicher Garantien jedenfalls nur aus verfassungsrechtlichen Schutzgütern hergeleitet werden können.

[106] BVerfGE 30, 227 (243); *Cornils*, in: Epping/Hillgruber (Hrsg.), BeckOK Grundgesetz, 51. Edition, Stand 15.05.2022, Art. 9, Rn. 31; *Petzold*, NJW 1964, 2281 (2281); *von Feldmann*, DÖV 1965, 29 (31).

1. Aufhebung des Religionsprivilegs

Religionsgemeinschaften genossen über lange Zeit das vereinsrechtliche Privileg, aus einfachgesetzlichen Gründen nicht verboten werden zu können. Eine solche Regelung enthielt bereits das Reichsvereinsgesetz (§ 24 RVG) und ab 1964 auch das Vereinsgesetz (§ 2 Abs. 2 Nr. 3 VereinsG). Bis zur ersatzlosen Streichung des § 2 Abs. 2 Nr. 3 VereinsG nahm das Vereinsgesetz nicht nur Parteien und Fraktionen, sondern auch „Religionsgemeinschaften und Vereinigungen, die sich die gemeinschaftliche Pflege einer Weltanschauung zur Aufgabe" machten, vom Geltungsbereich des Gesetzes aus.[107] Im Zuge der Anti-Terror-Gesetzgebung nach den Anschlägen vom 11. September 2001 wurde das sog. Religionsprivileg im Ersten Gesetz zur Änderung des Vereinsgesetzes vom 4. Dezember 2001, welches Teil des sog. Sicherheitspaketes I bzw. des Ersten Anti-Terrorpakets war, abgeschafft und damit eine Verbotsmöglichkeit für extremistische Religionsgemeinschaften geschaffen.[108] Die Bundesregierung begründete die Streichung mit dem Bedürfnis, Gefahrerforschungsmaßnahmen und/oder Maßnahmen zur Gefahrenabwehr auch gegen fundamentalistisch-islamistische Vereinigungen und Weltuntergangssekten durchführen zu können.[109] Gefährden solche Vereinigungen Rechtsgüter, deren Schutz verfassungsrechtliche Aufgabe des Staates ist, müssen sie aus Gründen der inneren Sicherheit verboten werden können.[110]

2. Umfang der religiösen Vereinigungsfreiheit

Die Streichung des Religionsprivilegs aus dem VereinsG im Jahr 2001 eröffnete die Möglichkeit, vereinsrechtliche Maßnahmen gegen Religionsgemeinschaften zu verfügen und rief damit die Frage des grundrechtlichen Schutzbedürfnisses religiöser Vereinigungen auf den Plan.

a) Religionsgemeinschaft und religiöser Verein

Eine Religionsgemeinschaft ist wie jede Vereinigung nach Art. 9 Abs. 1 GG eine freiwillige, auf Dauer angelegte Vereinigung mindestens zweier Personen, die sich mit einem Mindestmaß an Organisiertheit zur Verfolgung eines gemeinsamen Zwecks zusammengeschlossen haben.[111] Im Unterschied zu anderen Vereinigungen besteht

---

[107] *Planker*, DÖV 1997, 101; *Schnorr*, Die Polizei 1965, 48 (49); *Seifert*, DÖV 1964, 685 (687).

[108] BGBl. 2001 I 3319; *Nolte*, DVBl. 2002, 573 (573); siehe zur Frage, ob der Bund eine Gesetzgebungskompetenz zur Regelung der Religionsgemeinschaften hat, *Schiller*, ZevKR 2003, 257.

[109] BT Drs. 14/7026, S. 6.

[110] Siehe dazu ausführlich Zweiter Teil Kapitel 7.

[111] Ausführlich dazu, dass eine Religionsgemeinschaft dem öffentlich-rechtlichen Vereinigungsbegriff unterfällt, vgl. *J. Heinrich*, Vereinigungsfreiheit und Vereinigungsverbot, 2005, S. 71 f.

dieser Zweck bei Religionsgemeinschaften in der gemeinsamen Ausübung einer religiösen Überzeugung und Erfüllung aller durch den Glauben gestellten Aufgaben.[112]

In Abgrenzung dazu erfüllen religiöse bzw. kirchliche Vereine im Sinne des Art. 138 Abs. 2 WRV i. V. m. Art. 140 GG lediglich partielle Aufgaben der jeweiligen Religionsgemeinschaft.[113] Das religiöse Vereinswesen übernimmt dabei beispielsweise karitative Tätigkeiten, Jugend- und Bildungsarbeit oder auch den Betrieb sozialer Einrichtungen, Krankenhäuser und Schulen.[114]

b) Herleitung und Verhältnis zu anderen Grundrechten

Aufgrund des spezifischen Zwecks der Religionsgemeinschaften überlagert der Schutz der Religionsfreiheit den Schutz der Vereinigungsfreiheit. Die Religionsfreiheit ist umfassend zu verstehen und gewährleistet neben der Freiheit des Glaubens, des Gewissens, einschließlich der religiösen und weltanschaulichen Bekenntnisfreiheit auch die Freiheit der Religionsausübung und die religiöse Vereinigungsfreiheit.[115] Die religiöse Vereinigungsfreiheit wird als lex specialis aus der Gesamtschau von Art. 4 Abs. 1, Abs. 2 GG und Art. 137 Abs. 2 Satz 1 WRV,[116] der über Art. 140 GG in das Grundgesetz inkorporiert wird, gewährleistet[117] – und nicht, wie teilweise

---

[112] U.v. Gesetzesbegründung zum Vereinsgesetz von 1964, siehe BT Drs. IV/430, S. 11; *Badura*, in: Listl/Pirson (Hrsg.), Handbuch des Staatskirchenrechts der Bundesrepublik Deutschland, Band 2, 2. Aufl. 1995, § 6, S. 226; *Groh*, Selbstschutz der Verfassung gegen Religionsgemeinschaften, 2004, S. 131 f.; *Jurina*, in: Listl/Pirson (Hrsg.), Handbuch des Staatskirchenrechts der Bundesrepublik Deutschland, Band 1, 2. Aufl. 1994, § 23, S. 690 ff.; *Korioth*, in: Dürig/Herzog u. a. (Hrsg.), Grundgesetz, Lfg. 96 November 2021, Art. 137 WRV, Rn. 14; *Maleki*, ZRP 2019, 19 (20); *Radtke*, ZevKR 1/2005, 95 (105); *Roth*, in: Schenke/Graulich u. a. (Hrsg.), Sicherheitsrecht des Bundes, 2. Aufl. 2019, § 2 VereinsG, Rn. 39; *Schnorr*, Öffentliches Vereinsrecht, 1965, § 2, Rn. 36; *Unruh*, Religionsverfassungsrecht, 4. Aufl. 2018, S. 165, Rn. 252.

[113] *Jurina*, in: Listl/Pirson (Hrsg.), Handbuch des Staatskirchenrechts der Bundesrepublik Deutschland, Band 1, 2. Aufl. 1994, § 23, S. 693; *Korioth*, in: Dürig/Herzog u. a. (Hrsg.), Grundgesetz, Lfg. 96 November 2021, Art. 137 WRV, Rn. 16; *Winkler*, in: von Münch/Kunig (Hrsg.), Grundgesetz, 7. Aufl. 2021, Art. 9, Rn. 209.

[114] *Muckel/Traub*, in: Pirson/Rüfner u. a. (Hrsg.), Handbuch des Staatskirchenrechts der Bundesrepublik Deutschland, Band 1, 3. Aufl. 2021, § 28, S. 1106.

[115] BVerfGE 19, 129 (132); 24, 236 (245); 83, 341 (354).

[116] Art. 137 Abs. 2 Satz 1 WRV spricht von ‚Religions*gesellschaften*‘, wobei dieser Begriff synonym zu dem heute üblicheren Terminus ‚Religions*gemeinschaften*‘ verwendet wird, den auch diese Arbeit aus Zwecken der Vereinheitlichung und leichteren Nachvollziehbarkeit zugrunde legen wird.

[117] BVerfGE 83, 341 (354); BVerwG, NVwZ 2014, 1573 (1576); NVwZ 2006, 694 (694); BVerwGE 37, 344 (9. Ls); BT Drs. IV/430, S. 11; *Freiherr v. Campenhausen*, in: Isensee/Kirchhof (Hrsg.), Handbuch des Staatsrechts der Bundesrepublik Deutschland, 3. Aufl. 2009, S. 643; *Graßhof*, Nachschlagewerk der Rechtsprechung des Bundesverfassungsgerichts, Werkstand: 209. EL August 2019, Art. 140, Nr. 8; *Groh*, KritV 1/2002, 39 (47); *Groh*, Selbstschutz der Verfassung gegen Religionsgemeinschaften, 2004, S. 131; *Jarass*, in: Jarass/Pieroth

angenommen, aus einer alleinigen Herleitung aus Art. 137 Abs. 2 Satz 1 WRV[118] oder aus Art. 9 Abs. 1 GG.[119]

Religiöse Vereine sind hinsichtlich ihrer Gründung, Organisation und (zumindest internen) Vereinstätigkeit im Rahmen der allgemeinen Vereinigungsfreiheit nach Art. 9 Abs. 1 GG geschützt. In der Weimarer Reichsverfassung existierte in Art. 124 WRV zur Vereinigungsfreiheit noch eine ausdrückliche Zuordnung („Für religiöse Vereine und Gesellschaften gelten dieselben Bestimmungen", vgl. Art. 124 Abs. 1 Satz 3 WRV[120]). Die aktuellen verfassungsrechtlichen Bestimmungen gehen von dieser Grundannahme noch immer aus.[121] Für die nicht vereinsspezifischen Tätigkeiten ist auf das jeweils einschlägige Grundrecht zurückzugreifen, im Zweifel also auf Art. 4 GG.

c) Menschenrecht

Das Grundrecht auf religiöse Vereinigungsfreiheit stellt eine Ausformung der Religionsfreiheit nach Art. 4 Abs. 1, Abs. 2 GG dar. Als solche ist der personelle Schutzbereich genau wie bei der Religionsfreiheit uneingeschränkt. Die religiöse Vereinigungsfreiheit ist im Gegensatz zur allgemeinen Vereinigungsfreiheit nach Art. 9 Abs. 1 GG ein Jedermann- bzw. Menschenrecht und steht darum nicht nur deutschen Staatsbürgern, sondern jedem zu.[122]

(Hrsg.), Grundgesetz, 16. Aufl. 2020, Art. 4, Rn. 14 f.; *Kemper*, in: von Mangoldt/Klein u.a. (Hrsg.), Grundgesetz, 7. Aufl. 2018, Art. 9, Rn. 39; *Michael*, JZ 2002, 482 (482); *Planker*, DÖV 1997, 101 (102); *Radtke*, ZevKR 1/2005, 95 (111); *Schiffbauer*, in: Reichert (Hrsg.), Handbuch Vereins- und Verbandsrecht, 14. Aufl. 2018, S. 1254, Rn. 96; *Veelken*, Das Verbot von Weltanschauungs- und Religionsgemeinschaften, 1999, S. 111; *Winkler*, in: von Münch/Kunig (Hrsg.), Grundgesetz, 7. Aufl. 2021, Art. 9, Rn. 211.

[118] *Bayer*, Das Grundrecht der Religions- und Gewissensfreiheit, 1997, S. 73; *Ehlers*, in: Sachs (Hrsg.), Grundgesetz, 9. Aufl. 2021, Art. 137 WRV, Rn. 3; *Merten*, in: Isensee/Kirchhof (Hrsg.), Handbuch des Staatsrechts der Bundesrepublik Deutschland, 3. Aufl. 2009, § 165, Rn. 71; *Muckel*, Religiöse Freiheit und staatliche Letztentscheidung, 1997, S. 164 f.

[119] *J. Heinrich*, Vereinigungsfreiheit und Vereinigungsverbot, 2005, S. 72, lehnt eine grundrechtliche Spezialität wegen der personellen Eingrenzung in Art. 9 Abs. 1 GG ab; *Schmieder*, VBlBW 4/2002, 146 (147), nimmt Schutz i. V. m. Art. 4 Abs. 1 GG an, lehnt die Heranziehung des Art. 137 WRV ausdrücklich ab.

[120] Zum Wortlaut des ganzen Artikels siehe Erster Teil Kapitel 1 A. II.

[121] *Kemper*, in: von Mangoldt/Klein u.a. (Hrsg.), Grundgesetz, 7. Aufl. 2018, Art. 9, Rn. 39; *Korioth*, in: Dürig/Herzog u.a. (Hrsg.), Grundgesetz, Lfg. 96 November 2021, Art. 137 WRV, Rn. 16; *Muckel/Traub*, in: Pirson/Rüfner u.a. (Hrsg.), Handbuch des Staatskirchenrechts der Bundesrepublik Deutschland, Band 1, 3. Aufl. 2021, § 28, S. 1007; *Pieroth/Kingreen*, NVwZ 2001, 841 (843); *Schiffbauer*, in: Reichert (Hrsg.), Handbuch Vereins- und Verbandsrecht, 14. Aufl. 2018, S. 1254, Rn. 97; *Schnorr*, Öffentliches Vereinsrecht, 1965, § 2, Rn. 36; *Unruh*, Religionsverfassungsrecht, 4. Aufl. 2018, S. 165, Rn. 252.

[122] *Korioth*, in: Dürig/Herzog u.a. (Hrsg.), Grundgesetz, Lfg. 96 November 2021, Art. 137 WRV, Rn. 11; *Unruh*, Religionsverfassungsrecht, 4. Aufl. 2018, S. 163, Rn. 248 f.

d) Gewährleistungsumfang

Die religiöse Vereinigungsfreiheit beschreibt das Recht, sich zur gemeinsamen Betätigung eines Glaubens zu Religionsgemeinschaften zusammenzuschließen und sich in solchen zu organisieren.[123] Dieser Schutzgehalt setzt sich aus den Gewährleistungen in Art. 4 Abs. 1 GG und Art. 137 Abs. 2 Satz 1 WRV zusammen. Ersteres schützt die unverletzliche Freiheit des Glaubens und des religiösen Bekenntnisses in ihrer individuellen und kollektiven Erscheinung. Art. 137 Abs. 2 Satz 1 WRV gewährleistet als Ausprägung dessen speziell die Freiheit zur religiösen Assoziation.

3. Eingriff und Schranken

Vereinsrechtliche Maßnahmen wie Verbote beschränken Religionsgemeinschaften in ihrer religiösen Vereinigungsfreiheit und religiöse Vereine in ihrer allgemeinen Vereinigungsfreiheit. Besteht darüber Einigkeit, dass Religionsgemeinschaften nach Aufhebung des Religionsprivilegs verboten werden können, ist die Herleitung der verfassungsrechtlichen Schranken zur Rechtfertigung des Eingriffs in die religiöse Vereinigungsfreiheit höchst umstritten.[124] Während Eingriffe in die allgemeine Vereinigungsfreiheit an der verfassungsunmittelbaren Schranke des Art. 9 Abs. 2 GG zu messen sind, müssen für Eingriffe in die religiöse Vereinigungsfreiheit die zusätzlichen verfassungsrechtlichen Vorgaben aus Art. 4 Abs. 1 GG i. V. m. Art. 137 Abs. 2 Satz 1 WRV berücksichtigt werden.

4. Zwischenergebnis

Religionsgemeinschaften genießen den Schutz der speziellen religiösen Vereinigungsfreiheit nach Art. 4 Abs. 1, Abs. 2 GG und Art. 137 Abs. 2 Satz 1 WRV i. V. m. Art. 140 GG. Religiöse Vereine sind dagegen durch die allgemeine Vereinigungsfreiheit nach Art. 9 Abs. 1 GG geschützt. Nach der Aufhebung des Religionsprivilegs können auch Religionsgemeinschaften in ihrer Freiheit, sich zu vereinen, im Rahmen der verfassungsrechtlichen Vorgaben beschränkt werden. Sie sind von der Maßnahme des Vereinsverbotes nicht mehr ausgenommen. Der Streit um die Herleitung der verfassungsrechtlichen Schranke zur Rechtfertigung des Eingriffs in die religiöse Vereinigungsfreiheit wird im Zweiten Teil in Kapitel 7 ausführlich dargestellt.

III. Zusammenfassung und Ausblick

Die zuvorderst vorgestellten Grundrechte, im Einzelnen die allgemeine Vereinigungsfreiheit nach Art. 9 Abs. 1 GG und die religiöse Vereinigungsfreiheit nach Art. 4 Abs. 1, Abs. 2 GG und Art. 137 Abs. 2 Satz 1 WRV i. V. m. Art. 140 GG bilden den Bewertungsmaßstab für vereins- und waffenrechtliche Maßnahmen wie Ver-

---

[123] *Groh*, KritV 1/2002, 39 (46).
[124] Siehe dazu ausführlich Zweiter Teil Kapitel 7 A.

einsverbote Kennzeichenverbote sowie den Entzug von Waffenscheinen bei Vereinsmitgliedern.

Die allgemeine Vereinigungsfreiheit unterscheidet sich von der religiösen Vereinigungsfreiheit in zwei wesentlichen Aspekten: Bei der allgemeinen Vereinigungsfreiheit handelt es sich um ein Bürgergrundrecht, während die religiöse Vereinigungsfreiheit ein Jedermanns- bzw. Menschenrecht darstellt. Zudem gelten – mit Hinweis auf die Ergebnisse im Zweiten Teil Kapitel 7 – bei Eingriffen in die beiden Grundrechte unterschiedliche Schrankenregelungen, was zu verschiedenen Anforderungen an die verfassungsrechtliche Rechtfertigung von Vereinsverboten führt. Beides wird in der weiteren Bearbeitung, insbesondere beim Verbot religiöser Inländer- und Ausländervereine relevant.

Kapitel 2

Einführung in das öffentliche Vereinsrecht

Im Folgenden soll in das öffentliche Vereinsgesetz als einfachgesetzliche Ausgestaltung des Vereinswesens eingeführt werden. Das zweite Kapitel widmet sich der historischen Entwicklung des öffentlichen Vereinsrechts sowie der Konzeption und den zentralen Regelungen des Vereinsgesetzes. Den Ausgangspunkt für eine flächendeckende Regelung des öffentlichen Vereinswesens bildete das Reichsvereinsgesetz.

A. Die Entwicklung des öffentlichen Vereinsrechts

Das öffentliche Vereinsrecht war vor seiner reichsweiten Regelung zu Beginn des 20. Jahrhunderts ausschließlich Ländersache. Erst vor 110 Jahren konnte sich der Reichsgesetzgeber auf ein Reichsvereinsgesetz einigen, das bis zur Neuregelung des Vereinsrechts im Vereinsgesetz nach dem Zweiten Weltkrieg ein halbes Jahrhundert Gültigkeit besaß und mehrere Staatsumbrüche überdauerte.

I. Das Vereinsrecht in den Ländern

Nach dem Scheitern der Paulskirchenverfassung wurde nicht nur die Vereinigungsfreiheit in den Landesverfassungen, sondern auch das einfache Vereinsrecht in den Mitgliedstaaten des Deutschen Bundes als Landesrecht normiert.[1] Beispielsweise verabschiedete das Königreich Bayern am 27. Februar 1850 das Vereins- und Versammlungsgesetz.[2] Auf Grundlage der in Art. 30 Satz 2 der Preußischen Verfassung normierten Ermächtigung wurde im Königreich Preußen am 11. März 1850 das Versammlungs- und Vereinigungsgesetz erlassen.[3] Das sächsische Vereins- und Versammlungsgesetz galt seit dem 3. Juni 1850.[4]

---

[1] *Schnorr*, Öffentliches Vereinsrecht, 1965, Einleitung, S. 20 f.
[2] „Gesetz, die Versammlungen und Vereine betreffend", vom 27. Februar 1850, veröffentlicht in Gesetz-Blatt für das Königreich Bayern 1850, Nr. 8, S. 54–68.
[3] „Verordnung über die Verhütung eines die gesetzliche Freiheit und Ordnung gefährdenden Missbrauchs des Versammlungs- und Vereinigungsrechtes", vom 11. März 1850, veröffentlicht in PrGS 1850, Nr. 3261, S. 277–283.
[4] „Verordnung, das Vereins- und Versammlungsrecht betreffend", vom 3. Juni 1850, veröffentlicht in Gesetz- und Verordnungsblatt für das Königreich Sachsen 1850, Nr. 36, S. 137–142.

Um allgemeine Grundsätze für das in jedem Land einzeln geregelte Vereinswesen zu schaffen, erließ die Bundesversammlung mit Beschluss vom 13. Juli 1854 das Bundesvereinsgesetz,[5] welches einen allgemeinen Polizeivorbehalt beinhaltete.[6] Demnach durften in allen deutschen Bundesstaaten nur solche Vereine geduldet werden,

„die sich darüber genügend auszuweisen vermögen, daß ihre Zwecke mit der Bundes- und Landes-Gesetzgebung im Einklange stehen und die öffentliche Ordnung und Sicherheit nicht gefährden", vgl. § 1 Bundesvereinsgesetz.[7]

Auch wenn der Deutsche Bund in der Rechtsnatur einen Staatenbund darstellte und alle Mitgliedstaaten souverän waren, avancierte er in der Reaktionsära nach der Märzrevolution 1848 zum obersten Verfassungswächter und erließ zentralistisch und für die Mitgliedstaaten bindend Wahl-, Presse- und Vereinsgesetze. Mit dem Bundesvereinsgesetz wurden politische Vereine sowie Arbeitervereine, welche politische, sozialistische oder kommunistische Zwecke verfolgten, verboten und damit die Vereinigungs- und Koalitionsfreiheit erheblich eingeschränkt.[8]

II. Das Reichsvereinsgesetz vom 19. April 1908

Obwohl die Zuständigkeit zur Regelung des öffentlichen Vereinswesens seit Verabschiedung der Reichsverfassung 1871 beim Reich lag, sollte es noch Jahrzehnte bis zu einer einheitlichen Reichsgesetzgebung dauern. Im Folgenden werden Anlass und Gesetzgebungsverfahren sowie die zentralen Regelungen des Reichsvereinsgesetzes vorgestellt.

1. Anlass und Gesetzgebungsverfahren

Zwar war seit 1896 das privatrechtliche Vereinswesen durch das Bürgerliche Gesetzbuch geregelt, aber es fehlte weiterhin an einer reichsweiten Regelung des öffentlichen Vereinswesens. Die Rechtslage beschränkte sich auf Reichsebene auf das Bundesvereinsgesetz von 1854, welches von den Ländern weitestgehend nicht umgesetzt wurde,[9] und auf vereinzelte Bestimmungen und Sondergesetze, wie das Jesuitenge-

---

[5] Bundesbeschluss über „Maßregeln zur Aufrechterhaltung der gesetzlichen Ordnung und Ruhe im Deutschen Bundes, insbesondere das Vereinswesen betreffend" – Bundesvereinsgesetz – vom 13. Juli 1854, veröffentlicht in Protokolle der deutschen Bundes-Versammlung, 21. Sitzung 1854, § 219, S. 635.

[6] *Kotulla*, Deutsches Verfassungsrecht 1806–1918, 2006, S. 101 f.

[7] Bundesbeschluss über Maßregeln zur Aufrechterhaltung der gesetzlichen Ordnung und Ruhe im Deutschen Bunde, insbesondere das Vereinswesen betreffend vom 13. Juli 1854, abgedruckt in: *Huber*, in: Huber (Hrsg.), Dokumente zur deutschen Verfassungsgeschichte, 3. Aufl. 1986, Band 2 (1851–1900), S. 7.

[8] *Kotulla*, Deutsches Verfassungsrecht 1806–1918, 2006, S. 94.

[9] *Tillmann*, Staat und Vereinigungsfreiheit im 19. Jahrhundert, 1976, S. 183.

setz vom 4. Juli 1872 oder das Sozialistengesetz vom 21. Oktober 1878.[10] Nach mehreren Anläufen, die seit 1873 in verschiedenen Phasen des jeweiligen Gesetzgebungsprozesses scheiterten,[11] ging dem Reichstag am 22. November 1907 auf Grundlage der Gesetzgebungskompetenz aus Art. 4 Nr. 16 RV 1871 ein neuer Entwurf eines Vereinsgesetzes zu.[12] Zur Vorlage diente der Frankfurter Grundrechtekatalog aus dem Jahr 1848.

Nach der ersten Lesung vom 9. bis 11. Dezember 1907 wurde der Entwurf der XIV. Kommission zur weiteren Beratung übergeben. Die insgesamt 28 Mitglieder tagten in 20 Sitzungen unter dem Vorsitz des Abgeordneten Hieber und des Berichterstatters Abgeordneter Dr. Funck.[13] Nach der zweiten Lesung vom 2. bis 6. April 1908, bei der wesentliche Änderungen beschlossen wurden, wurde das Gesetz am 8. April 1908 in dritter Lesung angenommen und zum 19. April 1908 vollzogen. Am 15. Mai 1908 trat das Reichsvereinsgesetz[14] in Kraft.

2. Zentrale Regelungen

Das Reichsvereinsgesetz regelte sowohl das Vereins- als auch das Versammlungswesen. Die Mehrzahl der Vorschriften behandelte das Versammlungsrecht. Zentrale vereinsrechtliche Regelungen waren:
– § 1 RVG: Vereinsfreiheit
– § 2 RVG: Auflösung eines Vereins
– § 3 RVG: Politischer Verein
– § 17 RVG: Ausschluss von Personen unter 18 Jahren von politischen Vereinen und Versammlungen
– § 18 RVG: Strafbestimmungen
– §§ 23, 24 RVG: Aufhebung gesetzlicher und Aufrechterhaltung landesrechtlicher Vorschriften

Laut § 1 Satz 1 RVG hatten alle Reichsangehörigen das Recht zu Zwecken, die den Strafgesetzen nicht zuwiderliefen, Vereine zu bilden und sich zu versammeln. Der persönliche Anwendungsbereich des Gesetzes umfasste nun erstmals alle Personengruppen. Zuvor wurde Frauen, Lehrlingen, Schülern sowie Minderjährigen das Vereinigungsrecht vorenthalten, vgl. § 8 Preußisches Vereinsgesetz vom 11. März 1850

---

[10] *Goehrke*, Das Reichsvereinsgesetz vom 19. April 1908, 2. Aufl. 1908, S. 7.
[11] Demnach scheiterte der Entwurf vom 4. April 1873 an der Schlussabstimmung in der Kommission und der Entwurf aus dem Jahre 1895 in der dritten Lesung des Reichstages, vgl. *Goehrke*, Das Reichsvereinsgesetz vom 19. April 1908, 2. Aufl. 1908, S. 8 f.
[12] Dokumente des Gesetzgebungsverfahrens abrufbar unter: http://www.reichstag-abgeordnetendatenbank.de/volltext.html?sammlung=1243922979&suchbegriff=reichsvereinsgesetz&anfang=1907&ende=&sortierung=asc&&navi_seite=2 (zuletzt abgerufen am 15.03.2023).
[13] *Goehrke*, Das Reichsvereinsgesetz vom 19. April 1908, 2. Aufl. 1908, S. 9.
[14] RGBl. 1908 Nr. 18 S. 151.

oder § 4 Nr. 1 des Bundesbeschlusses vom 13. Juli 1854.[15] Außerdem konnten Vereine nur noch verboten werden, wenn deren Zwecke nach § 2 Satz 1 RVG den Strafgesetzen zuwiderliefen. Der Wegfall des allgemeinen Polizeivorbehalts wurde als besonders liberaler Schachzug interpretiert.[16] Der ursprüngliche Gesetzentwurf sah die Bestimmung in dieser Form noch nicht vor und wurde von der Regierung in den Kommissionssitzungen als nicht erforderlich abgelehnt. Ein Verein als solcher könne nicht gegen Strafgesetze verstoßen, weswegen sich ein behördlicher Eingriff lediglich gegen die Mitglieder des betreffenden Vereins richten könne.[17] Die Vorschrift wurde letztlich geschaffen, um eine allgemeine Rechtsgarantie für alle vereins- und versammlungsrechtlichen Verfügungen bereitzustellen.

§ 3 RVG regelte das Recht für politische Vereine und Parteien. Personen, die das achtzehnte Lebensjahr noch nicht vollendet hatten, durften keine Mitglieder in politischen Vereinen werden und weder bei Versammlungen solcher noch bei öffentlichen politischen Versammlungen anwesend sein, vgl. § 17 RVG. Nach § 24 RVG blieben einzelne landesrechtliche Bestimmungen unberührt, bspw. die Vorschriften über kirchliche und religiöse Vereine, welche demzufolge vom Anwendungsbereich des Reichsvereinsgesetzes ausgenommen waren.

III. Zwischenergebnis

Das öffentliche Vereinsrecht war bis zu Beginn des 20. Jahrhunderts Sache der Länder. Nach dem Scheitern der Paulskirchenverfassung wurde dem Bedürfnis der Bürger nach mehr Rechten und Freiheiten auf einfachgesetzlicher Ebene durch eine Regelungswelle in den Mitgliedstaaten begegnet. Über ein halbes Jahrhundert später kam es im Jahr 1908 mit dem Reichsvereinsgesetz zur ersten reichsweiten öffentlich-rechtlichen Regelung der Angelegenheiten von Vereinen.

B. Das Vereinsgesetz vom 5. August 1964

Das Reichsvereinsgesetz galt nach Ende des Zweiten Weltkrieges formal fort. Mit Verabschiedung des Grundgesetzes im Jahr 1949 wurde die einfachgesetzliche Neuregelung des Vereinsrechts unausweichlich. Es dauerte jedoch weitere fünfzehn Jahre bis man den faktisch gesetzlosen und rechtsunklaren Zustand durch ein neues Vereinsgesetz beendete.

---

[15] *Delius*, Das preußische Vereins- und Versammlungsrecht, 1891, S. 28 f.; *Huber*, in: Huber (Hrsg.), Dokumente zur deutschen Verfassungsgeschichte, 3. Aufl. 1986, Band 2 (1851–1900), S. 7; *Goehrke*, Das Reichsvereinsgesetz vom 19. April 1908, 2. Aufl. 1908, S. 21.

[16] *Schnorr*, Öffentliches Vereinsrecht, 1965, Einleitung, S. 24; *Tillmann*, Staat und Vereinigungsfreiheit im 19. Jahrhundert, 1976, S. 217.

[17] *Goehrke*, Das Reichsvereinsgesetz vom 19. April 1908, 2. Aufl. 1908, S. 35.

I. Anlass und Gesetzgebungsverfahren

Nach dem Aufruf des Rates der Volksbeauftragten an das deutsche Volk vom 12. November 1918,[18] der mit Gesetzeskraft alle Beschränkungen des Vereinsrechts durch landes- und reichsrechtliche Regelungen aufhob, war unklar, ob das Reichsvereinsgesetz ganz oder in Teilen weitergalt.[19] Zudem kam es bis zur Mitte des 20. Jahrhunderts zu zahlreichen Verfassungs- und Gesetzesänderungen, allen voran der Verabschiedung des Grundgesetzes. Nach der Neuregelung der Vereinigungsfreiheit in Art. 9 GG war der Regelungsgehalt des Reichsvereinsgesetzes tatbestandlich überholt.[20] Die neue Grundrechtsbestimmung enthielt nicht nur zusätzliche Verbotstatbestände, die das Reichsvereinsgesetz nicht vorsah. Es fehlte auch an einer geeigneten Rechtsgrundlage für die Verbotsverfahren und an Regelungen zu Vollzugsfragen, wie die Vermögensliquidation, oder zum Umgang mit Forderungen Dritter gegen verbotene Vereine.[21] In der Folgezeit versuchten vor allem Rechtsprechung und Literatur die Vollziehung der Vereinsverbote nach Art. 9 Abs. 2 GG auszugestalten. *Willms*, der die Grenzen dieser Praxis erkannte, fasste es 1957 folgendermaßen zusammen:

„Diese Grenzen sind im Zuge der Anwendung oder Nichtanwendung des Art. 9 Abs. 2 GG, hinter dessen trügerischer Klarheit allmählich eine lex imperfecta zum Vorschein kam, überschritten worden, und da gesetzliche Mängel, die weder von der Justiz noch von der Exekutive ausgeräumt werden können, die Ursachen des Schadens sind, kann nur ein Eingreifen des Gesetzgebers den Schaden beheben."[22]

Um diese unübersichtliche und lückenhafte Rechtslage auf dem Gebiet des Vereinsrechts zu beseitigen, bedurfte es dringend einer grundlegenden Neuregelung.[23]

Am 24. Mai 1962 brachte die Bundesregierung einen Gesetzentwurf zur Neuregelung des öffentlich-rechtlichen Vereinsrechts in den Bundestag ein.[24] Zuvor hatte der Bundesrat den Entwurf der Bundesregierung im Wesentlichen akzeptiert.[25] Die Bundesgesetzgebungskompetenz ergab sich aus Art. 74 Abs. 1 Nr. 3 GG („Vereinsrecht"). In der ersten Lesung wurde der Gesetzesentwurf am 27. Juni 1962 dem Ausschuss für Inneres überwiesen, der unter Mitberatung des Sonderausschusses Strafrecht, des

---

[18] RGBl. 1918 Nr. 153 S. 1303.

[19] Für eine teilweise weiter bestehende Wirksamkeit zumindest der nicht das Vereinsrecht beschränkenden Vorschriften, Preuß. OVG, Urteil vom 25.09.1930 – III. B. 62/30, Entscheidungen des Preuß. OVG, Band 86, 279 ff., 1931, 279 (281 f.); *Schnorr*, Öffentliches Vereinsrecht, 1965, Einleitung, S. 25.

[20] *Schnorr*, Öffentliches Vereinsrecht, 1965, Einleitung, S. 32.

[21] *Schnorr*, Öffentliches Vereinsrecht, 1965, Einleitung, S. 32.

[22] *Willms*, NJW 1957, 1617 (1619).

[23] *J. Gerlach*, Die Vereinsverbotspraxis der streitbaren Demokratie, 2012, S. 81; *Groh*, in: Groh (Hrsg.), Vereinsgesetz, 2012, Einleitung, Rn. 1; *Schenke*, in: Schenke/Graulich u.a. (Hrsg.), Sicherheitsrecht des Bundes, 2. Aufl. 2019, Vorbemerkungen VereinsG, Rn. 2.

[24] BT Drs. IV/430; *Schnorr*, Die Polizei 1965, 48 (48).

[25] BT Drs. IV/430, S. 28 (Anlage 2).

Rechtsausschusses sowie des Ausschusses für Arbeit wesentliche Änderungen vornahm.[26]

Am 4. Juni 1964 wurde der geänderte Entwurf in zweiter und dritter Lesung im Deutschen Bundestag von allen vertretenen Parteien einstimmig angenommen. Nach der Zustimmung des Bundesrates, der auf die Einberufung des Vermittlungsausschusses verzichtete, konnte das Gesetz am 5. August 1964 ausgefertigt und verkündet werden und trat am 12. September 1964 unter Ablösung des Reichsvereinsgesetzes in Kraft.[27] Durch § 19 VereinsG ermächtigt, erließ der damalige Bundesinnenminister am 28. Juli 1966 zudem eine Verordnung zur Durchführung des Gesetzes zur Regelung des öffentlichen Vereinsrechts.[28] Diese enthält unter anderen zusätzliche Vorschriften zur Bekanntgabe des Verbots an Teilorganisationen, zur Registereintragung sowie zur Sicherstellung von Sachen.

II. Zentrale Regelungen

Im neuen Vereinsgesetz wurde die Regelungsmaterie des Vereinsrechts erstmals vom Versammlungsrecht getrennt. Das Vereinsgesetz dient als Ergänzung zu den Regelungsgehalten der Vereinigungsfreiheit in Art. 9 GG, insbesondere der Konkretisierung und Ausgestaltung des Verbotsverfahrens.

1. Das Vereinsgesetz als Ausführungsgesetz zu Art. 9 Abs. 1 und Abs. 2 GG

Die in § 1 Abs. 1 VereinsG normierte Vereinsfreiheit deckt sich mit der Vereinigungsfreiheit in Art. 9 Abs. 1 GG. Diese Parallele ist Sinnbild für die Einordnung des Vereinsgesetzes. Das Vereinsgesetz ist ein sog. Ausführungs- bzw. Verfahrensgesetz zu Art. 9 GG. Die verfassungsunmittelbar in Art. 9 Abs. 1 und Abs. 2 GG geregelten Inhalte sind als materiell abschließend zu betrachten, sodass das Vereinsgesetz hinsichtlich der Vereinigungsfreiheit und ihrer Schranken[29] allenfalls flankierende Regelungsgehalte vorsehen kann.[30] Regelungen, die materiell-rechtlich über den in Art. 9 Abs. 1 und 2 GG gefassten Regelungsgehalt hinausgehen, beispielsweise eine Erweiterung der Verbotstatbestände, sind nicht möglich. Eigenen materiell-rechtlichen Regelungsgehalt entfalten etwa § 2 Abs. 1 VereinsG hinsichtlich des Vereinsbe-

---

[26] *Parlamentsarchiv*, Gesetz zur Regelung des öffentlichen Vereinsrechts (Vereinsgesetz) vom 5. August 1964, BD IV 223 G, Bonner Universitäts-Buchdruckerei, Übersicht über Gesetzgebungsmaterialien; *Schnorr*, Öffentliches Vereinsrecht, 1965, Einleitung, S. 32.
[27] BGBl. 1964 I 593, in Kraft getreten am 12. September 1964.
[28] BGBl. 1966 I 457.
[29] Zur umstrittenen Einordnung des Art. 9 Abs. 2 GG siehe Erster Teil Kapitel 1 B. I. 3.
[30] BT Drs. IV/430, S. 8; BVerfGE 80, 244 (254); *Schenke*, in: Schenke/Graulich u.a. (Hrsg.), Sicherheitsrecht des Bundes, 2. Aufl. 2019, Vorbemerkungen VereinsG, Rn. 3; *Schiffbauer*, in: Reichert (Hrsg.), Handbuch Vereins- und Verbandsrecht, 14. Aufl. 2018, S. 1255, Rn. 98; *Schnorr*, RdA 1962, 169 (169).

griffs[31] sowie § 22 VereinsG hinsichtlich der Neuregelung des Vereinsstrafrechts. Auch die Vorschriften zur Beschlagnahme von Beweismitteln und Durchsuchung von Vereinsräumen (§ 4 VereinsG), die Regelungen zu Forderungen Dritter gegen die verbotene Vereinigung (§§ 12, 13 VereinsG) und das Verhältnis von Verbotsvollziehung und Rechtsschutz (§ 20 VereinsG) wurden mit der Neuregelung des Vereinsrechts geändert.

2. Die „Polizeifestigkeit" des Vereinsrechts

In § 1 Abs. 2 VereinsG regelt der Gesetzgeber das Verhältnis des Vereinsgesetzes zum sonstigen Polizei- und Sicherheitsrecht:

„Gegen Vereine, die die Vereinsfreiheit mißbrauchen, kann zur Wahrung der öffentlichen Sicherheit oder Ordnung nur nach Maßgabe dieses Gesetzes eingeschritten werden."

Demnach kann gegen Vereine, die die Vereinsfreiheit missbrauchen, zur Wahrung der öffentlichen Sicherheit oder Ordnung nur nach Maßgabe des Vereinsgesetzes eingeschritten werden. Die „Polizeifestigkeit" des öffentlichen Vereinsrechts führt wie im Versammlungsrecht dazu, dass das Vereinsrecht als Sonderrecht dem allgemeinen Recht der Gefahrenabwehr vorgeht, d.h. insbesondere Anwendungsvorrang vor den polizei- und sicherheitsrechtlichen Generalklauseln genießt.[32] Aus der Zusammenschau von § 1 Abs. 2 und § 3 Abs. 1 VereinsG ergibt sich folglich ein Verbotsmonopol.

3. Das Erfordernis der Verbotsverfügung

Nach § 3 Abs. 1 VereinsG darf ein Verein erst dann als verboten behandelt werden, wenn von der zuständigen Verbotsbehörde eine entsprechende Verbotsverfügung erlassen wurde:

„Ein Verein darf erst dann als verboten (Artikel 9 Abs. 2 des Grundgesetzes) behandelt werden, wenn durch Verfügung der Verbotsbehörde festgestellt ist, daß seine Zwecke oder seine Tätigkeit den Strafgesetzen zuwiderlaufen oder daß er sich gegen die verfassungsmäßige Ordnung oder den Gedanken der Völkerverständigung richtet; in der Verfügung ist die Auflösung des Vereins anzuordnen (Verbot)."

Bis zum Erlass einer solchen Verfügung wird die Legalität eines Vereins vermutet.[33] Diese Klarstellung war notwendig, weil die Vereinigungsfreiheit in Art. 9 Abs. 1 GG keine entsprechende Verbotsverfügung als konstitutive Voraussetzung vorsah, sodass seitens der Verwaltungsbehörden und Gerichte Unklarheit über die verfahrensrecht-

---

[31] Siehe ausführlich zum Vereinsbegriff unter Zweiter Teil Kapitel 5.
[32] *Petzold*, NJW 1964, 2281 (2281); *Roth*, in: Schenke/Graulich u. a. (Hrsg.), Sicherheitsrecht des Bundes, 2. Aufl. 2019, § 1 VereinsG, Rn. 15 ff.; *von Feldmann*, DÖV 1965, 29 (30).
[33] *Schnorr*, RdA 1962, 169 (170); *von Feldmann*, DÖV 1965, 29 (30).

lichen Anforderungen an ein Verbot und dessen Vollzug bestand.[34] Die Bestimmung normiert insoweit einen über Art. 9 Abs. 2 GG hinausgehenden Regelungsgehalt. Eine weitere konkretisierende Regelung zum Verbotsverfahren, durch die der materiell-rechtliche Gehalt des verfassungsrechtlichen Vereinigungsverbotsrechts nicht erweitert wird, ist § 3 Abs. 4 VereinsG. Demnach ist der verfügende Teil des Verbots im Bundesanzeiger und danach im amtlichen Mitteilungsblatt des Landes bekanntzumachen.

4. Die Verbotszuständigkeit des Bundes

Des Weiteren ermächtigt § 3 Abs. 2 Satz 1 Nr. 2 VereinsG erstmalig den Bundesinnenminister zum Erlass bundesweit wirksamer Vereinsverbote, wenn sich die Organisation oder Tätigkeit der Vereine oder Teilvereine über das Gebiet eines Landes hinaus erstreckt. Mangels reichsweiter Verbotszuständigkeit im Reichsvereinsgesetz konnten Vereine bis dahin nur von Landesbehörden auf Landesebene verboten werden. Die Exekutivbehörden der Länder ordneten zwischen 1922 und 1930 insgesamt 183 Vereinsverbote an. Mangels Konsensfähigkeit wurden diese nie von allen Ländern gemeinsam verfügt, wodurch die Wirksamkeit der Verbote erheblich eingeschränkt wurde.[35] Nach § 3 Abs. 2 Satz 1 Nr. 2 VereinsG kann der Bundesminister des Inneren als Verbotsbehörde nun bundesweit tätige Vereine verbieten:[36]

„2) Verbotsbehörde ist
1. die oberste Landesbehörde oder die nach Landesrecht zuständige Behörde für Vereine und Teilvereine, deren erkennbare Organisation und Tätigkeit sich auf das Gebiet eines Landes beschränken;
2. der Bundesminister des Innern für Vereine und Teilvereine, deren Organisation oder Tätigkeit sich über das Gebiet eines Landes hinaus erstreckt."

5. Vereinstypen nach Vereinsgesetz, insb. ausländischer Verein und Ausländerverein

Auf Initiative des Bundestagsinnenausschusses wurden in Abgrenzung zum inländischen Verein in den Regierungsentwurf Regelungen für Ausländervereine (§ 14 VereinsG) und für ausländische Vereine (§ 15 VereinsG) aufgenommen. Diese können sich auf Grundlage dessen zumindest auf die bundesgesetzliche Gewährleistung der Vereinsfreiheit nach § 1 Abs. 1 VereinsG berufen.[37] Ein Rückgriff auf die verfas-

---

[34] BVerwGE 4, 188 (Ls); *Heinrich*, in: Joecks/Miebach (Hrsg.), Münchener Kommentar zum Strafgesetzbuch, 4. Aufl. 2022, VereinsG, Vor § 1, Rn. 4; *Schnorr*, Öffentliches Vereinsrecht, 1965, Einleitung, S. 32; *Schnorr*, Die Polizei 1965, 48 (49); *Seifert*, DÖV 1964, 685 (686 f.); *Willms*, NJW 1957, 1617 (1617 f.).
[35] Vgl. dazu *Grundmann*, Das fast vergessene öffentliche Vereinsrecht, 1999, S. 34.
[36] Siehe ausführlich zu den Zuständigkeiten unter Zweiter Teil Kapitel 8 A. II.; *Schnorr*, Öffentliches Vereinsrecht, 1965, Einleitung, S. 32 f.
[37] Wortlaut des Entwurfs nebst Regierungsbegründung, BT Drs. 79/62; in den Bundestag

sungsrechtlich garantierte Vereinigungsfreiheit scheidet wegen des eingeschränkten personellen Schutzbereichs des Art. 9 Abs. 1 GG aus.[38]

Ausländervereine sind nach § 14 Abs. 1 Satz 1 VereinsG Vereine, deren Mitglieder oder Leiter sämtlich oder überwiegend Ausländer sind. Von ausländischen Vereinen spricht man, wenn Vereine ihren Sitz im Ausland haben, deren Organisation und Tätigkeit sich aber auf den räumlichen Geltungsbereich des Vereinsgesetzes erstreckt.[39] Für sie gelten jeweils über Art. 9 Abs. 2 GG hinausgehende Verbotstatbestände nach § 14 Abs. 2 VereinsG (für ausländische Vereine in Verbindung mit § 15 Abs. 1 Satz 1 VereinsG). Nicht als Ausländerverein oder ausländischer Verein einzuordnen sind Vereine, deren Mitglieder oder Leiter sämtlich oder überwiegend ausländische Staatsangehörige eines Mitgliedsstaates der Europäischen Union sind (vgl. §§ 14 Abs. 1 Satz 2 i.V. m. 15 Abs. 1 Satz 1 VereinsG). Sie gelten ebenfalls als Inländervereine.[40]

III. Zwischenergebnis

Nach der Neuschreibung der Verfassung 1949 und mit ihr der Vereinigungsfreiheit in Art. 9 Abs. 1 und Abs. 2 GG war die Neuregelung des öffentlichen Vereinsrechts dringend angezeigt. Durch die Erweiterung der Verbotsmöglichkeiten in Art. 9 Abs. 2 GG wurde das Reichsvereinsgesetz faktisch überholt. Zudem blieb das Instrument des Vereinsverbots aufgrund der regional beschränkten Reichweite der Verbote durch die Länder hinter seinen Möglichkeiten zurück. Erst mit dem Vereinsgesetz von 1964 führte man eine bundesweite Verbotskompetenz des Bundesinnenministers als Verbotsbehörde ein. Zudem wurden als zentrale Regelungen die „Polizeifestigkeit" des Vereinsgesetzes, das Erfordernis einer Verbotsverfügung sowie Sonderregelungen für Ausländervereine und ausländische Vereine in das Vereinsgesetz aufgenommen.

---

eingebrachten Entwurf, BT Drs. IV/430, vgl. *Parlamentsarchiv*, Gesetz zur Regelung des öffentlichen Vereinsrechts (Vereinsgesetz) vom 5. August 1964, BD IV 223 G, Bonner Universitäts-Buchdruckerei.

[38] *Grundmann*, Das fast vergessene öffentliche Vereinsrecht, 1999, S. 35; *Schnorr*, RdA 1964, 317 (317); *Seifert*, DÖV 1964, 685 (689); *Marx*, in: Lisken/Denninger (Hrsg.), Handbuch des Polizeirechts, 7. Aufl. 2021, I. Teil VII: Öffentliches Vereinsrecht, Rn. 488.

[39] Zum Phänomen der Mischvereine siehe *Groh*, in: Groh (Hrsg.), Vereinsgesetz, 2012, § 14 VereinsG, Rn. 5; *Marx*, in: Lisken/Denninger (Hrsg.), Handbuch des Polizeirechts, 7. Aufl. 2021, I. Teil VII: Öffentliches Vereinsrecht, Rn. 510.

[40] *Roth*, in: Schenke/Graulich u. a. (Hrsg.), Sicherheitsrecht des Bundes, 2. Aufl. 2019, § 14 VereinsG, Rn. 10.

C. Zusammenfassung

Das öffentliche Vereinsrecht besteht aus dem Grundrecht der Vereinigungsfreiheit in Art. 9 Abs. 1 und Abs. 2 GG sowie dem Gesetz zur Regelung des öffentlichen Vereinsrechts vom 5. August 1964.

Die Herausbildung der verfassungsrechtlichen Vereinigungsfreiheit auf der einen und des öffentlich-rechtlichen Vereinsrechts auf der anderen Seite bedingten sich weniger gegenseitig, als dass sie durch den jeweils vorherrschenden politischen Zeitgeist geprägt wurden. Während für die verfassungsrechtliche Garantie der Vereinigungsfreiheit der Grundrechtekatalog 1848 sowie der Entwurf der Paulskirchenverfassung von 1849 zentrale Bedeutung hatten, war für die einfachgesetzliche Ausgestaltung des öffentlichen Vereinswesens die Kaiserzeit entscheidend.

Die Liberalisierung des Vereinswesens war ein langer Weg. Zum Ende des 18. Jahrhunderts wurde im Allgemeinen Landrecht Preußens eine freiheitliche Vereinsbildung ohne Genehmigungsvorbehalt eingeführt, die in dieser Form erst nach dem Scheitern der Paulskirchenverfassung 1849 in den Landesverfassungen und Landesvereinsgesetzen ab 1850 Schule machte. Im Bundesvereinsgesetz wurde 1854 ein allgemeiner Polizeivorbehalt eingeführt, der bis zum Beginn des 20. Jahrhunderts Bestand hatte. Erst mit der Neuregelung des öffentlichen Vereinswesens im Reichsvereinsgesetz 1908 wurde er zugunsten eines spezifischen Verbotstatbestands aufgegeben. Seitdem können Vereine nur noch aufgrund konkret normierter Verbotsgründe verboten werden. Die Verbotsgründe wurden mit der Neufassung der Vereinigungsfreiheit 1949 als Lehre aus der Weimarer Republik deutlich erweitert. Zuletzt wurde 1964 auch die einfachgesetzliche Regelung des Vereinsrechts im öffentlichen Vereinsgesetz grundlegend reformiert.

Bemerkenswert ist das Verhältnis von Vereinigungsfreiheit und Vereinsgesetz. Als bloßes Ausführungsgesetz kommt dem Vereinsgesetz im Rahmen des von der Vereinigungsfreiheit in Art. 9 Abs. 1 und 2 GG abgedeckten Inhalts grundsätzlich kein eigenständiger materiell-rechtlicher Regelungsgehalt zu. Anders verhält sich dies nur für ausländische Vereine und Ausländervereine.

Kapitel 3

Auslegungsregeln für vereinsrechtliche Tatbestände als Ausprägung des Rechtsstaatsprinzips

Die Auslegung von Normtexten und Tatbestandsmerkmalen steht in der Regel an jedem Anfang einer Normanwendung. Mit ihr wird der Bedeutungsspielraum einer Norm ausgeleuchtet. Zur Ermittlung des abstrakten Sinngehalts einer Regelung haben sich gängige Methoden juristischer Normeninterpretation etabliert. Zur Wahrung der Verfassung als Grenze der Gesetzesauslegung kann die subsidiäre Heranziehung ergänzender Auslegungsmittel geboten sein. Obwohl es den Gerichten in vereinsrechtlichen Entscheidungen schwerfällt, die erhöhten Anforderungen an die Auslegung der Tatbestände zu verorten, tritt deren Notwendigkeit deutlich hervor.

A. Die Entscheidungsspielräume der Verwaltung mit Übersicht

Entsprechend dem Gewaltenteilungsgrundsatz nach Art. 20 Abs. 2 Satz 2 GG erlässt der Gesetzgeber Gesetze, die von der Verwaltung als Teil der exekutiven Gewalt vollzogen werden. Im Rahmen der Gesetzesanwendung werden der Verwaltung auf verschiedenen Ebenen Entscheidungsspielräume eröffnet, die ihr die Interpretation offener Tatbestände und die Wahl zwischen mehreren Lesarten ermöglichen.[1]

In der Verwaltungsrechtsdogmatik lässt sich zwischen Entscheidungsspielräumen auf der Tatbestandsseite (durch unbestimmte Rechtsbegriffe und Beurteilungsspielräume) und auf der Rechtsfolgenseite (durch Ermessensspielräume) unterscheiden.[2]

---

[1] *Kment/Vorwalter*, JuS 2015, 193 (193); grundlegend zu Entscheidungsspielräumen in der Verwaltung siehe *Brinktrine*, Verwaltungsermessen in Deutschland und England, 1998; *Bull/Mehde*, Allgemeines Verwaltungsrecht mit Verwaltungslehre, 9. Aufl. 2015, S. 244 ff., 256 ff.; *J. Gerlach*, Entscheidungsspielräume der Verwaltung, 2018, S. 21 ff.; *Hain*, in: Grote (Hrsg.), Die Ordnung der Freiheit, 2007, S. 35 ff.; *Jacob/Lau*, NVwZ 2015, 241; *Maurer/Waldhoff*, Allgemeines Verwaltungsrecht, 20. Aufl. 2020, S. 142 ff.; *Oster*, Normative Ermächtigungen im Regulierungsrecht, 2010, S. 28 ff.; *Pache*, Tatbestandliche Abwägung und Beurteilungsspielraum, 2001.

[2] Grundlegend zu Beurteilungsspielräumen siehe *Pache*, Tatbestandliche Abwägung und Beurteilungsspielraum, 2001, S. 57 f.; ermöglicht ein Tatbestand auf der einen Seite aufgrund seiner unbestimmten Rechtsbegriffe einen Beurteilungsspielraum und auf der anderen Seite einen Ermessensspielraum auf Rechtsfolgenseite spricht man von Kopplungstatbeständen, vgl.

Die Lehre vom Beurteilungsspielraum geht auf *Otto Bachof* zurück, der bei der Ausübung von Entscheidungsspielräumen auf Tatbestandsseite drei Stufen anerkennt: die Auslegung unbestimmter Rechtsbegriffe, die Ermittlung des Sachverhalts und die Subsumtion des ermittelten Sachverhalts.[3] In der späteren Weiterentwicklung wurde begrifflich differenzierter vorgegangen und zwischen der (vorgelagerten) abstrakten Auslegung unbestimmter Rechtsbegriffe und einem Beurteilungsspielraum bei der Subsumtion des konkreten Sachverhalts unterschieden.[4]

Die Auslegung unbestimmter Rechtsbegriffe (sog. Hermeneutik)[5] findet vor der Sachverhaltsermittlung und der Subsumtion statt und kann als Ermittlung der abstrakten Bedeutung einer Norm umschrieben werden.[6] *Gern* definiert den Begriff der Auslegung als „Erfassen, Eingrenzen und Festschreiben eines Normtextes allgemein oder zumindest für einen konkreten Lebenssachverhalt".[7]

Im Fall geschriebener unbestimmter Rechtsbegriffe leitet sich die Notwendigkeit der Auslegung aus den Grenzen der Sprache als Mittel ab, die gewollte Regelung so präzise und bestimmt wie möglich zu umschreiben.[8] Umso offener ein Tatbestand formuliert ist, desto erforderlicher ist dessen Auslegung. Die gesetzgeberischen Grenzen liegen darin, dass nicht jeder Sachverhalt durch Regelung und Definition im Gesetzestext abgebildet werden kann. Fordert man dies, käme es zu einem „Wettrennen" zwischen Normunterworfenen und Normgeber, der stets auf neue Erscheinungsformen reagieren müsste. Als Beispiel für einen geschriebenen unbestimmten Rechtsbegriff kann der Zuverlässigkeitsbegriff herangezogen werden, auf den im

---

Ramsauer, in: Kopp/Ramsauer (Hrsg.), Verwaltungsverfahrensgesetz, 22. Aufl. 2021, § 40, Rn. 5.

[3] Bei der Ermittlung und Subsumtion des Sachverhalts geht es um die Tatsachenfeststellung, auf deren Grundlage die verwaltungsbehördliche Entscheidung getroffen wird sowie die Übertragung und Anwendung des Tatbestands auf den konkret ermittelten Einzelfall, vgl. *Bachof*, JZ 1955, 97; *Pache*, Tatbestandliche Abwägung und Beurteilungsspielraum, 2001, S. 59 f.; *Ramsauer*, in: Kopp/Ramsauer (Hrsg.), Verwaltungsverfahrensgesetz, 22. Aufl. 2021, § 40, Rn. 85 ff.

[4] *Bull/Mehde*, Allgemeines Verwaltungsrecht mit Verwaltungslehre, 9. Aufl. 2015, S. 249; *Kment/Vorwalter*, JuS 2015, 193 (195); *Maurer/Waldhoff*, Allgemeines Verwaltungsrecht, 20. Aufl. 2020, S. 150.

[5] U.v. zu unbestimmten Rechtsbegriffen siehe *Hain*, in: Grote (Hrsg.), Die Ordnung der Freiheit, 2007, S. 35 ff.; *Hillers*, VerwRdSch 1989, 116; *Maciejewski*, Von der Auslegung unbestimmter Rechtsbegriffe im bundesstaatlichen Finanzausgleich, 2007, S. 61 ff.; *Middelschulte*, Unbestimmte Rechtsbegriffe und das Bestimmtheitsgebot, 2004, S. 19 ff.; *Schmidt-Salzer*, DÖV 1969, 97; *Schoch*, Jura 2004, 612; *Schulze-Fielitz*, JZ 1993, 772.

[6] *Stern*, Grundbegriffe und Grundlagen des Staatsrechts, Strukturprinzipien der Verfassung, Band I, 2. Aufl. 1984, § 4, S. 124.

[7] *Gern*, VerwArch 1989, 415 (416).

[8] *Bull/Mehde*, Allgemeines Verwaltungsrecht mit Verwaltungslehre, 9. Aufl. 2015, S. 246 f.; *Gern*, VerwArch 1989, 415 (416); ausführlich zur Erforderlichkeit unbestimmter Rechtsbegriffe siehe *Hillers*, VerwRdSch 1989, 116 (117); *Middelschulte*, Unbestimmte Rechtsbegriffe und das Bestimmtheitsgebot, 2007, S. 71 ff.

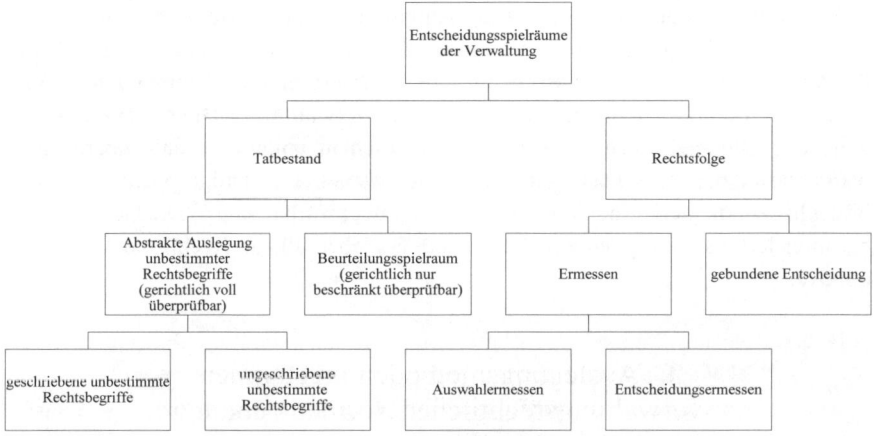

Abbildung 1: Entscheidungsspielräume der Verwaltung

Rahmen des § 5 WaffG näher eingegangen wird.[9] Denkbar sind auch „ungeschriebene" unbestimmte Rechtsbegriffe, die sich im Rahmen der Tatbestandsauslegung herausgebildet haben und in der weiteren Normanwendung ausgelegt werden müssen. Ein solcher ungeschriebener unbestimmter Rechtsbegriff ist die strafgesetzwidrige Prägung des Charakters des Vereins, die sich als Voraussetzung für Vereinsverbote wegen Strafgesetzwidrigkeit judiziell herausgebildet hat.[10]

B. Die Grenzen der Gesetzesauslegung und gerichtliche Überprüfbarkeit

Die Verwaltung ist als vollziehende Gewalt bei der Gesetzesauslegung nicht gänzlich frei. Als Ausprägung des Rechtsstaatsprinzips hat sie nach Art. 20 Abs. 3 GG den Grundsatz der Gesetzmäßigkeit der Verwaltung zu achten und ist demnach im Rahmen ihrer Normeninterpretation an Recht und Gesetz gebunden.[11] Es obliegt nicht nur dem Gesetzgeber im Rahmen des Gebots der Normenklarheit den Inhalt seiner Gesetze hinreichend eindeutig zu fassen. Auch die Verwaltung hat die Gesetze so auszulegen und anzuwenden, dass der Norm- und Verfügungsadressat vorhersehen kann, wann, unter welchen Umständen und mit welcher Tendenz die Norm angewandt wird.[12]

---

[9] Siehe dazu ausführlich Zweiter Teil Kapitel 10 A. II.
[10] Siehe dazu ausführlich unter Zweiter Teil Kapitel 6 B. II. 3.
[11] BVerfGE, 132, 99 (127); *Jarass*, in: Jarass/Pieroth (Hrsg.), Grundgesetz, 16. Aufl. 2020, Art. 20, Rn. 60; *Hain*, in: Grote (Hrsg.), Die Ordnung der Freiheit, 2007, S. 35; *Hillers*, VerwRdSch 1989, 116 (118).
[12] *Robbers*, in: Kahl/Waldhoff u. a. (Hrsg.), Bonner Kommentar zum Grundgesetz, 165.

Eine weitere Grenze der Gesetzesauslegung durch die Verwaltung besteht in der gerichtlichen Überprüfbarkeit ihrer Entscheidungen. Während beinahe jede Norm die Auslegung unbestimmter Rechtsbegriffe erfordert, erwächst daraus nur in Ausnahmefällen ein Beurteilungsspielraum für die Verwaltung.[13] Die abstrakte Auslegung unbestimmter Rechtsbegriffe ist gerichtlich in vollem Umfang überprüfbar, während sich bei der Ausübung des Beurteilungsspielraums Fallgruppen[14] herausgebildet haben, die gerichtlich nur eingeschränkt überprüfbar sind.[15] Die Gerichte sind bei ihrer Urteilsfindung nach Art. 20 Abs. 3 GG ebenfalls an Recht und Gesetz gebunden.

C. Auslegungsmethoden im Rahmen verwaltungsrechtlicher Normanwendung

Der Sinngehalt einer Regelung wird mit den üblichen Methoden juristischer Normeninterpretation ermittelt, wofür sich im Laufe der Zeit vier klassische Auslegungsmethoden herausgebildet haben.[16] Die Anfänge der Gesetzesauslegung finden sich im römischen Recht, genauer in den Digesten bzw. Pandekten des corpus iuris civilis aus dem Jahr 533.[17] *Friedrich Carl von Savigny* legte sich 1840 auf vier Grundregeln zur Gesetzesauslegung fest,[18] die bis heute etabliert und sowohl von der vollziehenden

---

Aktualisierung Januar 2014, Art. 20, Rn. 3244, 3315 ff., 3356; *Hillers*, VerwRdSch 1989, 116 (119).

[13] Zu Ausweitung der Fallgruppen, in denen seitens des Bundesverwaltungsgerichts ein Beurteilungsspielraum anerkannt wird, vgl. *Schulze-Fielitz*, JZ 1993, 772 (773).

[14] Prüfungs- und prüfungsähnliche Entscheidungen, beamtenrechtliche Beurteilungen, Entscheidungen durch weisungsunabhängige Gremien, Prognoseentscheidungen und Risikobewertungen, Entscheidungen verwaltungspolitischer Art, vgl. *Aschke*, in: Bader/Ronellenfitsch (Hrsg.), BeckOK VwVfG, 55. Edition, Stand: 01.04.2022, § 40, Rn. 107 ff.; *Decker*, in: Posser/Wolff (Hrsg.), BeckOK VwGO, 62. Edition, Stand: 01.07.2022, § 114, Rn. 36 ff.; *Hillers*, VerwRdSch 1989, 116 (122); *Rennert*, in: Eyermann/Fröhler u.a. (Hrsg.), Verwaltungsgerichtsordnung, 16. Aufl. 2022, § 114, Rn. 59 ff.; *Schulze-Fielitz*, JZ 1993, 772 (772 f.).

[15] U.v. st.Rpsr. seit BVerwGE 8, 272 (274); *Bull/Mehde*, Allgemeines Verwaltungsrecht mit Verwaltungslehre, 9. Aufl. 2015, S. 249; *Hillers*, VerwRdSch 1989, 116 (120 f.); *Schoch*, Jura 2004, 612 (614 ff.); *Schulze-Fielitz*, JZ 1993, 772 (772); kritisch hinsichtlich der vollen gerichtlichen Überprüfbarkeit der Auslegung unbestimmter Rechtsbegriffe siehe *Hain*, in: Grote (Hrsg.), Die Ordnung der Freiheit, 2007, S. 35 ff.

[16] *Bachof*, JZ 1955, 97 (98); *Jarass*, DÖV 2019, 457 (460); *Kment/Vorwalter*, JuS 2015, 193 (195); *H.J. Wolff/Bachof u.a.*, Verwaltungsrecht I, 13. Aufl. 2017, S. 337; *Pache*, Tatbestandliche Abwägung und Beurteilungsspielraum, 2001, S. 44, 59.

[17] *Adomeit*, Rechtstheorie für Studenten, 3. Aufl. 1990, S. 70 ff.

[18] *Savigny*, System des heutigen römischen Rechts, Band 1, 1840, S. 213.

Gewalt[19] als auch von der Rechtsprechung[20] anerkannt sind. Im Einzelnen beschreibt er ein grammatisches, ein logisches, ein historisches und ein systematisches Element.[21] Neben den klassischen Auslegungsmethoden sind noch zahlreiche weitere Ansätze anerkannt.[22]

I. Grammatische Auslegung

Im Rahmen der grammatischen Auslegung werden Wort bzw. Satzbau, Text und Sprache auf ihren Bedeutungsgehalt hin interpretiert. Durch die Auslegung des Wortlauts der Norm wird laut *Savigny* das Denken des Gesetzgebers in unser Denken transportiert.[23] Probleme bei der Begriffsbestimmung und Präzisierung ergeben sich naturgemäß aus unterschiedlichen Definitionen, individuellen Begriffsverständnissen und Sprachgebräuchen.[24] Als Maßstab dient gemeinhin der Sprachgebrauch der Rechtswissenschaft.[25]

II. Teleologische und historische Auslegung

Die teleologische Auslegung stellt das Telos, d. h. Sinn und Zweck der Norm in den Mittelpunkt der Normeninterpretation.[26] Während durch die teleologische Auslegung der „objektivierte Wille des Gesetzes" zum Tragen kommen soll, stellt die historische

---

[19] *Kment/Vorwalter*, JuS 2015, 193 (197); *Bull/Mehde*, Allgemeines Verwaltungsrecht mit Verwaltungslehre, 9. Aufl. 2015, S. 236 ff., 248; *H.J. Wolff/Bachof u. a.*, Verwaltungsrecht I, 13. Aufl. 2017, S. 310 ff.

[20] BVerfGE 11, 126 (130); 50, 177 (194); 54, 277 (297 ff.); 57, 250 (262).

[21] *Savigny*, System des heutigen römischen Rechts, Band 1, 1840, S. 213.

[22] Ohne Anspruch auf Vollständigkeit sind noch als Auslegungs- und Argumentationsmethoden anerkannt die genetische, die komparative und die europarechtskonforme Auslegung, zur Lückenfüllung der Grundsatz der Analogie sowie die Schlussfolgerungen nach „Argumentum a maiore ad minus", „Argumentum a fortiori", „Argumentum a minore ad maius" und „Argumentum e contrario", bei Normenkollisionen die Grundsätze der Güterabwägung sowie der Spezialität („lex specials derogat legi generali") sowie die topische Auslegung, vgl. *Bull/Mehde*, Allgemeines Verwaltungsrecht mit Verwaltungslehre, 9. Aufl. 2015, S. 240 ff.; *Gern*, VerwArch 1989, 415 (417, 420 f.); *Stern*, Grundbegriffe und Grundlagen des Staatsrechts, Strukturprinzipien der Verfassung, Band I, 2. Aufl. 1984, § 4, S. 126; *H.J. Wolff/Bachof u. a.*, Verwaltungsrecht I, 13. Aufl. 2017, S. 317 ff.

[23] *Savigny*, System des heutigen römischen Rechts, Band 1, 1840, S. 213.

[24] *Gern*, VerwArch 1989, 415 (417).

[25] Ausführlich zum Wesen der Rechtssprache, siehe *Middelschulte*, Unbestimmte Rechtsbegriffe und das Bestimmtheitsgebot, 2007, S. 22 ff.

[26] Grundlegend BVerfGE 1, 299 (312); *Gern*, VerwArch 1989, 415 (419); *Stern*, Grundbegriffe und Grundlagen des Staatsrechts, Strukturprinzipien der Verfassung, Band I, 2. Aufl. 1984, § 4, S. 125 f.; allgemein kritisch zur teleologischen Auslegung siehe *C. Möllers*, in: Hoffmann-Riem/Schmidt-Aßmann u. a. (Hrsg.), Grundlagen des Verwaltungsrechts, Band I, 2. Aufl. 2012, S. 146 f.

Auslegung den „subjektiven Willen des Gesetzgebers" fest.[27] Die historische Auslegung konzentriert sich auf den Zeitraum und die Umstände, in denen das Gesetz verabschiedet wurde. Der Zustand, der zum Zeitpunkt der Regelung bestand, war Anlass der Normierung, welche dementsprechend auf eine bestimmte Weise wirken sollte.[28] Die Entstehungsgeschichte einer Norm als Auslegungshilfe heranzuziehen, wird zum Teil dahingehend für problematisch gehalten, dass sie der Weiterentwicklung und Wandlung der Normeninterpretation entsprechend der Dynamik der ihr zugrundeliegenden Lebenssachverhalte am wenigsten gerecht wird.[29]

III. Systematische Auslegung

Die systematische Auslegung ordnet den Wortlaut der Norm in den Kontext des Gesetzes und in den Gesamtzusammenhang der Rechtsordnung ein. Es ist im Grundsatz davon auszugehen, dass dem Normverständnis des Gesetzgebers eine einheitliche und widerspruchsfreie Rechtsordnung zugrunde liegt und die Bedeutung einer Norm darum nicht isoliert ermittelt werden kann.[30] Vielmehr muss ein systematischer Rahmen zur Texterschließung berücksichtigt werden.[31]

Ein Sonderfall der systematischen Auslegung ist die verfassungskonforme Auslegung.[32] Bevor das Bundesverfassungsgericht die Nichtigkeit eines Gesetzes feststellt, ist das Gesetz im Rahmen des Möglichen im Einklang mit der Verfassung auszulegen.[33] Die Grenzen der verfassungskonformen Auslegung sind dabei erst erreicht, wenn der Wortlaut und der klar erkennbare Wille des Gesetzgebers im Widerspruch mit dieser Auslegung stehen.[34]

---

[27] BVerfGE 1, 299 (312); *Bull/Mehde*, Allgemeines Verwaltungsrecht mit Verwaltungslehre, 9. Aufl. 2015, S. 238.

[28] *Savigny*, System des heutigen römischen Rechts, Band 1, 1840, S. 214; *H.J. Wolff/Bachof u.a.*, Verwaltungsrecht I, 13. Aufl. 2017, S. 314 ff.; wird vom Bundesverfassungsgericht nur ergänzend herangezogen, vgl. BVerfGE 1, 299 (312); 11, 126 (130 ff.); 54, 277 (297 f.); 62, 1 (45) m.w.N.

[29] *Gern*, VerwArch 1989, 415 (420).

[30] *Bull/Mehde*, Allgemeines Verwaltungsrecht mit Verwaltungslehre, 9. Aufl. 2015, S. 237; *H.J. Wolff/Bachof u.a.*, Verwaltungsrecht I, 13. Aufl. 2017, S. 313 f.

[31] *Gern*, VerwArch 1989, 415 (418); *Savigny*, System des heutigen römischen Rechts, Band 1, 1840, S. 214.

[32] U.v. BVerfGE 2, 266 (282); 8, 28 (32 ff.); 18, 97 (111); 19, 1 (5); 30, 129 (148); 34, 165 (200); 48, 40 (46 f.); 49, 148 (157); 52, 357 (368 f.); 54, 277 (299).

[33] *Bull/Mehde*, Allgemeines Verwaltungsrecht mit Verwaltungslehre, 9. Aufl. 2015, S. 237; *Jarass*, in: Jarass/Pieroth (Hrsg.), Grundgesetz, 16. Aufl. 2020, Art. 20, Rn. 67 f.; *Robbers*, in: Kahl/Waldhoff u.a. (Hrsg.), Bonner Kommentar zum Grundgesetz, 165. Aktualisierung Januar 2014, Art. 20, Rn. 3285; *Schmidt-Salzer*, DÖV 1969, 97 (98); *H.J. Wolff/Bachof u.a.*, Verwaltungsrecht I, 13. Aufl. 2017, S. 313; *Stern*, Grundbegriffe und Grundlagen des Staatsrechts, Strukturprinzipien der Verfassung, Band I, 2. Aufl. 1984, § 4, S. 135.

[34] BVerfGE 8, 28 (34 f.); 8, 71 (78 f.); 18, 97 (111); 34, 165 (200); 48, 40 (46 f.); 52, 357

Die Wahrung von Recht und Gesetz durch die vollziehende Gewalt und die Rechtsprechung umfasst selbstredend auch die Achtung der Verfassung. In Abgrenzung zur verfassungskonformen Gesetzesauslegung des Bundesverfassungsgerichts obliegt jedem rechtsanwendenden Organ, wie es *Schmidt-Salzer* nennt, eine sog. „verfassungsorientierte Auslegung".[35] Er führt insoweit aus, dass jedes Gesetz und jede Norm nach den klassischen Auslegungsmethoden als letzter Schritt in Beziehung zur Verfassung zu setzen ist.[36] Im Rahmen der Verfassungsorientierung in der Gesetzesauslegung stuft er die Verfassung als Erkenntnisquelle, Leitbild und Auslegungsmaßstab und damit als allgemeines Auslegungskriterium ein.[37]

Sind bei der Gesetzesauslegung durch die Verwaltung bzw. bei der Überprüfung durch die Gerichte Grund- und Freiheitsrechte, wie die Vereinigungsfreiheit bei der Auslegung des Vereinsgesetzes, betroffen, erhöhen sich die Anforderungen an die Methoden zur Auslegung des Normtextes. Insofern kann man als Ausprägung der verfassungsorientierten Auslegung auch von einer „grundrechtsorientierten" Auslegung sprechen.

IV. Subsidiäre Auslegungsmittel

Im Rahmen einer verfassungs- bzw. grundrechtswahrenden Auslegung kann die subsidiäre Heranziehung ergänzender Auslegungsmittel geboten sein. Bei der Auslegung des Vereinsgesetzes etwa sind aufgrund der engen Beziehung zum Grundrecht der Vereinigungsfreiheit bei mehreren Tatbeständen ergänzende Auslegungsmittel zu beachten. Die Auslegungsregeln der extensiven und restriktiven Auslegung kennzeichnen als solche keine eigenständigen Auslegungsregeln, sondern stellen eine Ergänzung zum klassischen Auslegungskanon dar.[38]

1. Der Grundsatz der extensiven Auslegung

Der Grundsatz der extensiven Auslegung spielt als ergänzende Auslegungsregel insbesondere bei Definitionen und Begriffsbestimmungen eine Rolle. Durch eine extensive Auslegung der jeweiligen Tatbestandsmerkmale kann, sofern dies dem

---

(368 f.); 54, 277 (299); *Stern*, Grundbegriffe und Grundlagen des Staatsrechts, Strukturprinzipien der Verfassung, Band I, 2. Aufl. 1984, § 4, S. 136.

[35] *Schlaich/Korioth*, Das Bundesverfassungsgericht, 12. Aufl. 2021, Rn. 448; *Schmidt-Salzer*, DÖV 1969, 97 (98); *Stern*, Grundbegriffe und Grundlagen des Staatsrechts, Strukturprinzipien der Verfassung, Band I, 2. Aufl. 1984, § 4, S. 136.

[36] *Schmidt-Salzer*, DÖV 1969, 97 (98); so auch BVerfGE 13, 318 (325) mit Bezug zur Auslegung durch die Instanzgerichte („Jeder Richter [hat] bei Auslegung und Anwendung einfachen Rechts den Einfluss der Grundrechte auf alle Bereiche des einfachen Rechts zu beachten.").

[37] *Schmidt-Salzer*, DÖV 1969, 97 (99, 101).

[38] *Bernhardt*, Die Auslegung völkerrechtlicher Verträge insbesondere in der neueren Rechtsprechung internationaler Gerichte, 1971, S. 176 ff.; *Gern*, VerwArch 1989, 415 (418).

Schutzzweck der Norm entspricht, die Anwendbarkeit des jeweiligen Tatbestands auf einen entsprechend nicht zu verengenden Adressatenkreis sichergestellt werden.[39] Beispiele für eine extensive Auslegung finden sich bei den Begriffen der Religionsausübung nach Art. 4 Abs. 1, Abs. 2 GG,[40] des Austauschvertrages nach § 56 VwVfG[41] sowie bei der Auslegung der absoluten Schutzhindernisse nach § 8 Abs. 2 Nr. 3 MarkenG.[42]

Nach Art. 1 Abs. 3 GG sind Gesetzgebung, vollziehende Gewalt und Rechtsprechung an die Grundrechte als unmittelbar geltendes Recht gebunden. Sie dienen folglich als Maßstab für die Auslegung und Anwendung einfachen Rechts („grundrechtsorientierte" Auslegung).[43] Wie bei der Auslegung anderer grundrechtlicher Schutzbereiche üblich, wird auch der Vereinigungsbegriff grundsätzlich weit verstanden, um nicht im Vorfeld Organisationen und Gruppierungen von der Grundrechtsgarantie auszuschließen.[44] Das Bundesverfassungsgericht bestätigt dies und erklärte am 2. Juli 2019 für den einfachgesetzlichen Vereinsbegriff, dass eine „weite Auslegung der Tatbestandsmerkmale des § 2 Abs. 1 VereinsG [...] keinen verfassungsrechtlichen Bedenken"[45] begegnet. Eine weite Auslegung

„entspricht der gefahrenabwehrrechtlichen Intention des Vereinsgesetzes und dient zugleich dem Schutz der Vereinigungsfreiheit, da eine Vereinigung nur unter den engen, aber auch präventiv zu verstehenden Voraussetzungen des Art. 9 Abs. 2 GG verboten werden darf, wodurch ein solcher Zusammenschluss weitergehenden Schutz genießt."[46]

2. Der Grundsatz der restriktiven Auslegung

Wiederum können andere Tatbestandsmerkmale je nach Begriffsverständnis einen so weiten Anwendungsspielraum ermöglichen, dass zur Wahrung der verfassungsrechtlichen Verhältnismäßigkeit eine einschränkende Lesart geboten ist.

---

[39] *Spieth*, in: Bader/Ronellenfitsch (Hrsg.), BeckOK VwVfG, 55. Edition, Stand: 01.04.2022, § 56, Rn. 28.

[40] *Graßhof*, Nachschlagewerk der Rechtsprechung des Bundesverfassungsgerichts, Werkstand: 209. EL August 2019, Art. 4, Nr. 26.

[41] *Spieth*, in: Bader/Ronellenfitsch (Hrsg.), BeckOK VwVfG, 55. Edition, Stand: 01.04.2022, § 56, Rn. 28.

[42] *Fezer*, Markenrecht, 4. Aufl. 2009, § 8, Rn. 312.

[43] *Schlaich/Korioth*, Das Bundesverfassungsgericht, 12. Aufl. 2021, Rn. 288.

[44] *Herdegen*, in: Dürig/Herzog u. a. (Hrsg.), Grundgesetz, Lfg. 96 November 2021, Art. 1, Rn. 35 ff.; *Cornils*, in: Epping/Hillgruber (Hrsg.), BeckOK Grundgesetz, 51. Edition, Stand 15.05.2022, Art. 9, Rn. 5.

[45] BVerfG, Nichtannahmebeschluss vom 02.07.2019 – 1 BvR 1099/16, juris, 1b. Ls.

[46] BVerfG, Nichtannahmebeschluss vom 02.07.2019 – 1 BvR 1099/16, juris, 1b. Ls.

a) Die restriktive Auslegung in anderen Rechtsgebieten

Auf den Grundsatz der restriktiven Auslegung als ergänzende Auslegungsregel wird neben dem Vereinsrecht auch in anderen Rechtsgebieten zurückgegriffen.[47]

aa) Strafrecht

In einer Leitentscheidung sprach sich das Bundesverfassungsgericht für eine restriktive Auslegung der Mordmerkmale nach § 211 Abs. 2 StGB aus:

„Die Qualifikation der heimtückischen und der zur Verdeckung einer anderen Straftat begangenen Tötung eines Menschen als Mord gemäß § 211 Abs. 2 StGB verletzt bei einer *an dem verfassungsrechtlichen Verhältnismäßigkeitsgrundsatz orientierten restriktiven Auslegung* nicht das Grundgesetz."[48] [Hervorhebung durch Verfasserin]

Die spezielle Systematik, die der Regelung des Mordtatbestands in § 211 StGB zugrunde liegt, soll keinen Spielraum für eine ausnahmsweise korrigierende Gesamtwürdigung der Tat durch die Gerichte ermöglichen.[49] Ausgehend von dieser Grundannahme arbeiten sich seit der Entscheidung des Bundesverfassungsgerichts sowohl die Rechtsprechung, allen voran der BGH, als auch die Lehre daran ab, die Mordmerkmale einschränkend und damit verhältnismäßigkeits- und verfassungswahrend auszulegen.[50]

bb) Zivilrecht

Im Zivilrecht wird die restriktive Auslegung der Gutglaubensvorschriften nach §§ 932 ff. BGB bei Verfügungen durch minderjährige Nichtberechtigte kontrovers diskutiert.[51] Die Gutglaubensvorschriften schützen grundsätzlich nur den guten Glauben des redlichen Erwerbers an die Eigentümerstellung des Veräußernden. Könnte ein redlicher Erwerber eine nicht im Eigentum eines Minderjährigen stehen-

---

[47] Allgemein zum Grundsatz der restriktiven Auslegung siehe *Malkewitz*, NJW 1971, 2287; *Mizdalski*, Zur restriktiven Auslegung der Urheberschranken vor dem Hintergrund von Art. 5 GG, 2010.

[48] BVerfGE 45, 187 (4. Ls).

[49] *Eser/Sternberg-Lieben*, in: Schönke/Schröder (Hrsg.), StGB, 30. Aufl. 2019, § 211, Rn. 9; *Schneider*, in: Joecks/Miebach (Hrsg.), Münchener Kommentar zum Strafgesetzbuch, 4. Aufl. 2021, § 211, Rn. 27.

[50] U.v. BVerfG, NJW 2009, 1061; BGHSt 9, 385 (390); 32, 382 (384); 41, 8 (9); BGH, NStZ 2018, 654 (655); *Eschelbach*, in: Heintschel-Heinegg (Hrsg.), BeckOK StGB, 53. Edition, Stand 01.05.2022, § 211, Rn. 5; *Eser/Sternberg-Lieben*, in: Schönke/Schröder (Hrsg.), StGB, 30. Aufl. 2019, § 211, Rn. 9; *Kühl*, in: Lackner/Kühl (Hrsg.), StGB, 29. Aufl. 2018, § 211, Rn. 13; *Schneider*, in: Joecks/Miebach (Hrsg.), Münchener Kommentar zum Strafgesetzbuch, 4. Aufl. 2021, § 211, Rn. 27 ff.; *Sinn*, in: Wolter (Hrsg.), SK-StGB, Band IV, 9. Aufl. 2017, § 211, Rn. 8.

[51] *Henssler*, in: Soergel, Bürgerliches Gesetzbuch, Stand Sommer 2002, § 932, Rn. 34; *Schreiber*, Sachenrecht, 7. Aufl. 2018, S. 128 f.

de fremde Sache erwerben, würde nach einer Ansicht nicht nur seine Redlichkeit hinsichtlich der Eigentümerstellung, sondern auch hinsichtlich der Volljährigkeit des Veräußernden geschützt werden. Der gute Glaube an die Volljährigkeit ist jedoch kein Schutzbestandteil der Gutglaubensvorschriften. Insoweit überwiegt der Schutz der Minderjährigen im Rechtsverkehr und die Gutglaubensvorschriften sind einschränkend auszulegen.[52]

cc) Völkerrecht

Für die Auslegung völkerrechtlicher Verträge schreiben Art. 31–33 des Wiener Übereinkommens über das Recht der Verträge allgemeine Auslegungsregeln fest. Darüber hinaus sind weitere, nicht ausdrücklich im Wiener Übereinkommen normierte Auslegungsregeln anerkannt, beispielsweise der Grundsatz in dubio mitius, auch genannt der Grundsatz der restriktiven Auslegung. Danach gebietet sich eine souveränitätsschonende bzw. restriktive Auslegung der Verpflichtungen der Staaten. Einschränkungen der Handlungsfähigkeit sowie der staatlichen Souveränität und Freiheit sollen durch das Völkerrecht möglichst wenig beeinträchtigt werden und sind darum im Zweifelsfall restriktiv auszulegen.[53]

b) Die restriktive Auslegung vereinsrechtlicher Tatbestände

Die restriktive Auslegung vereinsrechtlicher Verbotsmaßnahmen ist aufgrund der verfassungsunmittelbaren Regelung der Schranken der Vereinigungsfreiheit als Ausprägung des Grundsatzes der Verhältnismäßigkeit geboten.[54] Der Rechtsprechung fiel es in ihren vereinsrechtlichen Entscheidungen bislang schwer, die erhöhten Anforderungen an die Auslegung der Tatbestände zu verorten.

aa) Auslegung der Tatbestände des Vereinsverbots

Seit Verabschiedung des Vereinsgesetzes und der Wahl des Wortlauts in § 3 Abs. 1 Satz 1 VereinsG ist umstritten, ob und in welchem Umfang der Erlass einer Verbotsverfügung von Ermessenserwägungen abhängig gemacht werden kann. Verneint man dies, stellt sich die Frage, welche Erwägungen im Fall einer gebundenen Entscheidung auf Tatbestandsseite anzustellen sind.

Nach Art. 9 Abs. 2 GG *sind* Vereinigungen, die einen der dort normierten Verbotstatbestände erfüllen, *verboten*. § 3 Abs. 1 Satz 1 VereinsG, der die verfassungsrechtlichen Vorgaben nur konkretisieren kann, setzt einfachgesetzlich den Erlass einer

---

[52] U.v. BGH, NJW 1977, 622; *Spickhoff*, in: Säcker/Rixecker u.a. (Hrsg.), Münchener Kommentar zum Bürgerlichen Gesetzbuch, 9. Aufl. 2021, § 106, Rn. 17.
[53] *Dörr*, in: Dörr/Schmalenbach (Hrsg.), Vienna Convention on the Law of Treaties, 2. Aufl. 2018, Art. 31, Rn. 33; *Herdegen*, Völkerrecht, 21. Aufl. 2022, § 15, Rn. 31; *Verdross/Simma*, Universelles Völkerrecht, 3. Aufl. 1984, S. 493 f.
[54] BVerfGE 45, 187 (268).

Verbotsverfügung voraus. Ein Verein *darf* demnach erst als verboten behandelt werden, wenn das Vorliegen eines Verbotsgrundes *durch Verfügung* der Verbotsbehörde *festgestellt* ist. In der Literatur wird den Verbotsbehörden darum größtenteils ein Ermessen[55] bzw. ein „irgendwie gearteter Freiraum"[56] beim Erlass von Verbotsverfügungen eingeräumt.

Dem widersprachen zunächst das Bundesverwaltungsgericht, welches sich jedoch eine Hintertür offenhielt, und nun deutlich das Bundesverfassungsgericht. Beim Erlass einer Verbotsverfügung, so das Bundesverwaltungsgericht, hat die Verbotsbehörde wegen des klaren Wortlauts in Art. 9 Abs. 2 GG grundsätzlich kein Ermessen auf Rechtsfolgenseite. Die Funktion der Verbotsverfügung liege nicht darin, unter Berücksichtigung des Verhältnismäßigkeitsgrundsatzes die Ausübung von Ermessen zu ermöglichen. Allenfalls ausnahmsweise sollen in Einzelfällen derartige Erwägungen auf der Rechtsfolgenseite der Norm geboten sein.[57] Hat die Behörde folglich in der Regel keinen Spielraum hinsichtlich des Erlasses der Verbotsverfügung, sei sie gehalten, die notwendigen Erwägungen zur Verhältnismäßigkeit bei der Prüfung der Tatbestandsmerkmale anzustellen.[58] Damit beschreibt das Bundesverwaltungsgericht die verfassungs- bzw. grundrechtsorientierte Auslegung unbestimmter Rechtsbegriffe. In den Verbotstatbeständen stellen etwa die charakterliche Prägung im Fall einer Strafgesetzwidrigkeit der Vereinigung[59] sowie das Merkmal des Sichrichtens

---

[55] *Albrecht,* in: Albrecht/Roggenkamp (Hrsg.), Vereinsgesetz Kommentar, 2014, § 3, Rn. 6 (spricht von Auswahlermessen); *Albrecht,* DPolBl. 3/2015, 29 (30 f.); *Bauer,* in: Dreier (Hrsg.), Grundgesetz, 3. Aufl. 2013, Art. 9, Rn. 60; *Gastroph,* Die politischen Vereinigungen, 1970, S. 99 (spricht von politischem Ermessensspielraum); *Grundmann,* Das fast vergessene öffentliche Vereinsrecht, 1999, S. 125; *Piepenstock,* Politische Vereinigungen unter dem Grundgesetz, 1971, S. 120; *Planker,* Das Vereinsverbot gem. Art. 9 Abs. 2 GG/§§ 3 ff. VereinsG, 1994, S. 118; *Rudroff,* Das Vereinigungsverbot nach Art. 9 Abs. 2 GG und dessen verwaltungsrechtliche Auswirkungen, 1995, S. 96; *Scholz,* in: Dürig/Herzog u.a. (Hrsg.), Grundgesetz, Lfg. 96 November 2021, Art. 9, Rn. 134; *Wache,* in: Erbs/Kohlhaas u.a. (Hrsg.), Strafrechtliche Nebengesetze, VereinsG, 240. EL April 2022, § 3, Rn. 7; *Winkler,* in: von Münch/Kunig (Hrsg.), Grundgesetz, 7. Aufl. 2021, Art. 9, Rn. 95.
[56] *J. Heinrich,* Vereinigungsfreiheit und Vereinigungsverbot, 2005, S. 195; *Cornils,* in: Epping/Hillgruber (Hrsg.), BeckOK Grundgesetz, 51. Edition, Stand 15.05.2022, Art. 9, Rn. 24.
[57] BVerwG, Beschluss vom 16.09.2014 – 6 B 31/14, Buchholz 402.45 Vereinsrecht Nr. 65, Rn. 8; BVerwG, NVwZ 2013, 870 (875); NVwZ 2013, 521 (525); NVwZ-RR 2012, 648 (656); BVerwGE 134, 275 (307); so auch *Dörig,* jM 2016, 203 (204); *Kemper,* in: von Mangoldt/Klein u.a. (Hrsg.), Grundgesetz, 7. Aufl. 2018, Art. 9, Rn. 70.
[58] BVerwGE 134, 275 (307); so auch BVerwG, NVwZ 2013, 521 (525); *Cornils,* in: Epping/Hillgruber (Hrsg.), BeckOK Grundgesetz, 51. Edition, Stand 15.05.2022, Art. 9, Rn. 24; *Kannengießer,* in: Schmidt-Bleibtreu/Hofmann u.a. (Hrsg.), Grundgesetz, 15. Aufl. 2022, Art. 9, Rn. 16; *Schiffbauer,* in: Reichert (Hrsg.), Handbuch Vereins- und Verbandsrecht, 14. Aufl. 2018, S. 1258, Rn. 110.
[59] So festgestellt unter Zweiter Teil Kapitel 6 B. II. 3. c) cc) (5).

gegen die verfassungsmäßige Ordnung oder die Völkerverständigung[60] unbestimmte Rechtsbegriffe dar.[61]

Das Bundesverfassungsgericht bezog in seiner vereinsrechtlichen Entscheidung vom 13. Juli 2018 klar Stellung. Die Verfügung eines Vereinsverbotes ist bei Vorliegen des Tatbestands eines Verbotsgrunds auf Rechtsfolgenseite frei von Ermessenserwägungen, also gebunden, zu treffen:

„Das Grundgesetz stellt die Entscheidung über ein Vereinsverbot daher auch nicht in ein Ermessen. […] Ist festgestellt, dass die Vereinigung einen der Verbotstatbestände des Art. 9 Abs. 2 GG erfüllt, muss sie verboten werden. Abstufungen auf der Rechtsfolgenseite sieht der Verfassungsgeber dann nicht vor."[62]

Die Stringenz dieses Ergebnisses wird auch durch den Vergleich und die deutliche Diskrepanz zwischen den heutigen Verbotsnormen und der Regelung im Reichsvereinsgesetz von 1908 deutlich. In § 2 Abs. 1 RVG formulierte der Gesetzgeber den Verbotstatbestand eindeutig als Ermessensentscheidung:

„Ein Verein, dessen Zweck den Strafgesetzen zuwiderläuft, *kann* aufgelöst werden."[63] [Hervorhebung durch Verfasserin]

Mit anderen Worten: Die Verwaltungsbehörde (hier: Verbotsbehörde), die ermittelt, ob der konkrete Sachverhalt den Tatbestand des Gesetzes (hier: Art. 9 Abs. 2 GG i. V. m. § 3 Abs. 1 VereinsG) erfüllt, ist bei Vorliegen des Tatbestands an die im Gesetz vorgesehene Rechtsfolge (hier: Vereinsverbot) gebunden. Ihr kommt hinsichtlich des Erlasses einer Verbotsverfügung kein Ermessen zu.

Angesichts der Bedeutung der Vereinigungsfreiheit sind Vereinsverbote als Instrument der wehrhaften Demokratie nur als ultima ratio denkbar, wenn sie zum Schutz öffentlicher Interessen unerlässlich sind.[64] Für eine verfassungsmäßige Anwendung der Verbotsgründe bedarf es darum auf Tatbestandsseite konkreter Vorgaben. Das Bundesverfassungsgericht formuliert es in seinem Beschluss vom 13. Juli 2018 wie folgt:

„Nur diese ausdrücklich [in Art. 9 Abs. 2 GG] normierten Gründe rechtfertigen das Verbot als weitestgehenden Eingriff in die Grundrechte einer Vereinigung; sie sind *in der Auslegung nach Maßgabe der Verhältnismäßigkeit* insbesondere durch Beschränkung auf die Erforderlichkeit eines Verbots *eng zu verstehen*."[65] [Hervorhebung durch Verfasserin]

---

[60] So festgestellt unter Zweiter Teil Kapitel 7 B. II. 3.
[61] *Maurer/Waldhoff*, Allgemeines Verwaltungsrecht, 20. Aufl. 2020, S. 151 f.
[62] BVerfGE 149, 160 (194).
[63] *Goehrke*, Das Reichsvereinsgesetz vom 19. April 1908, 2. Aufl. 1908, S. 36.
[64] *Albrecht*, in: Albrecht/Roggenkamp (Hrsg.), Vereinsgesetz Kommentar, 2014, § 3, Rn. 5, 7; *Michael*, in: Häberle/Morlok u. a. (Hrsg.), Festschrift für Dimitris Th. Tsatsos, 2003, S. 394, 400.
[65] BVerfGE 149, 160 (195 f.), vgl. auch BVerfG, Nichtannahmebeschluss vom 02.07.2019 – 1 BvR 1099/16, juris, Rn. 23.

C. Auslegungsmethoden im Rahmen verwaltungsrechtlicher Normanwendung 59

Zusammenfassend ist festzuhalten, dass sich der Grundsatz der Verhältnismäßigkeit und als Ausprägung dessen das Erfordernis der restriktiven Auslegung der Verbotstatbestände auf die Beurteilung der einzelnen Tatbestandsmerkmale der Verbotsgründe auswirken.[66]

bb) Auslegung der Tatbestände des Kennzeichenverbots

Auch die Tatbestände des Kennzeichenverbots nach § 9 VereinsG und dabei insbesondere der Verwendungsbegriff sind im Rahmen der Wahrung der Verhältnismäßigkeit restriktiv auszulegen. Neben dem Vereinsverbot lässt Art. 9 Abs. 2 GG auch alternative (mildere) Maßnahmen gegen Vereinigungen zu:

„Art. 9 Abs. 2 GG steht weniger einschneidenden Eingriffen in die Grundrechte der Vereinigung als ihrem Verbot nicht entgegen, wie etwa einem Verbot bestimmter Tätigkeiten der Vereinigung und Maßnahmen gegen einzelne Mitglieder."[67]

Dabei sind Maßnahmen gegen Vereinigungen oder einzelne Vereinsmitglieder denkbar, wie (partielle oder temporale) Tätigkeitsbeschränkungen (z.B. Betätigungs-, Veranstaltungs- oder Äußerungsverbote), Aufsichtsmaßnahmen, Änderungen der Vereinssatzung, Warnungen, der Ausschluss einzelner Vereinsmitglieder, die Anwendung von Straftatbeständen, Kennzeichenverbote oder waffenrechtliche Maßnahmen.[68] Das Vereinsgesetz enthält selbst auch Möglichkeiten der Abstufung, nämlich Vereine mit oder ohne Vermögensbeschlagnahme und -einziehung aufzulösen oder den Erlass eines Betätigungsverbots gegenüber Ausländervereinen, vgl. § 14 Abs. 3 Satz 1 VereinsG.

Mit einem Vereinsverbot wird akzessorisch auch die weitere Verwendung der Kennzeichen des verbotenen Vereins untersagt.[69] Der Bundesgerichtshof führte dazu mit Blick auf den Verwendungsbegriff nach § 9 Abs. 1 VereinsG aus, dass es bei diesem „mit Rücksicht auf verfassungsrechtliche Anforderungen – nicht zuletzt mit Blick auf das Grundrecht der Vereinigungsfreiheit aus Art. 9 Abs. 1 GG – einer am Schutzzweck der Norm orientierten einschränkenden Auslegung" bedarf.[70]

---

[66] BVerwGE 134, 275 (291 f.); *Scholz*, in: Dürig/Herzog u.a. (Hrsg.), Grundgesetz, Lfg. 96 November 2021, Art. 9, Rn. 124; allgemein zur Verhältnismäßigkeit bei polizeilichen Maßnahmen auf Tatbestandsebene siehe *Brenz*, Das Polizeirecht als ein durch den Verhältnismäßigkeitsgrundsatz bestimmtes System von Abwägungsentscheidungen, 2017, S. 105 ff.; so auch *Sachs*, JuS 2019, 409 (411); *Schiffbauer*, in: Reichert (Hrsg.), Handbuch Vereins- und Verbandsrecht, 14. Aufl. 2018, S. 1257, Rn. 108.
[67] BVerfGE 149, 160 (194 f.).
[68] BVerfGE 149, 160 (181 f., 194 f.); BVerwG, NVwZ 2006, 694 (695 f.); OVG Schleswig-Holstein, Urteil vom 19.06.2012 – 4 KS 2/10, juris, Rn. 130; OVG Schleswig-Holstein, Urteil vom 26.02.2014 – 4 KS 1/12, juris, Rn. 147; *Albrecht*, in: Albrecht/Roggenkamp (Hrsg.), Vereinsgesetz Kommentar, 2014, § 3, Rn. 8; *Piepenstock*, Politische Vereinigungen unter dem Grundgesetz, 1971, S. 120 f.; *Schiffbauer*, JZ 2019, 130 (133).
[69] Siehe dazu ausführlich Zweiter Teil Kapitel 9.
[70] BGH, Urteil vom 12.01.2017 – 3 StR 364/16, juris, Rn. 11.

cc) Zwischenergebnis

Das Vereinsgesetz und insbesondere die in dieser Arbeit zu untersuchenden Eingriffsgrundlagen sind mit Blick auf die Vereinigungsfreiheit nach Art. 9 Abs. 1 GG restriktiv auszulegen. Als Ausprägung des Grundsatzes der Verhältnismäßigkeit ist der Grundsatz der restriktiven Auslegung von Tatbestandsmerkmalen im Fall eines Vereinsverbotes nach § 3 Abs. 1 VereinsG sowie im Fall eines Kennzeichenverbots nach § 9 VereinsG zu beachten.

D. Zusammenfassung

Die Verwaltung hat als vollziehende Gewalt diverse Entscheidungsspielräume. Auf Tatbestandsseite obliegt ihr die Auslegung und Anwendung des Normtextes. Bestandteil der Auslegung ist die Interpretation unbestimmter Rechtsbegriffe. Im Rahmen der Subsumtion kommt ihr in bestimmten Fällen ein Beurteilungsspielraum zu, der frei von verwaltungsgerichtlicher Kontrolle bleibt. Auf Rechtsfolgenseite können der Verwaltung Ermessensspielräume eingeräumt sein.

Bei der abstrakten Auslegung von Gesetzen und damit auch von Tatbestandsmerkmalen und unbestimmten Rechtsbegriffen, ob geschrieben oder ungeschrieben, ist die Verwaltung nicht frei. Sie ist nach Art. 20 Abs. 3 GG an Recht und Gesetz gebunden. Zur Konkretisierung dieser Anforderungen bei der Anwendung von Rechtsnormen und einzelnen Tatbeständen haben sich in der Rechtswissenschaft nicht nur die klassischen Auslegungsmethoden nach *Savigny* durchgesetzt. Als Ausprägung des Verhältnismäßigkeitsgrundsatzes gilt es zudem im Rahmen einer verfassungs- bzw. grundrechtsorientierten Auslegung subsidiäre Auslegungsmittel zu beachten.

Die Auslegung vereinsrechtlicher Tatbestände ist insbesondere an der Vereinigungsfreiheit und als Bestandteil dieses Grundrechts am Grundsatz der Verhältnismäßigkeit zu messen. Im Fall des Vereinigungsbegriffs in Art. 9 GG sowie des Vereinsbegriffs in § 2 Abs. 1 VereinsG ist eine extensive Auslegung geboten. Im Unterschied dazu erfordert die Anwendung der Eingriffsgrundlagen, das heißt der Tatbestände für Vereinsverbote nach § 3 Abs. 1 VereinsG sowie für Kennzeichenverbote nach § 9 VereinsG im Vorfeld der Normanwendung eine restriktive Auslegung. Inwieweit diese Maßstäbe insbesondere von den Gerichten bei Überprüfung der verwaltungsbehördlichen Verbotsentscheidungen berücksichtigt und umgesetzt werden, wird im Hauptteil der Arbeit untersucht.

Kapitel 4

Untersuchungsobjekte

Bei Rockervereinen und islamistisch-extremistischen Vereinen handelt es sich um Gruppierungen, deren Bekämpfung aus verschiedenen Gründen verstärkt im Fokus sicherheitsbehördlichen Vorgehens steht. Die Untersuchungsgegenstände sind dabei derart vielschichtig, dass die nachfolgende Einführung für ein besseres Verständnis der Gefährdungsphänomene angezeigt ist.[1]

A. Rockervereine

Rockervereine sind Bestandteil einer Subkultur, in der spezifische, szenetypische Begrifflichkeiten verwendet werden und die Grundstrukturen aller Vereine sowie ihrer übergeordneten Motorradclubs miteinander vergleichbar sind. Nach der Einführung in die Begriffe und Charakteristika werden die drei in Deutschland etabliertesten Motorradclubs vorgestellt, gegen die die Verbotsbehörden schwerpunktmäßig mit vereinsrechtlichen Maßnahmen vorgehen.

I. Das Phänomen der Rocker, Strukturen und Begrifflichkeiten

Bei den Motorradclubs, deren Ortsgruppen Gegenstand dieser Arbeit sind, handelt es sich um ein eigenes Milieu und eine vielschichtige Subkultur, für die keine feststehende Definition existiert.[2] Das Bundeskriminalamt (BKA) beschreibt das Phänomen Rockergruppe aus Praxissicht als

---

[1] Auch wenn eine tiefgreifendere soziologische bzw. theologische Auseinandersetzung mit den beiden hier als Untersuchungsgegenstände gewählten Phänomenen wünschenswert wäre, kann und will diese Arbeit keinen Beitrag dazu leisten; derartige Appelle sind etwa zu finden bei *Albrecht*, Kriminalistik 2018, 357 (361); *Feltes/Reiners*, KrimJ 2018, 295 (298). Die Einschätzung und Bewertung des Bedrohungs- und Gefährdungspotential dieser Gruppierungen bleibt Aufgabe der Sicherheitsbehörden. Gegenstand dieser Arbeit ist allein die rechtswissenschaftliche Auseinandersetzung mit den vereins- und waffenrechtlichen Maßnahmen gegen Rockervereine und islamistisch-extremistischen Vereinen.

[2] *J. Bader*, Kriminalistik 2011, 227 (227); *Dienstbühl*, DPolBl 2015, 8 (8).

„Zusammenschluss mehrerer Personen mit strengem hierarchischem Aufbau, enger persönlicher Bindung der Gruppenmitglieder untereinander, geringer Bereitschaft, mit der Polizei zu kooperieren und selbst geschaffenen strengen Regeln und Satzungen."[3]

Die im Folgenden erläuterten Begrifflichkeiten werden weltweit zur einheitlichen Beschreibung von Motorradclubs, ihren Ortsgruppen, Mitgliedern und Abzeichen verwendet, sodass auch in dieser Arbeit auf sie zurückgegriffen wird.

Die Begriffe Motorradclub und Rocker sind in der Öffentlichkeit negativ besetzt, weil darunter insbesondere die Anhänger der polizeilich relevanten Motorradclubs, die sog. Outlaw Motorcycle Gangs (OMCGs), gefasst werden.[4] Die Bezeichnung Outlaw Motorcycle Gangs wurde erstmalig von der amerikanischen Motorsport-Organisation (American Motorcyclist Association, AMA) verwendet, um die nach den Hollister-Ausschreitungen 1947 aus der Organisation ausgeschlossenen (sog. outlawed) Motorradclubs zu beschreiben.[5] Seitdem wurde der Begriff vor allem seitens der amerikanischen Strafverfolgungsbehörden verwendet, um die polizeilich auffälligen Motorradclubs von der breiten Masse rechtschaffender Motorradclubs abzugrenzen.[6] Parallel dazu wird auch die Beschreibung Einprozenter (sog. Onepercenter) verwendet. Die amerikanische Motorsport-Organisation nannte infolge der Ausschreitungen in Hollister 99 Prozent der Biker rechtschaffen und 1 Prozent gesetzlos. Mittlerweile wird der Begriff Onepercenter vor allem von den Motorradclubs selbst gewählt.[7] Als solche lassen sich unter anderen die Motorradclubs Hells Angels MC, Bandidos MC, Gremium MC, Outlaws MC, Satudarah Maluku MC und Mongols MC einordnen, aber auch die nur zum Teil in Deutschland aktiven Motorradclubs Gypsy Jokers, Ghost Gang MC, Satans Slaves, Road Rats, Rock Machine MC, Galloping Gooses, Trust MC sowie Executioners.[8]

---

[3] *BKA*, Rockerkriminalität, abrufbar unter https://www.bka.de/DE/UnsereAufgaben/Deliktsbereiche/Rockerkriminalitaet/rockerkriminalitaet_node.html (zuletzt abgerufen am 15.03.2023).

[4] Die Begriffe Rockerbewegung und Outlaw Motorcycle Gang werden im Folgenden synonym verwendet.

[5] VG Ansbach, Urteil vom 13.08.2019 – AN 16 K 18.01864, juris, Rn. 28; VG Freiburg, Urteil vom 02.07.2019 – 3 K 5562/18, juris, Rn. 21; *Albrecht*, MschrKrim 2/2012, 115 (117); *Frauens*, Verbot der Hells Angels, 2011, S. 35 f.; *Prondzinksi*, DPolBl 2015, 18 (18).

[6] BayVGH, Urteil vom 10.10.2013 – 21 BV 12.1280, juris, Rn. 37; *Bayerisches Staatsministerium des Innern, für Sport und Integration, Abteilung Verfassungsschutz*, Verfassungsschutzbericht 2018, veröffentlicht im Mai 2019, S. 297.

[7] *Ahlsdorf*, Alles über Rocker, 5. Aufl. 2017, S. 87.

[8] OVG Rheinland-Pfalz, Urteil vom 28.06.2018 – 7 A 11748/17, juris, Rn. 40; BayVGH, Urteil vom 10.10.2013 – 21 BV 13.429, juris, 2. Leitsatz; BayVGH, Urteil vom 10.10.2013 – 21 BV 12.1280, juris, Rn. 38; *Ahlsdorf*, Alles über Rocker, 5. Aufl. 2017, S. 87; *Prondzinksi*, DPolBl 2015, 18 (18 f.); *Unkroth*, KommP BY 2014, 18 (19).

A. Rockervereine

Die sog. Outlaw Motorcycle Gangs bzw. Motorradclubs organisieren sich in einzelnen Ortsgruppen (sog. Chapter bzw. Charter[9]).[10] Jede Ortsgruppe ist vereinsrechtlich ein eigener (Rocker-)Verein. Das Bundeskriminalamt geht im Bundeslagebild 2018 von rund 700 aktiven Ortsgruppen diverser Motorradclubs mit ca. 10.000 Mitgliedern in Deutschland aus.[11]

Um Zugehörigkeit und Identifikation zu dem jeweiligen Motorradclub zu demonstrieren, tragen die Mitglieder der Ortsgruppe die Clubabzeichen (sog. Colour) in Form von Aufnähern (sog. Patches) auf speziellen Lederjacken (sog. Kutten bzw. Clubwesten).[12] Alle Ortsgruppen eines Motorradclubs verwenden die gleichen Abzeichen. Den Kutten, die assoziativ vergleichbar mit den Gewändern christlicher Männerorden sind, kommt sowohl vereinsintern als auch -extern eine hohe, identitätsstiftende Bedeutung zu. Das Tragen der Kutten ist genau wie die Anrede als Bruder/Brüder Ausdruck der starken emotionalen Bindung der Vereinsmitglieder untereinander sowie gegenüber ihrer lokalen Ortsgruppe und gegenüber dem bundes- bzw. weltweit agierenden Motorradclub.[13] Kennzeichnend für solche Ortsgruppen bzw. Rockervereine sind des Weiteren der strenge, hierarchische Aufbau, die interne Disziplin, die Abgrenzung von der Zivilgesellschaft, die Befolgung eigener Handlungsmaximen und Gesetze sowie die damit einhergehende Absage an das staatliche Gewaltmonopol und die Verweigerung der Zusammenarbeit mit staatlichen Institutionen, insbesondere mit der Polizei.[14]

Die für diese Arbeit relevanten Motorradclubs werden als sog. Outlaw Motorcycle Gangs eingestuft und grenzen ihren Einfluss gegenüber anderen Rockergruppen und rockerähnlichen Gruppierungen mit Gebiets- und Machtansprüchen ab. In der Verteidigung oder Erweiterung ihrer Ansprüche und zur Einschüchterung rivalisierender Gruppen begehen sie neben Hausfriedensbrüchen, Bedrohungen und Nötigungen auch Körperverletzungs- und Tötungsdelikte.

---

[9] Bei dem Hells Angels MC werden die Ortsgruppen Charter, bei allen anderen Rockerbewegungen und damit auch bei den Bandidos Chapter genannt.

[10] Die Begriffe Rockerverein, Ortsgruppe, Chapter und Charter werden im Folgenden synonym verwendet.

[11] *BKA*, Organisierte Kriminalität, Bundeslagebild 2018, veröffentlicht im August 2019, S. 20.

[12] HessVGH, Urteil vom 21.02.2013 – 8 C 2118/11, juris, Rn. 2; *Prondzinksi*, DPolBl 2015, 18 (19).

[13] VGH Hessen, Urteil vom 21.02.2013 – 8 C 2134/11, juris, Rn. 51; so auch in HessVGH, Urteil vom 21.02.2013 – 8 C 2118/11, juris, Rn. 53; *J. Bader*, Kriminalistik 2011, 227 (228); *Stenger/Bertolini*, Kriminalistik 2018, 588 (590) beschreiben es als „Bruderschaft mit eigenem Korpsgeist"; *von Mutius/Nolte*, in: von Mutius/Nolte (Hrsg.), Das vereinsrechtliche Kennzeichenverbot als Instrument zur internationalen Terrorismusbekämpfung, 2003, S. 4.

[14] VG Karlsruhe, Beschluss vom 14.03.2016 – 4 K 5120/15, juris, Rn. 5; *J. Bader*, Kriminalistik 2011, 227 (228 f.); *Bannenberg/R. Schmidt*, Kriminalistik 2019, 563 (563 f.); *Stenger/Bertolini*, Kriminalistik 2018, 588 (589 ff.); *B. Walter*, DPolBl 2015, 35 (35).

Darüber hinaus ordnen die Sicherheitsbehörden, im Einzelnen das Bundeskriminalamt, die Landeskriminalämter sowie die Landesverfassungsschutzämter, die im Rahmen des Gefährdungsphänomens Rockergruppe begangenen Straftaten dem Bereich der Organisierten Kriminalität (OK) zu.[15] Die Schwerpunkte der OK-Verfahren, die gegen Rockerclubs oder einzelne Ortsgruppen geführt werden (in diesem Zusammenhang werden sie von den Sicherheitsbehörden als sog. OK-Gruppierungen behandelt), liegen im Bereich des Rotlichtmilieus, der Schutzgelderpressung, Menschenhandels, Geldwäsche sowie des Waffen- oder Rauschgifthandels.[16] Laut Bundeslagebericht des Bundeskriminalamts zur Organisierten Kriminalität 2020 stieg die Anzahl der gegen Mitglieder von Rockervereinen geführten OK-Ermittlungsverfahren im Vergleich zum Vorjahr 2019 von 15 auf 23 an. Die Zahl der tatverdächtigen Mitglieder stieg zum Vorjahr um 19,4 %.[17]

II. Einzelne Motorradclubs

Die für die weitere Bearbeitung besonders relevanten Motorradclubs sind der Hells Angels MC, der Bandidos MC sowie der Gremium MC, die daher in gebotener Kürze vorgestellt werden. Ortsgruppen des Hells Angels MC und des Bandidos MC sind vor allem von Vereinsverboten betroffen. Die Mitglieder der Ortsgruppen des Gremium MC werden oft auch durch waffenrechtliche Maßnahmen adressiert.

1. Hells Angels MC

Der Hells Angels Motorradclub wurde im März 1948 nach dem Zweiten Weltkrieg in San Bernardino, Kalifornien/USA gegründet. Name und Abzeichen leiten sich von einer amerikanischen Fliegerstaffel ab.[18] Der Hells Angels MC ist laut eigenen Angaben mit 467 lokalen Ortsgruppen in 59 Ländern weltweit die größte Rockerbewegung.[19] 1969 entstand der erste europäische Ableger in London, 1970 der zweite in

---

[15] *Bayerisches Staatsministerium des Innern, für Sport und Integration, Abteilung Verfassungsschutz*, Verfassungsschutzbericht 2018, veröffentlicht im Mai 2019, S. 294; *BKA*, Organisierte Kriminalität, Bundeslagebild 2018, veröffentlicht im August 2019, S. 20 ff.; *Landesamt für Verfassungsschutz Hessen*, Verfassungsschutzbericht 2018, veröffentlicht im August 2019, S. 223 f.; *LKA Baden-Württemberg*, Sicherheitsbericht des Landes Baden-Württemberg 2018, veröffentlicht 2019, S. 89; zur Qualifizierung kriminellen Verhaltens als Organisierte Kriminalität siehe *Bley*, Rockerkriminalität, 2014, S. 19 f.

[16] *BKA*, Organisierte Kriminalität, Bundeslagebild 2018, August 2019, S. 20; siehe auch BayVGH, Urteil vom 10.10.2013 – 21 BV 13.429, juris, Rn. 9; *J. Bader*, Kriminalistik 2011, 227 (229 f.); *Bley*, Rockerkriminalität 2014, S. 28 ff.; *Stenger/Bertolini*, Kriminalistik 2018, 588 (588); *Unkroth*, KommP BY 2015, 299 (299); *Unkroth*, KommP BY 2014, 18 (18).

[17] *BKA*, Organisierte Kriminalität, Bundeslagebild 2020, veröffentlicht im September 2021, S. 18.

[18] *Ahlsdorf*, Alles über Rocker, 5. Aufl. 2017, S. 115.

[19] Abrufbar unter https://hells-angels.com/ (zuletzt abgerufen am 15.03.2023).

Zürich. Am 16. März 1973 gründete sich mit dem Hells Angels MC Hamburg die erste Ortsgruppe in Deutschland.[20] Laut eigenen Angaben existieren bundesweit momentan 82 Ortsgruppen.[21]

2020 wurden laut Bundeslagebild Organisierte Kriminalität 16 OK-Verfahren (2019: 7 Verfahren) gegen 142 Mitglieder des Hells Angels MC geführt (2019: 94 Mitglieder).[22] Gegenstände der Verfahren waren vor allem Delikte in den Bereichen Rauschgifthandel/-schmuggel, Gewaltkriminalität und Wirtschaftskriminalität.

Die bereits verbotenen Ortsgruppen des Hells Angels MC sind Hells Angels MC Hamburg, Hells Angels MC Düsseldorf, Hells Angels MC Flensburg, Hells Angels MC Borderland Pforzheim, Hells Angels MC Frankfurt, Hells Angels MC Westend, Hells Angels MC Kiel, Hells Angels MC Cologne, Hells Angels MC Berlin City, Hells Angels MC Bremen, Hells Angels MC Oder City, Hells Angels MC Oder City Kurmark, Hells Angels MC Göttingen, Hells Angels MC Bonn, Hells Angels MC Concrete City.[23]

2. Bandidos MC

Der Bandidos Motorradclub gründete sich im März 1966 in Houston. Die Ortsgruppe in Houston gilt seitdem als Gründungsverein (sog. Mother Chapter[24]).[25] Bei einer Schätzung im Jahr 2015 ging man weltweit von etwa 5.000 Mitgliedern aus.[26] Mittlerweile existieren laut eigenen Angaben auf ihren Webseiten in etwa 50 Ländern 290 Ortsgruppen.[27] Der erste europäische Verein gründete sich 1989 in Marseille, Frankreich.[28] Bei einem bundesweiten sog. Patch-Over[29] traten im Jahr 1999 alle Ortsgruppen der Rockergruppierung (gelbe) Ghostrider MC sowie die beiden Münchener Ortsgruppen der Motorradclubs Destroyers und Road Eagles MC Nomads den Bandidos bei und gründeten damit die ersten 17 deutschen Ortsgruppen. Später kamen

---

[20] BVerwGE 80, 299; *Albrecht*, MschrKrim 2/2012, 115 (115); *Frauens*, Verbot der Hells Angels, 2011, S. 41.

[21] *Hells Angels MC*, Hells Angels MC Germany Charter, abrufbar unter http://hells-angels.com/area/germany/ (zuletzt abgerufen am 15.03.2023); laut *Feltes/Reiners*, KrimJ 2018, 295 (303) existieren 67 einzelne Hells Angels Ortsgruppen.

[22] *BKA*, Organisierte Kriminalität, Bundeslagebild 2020, veröffentlicht im September 2021, S. 19.

[23] Vgl. für ein umfassendes Bild zu den Verboten den Anhang 1.

[24] Siehe dazu Glossar.

[25] *Bandidos MC*, About, abrufbar unter https://www.bandidosmcunitedstates.com/the-bandidos (zuletzt abgerufen am 15.03.2023); BayVGH, Urteil vom 10.10.2013 – 21 BV 12.1280, juris, Rn. 34.

[26] *Wikipedia*, Bandidos, abrufbar unter https://de.wikipedia.org/wiki/Bandidos (zuletzt abgerufen am 15.03.2023).

[27] Die einzelnen Kontinente sind unter https://www.bandidosmc.com/ abrufbar (zuletzt abgerufen am 15.03.2023).

[28] *Ahlsdorf*, Alles über Rocker, 5. Aufl. 2017, S. 133.

[29] Siehe dazu Glossar.

einzelne Ortsgruppen des Free Eagles MC und der Dragons MC Berlin dazu. Im März 2012 ging man laut nordrhein-westfälischer Landesregierung von 71 polizeilich bekannten Ortsgruppen des Bandidos MC aus.[30] Das Bundeslagebild Organisierte Kriminalität listete für 2020 wie im Vorjahr fünf OK-Verfahren gegen 87 Mitglieder des Bandidos MC (2019: 62 Mitglieder), u.a. wegen Gewaltkriminalität und Fälschungskriminalität.[31]

Bisher wurden die Ortsgruppen Bandidos MC Neumünster, Bandidos MC Aachen, Bandidos MC Hohenlimburg/Witten sowie Bandidos MC Federation West Central (Gesamtverein in NRW einschließlich 38 Chapter als Teilorganisationen) verboten.

Nach einer über mehrere Jahre eskalierenden, in der Öffentlichkeit als „Rockerkrieg" bezeichneten gewalttätigen Auseinandersetzung zwischen verschiedenen Motorradclubs schlossen der Hells Angels MC und der Bandidos MC im Jahr 2010 medienwirksam ein Friedensabkommen. Das Abkommen lief im Mai 2011 wieder aus.[32]

3. Gremium MC

Der Motorradclub Gremium MC wurde 1972 in Mannheim gegründet und hat seinen Ursprung somit in Deutschland.[33] Später schlossen sich Ortsgruppen des Omen MC sowie des Stander Greif MC an.[34] Sie grenzen sich durch eigene Regeln, Strukturen und einem eigenen Abzeichen bewusst von den amerikanischen Motorradclubs ab. Die ersten sieben gegründeten Ortsgruppen bilden einen „Siebener-Rat", der auf Vorschlag des Präsidenten des jeweiligen Regionalverbandes über die Gründung neuer Ortsgruppen entscheidet.[35] Ihr Abzeichen ist nicht wie die der anderen Motorradclubs als Dreiteiler konzipiert.[36] Nach eigenen Angaben sind in Deutschland aktuell 73 Ortsgruppen aktiv. Weltweit existieren zudem Ortsgruppen in zahlreichen anderen europäischen Staaten sowie in Russland, Paraguay, Venezuela, Chile, Mexiko, Brasilien und Thailand.[37]

---

[30] LT NRW Drs. 15/4239, S. 3; so auch BayVGH, Urteil vom 10.10.2013 – 21 BV 12.1280, juris, Rn. 35; *Ahlsdorf*, Alles über Rocker, 5. Aufl. 2017, S. 141 geht von 50 Ortsgruppen in Deutschland aus.

[31] *BKA*, Organisierte Kriminalität, Bundeslagebild 2020, veröffentlicht im September 2021, S. 19.

[32] BayVGH, Urteil vom 10.10.2013 – 21 B 12.960, juris, Rn. 42; *Ahlsdorf*, Alles über Rocker, 5. Aufl. 2017, S. 137 f.; *Diehl*, Spiegel Online vom 26.05.2010, abrufbar unter https://www.spiegel.de/panorama/justiz/bandidos-und-hells-angels-friedensschluss-der-kuschelrocker-a-696943.html (zuletzt abgerufen am 15.03.2023).

[33] OVG Rheinland-Pfalz, Urteil vom 28.06.2018 – 7 A 11748/17, juris, Rn. 38; *Gremium MC*, History since 1972, abrufbar unter http://www.gremium-mc.com/d/history.html (zuletzt abgerufen am 15.03.2023).

[34] *Ahlsdorf*, Alles über Rocker, 5. Aufl. 2017, S. 155.

[35] BVerfG, Nichtannahmebeschluss vom 02.07.2019 – 1 BvR 1099/16, juris, Rn. 18.

[36] *Ahlsdorf*, Alles über Rocker, 5. Aufl. 2017, S. 157, 163.

[37] *Gremium MC*, World Chapter Gremium MC World, abrufbar unter http://www.gremium-mc.com/d/chapters.html (zuletzt abgerufen am 15.03.2023).

Innerhalb des Gremium MC wurde bisher der Gremium MC Regionalverband Sachsen, bestehend aus vier Ortsgruppen, eine Gremium MC Ortsgruppe in Brandenburg sowie der Gremium MC Southgate verboten.

B. Islamistisch-extremistische Vereine

Der zweite Schwerpunkt liegt bei den Verboten von Religionsgemeinschaften und fundamental-religiösen, insbesondere islamistischen Vereinen. Religionsgemeinschaften können erst seit der Aufhebung des Religionsprivilegs 2001 verboten werden.[38]

Der Islamismus ordnet dem Islam Einfluss auf das gesellschaftliche Leben und die politische Ordnung zu. Er ist abzugrenzen vom Islam als Religion und damit als persönliche, private Angelegenheit. Beim Islamismus handelt es sich um eine religiös verbrämte Form eines politischen Extremismus, der eine gottgewollte Ordnung anstrebt, die freiheitlich demokratische Grundordnung in Deutschland ablehnt und auf deren Beseitigung abzielt.[39]

Islamistisch-extremistische Vereine verfolgen heterogene Zielsetzungen, sodass eine Einordnung in Kategorien schwerfällt. Verschieden ausgerichtete Gruppierungen, und diese Unterteilung legt auch die weitere Darstellung zugrunde, sind jihadistische Vereine, salafistische Vereine und sonstige islamische Vereine, darunter insbesondere palästinensisch-islamische und internationalistische, aber auch legalistische[40] Vereine.

I. Jihadistische Vereine

Jihadistisch ausgerichtete Vereine kämpfen im „Heiligen Krieg" für einen Gottesstaat und wollen diesen mit terroristischer Gewalt gegen ihrer Weltanschauung nach Ungläubige und korrupte Regimes durchsetzen.[41] In Deutschland wurden seit Aufhebung des Religionsprivilegs 2001 zahlreiche jihadistische Vereine verboten, die oft-

---

[38] Dazu näher unter Erster Teil Kapitel 1 B. II. 1 (Aufhebung des Religionsprivilegs) sowie unter Kapitel 7 (Verbote islamistisch-extremistischer Vereine).

[39] *Bundesamt für Verfassungsschutz*, Salafismus in Deutschland, veröffentlicht im Mai 2019, S. 5; *Bundesamt für Verfassungsschutz*, Salafistische Bestrebungen in Deutschland, April 2014, S. 5; *Bundesamt für Verfassungsschutz*, Verfassungsschutzbericht 2020, veröffentlicht am 15.06.2021, S. 188; *Volk*, Islam – Islamismus, in: Konrad-Adenauer-Stiftung, Analysen & Argumente, Januar 2015, Ausgabe 164, S. 5; eine Übersicht zu verübten und verhinderten islamistischen Anschlägen bereitet *Goertz*, Kriminalistik 2019, 491 auf.

[40] Hier nicht gesondert dargestellt. Legalistische Islamisten sind eine weitere wichtige Ausrichtung, die versuchen, die freiheitlich-demokratische Grundordnung durch legale, d.h. friedliche Mittel abzuschaffen. Ein Beispiel für legalistische Islamisten ist die Muslimbruderschaft.

[41] *Bundesamt für Verfassungsschutz*, Verfassungsschutzbericht 2020, veröffentlicht am 15.06.2021, S. 188.

mals zum Betrieb einer Moschee gegründet wurden und zugleich Anhängern des jihadistischen Salafismus als Anlaufstelle dienten.

Im Einzelnen wurden folgende Vereine verboten: Kalifatsstaat mit 35 Teilorganisationen (u. a. Islamisches Zentrum Ingolstadt e.V., Islamisches Zentrum Winnenden e.V., Islamische Gemeinde Herne e.V., Islamische Glaubensgemeinschaft Neuss e.V.), Multi-Kultur-Haus e.V., Kultur- und Bildungszentrum Ingolstadt e.V., Die wahre Religion alias LIES! Stiftung/Stiftung LIES, Islamischer Staat (alias Islamischer Staat im Irak [ad-Dawla al-Islamiya fil-Iraq] alias Islamischer Staat im Irak und in Groß-Syrien [ad-Dawla al-Islamiya fil-Iraq wash-Sham]), der Moscheeverein Fussilet 33, der Moscheeverein Deutschsprachiger Islamkreis Hildesheim, der islamische Kulturverein Almadinah in Kassel und der Islamische Kulturverein Nuralislam in Nordrhein-Westfahlen.[42] Im September 2014 hat der Bundesinnenminister zudem die Betätigung der Terrororganisation Islamischer Staat in Deutschland verboten.[43]

II. Salafistische Vereine

Der Salafismus[44] vertritt ein wortgetreues Verständnis des Korans und strebt einen weltumspannenden Gottesstaat an, in dem die Scharia als Gottesrecht als einzig verbindliches Recht anerkannt wird. Die Geltung staatlicher Gesetze lehnt der Salafismus darum ab. Seine Anhänger sehen sich als die einzig „wahren" Muslime, die je nach Strömung ihre Ziele mit verschiedenen Mitteln erreichen wollen.[45] Eine genaue Differenzierung ist aufgrund der Komplexität des Phänomens schwierig. Im Einzelnen lässt sich aber zwischen quietistisch-puristischen, politischen und jihadistischen Salafismus unterscheiden.[46]

---

[42] Ausführliche Übersicht über die Vereinsverbote Anhang 2 – Verbotene islamistisch-extremistische Vereine.

[43] *Bundesministerium des Innern*, De Maizière verbietet Betätigung der Terrororganisation „Islamischer Staat" in Deutschland, Pressemitteilung vom 12.09.2014.

[44] Zum Salafismus als sicherheitspolitische Herausforderung siehe *Bundesamt für Verfassungsschutz*, Salafismus in Deutschland, veröffentlicht im Mai 2019; *Garbert*, in: Backes/Gallus u.a. (Hrsg.), Jahrbuch Extremismus & Demokratie (E & D), 2017, S. 175 ff.

[45] *Albrecht*, in: Albrecht/Roggenkamp (Hrsg.), Vereinsgesetz Kommentar, 2014, § 3, Rn. 44; *Bundesamt für Verfassungsschutz*, Salafismus in Deutschland, veröffentlicht im Mai 2019, S. 6 f.; *Bundesamt für Verfassungsschutz*, Verfassungsschutzbericht 2020, veröffentlicht am 15.06.2021, S. 188 f.; *Körting*, DVBl. 2014, 1028 (1029); *Steinberg*, NVwZ 2016, 1745 (1746).

[46] OVG Bremen, Beschluss vom 12.10.2011 – 1 S 11/11, NVwZ-RR 2012, 64 (65); *Abou Taam/Dantschke u.a.*, Kontinuierlicher Wandel, Organisation und Anwerbungspraxis der salafistischen Bewegung, HSFK-Report Nr. 2/2016, S. 3 ff.; *Käsehagen*, Die gegenwärtige salafistische Szene in Deutschland, 2018, S. 83 ff.; *Senatsverwaltung für Inneres und Sport*, Hintergründe zu den Angehörigen des salafistischen Spektrums in Berlin, Lageanalyse, Dezember 2017, S. 5 f.; *Volk*, Islam – Islamismus, in: Konrad-Adenauer-Stiftung, Analysen & Argumente, Ausgabe 164, Januar 2015, S. 5; *Steinberg*, NVwZ 2016, 1745 (1746); *Volk*, Neo-Salafismus in

Laut Bundesverfassungsschutz blieb das Bedrohungspotential durch den islamistischen Terrorismus auch im Jahr 2020 in Deutschland auf hohem Niveau.[47] Der Verfassungsschutzbericht 2020 geht von einer Gesamtzahl von 12.150 Personen aus.[48] Das Personenpotential stieg – trotz einer pandemiebedingten Stagnation zum Vorjahr[49] – in den Jahren davor kontinuierlich. Ging der Verfassungsschutz 2016 noch von rund 9.700 Anhängern aus, wuchs das Personenpotential im Jahr 2017 auf 10.800 und im Jahr 2018 auf rund 11.300 Anhänger.[50]

Allen salafistischen Strömungen gemein ist, dass sie die Religion zur Legitimation und Umsetzung einer neuen politischen Ordnung, nämlich der Schaffung einer islamistischen Gesellschaft bzw. eines islamistischen Staates, instrumentalisieren. Der quietistisch-puristische oder auch institutionelle Salafismus betont einen religiösen Reinheitsanspruch und lehnt politischen Aktionismus und Gewalt strikt ab. Anders der politische und der jihadistische Salafismus: Der politische Salafismus wird zwar grundsätzlich auch als friedlich beschrieben. Dennoch legitimieren politische Salafisten teilweise Gewaltanwendung im Ausland, ohne in Deutschland selbst zu Gewalt aufzurufen. Sie wirken aber auch in Deutschland aktiv auf die Anwendung der Scharia mit missionarischen Mitteln hin, etwa durch Islam-Seminare, öffentliche Aktionen, wie Islam-Infostände in Fußgängerzonen und medienwirksame Auftritte.[51] Der jihadistische Salafismus ist dagegen radikalisiert und gewaltorientiert. Er will die Errichtung eines Gottesstaates erzwingen und befürwortet zu dessen Umsetzung den militanten Glaubenskrieg (Jihad). Der jihadistisch-militante Salafismus ist eine besonders radikale Form des islamistischen und verfassungsfeindlichen Extremismus, der zuletzt immer mehr an Bedeutung gewann.[52]

Salafistische Vereine sind eine vergleichsweise neue religiös-politische Organisationsform, aber unter den islamistischen Strömungen die am schnellsten wachsende.[53] Seit Aufhebung des Religionsverbots, aber bei genauerer Betrachtung insbeson-

---

Deutschland, in: Konrad-Adenauer-Stiftung, Analysen & Argumente, Ausgabe 155, September 2014, S. 7 f.

[47] *Bundesamt für Verfassungsschutz*, Verfassungsschutzbericht 2020, veröffentlicht am 15.06.2021, S. 189.

[48] *Bundesamt für Verfassungsschutz*, Verfassungsschutzbericht 2020, veröffentlicht am 15.06.2021, S. 194.

[49] *Bundesamt für Verfassungsschutz*, Verfassungsschutzbericht 2019, veröffentlicht am 09.07.2020, S. 193.

[50] *Bundesamt für Verfassungsschutz*, Verfassungsschutzbericht 2018, veröffentlicht am 27.06.2019, S. 193.

[51] OVG Sachsen, Beschluss vom 19.07.2016 – 5 B 141/15, juris, 1. Leitsatz; *Bundesamt für Verfassungsschutz*, Salafistische Bestrebungen in Deutschland, April 2014, S. 8, 13.

[52] OVG Sachsen, Beschluss vom 19.07.2016 – 5 B 141/15, juris, 1. Leitsatz; *Bundesamt für Verfassungsschutz*, Salafismus in Deutschland, veröffentlicht im Mai 2019, S. 6 f.; *Senatsverwaltung für Inneres und Sport*, Hintergründe zu den Angehörigen des salafistischen Spektrums in Berlin, Lageanalyse, Dezember 2017, S. 6; *Steinberg*, NVwZ 2016, 1745 (1746 f.).

[53] *Backes*, in: Backes/Gallus u.a. (Hrsg.), Jahrbuch Extremismus & Demokratie (E & D),

dere seit 2012, wurden zahlreiche salafistische Vereine verboten. Dabei handelt es sich im Einzelnen um die Vereine Millatu Ibrahim, An Nussrah, Islamische Audios, Dar al Schabab, Tauhid Germany, Islamisches Bildungs- und Kulturzentrum Mesdschid Sahabe e.V. (MSM), Kultur & Familie Bremen und den Islamischen Förderverein Bremen.[54]

III. Sonstige islamistische Vereine

Schließlich gibt es diverse weitere Gruppierungen unterschiedlichster Ausrichtung, allen voran palästinensisch-islamistische, libanesische oder internationalistische Vereine, die sich zudem auch unterschiedlich betätigen (z. B. humanitär unterstützend, politisch oder terroristisch).

Die palästinensisch-islamistische, aber auch die libanesische Strömung zielen auf die Vernichtung des jüdischen Staates Israel mit terroristischer Gewalt und konzentrieren ihre Aktivitäten regional auf den Nahen Osten. In Deutschland existieren vor allem Spender- und Unterstützervereine, die die Arbeit der palästinensischen HAMAS oder der schiitischen Hizb Allah (auch „Hisbollah", deutsch „Partei Gottes") begleiten.[55] Die Hizb Allah hat als schiitische Organisation, die hauptsächlich im Libanon aktiv ist, seit ihrer Gründung den bewaffneten Kampf gegen Israel und die Unterstützung der Palästinenser zum Ziel. In Deutschland sind die Unterstützervereine vor allem durch das Sammeln von Spenden für Familien von Selbstmordattentätern und sog. Märtyrern aktiv.

Bisher wurden die Vereine Al Aqsa e.V., Hizb ut Tahrir, YATIM Kinderhilfe e.V., Al Manar TV, Internationale Humanitäre Hilfsorganisation, Farben für Waisenkinder e.V., Ansaar International e.V., Deutsche Libanesische Familie e.V., Menschen für Menschen e.V. und Gib Frieden e.V. verboten.[56] Gegen das Bremer Hilfswerk e.V. wurde als Nachfolgeorganisation des Al Aqsa e.V. ein vereinsrechtliches Ermittlungsverfahren eröffnet, woraufhin sich der Verein selbst auflöste. Als weitere Maßnahme neben den Vereinsverboten sprach der Bundesinnenminister für die schiitische Terrororganisation „Hizb Allah" im April 2020 auch ein Betätigungsverbot aus.[57]

2018, S. 137; *Coomann/Lukas*, Kriminalistik 2019, 502 (502); *Steinberg*, NVwZ 2016, 1745 (1745).

[54] Ausführliche Übersicht über die Vereinsverbote Anhang 2 – Verbotene islamistisch-extremistische Vereine.

[55] *Bundesamt für Verfassungsschutz*, Verfassungsschutzbericht 2020, veröffentlicht am 15.06.2021, S. 188.

[56] Ausführliche Übersicht über die Vereinsverbote Anhang 2 – Verbotene islamistisch-extremistische Vereine.

[57] *Bundesministerium des Innern*, Betätigungsverbot für Terrororganisation „Hizb Allah" in Deutschland, Pressemitteilung vom 30.04.2020; *Bundesamt für Verfassungsschutz*, Verfassungsschutzbericht 2020, veröffentlicht am 15.06.2021, S. 226.

C. Zusammenfassung

Zwischen Outlaw Motorcycle Gangs und islamistisch-extremistischen Vereinen lassen sich einige Gemeinsamkeiten finden. In beiden Phänomenbereichen herrscht unter den Mitgliedern ein ausgeprägtes Ehrbewusstsein und das Gefühl, sich einer Elite zugehörig zu fühlen. Die Mitglieder einer Rockergruppe grenzen sich über ihre starke Hierarchie und eigenen Regeln zur konsentierten Gesellschaftsstruktur ab. Islamistische Extremisten verfolgen einen absoluten religiösen Wahrheitsanspruch.[58] Islamistische und politische Extremisten versuchen stückweise das „Erfolgsmodell" Rockergruppe für sich nutzbar zu machen, indem sie vergleichbare Identifizierungsmerkmale wie die Rockerkutten verteilen.[59]

Die Rockervereine, bei denen es sich um die einzelnen Ortsgruppen der sog. Outlaw Motorcycle Gangs handelt, sind ein zentraler Bestandteil der Struktur der Rockerszene. Als kleinste vereinte Einheit sind sie die Adressaten vereinsrechtlicher Maßnahmen. Im Gegensatz dazu handeln die islamistisch-extremistischen Vereine in der Regel als eigenständige Vereine und sind kein Bestandteil einer übergeordneten Bewegung oder Szene. Im Umgang mit Rockervereinen und islamistisch-extremistischen Vereinen wurde in den vergangenen zwanzig Jahren vermehrt auf vereinsrechtliche Maßnahmen zurückgegriffen (vgl. Anhänge 1 und 2), die im Folgenden näher untersucht werden.

---

[58] *Dienstbühl*, DPolBl 2015, 8 (10).
[59] *Dienstbühl*, DPolBl 2015, 8 (10).

Zweiter Teil: Hauptteil

Im Folgenden werden zentrale Normen und Tatbestände des Vereinsgesetzes mit einem Fokus auf Maßnahmen und deren Auswirkungen für kriminelle und extremistische Vereine, im Einzelnen Rockervereine und islamistisch-extremistische Vereine, untersucht. Beginnend mit dem Vereinsbegriff nach § 2 Abs. 1 VereinsG werden die einzelnen Begriffsmerkmale dargestellt und die Herausforderungen bei der Übertragung auf heterogene, teilweise diffus organisierte Gruppierungen skizziert. Das Vereinsverbot als wichtigste vereinsrechtliche Maßnahme nach § 3 VereinsG wird anschließend den Schwerpunkt der Analyse bilden.

Mit einem Vereinsverbot eng verknüpft ist das Verbot von Teil- und Ersatzorganisationen nach §§ 3 Abs. 3, 8 Abs. 2 VereinsG sowie Verbotsannexmaßnahmen, insbesondere das Kennzeichenverbot nach § 9 VereinsG. Bei diesen Instrumenten wird die Reformbedürftigkeit am stärksten zu Tage treten und als Konsequenz dessen werden an dieser Stelle Tatbestandsanpassungen und -erweiterungen vorgeschlagen. Schließlich wird die Zuständigkeit für das einem Vereinsverbot naturgemäß vorgelagerte Ermittlungsverfahren und das sich anschließende Verbotsverfahren dargestellt. Die Zuständigkeit teilt sich zwischen Bund und Ländern auf und richtet sich nach der Erkennbarkeit der Vereinsorganisation und -tätigkeit, was bei heterogen agierenden Gruppierungen zu lösbaren Herausforderungen führen kann.

Kapitel 5

Der Vereinsbegriff nach § 2 Abs. 1 VereinsG und seine Weiterentwicklung

Bei der Festlegung des öffentlich-rechtlichen Vereinsbegriffs im Jahr 1964 existierten viele Gruppierungen und Bewegungen noch nicht, deren Einordnung als Vereine im Sinne des Vereinsgesetzes heute eine Herausforderung darstellt. Im Unterschied zum zivilrechtlichen Begriffsverständnis ist der öffentlich-rechtliche Vereinsbegriff im Vereinsgesetz zur Erfüllung der Aufgaben der präventiven Gefahrenabwehr des Vereinsrechts darum umfassender und orientiert sich an den tatsächlichen Verhältnissen der Gefährdungsphänomene.

Aktuelle Gruppierungen, bei denen die Auslegung der Begriffsmerkmale für die öffentlich-rechtliche Einordnung als Verein relevant ist, sind die Rockerbewegungen und seit der Aufhebung des Religionsprivilegs auch islamistisch-extremistische Vereine und Religionsgemeinschaften. Vor allem islamistisch-extremistische Vereine bestreiten oft ihre Vereinseigenschaft, um einem Vereinsverbot die materiell-rechtliche Grundlage abzusprechen. Am Ende der Arbeit werden die hier herausgebildeten Erkenntnisse exkursorisch auf die neueren Bewegungen, wie die Reichsbürger und die Querdenkerszene übertragen.

A. Begriffsbestimmung

Den Begriffen des Vereins und des Vereinens kann man sich aus verschiedenen Richtungen annähern. Im Duden wird der Verein als Organisation beschrieben, „in der sich Personen zu einem bestimmten gemeinsamen, durch Satzungen festgelegten Tun, zur Pflege bestimmter gemeinsamer Interessen o. Ä. zusammengeschlossen haben".[1] Diese Definition orientiert sich an dem zivilrechtlichen Begriffsverständnis, das sich in wesentlichen Merkmalen vom öffentlich-rechtlichen unterscheidet.

I. Zivilrechtlicher Vereinsbegriff

Die Regelung des privatrechtlichen Vereinsrechts gelang dem Gesetzgeber früher als eine Einigung über ein einheitliches öffentliches Vereinsrecht. Bei der Beratung des

---

[1] Bibliographisches Institut GmbH, Duden, Verein, Bedeutung, abrufbar unter https://www.duden.de/rechtschreibung/Verein (zuletzt abgerufen am 15.03.2023).

Entwurfs des Bürgerlichen Gesetzbuches setzte sich eine Mehrheit zur Aufnahme eines privaten Vereinsrechts in das BGB durch. Man versprach sich dabei auch eine Erleichterung einer perspektivischen Regelung des öffentlichen Vereinsrechts.[2]

Im Bürgerlichen Gesetzbuch, das 1896 verabschiedet wurde und 1900 in Kraft trat, ist der Verein als juristische Person in §§ 21 ff. BGB geregelt. Eine Legaldefinition existiert nicht. In Literatur und Rechtsprechung hat sich folgende Begriffsbestimmung herausgebildet: Ein Verein ist eine auf Dauer angelegte Verbindung von Personen zur Erreichung eines gemeinsamen Zwecks mit körperschaftlicher Organisation und Gesamtnamen, die unabhängig von einem wechselnden Mitgliederbestand besteht.[3]

Voraussetzungen für die Eintragung in das Vereinsregister durch das zuständige Amtsgericht und damit die Bildung einer juristischen Person des Privatrechts, die als eingetragener Verein (e.V.) firmieren darf, sind eine Mindestanzahl von sieben Mitgliedern zur Vereinsgründung (§ 56 BGB) sowie eine Vereinssatzung. Vorstand und Mitgliederversammlung sind die zentralen Vereinsorgane. Der Vorstand vertritt den Verein gerichtlich und außergerichtlich, vgl. § 26 BGB.

II. Öffentlich-rechtlicher Vereinsbegriff

Im öffentlichen Vereinsrecht existiert seit der Einführung des Vereinsgesetzes im Jahr 1964 eine Legaldefinition in § 2 Abs. 1 VereinsG:

„Ein Verein ist ohne Rücksicht auf die Rechtsform jede Vereinigung, zu der sich eine Mehrheit natürlicher oder juristischer Personen für längere Zeit zu einem gemeinsamen Zweck freiwillig zusammengeschlossen und einer organisierten Willensbildung unterworfen hat. Keine Vereine im Sinne des Vereinsgesetzes sind politische Parteien gemäß Art. 21 GG und Fraktionen des Deutschen Bundestages bzw. der Länderparlamente."

Der öffentlich-rechtliche Vereinsbegriff ist damit umfassender als der zivilrechtliche. Er ist ausschließlich und spezifisch, d.h. die Vereins- und Gesellschaftsbegriffe in anderen Gesetzen, wie dem BGB (§§ 21 ff. und §§ 705 ff.) oder dem HGB (§§ 105 ff.) sind nicht anwendbar.[4] Folglich bedarf es für die Einordnung eines Vereins nach Vereinsgesetz keiner Eintragung ins Vereinsregister, nicht zwingend eines Vereinsnamens, keiner Satzung und keiner bestimmten Mitgliederzahl.[5] Der öffentlich-recht-

---

[2] *Tillmann*, Staat und Vereinigungsfreiheit im 19. Jahrhundert, 1976, S. 196.

[3] *Mansel*, in: Jauernig (Hrsg.), BGB Kommentar, 18. Aufl. 2021, § 21, Rn. 1; *Schöpflin*, in: Hau/Poseck (Hrsg.), BeckOK BGB, 62. Edition, Stand 1.05.2022, § 21, Rn. 25.

[4] *Heinrich*, in: Joecks/Miebach (Hrsg.), Münchener Kommentar zum Strafgesetzbuch, 4. Aufl. 2022, VereinsG, § 20, Rn. 9; *Petzold*, NJW 1964, 2281 (2281); *Roth*, in: Schenke/Graulich u.a. (Hrsg.), Sicherheitsrecht des Bundes, 2. Aufl. 2019, § 2 VereinsG, Rn. 24; *Schnorr*, Öffentliches Vereinsrecht, 1965, § 2, Rn. 1; *Wache*, in: Erbs/Kohlhaas u.a. (Hrsg.), Strafrechtliche Nebengesetze, VereinsG, 240. EL April 2022, § 2, Rn. 3.

[5] *Schnorr*, Öffentliches Vereinsrecht, 1965, § 2, Rn. 8; *Wache*, in: Erbs/Kohlhaas u.a. (Hrsg.), Strafrechtliche Nebengesetze, VereinsG, 240. EL April 2022, § 2, Rn. 6.

liche Vereinsbegriff orientiert sich an den tatsächlichen Verhältnissen. Adressat vereinsrechtlicher Maßnahmen können darum nicht nur nach §§ 55 ff. BGB eingetragene und nicht-eingetragene Vereine, sondern auch wirtschaftliche Vereine nach § 22 BGB, Personen- und Kapitalgesellschaften sein.

In den letzten Jahren waren mehrere Kapitalgesellschaften von vereinsrechtlichen Maßnahmen betroffen. Am 22. Februar 2005 wurde die Yeni Akit GmbH wegen Leugnung und Verharmlosung des Holocausts in volksverhetzender Weise und der Verbreitung antisemitischer Propaganda verboten.[6] Dabei handelte es sich um die Verlegerin der Europaausgabe der türkischsprachigen Tageszeitung Anadoluda Vakit. Wenig später, am 30. August 2005 verbot der damalige Bundesinnenminister die E. Xani Presse- und Verlags-GmbH, die wiederum die türkischsprachige Europaausgabe der Tageszeitung Özgür Politika verlegte.[7] Am 24. Februar 2010 sah das Bundesverwaltungsgericht den Verbotsgrund der Völkerverständigungswidrigkeit bei einer dänischen Aktiengesellschaft erfüllt, die in ihrem kurdischen Fernsehsender den Einsatz von Guerillaeinheiten verherrlichte.[8] Am 1. Februar 2019 wurden mit der Mezopotamien Verlag und Vertrieb GmbH und der MIR Multimedia GmbH bundesweit zwei kurdische Medienbetriebe als PKK-Teilorganisationen verboten.[9]

B. Die einzelnen Begriffsmerkmale

Der öffentlich-rechtliche Vereinsbegriff lässt sich in fünf zentrale Begriffsmerkmale aufschlüsseln: Es bedarf eines Personenzusammenschlusses, der sich freiwillig zur Erreichung eines gemeinsamen Ziels konstituiert und durch eine dauerhafte, organisierte Willensbildung von der bloßen Zusammenarbeit selbständig handelnder Einzelpersonen abgegrenzt werden kann.

---

[6] *Bundesamt für Verfassungsschutz*, Verfassungsschutzbericht 2017, S. 324.

[7] *Bundesministerium des Innern*, Schily verbietet zwei extremistische Vereine, Pressemitteilung vom 05.09.2009.

[8] BVerwG, EuGH-Vorlage vom 24.02.2010 – 6 A 7/08, Buchholz 402.45 VereinsG Nr. 53, 2. Leitsatz.

[9] BAnz AT 12.02.2019 B1; BVerwG, Urteil vom 26.01.2022 – 6 A 7/19, Pressemitteilung Nr. 10/2022 vom 27.01.2022; *Bundesministerium des Innern*, Bundesinnenminister Horst Seehofer verbietet PKK-Verlag, Pressemitteilung vom 12.02.2019.

I. Zusammenschluss mehrerer Personen

Ein öffentlich-rechtlicher Verein setzt zunächst einen Zusammenschluss mindestens zweier[10] natürlicher und/oder juristischer Personen (quantitatives Kriterium[11]) voraus.[12] Ein solcher wird bejaht, wenn mehrere Personen aufgrund eines irgendwie gearteten konstitutiven Aktes bewusst und gewollt zusammen handeln, bspw. durch Vertrag, Wahlen oder stillschweigende Übereinkunft.[13]

In der Entscheidung vom 14. Mai 2014 bestätigte das Bundesverwaltungsgericht das Verbot des islamistischen Vereins DawaFFM und bejahte dessen Einordnung als Verein, obwohl dieser nicht im Vereinsregister eingetragen war und auch keine Satzung existierte. Die Kläger argumentierten, es handele sich um keinen auf Dauer angelegten Personenzusammenschluss, sondern um eine bloße Internetplattform.[14] Das Gericht hielt dagegen: Vereine im Sinne des Vereinsgesetzes sind alle Vereinigungen ohne Rücksicht auf die Rechtsform. Eine Eintragung nach §§ 55ff. BGB ist nicht notwendig. Für einen konstitutiven Akt des Zusammenschlusses genügt es, dass sich – wie im vorliegenden Fall – bis zu 20 Mitglieder regelmäßig in einer Moschee zu Vorträgen und außerhalb zu Freizeitaktivitäten treffen, um sich mit ihrer Auslegung des Islams und daraus ableitbaren Verhaltenspflichten zu beschäftigen.[15]

Die Entscheidung stieß auf die Kritik, dass nun erstmals höchstinstanzlich ein Verein im Sinne des Vereinsrechts eingeordnet wurde, der mangels Eintragung in das

---

[10] a.A. drei Mitglieder, *Heinrich*, in: Joecks/Miebach (Hrsg.), Münchener Kommentar zum Strafgesetzbuch, 4. Aufl. 2022, VereinsG, § 20, Rn. 11; *Merten*, in: Isensee/Kirchhof (Hrsg.), Handbuch des Staatsrechts der Bundesrepublik Deutschland, 3. Aufl. 2009, § 165, Rn. 37; *Wache*, in: Erbs/Kohlhaas u.a. (Hrsg.), Strafrechtliche Nebengesetze, VereinsG, 240. EL April 2022, § 2, Rn. 8.

[11] Die Einordnung der Begriffsmerkmale in ein quantitatives, voluntatives, assoziatives, interaktives und temporales Kriterium erfolgt nach: *J. Gerlach*, Die Vereinsverbotspraxis der streitbaren Demokratie, 2012, S. 79.

[12] *Bauer*, in: Dreier (Hrsg.), Grundgesetz, 3. Aufl. 2013, Art. 9, Rn. 39; *J. Heinrich*, Vereinigungsfreiheit und Vereinigungsverbot, 2005, S. 34; *Höfling*, in: Sachs (Hrsg.), Grundgesetz, 9. Aufl. 2021, Art. 9, Rn. 11; *Jarass*, in: Jarass/Pieroth (Hrsg.), Grundgesetz, 16. Aufl. 2020, Art. 9, Rn. 3; *Kannengießer*, in: Schmidt-Bleibtreu/Hofmann u.a. (Hrsg.), Grundgesetz, 15. Aufl. 2022, Art. 9, Rn. 9; *Kemper*, in: von Mangoldt/Klein u.a. (Hrsg.), Grundgesetz, 7. Aufl. 2018, Art. 9, Rn. 13; *Kingreen/Poscher*, Grundrechte, 37. Aufl. 2021, Rn. 950; *Roggenkamp*, in: Albrecht/Roggenkamp (Hrsg.), Vereinsgesetz Kommentar, 2014, § 2, Rn. 12; *Rudroff*, Das Vereinigungsverbot nach Art. 9 Abs. 2 GG und dessen verwaltungsrechtliche Auswirkungen, 1995, S. 4; *Scholz*, in: Dürig/Herzog u.a. (Hrsg.), Grundgesetz, Lfg. 96 November 2021, Art. 9, Rn. 59; *Winkler*, in: von Münch/Kunig (Hrsg.), Grundgesetz, 7. Aufl. 2021, Art. 9, Rn. 26f.

[13] So auch schon für den Vereinsbegriff im RVG 1908: *Goehrke*, Das Reichsvereinsgesetz vom 19. April 1908, 2. Aufl. 1908, S. 33; für den Vereinsbegriff nach 1964: BVerwG, Urteil vom 04.11.2016 – 1 A 5/15, Buchholz 402.45 VereinsG Nr. 71, Rn. 17; *Groh*, in: Groh (Hrsg.), Vereinsgesetz, 2012, § 2, Rn. 3; *Schnorr*, Öffentliches Vereinsrecht, 1965, § 2, Rn. 7.

[14] BVerwG, NVwZ 2014, 1573 (1573).

[15] BVerwG, NVwZ 2014, 1573 (1575).

Vereinsregister gar kein Verein sei.[16] Dem ist zu widersprechen: Aus der historischen Genese der Legaldefinition des Vereinsbegriffes im Vereinsgesetz von 1964, der Gegenüberstellung des zivilrechtlichen und öffentlich-rechtlichen Vereinsbegriffs sowie der verschiedenen Aufgaben, die die privatrechtlichen und öffentlich-rechtlichen Vereinsvorschriften erfüllen, wird deutlich, dass der öffentlich-rechtliche Vereinsbegriff weit über den zivilrechtlichen hinausgeht.

Bis zur Einführung des Vereinsgesetzes existierte keine Legaldefinition des öffentlich-rechtlichen Vereins. Die relevanten Begriffsmerkmale wurden in der Zeit des Reichsvereinsgesetzes von Wissenschaft und Rechtsprechung herausgebildet, um flexibel auf die faktischen Gegebenheiten und die sich dauernd wandelnde gesellschaftliche Realität reagieren zu können.[17] Solange das Reichsvereinsgesetz in Kraft war, entwickelte sich der Vereinsbegriff durchaus weiter. Ein Verein wurde zu Beginn des 20. Jahrhunderts als ein auf einem Vertrag beruhendes Rechtsverhältnis beschrieben, auf Grundlage dessen sich mehrere Personen zur Erreichung eines gemeinsamen Zwecks einer organisierten Willensmacht unterordnen und nach außen hin zu einer Einheit zusammenschließen.[18] In der Weimarer Republik wurde der Vereinsbegriff vor allem vom Preußischen Oberverwaltungsgericht konkretisiert. Ein Verein lag demnach vor, wenn ein organisierter Zusammenschluss auf längere Zeit örtlich begrenzt einen gemeinsamen Zweck verfolgte. Auf der Rechtsprechung des Preußischen Oberverwaltungsgerichts beruht auch die 1964 eingeführte öffentlich-rechtliche Legaldefinition in § 2 Abs. 1 VereinsG. Mit ihr sollten Rechtsunsicherheiten beseitigt werden. Sie sollte aber nicht zu einer Verengung des Begriffs und damit zu einer Einschränkung des gefahrabwehrrechtlichen Handlungsspielraums der Verbotsbehörden führen.[19]

Die weite Auslegung der einzelnen Begriffsmerkmale ist also zunächst historisch konsequent und wird auch den Aufgaben, die die zivilrechtlichen und die öffentlich-rechtlichen Vereinsvorschriften erfüllen sollen, gerecht. Während der zivilrechtliche Verein eine juristische Person ist, die als Rechtssubjekt Träger eigener Rechte und Pflichten ist und darum am Rechtsverkehr teilnehmen kann,[20] dient die öffentlich-rechtliche Einordnung eines Vereins nach § 2 Abs. 1 VereinsG der Gefahrenabwehr und dem Schutz der Gruppierung durch die Vereinigungsfreiheit.[21] Zur Erlangung der Rechtsfähigkeit ist für den zivilrechtlichen Verein nach § 21 BGB die Ein-

---

[16] BVerwG, NVwZ 2014, 1573 (1582 f.); *W. Neumann*, jurisPR-BVerwG 20/2014 Anm. 3, Kapitel B.
[17] *Schnorr*, Öffentliches Vereinsrecht, 1965, § 2, Rn. 6.
[18] *Goehrke*, Das Reichsvereinsgesetz vom 19. April 1908, 2. Aufl. 1908, S. 32.
[19] *Schnorr*, Öffentliches Vereinsrecht, 1965, § 2, Rn. 6.
[20] *Schöpflin*, in: Hau/Poseck (Hrsg.), BeckOK BGB, 62. Edition, Stand 1.05.2022, § 21, Rn. 1.
[21] BT Drs. 4/430, S. 13; BVerwG, Urteil vom 04.11.2016 – 1 A 5/15, Buchholz 402.45 VereinsG Nr. 71, Rn. 16; BVerwGE 154, 22 (29); BVerwG, NVwZ 2014, 1573 (2. Ls, 1575); *Höfling*, in: Sachs (Hrsg.), Grundgesetz, 9. Aufl. 2021, Art. 9, Rn. 5.

tragung in das Vereinsregister als konstitutiver Akt zwingend.[22] Für den Verein nach öffentlichem Recht – wie die Entscheidung gezeigt hat – bedarf es eines solchen Aktes nicht.

Die Aufgabe des Vereinsrechts als präventives Sondersicherheitsrecht ist es, Gefahren für die öffentliche Sicherheit und Ordnung abzuwehren, die von bestimmten Gruppierungen aufgrund ihrer spezifischen Organisationsgefährlichkeit ausgehen.[23] Das öffentlich-rechtliche Begriffsverständnis muss sich darum – wie auch vom Gesetzgeber intendiert[24] – an den tatsächlichen Verhältnissen einer Personengruppe orientieren.[25] Eine rechtsförmliche Verengung auf den zivilrechtlichen Vereinsbegriff wäre nicht zielführend, wie auch das Bundesverfassungsgericht in seiner Entscheidung vom 2. Juli 2019 bestätigte.[26]

II. Freiwilligkeit und gemeinsamer Zweck

Die Vereinigung muss sich freiwillig zusammengeschlossen haben und der Erwerb einer Mitgliedschaft eine von einem freien Willen getragene Entscheidung sein (voluntatives Kriterium). Zwangsvereinigungen[27] unterfallen nicht dem Schutz der Vereinigungsfreiheit.[28]

Bei der Festlegung des gemeinsamen Zwecks gibt es keine Beschränkungen (sog. Zielindifferenz; assoziatives Kriterium). Alle Zwecke, ob politisch, wirtschaftlich, wissenschaftlich, technisch, kulturell, musisch, künstlerisch, sozial, gesellschaftlich, wohltätig oder sportlich sind tauglich. So begründet das Bundesverwaltungsgericht die Einordnung von linksunten.indymedia als Verein nach § 2 Abs. 1 VereinsG damit, dass auch der Betrieb einer Internetplattform zur Herstellung einer „linken Gegenöffentlichkeit" einen ausreichenden gemeinsamen Zweck darstellen kann.[29] Auch die

---

[22] *Leuschner*, in: Säcker/Rixecker u. a. (Hrsg.), Münchener Kommentar zum BGB, 9. Aufl. 2021, Vor § 55, Rn. 4.

[23] BT Drs. 4/430, S. 11 f.; *Groh*, in: Groh (Hrsg.), Vereinsgesetz, 2012, § 2, Rn. 5; *Roth*, in: Schenke/Graulich u. a. (Hrsg.), Sicherheitsrecht des Bundes, 2. Aufl. 2019, § 1 VereinsG, Rn. 15; *Sailer/Marx*, in: Lisken/Denninger (Hrsg.), Handbuch des Polizeirechts, 7. Aufl. 2021, I. Teil VII: Öffentliches Vereinsrecht, Rn. 515.

[24] BT Drs. IV/430, S. 10.

[25] *Deres*, VerwRdSch 1992, 421 (423); *Roth*, in: Schenke/Graulich u. a. (Hrsg.), Sicherheitsrecht des Bundes, 2. Aufl. 2019, § 2 VereinsG, Rn. 23; *Wache*, in: Erbs/Kohlhaas u. a. (Hrsg.), Strafrechtliche Nebengesetze, VereinsG, 240. EL April 2022, § 2, Rn. 5.

[26] BVerfG, Nichtannahmebeschluss vom 02.07.2019 – 1 BvR 1099/16, juris, Rn. 15 ff.

[27] Siehe im Zuge dessen zur negativen Vereinigungsfreiheit und öffentlich-rechtlichen Zwangsvereinigungen Kapitel 1 Fn. 61.

[28] *Bauer*, in: Dreier (Hrsg.), Grundgesetz, 3. Aufl. 2013, Art. 9, Rn. 40; *Deres*, VerwRdSch 1992, 421 (423); *Kannengießer*, in: Schmidt-Bleibtreu/Hofmann u. a. (Hrsg.), Grundgesetz, 15. Aufl. 2022, Art. 9, Rn. 8; *Scholz*, in: Dürig/Herzog u. a. (Hrsg.), Grundgesetz, Lfg. 96 November 2021, Art. 9, Rn. 66.

[29] BVerwG, Pressemitteilung „Klagen gegen Verbot der Vereinigung „linksunten.indyme

Verfolgung einfachgesetzlich verbotener Zwecke führt nicht zum Wegfall des Schutzes durch die Vereinigungsfreiheit, in der Regel aber zum Verbot der Vereinigung nach Art. 9 Abs. 2 GG i. V. m. § 3 Abs. 1 VereinsG wegen Erfüllung des Verbotsgrundes der Strafgesetzwidrigkeit.[30]

Die Zweckneutralität erstreckt sich ebenso auf Religionsgemeinschaften. Diese grenzen sich durch ihren spezifischen Zweck – der gemeinschaftlichen Pflege eines gemeinsamen Glaubens – von anderen Vereinigungen ab. Somit sind auch extremistische, insbesondere islamistische Religionsgemeinschaften zunächst in ihrer religiösen Vereinigungsfreiheit nach Art. 4 Abs. 1, Abs. 2 GG und Art. 140 GG i. V. m. Art. 137 Abs. 2 Satz 1 GG geschützt. Ihnen ist wie allen anderen Vereinen auf der Ebene der grundrechtlichen Schranken zu begegnen.[31]

III. Dauerhafte und organisierte Willensbildung

Die Anforderungen an die zeitliche Kontinuität und organisierte Willensbildung sind niederschwellig und dienen der Abgrenzung zu Kongressen oder bloßen Verabredungen, von durch Art. 8 Abs. 1 GG geschützten Versammlungen und Gesinnungsgemeinschaften (interaktives und temporales Kriterium). Der Verein muss auf Dauer angelegt sein, ohne dass er für eine Mindestzeit oder auf unbestimmte Zeit bestehen muss.[32] Auch vorübergehende Zusammenschlüsse (z. B. Bürgerinitiativen, Bürgerbewegungen, Interessensgemeinschaften, Gründergesellschaften) können Vereine nach dem öffentlich-rechtlichen Begriffsverständnis sein.

1. Organisationsstruktur von Rockervereinen

Vereine der Rockergruppierung Gremium MC Germany versuchten schon mehrmals Vereinsverboten zu entgehen, indem sie einen Zusammenschluss im Sinne eines öffentlich-rechtlichen Vereins bestritten.[33] Sowohl der Entscheidung des Verwaltungs-

---

dia" bleiben erfolglos", Nr. 5/2020 vom 30.01.2020, abrufbar unter https://www.bverwg.de/pm/2020/5 (zuletzt abgerufen am 15.03.2023).

[30] *Bauer*, in: Dreier (Hrsg.), Grundgesetz, 3. Aufl. 2013, Art. 9, Rn. 42; *Cornils*, in: Epping/Hillgruber (Hrsg.), BeckOK Grundgesetz, 51. Edition, Stand 15.05.2022, Art. 9, Rn. 7; *Höfling*, in: Sachs (Hrsg.), Grundgesetz, 9. Aufl. 2021, Art. 9, Rn. 15; *Michael*, JZ 2002, 482 (483); *Roggenkamp*, in: Albrecht/Roggenkamp (Hrsg.), Vereinsgesetz Kommentar, 2014, § 2, Rn. 19; *Scholz*, in: Dürig/Herzog u. a. (Hrsg.), Grundgesetz, Lfg. 96 November 2021, Art. 9, Rn. 72.

[31] Siehe auch Erster Teil Kapitel 1. B. II. 2. (Umfang der religiösen Vereinigungsfreiheit) sowie *Michael*, JZ 2002, 482 (483).

[32] *Roggenkamp*, in: Albrecht/Roggenkamp (Hrsg.), Vereinsgesetz Kommentar, 2014, § 2, Rn. 15; *Wache*, in: Erbs/Kohlhaas u. a. (Hrsg.), Strafrechtliche Nebengesetze, VereinsG, 240. EL April 2022, § 2, Rn. 9.

[33] Ausführlich zur Reichweite der Verbote von Rockervereinen als Teil- und Schwestervereine siehe Zweiter Teil Kapitel 6. C.

gerichtshofs Mannheim vom 16. Januar 1992[34] als auch der Entscheidung des Bundesverwaltungsgerichts vom 7. Januar 2016[35] lagen Verbote sog. Regionalverbände zugrunde, denen mehrere einzelne Ortsgruppen untergeordnet waren. Der Kläger wandte sich in dem jüngeren Fall mit dem Einwand gegen das Verbot, die Vereinsstrukturen des Gremium MC Germany sähen keine Regionalverbände vor. Der durch die Verbotsverfügung adressierte Regionalverband Sachsen sei kein eigenständiger verbotsfähiger Verein.[36]

Das Bundesverwaltungsgericht bejahte die Einordnung als Verein im Sinne des Vereinsgesetzes und berief sich dabei auf die Satzung des Dach- bzw. Gesamtvereins sowie auf die bestehende Organisationsstruktur auf Regionalebene. Die Satzung sah mit Bundes-, Regional- und Ortsgruppenebenen eine vertikale Dreigliederung vor. Für die Regionalebene enthielt sie eigene Vorgaben zum Ablauf des Vereinslebens sowie für eine organisierte Willensbildung, etwa mit Blick auf die Wahl eines Regionalsprechers oder der Bildung eigener Organe. Die Satzung legte zusätzlich regelmäßige Regionalsitzungen mit allen Ortsgruppenvorsitzenden fest, bei denen der organisierte Gesamtgruppenwille, bspw. in Gestalt von gemeinsamen Entscheidungen über unehrenhafte Entlassungen von Vereinsmitgliedern, praktiziert wurde.[37] Für eine Bejahung der Vereinseigenschaft spricht auch das Verhalten des Gremium MC Germany, der nach der Entscheidung einige Regionalverbände auflöste und sich grundsätzlich mit einer neuen Strukturierung beschäftigte.[38] Das Bundesverfassungsgericht bestätigte am 2. Juli 2019 die Entscheidung des Bundesverwaltungsgerichts, indem es die dagegen eingelegte Verfassungsbeschwerde als unbegründet nicht zur Entscheidung annahm.[39]

Eine ähnliche Argumentation lag der Einlassung der niederländischen Rockergruppierung Satudarah Maluku MC zugrunde. Die Verbotsbehörde hatte den übergeordneten Dachverband mit Sitz in den Niederlanden und sieben inländische Teilorganisationen verboten. Die Gründungsmitglieder, überwiegend Einwanderer aus der ehemaligen niederländischen Kolonie der Molukken, machten in ihrer Klage gegen die Verbotsverfügung vom 19. Januar 2015 geltend, kein eigenständiger, den Teilorganisationen übergeordneter und damit verbotsfähiger Dach- oder Gesamtverein zu sein.[40] Das Gericht bejahte die Vereinsqualität mit der Begründung, dass es sich hier nicht um einen bloßen Dachverband handelt, dem sich Mitgliedsorganisationen unabhängig und ungebunden anschließen können, sondern um eine Gesamtorganisati-

---

[34] VGH Mannheim, Urteil vom 16.01.1992 – 1 S 3626/88, NVwZ-RR 1993, 25.
[35] BVerwGE 154, 22.
[36] BVerwGE 154, 22 (24 f.).
[37] BVerwGE 154, 22 (30, 36 f.); diese Struktur bestätigend *Ahlsdorf*, Alles über Rocker, 5. Aufl. 2017, S. 166.
[38] *Ahlsdorf*, Alles über Rocker, 5. Aufl. 2017, S. 165.
[39] BVerfG, Nichtannahmebeschluss vom 02.07.2019 – 1 BvR 1099/16, juris.
[40] BVerwG, Urteil vom 04.11.2016 – 1 A 5/15, Buchholz 402.45 VereinsG Nr. 71, Rn. 5.

on, die eine für einen Verein hinreichende Binnenstruktur aufweist.[41] Der Dachverband unterteilte sich in verschiedene Gremien (Leitungsgremium, Beratungs- und Entscheidungsgremium sowie Koordinierungsgremium). Das Leitungsgremium entschied über die Aufnahme und Auflösung von regionalen Ortsgruppen und war weisungsbefugt.[42]

Dieses wiederkehrende Argumentationsmuster ist der besonderen Struktur der einzelnen Rockergruppierungen im sog. Chapter- bzw. Chartersystem geschuldet.[43] Die Angehörigen eines Motorradclubs, z. B. des Gremium MC, organisieren sich in einzelnen Chaptern,[44] die als lokale Ortsgruppen selbstständige Vereine darstellen. In Deutschland existieren bspw. 84 Gremium MC-Ortsgruppen, die in engem Zusammenhang mit dem übergeordneten und namensgebenden Motorradclub stehen.[45]

Die meisten Motorradclubs mögen in der Regel aufgrund ihrer Dezentralität selbst keine verbotsfähigen Vereine darstellen. Das hängt jedoch von der konkreten Gestaltung der Strukturen und Organisation ab. Schließen sich mehrere Ortsgruppen zu einem Dachverband zusammen, in dem eigene Funktionsträger und Organe mit Entscheidungsbefugnissen ausgestattet werden, ist eine Einordnung als verbotsfähiger öffentlich-rechtlicher Verein wiederum denkbar.[46]

2. Organisationsstruktur islamistisch-extremistischer Vereine

Wie bereits beim Regionalverband Sachsen des Gremium MC Germany gezeigt, ist eine organisierte Willensbildung dann zu bejahen, wenn der Verein unabhängig vom Willen seiner einzelnen Mitglieder eine Gesamtwillensbildung besitzt und diese aufgrund seiner Organisationsstruktur sowie kraft Verbandsdisziplin durchsetzen kann.[47] Früher wurde dieser Aspekt der Begriffsdefinition als „unter einheitlicher Leitung stehend" beschrieben. Eine Gesamtwillensbildung wurde demnach bejaht, wenn Vereinsfunktionen und -organe bestimmt wurden (Vorsitz, Vorstand, Geschäftsführung, Mitgliederversammlung, Schatzmeister), ein Vereinsbeitrag erhoben wurde, es einen Vereinsnamen oder eine Satzung gab, die Vereinsstrukturen festlegte und/oder eine

---

[41] BVerwG, Urteil vom 04.11.2016 – 1 A 5/15, Buchholz 402.45 VereinsG Nr. 71, Rn. 17.
[42] BVerwG, Urteil vom 04.11.2016 – 1 A 5/15, Buchholz 402.45 VereinsG Nr. 71, Rn. 23.
[43] *Frauens*, Verbot der Hells Angels, 2011, S. 51; *Prondzinksi*, DPolBl 2015, 18 (19).
[44] Zum Begriff siehe Glossar.
[45] Von denen vier sog. Prospect Chapter (Anwärter) sind, vgl. *Gremium MC*, World Chapter Gremium MC World, abrufbar unter http://www.gremium-mc.com/d/chapters.html (zuletzt abgerufen am 15.03.2023).
[46] *Groh*, in: Groh (Hrsg.), Vereinsgesetz, 2012, § 2, Rn. 4; zur Reichweite der Verbote von Rockervereinen als Teil- und Schwestervereine siehe Zweiter Teil Kapitel 6. C. (Übertragbarkeit auf andere Motorradclubs am Beispiel des Hells Angels MC sowie des Bandidos MC).
[47] BT Drs. IV/430, S. 10; VGH Mannheim, Urteil vom 16.01.1992 – 1 S 3626/88, NVwZ-RR 1993, 25, Rn. 30.

Geschäftsstelle unterhalten wurde.[48] Solche Strukturen können auch heute als Indizien dienen. Sie sind jedoch nicht zwingend erforderlich.

Für eine organisierte Willensbildung genügt es grundsätzlich, dass faktisch ein Mindestmaß an Organisation besteht.[49] Hinsichtlich der Einordnung von DawaFFM als Verein begründete das Bundesverwaltungsgericht das Merkmal der organisierten Willensbildung mit dem arbeitsteiligen Zusammenwirken verschiedener Mitglieder und der sich daraus ableitbaren festen Organisationsstruktur. Der Verein verbreitete seine Islamlehren durch Vorträge und Unterrichtsstunden, durch das Betreuen einer Homepage und die Organisation gemeinsamer Aktivitäten.[50]

Mit Verfügung vom 15. November 2016 wurden der islamistisch-jihadistische Verein Die wahre Religion alias „LIES! Stiftung"/„Stiftung LIES" und diverse Teilorganisationen verboten.[51] Die Verbotsbehörde begründete die entsprechende Verfügung damit, dass der Verein über ein Predigernetzwerk, in Seminaren und Videos, im Internet, auf öffentlichen Veranstaltungen und an Informationsständen, an denen kostenlose Übersetzungen des Korans verteilt wurden, ein extremistisches Verständnis des Islams und der Scharia mit absoluter Verbindlichkeit verbreitete. Er habe zugunsten des Islams die Überwindung der verfassungsmäßigen Ordnung in Deutschland verlangt.[52] Im einstweiligen Rechtsschutz argumentierten die Antragsteller, es hätte mangels organisierter Willensbildung schon kein Verein nach § 2 Abs. 1 VereinsG bestanden. Es sei nur der Wille einer Leitperson umgesetzt worden, weswegen es an einer vereinsinternen Gesamtwillensbildung unter den Mitgliedern fehle. Das Bundesverwaltungsgericht stellte am 4. Mai 2017 klar, dass es nicht auf eine demokratische,[53] sondern nur auf eine „organisierte" Willensbildung ankommt und diese auch zu bejahen ist, wenn nur eine Person oder ein enger Personenkreis den Willen der

---

[48] *Roggenkamp*, in: Albrecht/Roggenkamp (Hrsg.), Vereinsgesetz Kommentar, 2014, § 2, Rn. 22; *Schnorr*, Öffentliches Vereinsrecht, 1965, § 2, Rn. 17; OVG NRW, Urteil vom 25.08.1998 – 5 D 103/93.AK, NWVBl. 1999, 149 (150).

[49] BVerwG, Beschluss vom 04.05.2017 – 1 VR 6/16, juris, Rn. 21; BVerwG, NVwZ 2014, 1573 (1575); *Roth*, in: Schenke/Graulich u. a. (Hrsg.), Sicherheitsrecht des Bundes, 2. Aufl. 2019, § 2 VereinsG, Rn. 19; *Steinberg*, NVwZ 2016, 1745 (1749); *Wache*, in: Erbs/Kohlhaas u. a. (Hrsg.), Strafrechtliche Nebengesetze, VereinsG, 240. EL April 2022, § 2, Rn. 12.

[50] BVerwG, NVwZ 2014, 1573 (1576).

[51] *Coomann/Lukas*, Kriminalistik 2019, 502 (503).

[52] *Bundesministerium des Innern*, Bekanntmachung eines Vereinsverbots gegen die Vereinigung Die wahre Religion", BAnz AT 15.11.2016 B1; *Bundesministerium des Innern*, Pressemitteilung zum Vereinsverbot der Vereinigung „Die wahre Religion (DWR)" alias „Stiftung LIES", 15.11.2016, abrufbar unter https://www.bmi.bund.de/SharedDocs/pressemitteilungen/DE/2016/11/vereinsverbot-dwr.html (zuletzt abgerufen am 15.03.2023); *Bundesministerium des Innern*, Organisationsverbot des Bundesministeriums des Innern gegen die Vereinigung „Die wahre Religion" alias „LIES! Stiftung"/„Stiftung LIES", 15.11.2016, S. 1; BVerwG, Beschluss vom 04.05.2017 – 1 VR 6/16, juris, Rn. 5.

[53] Eine demokratische Binnenstruktur für Vereine fordernd *Scholz*, in: Dürig/Herzog u. a. (Hrsg.), Grundgesetz, Lfg. 96 November 2021, Art. 9, Rn. 99 ff.; *Winkler*, in: von Münch/Kunig (Hrsg.), Grundgesetz, 7. Aufl. 2021, Art. 9, Rn. 25.

Vereinigung vorgibt, den die Vereinsmitglieder akzeptieren und umsetzen.[54] Für eine organisierte Willensbildung genügt demnach, dass ein faktisches Mindestmaß an Organisation besteht.

IV. Zwischenergebnis

Der öffentlich-rechtliche Vereinsbegriff ist umfassend zu verstehen und vom allgemeinen und zivilrechtlichen Vereinsbegriff zu unterscheiden. Ein Verein im Sinne des Vereinsgesetzes setzt einen Personenzusammenschluss voraus, der freiwillig und auf Dauer die Verwirklichung eines gemeinsamen Ziels bezweckt, dabei ein faktisches Mindestmaß an Organisationsstruktur und einen organisierten Gesamtgruppenwillen aufweist. Die einzelnen Begriffsmerkmale sind weit auszulegen, um den gefahrenabwehrrechtlichen Zweck des Vereinsgesetzes zu erfüllen.[55] Dem werden sowohl die Instanzgerichte[56] als auch das Bundesverwaltungsgericht[57] in ihrer Rechtsprechung gerecht.

In der Rechtsprechungsanalyse haben sich zwei Begründungsmuster der verbotenen Vereine gegen ihre Einordnung als solche nach § 2 Abs. 1 VereinsG herausgestellt. Islamistisch-extremistische Vereine streiten allgemein den Zusammenschluss mehrerer Personen durch konstitutiven Akt und damit die Verfasstheit als Verein in Gänze ab, während Rockergruppierungen aufgrund ihrer besonderen Struktur die Existenz einzelner Vereine mangels eigener Organisationsstruktur verneinen.

Die grammatikalische, historische und teleologische Betrachtung des öffentlich-rechtlichen Vereinsbegriffs hat gezeigt, dass ein Verein auch ohne Satzung und ohne Eintragung in das Vereinsregister als solcher zu bestimmen ist. Dieses Ergebnis deckt sich mit der DawaFFM-Entscheidung des Bundesverwaltungsgerichts sowie mit der Entscheidung des Bundesverfassungsgerichts vom 2. Juli 2019. Durch das Begriffsverständnis der beiden Gerichte wird die weite Auslegung der Merkmale des öffentlichen Vereinsbegriffs konsequent fortgeführt. Dieser Weg ist richtig: Eine Orientierung oder Verengung des Begriffs auf bestimmte Gruppierungen, die einzelne formale Voraussetzungen (etwa des zivilen Vereinsrechts) erfüllen, wäre nicht zweckdienlich. Die Sanktionsmechanismen des öffentlichen Vereinsrechts könnten dann nicht mehr in der notwendigen präventionsrechtlichen Breite gegen neuartige

---

[54] BVerwG, Beschluss vom 04.05.2017 – 1 VR 6/16, juris, Rn. 30.

[55] BVerfG, Nichtannahmebeschluss vom 02.07.2019 – 1 BvR 1099/16, juris, Rn. 16; BVerwG, Urteil vom 04.11.2016 – 1 A 5/15, Buchholz 402.45 VereinsG Nr. 71, Rn. 16; BT Drs. 4/430, S. 13.

[56] OVG NRW, Urteil vom 25.08.1998 – 5 D 103/93.AK, NWVBl. 1999, 149; VGH Mannheim, Urteil vom 16.01.1992 – 1 S 3626/88, NVwZ-RR 1993, 25.

[57] *BVerwG*, Pressemitteilung „Verbot eines Hells-Angels-Clubs bestätigt", Nr. 91/2018, veröffentlicht am 14.12.2018 unter https://www.bverwg.de/pm/2018/91 (zuletzt abgerufen am 15.03.2023); BVerwG, Urteil vom 04.11.2016 – 1 A 5/15, Buchholz 402.45 VereinsG Nr. 71; BVerwGE 154, 22; BVerwG, NVwZ 2014, 1573.

organisierte Gefährdungsphänomene eingesetzt werden und die effektive Durchsetzung des Vereinigungsverbotsrechts garantieren.

Über die lokalen Ortsgruppenstrukturen der Rockergruppierungen hinaus können auch Regional-, Bundes- oder Dachverbände verbotsfähige Vereine sein, wenn sie die Anforderungen an eine organisierte Willensbildung und feste Organisationsstruktur, etwa mittels eigener Vereinsorgane und weisungsbefugter Funktionsträger erfüllen.[58] Als Grenze eines weiten Begriffsverständnisses – und das zeigt auch der Exkurs zu der Reichsbürgerbewegung[59] – muss das Handeln von Einzeltätern ohne organisatorische Verbindungen oder bei Vertretern, die ausschließlich politisch-missionarisch auftreten, anerkannt werden.[60]

C. Beginn und Ende des Vereins

Für die Umsetzung vereinsrechtlicher Maßnahmen muss ein Verein erfolgreich entstanden sein. Der Beginn eines Vereins ist mit tatsächlichem Vorliegen aller Begriffsmerkmale zu bejahen (sog. Grundsatz der Faktizität). Es kommt insbesondere nicht auf die Erfüllung formeller Voraussetzungen, wie einer Eintragung an.[61] Auch das Ende des Vereins richtet sich danach, ob die Begriffsmerkmale faktisch nicht mehr vorliegen.[62] Darum kann auch ein in Auflösung befindlicher Verein noch rechtmäßiger Adressat eines Vereinsverbotes sein. Das Bundesverwaltungsgericht bestätigte am 13. Dezember 2018 das Verbot des Hells Angels MC Bonn, obwohl der Verein zum Zeitpunkt des Verbots aufgrund einer vorangegangenen Selbstauflösung nicht mehr existierte und nach Ansicht der vierzehn Mitglieder auch nicht mehr verboten werden konnte.[63] Das Bundesverwaltungsgericht stellte dagegen fest, dass der Verein zum Zeitpunkt des Verbots noch über bewegliches Vereinsvermögen verfügte und darum die finale Abwicklung noch nicht abgeschlossen war.[64]

---

[58] Siehe dazu ausführlich Zweiter Teil Kapitel 6 C.
[59] Siehe dazu ausführlich Dritter Teil Kapitel 11.
[60] *Kraetzer*, Salafisten, 2014, S. 246; *Steinberg*, NVwZ 2016, 1745 (1749).
[61] *Roth*, in: Schenke/Graulich u. a. (Hrsg.), Sicherheitsrecht des Bundes, 2. Aufl. 2019, § 2 VereinsG, Rn. 2; *Schnorr*, Öffentliches Vereinsrecht, 1965, § 2, Rn. 24.
[62] *Schnorr*, Öffentliches Vereinsrecht, 1965, § 2, Rn. 27.
[63] BVerwG, NVwZ-RR 2019, 512; *BVerwG*, Pressemitteilung „Verbot eines Hells-Angels-Clubs bestätigt", Nr. 91/2018, veröffentlicht am 14.12.2018 unter https://www.bverwg.de/pm/2018/91 (zuletzt abgerufen am 15.03.2023).
[64] BVerwG, NVwZ-RR 2019, 512 (514); *BVerwG*, Pressemitteilung „Verbot eines Hells-Angels-Clubs bestätigt", Nr. 91/2018, veröffentlicht am 14.12.2018 unter https://www.bverwg.de/pm/2018/91 (zuletzt abgerufen am 15.03.2023).

D. Zusammenfassung

Die Begriffsmerkmale des Vereins sind weit auszulegen. Regionalverbände von Rockerbewegungen erfüllen die Vereinsbegriffsmerkmale und sind damit als eigenständiger Verein verbotsfähig, wenn etwa eine Satzung den konstitutiven Zusammenschluss einer Personenmehrheit und deren Organisationsstruktur bestätigt bzw. belegt.

Um das Vereinsverbotsrecht auch zur Abwehr neuartiger Gefährdungsphänomene, wie islamistisch-extremistischen und insbesondere salafistischen Gruppierungen, einsetzen zu können, muss die weite Auslegung der Vereinsbegriffsmerkmale konsequent fortgeführt werden. Eine islamistisch-extremistische Gruppe stellt auch einen Verein nach § 2 Abs. 1 VercinsG dar, wenn ein konstitutiver Zusammenschluss mehrerer Personen in ihrer Zweckrichtung faktisch übereinstimmt und sich eine organisierte Gesamtwillensbildung durch ein faktisches Mindestmaß an Organisation ergibt.

Kapitel 6

Vereinsverbote wegen Strafgesetzwidrigkeit nach § 3 Abs. 1 VereinsG am Beispiel von Rockervereinen

Vereine können verboten werden, wenn der Vereinszweck oder dessen Tätigkeit den Strafgesetzen zuwiderlaufen. Dieser Verbotsgrund stellt den Hauptanwendungsfall für Vereinsverbote dar. Vereinsverbote wegen Strafgesetzwidrigkeit sollen im Rahmen der Gefahrenabwehr Verletzungen aller Rechtsgüter verhindern, die auch strafrechtlich geschützt sind. Im Folgenden werden die Entwicklungen des Verbotstatbestandes auf den aktuellen Umgang der Verbotsbehörden mit Rockervereinen und die Rechtsprechung der Verwaltungsgerichte in der Auseinandersetzung mit den Verbotsverfügungen übertragen. Nachdem in der gebotenen Kürze die Historie des Verbotsgrundes der Strafgesetzwidrigkeit skizziert wird, werden die einzelnen Tatbestandsmerkmale und Begründungslinien dargestellt, mit welchen Vereinsverbote auf Grundlage einzelner Straftaten verfügt werden. Der Verbotsgrund sieht mit Zweck und Tätigkeit alternative Tatbestandsmerkmale vor, die jeweils zu einem Verbot führen können, oft aber kumulativ festgestellt werden. Es schließt sich eine Auseinandersetzung zum Umfang von Vereinsverboten an.

A. Die Entwicklung des Verbotsgrundes der Strafgesetzwidrigkeit

Teile der Gesellschaftspolitik des 19. Jahrhundert bestanden in der Restriktion kollektiver Zusammenschlüsse. Man sah in der Gruppenbildung die Gefahr politischer Unruhe und erließ strikte Vereinsreglementierungen und -verbote. Ein Beispiel sind die Karlsbader Beschlüsse von 1819, nach denen die bestehenden Genehmigungsvorbehalte für Vereine so verstanden werden sollten, dass im Umkehrschluss alle geheimen und nicht autorisierten Verbindungen verboten waren.[1] Im Bundesvereinsgesetz von 1854 verabschiedete man sich von diesem Ansatz und führte in § 1 des Gesetzes einen allgemeinen Polizeivorbehalt ein. Von nun an wurden Vereine

---

[1] *Merten*, in: Isensee/Kirchhof (Hrsg.), Handbuch des Staatsrechts der Bundesrepublik Deutschland, 3. Aufl. 2009, § 165, Rn. 5.

verboten, wenn ihre Zwecke mit der Bundes- oder Landesgesetzgebung nicht im Einklang standen oder sie die öffentliche Ordnung und Sicherheit gefährdeten.[2]

Zu Beginn des 20. Jahrhunderts kam es mit dem Reichsvereinsgesetz zu einer weiteren Öffnung des Vereinigungsrechts. Der allgemeine Polizeivorbehalt wich der Regelung eines spezifischen Verbotstatbestandes. Nach § 2 Satz 1 RVG konnte ein Verein nur noch aufgelöst werden, wenn dessen Zwecke den Strafgesetzen zuwiderliefen. Dieser Regelungsgehalt wurde auch in Art. 124 Abs. 1 Satz 1 WRV aufgegriffen. Wollte man 1848 noch eine uneingeschränkte Freiheit, sich vereinen zu können, waren die polizeirechtlichen Regelungen im Reichsvereinsgesetz von 1908 und in der Weimarer Reichsverfassung Ergebnisse der politischen Verhältnisse in der zweiten Hälfte des 19. Jahrhunderts und zu Beginn des 20. Jahrhunderts.[3]

Seit 1949 sind die Verbotstatbestände abschließend in Art. 9 Abs. 2 GG geregelt. Wegen Strafgesetzwidrigkeit sollten zunächst nur Vereine verboten werden können, deren Zwecke den Strafgesetzen zuwiderliefen. Auf Antrag der CDU-Fraktion[4] im Ausschuss für Grundsatzfragen des Parlamentarischen Rates 1948 wurde der Verbotsgrund um die Tatbestandsalternative „oder deren Tätigkeit" mit der Begründung ergänzt, dass Vereine trotz gesetzmäßigen Zwecks auch gesetzwidrigen Tätigkeiten nachgehen können und es darum zur Schließung dieser Lücke dieses Zusatzes bedarf.[5] Demnach sind Vereinigungen, deren Zwecke oder Tätigkeiten den Strafgesetzen zuwiderlaufen, aber auch solche, die sich gegen die verfassungsmäßige Ordnung oder gegen den Gedanken der Völkerverständigung richten,[6] verboten.

Die Festlegungen des Art. 9 Abs. 2 GG werden in der für Vereinsverbote zentralen Vorschrift des § 3 Abs. 1 Satz 1 VereinsG wiederholt:

„(1) Ein Verein darf erst dann als verboten (Artikel 9 Abs. 2 des Grundgesetzes) behandelt werden, wenn durch Verfügung der Verbotsbehörde festgestellt ist, daß seine Zwecke oder seine Tätigkeit den Strafgesetzen zuwiderlaufen oder daß er sich gegen die verfassungsmäßige Ordnung oder den Gedanken der Völkerverständigung richtet; in der Verfügung ist die Auflösung des Vereins anzuordnen (Verbot)."

---

[2] Bundesbeschluss über Maßregeln zur Aufrechterhaltung der gesetzlichen Ordnung und Ruhe im Deutschen Bunde, insbesondere das Vereinswesen betreffend vom 13. Juli 1854, abgedruckt in: *Huber*, in: Huber (Hrsg.), Dokumente zur deutschen Verfassungsgeschichte, 3. Aufl. 1986, Band 2 (1851–1900), S. 7.

[3] *Tillmann*, Staat und Vereinigungsfreiheit im 19. Jahrhundert, 1976, S. 233.

[4] *Pikart/Werner*, in: Deutscher Bundestag (Hrsg.), Der Parlamentarische Rat 1948–1949, Bd. 5/II, 1993, S. 604, Anm. 7; *Salzmann*, Die CDU/CSU im Parlamentarischen Rat, 1981, S. 128.

[5] *Pikart/Werner*, in: Deutscher Bundestag (Hrsg.), Der Parlamentarische Rat 1948–1949, Bd. 5/II, 1993, S. 703 f.

[6] Siehe zu den Verbotstatbeständen Verfassungs- und Völkerverständigungswidrigkeit ausführlich unter Zweiter Teil Kapitel 7.

B. Der Verbotstatbestand der Strafgesetzwidrigkeit

Der Verbotstatbestand wegen Strafgesetzwidrigkeit setzt voraus, dass die Zwecke oder die Tätigkeit des Vereins den Strafgesetzen zuwiderlaufen. Das strafgesetzwidrige Verhalten von Vereinsorganen und -mitgliedern muss dem Verein zugerechnet werden können und geeignet sein, dessen Charakter zu prägen. Hinsichtlich der strafgesetzwidrigen Prägung hat die Rechtsprechung bei Verboten von Rockervereinen wegen einzelner Straftaten neue Maßstäbe zur Auslegung und Anwendung des Verbotstatbestandes entwickelt.

I. Strafgesetzwidrige Zwecke

Verfolgt ein Verein strafgesetzwidrige Zwecke im Sinne des Art. 9 Abs. 2 GG i. V. m. § 3 Abs. 1 Satz 1 Alt. 1 Fall 1 VereinsG führt dies zu einem Vereinsverbot. Der Zweck eines Vereins ergibt sich aus der unmittelbaren oder mittelbaren Zielsetzung sowie den dem Verein zurechenbaren Absichten, die seine Organe und Vereinsmitglieder durch die Vereinsgründung und -führung verfolgen.

1. Vereinszweck nach Satzung

Die Strafgesetzwidrigkeit eines Vereinszwecks ist zu bejahen, wenn sich die Vereinsmitglieder zur Begehung von Straftaten zu einem Verein zusammengeschlossen haben. Nach § 57 Abs. 1 BGB muss die Satzung neben dem Namen und dem Sitz des Vereins auch dessen Zweck enthalten. Am offenkundigsten kann sich die Strafgesetzwidrigkeit darum aus der Vereinssatzung ergeben. Diese dürfte allerdings, sofern sich der Verein überhaupt eine Satzung gibt, nur selten zur Artikulierung strafgesetzwidriger Zwecke genutzt werden.[7]

2. Anderweitig festgelegte oder herleitbare Zwecke

Neben der Satzung können alle Vereinsbeschlüsse und Publikationen, beispielsweise durch den Verein herausgegebene Flugblätter, Zeitungen und Zeitschriften zur Ermittlung des Vereinszwecks herangezogen werden.[8] In der Regel wird es jedoch auf die sich mittelbar aus der Vereinssatzung ergebenden, tatsächlich verfolgten Ziele des Vereins ankommen.[9] Das Bundesverwaltungsgericht interpretierte die Vereinssatzung des Hells Angels MC Hamburg und den darin festgeschriebenen Grundsatz der Solidarität als Vereinsvorgabe, nach der das strafbare Verhalten aller Vereinsmitglie-

---

[7] BVerwGE 80, 299 (308).
[8] BVerwGE 134, 275 (291).
[9] BVerwGE 80, 299 (308); BayVGH, Urteil vom 21.08.1989 – 4 A 881000, NJW 1990, 62 (63); BayVGH, Urteil vom 04.08.1999 – 4 A 96.2675, NVwZ-RR 2000, 496 (496).

der uneingeschränkt zu unterstützen sei. Der Verein verfolge damit mittelbar einen strafgesetzwidrigen Zweck:

„Der in der Satzung niedergelegte Zweck „Pflege des Zweiradmotorsportes" deutet freilich nicht einmal ansatzweise auf eine strafgesetzwidrige Zielrichtung des Klägers hin. [...] In dieser Zielrichtung erschöpfte sich jedoch der Zweck des Klägers nicht. Der Kläger war [...] auch dadurch geprägt, daß er seinen Mitgliedern eine *umfassende Hilfestellung* zu den von ihnen begangenen Straftaten bot. Dies ergibt sich aus der besonderen Verpflichtung zu umfassender gegenseitiger Solidarität der auf wenige Personen beschränkten Mitglieder sowie deren strafrechtlich relevanten Verhalten. Der *Grundsatz der Solidarität* wird in der Vereinssatzung ausdrücklich als Vereinszweck genannt."[10] [Hervorhebung durch Verfasserin]

Ein strafgesetzwidriger Zweck kann sich unmittelbar aus der Satzung ergeben. Wahrscheinlicher ist es jedoch, dass es auf die nicht in der Satzung festgeschriebenen, sondern anderweitig festgelegten und verfolgten Ziele ankommt. Im Fall einer Strafgesetzwidrigkeit werden sich in der Regel die „offiziellen" Satzungsziele von den tatsächlich verfolgten (strafgesetzwidrigen) Zielen unterscheiden.

3. Unterscheidung zwischen Haupt- und Nebenzweck

In der Rechtsprechung[11] und in Teilen der Literatur[12] wird angenommen, dass der zu einem Vereinsverbot führende strafgesetzwidrige Zweck nicht den Haupt- bzw. Endzweck des Vereins darstellen muss, sondern jeder Zweck, auch ein Nebenzweck, genügt. Einigkeit besteht insoweit, dass Hauptzwecke in jedem Fall zur Strafgesetzwidrigkeit führen. Darüber hinaus sollen aber auch Nebenzwecke ausreichen, „falls [sie] nicht im Verhältnis zu den anderen Zwecken derart unbedeutend [sind], daß ein Vereinsverbot dem Übermaßverbot zuwiderliefe."[13]

Hinsichtlich der Hauptzwecke ist zwischen sich unmittelbar aus der Satzung ergebenden und anderweitig festgelegten oder nur durch Auslegung herleitbaren Zwecken zu unterscheiden, die durch Interpretation des Verhaltenskodex der Vereinsmitglieder herausgearbeitet werden müssen.[14] Die Strafgesetzwidrigkeit wird – wie soeben festgestellt – in den seltensten Fällen aus dem in der Satzung formulierten Hauptzweck eines Vereins abgeleitet. Der strafgesetzwidrige Zweck des Vereins wird vielmehr erst durch die Auslegung der Bestandteile der Vereinssatzung oder Interpretation des durch den Verein vorgegebenen Verhaltens der Vereinsorgane und -mitglie-

---

[10] BVerwGE 80, 299 (308).

[11] BVerwG, Urteil vom 01.02.2000 – 1 A 4/98, Buchholz 402.45 VereinsG Nr. 32, Orientierungssatz; VGH München, Urteil vom 21.08.1989 – 4 A 881000, NJW 1990, 62 (63); BayVGH, Urteil vom 04.08.1999 – 4 A 96.2675, NVwZ-RR 2000, 496 (496); OVG Schleswig-Holstein, Urteil vom 19.06.2012 – 4 KS 2/10, juris, Rn. 92; OVG Berlin-Brandenburg, Urteil vom 29.09.2020 – OVG 1 A 3.13, juris, Rn. 45.

[12] *Schnorr*, Öffentliches Vereinsrecht, 1965, § 3, Rn. 6; *Scholz*, in: Dürig/Herzog u.a. (Hrsg.), Grundgesetz, Lfg. 96 November 2021, Art. 9, Rn. 123; *Wache*, in: Erbs/Kohlhaas u.a. (Hrsg.), Strafrechtliche Nebengesetze, VereinsG, 240. EL April 2022, § 3, Rn. 12.

[13] BayVGH, Urteil vom 21.08.1989 – 4 A 881000, NJW 1990, 62 (63).

[14] BVerwGE 80, 299 (308).

der erkennbar. Dabei handelt es sich aber nicht zwangsläufig um einen Nebenzweck, sondern um den Anschein der Legitimität wahrenden (versteckten) strafgesetzwidrigen Hauptzweck. Ob es sich um einen solchen versteckten Hauptzweck handelt, ist eine oftmals schwierige Einzelfallentscheidung.

Bei den heranziehbaren Nebenzwecken ist eine Unterscheidung zwischen bedeutendem und unbedeutendem Nebenzweck, wie es der Bayerische Verwaltungsgerichtshof vorschlägt,[15] für die Einordnung der Vereinszwecke als strafgesetzwidrig ungeeignet.[16] Bei einem nicht unbedeutenden Nebenzweck handelt es sich um eine begrifflich widersprüchliche Hülse, die weder praxistauglich noch zielführend ist.[17] Ist ein von einem Verein und seinen Mitgliedern verfolgter Zweck nicht völlig untergeordnet und unbedeutend, sondern tauglich, den Charakter des Vereins zu prägen, stellt dieser Zweck gerade keinen unbedeutenden Nebenzweck dar. Unbedeutende Nebenzwecke, die zur Begründung eines strafgesetzwidrigen Charakters in Betracht gezogen werden können, schwingen sich in diesem Moment vielmehr zu bedeutenden Nebenzwecken auf.

Bei der Bestimmung von Vereinszwecken als strafgesetzwidrig ist hinsichtlich der Hauptzwecke zwischen den unmittelbar aus der Satzung erkennbaren Zwecken und den anderweitig festgelegten oder nur durch Auslegung herleitbaren Zwecken zu unterscheiden. Aus der Satzung direkt erkennbare strafrechtswidrige Zwecke erfüllen den Verbotstatbestand in jedem Fall. Auch mittelbare bzw. anderweitig herleitbare Zwecke können Hauptzwecke des Vereins darstellen. Nebenzwecke sind zur Heranziehung nur geeignet, wenn sie insgesamt den Charakter des Vereins als strafgesetzwidrig prägen. Unbedeutende Nebenzwecke, die zur Bestimmung der Strafgesetzwidrigkeit herangezogen werden sollen, können in diesem Moment nicht mehr als unbedeutend eingestuft werden. Es handelt sich dann um derart bedeutende Nebenzwecke, dass sie zur Prägung des Vereins tauglich sind.

4. Zurechenbares Verhalten der Vereinsorgane/-mitglieder

Kann der Vereinszweck weder unmittelbar noch mittelbar aus der Vereinssatzung oder aus den dem Verein zurechenbaren Beschlüssen oder Schriften hergeleitet werden, können sich relevante Anhaltspunkte aus dem dem Verein zurechenbaren Verhalten seiner Organe oder Mitglieder ergeben (sog. faktische Zwecksetzung[18]). Ein

---

[15] BayVGH, Urteil vom 21.08.1989 – 4 A 881000, NJW 1990, 62 (63).

[16] So auch *Groh*, in: Groh (Hrsg.), Vereinsgesetz, 2012, § 3, Rn. 10; *Planker*, Das Vereinsverbot gem. Art. 9 Abs. 2 GG/§§ 3 ff. VereinsG, 1994, S. 70; *Roth*, in: Schenke/Graulich u. a. (Hrsg.), Sicherheitsrecht des Bundes, 2. Aufl. 2019, § 3 VereinsG, Rn. 41.

[17] Siehe dazu unter Zweiter Teil Kapitel 8 A. II. 2.; *Albrecht*, in: Albrecht/Roggenkamp (Hrsg.), Vereinsgesetz Kommentar, 2014, § 3, Rn. 28; *Groh*, in: Groh (Hrsg.), Vereinsgesetz, 2012, § 3, Rn. 10; *Kemper*, in: von Mangoldt/Klein u. a. (Hrsg.), Grundgesetz, 7. Aufl. 2018, Art. 9, Rn. 73.

[18] *Roth*, in: Schenke/Graulich u. a. (Hrsg.), Sicherheitsrecht des Bundes, 2. Aufl. 2019, § 3 VereinsG, Rn. 18.

Verein verfolgt strafgesetzwidrige Zwecke, wenn die Organe des Vereins die Aufklärung strafrechtswidriger Handlungen der Mitglieder zu verhindern versuchen[19] oder strafrechtlich auffällige Vereinsmitglieder finanziell und persönlich unterstützen, um die Konsequenzen strafrechtlicher Verfolgung abzumildern.[20] Gehen dagegen nur (einzelne) Vereinsmitglieder im Privaten strafbaren Zielen nach oder besteht kein Zusammenhang zwischen dem Verhalten der Vereinsmitglieder und dem Verein bzw. ihrer Vereinsmitgliedschaft, erfüllt dies nicht den Tatbestand der strafgesetzwidrigen Zwecke.[21]

Der damalige Innenminister des Landes Schleswig-Holstein führte beim Verbot des Hells Angels MC Flensburg Straftaten und strafrechtlich relevante Verhaltensweisen der Vereinsmitglieder an, aus denen das tatsächliche Ziel des Vereins und der wirkliche Zweck der Vereinstätigkeit, nämlich der Kampf um Territorial- und Machtansprüche, in prägender Weise abgeleitet wurden.[22] Straftaten, wie der mutmaßliche Verstoß gegen das Kriegswaffenkontrollgesetz[23] oder gegen das Sprengstoffgesetz,[24] seien nicht mehr nur einer einzelnen Person zuzuordnen, sondern deuteten auf eine gemeinsam begangene Tat einer organisierten Gruppe hin.[25] Das OVG Schleswig-Holstein bestätigte das Vereinsverbot. Die Zwecke des Vereins seien strafgesetzwidrig und verstießen gegen § 3 Abs. 1 Satz 1 Alt. 1 Fall 1 VereinsG, weil Vereinsmitglieder in einer dem Verein zurechenbaren und prägenden Weise strafgesetzwidrig gehandelt hätten.[26]

Der Tatbestand für das Verbot des Hells Angels MC Flensburg ergab sich somit aus einer Vermischung der Tatbestandsalternativen strafgesetzwidriger Zwecke und strafgesetzwidriger Tätigkeit. Das Verhalten der Vereinsmitglieder sowie die konkret verwirklichte Straftat (Verstoß gegen das Kriegswaffenkontrollgesetz) wurden zur Deutung und Bestimmung des Vereinszwecks herangezogen. Der Vereinszweck wurde aus dem Verhalten und dem Verstoß gegen die spezifischen Straftatbestände abgeleitet.

Zwar bieten bestimmte, durch Vereinsmitglieder begangene Straftaten, wie ein Verstoß gegen das Kriegswaffenkontrollgesetz, den Anlass, die Strafgesetzwidrigkeit eines Vereins zu prüfen. Jedoch sollte die Verwirklichung eines Delikts, welches in der Regel nicht allein durch einzelne Täter begangen wird, nicht automatisch zur Annahme verleiten, dass der Verein als Ganzes strafgesetzwidrige Zwecke verfolgt. Gemeinsam begangene Taten Einzelner, die einer organisierten Gruppe angehören,

---

[19] *Schnorr*, Öffentliches Vereinsrecht, 1965, § 3, Rn. 5 f.
[20] BayVGH, Urteil vom 04.08.1999 – 4 A 96.2675, NVwZ-RR 2000, 496 (496).
[21] *Schnorr*, Öffentliches Vereinsrecht, 1965, § 3, Rn. 7; *Scholz*, in: Dürig/Herzog u. a. (Hrsg.), Grundgesetz, Lfg. 96 November 2021, Art. 9, Rn. 123.
[22] OVG Schleswig-Holstein, Urteil vom 19.06.2012 – 4 KS 2/10, juris, Rn. 16.
[23] KrWaffKontrG vom 19. April 1961, BGBl. 1961 I 444.
[24] SprengG vom 13. September 1976, BGBl. 1976 I 3518.
[25] OVG Schleswig-Holstein, Urteil vom 19.06.2012 – 4 KS 2/10, juris, Rn. 16.
[26] OVG Schleswig-Holstein, Urteil vom 19.06.2012 – 4 KS 2/10, juris, Rn. 90.

können dieser nur zugerechnet werden, wenn aufgrund der gemeinsam begangenen Taten ein innerer Zusammenhang zwischen Verein und Vereinsmitgliedern hergestellt werden kann, auch weil die Delikte gruppenspezifisch sind und für den Charakter des Vereins prägend sind.[27]

5. Zwischenergebnis

Ein Verein, der strafgesetzwidrige Zwecke verfolgt, ist zu verbieten. Der Zweck kann unmittelbar oder mittelbar aus der Vereinssatzung hergeleitet werden. Eine Unterscheidung zwischen bedeutenden und unbedeutenden Nebenzwecken ist ungeeignet und stellt nur eine begriffliche Hülse dar. Ein unbedeutender Nebenzweck, der zur Begründung der Strafgesetzwidrigkeit eines Vereins taugen soll, schwingt sich in diesem Moment zu einem bedeutenden Nebenzweck auf. Zur Herleitung der strafgesetzwidrigen Zwecke kann ebenso auf das dem Verein zurechenbare Verhalten seiner Organe oder Mitglieder zurückgegriffen werden.

II. Strafgesetzwidrige Tätigkeit

Nicht nur strafgesetzwidrige Zwecke, sondern auch Tätigkeiten, die den Strafgesetzen zuwiderlaufen, können ein Vereinsverbot begründen. Als strafgesetzwidrige Tätigkeit kommt jedes Verhalten der Vereinsorgane und -mitglieder in Frage, soweit ein innerer Zusammenhang zwischen der Tätigkeit und dem Verein besteht, diese dem Verein zugerechnet werden kann und geeignet ist, den Charakter des Vereins zu prägen. Diese Tatbestandsmerkmale wurden im Zuge richterlicher Rechtsfortbildung herausgebildet und sind, wie die folgende Untersuchung zeigen wird, unter Beachtung zusätzlicher qualitativer Kriterien dazu geeignet, für neuartige Phänomenbereiche weiterentwickelt und verfassungskonform angewendet zu werden.

1. Verhalten

Das Verhalten der Vereinsorgane und -mitglieder, welches zu einem Vereinsverbot führen kann, muss im Sinne des Strafgesetzbuchs oder des Nebenstrafrechts strafrechtlich relevant sein. Verstöße gegen Ordnungsrecht genügen nicht.

a) Verstoß gegen Strafgesetze

Das Handeln der Organe oder Mitglieder muss einem strafrechtlichen Verstoß gleichkommen. Dabei kommt jedwedes Verhalten in Betracht, wodurch Straftatbestände aus dem Strafgesetzbuch[28] oder aus strafrechtlichen Nebengesetzen erfüllt

---

[27] Ausführlich zur Zurechnung und Prägung des Vereinscharakters als strafgesetzwidrig siehe in diesem Kapitel unter II. 3.

[28] StGB vom 15. Mai 1871 in der Fassung der Bekanntmachung vom 13. November 1998, BGBl. 1998 I 3322.

werden,[29] im Einzelnen etwa Volksverhetzung durch das Verteilen von Flugblättern,[30] Nötigungs-, Körperverletzungs- oder Tötungsdelikte.[31] Es ist nicht notwendig, dass das strafgesetzwidrige Verhalten bereits zur Einleitung eines Ermittlungs- oder Strafverfahrens bzw. zu einer Verurteilung geführt hat. Da die Verbotsbehörde und später gegebenenfalls die Verwaltungsgerichte das Vorliegen der Verbotsvoraussetzungen eigenständig prüfen, genügt ein Zuwiderlaufen gegen Strafgesetze.[32]

Das Verbot eines Vereins wegen strafgesetzwidriger Tätigkeiten stellt keinen zusätzlichen repressiven, neben die strafrechtliche Ahndung des Vereins und seiner Mitglieder tretenden, Sanktionsmechanismus dar. Vielmehr soll mit dem Verbotstatbestand präventiv der besonderen Gefährdung der öffentlichen Sicherheit und Ordnung durch Gründung und Bestehen einer Vereinigung begegnet werden, deren Tätigkeiten strafrechtlich relevant sind. Der Gesetzgeber geht davon aus, dass derartigen Zusammenschlüssen eine Eigendynamik innewohnt, die strafbares Verhalten durch ihr organisiertes Sach- und Personenpotential erleichtern und begünstigen. Aus dem vergangenen Verhalten der Vereinsorgane und -mitglieder wird darum über die, im Fall eines Verbots negativ zu bewertende, Prognose entschieden.[33]

b) Verstoß gegen Ordnungswidrigkeitenrecht

Nach einhelliger Ansicht reicht eine Ordnungswidrigkeit zu Recht nicht aus, um einen Verein wegen strafgesetzwidriger Tätigkeiten zu verbieten.[34] In der von einer Bund-Länder-Projektgruppe des Unterausschusses Führung, Einsatz und Kriminalitätsbekämpfung des Bundesrates erarbeiteten Bekämpfungsstrategie gegen Rockerkriminalität wurde zuletzt eine neue Lesart vorgeschlagen. Demnach sollen auch

---

[29] *Albrecht*, in: Albrecht/Roggenkamp (Hrsg.), Vereinsgesetz Kommentar, 2014, § 3, Rn. 24.

[30] OVG NRW, Urteil vom 25.08.1998 – 5 D 103/93.AK, NWVBl. 1999, 149 (150).

[31] BVerwGE 154, 22 (23 f., 42 f.).

[32] BVerwGE 154, 22 (39); 134, 275 (280); 80, 299 (305 f.); OVG Berlin-Brandenburg, Urteil vom 29.09.2020 – OVG 1 A 3.13, juris, Rn. 46; *Groh*, in: Groh (Hrsg.), Vereinsgesetz, 2012, § 3, Rn. 7; *Roth*, in: Schenke/Graulich u. a. (Hrsg.), Sicherheitsrecht des Bundes, 2. Aufl. 2019, § 3 VereinsG, Rn. 13; *Schiffbauer*, in: Reichert (Hrsg.), Handbuch Vereins- und Verbandsrecht, 14. Aufl. 2018, S. 1261, Rn. 119; *Scholz*, in: Dürig/Herzog u. a. (Hrsg.), Grundgesetz, Lfg. 96 November 2021, Art. 9, Rn. 123.

[33] BVerwGE 154, 22 (38); 134, 275 (280); 80, 299 (306 f.); *Grundmann*, Das fast vergessene öffentliche Vereinsrecht, 1999, S. 111.

[34] *Groh*, in: Groh (Hrsg.), Vereinsgesetz 2012, § 3, Rn. 8; *J. Heinrich*, Vereinigungsfreiheit und Vereinigungsverbot, 2005, S. 144; *Höfling*, in: Sachs (Hrsg.), Grundgesetz, 9. Aufl. 2021, Art. 9, Rn. 45; *Kannengießer*, in: Schmidt-Bleibtreu/Hofmann u. a. (Hrsg.), Grundgesetz, 15. Aufl. 2022, Art. 9, Rn. 18; *Rudroff*, Das Vereinigungsverbot nach Art. 9 Abs. 2 GG und dessen verwaltungsrechtliche Auswirkungen, 1995, S. 36; *Schiffbauer*, in: Reichert (Hrsg.), Handbuch Vereins- und Verbandsrecht, 14. Aufl. 2018, S. 1260, Rn. 116; *Scholz*, in: Dürig/Herzog u. a. (Hrsg.), Grundgesetz, Lfg. 96 November 2021, Art. 9, Rn. 125; BayVGH, Urteil vom 21.08.1989 – 4 A 881000, NJW 1990, 62 (63).

Ordnungswidrigkeiten und ordnungsbehördliche Maßnahmen, wie Waffentrageverbote oder Waffeneinziehungen als geeignete Grundlage zur Begründung von Vereinsverboten herangezogen werden können.[35] In diesem Zusammenhang scheint es kein Zufall zu sein, dass die Verwaltungsgerichte bei der Anwendung der waffenrechtlichen Rücknahme- und Widerrufstatbestände (§ 45 WaffG) oder bei der Verfügung von Waffenverboten (§ 41 WaffG) zuletzt extensiver vorgehen.[36]

Dagegen spricht der ausdrückliche Wortlaut des § 3 Abs. 1 VereinsG und die Auslegung des Tatbestandes der Strafgesetzwidrigkeit. Eine erweiterte Auslegung des Tatbestands ginge zulasten der Bestimmtheit der Norm. Das Vereinsverbot ist als präventive Maßnahme zur Gefahrenabwehr ein scharfes Schwert, welches mit den Zwecken des Strafrechts, nämlich präventiver und repressiver Rechtsgüterschutz, im Einklang steht. Mit dem Ordnungswidrigkeitenrecht werden dagegen Verstöße mit wesentlich geringerem Unrechtsgehalt geahndet. Der Staat nutzt die Gelegenheit, den Betroffenen niederschwellig zur Einhaltung seiner Pflichten zu ermahnen. Ein Vereinsverbot infolge einer Ordnungswidrigkeit ist in Anbetracht der Härte der Verbotsfolgen (Auflösung des Vereins, Vermögensbeschlagnahme und -einziehung) unverhältnismäßig. Auch das Bundesverfassungsgericht stellte in seiner Entscheidung vom 13. Juli 2018 klar, dass Ordnungswidrigkeiten auch in Zukunft nicht zur Begründung von Vereinsverboten herangezogen werden können sollen.[37]

Ob die Verbotsbehörden Vereinsverbote bereits mit Ordnungswidrigkeiten begründen, ist nicht ersichtlich. Bisher war zumindest kein auf Grundlage von Ordnungswidrigkeiten erlassenes Vereinsverbot Gegenstand eines verwaltungsgerichtlichen Verfahrens. Ob sich die Begründungsstrategien der Verbotsbehörden in Zukunft ändern und sie dem Vorschlag des Bundesrates folgen, bleibt abzuwarten.

c) Haupt- und Nebentätigkeiten

Parallel zur Unterscheidung zwischen Haupt- und Nebenzwecken bei der ersten Tatbestandsalternative[38] wird auch für den Tatbestand der strafgesetzwidrigen Tätigkeit eine Differenzierung zwischen Haupt- und Nebentätigkeiten befürwortet. Dabei ist grundsätzlich jede strafgesetzwidrige Tätigkeit, gleichgültig, ob es sich um die Haupt- oder Nebentätigkeit der Vereinigung handelt, zur Feststellung der Strafgesetzwidrigkeit geeignet.[39]

---

[35] *Ministerium des Innern und für Sport Rheinland-Pfalz*, Bericht der Bund-Länder-Projektgruppe des UA FEK, Bekämpfungsstrategie Rockerkriminalität – Rahmenkonzeption, Stand 07. Oktober 2010, S. 60 f.
[36] Siehe dazu ausführlich unter Dritter Teil Kapitel 10.
[37] BVerfGE 149, 160 (196).
[38] Siehe dazu ausführlicher in diesem Kapitel unter B. I. 3.
[39] So auch BVerwGE 154, 22 (38 f.); 134, 275 (279); 80, 299 (306 f.); OVG Schleswig-Holstein, Urteil vom 19.06.2012 – 4 KS 2/10, juris, Rn. 92; *Rudroff*, Das Vereinigungsverbot nach Art. 9 Abs. 2 GG und dessen verwaltungsrechtliche Auswirkungen, 1995, S. 38.

d) Maßgeblicher Beurteilungszeitpunkt

Die Strafgesetzwidrigkeit muss nicht auf Dauer bestehen.[40] Maßgeblicher Zeitpunkt für die Beurteilung ist vielmehr der Erlass der Verbotsverfügung. Zurückliegende Umstände können berücksichtigt werden, wenn sie im Zeitpunkt des Erlasses der Verbotsverfügung noch fortwirken.[41]

In einem Fall vor dem Bayerischen Verwaltungsgerichtshof hatte sich der Motorradclub War Angels 1983 zum ersten Mal gegründet, 1985 aufgelöst und 1986 mit verändertem Mitgliederstamm erneut formiert. Der Gerichtshof entschied, dass das neuerliche Vereinsverbot nicht mit Straftaten begründet werden könne, die vor der Neugründung begangen worden waren. Derartige Straftaten hätten allenfalls ausnahmsweise in die Bewertung einbezogen werden können, wenn sie geeignet gewesen wären, dem späteren Verein sein Gepräge zu geben.[42] Für ein Vereinsverbot kommt es grundlegend auf die Straftaten an, die nach der Vereinsgründung begangen werden.

Umstände, die erst nach Erlass des Vereinsverbots zu Tage treten, aber eine vor Erlass der Verbotsverfügung begangene Straftat betreffen, können im anschließenden Widerspruchs- und Gerichtsverfahren ebenfalls berücksichtigt werden.[43] Strafgesetzwidriges Verhalten, das erst nach Erlass des Vereinsverbots begangen wurde, kann nicht zur Begründung eines Vereinsverbots herangezogen werden. Derartigem Verhalten kommt allenfalls Indizwirkung hinsichtlich der Richtigkeit des Vereinsverbotes zu.[44]

e) Zwischenergebnis

Die strafgesetzwidrige Tätigkeit eines Vereins wurde als eigener Verbotsgrund auf Antrag der CDU/CSU-Fraktion im Parlamentarischen Rat aufgenommen, um solche Vereine, die trotz rechtmäßiger Zwecke strafgesetzwidrig handeln, ebenfalls verbieten zu können. Ergibt sich die Strafgesetzwidrigkeit des Vereins nicht allein aus dessen unmittelbar oder mittelbar herleitbaren Zwecken, kann das strafgesetzwidrige Verhalten der Vereinsmitglieder herangezogen werden. Beide Tatbestände können alternativ zu einem Verbot führen, werden aber in der Regel schon aus Beweisgründen kumulativ aufgeführt.

Jedes strafgesetzwidrige Verhalten im Sinne des Strafgesetzbuchs oder des Nebenstrafrechts ist für den Verbotstatbestand wegen Strafgesetzwidrigkeit relevant. Die

---

[40] BVerwGE 134, 275 (279); 80, 299 (306 f.).
[41] BVerwGE 154, 22 (27); BVerwG, Urteil vom 27.11.2002 – 6 A 4/02, Buchholz 402.45 VereinsG Nr. 35, Rn. 32.
[42] BayVGH, Urteil vom 21.08.1989 – 4 A 881000, NJW 1990, 62 (63).
[43] BVerwGE 154, 22 (27); BVerwG, NVwZ-RR 2011, 14 (17).
[44] BayVGH, Urteil vom 21.08.1989 – 4 A 881000, NJW 1990, 62 (63 f.); OVG Schleswig-Holstein, Urteil vom 19.06.2012 – 4 KS 2/10, juris, Rn. 95; *Planker*, Das Vereinsverbot gem. Art. 9 Abs. 2 GG/§§ 3 ff. VereinsG, 1994, S. 83.

Anforderungen an das Tatbestandsmerkmal des strafgesetzwidrigen Verhaltens sind dem Grunde nach eindeutig. Die Bestrebungen, sie herabzusetzen, sind abzulehnen. Weder ist eine Unterscheidung zwischen Haupt- und Nebentätigkeiten geboten noch bedarf es einer Erweiterung der Auslegung des Tatbestands auf Ordnungswidrigkeiten. Letzteres ist schon wegen des eindeutigen Wortlauts in § 3 Abs. 1 VereinsG und den Anforderungen an die Bestimmtheit einer Eingriffsgrundlage abzulehnen. Für die Zurechnung strafgesetzwidrigen Verhaltens kommt es zudem auf den Zeitpunkt des Erlasses der Verbotsverfügung an. Zeitlich nachgelagertes, strafrechtlich relevantes Verhalten ist nicht zu berücksichtigen und kann allenfalls Indizwirkung im weiteren Verfahren entfalten.

2. Zurechnung

In Ermangelung einer eigenständigen Handlungs-, Straf- und Schuldfähigkeit eines Vereins kann einem solchen nur das strafgesetzwidrige Verhalten natürlicher Personen, d. h. der Vereinsorgane und -mitglieder zugerechnet werden.[45] Das Verhalten der Organe oder der Mitglieder muss aus Sicht eines Dritten gruppentypisch sein und eine den Gruppenwillen realisierende Vereinsaktivität darstellen.[46]

a) Zurechnung des Verhaltens der Vereinsorgane

Taugliches, dem Verein zurechenbares Verhalten liegt in der Regel vor, wenn die Straftat von einem Vereinsorgan begangen, angeordnet oder mit seinem Wissen und Einverständnis durchgeführt wird.[47] Vereinsorgane sind einzelne oder mehrere Vereinsmitglieder, die von den anderen Vereinsmitgliedern zur Erfüllung bestimmter Ämter und Funktionen gewählt werden und bei der Erfüllung ihrer Aufgabenbereiche den Gesamt- bzw. Gruppenwillen des Vereins repräsentieren, bspw. Vereinsvorsitzende/r, stellvertretende/r Vereinsvorsitzende/r, Geschäftsführer/in, Schatzmeister/in.[48]

---

[45] BVerwGE 134, 275 (279); 80, 299 (306); BayVGH, Urteil vom 21.08.1989 – 4 A 881000, NJW 1990, 62 (63).

[46] BayVGH, Urteil vom 21.08.1989 – 4 A 881000, NJW 1990, 62 (63 f.); *Kemper*, in: von Mangoldt/Klein u.a. (Hrsg.), Grundgesetz, 7. Aufl. 2018, Art. 9, Rn. 74; *Winkler*, in: von Münch/Kunig (Hrsg.), Grundgesetz, 7. Aufl. 2021, Art. 9, Rn. 86.

[47] BayVGH, Urteil vom 21.08.1989 – 4 A 881000, NJW 1990, 62 (63); OVG Schleswig-Holstein, Urteil vom 19.06.2012 – 4 KS 2/10, juris, Rn. 93; *Albrecht*, in: Albrecht/Roggenkamp (Hrsg.), Vereinsgesetz Kommentar, 2014, § 3, Rn. 31; *Schnorr*, Öffentliches Vereinsrecht, 1965, § 3, Rn. 9.

[48] Bei den OMCGs gibt es in der Regel genau festgelegte Vereinsorgane, die im Namen des Vereins Aufgaben erfüllen und diesen repräsentieren: Vorsitzender (president), Stellvertreter (vice president), Geschäftsführer/Schriftführer (secretary), Kassenwart (treasurer), Sergeant at Arms (Vereinsordner/Waffenwart) sowie der Road-Captain (Tourenplaner/Organisation von Ausfahrten), vgl. VG Ansbach, Urteil vom 13.08.2019 – AN 16 K 18.01864, juris, Rn. 32; HessVGH, Urteil vom 21.02.2013 – 8 C 2118/11, juris, Rn. 2; OVG Schleswig-Holstein, Urteil vom 19.06.2012 – 4 KS 2/10, juris, Rn. 2; *Prondzinksi*, DPolBl 2015, 18 (19).

Dem Verhalten der den Verein repräsentierenden Organe kann eine höhere Indizwirkung als dem Verhalten der Vereinsmitglieder ohne bestimmte Funktion zukommen.[49] Dies ergibt sich bereits aus § 31 BGB, der die Haftung des Vereins für Organe regelt und wonach dem Verein das Verhalten seiner Vereinsorgane zuzurechnen ist. Für die handelnden Organe wird widerleglich vermutet, dass ihre Tätigkeit zugleich Ausdruck des Gesamtwillens des Vereins ist.

b) Zurechnung des Verhaltens der Vereinsmitglieder

Mit dem Verbrechensbekämpfungsgesetz[50] wurde 1994 ein zusätzlicher Absatz zur Konkretisierung der Zurechnung des Verhaltens von Vereinsmitgliedern zum Verein in § 3 VereinsG eingefügt.[51] Nach § 3 Abs. 5 VereinsG kann die Verbotsbehörde das Verbot auch auf Handlungen von Mitgliedern des Vereins stützen, wenn
– ein Zusammenhang zur Tätigkeit im Verein oder zu seiner Zielsetzung besteht (Nr. 1),
– die Handlungen auf einer organisierten Willensbildung beruhen (Nr. 2) und
– nach den Umständen anzunehmen ist, dass sie vom Verein geduldet werden (Nr. 3).

Bei der Zurechnung des Verhaltens von Vereinsmitgliedern existiert mangels Repräsentationsfunktion keine vergleichbare Indizwirkung, welche dem Verhalten von Vereinsorganen zuerkannt wird. Das Verhalten der einzelnen Mitglieder muss darum einen gesonderten Zurechnungstatbestand erfüllen: Gemäß § 3 Abs. 5 Nr. 1 VereinsG muss ein innerer Zusammenhang zur Tätigkeit des Vereins oder zu seiner Zielsetzung festgestellt werden. Die Tätigkeit des Vereinsmitglieds darf also nicht nur dessen Individualsphäre berühren, sondern muss auch in die Vereinssphäre hineinreichen.[52] Ein solcher Zusammenhang ist zu bejahen, wenn ein Vereinsmitglied Organbeschlüsse oder ihm zugeteilte Aufgaben erfüllt, aber auch wenn er durch den Verein zur Verfügung gestellte Ressourcen nutzt oder während seiner Tätigkeit Vereinszeichen verwendet.[53]

---

[49] HessVGH, Urteil vom 21.02.2013 – 8 C 2118/11, juris, Rn. 48; BVerwG, NVwZ-RR 2011, 14 (15); *Groh*, in: Groh (Hrsg.), Vereinsgesetz, 2012, § 3, Rn. 12; *J. Heinrich*, Vereinigungsfreiheit und Vereinigungsverbot, 2005, S. 153; *Planker*, NVwZ 1998, 113 (115); *Schiffbauer*, in: Reichert (Hrsg.), Handbuch Vereins- und Verbandsrecht, 14. Aufl. 2018, S. 1255, Rn. 102; a.A. *Roth*, in: Schenke/Graulich u.a. (Hrsg.), Sicherheitsrecht des Bundes, 2. Aufl. 2019, § 3 VereinsG, Rn. 29.

[50] Gesetz zur Änderung des Strafgesetzbuches, der Strafprozessordnung und anderer Gesetze vom 28. Oktober 1994, BGBl. 1994 I 3186.

[51] *Bundestag*, Entwurf eines Gesetzes zur Änderung des Strafgesetzbuches, der Strafprozeßordnung und anderer Gesetze, vgl. BT Drs. 12/6853, S. 16.

[52] *Planker*, NVwZ 1998, 113 (115), der dabei auch auf den erhöhten Ermittlungs- und Begründungsaufwand verweist.

[53] BVerwGE 80, 299 (310); *Schiffbauer*, in: Reichert (Hrsg.), Handbuch Vereins- und Verbandsrecht, 14. Aufl. 2018, S. 1256, Rn. 105.

Die Zurechenbarkeit des Verhaltens von Vereinsmitgliedern war bis zur Regelung in § 3 Abs. 5 VereinsG nicht streitig. Das Bundesverwaltungsgericht begründete das Verbot des Hells Angels MC Hamburg auch ohne Rückgriff auf die organschaftliche Repräsentantenhaftung nach § 31 BGB bereits in seiner Grundsatzentscheidung vom 18. Oktober 1988 mit den dem Verein zurechenbaren strafgesetzwidrigen Tätigkeiten der Vereinsmitglieder.[54] Die Neuregelung hatte darum allenfalls feststellenden Charakter und bestätigte die bestehende höchstrichterliche Rechtsprechung.[55]

c) Zurechnung des Verhaltens Dritter

Auch das Verhalten Dritter kann laut Bundesverfassungsgericht zur Begründung eines Vereinsverbots herangezogen werden, wenn sie Strafgesetze verletzen und dies der Vereinigung zugerechnet werden kann bzw. wenn sie wie die Mitglieder von der Vereinigung getragen werden. Das setzt voraus, dass Dritte erkennbar für die Vereinigung auftreten und diese das zumindest nachträglich billigt oder die Vereinigung die Begehung von Straftaten bewusst hervorruft oder bestärkt, ermöglicht oder erleichtert.[56]

Das Bundesverwaltungsgericht rechnete der Internetplattform linksunten-indymedia zunächst die auf ihr eingestellten Bekennerschreiben und Aufrufe zu Straftaten zu und erklärte infolgedessen die Postbeschlagnahme zum Zwecke der Ermittlung eines Vereinsverbotes für rechtmäßig. Die Internetplattform hatte gegenüber potentiellen Nutzern ausdrücklich mit der Einstellung auch strafrechtlich relevanter Beiträge geworben und deren Verbreitung zugesichert. Das Gericht rechnete das strafgesetzwidrige Verhalten Dritter zu, weil die Plattform mit deren Verbreitung Straftaten bewusst hervorgerufen oder bestärkt, ermöglicht oder erleichtert habe.[57]

Diese Zurechnungskriterien setzte das OVG Berlin-Brandenburg in seiner Entscheidung vom 29. September 2020 dergestalt um, dass es das Verbot des Hells Angels MC Oder City nach Zurechnung strafgesetzwidrigen Verhaltens Dritter bestätigte. Das Verhalten Dritter könne zugerechnet werden, weil die handelnden Dritten einen klaren Bezug zu der Vereinigung gehabt hätten und diese sie gebilligt hätte.[58] An die Zurechnung von Handlungen Dritter seien wegen des Grundsatzes der Verhältnismäßigkeit hohe Anforderungen zu stellen. Je weniger der Verbotstatbestand durch Tätigkeiten der Vereinsorgane und -mitglieder selbst oder von ihr beherrschten Dritten erfüllt werde, desto erkennbarer müsse sein, dass die Vereinigung die Handlungen kennt, diese billigt und sich mit ihnen identifiziert.[59]

---

[54] BVerwGE 134, 275 (279); 80, 299 (306 f.).
[55] OVG Schleswig-Holstein, Urteil vom 19.06.2012 – 4 KS 2/10, juris, Rn. 96; *Groh*, in: Groh (Hrsg.), Vereinsgesetz, 2012, § 3, Rn. 12.
[56] BVerfG, Beschluss vom 13.07.2018 – 1 BvR 1474/12, juris, Rn. 106.
[57] BVerwG, Beschluss vom 10.06.2020 – 6 AV 7/19, juris, Rn. 36.
[58] OVG Berlin-Brandenburg, Urteil vom 29.09.2020 – OVG 1 A 3.13, juris, Rn. 49, 58.
[59] OVG Berlin-Brandenburg, Urteil vom 29.09.2020 – OVG 1 A 3.13, juris, Rn. 49.

d) Zwischenergebnis

Das Verhalten der Vereinsorgane hat aufgrund der zentralen Stellung und Aufgaben der Organe innerhalb des Vereins höhere Indizwirkung und kann dem Verein leichter zugerechnet werden als das Verhalten der Vereinsmitglieder. Bei einem Vereinsverbot, welches mit dem strafgesetzwidrigen Verhalten der Vereinsmitglieder begründet wird, sind zudem die zusätzlichen Anforderungen nach § 3 Abs. 5 VereinsG zu beachten. Je weniger der Verbotstatbestand durch Tätigkeiten der Vereinsorgane und -mitglieder selbst oder von ihr beherrschten Dritten erfüllt werde, desto erkennbarer müsse sein, dass die Vereinigung die Handlungen Dritter kennt und sie fördert oder billigt.

3. Prägung

Strafgesetzwidriges Verhalten kann nur zu einem Vereinsverbot führen, wenn die strafgesetzwidrige Tätigkeit geeignet ist, den Charakter des Vereins insgesamt zu prägen.[60] In der verwaltungsgerichtlichen Rechtsprechung haben sich Fallgruppen herausgebildet, nach denen das einmalige oder wiederholte Verhalten einzelner oder mehrerer Vereinsorgane oder -mitglieder oder Dritter geeignet sein kann, den Charakter eines Vereins zu prägen.

a) Vielzahl von Straftaten

Zur Begründung eines Vereinsverbots führt die Verbotsbehörde in der Regel diverse, von mehreren Tätern begangene Straftaten an, sodass diese Konstellation den Regelfall darstellt.[61] Dabei ist es unerheblich, ob es sich um mehrere im Kollektiv begangene Straftaten, um teilweise im Kollektiv und teilweise einzeln begangene Straftaten oder um mehrere zu summierende Einzelstraftaten von mehreren Einzelstraftätern handelt. Die seitens der Gerichte bisher behandelten Vereinsverbote, die nachfolgend dargestellt werden, betreffen mehrheitlich Verfügungen gegen Rockervereine und politische Vereine.

Das Bundesverwaltungsgericht bestätigte in seiner Grundsatzentscheidung vom 18. Oktober 1988 das Verbot der ersten deutschen Ortsgruppe des Hells Angels MC, der Hells Angels MC Hamburg, weil mehrere im Kollektiv begangene Straftaten dem Verein zugerechnet werden konnten. In diesem Fall waren sogar alle Voll- und Probemitglieder des Vereins strafrechtlich in Erscheinung getreten.[62] Das Bundesverwaltungsgericht nannte in der Entscheidung weitere Fallgruppen, nach denen das Verhalten der Vereinsorgane und -mitglieder den Charakter eines Vereins als strafge-

---

[60] BVerwGE 80, 299 (306 f.); *Scholz*, in: Dürig/Herzog u. a. (Hrsg.), Grundgesetz, Lfg. 96 November 2021, Art. 9, Rn. 124.

[61] Zu einzelnen Straftaten oder einzeln handelnden Vereinsmitgliedern siehe ausführlich in diesem Abschnitt unter c).

[62] BVerwGE 80, 299 (309).

setzwidrig prägen kann. Demnach soll es bereits ausreichen, wenn die Handlungen der Vereinsmitglieder vom Verein geduldet werden, d. h. wenn der Verein spontane und aufgrund eines eigenen Entschlusses begangene Straftaten seiner Mitglieder kennt und billigt oder zumindest widerspruchslos hinnimmt.[63]

Dem Urteil des Bayerischen Verwaltungsgerichtshofs vom 21. August 1989 lag das Verbot des Motorradclubs War Angels zur Entscheidung vor, in dem eine Mehrheit von Vereinsmitgliedern, u. a. auch der Vereinsvorsitzende, mehrere Straftaten begangen hatten. Die im Einzelnen dargestellten Straftaten reichten laut Gerichtshof im Ergebnis nicht aus, um das Verbot des Vereins zu begründen. Teils waren sie mangels inneren Zusammenhangs zum Verein nicht geeignet, den Charakter des Vereins zu prägen oder wurden zeitlich vor der Vereinsgründung begangen. Insgesamt begründete die Verbotsbehörde die Verfügung mit einer Mehrzahl von Taten, die durch eine Mehrzahl von Vereinsmitgliedern begangen wurde. Differenziert betrachtet gab es mehrere Einzeltaten von mehreren Einzeltätern. Der Vereinsvorsitzende S verstieß gegen das Waffengesetz. Das Vereinsmitglied L musste sich wegen einer begangenen Körperverletzung verantworten. Das Vereinsmitglied B wurde für den Besitz von 5 g Haschisch verurteilt. Zudem verwirklichte das Vereinsmitglied H einen Teil seiner Straftaten allein und den anderen Teil im Kollektiv: Er wurde wegen Vergewaltigung, sexuellen Missbrauchs von Kindern und sexueller Nötigung verurteilt und zusammen mit den Vereinsmitgliedern A und S wegen einer gemeinsam begangenen Körperverletzung bestraft.[64]

Auch der Verwaltungsgerichtshof Mannheim wies am 16. Januar 1992 ein Vereinsverbot gegen den Motorradclub Gremium MC in Baden-Württemberg mangels Prägung des Vereinscharakters durch das strafgesetzwidrige Verhalten einzelner Mitglieder zurück.[65] Es handelte sich um einen überregionalen Verein, der sich aus fünf einzelnen Ortsgruppen zusammengeschlossen hatte. Als strafgesetzwidrige Tätigkeiten wurden der häufige Konsum von Betäubungsmitteln im Vereinshaus einer der fünf Ortsgruppen, eine gemeinschaftlich begangene gefährliche Körperverletzung ebenfalls dieser Ortsgruppe sowie eine versuchte Nötigung von Zeugen angeführt. Keine dieser Straftaten genügte, um die erforderliche Prägung des mit dem Vereinsverbot adressierten überregionalen Vereins mit der für ein Verbot notwendigen Gewissheit nachzuweisen.[66] Der illegale Besitz und Konsum von Betäubungsmitteln konnte nur zehn von mehr als einhundert Vereinsmitgliedern aus einer der fünf Ortsgruppen nachgewiesen werden.[67] Hinsichtlich der gemeinschaftlich begangenen gefährlichen Körperverletzung in Form eines Angriffs gegen eine rivalisierende Rockergruppe sowie der versuchten Nötigung konnten weder eine Beteiligung der Funktionsträger noch die Kenntnis und Billigung der Tat durch andere Ortsgruppen

---

[63] BVerwGE 80, 299 (306 f.).
[64] BayVGH, Urteil vom 21.08.1989 – 4 A 881000, NJW 1990, 62 (63).
[65] VGH Mannheim, Urteil vom 16.01.1992 – 1 S 3626/88, NVwZ-RR 1993, 25, Rn. 33.
[66] VGH Mannheim, Urteil vom 16.01.1992 – 1 S 3626/88, NVwZ-RR 1993, 25, Rn. 53.
[67] VGH Mannheim, Urteil vom 16.01.1992 – 1 S 3626/88, NVwZ-RR 1993, 25, Rn. 44 f.

nachgewiesen werden.[68] Diese Taten reichten für eine den Charakter eines überregionalen Vereins prägende Zurechnung nicht aus.

Am 4. November 2016 wies das Bundesverwaltungsgericht die Klagen des ausländischen Rockervereins Satudarah Maluku MC und seiner in Aachen ansässigen Teilorganisation Satudarah MC Tigatanah[69] ab.[70] Satudarah Maluku MC wurde mit Verfügung vom 19. Januar 2015 vom damaligen Bundesinnenminister als erster Rockerverein bundesweit mit allen sieben Teilorganisationen verboten.[71] Zur Begründung gab der Bundesinnenminister den strafgesetzwidrigen Zweck der gewalttätigen Gebiets- und Machtentfaltung an, sowie regelmäßige schwere Körperverletzungs- und (versuchte) Tötungsdelikte, die gegenüber konkurrierenden Rockergruppierungen der Selbstbehauptung dienten.[72] Zudem wurde der Verein durch Straftaten im Rauschgift-, Sprengstoff- und Waffenmilieu geprägt.

Mit Entscheidung vom 27. September 2021 bestätigte das Oberverwaltungsgericht für das Land Nordrhein-Westfalen das Verbot des Hells Angels MC Concrete City und hob das Verbot der Teilorganisation Clan 81 Germany als Bestandteil der Verbotsverfügung auf.[73] Der Ortsgruppe wurden zwei Körperverletzungen und Widerstand gegen Vollstreckungsbeamte, begangen jeweils durch des Vereinspräsidenten, zugerechnet. Die abgeurteilten Straftaten stehen im Zusammenhang mit einer seit längerem existierenden Auseinandersetzung zwischen dem Hells Angels MC Concrete City und einer verfeindeten libanesischen Großfamilie und dienten laut den Urteilsfeststellungen der Gebiets- und Machtentfaltung und der Selbstbehauptung des Rockervereins. Die Taten geschahen jeweils bei Massenschlägereien zwischen Mitgliedern und Anhängern des Rockervereins und Mitgliedern der Großfamilie.[74]

b) Hilfestellung und Unterstützung durch Verein

Neben der Zurechnung einer Vielzahl strafgesetzwidriger Tätigkeiten sind auch die keiner Strafnorm zuwiderlaufenden Unterstützungshandlungen des Vereins in Bezug auf Straftaten seiner Vereinsmitglieder oder Dritter geeignet, den Charakter des Vereins als strafgesetzwidrig zu prägen.[75]

---

[68] VGH Mannheim, Urteil vom 16.01.1992 – 1 S 3626/88, NVwZ-RR 1993, 25, Rn. 48.

[69] Zur Reichweite von Vereinsverboten bei Rockervereinen als Teil- und Schwestervereine siehe in diesem Kapitel unter C.

[70] BVerwG, Urteil vom 04.11.2016 – 1 A 5/15, Buchholz 402.45 VereinsG Nr. 71; BVerwG, Urteil vom 04.11.2016 – 1 A 6/15, Buchholz 402.45 VereinsG Nr. 72.

[71] BAnz AT 24.02.2015 B1.

[72] BVerwG, Urteil vom 04.11.2016 – 1 A 5/15, Buchholz 402.45 VereinsG Nr. 71, Rn. 4.

[73] OVG Nordrhein-Westfalen, Urteil vom 27.09.2021 – 5 D 91/17, juris.

[74] OVG Nordrhein-Westfalen, Urteil vom 27.09.2021 – 5 D 91/17, juris, Rn. 58 ff.

[75] So in BVerwG, NVwZ-RR 2012, 648 (651); BVerwGE 80, 299 (306 f.); dazu kritisch: *Albrecht*, MschrKrim 2/2012, 115 (120 f.), der die Annahme, Mitglieder eines Hells Angels Charters würden sich umfassende Hilfe bei begangenen Straftaten gewähren, als pauschale

Am 19. November 2013 bestätigte das Bundesverwaltungsgericht in zwei Parallelbeschlüssen[76] die Entscheidungen des Hessischen Verwaltungsgerichtshofs,[77] der die Verbote der Vereine Hells Angels MC Frankfurt und Hells Angels MC Westend wegen der Schaffung planmäßiger Strukturen zur materiellen und ideellen Unterstützung straffälliger und inhaftierter Mitglieder für rechtmäßig hielt. Das Verbot des Hells Angels MC Westend war zudem Gegenstand der Entscheidung des Bundesverfassungsgerichts vom 13. Juli 2018.[78] Durch das Vorhalten einer Anwaltsliste sollten künftig straffällige Mitglieder im Falle der Strafverfolgung unterstützt werden. Im Fall einer Verurteilung wurden den inhaftierten Mitgliedern durch regelmäßige Besuche und finanzielle Unterstützung die Loyalität und weitere Integration in den Verein versichert.[79] Die Bereitstellung rechtlichen Beistands und Unterstützung der inhaftierten Vereinsmitglieder ordnete der Hessische Verwaltungsgerichtshof als übliche Instrumente in Rockervereinen ein, durch welche subkulturelle Strukturen geschaffen werden. Als Folge dessen binden sich die Vereinsmitglieder bedingungslos an ihre Gruppierung. Durch die wachsende innere Abkehr von der bürgerlichen Rechtsordnung verringert sich die individuelle Hemmschwelle zur Begehung von Straftaten.[80] Darin wird die besondere Gefährlichkeit gesehen, die als verbotsrelevant eingestuft wird.

Für eine Prägung des Vereins als strafgesetzwidrig bedarf es nach dem Bundesverwaltungsgericht aber nicht zwingend einer ausdrücklichen Handlung des Vereins. Es kann auch genügen, dass der Verein keine Gegenmaßnahmen ergreift und damit seiner vereinsrechtlichen Verantwortlichkeit, vereinsspezifischen Gefahren durch vereinsinterne Maßnahmen wirksam zu begegnen, nicht gerecht wird bzw. „die Gefahr der Begehung von Straftaten bewusst hervorruft oder verstärkt oder diese Gefahr tatsächlich von ih[m] ausgeht."[81] In dieser Entscheidung vom 7. Januar 2016 ging es um die Verleihung von sog. No-Mercy-Patches,[82] die an Vereinsmitglieder vergeben werden, die im Namen des Vereins Menschen getötet oder schwer verletzt haben.[83]

Behauptung ablehnt und darin vielmehr Solidarität aus der Perspektive von Kameradschaft und Brüderlichkeit erkennt.

[76] BVerwG, Beschluss vom 19.11.2013 – 6 B 25/13, Buchholz 402.45 VereinsG Nr. 61, Rn. 30; BVerwG, Beschluss vom 19.11.2013 – 6 B 26/13, juris, Rn. 30.
[77] HessVGH, Urteil vom 21.02.2013 – 8 C 2118/11, juris; HessVGH, Urteil vom 21.02.2013 – 8 C 2134/11, juris.
[78] BVerfGE 149, 160 (174 f.).
[79] HessVGH, Urteil vom 21.02.2013 – 8 C 2118/11, juris, Rn. 52, 55; HessVGH, Urteil vom 21.02.2013 – 8 C 2134/11, juris, Rn. 50, 53
[80] HessVGH, Urteil vom 21.02.2013 – 8 C 2118/11, juris, Rn. 53, 56; HessVGH, Urteil vom 21.02.2013 – 8 C 2134/11, juris, Rn. 51, 54.
[81] BVerwGE 154, 22 (40, 45 f.); siehe auch *Roth*, in: Schenke/Graulich u. a. (Hrsg.), Sicherheitsrecht des Bundes, 2. Aufl. 2019, § 3 VereinsG, Rn. 32.
[82] Siehe dazu Glossar.
[83] BVerwGE 154, 22 (46 f.).

c) Einzelne Straftat

Das singuläre strafgesetzwidrige Handeln einzelner Vereinsmitglieder reichte bisher – betrachtet man die soeben ausgewertete Rechtsprechung[84] – nicht aus, um den Charakter eines Vereins hinreichend zu prägen. In der Rechtsprechung finden sich jedoch in den vergangenen Jahren zunehmend Ansätze, wonach auch eine einzelne Straftat zur Begründung eines Vereinsverbots genügen soll. Einer solchen Annahme stehen verfassungsrechtliche Bedenken entgegen, insbesondere hinsichtlich der Wahrung des Grundsatzes der restriktiven Auslegung der Verbotstatbestände als Ausprägung des Verhältnismäßigkeitsgrundsatzes. Unter Heranziehung zusätzlicher qualitativer Kriterien ist die Begründung eines Vereinsverbotes mit einer einzelnen Straftat durchaus verfassungskonform möglich.

aa) Zu untersuchende Entscheidungen

Im Folgenden werden die relevanten Entscheidungen des OVG Schleswig-Holstein, des OVG Berlin-Brandenburg und des Bundesverwaltungsgerichts vorgestellt, denen Verbote von Rockervereinen wegen einzelner Straftaten zugrunde lagen.

(1) Die Entscheidung des OVG Schleswig-Holstein vom 19. Juni 2012

Der damalige Innenminister Schleswig-Holsteins hatte den Hells Angels MC Flensburg und das Bandidos MC Probationary Chapter Neumünster am 21. April 2010 verboten. Der Zweck beider Vereine liege in der Entfaltung krimineller Macht und Durchsetzung von Gebiets- und Machtansprüchen mit Waffengewalt.[85] Nur der Hells Angels MC Flensburg ging gegen seine Verbotsverfügung vor, sodass der Entscheidung des OVG Schleswig-Holstein auch nur diese zugrunde lag.

Bereits im einstweiligen Rechtsschutzverfahren war die Tendenz, einzelne strafgesetzwidrige Tätigkeiten zur Erfüllung des Verbotsgrundes genügen zu lassen, erkennbar. Das OVG Schleswig-Holstein begründete den Beschluss vom 14. Februar 2011 damit, dass nicht auszuschließen sei, dass „sich aus den abgeschlossenen wie auch aus den noch anhängigen Strafverfahren mit hinreichender Wahrscheinlichkeit strafgesetzwidrige Verhaltensweisen von *Einzelpersonen* ergeben werden, die dem Antragsteller als Verein zugerechnet werden können".[86] Zwar führte das Gericht mehrere Strafverfahren gegen mehrere Vereinsmitglieder an, ging aber gleichzeitig davon aus, dass die den Vorwürfen individueller Straftaten zu Grunde liegenden Verhaltens-

---

[84] Vergleich in diesem Abschnitt unter a) und b).

[85] *Dpa*, FAZ vom 29.04.2010, http://www.faz.net/aktuell/gesellschaft/kriminalitaet/schleswig-holstein-zwei-vereine-der-hells-angels-und-bandidos-nun-verboten-1969055.html (zuletzt abgerufen am 15.03.2023); für den Hells Angels MC Charter Flensburg festgestellt in OVG Schleswig-Holstein, Urteil vom 19.06.2012 – 4 KS 2/10, juris, Rn. 6.

[86] OVG Schleswig-Holstein, Beschluss vom 14.02.2011 – 4 MR 1/10, juris, Rn. 41 [Hervorhebung durch Verfasserin].

B. Der Verbotstatbestand der Strafgesetzwidrigkeit

weisen im Falle ihrer Bestätigung jeweils einzeln dazu geeignet seien, den Charakter des Vereins als strafgesetzwidrig zu prägen.[87]

In der Hauptsacheentscheidung vom 19. Juni 2012 bestätigte das Gericht das Verbot auf Grundlage einer einzelnen Straftat, die „im Einzelfall ausreichen [kann], um daraus das Vorliegen der Voraussetzungen für einen vereinsrechtlichen Verbotsgrund abzuleiten".[88] Der Präsident des Vereins hatte sich wegen gefährlichen Eingriffs in den Straßenverkehr in Tateinheit mit gefährlicher Körperverletzung strafbar gemacht, indem er ein Vereinsmitglied eines rivalisierenden Rockervereins mit seinem PKW rammte und dadurch dessen Sturz vom Motorrad herbeiführte.[89] Das Gericht führte dazu aus:

„Angesichts der durch die Tat am 12. September 2009 dokumentierten organisierten und vom Willen der Vereinsmitglieder getragenen, die Anwendung von Gewalt im vereinsrechtlichen Sinne billigend in Kauf nehmenden massiven Machtentfaltung des [...] Vereins [...] *begründet das Ereignis bereits für sich genommen einen hinreichenden Anlass* für das Verbot des Klägers wegen strafgesetzwidriger Zwecke und strafgesetzwidriger Tätigkeit. [...] Auch ein *singuläres Geschehen, eine einzelne Straftat kann schon ausreichen,* um daraus das Vorliegen der Voraussetzungen für einen vereinsrechtlichen Verbotsgrund abzuleiten."[90] [Hervorhebung durch Verfasserin]

Das OVG Schleswig-Holstein folgte der Ansicht *Heinrichs*, wonach für die Verfolgung eines strafgesetzwidrigen Zwecks oder für eine strafgesetzwidrige Tätigkeit bereits ein einmaliger Verstoß genügen soll.[91] Zur Erfüllung einer der beiden Tatbestandsalternativen käme es zwar auf die Beurteilung des Gesamtauftretens und des Gesamtbildes an. Dieses könne auch durch das Verhalten und Auftreten einer einzelnen Person bestimmt werden, solange das singuläre Geschehen immanenter Bestandteil der Vereinsarbeit sei, es mit dem Status und der Aufgabe des Vereins verschmelze oder der Verein das Mittel zum Zweck darstelle.[92]

Der Verein sei nicht zur Begehung dieser Straftat gegründet worden, sodass sich das Gericht darauf berief, dass die Tat immanenter Bestandteil der Vereinsarbeit gewesen und mit dem Status und der Aufgabe des Vereins verschmolzen sei. Das OVG bewertete die Tat als „derart einschlägig, schwerwiegend und zentral",[93] dass sie „die durch ein Vereinsverbot zu begrenzende Gefahr einer weiteren, Rechtsgüter gefährdenden Selbstbehauptung gegenüber konkurrierenden Vereinigungen"[94] dokumentiere. Als ausschlaggebend ordnete es dabei ein, dass die Tat aus keinem persönlichen Motiv heraus begangen worden sei. Ziel sei die Schädigung der feindlichen Rocker-

---

[87] OVG Schleswig-Holstein, Beschluss vom 14.02.2011 – 4 MR 1/10, juris, Rn. 42.
[88] OVG Schleswig-Holstein, Urteil vom 19.06.2012 – 4 KS 2/10, juris, 2. Leitsatz.
[89] OVG Schleswig-Holstein, Urteil vom 19.06.2012 – 4 KS 2/10, juris, Rn. 97.
[90] OVG Schleswig-Holstein, Urteil vom 19.06.2012 – 4 KS 2/10, juris, Rn. 105.
[91] *J. Heinrich*, Vereinigungsfreiheit und Vereinigungsverbot, 2005, S. 155.
[92] *J. Heinrich*, Vereinigungsfreiheit und Vereinigungsverbot, 2005, S. 155 f.
[93] OVG Schleswig-Holstein, Urteil vom 19.06.2012 – 4 KS 2/10, juris, Rn. 105.
[94] OVG Schleswig-Holstein, Urteil vom 19.06.2012 – 4 KS 2/10, juris, Rn. 105.

gruppe gewesen, welche im ausschließlichen Interesse des Vereins stünde. Des Weiteren war der Täter als Präsident der damals höchste Funktionsträger des Vereins, der sich zudem der Billigung und Unterstützung durch seine Vereinsmitglieder versicherte, indem er diese unmittelbar vor der Tat telefonisch kontaktierte.[95] Die Revision wurde nicht zugelassen. Auch die Beschwerde vor dem Bundesverwaltungsgericht gegen die Nichtzulassung der Revision hatte keinen Erfolg.[96]

(2) Die Entscheidung des OVG Schleswig-Holstein vom 26. Februar 2014

In einer vergleichbaren Entscheidung desselben Gerichts, in der das Verbot des Hells Angels MC Kiel bestätigt wurde, führte das OVG Schleswig-Holstein die Rechtsprechung aus dem Jahr 2012 unter ausdrücklicher Nennung dieser fort und bestätigte, dass die Strafgesetzwidrigkeit eines Vereins „im Einzelfall bereits auf Grund einer Straftat der Mitglieder des Vereins gerechtfertigt sein"[97] kann. Bei der Tat handelte es sich um eine gefährliche Körperverletzung, die ein einzelnes Vereinsmitglied begangen hatte, indem er sein Opfer massiven Schlägen mit einem Motorradhelm aussetzte.[98] Zwischen den beiden ging eine körperliche Auseinandersetzung über Mietrückstände des Opfers voraus, aufgrund derer der Täter eine „offene Rechnung" zu begleichen meinte.

Auch wenn es sich um eine einzelne Straftat eines einzelnen Vereinsmitglieds handelte, wurde die Tat allein dadurch ermöglicht, dass andere Mitglieder des Vereins das spätere Opfer auf der Straße erkannt hatten und es bis zur Tatbegehung in einer Gaststätte festhielten, um auf den späteren Täter zu warten.[99] Das OVG bejahte aufgrund dieses arbeitsteiligen Zusammenwirkens einen Vereinsbezug der Tat, obwohl die vorangegangene Auseinandersetzung über Mietzahlungen privaten Ursprungs war und damit ein persönliches Motiv hinter der Tat stand.

(3) Die Entscheidung des BVerwG vom 7. Januar 2016

In der Entscheidung des Bundesverwaltungsgerichts vom 7. Januar 2016 wurden die Verbote mehrerer Ortsgruppen und eines übergeordneten Regionalverbandes des Gremium MC Germany behandelt. Die Verbotsbehörde führte zur Begründung an, die Vereine hätten nicht die kameradschaftliche Pflege des Zweiradmotorsports bezweckt, sondern die gewalttätige Gebiets- und Machtentfaltung sowie die strafrechtswidrige Selbstbehauptung gegenüber Konkurrenten. Zudem verwirklichten Vereinsmitglieder mehrere den Vereinen zuzurechnende Straftaten (Körperverletzungs- und Nötigungsdelikte). Konkret führte die Verbotsbehörde eine gemeinschaftlich

---

[95] OVG Schleswig-Holstein, Urteil vom 19.06.2012 – 4 KS 2/10, juris, Rn. 100, 102 f.
[96] BVerwG, Beschluss vom 29.01.2013 – 6 B 40/12, juris.
[97] OVG Schleswig-Holstein, Urteil vom 26.02.2014 – 4 KS 1/12, juris, 14, Orientierungssatz.
[98] OVG Schleswig-Holstein, Urteil vom 26.02.2014 – 4 KS 1/12, juris, Rn. 101.
[99] OVG Schleswig-Holstein, Urteil vom 26.02.2014 – 4 KS 1/12, juris, Rn. 101.

begangene versuchte Tötung eines irrtümlich für den Sohn eines Hells Angels-Mitglieds gehaltenen 16-jährigen Jugendlichen an, für die eine Führungsperson des Regionalverbandes und Mitglieder der ihm untergeordneten Ortsgruppen verurteilt worden waren.[100]

Das Gericht bestätigte die Vereinsverbote allein aufgrund dieser Einzelstraftat.[101] Die Tat sei als Racheakt für einen vorausgegangenen lebensgefährlichen Angriff auf ein Vereinsmitglied des nun verbotenen Gremium MC durch Mitglieder einer rivalisierenden Rockergruppe (Hells Angels MC) einzuordnen. Es handle sich darum um eine besonders schwerwiegende Straftat, die im Interesse des Vereins begangen worden sei und darum geeignet gewesen sei, den Charakter der Vereine als strafgesetzwidrig zu prägen.

Im amtlichen Leitsatz hielt das Bundesverwaltungsgericht fest:

„Auch eine einzelne Straftat kann für sich genommen einen hinreichend schweren Anlass für ein Vereinsverbot begründen, etwa wenn sich aus ihr die durch ein Vereinsverbot zu begrenzende Gefahr einer weiteren, Rechtsgüter verletzenden Selbstbehauptung gegenüber konkurrierenden Vereinigungen ergibt."[102]

Das Bundesverwaltungsgericht verwendete damit in Teilen den exakten Wortlaut der Entscheidung des OVG Schleswig-Holstein, ohne sich auf diese konkret zu beziehen („wenn sich aus ihr die durch ein Vereinsverbot zu begrenzende Gefahr einer weiteren, Rechtsgüter verletzenden Selbstbehauptung gegenüber konkurrierenden Vereinigungen"[103]). Im Juli 2019 erging hinsichtlich der hiergegen erhobenen Verfassungsbeschwerde der Nichtannahmebeschluss des Bundesverfassungsgerichts.[104]

(4) Die Entscheidung des OVG Berlin-Brandenburg vom 29. September 2020

Die Rivalitäten zwischen den jeweils beteiligten Ortsgruppen des Gremium MC und dem Hells Angels MC führten auch zu dem durch den brandenburgischen Innenminister mit Verfügung vom 30. Mai 2013 ausgesprochenen Verbot des Hells Angels MC Oder City und als deren Teilorganisation des Supporter-Clubs Oder City Kurmark. Der Hells Angels-Charter wandte sich gegen sein eigenes Verbot sowie gegen das Verbot des Supporter-Clubs als Teilorganisation und rügte dafür sein Recht auf Selbstbestimmung als Verein.[105] Das Gericht bestätigte das Verbot des Vereins unter Rückgriff auf die Entscheidung des Bundesverwaltungsgerichts vom 7. Januar 2016 und wies nur noch feststellend darauf hin, dass das Verbot auf Grund eines einzelnen verwirklichten versuchten Tötungsdelikts möglich sei, weil es sich dabei um eine

---
[100] BVerwGE 154, 22 (23 f.).
[101] BVerwGE 154, 22 (47); so auch wiederholt von HessVGH, Urteil vom 21.03.2013 – 8 C 2118/11.T, BeckRS 2013, 47711, Rn. 53.
[102] BVerwGE 154, 22 (2. Ls).
[103] OVG Schleswig-Holstein, Urteil vom 19.06.2012 – 4 KS 2/10, juris, Rn. 105.
[104] BVerfG, Nichtannahmebeschluss vom 02.07.2019 – 1 BvR 1099/16, juris.
[105] Siehe dazu in diesem Kapitel unter C. II. 2. a).

zentrale, hinreichend schwerwiegende, das Verbot allein tragende Straftat handele, die dem Kläger als von Dritten begangene Straftat vereinsprägend zuzurechnen sei.[106]

Diese bereits in der Entscheidung des Bundesverwaltungsgerichts vom 7. Januar 2016 angesprochene Straftat eines Hells Angels MC-Mitglieds führte nicht nur zu der unter (3) beschriebenen Rachetat, mit der die Verbote der Gremium MC-Ortsgruppen begründet wurden. Der versuchte Totschlag führte auch zum Verbot der Hells Angels MC-Ortsgruppe Oder City. Der Tat ging eine als schwerwiegend empfundene Beleidigung des mutmaßlichen Präsidenten der Hells Angels MC-Ortsgruppe voraus, die auch das Ansehen des Clubs erheblich beeinträchtigt habe. Man kam darum überein, diese Respektlosigkeit zu sühnen und den Beleidigenden zu töten.[107] Die beiden Täter, die in einer Gruppe aus zehn Hells Angels-Anhängern bzw. Unterstützern agierten, waren selbst keine Mitglieder des Vereins. Die Gruppe der Angreifer legte aber offenkundig Wert darauf, dass die Tötungshandlung dem Hells Angels MC Oder City nach außen erkennbar zugerechnet werden konnte.[108]

bb) Bisherige Bewertung der Rechtsprechung

Die dargestellten Entscheidungen widersprechen der bisher herrschenden Meinung, einzelne Straftaten seien für die Begründung eines Vereinsverbotes nicht geeignet.[109] Welche Anforderungen an die ungeschriebene Voraussetzung der Prägung zu stellen sind und ob ein einmaliges strafgesetzwidriges Verhalten geeignet sein kann, dem Verein als Ganzen ein derartiges Gepräge zu geben, dass sich der Gesamtcharakter der Vereinstätigkeit als strafgesetzwidrig erweist, ist im Wege der Auslegung des Tatbestandes zu erörtern.

Die Voraussetzungen eines Vereinsverbots sind grundsätzlich nicht erfüllt, wenn sie nicht im Hinblick auf die Vereinigung als Ganzes gegeben sind.[110] Die Frage, ob eine einzelne Straftat geeignet sein kann, den Gesamtcharakter einer Vereinigung als

---

[106] OVG Berlin-Brandenburg, Urteil vom 29.09.2020 – OVG 1 A 3.13, juris, Rn. 47, 50.
[107] OVG Berlin-Brandenburg, Urteil vom 29.09.2020 – OVG 1 A 3.13, juris, Rn. 52.
[108] OVG Berlin-Brandenburg, Urteil vom 29.09.2020 – OVG 1 A 3.13, juris, Rn. 52, 58.
[109] *Albrecht*, DPolBl. 3/2015, 29 (31); *Albrecht*, in: Albrecht/Roggenkamp (Hrsg.), Vereinsgesetz Kommentar, 2014, § 3, Rn. 33; *Albrecht/Braun*, NJOZ 2014, 1481 (1483 f.); *Baudewin*, NVwZ 2013, 1049 (1050); *Bauer*, in: Dreier (Hrsg.), Grundgesetz, 3. Aufl. 2013, Art. 9, Rn. 55; *Groh*, in: Groh (Hrsg.), Vereinsgesetz, 2012, § 3, Rn. 13; *Goehrke*, Das Reichsvereinsgesetz vom 19. April 1908, 2. Aufl. 1908, S. 35; *Hueck*, Der Staatsgerichtshof zum Schutze der Republik, 1996, S. 261; *Jarass*, in: Jarass/Pieroth (Hrsg.), Grundgesetz, 16. Aufl. 2020, Art. 9, Rn. 18; *Kemper*, in: von Mangoldt/Klein u.a. (Hrsg.), Grundgesetz, 7. Aufl. 2018, Art. 9, Rn. 74; *Schiffbauer*, in: Reichert (Hrsg.), Handbuch Vereins- und Verbandsrecht, 14. Aufl. 2018, S. 1257, Rn. 106; *Scholz*, in: Dürig/Herzog u.a. (Hrsg.), Grundgesetz, Lfg. 96 November 2021, Art. 9; Rn. 123; *Schnorr*, Öffentliches Vereinsrecht, 1965, § 3, Rn. 10; *Wache*, in: Erbs/Kohlhaas u.a. (Hrsg.), Strafrechtliche Nebengesetze, VereinsG, 240. EL April 2022, § 3, Rn. 13; *Winkler*, in: von Münch/Kunig (Hrsg.), Grundgesetz, 7. Aufl. 2021, Art. 9, Rn. 87.
[110] *Jarass*, in: Jarass/Pieroth (Hrsg.), Grundgesetz, 16. Aufl. 2020, Art. 9, Rn. 18; *Winkler*, in: von Münch/Kunig (Hrsg.), Grundgesetz, 7. Aufl. 2021, Art. 9, Rn. 86; a.A. *Cornils*, in: Ep-

strafgesetzwidrig zu prägen, verneinen die meisten Lehrmeinungen. Aktivitäten einzelner Vereinsmitglieder müssen den Gesamtcharakter der Vereinigung prägen und dürfen im Verhältnis zur Gesamttätigkeit des Vereins keine untergeordnete Bedeutung haben.[111] *Scholz* vertritt zudem die Ansicht, dass das Vereinsverbot hinter milderen Maßnahmen, wie Warnungen oder (temporären) Betätigungsverboten zurücktreten muss, wenn Straftaten nur bei einzelnen Vereinsmitgliedern nachweisbar sind.[112] *Möllers* hält das Verhalten der Vereinsmitglieder im Rahmen eines Vereinsverbots sogar für gänzlich unbeachtlich[113] und *Michael* verlangt ein nachhaltiges Wirken einer Vielzahl von Vereinsmitgliedern und einer Vielfalt von Aktionen, um ein Vereinsverbot zu begründen.[114]

Albrecht und *Braun* sind die einzigen Autoren, die die Rechtsprechung des OVG Schleswig-Holstein unmittelbar kommentiert haben. Für *Albrecht* widerspricht sie der Bedeutung der Vereinigungsfreiheit und den bei einem Vereinsverbot anzustellenden Verhältnismäßigkeitserwägungen. Demnach kann eine einzelne Straftat nur ausreichen, wenn der Verein insbesondere zur Begehung der angeführten Einzeltat gegründet wurde und Vereinszweck bzw. -tätigkeit zusammenfallen.[115] In einer weiteren Stellungnahme ordnet er mit *Braun* die Entscheidungen als Beispiele für die ausufernde vereinsrechtliche Rechtsprechung der Oberverwaltungsgerichte ein. Sie befürchten, dass tradierte rechtsstaatliche Bindungen durch den erkennbaren Wandel im Umgang mit den angesprochenen Gruppen aufgeweicht werden.[116]

Das Bundesverfassungsgericht teilt diese Kritik und lehnt die Entwicklung in der Rechtsprechung seit 2012 im Beschluss vom 13. Juli 2018, ohne im Detail darauf einzugehen, ab:

„Eine Vereinigung kann daher insbesondere nicht allein aufgrund vereinzelter Handlungen einzelner Mitglieder verboten werden; diese müssen einer Vereinigung vielmehr prägend zuzurechnen sein. Je weniger der Verbotstatbestand durch Handlungen der Organe der Vereinigung

---

ping/Hillgruber (Hrsg.), BeckOK Grundgesetz, 51. Edition, Stand 15.05.2022, Art. 9, Rn. 25.2, der sich für das Ausreichen einer einzelnen Straftat ausspricht.

[111] *Baudewin*, NVwZ 2013, 1049 (1050), der insoweit von „Entgleisungen" einzelner Mitglieder spricht; *Bauer*, in: Dreier (Hrsg.), Grundgesetz, 3. Aufl. 2013, Art. 9, Rn. 55; *Planker*, NVwZ 1998, 113 (114); *Deres*, VerwRdSch 1992, 421 (426); *Schnorr*, Öffentliches Vereinsrecht, 1965, § 3, Rn. 10; *Wache*, in: Erbs/Kohlhaas u. a. (Hrsg.), Strafrechtliche Nebengesetze, VereinsG, 240. EL April 2022, § 3, Rn. 13; so auch *Rudroff*, Das Vereinigungsverbot nach Art. 9 Abs. 2 GG und dessen verwaltungsrechtliche Auswirkungen, 1995, S. 38 f.

[112] *Scholz*, in: Dürig/Herzog u. a. (Hrsg.), Grundgesetz, Lfg. 96 November 2021, Art. 9, Rn. 117.

[113] *M. Möllers*, Wörterbuch der Polizei, 3. Aufl. 2018, S. 1648.

[114] *Michael*, in: Häberle/Morlok u. a. (Hrsg.), Festschrift für Dimitris Th. Tsatsos, 2003, S. 406.

[115] *Albrecht*, in: Albrecht/Roggenkamp (Hrsg.), Vereinsgesetz Kommentar, 2014, § 3, Rn. 33; *Albrecht*, MschrKrim 2/2012, 115 (127); so auch *Wache*, in: Erbs/Kohlhaas u. a. (Hrsg.), Strafrechtliche Nebengesetze, VereinsG, 240. EL April 2022, § 3, Rn. 13.

[116] *Albrecht/Braun*, NJOZ 2014, 1481 (1483 f.).

selbst, der Mehrheit ihrer Mitglieder oder von ihr beherrschter Dritter erfüllt wird, desto klarer muss erkennbar sein, dass die Vereinigung diese Handlungen kennt, diese billigt und sich mit ihnen identifiziert, so dass das Ziel des Art. 9 Abs. 2 GG nur durch ein Verbot der Vereinigung erreicht werden kann."[117]

Gegenstand des Beschlusses war das Vereinsverbot des Hells Angels MC Westend, welches der Hessische Verwaltungsgerichtshof mit Urteil vom 21. Februar 2013 bestätigt hatte.[118] Sowohl die überwiegende Lehrmeinung als auch das Bundesverfassungsgericht stellen demnach höhere Anforderungen an die Erfüllung des Tatbestandes der Strafgesetzwidrigkeit als die Verwaltungsgerichte.

cc) Auslegung des Verbotstatbestandes

Der Sinngehalt einer Regelung bzw. als kleinere Einheit eines Tatbestands wird mit den bekannten Methoden juristischer Normeninterpretation ermittelt.[119] Zur Konkretisierung der Anforderungen an die für ein Verbot wegen Strafgesetzwidrigkeit relevanten Tatbestände in § 3 Abs. 1 und Abs. 5 VereinsG werden die etablierten Auslegungsmethoden herangezogen.

(1) Grammatische Auslegung

Nach dem Wortlaut des § 3 Abs. 1 VereinsG ist ein Verein verboten, wenn „seine Zwecke oder seine Tätigkeit den Strafgesetzen zuwiderlaufen". Daraus lässt sich kein Hinweis für die Zurechnung des Verhaltens einzelner Vereinsmitglieder ableiten. Der Wortlaut des § 3 Abs. 5 VereinsG ist dagegen aussagekräftiger. In der Regelung der Zurechnung des Verhaltens von Vereinsmitgliedern zum Verein wird sowohl von einer Mehrzahl an Handlungen als auch von einer Mehrzahl an handelnden Mitgliedern ausgegangen:

„Die Verbotsbehörde kann das Verbot auch auf Handlung*en* von Mitglieder*n* des Vereins stützen." [Hervorhebungen durch Verfasserin]

Zusätzlich müssen nach § 3 Abs. 5 Nr. 2 VereinsG die Handlungen der Mitglieder auf einer *organisierten* Willensbildung beruhen. Nach § 3 Abs. 5 Nr. 3 VereinsG muss nach den Umständen anzunehmen sein, dass „sie" [die Handlungen der Mitglieder] vom Verein geduldet werden. In der Gesamtschau indiziert der Wortlaut der Norm eine Mehrzahl von Akteuren. Die grammatische Auslegung stützt folglich den herrschenden Ansatz einer Handlungs- und Mitgliedermehrheit.

---

[117] BVerfGE 149, 160 (194 f.).
[118] HessVGH, Urteil vom 21.02.2013 – 8 C 2134/11, juris.
[119] Siehe dazu ausführlich unter Erster Teil Kapitel 3 C.; *Bachof*, JZ 1955, 97 (98); *Jarass*, DÖV 2019, 457 (460); *Kment/Vorwalter*, JuS 2015, 193 (195); *H. J. Wolff/Bachof u. a.*, Verwaltungsrecht I, 13. Aufl. 2017, S. 311 ff.; *Pache*, Tatbestandliche Abwägung und Beurteilungsspielraum, 2001, S. 44, 59.

(2) Teleologische Auslegung

Zur Beantwortung der Frage, ob einzelne Straftaten für die Begründung eines Vereinsverbots genügen können, sind auch Sinn und Zweck des Verbotstatbestandes in § 3 Abs. 1 VereinsG und der Zurechnungsregelung in § 3 Abs. 5 VereinsG zu betrachten.

(a) Verbotstatbestand nach § 3 Abs. 1 VereinsG

Sinn und Zweck der Regelung des Verbotstatbestandes der Strafgesetzwidrigkeit ist es, Vereine verbieten zu können, deren Zwecke oder Tätigkeiten den Strafgesetzen zuwiderlaufen. Das Ziel, strafgesetzwidrige Vereine zu verbieten, dient vorrangig der Abwehr von Gefahren für die öffentliche Sicherheit oder Ordnung und damit einhergehend der erhöhten Sicherheit für die Bevölkerung.[120] Das Bundesverwaltungsgericht erklärte den Zweck von Verboten strafgesetzwidriger Vereine wie folgt:

„Mit ihm soll nicht die Verletzung der Strafgesetze durch einzelne Personen zusätzlich sanktioniert, sondern einer besonderen Gefährdung der öffentlichen Sicherheit oder Ordnung begegnet werden, die in der Gründung oder Fortführung einer Organisation zum Ausdruck kommt, aus der heraus Straftaten geplant oder begangen werden. Derartige Organisationen bergen eine besondere Gefahr für die durch Strafgesetze geschützten Rechtsgüter in sich. Die ihnen innewohnende Eigendynamik und ihr organisiertes Sach- und Personenpotential erleichtern und begünstigen strafbares Verhalten. Zugleich wird das Verantwortungsgefühl des einzelnen Mitgliedes häufig gemindert, die individuelle Hemmschwelle zum Begehen von Straftaten abgebaut und der Anreiz zu neuen Straftaten geweckt."[121]

Ein weiteres Ziel geht mit den Konsequenzen aus der Auflösung von Vereinsstrukturen einher. Durch Verbote soll die öffentliche Präsenz der Gruppierungen eingeschränkt werden, um deren Machtdemonstrationen, Gebietskämpfe und damit verbundene Gewalteskalationen gegenüber konkurrierenden Rockervereinen zu unterbinden; so begründete der damalige nordrhein-westfälische Innenminister *Herbert Reul* das Verbot des Hells Angels MC Concrete City im Oktober 2017.[122] Weiterhin sollen sich Rockervereine derart unter Druck gesetzt fühlen, dass sie sich selbst auflösen und den Mitgliedern die Möglichkeit bieten, sich von ihrem Verein abzuwenden.[123] Mit einer Auflösung kamen etwa der Hells Angels MC Berlin City, Hells

---

[120] So auch ausgeführt in *Bundesrat*, Bekämpfungsstrategie „Rockerkriminalität – Rahmenkonzeption", Stand 07.10.2010, S. 63.

[121] BVerwGE 80, 299 (306 f.); später wiederholt in BVerwGE 134, 275 (280); ebenfalls wortlautgenau übernommen von: OVG Schleswig-Holstein, Urteil vom 19.06.2012 – 4 KS 2/10, juris, Rn. 92.

[122] *Ministerium des Innern des Landes Nordrhein-Westfalen*, Innenminister Reul verbietet Erkrather Hells Angels, 18.10.2017, abrufbar unter https://www.land.nrw/de/pressemitteilung/innenminister-reul-verbietet-erkrather-hells-angels-charter (zuletzt abgerufen am 15.03.2023); ähnlich in *Bley*, DPolBl. 3/2015, 21 (23 f.).

[123] *Albrecht*, DPolBl. 3/2015, 29 (29); *Bley*, DPolBl. 3/2015, 21 (24); *Bundesrat*, Bekämpfungsstrategie „Rockerkriminalität – Rahmenkonzeption", Stand 07.10.2010, S. 63.

Angels MC Nomads, Hells Angels MC Bonn, Hells Angels MC West Side sowie der Hells Angels MC Hannover einem bereits diskutierten Verbot zuvor. Insgesamt lösten sich allein 2012 elf Rockervereine auf, gleichzeitig gründeten sich jedoch ebenso viele neue Rockervereine.[124]

Ist Sinn und Zweck der Regelung des § 3 Abs. 1 VereinsG, Vereine zu verbieten, spricht dies für eine Auslegung, die einzelne Straftaten zur Begründung von Verboten ausreichen lässt. Je weiter die Verbotsvoraussetzungen ausgelegt werden, desto mehr Vereine können verboten und damit ihre die öffentliche Sicherheit oder Ordnung gefährdenden Strukturen zerschlagen werden. Je mehr Vereine verboten werden, desto zielgerichteter kann den Gefahren, die von einem solchen verfassten Kollektiv ausgehen, begegnet werden.[125]

Betrachtet man die Kehrseite der Medaille, kann ein Verbot auch zur Stärkung des Zusammenhalts in der Gruppe in Abgrenzung zum Feindbild Staat und den Strafverfolgungsbehörden führen und damit die Gefahren, die von ihr ausgehen, erhöhen. Die Gruppierung verschwindet infolge des Verbots aus der Öffentlichkeit, wodurch die Bindung an die Gruppe und der Anreiz zur Begehung von Straftaten erhöht werden können. Gleichzeitig wird die Zuordnung der Personen zu bestimmten Bewegungen erschwert. Es kann zu Verlagerungen durch Neugründungen (z. T. wie beim Hells Angels MC mit einer Ortsgruppe in Mallorca auch ins Ausland) kommen, durch die die Bewertung des Sicherheitsrisikos schwieriger und komplexer wird.[126]

Je nachdem wie man die mit Vereinsverboten verfolgten Ziele gewichtet, sprechen Argumente für oder gegen ein Ausreichen einzelner Straftaten zur Begründung von Vereinsverboten. Je mehr Vereine verboten werden, desto mehr Strukturen lösen sich auf, von denen aufgrund ihrer Verfasstheit eine größere Bedrohung für die öffentliche Sicherheit ausgehen kann. Mit einer solchen Auslegung des Verbotstatbestandes erhöht sich zudem die Ausstrahlungswirkung auf andere Vereine. Gleichzeitig kann eine zu weite Auslegung zum Verfestigen der Strukturen am Rand der Gesellschaft außerhalb der öffentlichen Wahrnehmung führen. Zielt man mit einem Vereinsverbot auf den konkreten Verein, ist eine weite Auslegung nicht notwendigerweise die richtige Schlussfolgerung.

---

[124] Vgl. *Bley*, Rockerkriminalität, 2014, S. 8; zusätzliche Auswirkung der Verbote ist, dass sich zahlreiche Rockervereine selbst auflösten (z. B. Hells Angels MC Berlin City; Hells Angels MC Nomads, Hells Angels MC Bonn, Hells Angels MC West Side).

[125] Diese Annahme teilend: *Bundesrat*, Bekämpfungsstrategie „Rockerkriminalität – Rahmenkonzeption", Stand 07.10.2010, S. 63; BVerwG, NVwZ 2013, 870 (874 f.); *Groh*, in: Groh (Hrsg.), Vereinsgesetz, 2012, § 3, Rn. 11; *Roth*, in: Schenke/Graulich u. a. (Hrsg.), Sicherheitsrecht des Bundes, 2. Aufl. 2019, § 3 VereinsG, Rn. 14, 39, 42; *Schiffbauer*, in: Reichert (Hrsg.), Handbuch Vereins- und Verbandsrecht, 14. Aufl. 2018, S. 1257, Rn. 106.

[126] *Bley*, DPolBl. 3/2015, 21 (23 f.).

(b) Zurechnungstatbestand nach § 3 Abs. 5 VereinsG

Sinn und Zweck der Zurechnungsregelung in § 3 Abs. 5 VereinsG ist die Festlegung, unter welchen Voraussetzungen ein Verbot auf Handlungen von Vereinsmitgliedern gestützt werden kann. Bei Handlungen von einfachen Vereinsmitgliedern ist die Feststellung, ob derjenige als Privatperson oder als Vereinsmitglied gehandelt hat, schwieriger als bei Vereinsorganen. Der Gesetzgeber begründete die explizite Regelung der Zurechnung mit dem Schließen einer Regelungslücke, die dadurch entstanden sei, dass „entweder verbotsrelevantes Handeln der Organe nicht nachweisbar war oder die öffentliche Zielsetzung des Vereins keinen verbotsrelevanten Hinweis enthielt. Die wahre Zielsetzung solcher konspirativ handelnden Vereine wird erst durch die Aktivitäten von Mitgliedern offenbar, welche regelmäßig ohne organisatorischen Zusammenhang mit dem Verein nicht möglich wären."[127]

Auch wenn der Regelung retrospektiv bescheinigt wurde, dass sie vor allem die bestehende Verwaltungs- und Rechtsprechungspraxis positivierte, beabsichtigte der Gesetzgeber die Erweiterung der Zurechnungsmöglichkeiten von verbotsrelevantem Verhalten der Vereinsmitglieder zum Verein und damit eine Erleichterung von Vereinsverboten. Im Geist dessen müssten demnach einzelne Straftaten zur Begründung von Verboten genügen.

(3) Historische Auslegung

Um die Bedeutung der heute geltenden Tatbestände in § 3 VereinsG erfassen zu können, ist auch die Entwicklung des Vereinsverbotsrechts, die über die aktuelle Regelung hinausgeht, relevant. Zunächst wurde das Vereinswesen im 18. Jahrhundert als Recht des Polizeistaats eingeordnet und Vereine mit dem Verdacht der Aufruhr und Empörung verbunden. Die grundsätzlich erlaubte Vereinsbildung stand darum bis ins 19. Jahrhundert unter Genehmigungsvorbehalt.[128] Danach folgte eine Phase der Liberalisierung, in der auch die Entwicklung der Vereinigungsfreiheit voranschritt.

Im Bundesvereinsgesetz von 1854 verabschiedete man sich von dem Ansatz, dass alle Vereine, die nicht genehmigt wurden, verboten waren und stellte die nunmehr freie Vereinsbildung unter allgemeinen Polizeivorbehalt. Die Vorgängernorm der heutigen Regelung des Vereinsverbots wegen Strafgesetzwidrigkeit, § 2 Satz 1 RVG, wurde von *Goehrke* so ausgelegt, dass eine Strafgesetzwidrigkeit in der Regel nicht bei einmaliger Verletzung des Strafgesetzes angenommen werden, aber auch nicht ausgeschlossen werden konnte.[129] Schließlich verfolgte auch der 1922 neu geschaffene Staatsgerichtshof zum Schutz der Republik mit seiner Rechtsprechung eine restriktive Auslegung des Tatbestandes und verlangte über einzelne Handlungen hinausgehende systematische und planmäßige Bestrebungen, um ein Verbot zu rechtferti-

---

[127] BT Drs. 12/6853, S. 45.
[128] Siehe dazu Erster Teil Kapitel 1 A. I. 2.
[129] *Goehrke*, Das Reichsvereinsgesetz vom 19. April 1908, 2. Aufl. 1908, S. 35.

gen.¹³⁰ Das restriktive Verständnis des Vereinsverbotsrechts spiegelte das liberale Rechtsverständnis dieser Zeit zugunsten der Vereinigungsfreiheit wider.

Liberale Gesellschafts- und Rechtsordnungen bergen durch den entstehenden Handlungs- und Gestaltungsraum die Gefahr, von politischen Randgruppen ausgenutzt zu werden. Unter dem Eindruck der legalen Machtergreifung Hitlers, der Diktatur des Dritten Reiches und dem Zweiten Weltkrieg entschied sich der Verfassungsgeber 1949 zur Aufnahme von Sicherheitsmechanismen, die in der Weimarer Reichsverfassung fehlten. Das Konzept der streitbaren, wehrhaften Demokratie entstand, um zukünftigen Bedrohungen der freiheitlich-demokratischen Grundordnung frühzeitig begegnen zu können. Einer von mehreren Bausteinen im System von Maßnahmen zum Schutz der Verfassung stellte der Ausbau der Beschränkungsmöglichkeiten der Vereinigungsfreiheit dar. In Art. 9 GG wurden im ersten Absatz die Vereinigungsfreiheit und im zweiten Absatz die Verbotstatbestände geregelt und letztere erheblich erweitert.

Im Jahr 1964 schloss sich die Neuregelung des öffentlich-rechtlichen Vereinsgesetzes an, in welchem die Verbotstatbestände aus Art. 9 Abs. 2 GG in § 3 Abs. 1 VereinsG wiederholt wurden. Betrachtet man die historische Entwicklung des Vereinsverbotsrechts war das jeweilige Verständnis der Tatbestände primär vom aktuellen gesellschaftspolitischen Zeitgeist geprägt. Im 19. Jahrhundert wurden die Bürger- und Freiheitsrechte und somit auch die Vereinigungsfreiheit stark betont und die Beschränkungsmöglichkeiten für Vereine restriktiv ausgelegt. Im Umkehrschluss könnte die Aufnahme zahlreicher Abwehrmechanismen in der bestehenden Verfassungsordnung 1949 für eine extensive Auslegung der Verbotstatbestände sprechen. Im Jahr 1994 wurde die Zurechnungsregelung für das Verhalten der Vereinsmitglieder beim Verbot von Vereinen mit dem Verbrechensbekämpfungsgesetz als neuer, fünfter Absatz in § 3 VereinsG eingefügt.¹³¹ Ziel des Verbrechensbekämpfungsgesetzes war die wirksamere Bekämpfung der Kriminalität unter anderem im Bereich des Straf- und Strafverfahrensrechts. Als Bestandteil der Reform wurde das Vereinsgesetz geändert, um die Möglichkeiten von Vereinsverboten zu verbessern.¹³² Die Aufnahme der Regelung des § 3 Abs. 5 VereinsG diente folglich dem Ausbau der Verbotsmöglichkeiten; auch, um die Abwehr von Gefahren für die öffentlichen Sicherheit und Ordnung so effektiv wie möglich zu gestalten.¹³³ Eine daraus abzuleitende extensive Auslegung der Verbotstatbestände ist aber kein notwendiger Automatismus. Genau wegen des Ausbaus der Verbotstatbestände und der Konkretisierung der Zurechnungsregelung als Bestandteile der Instrumente der wehrhaften Demokratie

---

¹³⁰ BVerfGE 149, 160 (162); *Hueck*, Der Staatsgerichtshof zum Schutze der Republik, 1996, S. 261.

¹³¹ *Bundestag*, Entwurf eines Gesetzes zur Änderung des Strafgesetzbuches, der Strafprozeßordnung und anderer Gesetze, vgl. BT Drs. 12/6853, S. 16.

¹³² BT Drs. 12/6853, S. 1.

¹³³ Siehe zum Telos auch (2) (b) teleologische Auslegung des Zurechnungstatbestands nach § 3 Abs. 5 VereinsG.

könnte auch eine entgegengesetzte Lesart geboten sein. Durch die Konkretisierung der Verbotstatbestände bleibt weniger Raum für eine über den Wortlaut hinausgehende weite Auslegung.

(4) Systematische Auslegung

Für die Auslegung der Tatbestände in § 3 Abs. 1 und Abs. 5 VereinsG als Bestandteile des Vereinsverbotsrechts ist auch die systematische Einordung der Regelung in die Rechtsordnung, zunächst in das Vereinsgesetz und anschließend in die Verfassung, zu betrachten.

Der Verbotstatbestand findet sich im ersten Absatz und die Zurechnungsregelung im letzten, fünften Absatz des § 3 VereinsG. § 3 VereinsG nimmt als erste Vorschrift im Zweiten Abschnitt des Vereinsgesetzes, der das „Verbot von Vereinen" regelt, eine zentrale Stellung im Vereinsgesetz ein. Beim Vereinsgesetz, und so verhält es sich insbesondere mit § 3 Abs. 1 VereinsG, handelt es sich um die Wiedergabe der verfassungsrechtlichen Regelungen in Art. 9 GG.[134] Für die systematische Auslegung des einfachgesetzlichen Tatbestands ist darum primär das Verhältnis des § 3 VereinsG zu Art. 9 Abs. 1 und Abs. 2 GG relevant. Im Fall des § 3 Abs. 1 VereinsG richtet sich der materiell-rechtliche Aussagegehalt der Norm sogar allein nach der Verfassungsnorm.

Das Vereinsverbot nach Art. 9 Abs. 2 GG ist – wie soeben im Rahmen der historischen Auslegung dargestellt – ein Instrument der wehrhaften Demokratie und bildet in der Zusammenschau mit der Möglichkeit des Parteiverbots und des Parteifinanzierungsausschlusses (Art. 21 Abs. 2 und Abs. 3 GG) und der Verwirkung von Grundrechten (Art. 18 GG) eine innerlich zusammengehörende Kette von Staatsschutzbestimmungen.[135] Ziel dieser Instrumente ist die Abwehr kollektiver und individueller verfassungsfeindlicher Bestrebungen gegen die freiheitlich-demokratische Grundordnung und damit ein dem Strafrecht vorgelagerter Demokratieschutz.[136] Mit der Möglichkeit, demokratiefeindliche Gefährdungen präventiv abzuwehren, entschied sich der Verfassungsgeber für ein neues Verfassungsschutzrecht, das bis heute das schärfste Mittel des Sicherheitsrechts darstellt.[137] Diese Aufgabe kann offensichtlich

---

[134] Siehe zur Konzeption des Vereinsgesetzes als Ausführungsgesetz zu Art. 9 Abs. 2 GG Erster Teil Kapitel 2 B. II. 1.

[135] BVerfGE 144, 20 (164); BVerwGE 4, 188 (189); *Baudewin*, NVwZ 2013, 1049 (1050); *von Feldmann*, DÖV 1965, 29 (29).

[136] BVerwGE 4, 188 (189); *J. Gerlach*, Die Vereinsverbotspraxis der streitbaren Demokratie, 2012, S. 75; *J. Heinrich*, Vereinigungsfreiheit und Vereinigungsverbot, 2005, S. 76; *M. Möllers*, Wörterbuch der Polizei, 3. Aufl. 2018, S. 1646; *Scholz*, in: Dürig/Herzog u. a. (Hrsg.), Grundgesetz, Lfg. 96 November 2021, Art. 9, Rn. 113; *von Feldmann*, DÖV 1965, 29 (29).

[137] Grundlegend zum Verfassungsschutzrecht BVerfG, Urteil vom 26.04.2022 – 1 BvR 1619/17, juris; *Brieger*, in: Backes/Gallus u. a. (Hrsg.), Jahrbuch Extremismus & Demokratie (E & D) 2018, S. 55; *Michael*, in: Häberle/Morlok u. a. (Hrsg.), Festschrift für Dimitris Th. Tsatsos, 2003, S. 384; *M. Möllers*, Wörterbuch der Polizei, 3. Aufl. 2018, S. 1646; *Scherb*, Präventiver Demokratieschutz als Problem der Verfassungsgebung nach 1945, 1987, S. 234; zur

umso besser erfüllt werden, desto weiter die Abwehrmöglichkeiten des Staates ausgelegt werden. Die Begründung von Vereinsverboten mit einzelnen Straftaten würde sich in diese Auslegung einfügen. Andererseits sind die Tatbestände der wehrhaften Demokratie und damit auch die Maßnahme des Vereinsverbots wegen ihrer Eingriffsintensität grundlegend restriktiv auszulegen.[138]

(5) Grundrechtsorientierte Auslegung

Als Unterfall der systematischen Auslegung ist die Verbotsregelung des § 3 VereinsG verfassungskonform bzw. verfassungsorientiert und im konkreten Fall aufgrund der Vereinigungsfreiheit grundrechtskonform bzw. grundrechtsorientiert auszulegen.[139] Wie bereits in Kapitel 3 dargestellt, wirken sich im Rahmen der Vereinsverbote der Grundsatz der Verhältnismäßigkeit und als Ausprägung dessen das Erfordernis der restriktiven Auslegung der Verbotstatbestände auf die Beurteilung der einzelnen Tatbestandsmerkmale aus.[140] Aufgrund der Gebundenheit auf Rechtsfolgenseite sind diese Erwägungen auf Tatbestandsseite anzustellen.

(a) Verhältnismäßigkeitsprüfung auf Tatbestandsseite

Bei der Auslegung des Tatbestandes der Strafgesetzwidrigkeit ist zur Wahrung der Vereinigungsfreiheit der Grundsatz der Verhältnismäßigkeit zu beachten. Das durch einzelne Straftaten begründete Vereinsverbot muss im Hinblick auf den mit ihm verfolgten Zweck verhältnismäßig, d.h. geeignet, erforderlich und angemessen sein.

Mit jedem Vereinsverbot wird als legitimes Ziel die Abwehr der besonderen Gefahren für die öffentliche Sicherheit und Ordnung bezweckt, die von Organisationen aufgrund ihrer ihnen innenwohnenden Eigendynamik und dem organisierten Sach-

---

Einordnung des deutschen Systems der wehrhaften Demokratie in den europäischen Kontext siehe *Klamt*, Die Europäische Union als Streitbare Demokratie, 2012, S. 167 ff.

[138] *Grzeszick/Rauber*, in: Schmidt-Bleibtreu/Hofmann u.a. (Hrsg.), Grundgesetz, 15. Aufl. 2022, Art. 21, Rn. 143 f.; *Jaschke*, Streitbare Demokratie und Innere Sicherheit, 1991, S. 65 ff.; *Lameyer*, Streitbare Demokratie, 1977, S. 147; *Michael*, in: Häberle/Morlok u.a. (Hrsg.), Festschrift für Dimitris Th. Tsatsos, 2003, S. 400; *Vöneky*, in: Kahl/Waldhoff u.a. (Hrsg.), Bonner Kommentar zum Grundgesetz, 177. Aktualisierung Februar 2016, Art. 18, Rn. 83; a.A. *Michael*, JZ 2002, 482 (485 f.), der in der Wehrhaftigkeit ein eigenes über die Trias von Art. 9 Abs. 2, Art. 18 und Art. 21 Abs. 2 GG hinausgehendes Verfassungsprinzip erkennt, mit dem eigenständig Beschränkungen von Freiheitsrechten gerechtfertigt werden können.

[139] Siehe ausführlich zur verfassungskonformen bzw. -orientierten Auslegung unter Erster Teil Kapitel 3 C.

[140] BVerwGE 134, 275 (291 f.); *Scholz*, in: Dürig/Herzog u.a. (Hrsg.), Grundgesetz, Lfg. 96 November 2021, Art. 9, Rn. 124; allgemein zur Verhältnismäßigkeit bei polizeilichen Maßnahmen auf Tatbestandsebene siehe *Brenz*, Das Polizeirecht als ein durch den Verhältnismäßigkeitsgrundsatz bestimmtes System von Abwägungsentscheidungen, 2017, S. 105 ff.; so auch *Sachs*, JuS 2019, 409 (411); *Schiffbauer*, in: Reichert (Hrsg.), Handbuch Vereins- und Verbandsrecht, 14. Aufl. 2018, S. 1257, Rn. 108.

B. Der Verbotstatbestand der Strafgesetzwidrigkeit

und Personenpotential ausgehen. Eine ausführliche Darstellung des Sinn und Zwecks von Vereinsverboten wegen Strafgesetzwidrigkeit wurde im Rahmen der teleologischen Auslegung vorgenommen (siehe (2) (a)).

Die Auslegung, dass auch einzelne Straftaten zur Erfüllung eines Verbotsgrundes ausreichen, ist geeignet, wenn sie die Erreichung des Ziels zumindest fördert. Wird der Tatbestand dahingehend ausgelegt, dass er auch bei der Begehung einzelner Straftaten, die dem Verein als prägend zugerechnet werden, erfüllt ist, können die Vereine verboten und damit weitere Gefahren für die öffentliche Sicherheit und Ordnung vermieden werden.

Diese Auslegung ist auch erforderlich, wenn sie unter mehreren gleich geeigneten Mitteln das mildeste darstellt. Als mildere, weniger in die Vereinigungsfreiheit eingreifende Mittel sind beispielsweise Warnungen oder Betätigungsverbote denkbar. Sie sind aber nicht gleich geeignet, weil die Betätigung des Vereins dadurch zwar eingeschränkt, der Verein aber nicht in Gänze verboten und aufgelöst wird.

Bei den dargestellten Entscheidungen war die Auslegung, dass einzelne Straftaten zur Begründung des Vereinsverbotes genügen, im Ergebnis nicht erforderlich. In allen drei Verfahren wurde tatsächlich mehr als eine Straftat angeführt, um das jeweilige Verbot zu begründen, sodass es auf die weite Lesart des Tatbestandes nicht ankam. Da die Auslegung der Gerichte jedoch darüber hinaus ging und in den Entscheidungsgründen der Urteile Einzug fand, steht zu erwarten, dass Gerichte perspektivisch bei vergleichbaren Sachverhalten auch eine einzelne Straftat zur Begründung eines Vereinsverbotes genügen lassen könnten.

Die Verhältnismäßigkeit im engeren Sinn ist nicht gewahrt, wenn Zweck und Mittel außer Verhältnis stehen. In der Abwägung der widerstreitenden Belange stehen sich als Ziel die Abwehr von kollektiven Gefahren für die öffentliche Sicherheit und Ordnung und als Mittel Vereinsverbote aufgrund einzelner Straftaten gegenüber.

Das Verbot eines Vereins ist ultima ratio im Rahmen aller denkbaren Maßnahmen gegen Vereine. Einen Verein zu verbieten und ihn als Folge dessen aufzulösen, stellt darum den denkbar schwersten Eingriff in die Vereinigungsfreiheit dar. Da der Verein nicht selbst handlungsfähig ist, kann ein Verbot nur durch die Zurechnung der Tätigkeiten der Vereinsorgane oder -mitglieder zum Verein begründet werden. Handelt nur ein Vereinsmitglied oder liegt dem Verbot nur eine einzelne Straftat zugrunde, sind an das dem Verein zurechenbare Verhalten aufgrund der Schwere des Eingriffs in die Vereinigungsfreiheit erhöhte Anforderungen zu stellen. Die Auslegung der Zurechnungsregelung in § 3 Abs. 5 VereinsG, dass auch einzelne Straftaten zur Begründung eines Vereinsverbotes genügen, steht darum ohne die Beachtung zusätzlicher Kriterien, wie sie nachfolgend im Rahmen der restriktiven Auslegung herausgebildet werden (siehe unter (bb)), außer Verhältnis zu dem damit erreichbaren Ziel der Gefahrenabwehr.

Die Auslegung, dass auch einzelne Straftaten zur Erfüllung des Verbotsgrundes wegen Strafgesetzwidrigkeit ausreichen, ist unangemessen und darum unverhältnismäßig. Eine die Anforderungen der Verhältnismäßigkeit wahrende Korrektur ist im Rahmen der restriktiven Auslegung von Tatbestandsmerkmalen möglich.

(b) Restriktive Auslegung zur Wahrung der Verhältnismäßigkeit

Die restriktive Auslegung kann hinsichtlich der Verbotsvoraussetzungen – wie im Kapitel 3 dargestellt – als ergänzendes Auslegungsmittel subsidiär herangezogen werden.[141] Betrachtet man die Entscheidungen des OVG Schleswig-Holstein, des OVG Berlin-Brandenburg und des Bundesverwaltungsgerichts, nach denen auch einzelne Straftaten für die Begründung eines Vereinsverbots genügen sollen, stellt sich die Frage, ob ihre Auslegung des Verbotstatbestandes die Anforderungen an eine grundrechtskonforme bzw. -orientierte, restriktive Auslegung wahrt.

Für die Bewertung strafgesetzwidrigen oder verfassungswidrigen Verhaltens müssen nicht nur quantitative, sondern auch qualitative Anforderungen an den Tatbestand gestellt werden. Aus der Gegenüberstellung der vier Entscheidungen lassen sich qualitative Anforderungen ableiten, die als Maßstab zur restriktiven Auslegung des Verbotstatbestandes der Strafgesetzwidrigkeit dienen. Für die Zurechnung einzelner Straftaten zum Verein wird vorangestellt die Eingriffsschwelle bei Vereinsverboten diskutiert, bevor Erheblichkeit und Schwere des begangenen strafgesetzwidrigen Verhaltens, die Anzahl der Beteiligten sowie deren Motivlage und der Vereinsbezug der Tat als mögliche Anhaltspunkte geprüft werden.

(aa) Eingriffsschwelle

Vereinsverbote können im Gegensatz zu allgemeinen polizei- und sicherheitsrechtlichen Maßnahmen unabhängig von einer konkreten oder abstrakten Gefahr jederzeit erlassen werden. Im Recht der allgemeinen Gefahrenabwehr setzt der Erlass einer Polizeiverfügung, z. B. nach § 10 BbgPolG oder § 17 ASOG Bln, eine *konkrete Gefahr* voraus. Damit ist eine Gefahr gemeint, bei der die hinreichende Wahrscheinlichkeit besteht, dass in absehbarer Zeit bei ungehindertem Geschehensablauf ein Schaden an dem geschützten Rechtsgut eintritt.[142]

Die Übertragung des allgemein polizeirechtlichen Gefahrenbegriffs auf den Erlass von Vereinsverboten ist jedoch nicht sachgerecht und kann nicht als Kriterium der restriktiven Auslegung des Verbotstatbestandes herangezogen werden. Auch wenn das Vereinsverbot als Maßnahme der Gefahrenabwehr mit allgemeinen Polizeiverfügungen vergleichbar ist, bestehen formale und materielle Besonderheiten, die eine weiterreichende Präventionswirkung rechtfertigen. Das zeigt sich zum einen an der ausschließlichen Verbotszuständigkeit der jeweiligen obersten Exekutivbehörden,

---

[141] BVerfG, Nichtannahmebeschluss vom 02.07.2019 – 1 BvR 1099/16, juris, Rn. 23, 29.

[142] *Brenz*, Das Polizeirecht als ein durch den Verhältnismäßigkeitsgrundsatz bestimmtes System von Abwägungsentscheidungen, 2017, S. 24; *M. Möllers*, Wörterbuch der Polizei, 3. Aufl. 2018, S. 878 f.

den Bundes- und Landesinnenministerien,[143] im Gegensatz zur allgemeinen Gefahrenabwehr durch die nachgeordneten Polizeibehörden. Zum anderen ist die Übertragung einer Eingriffsschwelle, wie die konkrete Gefahr aus dem allgemeinen Gefahrenabwehrrecht, materiell ungeeignet. Der Wahrscheinlichkeitsmaßstab und die Schutzrichtung des Vereinsverbotsrechts unterscheiden sich wesentlich vom allgemeinen Sicherheitsrecht.

Die speziell von Rockervereinen ausgehenden Gefährdungen beziehen sich in der Regel nicht auf konkrete Situationen und Zeitpunkte, in denen bei ungehindertem Geschehensablauf ein Schaden eintritt.[144] Ihr Verhalten zielt auf eine abstrakte Bedrohung der öffentlichen Sicherheit und Ordnung, die etwa im Falle von Gebietsüberschreitungen rivalisierender Rockervereine jederzeit in die Verletzung von Rechtsgütern umschlagen kann. Da ein vollendeter Verstoß gegen Strafgesetze und damit ein Schadenseintritt zur Begründung eines Vereinsverbots gerade nicht erforderlich ist, wäre eine Begrenzung auf das zeitlich unmittelbare Vorfeld eines Schadenseintritts nicht sachgerecht. Mit dem Vereinsverbot soll nicht gegen bereits begangene Straftaten zusätzlich präventionsrechtlich vorgegangen werden, sondern es wird dem erhöhten Gefährdungspotential durch die den Gruppen innewohnende Eigendynamik und die organisierten Sach- und Personenressourcen im Vorfeld etwaiger Gefahrverwirklichungen und Schadenseintritte begegnet.[145]

Das Verbot von Vereinen stellt als Instrument der wehrhaften Demokratie zwar einen besonders schwerwiegenden Eingriff in die Vereinigungsfreiheit dar, der Erlass als Präventivmaßnahme dient jedoch gerade der frühzeitigen situationsunabhängigen Abwehr von Angriffen auf die Rechtsordnung.[146] Das Wesen einer Maßnahme der wehrhaften Demokratie unterscheidet sich grundlegend von dem einer allgemeinen Polizeiverfügung. Der Sinn und Zweck des Art. 9 Abs. 2 GG setzt die Möglichkeit einer weiten Vorverlagerung der Prävention durch Vereinsverbote voraus, d.h. dass schon im Vorfeld von konkreten Gefahren Vereine verboten werden können.[147]

(bb) Erheblichkeit und Schwere der Tat

Auch wenn zum Erlass von Vereinsverboten keine konkrete Gefahr notwendig ist, so ist ein Einschreiten gegen Vereine wegen einzelner Straftaten nur unter Beachtung

---

[143] Siehe ausführlich zur Verfassungsmäßigkeit der Zuständigkeitsregelung unter Zweiter Teil Kapitel 8.

[144] *Michael*, in: Häberle/Morlok u.a. (Hrsg.), Festschrift für Dimitris Th. Tsatsos, 2003, S. 401.

[145] BVerwGE 154, 22 (38); 134, 275 (280); 80, 299 (306 f.); *Grundmann*, Das fast vergessene öffentliche Vereinsrecht, 1999, S. 111.

[146] Zu der Überlegung, ob der Verbotsgrund der Strafgesetzwidrigkeit ebenfalls eine Ausprägung der wehrhaften Demokratie darstellt, differenzierte das Bundesverfassungsgericht in seinem jüngsten vereinsrechtlichen Beschluss zumindest nicht, vgl. BVerfGE 149, 160 (1. Ls).

[147] *Michael*, in: Häberle/Morlok u.a. (Hrsg.), Festschrift für Dimitris Th. Tsatsos, 2003, S. 385, 401 ff.

weiterer quantitativer Anforderungen mit der Vereinigungsfreiheit vereinbar. Als solche kann die Erheblichkeit und Schwere der Tat herangezogen werden.[148] Gründet sich das Vereinsverbot auf eine einzelne Straftat, muss diese entsprechend der Eingriffsintensität des Verbotes in die Vereinigungsfreiheit ein entsprechendes Maß an Strafwürdigkeit aufweisen. Nicht ausreichend für eine charakterliche Prägung eines Vereins als strafgesetzwidrig sind demnach fahrlässige oder gelegentlich verübte Straftaten, wie Beleidigungen oder verwaltungsrechtliche Vergehen, wie der Verstoß gegen die Bauordnung.[149]

Die den drei Entscheidungen zugrundeliegenden Straftaten erfüllen diese Anforderungen. In den Entscheidungen des OVG Schleswig-Holstein ging es in beiden Fällen um gefährliche Körperverletzungen; das Bundesverwaltungsgericht verhandelte ein Vereinsverbot, welches aufgrund eines gemeinschaftlich begangenen, versuchten Tötungsdelikts ergangen ist. Das versuchte Tötungsdelikt wurde als Racheakt gegenüber einer rivalisierenden Rockergruppe eingeordnet.

(cc) Anzahl der handelnden Personen

In der ersten Entscheidung des OVG Schleswig-Holstein verübte der Vereinspräsident als einzelner Täter die Straftat zur Begründung und Wahrung von Gebietsansprüchen seines Vereins. In der zweiten Entscheidung des OVG Schleswig-Holstein bereiteten mehrere Vereinsmitglieder die Begehung der Straftat einer Einzelperson, die ebenfalls Mitglied des gleichen Vereins war, vor. Dem Verhalten von Vereinsmitgliedern kommt im Gegensatz zum Verhalten zentraler Vereinsorgane eine geringere Indizwirkung für die Zurechnung zum Verein zu. Der Entscheidung des Bundesverwaltungsgerichts lag ein gemeinschaftlich begangenes, versuchtes Tötungsdelikt zugrunde, welches der Vereinssprecher als Vereinsorgan zusammen mit mehreren Vereinsmitgliedern beging. In der Entscheidung des OVG Berlin-Brandenburg handelten zwei Dritte aus einer Gruppe mit zehn Anhängern bzw. Unterstützern des Hells Angels MC zusammen.

Während die erste Entscheidung auf einer einzelnen Straftat eines Einzeltäters begründet wurde, handelten in den anderen Fällen mehrere Personen gemeinsam. Daran ändert auch der Umstand nichts, dass für die Körperverletzung, die Gegenstand der zweiten Entscheidung war, später nur ein Vereinsmitglied strafgerichtlich verurteilt wurde. Für die vereinsrechtliche Zurechnung des strafgesetzwidrigen Verhaltens der Vereinsmitglieder zum Verein ist es nicht erforderlich, dass die Vereinsmitglieder strafgerichtlich verurteilt werden;[150] es genügt, wenn ihr Verhalten den Strafgesetzen

---

[148] Ähnlicher Gedanke bei *Michael*, in: Häberle/Morlok u.a. (Hrsg.), Festschrift für Dimitris Th. Tsatsos, 2003, S. 401.
[149] *Scholz*, in: Dürig/Herzog u.a. (Hrsg.), Grundgesetz, Lfg. 96 November 2021, Art. 9, Rn. 124.
[150] Siehe dazu auch bereits unter Zweiter Teil Kapitel 6 B. II. 1. a).

zuwiderläuft. Das Geschehen ist seitens der Verbotsbehörde darum zu Recht so zu werten, dass mehrere Vereinsmitglieder arbeitsteilig zusammengewirkt haben.

Gleiches gilt für die den Entscheidungen des Bundesverwaltungsgerichts und des OVG Berlin-Brandenburg zugrundeliegenden Straftaten. Auch diese korrelierenden Taten wurden jeweils von mehreren Personen begangen. Es besteht allerdings für die BVerwG-Entscheidung die Besonderheit, dass mehrere Mitglieder verschiedener Vereine zusammengewirkt haben. Einzeln betrachtet hat etwa der Pressesprecher als Vereinsmitglied des verbotenen Regionalverbandes als einziges Mitglied seines Vereins gehandelt. Die Mittäter waren Vereinsmitglieder anderer Vereine, die daraufhin allerdings ebenfalls verboten wurden. Dies kann hier aufgrund der besonderen Vereinsstruktur bejaht werden. Die verbotenen Vereine sind eng miteinander verflochten. Der Regionalverband umfasst vier Ortsgruppen und ist diesen übergeordnet. Zwischen den Vereinen besteht darum ein starker innerer und äußerer Zusammenhang.

Vergleichbar ist die Konstellation in der Entscheidung des OVG Berlin-Brandenburg. Die beiden handelnden Täter war keine Vereinsmitglieder des Hells Angels MC Oder City, sondern deren Unterstützer. Doch auch das Verhalten Dritter kann dem Verein zugerechnet werden, wenn diese erkennbar für den Verein auftreten. Die Täter traten in einer Gruppe aus Anhängern und Unterstützern auf und handelten als Einheit nach einem zuvor besprochenen Tatplan. Es kam ihnen darauf an, allen Anwesenden zu verstehen zu geben, dass sie zum Zwecke der Wiederherstellung von Ehre und Status des Charters Hells Angels MC Oder City handelten. Darin käme laut dem OVG Berlin-Brandenburg die unbedingte Unterstützung der subkulturell Vereinten zum Ausdruck. Der während der Tatausführung durch diverse verbindende Elemente und Inbezugnahmen auf den Hells Angels MC Oder City belegte Vereinsbezug genüge laut dem Gericht der verfassungsgerichtlichen „Je-Desto-Formel" und trage damit die Zurechnung der Tat und das Vereinsverbot in Ansehung des Verhältnismäßigkeitsgrundsatzes.[151]

(dd) Motivlage und Vereinsbezug

Ob die einzelnen Straftaten, begangen durch ein zentrales Vereinsorgan oder jeweils von mehreren Vereinsmitgliedern oder Dritten, die Vereinstätigkeit als Ganzes prägen können, hängt schließlich auch von der Motivlage und dem daraus abzuleitenden Vereinsbezug ab. Als Zurechenbarkeitskriterien zählt § 3 Abs. 5 VereinsG auf, dass ein Vereinszusammenhang bestehen muss, die Handlung auf einer organisierten Willensbildung beruht und von einer Duldung auf Vereinsseite auszugehen ist.

In den Entscheidungen der Oberverwaltungsgerichte und des Bundesverwaltungsgerichts ging es bis auf eine um Straftaten, die im Interesse der jeweiligen Vereine begangen wurden und von diesem nicht nur geduldet, sondern vielmehr bewilligt und befürwortet wurden. Der Vereinspräsident, dessen Tat in der ersten Entscheidung ver-

---

[151] OVG Berlin-Brandenburg, Urteil vom 29.09.2020 – OVG 1 A 3.13, juris, Rn. 59 f.

handelt wurde, ist der höchste Funktionsträger eines Vereins. Er handelte qua Amt im ausschließlichen Interesse des Vereins. Zudem versicherte er sich während der Begehung der schwerwiegenden Tat telefonisch der Billigung und Unterstützung seiner Vereinsmitglieder. Das Augenmerk liegt hier darum nicht auf der einzelnen Tat des einzelnen Vereinsorgans, sondern vielmehr auf dem originären Vereinshandeln, d. h. dass der gesamte Verein einen kollektiven Willen bildete und diesen durch den Vereinspräsidenten ausführen ließ.[152]

In der zweiten OVG-Entscheidung unterstützten die Vereinsmitglieder mit ihrem Verhalten den späteren Täter, der mit der Tat eine „alte" Rechnung beglich und damit ein persönliches Motiv verfolgte. Ein Vereinsbezug kann allerdings nicht allein durch das bloße Zusammenwirken mehrerer Vereinsmitglieder bejaht werden. Dies würde im Umkehrschluss bedeuten, dass sich Vereinsmitglieder nicht außerhalb des Vereins zusammen betätigen könnten, ohne dass ihr Verhalten dem Verein zugerechnet würde bzw. dass Vereinsmitglieder durch einfachste Handlungen einen unsachgerechten Vereinszusammenhang herstellen könnten.[153] Das OVG Schleswig-Holstein hat es hier verpasst, die Zurechnungsmerkmale konsequent anzuwenden. Ein Vereinsverbot kann nicht mit einer einzelnen Straftat zur Erfüllung eines persönlichen Motivs eines einzelnen Vereinsmitglieds begründet werden.

Der Unterschied zwischen vereinsspezifischem und vereinsunspezifischem Verhalten muss in der Motivlage und damit im subjektiven Element der Handlung liegen. Die Motivation muss – wie bei den Entscheidungen des Bundesverwaltungsgerichts und des OVG Berlin-Brandenburgs – im direkten Zusammenhang zum Verein stehen.[154] Wird kein vereinsspezifisches, sondern ein persönliches Motiv durch die Tat verfolgt, ist ein Vereinsbezug der Straftat auch dann abzulehnen, wenn mehrere Vereinsmitglieder an der Tatbegehung mitgewirkt haben.[155] Ein sich darauf begründendes Vereinsverbot widerspricht dem Grundsatz der restriktiven Auslegung von Verbotstatbeständen und ist nicht verhältnismäßig.

dd) Zwischenergebnis

Bei der Prüfung der Verbotsvoraussetzungen der Strafgesetzwidrigkeit ist bereits auf Tatbestandsebene der Grundsatz der Verhältnismäßigkeit und als dessen Ausprägung die Maxime der restriktiven Auslegung von Verbotstatbeständen zu beachten. Begründet sich ein Verbot auf einer einzelnen Straftat, die dem Verein als charakterprägend zugerechnet wird, kann diese den Anforderungen an eine restriktive Auslegung

---

[152] *Groh*, in: Groh (Hrsg.), Vereinsgesetz, 2012, § 3, Rn. 13; *Schiffbauer*, in: Reichert (Hrsg.), Handbuch Vereins- und Verbandsrecht, 14. Aufl. 2018, S. 1257, Rn. 106.

[153] *Schiffbauer*, in: Reichert (Hrsg.), Handbuch Vereins- und Verbandsrecht, 14. Aufl. 2018, S. 1257, Rn. 107.

[154] *Bley*, Rockerkriminalität, 2014, S. 18.

[155] So auch beim versuchten Verbot der War Angels, dazu BayVGH, Urteil vom 21.08.1989 – 4 A 881000, NJW 1990, 62 (63).

der Tatbestandsmerkmale nur genügen, wenn das strafgesetzwidrige Verhalten zusätzliche qualitative Kriterien erfüllt. Dabei kommt es auf eine konsequente Übertragung und Weiterbildung der in der Rechtsprechung gefestigten und in § 3 Abs. 5 VereinsG manifestierten Zurechnungsregeln an. Ein Vereinsverbot kann demnach nur bejaht werden, wenn

(1.) entweder mehrere Vereinsmitglieder oder Dritte oder ein zentrales Vereinsorgan
(2.) im ausschließlichen Interesse des Vereins
(3.) eine erhebliche und schwerwiegende Tat begehen/t, welche der Verein
(4.) billigt und unterstützt.

Eine extensive Auslegung des Verbotsgrundes der Strafgesetzwidrigkeit ist nicht geboten. Ein größerer Handlungsspielraum kann nur durch die Einführung neuer Verbotsgründe erreicht werden, wozu aufgrund der verfassungsunmittelbaren Festlegung der Verbotstatbestände in Art. 9 Abs. 2 GG eine Änderung der Verfassung notwendig wäre. Eine Erweiterung des Kanons in § 3 Abs. 1 VereinsG ist mangels eigenständigen Regelungsgehalts des einfachgesetzlichen Vereinigungsverbotsrechts im Vereinsgesetz nicht möglich. Die Grundrechtsdogmatik, d. h. die unmittelbare Regelungsstruktur des Schrankenvorbehalts, steht einer Auslegung der Schrankenregelung des Art. 9 Abs. 2 GG als einfacher Gesetzesvorbehalt mit der Folgemöglichkeit, weitere Verbotsgründe durch den einfachen Gesetzgeber einführen zu können, entgegen.

d) Ergebnis

Zusammenfassend genügt es für die Prägung des Charakters des Vereins als strafgesetzwidrig, wenn alle oder die Mehrheit der Vereinsmitglieder eines Vereins strafrechtlich in Erscheinung treten oder eine Vielzahl von Straftatbeständen erfüllt werden. Ein Verbot wegen Strafgesetzwidrigkeit ist ebenfalls möglich, wenn der Verein seinen Mitgliedern bei strafbaren Handlungen Hilfestellung oder Rückhalt durch die anderen Mitglieder oder die Vereinsstrukturen bietet oder wenn der Verein Straftaten hervorruft, ermöglicht oder erleichtert.

Mit einer einzelnen Straftat kann ein Vereinsverbot nur unter Einhaltung bestimmter qualitativer Kriterien begründet werden. Der Verbotstatbestand der Strafgesetzwidrigkeit nach § 3 Abs. 1 VereinsG sowie die Vorgaben an die Zurechnung von Mitgliederverhalten zum Verein nach § 3 Abs. 5 VereinsG sind restriktiv auszulegen. Aufgrund der Schwere des Eingriffs in die Vereinigungsfreiheit durch ein Vereinsverbot kann zur Wahrung der Verhältnismäßigkeit ein Vereinsverbot nur mit einer einzelnen Straftat begründet werden, wenn

(1.) entweder mehrere Vereinsmitglieder oder Dritte oder ein zentrales Vereinsorgan
(2.) im ausschließlichen Interesse des Vereins
(3.) eine erhebliche und schwerwiegende Tat begehen/t, welche der Verein
(4.) billigt und unterstützt.

C. Die Weiterentwicklung des Verbotsmechanismus bei Teilorganisationen und Teilvereinen

Das Instrument des Vereinsverbots stößt hinsichtlich seiner Verbotswirkung insbesondere bei Gesamtgruppierungen, wie den bundesweit organisierten Motorradclubs und Rockerbewegungen, momentan an seine Grenzen. § 3 Abs. 3 VereinsG sieht die Möglichkeit vor, ein Vereinsverbot auf Teilorganisationen zu erstrecken. Die Motorradclubs sind in einer Vielzahl von Ortsgruppen organisiert, die je nach der konkreten Struktur des jeweiligen Motorradclubs als Teilorganisationen im Sinne des § 3 Abs. 3 VereinsG qualifiziert werden können. Das Bundesverwaltungsgericht entschied sich in zwei Fällen für die Ausweitung eines Verbots auf Ortsgruppen als Teilorganisationen.

Durch eine einfachgesetzliche Weiterentwicklung der Möglichkeiten, Teilorganisationen und Teilvereine zu verbieten, könnte der aktuell nur vertikal wirkende Verbotsmechanismus auch horizontale Verbotswirkung entfalten. Dies würde eine Zurechnung verbotsrelevanten Verhaltens gleichrangiger, in ihrer Struktur vergleichbarer und miteinander zusammenhängender Schwestervereine ermöglichen.

I. Das Verbot von Teilorganisationen und Teilvereinen nach § 3 Abs. 3 VereinsG

Das Verbot von Teilorganisationen umfasst nach § 3 Abs. 3 Satz 1 VereinsG alle untergeordneten Gruppen, die nach dem Gesamtbild der tatsächlichen Verhältnisse als Gliederung des nach § 3 Abs. 1 VereinsG verbotenen Vereins erscheinen. Nach § 3 Abs. 3 Satz 2 VereinsG ist zwischen gebietlichen Teilorganisationen und nichtgebietlichen Teilorganisationen mit eigener Rechtspersönlichkeit zu unterscheiden. Gebietliche Teilorganisationen sind regional oder lokal tätige Unterorganisationen, wie Orts-, Bezirks- oder Landesverbände, die automatisch vom Verbot des Vereins mitumfasst sind, es sei denn, das Verbot wird ausdrücklich beschränkt.[156] In diesem Fall kommt es auch nicht auf die Frage an, ob die Teilorganisation selbst einen Verbotsgrund verwirklicht hat. Entscheidend ist allein, dass die Voraussetzungen für die Annahme einer Teilorganisation vorliegen. Nichtgebietliche Teilorganisationen mit eigener Rechtspersönlichkeit sind räumlich unabhängig agierende Organisationseinheiten, wie Geschäftsstellen, vereinseigene Verlage oder Druckereien sowie vereinsinterne Untergliederungen, wie Frauen-, Jugend- oder Fachverbände. Auf sie erstreckt sich das Verbot des Vereins nur bei ausdrücklicher Nennung in der Verbotsverfügung.[157]

---

[156] *Roth*, in: Schenke/Graulich u. a. (Hrsg.), Sicherheitsrecht des Bundes, 2. Aufl. 2019, § 3 VereinsG, Rn. 205 f.

[157] *Groh*, in: Groh (Hrsg.), Vereinsgesetz, 2012, § 3, Rn. 35; *Roth*, in: Schenke/Graulich u. a. (Hrsg.), Sicherheitsrecht des Bundes, 2. Aufl. 2019, § 3 VereinsG, Rn. 213 f.

Neben rechtlich unselbständigen Teilorganisationen kann von dem Verbot eines Vereins auch ein rechtlich selbständiger Verein betroffen sein, wenn dieser wiederum nach dem Gesamtbild der tatsächlichen Verhältnisse als Gliederung des zu verbietenden Vereins erscheint. Der sog. Teilverein ist eine Sonderform einer Teilorganisation, der alle Begriffsmerkmale eines Vereins nach § 2 Abs. 1 VereinsG erfüllt. Ein Verein, der aus rechtlich selbständigen Teilvereinen besteht, wird Gesamtverein genannt.[158] Ein Teilverein kann zusammen mit dem Gesamtverein verboten werden, oder, da er selbst ein rechtsfähiger Verein ist, Adressat einer eigenständigen Verbotsverfügung sein, wenn seine Zwecke oder seine Tätigkeiten einen eigenen Verbotsgrund erfüllen.

Voraussetzung für die Einordnung als Teilorganisation oder Teilverein ist, dass nach der Gesamtwürdigung der tatsächlichen Verhältnisse eine Identität zwischen Verein und Teilorganisation bzw. Gesamtverein und Teilverein besteht und die Teilorganisation bzw. der Teilverein in den Gesamtverein organisatorisch eingegliedert ist. Anhaltspunkte für eine Teilorganisationseigenschaft können personelle oder satzungsmäßige Verflechtungen, Vereinsgeschichte, Selbstverständnis, Ziele, Tätigkeitsschwerpunkte, Finanzierung sowie gemeinsame Strukturen zur Willensbildung sein.[159] Des Weiteren fordert das Bundesverwaltungsgericht eine hinreichende Entscheidungs- und Weisungsmacht des Gesamtvereins. Das setzt keine hierarchische Binnenorganisation voraus, sondern kann auch durch zuerkannte „Legitimität qua wertgeschätzter Praxis oder im Rahmen „ausgehandelter Ordnungen" ausgeübt werden", z. B. durch Berichtspflichten oder der Erteilung von Ratschlägen.[160] Nicht notwendig ist, dass der Teilorganisation ausschließlich Mitglieder des Vereins angehören. Kann die Teilorganisations- bzw. Teilvereinseigenschaft bejaht werden, unterliegt diese Teilorganisation aufgrund der Identität mit dem Verein automatisch dem gleichen Schicksal und ist – ohne dass sie selbst einen Verbotsgrund erfüllen muss – unmittelbar von dem Vereinsverbot als Gesamtverbot betroffen.[161]

---

[158] *Deres*, VerwRdSch 1992, 421 (425); *Roth*, in: Schenke/Graulich u.a. (Hrsg.), Sicherheitsrecht des Bundes, 2. Aufl. 2019, § 3 VereinsG, Rn. 216; *Seifert*, DÖV 1964, 685 (688).

[159] BT Drs. IV/430, S. 10; so auch BVerwG, Urteil vom 04.11.2016 – 1 A 6/15, Buchholz 402.45 VereinsG Nr. 72, Rn. 14; BVerwG, Urteil vom 13.01.2016 – 1 A 2.15, Buchholz 402.45 VereinsG Nr. 69, juris, Rn. 18; BVerwGE 154, 22 (37).

[160] BVerwG, Urteil vom 04.11.2016 – 1 A 6/15, Buchholz 402.45 VereinsG Nr. 72, Rn. 14; vgl. auch *Schmid*, in: Eisewicht/Grenz u.a. (Hrsg.), Techniken der Zugehörigkeit, 2012, S. 223.

[161] BVerwG, Urteil vom 04.11.2016 – 1 A 6/15, Buchholz 402.45 VereinsG Nr. 72, Rn. 12; *Roth*, in: Schenke/Graulich u.a. (Hrsg.), Sicherheitsrecht des Bundes, 2. Aufl. 2019, § 3 VereinsG, Rn. 183.

128 Kapitel 6: Vereinsverbote wegen Strafgesetzwidrigkeit nach § 3 Abs. 1 VereinsG

II. Die Teilorganisations-/ vereinsrechtsprechung des Bundesverwaltungsgerichts

Das Bundesverwaltungsgericht entschied sich in zwei Fällen überregional agierender Motorradclubs für ein Vereinsverbot mit vertikaler Verbotswirkung nach § 3 Abs. 3 VereinsG. Die weltweit auftretenden Motorradclubs sind dezentral in lokalen Ortsgruppen organisiert, die jeweils eigenständige Vereine nach § 2 Abs. 1 VereinsG darstellen. Für die Reichweite eines Verbots müsste darum der übergeordnete Motorradclub als Gesamtverein und dessen Ortsgruppen als Teilvereine eingeordnet werden können. Eine solche Gesamtvereinseigenschaft wurde für den Satudarah Maluku MC sowie den Regionalverband Gremium MC Sachsen bejaht. Eine Übertragung auf weitere in Deutschland agierende Motorradclubs, wie den Hells Angels MC oder den Bandidos MC, gestaltet sich aufgrund der internationalen und dezentralen Struktur der Motorradclubs schwierig. In der bisherigen Verbotspraxis werden überwiegend die einzelnen Ortsgruppen adressiert, deren Einordnung unter einen Gesamtverein an der Dezentralität der Organisationsstruktur der Motorradclubs scheitert.

1. Die Verbote von Satudarah Maluku MC und Gremium MC Sachsen

Der niederländische Rockerclub Satudarah Maluku MC wurde zusammen mit allen sieben in Deutschland ansässigen Ortsgruppen verboten, die als dessen Teilvereine nach § 3 Abs. 3 VereinsG eingestuft wurden.[162] Das Bundesverwaltungsgericht bestätigte in zwei Verfahren das Vereinsverbot des Satudarah Maluku MC als Gesamtverein sowie die Teilvereinseigenschaft des Satudarah MC Tigatanah als deutsche Ortsgruppe einer ausländischen Rockervereinigung.[163]

Satudarah Maluku MC wurde als ausländischer Verein wegen strafgesetzwidrigen Zwecken und Tätigkeiten nach § 15 Abs. 1 i. V. m. § 3 Abs. 1 VereinsG verboten. Sein Zweck lag in der Steuerung der gewalttätigen Gebiets- und Machtkämpfe seiner deutschen Ortsgruppen gegenüber konkurrierenden Rockervereinen. Seine Tätigkeiten waren aufgrund der unerlaubten Einfuhr von Drogen und Waffen nach Deutschland ebenfalls strafgesetzwidrig.[164]

Das Verbot des Gesamtvereins erstreckte sich auch auf die Aachener Ortsgruppe Satudarah MC Tigatanah als Teilverein. Die Ortsgruppe argumentierte vor Gericht, dass die in den Niederlanden und in Deutschland bestehenden Vereine rechtlich voneinander unabhängig seien, sie selbst nicht weisungsgebunden sei und sich ihre Tätigkeit lokal auf Aachen beschränke.[165] Das Bundesverwaltungsgericht, das die Teil-

---

[162] Siehe Bekanntmachung eines Vereinsverbots gegen die Vereinigung Satudarah Maluku MC vom 19. Januar 2015, vgl. BAnz AT 24.02.2015 B1.

[163] Das Bundesverwaltungsgericht unterscheidet terminologisch nicht zwischen Teilorganisationen und Teilvereinen und spricht darum auch bei den rechtlich selbständigen Ortsgruppen von Teilorganisationen.

[164] BVerwG, Urteil vom 04.11.2016 – 1 A 5/15, Buchholz 402.45 VereinsG Nr. 71, Rn. 4.

[165] BVerwG, Urteil vom 04.11.2016 – 1 A 6/15, Buchholz 402.45 VereinsG Nr. 72, Rn. 4.

vereinseigenschaft aller deutschen Ortsgruppen bejahte, zog dafür die Namensgebung, die vergleichbaren Vereinsstrukturen, die hierarchische Binnenorganisation mit verbindlicher Gesamtwillensbildung und die gemeinsam zugrunde gelegten Regeln als Kriterien heran.[166]

Die Aachener Ortsgruppe Satudarah MC Tigatanah bezeichnete sich als Chapter[167] der Satudarah-Gruppierung und führte somit einen Wortbestandteil des übergeordneten Motorradclubs unter gleichzeitiger Verwendung der gleichen Vereinssymbole.[168] Auch die einheitliche Vereinsstruktur aller Ortsgruppen sowie das gesamtvereinsinterne Leitungsgremium, das über Aufnahme in und Ausschluss aus der übergeordneten Rockergruppierung entschied, wurden als Umstände für die Einordnung der Ortsgruppen als Teilvereine in einen Gesamtverein gewertet.[169]

In einem ähnlichen Verfahren bestätigte das Bundesverwaltungsgericht das Verbot des Regionalverbandes Gremium MC Sachsen als Gesamtverein[170] sowie die Verbote der vier untergeordneten Ortsgruppen und einer Supportergruppierung als Teilvereine.[171]

2. Übertragbarkeit der Teilorganisations-/ vereinsrechtsprechung auf andere Motorradclubs

Ob die soeben vorgestellte Teilvereinsrechtsprechung auf weitere Motorradclubs Auswirkungen haben kann, hängt im Einzelnen von der konkreten Binnenorganisation dieser ab. Die größten in Deutschland aktiven Motorradclubs sind der Hells Angels MC sowie der Bandidos MC. Da über den Aufbau und die Tätigkeitsfelder der Motorradclubs wenig bekannt ist, sind sie nach wie vor kaum soziologisch erforscht. Es gibt nur wenige Quellen zu den Strukturen der einzelnen Motorradclubs, die im Folgenden skizziert werden.

a) Hells Angels MC

Bisher gehen die Verbotsbehörden mit einzelnen Verboten gegen die Ortsgruppen vor mit der Konsequenz, dass sich derartige Verbote nicht auf die darüberhinausgehende Existenz der Hells Angels MC-Bewegung in Deutschland auswirken kann. Neben dem Verbot der Hells Angels Hamburg 1983 wurden seit 2010 auch die Hells Angels-Ortsgruppen Düsseldorf, Flensburg, Pforzheim, Frankfurt, Westend, Kiel, Köln,

---

[166] BVerwG, Urteil vom 04.11.2016 – 1 A 6/15, Buchholz 402.45 VereinsG Nr. 72, Leitsatz.
[167] Siehe dazu Glossar.
[168] BVerwG, Urteil vom 04.11.2016 – 1 A 6/15, Buchholz 402.45 VereinsG Nr. 72, Rn. 16.
[169] BVerwG, Urteil vom 04.11.2016 – 1 A 6/15, Buchholz 402.45 VereinsG Nr. 72, Rn. 17.
[170] Siehe ausführlich zu dieser Entscheidung in diesem Kapitel unter B. II. 3. c) aa) (3).
[171] BVerwGE 154, 22 (23); BVerwG, Urteil vom 13.01.2016 – 1 A 2.15, Buchholz 402.45 VereinsG Nr. 69, Rn. 3 (für „Härte Plauen" als Supportergruppierung des Regionalverbandes); bestätigt durch BVerfG, Nichtannahmebeschluss vom 02.07.2019 – 1 BvR 1099/16, juris, Rn. 19 ff.

Berlin, Bremen, Oder City, Oder City Kurmark, Göttingen, Bonn und Concrete City in Erkrath verboten.[172] Ein bundesweites Verbot des Hells Angels MC wurde bislang nicht angestrebt. *Albrecht* hält es aufgrund der notwendigen eigenständigen vereinsrechtlichen Prüfung der Einzelvereine auch nicht für durchsetzbar.[173]

Überträgt man die vom Bundesverwaltungsgericht im Rahmen der Entscheidungen zu den Verboten des Satudarah Maluku MC sowie Gremium MC Sachsen entwickelten Grundsätze auf den Motorradclub Hells Angels MC[174] finden sich etliche Parallelen. Auch der Hells Angels MC verwendet für seine Ortsgruppen einheitliche Vereinsnamen und -symbole (behelmter Totenkopf mit gelb-roten rechtsschwingenden Engelsflügeln (sog. Death Head)[175]). Die Ortsgruppen sind uniform strukturiert.[176] Eine hierarchische Binnenorganisation mit einheitlichem Regelwerk dürfte ebenfalls bejaht werden können. Eine gruppenübergreifende Organisation existiert insoweit, als dass sich eine neue Ortsgruppe nicht selbst gründen kann, sondern alle deutschen Ortsgruppen einstimmig über die Aufnahme eines Anwärters als neue Ortsgruppe entscheiden müssen.[177] Dieses Entscheidungsgremium ähnelt dem Leitungsgremium der sog. Nationals des Satudarah Maluku MC.[178] Zudem existiert ein sog. Welt-Regelbuch (World Rule Book), welches vergleichbar mit Polizeigesetzen einen Verhaltenskodex nebst Sanktionskatalog für die Hells Angels-Mitglieder festschreibt.[179]

Zuletzt bedarf es jedoch auch eines verbotsfähigen Gesamtvereins, der einen Verbotsgrund erfüllt.[180] Ein bundesweit agierender Gesamtverein, sozusagen ein Hells Angels MC Deutschland, unter dem sich alle einzelnen Ortsgruppen organisieren, existiert nicht.[181] Der ehemalige Chef der Hells Angels MC Hannover Frank Hanebuth konnte sich mit den Bestrebungen, ein bundesweites Präsidentenamt zu schaf-

---

[172] Vgl. dazu Anhang 1 – Verbotene Rockergruppen.
[173] *Albrecht*, MschrKrim 2/2012, 115 (115).
[174] Siehe ausführlich zum Hells Angels MC Erster Teil Kapitel 4 A. II. 1.
[175] Siehe ausführlich zu den Kennzeichen des Hells Angels MC Zweiter Teil Kapitel 9 B. II. 1. a.
[176] Beispielhafte klassische Hierarchien bei *Prondzinksi*, DPolBl 2015, 18 (19 f.) oder auch bei *Schmid*, in: Eisewicht/Grenz u. a. (Hrsg.), Techniken der Zugehörigkeit, 2012, S. 223.
[177] Vgl. *Hemmerling*, Erfurter „Hells Angels" steigen in der Hierarchie auf, 14.12.2021, abrufbar unter https://www.mdr.de/nachrichten/thueringen/mitte-thueringen/erfurt/hells-angels-rocker-motorradclub-aktiv-100.html (zuletzt abgerufen am 15.03.2023).
[178] BVerwG, Urteil vom 04.11.2016 – 1 A 6/15, Buchholz 402.45 VereinsG Nr. 72, Rn. 17; *Schmid*, in: Eisewicht/Grenz u. a. (Hrsg.), Techniken der Zugehörigkeit, 2012, S. 224 geht für idealtypische Motorradclubs davon aus, dass es auf internationaler Ebene einen World President/World Officer und auf nationaler Ebene einen National Officer gibt, die den jeweiligen untergeordneten Strukturen vorstehen.
[179] *Feltes/Reiners*, KrimJ 2018, 295 (307).
[180] Siehe dazu noch einmal die Definitionsmerkmale des Vereinsbegriffs nach § 2 Abs. 1 VereinsG unter Zweiter Teil Kapitel 5.
[181] Vgl. *Frauens*, Verbot der Hells Angels, 2011, S. 56.

fen, nicht durchsetzen. Die Einordnung der Ortsgruppe aus Hannover als Gesamtverein, die als einflussreichste und mächtigste Ortsgruppe eingestuft wurde, scheidet insoweit aus. Das angesprochene Entscheidungsgremium, in dem sich alle deutschen Hells Angels-Ortsgruppen treffen, dürfte die Anforderungen an einen Gesamtverein ebenfalls nicht erfüllen. Inwieweit das Unternehmen Hells Angels Europe Ltd.,[182] die Hells Angels Motorcycle Corporation, die laut eigenen Angaben die Hells Angels-Schutzmarken besitzt,[183] der erstgegründete „Urverein" aus San Bernadino oder der erstgegründete und mittlerweile verbotene deutsche Hells Angels-Ableger (Hells Angels MC Hamburg) taugliche Gesamtvereine darstellen könnten, ist eine Tatsachenfrage, deren Einschätzung den Sicherheitsbehörden obliegt. Bisher finden sich kaum Quellen zu solchen Überlegungen.

b) Bandidos MC

Auch bei dem Bandidos MC sind alle Ortsgruppen identisch aufgebaut und verwenden wiedererkennbare Vereinsnamen.[184] Sowohl das Design des Namensschriftzuges als auch des weltweit verwendeten Vereinskennzeichens (Dicker Mexikaner, der einen Poncho und einen Sombrero trägt und mit einer Machete und einem Revolver ausgestattet ist (sog. Fat Mexican)[185]) sind Ausdruck der Einheitlichkeit und Zugehörigkeit zum übergeordneten Motorradclub. Vergleichbar zu dem Welt-Regelbuch des Hells Angels MC existiert auch ein internes Handbuch, die Bandidos-Bibel (sog. Bandidos-Bible).[186]

Für jedes Land existiert eine nationale Hauptgruppe und auf regionaler Ebene wiederum eine Vielzahl von rechtlich selbständigen Ortsgruppen.[187] Die Nationale Hauptgruppe Deutschland[188] bzw. Bandidos MC Germany feierte am 16. November 2019 ihr 20-jähriges Bestehen.[189] Die erste gegründete Ortsgruppe des Bandidos MC war der Bandidos MC Gelsenkirchen, welcher seither auch als deutscher Gründungsverein (sog. Deutsches Mother Chapter) bezeichnet wird.[190] Im Unterschied zum Hells Angels MC ist die Struktur des Bandidos MC in Deutschland damit deutlich klarer. Sowohl die nationale Hauptgruppe oder auch der Gründungsverein des Bandidos MC könnten als taugliche Organisationen für ein Gesamtverbot des Motorrad-

---

[182] *Frauens*, Verbot der Hells Angels, 2011, S. 56.
[183] So zu finden im Impressum auf der Homepage, https://hells-angels.com/world/europe/ (zuletzt abgerufen am 15.03.2023).
[184] Siehe ausführlich zum Bandidos MC Erster Teil Kapitel 4 A. II. 2.
[185] Siehe ausführlich zu den Kennzeichen des Hells Angels MC Zweiter Teil Kapitel 9 B. II. 1. a).
[186] LG Bochum, Urteil vom 07.11.2018 – II-1 KLs 47 Js 248/17-22/17, juris, Rn. 4.
[187] LG Bochum, Urteil vom 28.10.2014 – 6 KLs-47 Js 176/14-4/14, juris.
[188] VG München, Urteil vom 09.03.2016 – M 7 K 15.5177, juris, Rn. 16.
[189] *Bandidos MC*, 20 Years on the Top: Two Decades Bandidos MC in Germany, abrufbar unter https://bandidosmc.eu/?p=3009 (zuletzt abgerufen am 15.03.2023).
[190] LG Bochum, Urteil vom 28.10.2014 – 6 KLs-47 Js 176/14-4/14, juris.

clubs herangezogen werden; auch wenn unklar bleibt, ob der Bandidos MC Germany identisch mit dem Bandidos MC Gelsenkirchen ist.

c) Subsumtion

Die Übertragung der Teilorganisations-/ vereinsrechtsprechung des Bundesverwaltungsgerichts auf weitere in Deutschland agierende Motorradclubs scheint dem Grunde nach wegen der vergleichbaren Strukturen möglich. Sowohl beim Hells Angels MC als auch beim Bandidos MC sind wiederkehrende, identische Strukturen erkennbar, die zur Begründung eines bundesweiten Vereinsverbots der Motorradclubs herangezogen werden könnten. Problematisch bleibt jedoch – wie die nachfolgende Rechtsprechung zeigt – die Identifikation einer Gruppe als Gesamtverein, da die Motorradclubs bewusst dezentral aufgebaut sind, sowie der Nachweis der organisatorischen Einordnung einer Teilorganisation in einen Gesamtverein.

In der Entscheidung des Bundesgerichtshofs über verbotene Kennzeichen einzelner Bandidos-Ortsgruppen vom 9. Juli 2015 führt dieser aus, dass die einzelnen Ortsgruppen trotz ihrer organisatorischen und vereinsrechtlichen Selbständigkeit faktisch Teilorganisationen einer weltweiten Bewegung, nämlich der sog. Bandido-Nation, sind.[191] Der Begriff Bandido-Nation wird synonym für den Bandidos MC verwendet und meint den weltweiten Motorradclub. Eine Einordnung der sog. Bandido-Nation als Gesamtverein kommt mangels Tätigkeiten in Deutschland jedoch als Anknüpfungspunkt für ein Vereinsverbot nicht in Frage.

Mit Entscheidung vom 29. September 2020 hob das Oberverwaltungsgericht Berlin-Brandenburg das Verbot des Hells Angels MC-Unterstützervereins (sog. Supporterclub) Oder City Kurmark auf. Der brandenburgische Innenminister hatte beim Verbot des Hells Angels MC Oder City den Verein Oder City Kurmark als Teilorganisation nach § 3 Abs. 3 VereinsG mitverboten. Eine organisatorische Eingliederung des Unterstützervereins in den verbotenen Rockerverein könne das Gericht jedoch nicht feststellen. Es handele sich vielmehr um eine äußerlich erkennbar als Unterstützerverein auftretende eigenständige Hilfsorganisation mit eigener Rechtspersönlichkeit im vereinsrechtlichen Sinne.[192] Gegen sie hätte darum mit einer selbständigen Verbotsverfügung vorgegangen werden müssen. Die insoweit rechtswidrige Verfügung verletze den gegen das Teilorganisationsverbot vorgegangenen Hells Angels MC Oder City in seiner kollektiven Vereinigungsfreiheit nach Art. 9 Abs. 1 GG, die die Selbstbestimmung eines Vereins auch über seine Organisation und Zusammensetzung schützt. Dieses Recht ist verletzt, wenn dem Kläger eine ihm tatsächlich nicht zugehörige Teilorganisation zugeschrieben wird, die er beherrschen soll.[193]

---

[191] BGHSt 61, 1 (7 f.); die Entscheidung wird ausführlich unter Zweiter Teil Kapitel 9 B. II. 1. b) besprochen.

[192] OVG Berlin-Brandenburg, Urteil vom 29.09.2020 – OVG 1 A 3.13, juris, Rn. 79 f.

[193] OVG Berlin-Brandenburg, Urteil vom 29.09.2020 – OVG 1 A 3.13, juris, Rn. 85 f.

Das Oberverwaltungsgericht Nordrhein-Westfalen hob am 27. September 2021 das Verbot des Vereins Hells Angels MC Concrete City hinsichtlich der von der Verbotsbehörde als Teilorganisation eingeordneten Vereinigung Clan 81 Germany auf, da diese nicht die Voraussetzungen für eine Qualifizierung als Teilorganisation erfülle.[194] Die Vereinigung sei nicht organisatorisch in den verbotenen Verein eingegliedert und werde nicht von ihm beherrscht, sondern sei eine eigenständige Organisation mit eigener Rechtspersönlichkeit im vereinsrechtlichen Sinne.[195]

Die von der Verbotsbehörde ermittelten Indizien würden zwar auf eine enge Verbindung zwischen beiden Vereinen hinweisen. Diese genüge aber nicht als Nachweis für eine feste organisatorische Eingliederung und Beherrschung des Clan 81 Germany als Teilorganisation in den Hells Angels MC Concrete City als Gesamtverein. Für eine Einordnung als Teilorganisation führte die Verbotsbehörde die gemeinsame Nutzung des Vereinsheims, die Jobvermittlung des Hells Angels-Chapters an Mitglieder des Clan 81 Germany und deren Unterstützung bei Hells Angels-Veranstaltungen an. Auch hätten Mitglieder des Clan 81 Germany an den Schlägereien zwischen dem Präsidenten und Mitgliedern des Hells Angels MC Concrete City und einer libanesischen Großfamilie teilgenommen, die Anlass für das Vereinsverbot waren. Nach der rechtlichen Würdigung des OVG Nordrhein-Westfalen genügen diese Feststellungen für sich genommen, ohne weitere Kenntnisse über die betreffende Willensbildung noch nicht für eine Beherrschung des Clan 81 Germany durch den Hells Angels MC Concrete City.[196]

Auch dass die Vereinigung Clan 81 Germany eine „Erlaubnis" habe beantragen müssen, um die Zahlenkombination 81, die nach der Reihenfolge der Buchstaben HA im Alphabet für Hells Angels steht, im Namen tragen zu können, genüge nicht für eine Zuordnung als Teilorganisation. Das Einverständnis sei von einem Hells Angels-Vertreter ausgegangen, der nicht mit dem Hells Angels MC Concrete City assoziiert war, sodass keine besondere Weisungsgebundenheit gegenüber dieses konkreten Chapters nachzuweisen war.[197]

III. Einführung eines horizontalen Verbotsmechanismus

Will man die Reichweite eines Vereinsverbots vergrößern, müsste eine neue Zurechnungsregelung zwischen gleichrangigen Vereinen (sog. Schwestervereinen) innerhalb einer übergeordneten Bewegung geschaffen werden. Die Überlegungen des Bundesgerichtshofs in seiner Kennzeichenverbotsentscheidung sollen zum Anlass genommen werden, über eine ebensolche Reform des Verbotsmechanismus bei Schwestervereinen nachzudenken. Ausgangspunkt der momentanen Verbotswirkung

---

[194] OVG Nordrhein-Westfalen, Urteil vom 27.09.2021 – 5 D 91/17, juris.
[195] OVG Nordrhein-Westfalen, Urteil vom 27.09.2021 – 5 D 91/17, juris, Rn. 86.
[196] OVG Nordrhein-Westfalen, Urteil vom 27.09.2021 – 5 D 91/17, juris, Rn. 86 f.
[197] OVG Nordrhein-Westfalen, Urteil vom 27.09.2021 – 5 D 91/17, juris, Rn. 88.

ist, dass ein Verein, der einen Verbotsgrund nach § 3 Abs. 1 VereinsG erfüllt, verboten wird und nachrangig zu einem solchen Verbot nach § 3 Abs. 3 VereinsG Teilorganisationen eines Gesamtvereins und nach § 8 Abs. 1 VereinsG dessen Ersatzorganisationen ebenfalls verboten werden können.

Der Bundesgerichtshof überträgt die von § 3 Abs. 3 VereinsG vorgegebene Struktur aus Gesamtverein und Teilorganisation unabhängig von der Territorialität auf die weltweit in Erscheinung tretenden Motorradclubs. Als Gesamtverein wird auf die Rockerbewegung insgesamt, die sog. Bandido-Nation,[198] zurückgegriffen, unter die sich eine Vielzahl rechtlich selbständiger Vereine (die regionalen Ortsgruppen bzw. sog. Chapter) als dessen Teilvereine zusammenschließen.

Die Anknüpfung an den Gesamtverein zur Erstreckung eines Verbots auf Teilvereine ist mit der Verbotspraxis bei Motorradclubs und Rockervereinen als kleinste Einheit von Motorradclubs nicht vereinbar. Ein Verbot eines Motorradclubs setzt voraus, dass innerhalb der weltweiten Bewegung eine Gruppe als Gesamtverein qualifiziert werden muss und diese – wie im Fall des niederländischen Satudarah Maluku MC – durch ihr Verhalten in Deutschland einen Verbotsgrund erfüllt, der zunächst zum Verbot dieses Vereins als Gesamtverein und schließlich seiner Teilvereine führt. Aufgrund der Internationalität und Dezentralität der Strukturen der Motorradclubs wird ein solches Verbotsverfahren entweder an der Bestimmung eines Gesamtvereins oder an dem fehlenden verbotsrelevanten Verhalten des territorial nicht innerhalb der deutschen Jurisdiktion in Erscheinung tretenden, verbotsfähigen Gesamtvereins scheitern.

Eine Weiterentwicklung des bisherigen Verbotsmechanismus, der den Besonderheiten der Organisation der in Deutschland agierenden Motorradclubs Rechnung trägt, müsste so aussehen, dass für die Reichweite eines Vereinsverbots nicht mehr auf das verbotsrelevante Verhalten eines Gesamtvereins abgestellt wird, sondern auch das verbotsrelevante Verhalten eines gleichrangigen Schwestervereins zugerechnet werden kann. Den übrigen Ortsgruppen eines Motorradclubs, die nicht durch ihre eigenen Zwecke oder Tätigkeiten einen Verbotsgrund erfüllen, würde das verbotsrelevante Verhalten eines Schwestervereins zugerechnet werden.

Eine solche Regelung könnte vom einfachen Gesetzgeber in Ergänzung der Verbotsnorm in einem neuen Absatz, etwa in § 3 Abs. 4 VereinsG, aufgenommen werden. Ausgehend vom Wortlaut des Verbotstatbestandes für Teilorganisationen bzw. -vereine in § 3 Abs. 3 VereinsG[199] könnte der neue Absatz wie folgt ausgestaltet sein:

---

[198] Der Begriff „Bandido Nation" wird synonym für den weltweiten Bandidos Motorcycle Club (BMC) verwendet, vgl. *Wikipedia*, Bandidos, abrufbar unter https://de.wikipedia.org/wiki/Bandidos (zuletzt abgerufen am 15.03.2023). Mit anderen Worten ein solcher faktischer Gesamtverein wäre bei jeder weltweit agierenden Rockerbewegung nach vereinsrechtlichen Maßstäben denkbar.

[199] „(3) 1 Das Verbot erstreckt sich, wenn es nicht ausdrücklich beschränkt wird, auf alle Organisationen, die dem Verein derart eingegliedert sind, daß sie nach dem Gesamtbild der tatsächlichen Verhältnisse als Gliederung dieses Vereins erscheinen (Teilorganisationen)."

(4) Ein Verbot nach Absatz 1 erstreckt sich, wenn es nicht ausdrücklich beschränkt wird, auf alle selbständigen Vereine, die in dieselbe übergeordnete Bewegung oder Organisation wie der verbotene Verein eingegliedert sind (sog. Teilvereine) und nach dem Gesamtbild der tatsächlichen Verhältnisse als vergleichbare und zusammenhängende Gliederungen dieser übergeordneten Bewegung oder Organisation erscheinen (Schwestervereine).

Der neue Absatz würde die bisherige Reichweite eines Vereinsverbotes erweitern. Es würde sich nicht mehr nur das verbotsrelevante Verhalten eines Gesamtvereins vertikal auf dessen Teilorganisationen und Teilvereine auswirken, sondern auch das verbotsrelevante Verhalten eines Vereins unter gleichrangigen Schwestervereinen horizontal zugerechnet werden, sofern diese als Schwestervereine qualifiziert werden können und eine Identität zwischen den Teilvereinen und der übergeordneten Organisation als Gesamtverein nachgewiesen werden kann.

IV. Verfassungskonforme Auslegung des neuen Tatbestands

Eine solche Regelung ist nur mit der Vereinigungsfreiheit vereinbar, wenn sie den materiell-rechtlichen Regelungsgehalt der verfassungsunmittelbaren Schrankenregelung des Art. 9 Abs. 2 GG nicht erweitert oder ändert. Art. 9 Abs. 2 GG regelt materiell abschließend verfassungsunmittelbar die Verbotsgründe, mit denen ein Vereinsverbot begründet werden kann. Das Vereinsgesetz kann die Regelungsgehalte der Verfassung als einfachgesetzliches sog. Ausführungs- bzw. Verfahrensgesetz allenfalls flankierend konkretisieren. Die Regelung des Verbots von Schwestervereinen geht materiell-rechtlich nicht über die in Art. 9 Abs. 2 GG gefassten Verbotsgründe hinaus. Durch den neuen Absatz wird die Reichweite eines Verbots nach Art. 9 Abs. 2 GG i.V.m. § 3 Abs. 1 VereinsG auf sog. Schwestervereine erstreckt, ohne dass ein neuer Verbotsgrund eingeführt wird. Die Regelungsstruktur orientiert sich dabei an der bereits bestehenden Zurechnungsregelung des Verbots von Teilorganisationen nach § 3 Abs. 3 VereinsG und passt diese nur insoweit an, als dass sich ein Verbot eines Gesamtvereins nicht nur auf Teilvereine erstrecken kann, sondern auch ein Verbot eines gleichrangigen Schwestervereins innerhalb eines Gesamtvereins zum Verbot weiterer Teilvereine führen kann.

Zur Wahrung des Grundsatzes der Verhältnismäßigkeit ist der neue Tatbestand zudem verfassungskonform und damit restriktiv auszulegen. Das Verbot selbständiger Vereine ohne die Erfüllung eines Verbotsgrundes kann nur ultima ratio sein und bedarf im Vorfeld einer genauen Analyse des Gefährdungspotentials. Der Bundesgerichtshof stellte zutreffend in seiner Bandidos-Entscheidung fest, dass das jeweilige Vereinsverbot einer einzelnen Ortsgruppe gerade nicht die übergeordnete Bewegung betrifft und weder für die weltweite Bandidos-Bewegung noch für die Nationale Hauptgruppe Deutschlands eine allgemeine Rechtsfeindlichkeit festgestellt werden kann.[200] Das Gefährdungspotential der Rockerbewegungen, die sich selbst außerhalb

---

[200] BGHSt 61, 1 (9 f.).

der Rechtsordnung (sog. outlaw) sehen,[201] sowie der einzelnen Rockervereine ist sehr unterschiedlich. Ob die Rockerbewegungen durch ihre personelle Stärke, ihre Sachmittel oder ihre Zwecke und Tätigkeiten eine ernsthafte bundesweite Bedrohung für die öffentliche Sicherheit und Ordnung darstellen, wurde bisher nicht festgestellt.[202] Eine solche Einschätzung obliegt den zuständigen Sicherheits- und Verbotsbehörden.[203] Die nachfolgend angestellten Überlegungen beschränken sich auf die juristische Begründbarkeit und sind als allgemeingültige Einschätzung des Gefährdungspotentials von Motorradclubs nicht geeignet.

Die Regelung des Verbots von Schwestervereinen ist geeignet und erforderlich, wenn mildere Mittel, wie das Kennzeichen- bzw. Kuttenverbot[204] oder die bestehenden Verbotsmechanismen nach § 3 Abs. 1, Abs. 3 und § 8 Abs. 1 VereinsG nicht gleich tauglich sind. Zur Wahrung der Angemessenheit sind die Tatbestandsmerkmale – wie auch bereits der Verbotstatbestand nach § 3 Abs. 1 VereinsG – restriktiv auszulegen. Das Verbot eines Vereins kann darum nur auf einen selbständigen Schwesterverein erstreckt werden, wenn diese eng miteinander verbunden sind, eine Identität zum übergeordneten Gesamtverein besteht, das verbotsrelevante Verhalten zugerechnet werden kann und der Schwesterverein das verbotsrelevante Verhalten des Vereins unterstützt bzw. geduldet hat. So wie Teilorganisationen nach § 3 Abs. 3 VereinsG und das Verhalten einzelner Vereinsmitglieder nach § 3 Abs. 5 VereinsG dem Verein zugerechnet werden können (vertikale Zurechnungstatbestände), ist dann innerhalb eines Gesamtvereins auch eine horizontale Zurechnung unter eng miteinander verbundenen Schwestervereinen möglich.

1. Einordnung als Schwesterverein

Die Vereine müssen nach dem Gesamtbild der tatsächlichen Verhältnisse Schwestervereine, d. h. in ihrer Struktur vergleichbare und zusammenhängende Gliederungen einer übergeordneten Bewegung sein. Eine vergleichbare Struktur liegt vor, wenn die Vereine einheitliche bzw. wiedererkennbare Vereinsnamen verwenden, sich nach innen und außen durch dasselbe Kennzeichen präsentieren und sich hinsichtlich ihres Aufbaus und ihrer Organisation sowie ihrer Prozesse zur Willensbildung und Entscheidungsfindung nicht wesentlich unterscheiden. Die innere Verbundenheit drückt

---

[201] Wobei sich an dieser Stelle bereits die Frage stellt, wer eine weltweit agierende Bewegung auf welcher Grundlage in welchem Territorium verbieten könnte?

[202] Vergleich dazu das Argument des BVerfG zur mangelnden gesamtgesellschaftlichen Bedeutung der NPD, BVerfGE 144, 20 (225).

[203] Ob dafür hinreichende strukturelle Ressourcen bestehen, ist eine andere Frage. Man könnte über die Notwendigkeit einer über die Innenministerkonferenz hinausgehende Kooperationsplattform zwischen allen Verbotsbehörden (16 Landesinnenministerien und dem Bundesinnenministerium) zur qualifizierteren Einschätzung und einheitlichen Bestimmung der Bedrohungspotentiale sowie zur Verbesserung des Informationsaustauschs nachdenken.

[204] Siehe dazu ausführlich unter Zweiter Teil Kapitel 9 (Das Kennzeichenverbot nach § 9 VereinsG).

sich durch das Verfolgen gleicher oder gemeinsamer Ziele und gegenseitige Unterstützung in allen Belangen des Vereinslebens aus. Die einzelnen Ortsgruppen eines Motorradclubs stellen typischerweise solche Schwestervereine dar, da die rechtlich selbständigen Vereine als Bestandteile einer weltweiten Bewegung wiedererkennbare Vereinsnamen tragen, einheitlich die gleichen Vereinskennzeichen verwenden und eng miteinander verbunden sind.

2. Identität zur übergeordneten Organisation

Die Vereine sind Bestandteil einer übergeordneten Organisation, wenn es sich dabei um eine homogene Bewegung handelt, die einheitlich auftritt und in der ein gewisses Maß an (hierarchischer) Binnenorganisation und verbindlicher Gesamtwillensbildung erkennbar ist. Die hier näher untersuchten Motorradclubs sind solche homogenen Bewegungen, die ein entsprechendes Mindestmaß an Binnenorganisation und Gesamtwillensbildung aufweisen. Beispielsweise existieren weltweit geltende Regelbücher und Verhaltenskodizes und es wird nur gemeinsam über die Neugründung einer Ortsgruppe entschieden.

3. Zurechnung des verbotsrelevanten Verhaltens des Schwestervereins

Ähnlich zur Zurechnung des Verhaltens von Vereinsmitgliedern zum Verein muss auch hier das verbotsrelevante Verhalten geeignet sein, den Gesamtcharakter der übergeordneten Bewegung als strafgesetzwidrig zu prägen. Die Anforderungen an die Zurechenbarkeit können unter Rückgriff auf die Zurechnungsregelung des § 3 Abs. 5 VereinsG[205] konkretisiert werden.[206] Das Verbot eines Vereins kann sich auf einen oder mehrere Schwestervereine erstrecken, wenn eine oder mehrere Ortsgruppen eine Vielzahl von Straftaten begehen oder sich ortsgruppenübergreifend Mitglieder mehrerer Vereine an der Begehung der Straftaten beteiligen. Die den Verbotsgrund erfüllenden Straftaten müssen im Zusammenhang zur Tätigkeit oder Zielsetzung der übergeordneten Organisation stehen. Eine entsprechende Feststellung der verbotsrelevanten Tätigkeiten und Zielsetzungen der Rockerbewegungen muss durch die Sicherheitsbehörden für jeden Motorradclub selbst erfolgen.

Des Weiteren müssen die Handlungen auf einer organisierten Willensbildung innerhalb der übergeordneten Organisation beruhen und von den nicht selbst handelnden Schwestervereinen und der übergeordneten Organisation unterstützt bzw. geduldet werden. Ein Vereinsverbot kann durch die Zurechnung des Verhaltens von Vereinsmitgliedern zum Verein begründet werden, weil der Verein nur mittels seiner

---

[205] „(5) Die Verbotsbehörde kann das Verbot auch auf Handlungen von Mitgliedern des Vereins stützen, wenn (1) ein Zusammenhang zur Tätigkeit im Verein oder zu seiner Zielsetzung besteht, (2) die Handlungen auf einer organisierten Willensbildung beruhen und (3) nach den Umständen anzunehmen ist, daß sie vom Verein geduldet werden."
[206] Siehe dazu die Ausführungen in diesem Kapitel unter B. II. 2. (Zurechnung) und 3. (Prägung).

Vereinsorgane und -mitglieder handlungsfähig ist. Schwestervereinen, die als eigenständige Vereine mit eigenen Organen und Mitgliedern selbst handlungsfähig sind, kann zugemutet werden, sich von einem verbotenen Verein, mit dem sie über eine übergeordnete Organisation eng verbunden sind, abzugrenzen. Die Freiheit, sich zu vereinen, wird von der Verfassung unter der Bedingung gewährt, dass von der Vereinigung keine Gefahren für die öffentliche Sicherheit und Ordnung ausgehen. Das Verhalten des verbotenen Schwestervereins wird dem Verein zugerechnet, wenn dieser ihn durch Hilfestellungen und Unterstützungshandlungen in seinem verbotsfähigen Verhalten fördert. Das kann z. B. durch die Aufnahme von Mitgliedern des verbotenen Schwestervereins oder finanzielle, personelle und sachliche Unterstützung, etwa durch die Zurverfügungstellung eigener Ressourcen wie die Mitnutzung des Vereinsheims oder die Organisation von Rechtsbeistand geschehen. Gleichermaßen ist eine Zurechnung möglich, wenn sich der nicht verbotene Verein unzureichend distanziert oder nicht abgrenzt (z. B. durch die Änderung des Vereinsnamens oder der Vereinskennzeichen).

V. Ergebnis

Die Reichweite eines Verbots beschränkt sich je nach Organisationsstruktur nicht nur auf den Verein, der den Verbotsgrund erfüllt, sondern kann sich auch auf dessen Teilorganisationen oder Teilvereine erstrecken. Ein Verbot der Motorradclubs über die einzelnen Ortsgruppen hinaus scheint insoweit tatbestandlich möglich, als dass ein bundesweit oder sogar international in Erscheinung tretender Motorradclub als Gesamtverein die Definitionsmerkmale des Vereinsbegriffs in § 2 Abs. 1 VereinsG erfüllen kann. Dies wurde an den Beispielen Satudarah Maluku MC für einen ausländischen Gesamtverein und Gremium MC Sachsen für einen inländischen Regionalverband dargestellt. Ebenso können die Ortsgruppen als in den Gesamtverein eingegliederte Teilvereine nach § 3 Abs. 3 VereinsG eingeordnet werden.

Diese Verbotsstruktur ist nur auf solche Rockerbewegungen übertragbar, die einen in Deutschland tätigen Gesamtverein haben, der durch sein Verhalten und seine Tätigkeit einen Verbotsgrund nach § 3 Abs. 1 VereinsG erfüllt. Welche Motorradclubs im Einzelnen bundesweit verbotsfähig sind, hängt darum von den konkreten Strukturen der jeweiligen Rockergruppierung ab. Bei dem Hells Angels MC und dem Bandidos MC scheitert ein bundesweites Verbot bislang an einem fehlenden verbotsfähigen Gesamtverein.

Parallel zum Verbot von Teilorganisationen nach § 3 Abs. 3 VereinsG ließe sich der Rechtsrahmen dahingehend weiterentwickeln, dass das Verbot eines Vereins auf Schwestervereine erstreckt wird. Dazu wurde ein Regelungsvorschlag für das Verbot von Schwestervereinen unterbreitet. Ein ergänzender neuer § 3 Abs. 4 VereinsG könnte wie folgt formuliert werden:

(4) Ein Verbot nach Absatz 1 erstreckt sich, wenn es nicht ausdrücklich beschränkt wird, auf alle selbständigen Vereine, die in dieselbe übergeordnete Bewegung oder Organisation wie der verbotene Verein eingegliedert sind (sog. Teilvereine) und nach dem Gesamtbild der tatsächlichen Verhältnisse als vergleichbare und zusammenhängende Gliederungen dieser übergeordneten Bewegung oder Organisation erscheinen (Schwestervereine).

Zur Wahrung der Anforderungen der Verhältnismäßigkeit ist eine solche Regelung nur unter restriktiver Auslegung der Tatbestandsmerkmale möglich. Ein Vereinsverbot kann demnach auf einen oder mehrere Schwestervereine erstreckt werden, wenn die Einordnung als Schwesterverein mittels identischer Strukturen und einer inneren Verbundenheit der Vereine belegt werden kann, eine Identität zur übergeordneten Organisation besteht und das verbotsrelevante Verhalten dem Schwesterverein zugerechnet werden kann, weil dieser die gleichen Ziele verfolgt und das verbotsrelevante Verhalten des Vereins unterstützt oder sich nicht hinreichend davon abgrenzt.

D. Zusammenfassung

Zur Begründung eines Vereinsverbots wird dem Verein das Verhalten seiner Vereinsorgane und -mitglieder zugerechnet, wenn dieses geeignet ist, den Charakter des Vereins als strafgesetzwidrig zu prägen. Nach den in der Grundsatzentscheidung von 1988 durch das Bundesverwaltungsgericht entwickelten Fallgruppen wurde bislang eine Prägung nur bejaht, wenn alle oder der Großteil der Vereinsmitglieder strafrechtlich in Erscheinung getreten sind, eine Vielzahl von Straftatbeständen erfüllt wurde bzw. der Verein seine straffälligen Vereinsmitglieder strukturell unterstützt. In der jüngeren Rechtsprechung der Verwaltungsgerichte ist dagegen eine Tendenz erkennbar, nach der auch das strafgesetzwidrige Verhalten kleiner Gruppen oder einzelner Vereinsmitglieder den Charakter eines Vereins hinreichend als strafgesetzwidrig prägen können soll.

Der Vorstoß der Verwaltungsgerichte, Verbote von Rockervereinen mit singulären strafgesetzwidrigen Tätigkeiten zu verbieten, findet seine Grenzen in einer die Vorgaben der Vereinigungsfreiheit und Verhältnismäßigkeit wahrenden Auslegung des Verbotstatbestandes. Mangels Ermessensspielraums auf Rechtsfolgenseite sind diese Erwägungen bereits bei der Auslegung des Tatbestandes anzustellen. Als Unterform der systematischen Auslegung muss ein Tatbestand verfassungs- und grundrechtskonform ausgelegt werden. Ein Vereinsverbot ist ultima ratio im Rahmen der Beschränkungsmöglichkeiten der Vereinigungsfreiheit und der Verbotstatbestand der Strafgesetzwidrigkeit darum zur Wahrung der Verhältnismäßigkeit restriktiv auszulegen. Die Untersuchung der Rechtsprechung des OVG Schleswig-Holstein und des Bundesverwaltungsgerichts hat gezeigt, dass ein Verbot eines Vereins wegen einer einzelnen Straftat nur bei restriktiver Auslegung der Verbotsvoraussetzungen, d. h. unter Beachtung qualitativer Kriterien an das in Rede stehende Verhalten der Vereinsmitglieder möglich ist. Ein Vereinsverbot kann demnach nur bejaht werden, wenn

(1.) mehrere Vereinsmitglieder oder Dritte oder ein zentrales Vereinsorgan
(2.) im ausschließlichen Interesse des Vereins
(3.) eine schwerwiegende Tat begehen/t, welche der Verein
(4.) gebilligt und unterstützt.

Im Rahmen einer solchen Auslegung der Verbotsvoraussetzungen sind Vereinsverbote wegen Strafgesetzwidrigkeit aufgrund einzelner Straftaten denkbar. Eine tatbestandliche Änderung der Verbotsvoraussetzungen in Art. 9 Abs. 2 GG i. V. m. § 3 Abs. 1 VereinsG ist nicht notwendig.

Im Rahmen des Vorgehens gegen bundes- bzw. weltweit agierende Motorradclubs beschränken sich die vereinsrechtlichen Maßnahmen bisher überwiegend auf die Ortsgruppen als kleinste organisierte Einheit eines solchen Motorradclubs. Von der Möglichkeit, einen Motorradclub als übergeordnete Einheit nach § 3 Abs. 1 VereinsG zu verbieten und dieses Verbot nach § 3 Abs. 3 VereinsG auf Ortsgruppen als Teilorganisationen oder Teilvereine des Motorradclubs zu erstrecken, wurde bisher nur in zwei Fällen Gebrauch gemacht. Der niederländische Motorradclub Satudarah Maluku MC sowie der Regionalverband Sachsen des Motorradclubs Gremium MC konnten als Regional- bzw. Gesamtvereine verboten werden und mit ihnen ihre ihnen untergeordneten Ortsgruppen als Teilvereine.

Die Ausweitung dieses Verbotsmechanismus auf andere in Deutschland agierende Motorradclubs, wie den Hells Angels MC oder Bandidos MC, scheitert an der internationalen bzw. dezentralen Struktur der Motorradclubs. Bereits die Festlegung eines Gesamtvereins, der in Deutschland tätig wird, stellt die Sicherheitsbehörden vor Probleme. Ein bundesweites Verbot eines dezentral organisierten Motorradclubs ist darum nur möglich, wenn die Verbotsmöglichkeiten des § 3 VereinsG unter Wahrung der Vorgaben der verfassungsunmittelbaren Schranken des Art. 9 Abs. 2 GG weiterentwickelt werden. Dazu bedarf es vergleichbar zu der horizontalen Zurechnungsregelung des Verbots von Teilorganisationen und Teilvereinen nach § 3 Abs. 3 VereinsG einer Erweiterung des bestehenden Verbotsmechanismus, mit der eine horizontale Zurechnung verbotsrelevanten Verhaltens auf gleichrangige Schwestervereine möglich wird. Eine solche könnte in einem neuen § 3 Abs. 4 VereinsG wie folgt ausgestaltet werden:

(4) Ein Verbot nach Absatz 1 erstreckt sich, wenn es nicht ausdrücklich beschränkt wird, auf alle selbständigen Vereine, die in dieselbe übergeordnete Bewegung oder Organisation wie der verbotene Verein eingegliedert sind (sog. Teilvereine) und nach dem Gesamtbild der tatsächlichen Verhältnisse als vergleichbare und zusammenhängende Gliederungen dieser übergeordneten Bewegung oder Organisation erscheinen (Schwestervereine).

Zur Wahrung der Anforderungen an die Verhältnismäßigkeit muss auch dieser Tatbestand restriktiv ausgelegt werden, sodass das verbotsrelevante Verhalten des Vereins seinen Schwestervereinen nur zugerechnet werden kann, wenn diese

(1.) nach dem Gesamtbild der tatsächlichen Verhältnisse eng miteinander verbunden sind,
(2.) als Gliederung einer übergeordneten Bewegung oder Organisation in Erscheinung treten und
(3.) das verbotsfähige Verhalten unterstützt bzw. sich unzureichend davon abgegrenzt haben.

Kapitel 7

Verbote islamistisch-extremistischer Vereine wegen Verfassungs- und Völkerverständigungswidrigkeit nach § 3 Abs. 1 VereinsG

Bis zur Jahrtausendwende folgte die Verfassung der Logik, dass ihre Selbstschutzmechanismen nicht gegen Religionsgemeinschaften und religiöse Vereine zum Einsatz kommen sollten, weil diese in Form der bekannten Glaubensrichtungen für dieselben Werte standen, die auch die Verfassung verkörperte. Die Frage nach dem staatlichen Umgang mit religiös-fundamentalistischen und darunter vor allem islamistisch-extremistischen Gruppierungen barg diverse Herausforderungen in sich. Einerseits stellte sich die bis dahin allein in der Lehre behandelte verfassungsrechtliche Frage, unter welchen grundrechtlichen Voraussetzungen das Verbot einer Religionsgemeinschaft gerechtfertigt sein kann, nun auch in der Praxis. Andererseits musste die bisherige Anwendung der Verbotsgründe auf den neuen Adressatenkreis erweitert werden. Abschließend wird die Verbotsstruktur hinsichtlich islamistisch-extremistischer Teil- und Ersatzorganisationen im Vergleich zu verbotenen Rockervereinen dargestellt.

A. Das „Ob" des Verbots – Die Schrankenproblematik beim Verbot von Religionsgemeinschaften

Verfassungsrechtlich ist seit jeher umstritten, welcher grundrechtliche Schrankenvorbehalt für Eingriffe in die religiöse Vereinigungsfreiheit im Fall eines Verbots von Religionsgemeinschaften[1] herangezogen werden kann. Mit der Aufhebung des Religionsprivilegs 2001 wurde die Frage unmittelbar für die Praxis virulent. Die in Rechtsprechung und Lehre vertretenen Begründungsansätze werden in der gebotenen Kürze skizziert.[2] Sie bejahen im Ergebnis einheitlich die Beschränkbarkeit der religiösen

---

[1] Religionsgemeinschaften sind, wie unter Erster Teil Kapitel 1 B. II. 2. a) dargestellt, Vereinigungen im Sinne des Art. 9 Abs. 1 GG, d.h. freiwillige, auf Dauer angelegte Zusammenschlüsse mindestens zweier Personen, die sich mit einem Mindestmaß an Organisiertheit zur Verfolgung eines gemeinsamen Zwecks, in diesem Fall der gemeinsamen Ausübung einer religiösen Überzeugung und Erfüllung aller durch den Glauben gestellten Aufgaben, konstituiert haben. Die Frage stellt sich gleichermaßen auch für Weltanschauungsgemeinschaften.

[2] In aller Ausführlichkeit zu diesem Streit allen voran *Groh*, Selbstschutz der Verfassung gegen Religionsgemeinschaften, 2004, aber auch *R. Schmidt*, Das Verbot von Religions- und Weltanschauungsgemeinschaften nach Grundgesetz und Vereinsgesetz nach Fall des Religi-

Vereinigungsfreiheit und damit die Verbotsmöglichkeit von Religionsgemeinschaften. Sie unterscheiden sich allein hinsichtlich der Frage, welche Schranke dafür herangezogen werden soll. Denkbar ist der einfache Gesetzesvorbehalt in Art. 136 Abs. 1 WRV, die verfassungsimmanenten Schranken des Art. 4 Abs. 1 GG oder die verfassungsunmittelbare Schranke des Art. 9 Abs. 2 GG – unmittelbar durch Schrankenleihe oder mittelbar über den Gesetzesvorbehalt in Art. 137 Abs. 3 Satz 1 WRV.

Der systematisch sauberste Weg führt im Rahmen der bestehenden Regelungen über Art. 4 Abs. 1, Abs. 2 GG unter Rückgriff auf § 3 Abs. 1 VereinsG als Ermächtigungsgesetz, um die Anforderungen an den Vorbehalt des Gesetzes zu wahren. Beschränkt auf das Verbot von Religionsgemeinschaften kommt der einfachgesetzlichen Verbotsregelung dann ein eigener Regelungsgehalt zu. Um die Rechtsunsicherheit zu beenden, empfiehlt sich dennoch eine Reform des § 3 Abs. 1 VereinsG unter Hinzufügung einer eindeutigen Ermächtigungsgrundlage für das Verbot extremistischer Religionsgemeinschaften.

I. Einfacher Gesetzesvorbehalt aus Art. 136 Abs. 1 WRV

Kurz vor Aufhebung des Religionsprivilegs entschied der 3. Senat des Bundesverwaltungsgerichts am 23. November 2000, dass das Grundrecht der freien Religions*ausübung* unter dem Vorbehalt der allgemeinen Gesetze stehe.[3] Das Gericht wich damit von der Auffassung des Bundesverfassungsgerichts ab, das eine Heranziehung des Art. 136 Abs. 1 WRV i. V. m. Art. 140 GG als Gesetzesvorbehalt für die Religionsfreiheit ablehnt.[4] Der Entscheidung des Bundesverwaltungsgerichts lag der Eingriff in die Religionsfreiheit nach Art. 4 Abs. 1 GG durch die Regelung des § 4a Abs. 2 Nr. 2 TierSchG, d. h. durch das Erfordernis einer Ausnahmegenehmigung beim betäubungslosen Schlachten (sog. Schächten) zugrunde. Das Gericht hielt den Eingriff durch einen „staatsbürgerlichen Pflichtenvorbehalt",[5] der aus Art. 136 Abs. 1 WRV i. V. m. Art. 140 GG folgt, für *gerechtfertigt*. Es gehe nicht an, dass „alle aus einer Glaubensüberzeugung gespeisten Verhaltensweisen generell von der Verpflichtung zur Einhaltung der allgemeinen Gesetze freizustellen [sind], soweit nicht ein von der Verfassung selbst geschütztes anderes Rechtsgut in Mitleidenschaft gezogen wird [Tierschutz nach Art. 20a GG]."[6]

Infolgedessen wurde zur Rechtfertigung von Verboten von Religionsgemeinschaften der einfache Gesetzesvorbehalt nach Art. 136 Abs. 1 WRV i. V. m. Art. 140 GG diskutiert.[7] Einige Autoren schlossen sich der Auffassung des Bundesverwaltungsge-

---

onsprivilegs, 2012; *Veelken*, Das Verbot von Weltanschauungs- und Religionsgemeinschaften, 1999.
[3] BVerwGE 112, 227 (231 f.).
[4] BVerfGE 33, 23 (30 f.).
[5] BVerwGE 112, 227 (231).
[6] BVerwGE 112, 227 (231 f.).
[7] *Poscher*, KritV 3/2002, 298 (301 f.); *R. Schmidt*, Das Verbot von Religions- und Weltan-

richts an, dass der Schrankenvorbehalt in Art. 136 Abs. 1 WRV i. V. m. Art. 140 GG zur Beschränkung der Ausübung der Religionsfreiheit nach Art. 4 Abs. 1, Abs. 2 GG herangezogen werden könne. Mangels Gesetzesvorbehalts fehle es sonst an einer ausdrücklichen Begrenzungsregelung für die Religionsfreiheit. Eine solche Schrankenlosigkeit der Religionsfreiheit sei vom historischen Verfassungsgeber nicht gewollt.[8] Im Fall eines Verbots von Religionsgemeinschaften weichen sie jedoch trotz Befürwortung des einfachen Gesetzesvorbehalts von deren Heranziehung ab und wollen für ein solches über Art. 137 Abs. 3 Satz 1 WRV i. V. m. Art. 140 GG auf Art. 9 Abs. 2 GG als Verbotsvorbehalt zurückgreifen.[9]

II. Verfassungsimmanente Schranken in Art. 4 Abs. 1, Abs. 2 GG

Ein anderer Ansatz ist, Verbote von Religionsgemeinschaften durch Rückgriff auf die verfassungsimmanenten Schranken nach Art. 4 Abs. 1, Abs. 2 GG zu rechtfertigen.[10] Die religiöse Vereinigungsfreiheit werde nach Art. 4 Abs. 1, Abs. 2 GG und Art. 140 GG i. V. m. Art. 137 Abs. 2 Satz 1 WRV[11] gewährleistet und verhalte sich lex specialis zur allgemeinen Vereinigungsfreiheit in Art. 9 Abs. 1 GG.[12] Die Vorbehaltslosigkeit des Grundrechts auf religiöse Vereinigungsfreiheit ergebe sich als Ausprägung der Religionsfreiheit aus Art. 4 Abs. 1 GG. Eingriffe könnten demnach nur durch Grundrechte Dritter oder andere Rechtsgüter mit Verfassungsrang gerechtfertigt werden.[13]

schauungsgemeinschaften nach Grundgesetz und Vereinsgesetz nach Fall des Religionsprivilegs, 2012, S. 199 ff.

[8] *Muckel*, Religiöse Freiheit und staatliche Letztentscheidung, 1997, S. 224 ff.; *Sachs*, Verfassungsrecht II, 3. Aufl. 2017, S. 348 f.; *Starck*, in: von Mangoldt/Klein u. a. (Hrsg.), Grundgesetz, 7. Aufl. 2018, Art. 4, Rn. 87 f.

[9] *Muckel*, Religiöse Freiheit und staatliche Letztentscheidung, 1997, S. 166 (Fn. 284); *Sachs*, Verfassungsrecht II, 3. Aufl. 2017, S. 353; *Starck*, in: von Mangoldt/Klein u. a. (Hrsg.), Grundgesetz, 7. Aufl. 2018, Art. 4, Rn. 93.

[10] *Körting* vertritt den Ansatz, dass bei jhiadistisch-salafistischen Vereinigungen der Schutzbereich der Religionsfreiheit und damit auch der, der religiösen Vereinigungsfreiheit nicht eröffnet ist und lehnt eine Betroffenheit insgesamt ab, vgl. *Körting*, DVBl. 2014, 1028 (1030).

[11] Art. 137 Abs. 2 Satz 1 GG spricht von ‚Religions*gesellschaften*‘, wobei dieser Begriff synonym zu dem heute üblicheren Terminus ‚Religions*gemeinschaften*‘ verwendet wird, der aus Zwecken der Vereinheitlichung und leichteren Nachvollziehbarkeit auch dieser Arbeit zugrunde liegt.

[12] BVerfGE 83, 341 (354); BVerwG, NVwZ 2014, 1573 (1576); BVerwG, NVwZ 2006, 694 (694); BVerwGE 37, 344 (9. Ls); BT Drs. IV/430, S. 11; *Groh*, KritV 1/2002, 39 (47); *Groh*, Selbstschutz der Verfassung gegen Religionsgemeinschaften, 2004, S. 131; *Jarass*, in: Jarass/Pieroth (Hrsg.), Grundgesetz, 16. Aufl. 2020, Art. 4, Rn. 15; *Kemper*, in: von Mangoldt/Klein u. a. (Hrsg.), Grundgesetz, 7. Aufl. 2018, Art. 9, Rn. 39; *Michael*, JZ 2002, 482 (482); *Planker*, DÖV 1997, 101 (102); *Radtke*, ZevKR 1/2005, 95 (111); *Schiffbauer*, in: Reichert (Hrsg.), Handbuch Vereins- und Verbandsrecht, 14. Aufl. 2018, S. 1254, Rn. 96; *Veelken*, Das Verbot von Weltanschauungs- und Religionsgemeinschaften, 1999, S. 111.

[13] *Alberts*, ZRP 1996, 60 (61); *Germann*, in: Epping/Hillgruber (Hrsg.), BeckOK Grundgesetz, 51. Edition, Stand 15.05.2022, Art. 4, Rn. 59; *Groh*, KritV 1/2002, 39 (54); *Jarass*, in:

Diese Lösung stellt ihre Vertreter vor komplexe Folgefragen. Ebendiese Grundrechte Dritter und Güter mit Verfassungsrang, mit denen die religiöse Vereinigungsfreiheit beschränkt werden kann, sind zu konkretisieren und es stellt sich die Frage, welche Ermächtigungsgrundlage den Vorbehalt gesetzlicher Ausgestaltung kollidierenden Verfassungsrechts erfüllt.[14]

III. Verfassungsunmittelbare Schranke des Art. 9 Abs. 2 GG

Zwei weitere Ansätze vertreten eine Lösung über den bestehenden Abwehrmechanismus in Art. 9 Abs. 2 GG. Es werden zwei Möglichkeiten zur Anwendung des Art. 9 Abs. 2 GG diskutiert.

1. Unmittelbare Heranziehung

Der Gesetzgeber ging bei der Aufhebung des Religionsprivilegs davon aus, dass Art. 9 Abs. 2 GG auf Religionsgemeinschaften anwendbar sei[15] und übersah dabei wohl das Konkurrenzverhältnis zwischen allgemeiner und religiöser Vereinigungsfreiheit. Zur Lösung dieses Problems entwickelte *Heinrich* den Ansatz, dass Art. 9 Abs. 2 GG als universaler Schrankenvorbehalt unabhängig von der Betroffenheit anderer spezieller Freiheitsrechte (wie hier Art. 4 Abs. 1 GG) ein selbständiger Verbotstatbestand für alle Zusammenschlüsse darstelle, die die Voraussetzungen des Vereinigungsbegriffs erfüllten und deren Verbot nicht speziell geregelt sei.[16] Obwohl die

---

Jarass/Pieroth (Hrsg.), Grundgesetz, 16. Aufl. 2020, Art. 4, Rn. 28; *Korioth*, in: Dürig/Herzog u. a. (Hrsg.), Grundgesetz, Lfg. 96 November 2021, Art. 137 WRV, Rn. 15; *Merten*, in: Isensee/Kirchhof (Hrsg.), Handbuch des Staatsrechts der Bundesrepublik Deutschland, 3. Aufl. 2009, § 165, Rn. 71; *Michael*, JZ 2002, 482 (485); *Otto*, in: Albrecht/Roggenkamp (Hrsg.), Vereinsgesetz Kommentar, 2014, Art. 4 GG, Rn. 13; *Pieroth/Kingreen*, NVwZ 2001, 841 (845); *Radtke*, ZevKR 1/2005, 95 (111); *R. Schmidt*, Das Verbot von Religions- und Weltanschauungsgemeinschaften nach Grundgesetz und Vereinsgesetz nach Fall des Religionsprivilegs, 2012, S. 224; *Schmieder*, VBlBW 4/2002, 146 (148); *Unruh*, Religionsverfassungsrecht, 4. Aufl. 2018, S. 170, Rn. 264 ff.

[14] BVerfGE 108, 282 (282); *Hillers*, VerwRdSch 1989, 116 (118); *Pieroth/Kingreen*, NVwZ 2001, 841 (845).
[15] BT Drs. 14/7026, S. 6.
[16] *J. Heinrich*, Vereinigungsfreiheit und Vereinigungsverbot, 2005, S. 212, 237, so auch *Adamski*, Gegenwartskunde 4/2001, 483 (485); *Freiherr v. Campenhausen*, in: Isensee/Kirchhof (Hrsg.), Handbuch des Staatsrechts der Bundesrepublik Deutschland, 3. Aufl. 2009, S. 649; *Listl*, in: *Listl/Pirson*, Band 1: Handbuch des Staatskirchenrechts der Bundesrepublik Deutschland, 2. Aufl. 1994, S. 465; *Planker*, Das Vereinsverbot gem. Art. 9 Abs. 2 GG/§§ 3 ff. VereinsG, 1994, S. 41, der im Ergebnis die Anwendbarkeit des Art. 9 Abs. 2 GG bejaht, den Durchgriff dogmatisch aber solange für verfassungsrechtlich unzulässig hält wie Religionsgemeinschaften durch § 2 Abs. 1 Nr. 3 VereinsG a. F. von der Anwendbarkeit des Vereinsgesetzes ausgeschlossen sind, vgl. S. 41; wohl auch mit der herrschenden Meinung gehend *W. Roth*, GSZ 2019, 89 (90).

religiöse Vereinigungsfreiheit in Art. 4 Abs. 1, Abs. 2 GG und Art. 137 Abs. 2 Satz 1 WRV i. V. m. Art. 140 GG grundrechtlich eingebettet ist, sollen Eingriffe durch die Heranziehung der verfassungsunmittelbaren Schranke des Art. 9 Abs. 2 GG zu rechtfertigen sein.

2. Mittelbare Heranziehung

Als letzte Möglichkeit wird die Heranziehung der Schrankenregelung des Art. 137 Abs. 3 Satz 1 WRV i. V. m. Art. 140 GG zur Rechtfertigung von Verboten von Religionsgemeinschaften vertreten. Dieser Ansatz aus dem Jahr 1932 ist auf *Johannes Heckel* zurückzuführen[17] und wurde vom Bundesverwaltungsgericht in seiner Ludendorff-Entscheidung vom 23. März 1971 übernommen.[18] Religionsgemeinschaften ordnen und verwalten ihre Angelegenheiten nach Art. 137 Abs. 3 Satz 1 WRV selbstständig „innerhalb der Schranken des für alle geltenden Gesetzes". Durch ein Verbot wird ihnen die Möglichkeit, ihre Angelegenheiten selbständig zu ordnen, insgesamt entzogen. Art. 9 Abs. 2 GG wird dabei als das „für alle geltende Gesetz" herangezogen, sodass die unmittelbare Schrankenregelung in Art. 9 Abs. 2 GG mittelbar über Art. 137 Abs. 3 Satz 1 WRV i. V. m. Art. 140 GG herangezogen wird.[19]

IV. Die Rechtsprechung des Bundesverwaltungsgerichts

In der Entscheidung zum Verbot des Vereins Kalifatsstaat benannte das Gericht zwar die Möglichkeiten der Herleitung des Vorbehalts aus der unmittelbaren oder mittelbaren Anwendung des Art. 9 Abs. 2 GG oder den verfassungsimmanenten Schranken nach Art. 4 Abs. 1 GG, ließ die Lösung aber ausdrücklich offen und begründete den Eingriff in die religiöse Vereinigungsfreiheit nur abstrakt mit der „Abwehr von Gefahren für die verfassungsmäßige Ordnung".[20] Die Religionsgemeinschaft wurde als ausländischer Verein nach §§ 3 Abs. 1, 14 Abs. 1 Satz 1 und 15 Abs. 1 VereinsG verboten, sodass auch bei Heranziehung der anspruchsvollsten Schranke des Art. 4 Abs. 1 GG der Grundrechtseingriff unter Rückgriff auf § 14 VereinsG als Ermächtigungsgrundlage gerechtfertigt werden konnte. Das Gericht gab zudem – obiter dictum – vor, dass auch ein Verbot einer von Deutschen gebildeten Religionsgemein-

---

[17] *Heckel*, VerwArch 1932, 280.
[18] BVerwGE 37, 344 (8. Ls., 363 f.).
[19] Übernommen von BVerwG, NVwZ 2014, 1573 (1576); so auch *Winkler*, in: von Münch/Kunig (Hrsg.), Grundgesetz, 7. Aufl. 2021, Art. 9, Rn. 210 ff.; zur Schrankenspezialität des Art. 137 Abs. 3 WRV vor Art. 4 GG siehe: *Morlok*, in: Dreier (Hrsg.), Grundgesetz, 3. Aufl. 2013, Art. 4, Rn. 109 ff.; *Müller-Volbehr*, JZ 1981, 41 (44); *Obermayer*, ZevKR 1982, 253 (258, 266 f.); *Ott*, DÖV 1971, 763 (763); *Planker*, DÖV 1997, 101 (106); *Starck*, in: von Mangoldt/Klein u. a. (Hrsg.), Grundgesetz, 7. Aufl. 2018, Art. 4, Rn. 93; *Würtenberger*, ZevKR 1973, 67 (79).
[20] BVerwG, Urteil vom 27.11.2002 – 6 A 4/02, Buchholz 402.45 VereinsG Nr. 35, Rn. 19, 24; kritisiert von *Radtke*, ZevKR 1/2005, 95 (99).

schaft über §§ 3 Abs. 1, 14 Abs. 1 Satz 1 VereinsG mittels analoger Anwendung zu rechtfertigen wäre. Andernfalls könne ein Verstoß gegen den Gleichheitssatz nach Art. 3 Abs. 1 GG im Raum stehen.[21]

Während in der Kalifatsstaat-Entscheidung eine Tendenz zur Anwendung der verfassungsimmanenten Schranke des Art. 4 Abs. 1 GG erkennbar schien, entschied sich das Bundesverwaltungsgericht in seinem Urteil zum Verbot des ausländischen Vereins Hizb ut Tahrir für den Rückgriff auf die verfassungsunmittelbare Schranke des Art. 9 Abs. 2 GG. Es ließ jedoch wiederum offen, ob es eine unmittelbare oder mittelbare Anwendung bevorzugt:

„Die Anwendbarkeit des Art. 9 Abs. 2 GG folgt entweder daraus, dass nach Art. 140 GG i.V.m. Art. 137 Abs. 3 Satz 1 WRV die Betätigung der Religionsgemeinschaften und der ihnen gleichgestellten Weltanschauungsgemeinschaften unter dem Vorbehalt der für alle geltenden Gesetze steht [...], oder daraus, dass es sich bei Art. 9 Abs. 2 GG um einen selbstständigen Verbotstatbestand für Vereinigungen aller Art handelt, deren Verbot nicht speziell geregelt ist".[22]

Aus der Schrankenlosigkeit der Religionsfreiheit sei jedenfalls nicht abzuleiten, dass Religionsgemeinschaften in Abgrenzung zu anderen Vereinigungen trotz schwerer Verfassungs- oder Völkerverständigungsverstöße nicht verboten werden könnten. Eines Rückgriffs auf die verfassungsimmanenten Schranken bedürfe es aufgrund der existierenden Verbotsregelung in Art. 9 Abs. 2 GG nicht, die als Instrument der wehrhaften Demokratie der Wahrung zentraler unverzichtbarer Verfassungsgüter diene.[23] Die Bedeutung der Religionsfreiheit soll vielmehr bei der Abwägung, ob mildere Mittel ausgereicht hätten, zum Tragen kommen.[24]

Seit der Hizb ut Tahrir-Entscheidung wiederholt das Bundesverwaltungsgericht die Anwendbarkeit der Verbotsgründe des Art. 9 Abs. 2 GG auf durch die religiöse Vereinigungsfreiheit grundrechtlich geschützten Religionsgemeinschaften. Mangels Auseinandersetzung mit der Möglichkeit der mittelbaren Herleitung geht das Gericht wohl von einer unmittelbaren Anwendung des Art. 9 Abs. 2 GG aus.[25]

V. Stellungnahme

Die Ansätze, Verbote von Religionsgemeinschaften unter Rückgriff auf den einfachen Gesetzesvorbehalt des Art. 136 Abs. 1 WRV i.V.m. Art. 140 GG oder die Schrankenregelung des Art. 9 Abs. 2 GG zu rechtfertigen, sind abzulehnen. Die dogmatisch sauberste und darum überzeugendste Lösung ist die Rechtfertigung mittels der verfassungsimmanenten Schrankenregelung nach Art. 4 Abs. 1, Abs. 2 GG.

---

[21] BVerwG, Urteil vom 27.11.2002 – 6 A 4/02, Buchholz 402.45 VereinsG Nr. 35, Rn. 24–26; *Sachs*, JuS 2004, 12 (13).

[22] BVerwG, NVwZ 2006, 694 (694 f.).

[23] BVerwG, NVwZ 2006, 694 (Ls, 694 f.).

[24] *Bier*, jurisPR-BVerwG 12/2006 Anm. 5 12.06.2006, E.

[25] In der DawaFFM-Entscheidung siehe unter BVerwG, NVwZ 2014, 1573 (1576); in der IHH-Entscheidung siehe unter BVerwGE 153, 211 (227).

1. Lösung über Art. 136 Abs. 1 WRV i. V. m. Art. 140 GG

Die Heranziehung des einfachen Gesetzesvorbehalts nach Art. 136 Abs. 1 WRV i. V. m. Art. 140 GG zur Rechtfertigung eines Verbots von Religionsgemeinschaften ist abzulehnen. Die Entscheidung des Bundesverwaltungsgerichts zum Schächten liefert allein die Rechtfertigung für einen Eingriff in einzelne von der Religionsfreiheit geschützte *Verhaltensweisen*, unabhängig davon, ob die Religionsfreiheit in diesem Moment von einer Einzelperson oder einem Kollektiv ausgeübt wird. Das Schächten als kultisch-religiöse Handlung muss als eine solche Verhaltensweise in Abwägung zum ebenfalls verfassungsrechtlich geschützten Tierschutz nach Art. 20a GG gestellt werden.[26]

Auch der 6. Senat des Bundesverwaltungsgerichts sah von einer Verfestigung dieser gewählten Rechtfertigung ab, als er bei seiner Entscheidung zum Verbot der ausländischen Religionsgemeinschaft Kalifatsstaat[27] nicht noch einmal auf Art. 136 Abs. 1 WRV zurückgriff. Zudem sprechen zwei systematische Argumente gegen eine Anwendung des einfachen Gesetzesvorbehalts aus Art. 136 Abs. 1 WRV i. V. m. Art. 140 GG: Zum einen hätte sie eine erhebliche Schwächung des Schutzes der Religionsfreiheit und ein unterschiedliches Schutzniveau zwischen Religionsfreiheit und Gewissensfreiheit sowie zwischen allgemeiner und religiöser Vereinigungsfreiheit zur Folge.[28] Zum anderen gebührte nach der Systematik des Staatskirchenrechts der Weimarer Reichsverfassung in diesem Fall einer anderen Schrankenregelung der Vorrang. Während Art. 136 WRV den Grundsatz der Religionsfreiheit regelt, hat Art. 137 WRV die Rechtsstellung der Religionsgemeinschaften zum Gegenstand und hält mit Art. 137 Abs. 3 Satz 1 WRV eine eigene Schrankenregelung bereit.[29]

2. Lösung über Art. 9 Abs. 2 GG

Der Vorschlag *Heinrichs* eines universalen Schrankenvorbehalts für Vereinigungen aller Art ist ebenfalls abzulehnen. Dieser Ansatz hat einen bunten Strauß aus betroffenen Grundrechten zur Folge: Während sich der Schutzbereich der religiösen Vereinigungsfreiheit lex specialis aus Art. 4 Abs. 1, Abs. 2 GG und Art. 137 Abs. 2 Satz 1 WRV i. V. m. Art. 140 GG ergibt (und nicht aus der allgemeinen Vereinigungsfreiheit des Art. 9 Abs. 1 GG), wird mangels geeigneter eigener Schrankenregelung für die Rechtfertigung von Eingriffen auf Art. 9 Abs. 2 GG zurückgegriffen. Eine solche Schrankenleihe ist verfassungssystematisch unzulässig und hebelt das bestehende System der Grundrechtskonkurrenzen aus.[30] Die Übertragung einer Grundrechtsschranke eines allgemeineren Freiheitsrechts (wie der allgemeinen Vereinigungsfrei-

---

[26] BVerwGE 112, 227 (231 f.); *Groh*, KritV 1/2002, 39 (54).
[27] BVerwG, Urteil vom 27.11.2002 – 6 A 4/02, Buchholz 402.45 VereinsG Nr. 35.
[28] *J. Heinrich*, Vereinigungsfreiheit und Vereinigungsverbot, 2005, S. 211 f.; *Poscher*, KritV 3/2002, 298 (301); *Radtke*, ZevKR 1/2005, 95 (109).
[29] Siehe dazu ausführlich in diesem Kapitel unter A. III. 2.
[30] So auch *Groh*, KritV 1/2002, 39 (50); *Mager*, in: von Münch/Kunig (Hrsg.), Grundgesetz,

heit des Art. 9 GG) auf ein spezielleres Freiheitsrecht (wie die religiöse Vereinigungsfreiheit aus Art. 4 Abs. 1, Abs. 2 GG und Art. 137 Abs. 2 Satz 1 WRV i. V. m. Art. 140 GG) hätte – überspitzt formuliert – zur Folge, dass für alle vorbehaltslos gewährleisteten Grundrechte auf die Schrankenregelung des Auffanggrundrechts der Allgemeinen Handlungsfreiheit aus Art. 2 Abs. 1 GG zurückgegriffen werden könnte.[31] Die Vorbehaltlosigkeit einzelner Grundrechte stellt allerdings keine planwidrige Regelungslücke seitens des Verfassungsgebers dar. Auch *Heinrich* selbst stellt fest, dass „ein Vorbehalt der allgemeinen Vereinigungsfreiheit [...] in keiner Weise Rückschlüsse auf die Beschränkung der religiösen und weltanschaulichen Vereinigungsfreiheit"[32] ermöglicht.

Für die Bewertung, ob Verbote von Religionsgemeinschaften durch eine mittelbare Anwendung des Art. 9 Abs. 2 GG über die Schrankenregelung des Art. 137 Abs. 3 Satz 1 WRV i. V. m. Art. 140 GG zu fassen sind, bedarf es einer genaueren Betrachtung der Regelung des religiösen Selbstbestimmungsrechts in Art. 137 Abs. 3 WRV. In der Entstehungszeit der Weimarer Reichsverfassung um 1918/1919 wurde nicht nur die Vereinigungsfreiheit in Art. 124 WRV erstmals verfassungsrechtlich kodifiziert,[33] sondern auch die Religionsfreiheit in Art. 135 ff. WRV vollumfänglich geregelt.[34] Art. 137 WRV hat speziell die Rechtsstellung der Religionsgemeinschaften zum Gegenstand. Die Regelung, die sich an Art. 147 Paulskirchenverfassung[35] und Art. 15 der Preußischen Verfassung[36] orientierte, bildete den Kompromiss zwischen politischen Kräften, die die strikte Trennung von Staat und Kirche befürworteten (vgl. Art. 137 Abs. 1 WRV) und denen, die die christlichen Kirchen nicht aus dem staatlichen Gefüge entlassen wollten.[37]

Die konkrete Ausgestaltung des Selbstbestimmungsrechts und auch dessen Beschränkbarkeit werden seitdem uneinheitlich interpretiert.[38] Mit der Regelung des

---

7. Aufl. 2021, Art. 4, Rn. 69; *Poscher*, KritV 3/2002, 298 (299 f.); *Radtke*, ZevKR 1/2005, 95 (107); *Starck*, in: von Mangoldt/Klein u. a. (Hrsg.), Grundgesetz, 7. Aufl. 2018, Art. 4, Rn. 86.

[31] So auch *Michael*, JZ 2002, 482 (484).
[32] *J. Heinrich*, Vereinigungsfreiheit und Vereinigungsverbot, 2005, S. 211.
[33] Siehe dazu ausführlich Erster Teil Kapitel 1 A. II.
[34] *Apelt*, Geschichte der Weimarer Reichsverfassung, 1946, S. 324 („unter Erlaubnis der freien Vereinsbildung").
[35] „Jede Religionsgesellschaft ordnet und verwaltet ihre Angelegenheiten selbständig, bleibt aber den allgemeinen Staatsgesetzen unterworfen."
[36] „Die evangelische und die römisch-katholische Kirche, so wie jede andere Religionsgesellschaft, ordnet und verwaltet ihre Angelegenheiten selbstständig und bleibt im Besitz und Genuss der für ihre Kultus- Unterrichts- und Wohltätigkeitszwecke bestimmten Anstalten, Stiftungen und Fonds."
[37] *Apelt*, Geschichte der Weimarer Reichsverfassung, 1946, S. 326.
[38] Vgl. nur *Apelt*, Geschichte der Weimarer Reichsverfassung, 1946, S. 325; *Belling*, AfkKR 2004, 497 (504); *Bohnen*, Das Selbstbestimmungsrecht der Religionsgesellschaften gemäß Artikel 137 Absatz 3 Satz 1 der Weimarer Reichsverfassung, 2009, Vorwort, V.; *Czermak/Hilgendorf*, Religions- und Weltanschauungsrecht, 2. Aufl. 2018, S. 111; *Korioth*, in: Dürig/Her-

Staatskirchenrechts und insbesondere des Selbstbestimmungsrechts manifestierte sich in der Weimarer Republik die Lösung der Kirche vom Staat. Der Schrankenzusatz („innerhalb der Schranken des Gesetzes") sollte klarstellen, dass die Kirche weiterhin ein dem Staat untergeordneter Verband bleibt und keinen Staat im Staate bildet.[39] Daran knüpfte sich ein Streit über den Umfang der Schrankenregelung an, konkret ob die Kirchen und damit Religionsgemeinschaften mit Körperschaftsstatus nur im Rahmen allgemeiner Gesetze[40] oder aufgrund ihrer privilegierten Sonderstellung auch durch spezifisches Sonderrecht in ihren Angelegenheiten beschränkt werden können.[41] Dieser Streit steht beispielhaft für den Sinn und Zweck der Regelung des Art. 137 WRV, der primär in der Neuordnung des Verhältnisses von Staat und Kirche in Abgrenzung zu privatrechtlichen Religionsgemeinschaften liegt.

Mit diesem historischen Hintergrund ergibt sich aus der Gesamtschau des Art. 137 WRV folgendes Bild: Absatz 1 legt fest, dass keine Staatskirche mehr besteht; die Absätze 2 bis 4 schaffen als allgemeine Regelungen für privatrechtliche Religionsgemeinschaften die Grundlage für die nachfolgenden spezifischen Regelungen der Kirchen (Religionsgemeinschaften, die Körperschaften des öffentlichen Rechts sind) in den Absätzen 5 und 6 und der Weltanschauungsgemeinschaften in Absatz 7. Die Kirchen, also Religionsgemeinschaften mit Körperschaftsstatus, sind abzugrenzen von den privatrechtlichen Religionsgemeinschaften, für die keine Grenzen hinsichtlich der Schrankenregelung, insbesondere auch nicht hinsichtlich des Umfangs und der zulässigen Maßnahmen, diskutiert wurden. Im Rahmen dieser Normenstruktur sind die einzelnen Absätze des Art. 137 WRV systematisch voneinander zu trennen. Absatz 2 schützt die Freiheit zur religiösen Vereinigung und die Möglichkeit, sich in übergeordneten Verbänden zu organisieren (vgl. Satz 2).[42] Absatz 3 regelt davon getrennt das Selbstbestimmungsrecht, also die organisatorische Binnenstruktur der Religionsgemeinschaften und nur diese, nicht aber die Existenz der Religionsgemeinschaften soll beschränkbar sein.[43]

---

zog u. a. (Hrsg.), Grundgesetz, Lfg. 96 November 2021, Art. 137 WRV, Rn. 45; *Neureither*, Recht und Freiheit im Staatskirchenrecht, 2001, S. 237 ff.

[39] *Anschütz*, Die Verfassung des Deutschen Reiches vom 11. August 1919, 14. Aufl. 1933, S. 635.

[40] Grundlegend zu diesem Streit und m.w.V. insbesondere zu dieser Ansicht siehe *Neureither*, Recht und Freiheit im Staatskirchenrecht, 2001, S. 238 ff.

[41] So *Anschütz*, Die Verfassung des Deutschen Reiches vom 11. August 1919, 14. Aufl. 1933, S. 636; für eine dynamische und „sinnvariierende" Lesart der Schrankenregelung vgl. *Heckel*, VerwArch 1932, 280 (282); später von *Smend*, ZevKR 1951, 4 (12) wiederbelebt und vom BGH, Urteil vom 17.12.1956 – III ZR 89/55, juris, Rn. 12 übernommen.

[42] *Morlok*, in: Dreier (Hrsg.), Grundgesetz, 3. Aufl. 2018, Art. 137 WRV, Rn. 31; wobei die Klausel in Art. 137 Abs. 2 Satz 2 WRV insbesondere Formbeschränkungen meint, vgl. *Anschütz*, Die Verfassung des Deutschen Reiches vom 11. August 1919, 14. Aufl. 1933, S. 634.

[43] *Groh*, KritV 1/2002, 39 (51 f.); *Michael*, JZ 2002, 482 (484); *Pieroth/Kingreen*, NVwZ 2001, 841 (844); *Poscher*, KritV 3/2002, 298 (300); *Radtke*, ZevKR 1/2005, 95 (108); *R. Schmidt*, Das Verbot von Religions- und Weltanschauungsgemeinschaften nach Grundgesetz

3. Lösung über Art. 4 Abs. 1, Abs. 2 GG

Die religiöse Vereinigungsfreiheit ist eine Ausprägung der Religionsfreiheit in Art. 4 Abs. 1, Abs. 2 GG. Eingriffe in die religiöse Vereinigungsfreiheit von Religionsgemeinschaften sind darum nur über die verfassungsimmanenten Schranken der Religionsfreiheit zu rechtfertigen. Das ist die systematisch sauberste Lösung.

a) Rechtsgüter mit Verfassungsrang und Grundrechte Dritter

Demnach darf die religiöse Vereinigungsfreiheit nur eingeschränkt werden, wenn Rechtsgüter mit Verfassungsrang oder Grundrechte Dritter in Frage stehen. Als von islamistisch-extremistischen Religionsgemeinschaften bedrohte Rechtsgüter mit Verfassungsrang werden die Sicherheit – ob als Grundrecht[44] bzw. als grundrechtliche Schutzpflicht[45] – oder die Grundsätze aus Art. 79 Abs. 3 GG, insbesondere die verfassungsmäßige Ordnung bzw. die freiheitlich-demokratische Grundordnung, diskutiert.[46]

b) Vorbehalt des Gesetzes

In Grundrechte eingreifende staatliche Hoheitsakte müssen im Rahmen verfassungsimmanenter Schranken aufgrund des Vorbehalts des Gesetzes von einer gesetzlichen Ermächtigungsgrundlage gedeckt sein. Bei ausländischen Religionsgemeinschaften wird einhellig auf §§ 14, 15 VereinsG verwiesen.[47] Für inländische Religionsgemeinschaften werden diverse Regelungen diskutiert, die von den jeweiligen Literaturstimmen aus verschiedenen Gründen abgelehnt werden. Art. 9 Abs. 2 GG könne als verfassungsunmittelbare Verbotsgrundlage nicht herangezogen werden, da Vertreter

---

und Vereinsgesetz nach Fall des Religionsprivilegs, 2012, S. 185; ebenfalls kritisch *Belling*, AfkKR 2004, 497 (509).

[44] *Isensee*, Das Grundrecht auf Sicherheit, 1983; *Kilz/Prantl*, Süddeutsche Zeitung vom 17.05.2010, abrufbar unter https://www.sueddeutsche.de/politik/sz-interview-otto-schily-ist-otto-schily-1.312243 (zuletzt abgerufen am 15.03.2023).

[45] *Aulehner*, Polizeiliche Gefahren- und Informationsvorsorge, 1998, S. 432; *Hofmann/Lukosek u. a.*, GSZ 2020, 233; *Michael*, JZ 2002, 482 (487); *Möstl*, Die staatliche Garantie für die öffentliche Sicherheit und Ordnung, 2002, S. 118; a. A. *Veelken*, Das Verbot von Weltanschauungs- und Religionsgemeinschaften, 1999, S. 199, der die Möglichkeit einer Kollision mit Grundrechten Dritter insgesamt ablehnt.

[46] BVerfGE 102, 370 (390); BVerwG, Urteil vom 27.11.2002 – 6 A 4/02, Buchholz 402.45 VereinsG Nr. 35, Rn. 36; *Pieroth/Kingreen*, NVwZ 2001, 841 (845); *Radtke*, ZevKR 1/2005, 95 (102, 111); *Unruh*, in: von Mangoldt/Klein u. a. (Hrsg.), Grundgesetz, 7. Aufl. 2018, Art. 137 WRV, Rn. 191; dagegen *Groh*, KritV 1/2002, 39 (55 f.).

[47] BVerwG, Urteil vom 27.11.2002 – 6 A 4/02, Buchholz 402.45 VereinsG Nr. 35, Rn. 24; *Michael*, JZ 2002, 482 (488); *Otto*, in: Albrecht/Roggenkamp (Hrsg.), Vereinsgesetz Kommentar, 2014, Art. 4 GG, Rn. 26; *Radtke*, ZevKR 1/2005, 95 (101); *R. Schmidt*, Das Verbot von Religions- und Weltanschauungsgemeinschaften nach Grundgesetz und Vereinsgesetz nach Fall des Religionsprivilegs, 2012, S. 297 (insoweit auf § 14 Abs. 2 VereinsG beschränkt).

dieser Ansicht aus Gründen des Spezialitätsgrundsatzes dessen Anwendbarkeit gerade ablehnen.[48] § 3 Abs. 1 VereinsG wird mangels über Art. 9 Abs. 2 GG hinausgehendem, eigenen materiell-rechtlichen Regelungsgehalt für untauglich gehalten.[49] Ein Rückgriff auf die jeweilige sicherheitsrechtliche Generalklausel oder auf § 43 BGB, der die Entziehung der Rechtsfähigkeit eines Vereins regelt, scheitere an der Sperrwirkung des Vereinsgesetzes.[50] *Groh*, *Michael* und *Radtke* kommen dann zu dem Schluss, dass ein Verbot inländischer Religionsgemeinschaften momentan verfassungsrechtlich unzulässig[51] und eine Änderung der Verfassung[52] oder des Vereinsgesetzes[53] unumgänglich sei.

Im Rahmen einer Verfassungsänderung schlägt *Michael* die Einführung eines Gesetzesvorbehalts in Art. 4 Abs. 1 Satz 2 GG vor. Das Grundrecht der Religionsfreiheit solle um folgenden Zusatz ergänzt werden: „Für Religionsgesellschaften und Weltanschauungsgemeinschaften gilt Art. 9 Abs. 2 dieses Grundgesetzes entsprechend."[54]. Alternativ bietet *Michael* noch einen Formulierungsvorschlag für einen Zusatz in Art. 9 Abs. 2 Satz 2 GG an: „Das gilt auch für Religionsgesellschaften und Weltanschauungsgemeinschaften i.S.d. Art. 137 Abs. 2 und Abs. 7 Weimarer Reichsverfassung in Verbindung mit Art. 140 dieses Grundgesetzes."[55].

Das Bundesverwaltungsgericht erkennt im Fehlen einer Ermächtigungsgrundlage eine unbeabsichtigte planwidrige Regelungslücke und schlägt darum eine Analogie der Verbotsregelung für Ausländervereine in §§ 3 Abs. 1, 14 Abs. 1 Satz 1 VereinsG vor.[56] Dabei übersieht das Gericht, dass man nach Aufhebung des Religionsprivilegs

---

[48] *R. Schmidt*, Das Verbot von Religions- und Weltanschauungsgemeinschaften nach Grundgesetz und Vereinsgesetz nach Fall des Religionsprivilegs, 2012, S. 230.

[49] *Groh*, Selbstschutz der Verfassung gegen Religionsgemeinschaften, 2004, S. 311 f.; *Michael*, JZ 2002, 482 (488); *Radtke*, ZevKR 1/2005, 95 (110 f.); *Unruh*, in: von Mangoldt/Klein u.a. (Hrsg.), Grundgesetz, 7. Aufl. 2018, Art. 137 WRV, Rn. 192; a.A. *Korioth*, in: Dürig/Herzog u.a. (Hrsg.), Grundgesetz, Lfg. 96 November 2021, Art. 137 WRV, Rn. 15, der § 3 Abs. 1 VereinsG für inländische Vereine und § 14 Abs. 1 VereinsG für ausländische Vereine heranziehen möchte; *Sachs*, JuS 2004, 12 (16), der in § 3 Abs. 1 VereinsG durchaus einen über Art. 9 Abs. 2 GG hinausgehenden eigenen Regelungsgehalt erkennt.

[50] BVerfGE 111, 147 (158 f.); *Cornils*, in: Epping/Hillgruber (Hrsg.), BeckOK Grundgesetz, 51. Edition, Stand 15.05.2022, Art. 9, Rn. 31; *Marx*, in: Lisken/Denninger (Hrsg.), Handbuch des Polizeirechts, 7. Aufl. 2021, I. Teil VII: Öffentliches Vereinsrecht, Rn. 498; *Schnorr*, Öffentliches Vereinsrecht, 1965, § 1, Rn. 7.

[51] *Groh*, KritV 1/2002, 39 (62); *Radtke*, ZevKR 1/2005, 95 (111); *Veelken*, Das Verbot von Weltanschauungs- und Religionsgemeinschaften, 1999, S. 208.

[52] *Groh*, KritV 1/2002, 39 (62); Michael, JZ 2002, 482 (491).

[53] *Michael*, JZ 2002, 482 (487, 491); *Radtke*, ZevKR 1/2005, 95 (111).

[54] *Michael*, JZ 2002, 482 (491).

[55] *Michael*, JZ 2002, 482 (491).

[56] BVerwG, Urteil vom 27.11.2002 – 6 A 4/02, Buchholz 402.45 VereinsG Nr. 35, Rn. 24; so auch *R. Schmidt*, Das Verbot von Religions- und Weltanschauungsgemeinschaften nach Grundgesetz und Vereinsgesetz nach Fall des Religionsprivilegs, 2012, S. 298; grundlegend zu Analogiegeboten im Verwaltungsrecht siehe *T. Schmidt*, VerwArch 2006, 139 (163).

2001 wohl nicht mehr von einer planwidrigen Regelungslücke ausgehen kann. Der Gesetzgeber wollte durch die Aufhebung des Religionsprivilegs das Verbot extremistischer Religionsgemeinschaften ermöglichen, weil gegen diese bis dahin keine Verbotsmöglichkeit bestand, „während gegen sonstige Vereine nach § 3 VereinsG mit Verbotsverfügungen vorgegangen werden kann".[57]

Dem Argument, dass § 3 Abs. 1 VereinsG mangels eigenen Regelungsgehalts nicht anwendbar sei, ist zu entgegnen, dass der Verbotsnorm, wenn sie eine Verbotsverfügung als Voraussetzung für ein wirksames Verbot festlegt, durchaus ein eigener Inhalt zukommt. Das Vereinsgesetz wurde als sog. Ausführungs- und Verfahrensgesetz zum Grundrecht der Vereinigungsfreiheit nach Art. 9 GG erlassen und dient der Umsetzung und Ausgestaltung der verfassungsrechtlichen Vorgaben. Die in Art. 9 Abs. 1 GG gewährte Freiheit, sich zu vereinen, sowie die in Art. 9 Abs. 2 GG verfassungsunmittelbar normierten Verbotsgründe, nach denen die Vereinigungsfreiheit beschränkt und ein Vereinsverbot erlassen werden kann, bilden dabei den inhaltlichen Rahmen, der durch das einfachgesetzliche Vereinsgesetz nicht überschritten oder erweitert werden kann. Das bedeutet im Umkehrschluss nicht, dass dem Vereinsgesetz im Rahmen des Regelungsgehalts des Art. 9 GG keine eigene Bedeutung zukommen kann. § 1 Abs. 1 VereinsG wiederholt etwa die Vereinsfreiheit, die so auch von Art. 9 Abs. 1 GG normiert wird. Da der Schutzbereich der Vereinigungsfreiheit in der Verfassung als Bürgergrundrecht auf Personen mit deutscher Staatsbürgerschaft beschränkt ist, wird der Vereinsfreiheit in § 1 Abs. 1 VereinsG Bedeutung für den Schutz von Ausländern, Ausländervereinen und ausländischen Vereinen zuerkannt. Die einfachgesetzliche Regelung übernimmt die grundgesetzliche Differenzierung nicht, sondern gleicht die Rechtsstellung von Nicht-Staatsbürgern an.[58] Folgerichtig kann die Verbotsnorm in § 3 Abs. 1 VereinsG als Ermächtigungsgrundlage für Vereinsverbote von extremistischen Religionsgemeinschaften herangezogen werden, solange sie den Regelungsgehalt des Art. 9 Abs. 2 GG nicht unzulässig ausweitet oder überschreitet.

c) Verfassungskonforme Auslegung des § 3 Abs. 1 VereinsG

Eingriffe in die religiöse Vereinigungsfreiheit können nur durch den Vorrang von Rechtsgütern mit Verfassungsrang oder Grundrechte Dritter gerechtfertigt werden. Die Anwendung des § 3 Abs. 1 VereinsG müsste deswegen bei Verboten extremistischer Religionsgemeinschaften auf die Verbotsgründe beschränkt werden, die eine Verletzung von Grundrechten Dritter (z. B. Recht auf Leben oder körperliche Unversehrtheit bei Anschlagsgefahr) oder Rechtsgüter mit Verfassungsrang (z. B. verfassungsmäßige Ordnung oder freiheitlich-demokratische Grundordnung) zum Gegenstand haben. Eine derartige verfassungskonforme Auslegung des einfachen Rechts ist

---

[57] BT Drs. 14/7026, S. 1.
[58] *Bauer*, in: Dreier (Hrsg.), Grundgesetz, 3. Aufl. 2013, Art. 9, Rn. 31.

A. Das „Ob" des Verbots

geboten, um den Willen des Gesetzgebers im Rahmen der Verfassung zu wahren.[59] Die Grenzen richterlicher Rechtsfortbildung sind bei der verfassungskonformen Auslegung erreicht, wenn der Wortlaut der Norm oder der klar erkennbare Wille des Gesetzgebers der Auslegung entgegenstehen.[60]

Der Gesetzgeber, der das Öffentliche Vereinsgesetz im Jahr 1964 erließ, hat die Möglichkeit eines Verbots extremistischer Religionsgemeinschaften bei der Regelung des § 3 Abs. 1 VereinsG nicht bedacht. Dies wird durch die Aufnahme des Religionsprivilegs in § 2 Abs. 2 Nr. 3 VereinsG deutlich. Anders der Wille des Gesetzgebers im Jahr 2001 und auf diesen späteren Willen kommt es an: Durch die Aufhebung des Religionsprivilegs sollten Verbote von extremistischen Religionsgemeinschaften unter Rückgriff auf Art. 9 Abs. 2 GG und § 3 Abs. 1 VereinsG explizit ermöglicht werden.[61] Geht man davon aus, dass er die Spezialität der religiösen Vereinigungsfreiheit gegenüber der allgemeinen Vereinigungsfreiheit mit den Auswirkungen auf die heranziehbaren Schranken übersehen hat, liegt darin eine planwidrige Regelungslücke. Daraus ist zu schließen, dass die Anwendbarkeit des § 3 Abs. 1 VereinsG dem Willen des Gesetzgebers von 2001 entspricht.

Im Rahmen der Wortlautgrenze könnte einzuwenden sein, dass § 3 Abs. 1 VereinsG einen Klammerzusatz mit Verweis auf Art. 9 Abs. 2 GG enthält.[62] Der Gesetzgeber aus dem Jahr 1964 sah in § 3 VereinsG die grundlegende Bestimmung des Zweiten Abschnitts des Vereinsgesetzes, mit dem nun endgültig festgelegt wurde, dass das „in Artikel 9 Abs. 2 GG allgemein ausgesprochene Verbot verfassungswidriger Vereinigungen im Einzelfall mittels Erlasses eines bestimmten Verwaltungsaktes durchzuführen ist."[63] Zuvor war unklar, ob ein Verbot bereits von Verfassung wegen anzunehmen ist.[64] Der Verweis auf Art. 9 Abs. 2 GG ist darum als Hinweis auf die verfassungsunmittelbare Regelung des Vereinsverbots zu verstehen, der im Umkehrschluss – wie soeben unter b. ausgeführt – einem Rückgriff auf § 3 Abs. 1 VereinsG zur Wahrung der Vorgaben des Vorbehalts eines Gesetzes bei verfassungsimmanenten Schranken nicht entgegensteht.

Die Verbotsnorm des § 3 Abs. 1 VereinsG kann im Rahmen des materiell-rechtlichen Regelungsgehalts des Art. 9 Abs. 2 GG als einfachgesetzliche Eingriffsgrundlage zur Wahrung des Vorbehalts des Gesetzes bei verfassungsimmanenten Schranken

---

[59] BVerfGE 86, 288 (320); 110, 226 (267); *Lechner/Zuck*, Bundesverfassungsgerichtsgesetz, 8. Aufl. 2019, Einl. Rn. 98; *Schlaich/Korioth*, Das Bundesverfassungsgericht, 12. Aufl. 2021, Rn. 440.

[60] BVerfGE 110, 226 (267).

[61] BT Drs. 14/7026, S. 1, 6.

[62] „Ein Verein darf erst dann als verboten (Artikel 9 Abs. 2 des Grundgesetzes) behandelt werden, wenn durch Verfügung der Verbotsbehörde festgestellt ist, daß seine Zwecke oder seine Tätigkeit den Strafgesetzen zuwiderlaufen oder daß er sich gegen die verfassungsmäßige Ordnung oder den Gedanken der Völkerverständigung richtet", vgl. § 3 Abs. 1 VereinsG.

[63] BT Drs. IV/430, S. 12.

[64] Siehe Erster Teil Kapitel 2 B. II. 3.

herangezogen werden. Die religiöse Vereinigungsfreiheit kann aufgrund der verfassungsimmanenten Schranken nach Art. 4 Abs. 1, Abs. 2 GG nur im Fall der Betroffenheit von Rechtsgütern mit Verfassungsrang und Grundrechten Dritter beschränkt werden, sodass § 3 Abs. 1 VereinsG auf solche Verbote beschränkt und dahingehend verfassungskonform auszulegen ist.

Nichtsdestotrotz wäre eine Klarstellung durch den Gesetzgeber wünschenswert. Empfohlen wird zum einen die Streichung des Klammerzusatzes mit dem Verweis auf Art. 9 Abs. 2 GG und zum anderen die Ergänzung des § 3 Abs. 1 VereinsG um eine eindeutige auf Verfassungsgüter und Grundrechte Dritter beschränkte Eingriffsbefugnis. Auch *Michael* schlägt die Einführung einer zusätzlichen Verbotsregelung für extremistische Religionsgemeinschaften als taugliche Eingriffsbefugnis vor, die die Grenzen der verfassungsimmanenten Schranken wahrt:

„Religionsgemeinschaften und Weltanschauungsgemeinschaften i. S. d. Art. 137 Abs. 2 und Abs. 7 Weimarer Reichsverfassung in Verbindung mit Art. 140 des Grundgesetzes können verboten werden, wenn sich ihre Zwecke oder ihre Tätigkeiten gegen die freiheitliche demokratische Grundordnung im Sinne des Grundgesetzes richten oder wenn der Schutz der Grundrechte Dritter dies erfordert."[65]

Die neue Regelung könnte als Satz 3 des ersten Absatzes oder als ein neuer zweiter Absatz in § 3 VereinsG eingefügt werden und einen klaren Verbotstatbestand für extremistische Religionsgemeinschaften schaffen, der die verfassungsimmanenten Schranken der religiösen Vereinigungsfreiheit einfachgesetzlich ausgestaltet.

4. Zwischenergebnis

Das Verbot extremistischer Religionsgemeinschaften stellt einen Eingriff in die religiöse Vereinigungsfreiheit nach Art. 4 Abs. 1, Abs. 2 GG und Art. 140 GG i. V. m. Art. 137 Abs. 2 Satz 1 WRV dar. Die religiöse Vereinigungsfreiheit genießt gegenüber der allgemeinen Vereinigungsfreiheit in Art. 9 Abs. 1, Abs. 2 GG im Wege der Grundrechtskonkurrenz Vorrang. Ein Verbot von Religionsgemeinschaften muss darum von den verfassungsimmanenten Schranken nach Art. 4 Abs. 1, Abs. 2 GG gedeckt sein.

Als die verfassungsimmanente Schrankenregelung ausgestaltende Eingriffsbefugnis kann auf § 3 Abs. 1 VereinsG zurückgegriffen werden. Der einfachgesetzlichen Verbotsnorm kommt bei extremistischen Religionsgemeinschaften im Rahmen des materiell-rechtlichen Regelungsgehalts des Art. 9 Abs. 2 GG eigenständige Bedeutung zu. Die Verbotsnorm muss zur Wahrung der verfassungsimmanenten Schranken zudem verfassungskonform ausgelegt werden. Verbote inländischer Religionsgemeinschaften können nur mit der Betroffenheit von Rechtsgütern mit Verfassungsrang und Grundrechten Dritter gerechtfertigt werden. Für Verbote ausländischer Religionsgemeinschaften kann §§ 14, 15 VereinsG als Befugnisnorm herangezogen wer-

---

[65] *Michael*, JZ 2002, 482 (491).

den. Eine gesetzgeberische Klarstellung durch Streichung des Verweises auf Art. 9 Abs. 2 GG in § 3 Abs. 1 VereinsG sowie durch die Einführung eines ergänzenden Absatzes oder Satzes als Verbotsnorm für Religionsgemeinschaften empfiehlt sich.

VI. Bedeutung der Schrankenproblematik

Poscher hält die aufgeworfene dogmatische Frage nach der Schrankenregelung für Verbote von Religionsgemeinschaften in Relation zu den tatsächlich verbotenen Vereinigungen für ein Scheinproblem, da religiöse Vereinigungen, bei denen der Kampf gegen die freiheitlich-demokratische Grundordnung im Zentrum stehe, keine Religionsgemeinschaften, sondern politische, allenfalls religiöse Vereine seien. Eine solche schutzbereichsorientierte Herleitung der grundrechtlichen Betroffenheit dürfe nicht allein von dem Ziel, religiös-fundamentalistische Vereine zu verbieten, gesteuert sein.[66]

Problematisch sind darum jene Stimmen, die bei Vorliegen der Begriffsmerkmale einer Religionsgemeinschaft eine solche Einordnung im Fall von Verfassungsfeindlichkeit pauschal ablehnen.[67] Derart enge Tatbestandstheorien widersprechen der Notwendigkeit einer grundlegend offenen Grundrechtsinterpretation.[68] Die Relativität des Problems lässt sich somit nicht aus der Verengung des Begriffs der Religionsgemeinschaft herleiten, sondern – und das zeigt sich auch in Bezug auf den hier gewählten Untersuchungsgegenstand der islamistisch-extremistischen Religionsgemeinschaften und Vereine – in einer sauberen begrifflichen Unterscheidung zwischen privatrechtlich oder öffentlich-rechtlich organisierten Religionsgemeinschaften und religiösen Vereinen.

1. Terminologische Abgrenzung

Religionsgemeinschaften können privatrechtlich oder öffentlich-rechtlich in der Form einer Körperschaft des öffentlichen Rechts organisiert sein und sind insgesamt von religiösen Vereinen abzugrenzen.

a) Privatrechtliche Religionsgemeinschaften

Privatrechtliche Religionsgemeinschaften sind, wie bereits unter Kapitel 1 B. II. erörtert, wie jede Vereinigung im Sinne des Art. 9 Abs. 1 GG eine freiwillige, auf Dauer angelegte Gruppierung mindestens zweier Personen, die sich mit einem Mindestmaß an Organisiertheit zur Verfolgung eines gemeinsamen religiösen Zwecks zusam-

---

[66] *Poscher*, KritV 3/2002, 298 (304 f.); siehe auch *Bier*, jurisPR-BVerwG 12/2006 Anm. 5 12.06.2006, D.

[67] *Poscher*, KritV 3/2002, 298 (303 ff.); *Müller-Volbehr*, JZ 1981, 41 (44); *Obermayer*, ZevKR 1982, 253 (261 f.); *Würtenberger*, ZevKR 1973, 67 (74 ff.).

[68] *Sachs*, JuS 2004, 12 (14); so auch: *Groh*, KritV 1/2002, 39 (49); *Schmieder*, VBlBW 4/2002, 146 (147); *Höfling*, Offene Grundrechtsinterpretation, 1988, S. 172 ff.

mengeschlossen haben. Im Unterschied zu anderen Vereinigungen liegt der gemeinsame spezifische Zweck bei Religionsgemeinschaften immer in der gemeinsamen Ausübung einer religiösen Überzeugung sowie in der allseitigen Erfüllung der durch den gemeinsamen Glauben gestellten Aufgaben.[69] Ihr Schutz leitet sich im Wege der Spezialität vorrangig aus Art. 4 Abs. 1, Abs. 2 GG und Art. 137 Abs. 2 WRV i. V. m. Art. 140 GG ab.

b) Öffentlich-rechtliche Religionsgemeinschaften

Öffentlich-rechtlich organisierte Religionsgemeinschaften sind solche, die nach Art. 137 Abs. 5 WRV i. V. m. Art. 140 GG den Status einer Körperschaft des öffentlichen Rechts besitzen. Das sind insbesondere die evangelische und römisch-katholische Kirche, einzelne jüdische Gemeinden, Altkatholiken, Altlutheraner, Baptisten und Mennoniten.[70] Die ersten und bisher einzigen beiden islamischen Körperschaften des öffentlichen Rechts sind die Ahmadiyya Muslim Jamaat-Gemeinden in Hessen und in Hamburg, die 2013 und 2014 jeweils den Körperschaftsstatus erwarben.[71] Der grundrechtliche Schutz öffentlich-rechtlich organisierter Religionsgemeinschaften leitet sich in Abgrenzung zu privatrechtlichen Religionsgemeinschaften nicht aus Art. 137 Abs. 2 WRV i. V. m. Art. 140 GG, sondern lex specialis aus Art. 137 Abs. 5 WRV i. V. m. Art. 140 GG ab.[72]

---

[69] U.v. Gesetzesbegründung zum Vereinsgesetz von 1964, siehe BT Drs. IV/430, S. 11; *Groh*, Selbstschutz der Verfassung gegen Religionsgemeinschaften, 2004, S. 131 f.; *Jurina*, in: Listl/Pirson (Hrsg.), Handbuch des Staatskirchenrechts der Bundesrepublik Deutschland, Band 1, 2. Aufl. 1994, S. 689 ff.; *Korioth*, in: Dürig/Herzog u. a. (Hrsg.), Grundgesetz, Lfg. 96 November 2021, Art. 137 WRV, Rn. 14; *Maleki*, ZRP 2019, 19 (20); *Radtke*, ZevKR 1/2005, 95 (105); *Roth*, in: Schenke/Graulich u. a. (Hrsg.), Sicherheitsrecht des Bundes, 2. Aufl. 2019, § 2 VereinsG, Rn. 39; *Schnorr*, Öffentliches Vereinsrecht, 1965, § 2, Rn. 36; *Unruh*, Religionsverfassungsrecht, 4. Aufl. 2018, S. 162, Rn. 252.

[70] Zusammenstellung aller Religionsgemeinschaften mit Körperschaftsstatus unter https://www.personenstandsrecht.de/Webs/PERS/DE/informationen/religionsgemeinschaften/religionsgemeinschaften-node.html (zuletzt abgerufen am 15.03.2023); *Kirchhof*, in: Listl/Pirson (Hrsg.), Handbuch des Staatskirchenrechts der Bundesrepublik Deutschland, Band 1, 2. Aufl. 1994, S. 651 ff.; *Solte*, in: Listl/Pirson (Hrsg.), Handbuch des Staatskirchenrechts der Bundesrepublik Deutschland, Band 1, 2. Aufl. 1994, S. 417 ff.

[71] Zu den Schwierigkeiten für islamische Verbände, die Voraussetzungen des Körperschaftsstatus zu erfüllen, vgl. *Deutscher Bundestag*, Stand der rechtlichen Gleichstellung des Islam in Deutschland, BT Drs. 16/5033, S. 26; *Maleki*, ZRP 2019, 19 (21).

[72] BVerfGE 102, 370 (387); Gesetzesbegründung zum Vereinsgesetz von 1964, siehe BT Drs. IV/430, S. 11; *Adamski*, Gegenwartskunde 4/2001, 483 (485); *Merten*, in: Isensee/Kirchhof (Hrsg.), Handbuch des Staatsrechts der Bundesrepublik Deutschland, 3. Aufl. 2009, § 165, Rn. 71; *Obermayer*, ZevKR 1982, 253 (257); *Roth*, in: Schenke/Graulich u. a. (Hrsg.), Sicherheitsrecht des Bundes, 2. Aufl. 2019, § 2 VereinsG, Rn. 43; *Schnorr*, Öffentliches Vereinsrecht, 1965, § 2, Rn. 36 f.; a.A. *Schmieder*, VBlBW 4/2002, 146 (146) sowie *Planker*, DÖV 1997, 101 (104), der die Einordnung von Religionsgemeinschaften als Vereine nach Art. 9 Abs. 2 GG annimmt.

Die Aufhebung des Religionsprivilegs sollte Verbote von religiös-fundamentalistischen und vor allem islamistisch-extremistischen Religionsgemeinschaften ermöglichen. Körperschaften des öffentlichen Rechts können nur nach Aberkennung ihres Körperschaftsstatus als privatrechtliche Vereinigungen verboten werden. Der Status kann ihnen entzogen werden, wenn sie sich etwa von der verfassungsmäßigen Ordnung oder den Gedanken der Völkerverständigung abwenden und damit nicht mehr die ungeschriebenen Voraussetzungen der Rechtstreue und Staatsloyalität erfüllen.[73] Ob und unter welchen verfassungsrechtlichen Voraussetzungen eine öffentlich-rechtlich organisierte Religionsgemeinschaft verboten werden kann, ist für diese Arbeit nicht zu untersuchen.

c) Religiöse Vereine

Religiöse Vereine im Sinne des Art. 138 Abs. 2 WRV erfüllen lediglich partielle Aufgaben der jeweiligen Religionsgemeinschaft, beispielsweise karitative Tätigkeiten oder den Betrieb sozialer Einrichtungen.[74] Der Grundrechtsschutz religiöser Vereine ergibt sich, weil sie nur einzelne religiöse Aufgaben erfüllen bzw. nur einzelnen religiösen Zwecken dienen, nicht aus Art. 4 Abs. 1, Abs. 2 GG, sondern wie für alle anderen Vereine aus Art. 9 Abs. 1 GG.[75] Religiöse Vereine konnten folglich schon vor Aufhebung des Religionsprivilegs auf der Grundlage der verfassungsunmittelbaren Schranke des Art. 9 Abs. 2 GG i. V. m. § 3 Abs. 1 VereinsG (für inländische, religiöse Vereine) oder gemäß §§ 14, 15 VereinsG (für ausländische, religiöse Vereine oder religiöse Ausländervereine) verboten werden.[76]

d) Zwischenergebnis

Der Grundrechtsschutz unterscheidet sich folglich je nach Organisationsstruktur. Privatrechtliche Religionsgemeinschaften sind nach Art. 4 Abs. 1, Abs. 2 GG und Art. 137 Abs. 2 WRV i. V. m. Art. 140 GG, öffentlich-rechtliche Religionsgemeinschaften nach Art. 4 Abs. 1, Abs. 2 GG und Art. 137 Abs. 5 WRV i. V. m. Art. 140 GG und religiöse Vereine nach Art. 9 Abs. 1 GG geschützt. Die dogmatische Frage nach der Herleitung der verfassungsrechtlichen Rechtfertigung betrifft allein privatrechtlich organisierte Religionsgemeinschaften, da für religiöse Vereine die Schrankenregelung des Art. 9 Abs. 2 GG heranzuziehen ist und öffentlich-rechtliche Religionsgemeinschaften erst nach Aberkennung des Körperschaftsstatus verboten werden können.

---

[73] Vgl. Leitfaden für die Verleihung der Körperschaftsrechte an Religions- und Weltanschauungsgemeinschaften vom 16. Februar 2017.

[74] *Muckel/Traub*, in: Pirson/Rüfner u. a. (Hrsg.), Handbuch des Staatskirchenrechts der Bundesrepublik Deutschland, Band 1, 3. Aufl. 2021, § 28, S. 1103 ff.

[75] Siehe oben Erster Teil Kapitel 1 B. II. 2. b).

[76] Diese Einschätzung teilt auch der Gesetzgeber des Vereinsgesetzes aus dem Jahr 1964, siehe BT Drs. IV/430, S. 11.

2. Islamische Organisationsstruktur in Deutschland

Zur Einordnung, wann eine verfasste islamische Glaubensgemeinschaft als privatrechtliche Religionsgemeinschaft angesehen werden kann, sind die Begriffsmerkmale einer Religionsgemeinschaft auf die islamischen Organisationsstrukturen zu übertragen. Eine Einordnung als Religionsgemeinschaft ist dabei neben der verfassungsrechtlichen Rechtfertigung vereinsrechtlicher Verbote etwa auch für die Einführung islamischen Religionsunterrichts als ordentliches Lehrfach nach Art. 7 Abs. 3 Satz 2 GG relevant.

Die islamische Glaubensausübung ist in Deutschland weitestgehend in eingetragenen Moscheevereinen organisiert, die sich wiederum mehrheitlich in landesweit oder bundesweit agierenden Verbänden und Dachorganisationen zusammenschließen. Darunter sind etwa die Union der Türkisch-Islamischen Kulturvereine in Europa e.V. (ATIB), die Türkisch-Islamische Union der Anstalt für Religion e.V. (DITIB), die Islamische Föderation Berlin e.V. (IFB), der Islamrat für die Bundesrepublik Deutschland (IRD), die Schura – Islamische Religionsgemeinschaft Bremen, der Verband der Islamischen Kulturzentren e.V. (VIKZ) sowie der Zentralrat der Muslime in Deutschland e.V. (ZMD).[77] Seit 2007 gibt es zudem einen Koordinierungsrat der Muslime in Deutschland (KRM), den die vier größten muslimischen Verbände gegründet haben.[78]

Auf den ersten Blick wirkt die Organisation islamischen Glaubens in Deutschland übersichtlich und strukturiert. Daraus lassen sich jedoch keine Schlüsse für die Einordnung islamischer Verbände oder Vereine als privatrechtliche Religionsgemeinschaften ziehen. Während das OVG Berlin die Islamische Föderation[79] und *Maleki* die DITIB, die ATIB und die Schura[80] als Religionsgemeinschaften einstufen, kommt das OVG Münster zu dem Schluss, dass weder Dachverbände, also Zusammenschlüsse von Verbänden und einzelnen Vereinigungen, noch religiöse Vereine grundsätzlich als Religionsgemeinschaft angesehen werden können.[81] Beim Zentralrat der Muslime in Deutschland e.V. und dem Islamrat für die BRD e.V. scheitere die Einordnung als Religionsgemeinschaften nach Art. 7 Abs. 3 Satz 2 GG bereits am personalen Substrat.[82] Ihnen fehle zudem die notwendige Sachkompetenz für identitätsstiftende religiöse Aufgaben sowie die von ihnen in Anspruch genommene flächendeckende religiöse Autorität.[83] Moscheevereine können nach dem OVG Münster

---

[77] Vgl. *Deutscher Bundestag*, Stand der rechtlichen Gleichstellung des Islam in Deutschland, BT Drs. 16/5033, S. 4; OVG Berlin, Urteil vom 04.11.1998 – 7 B 4.98, DVBl 1999, 554.
[78] Koordinationsrat der Muslime, Gründungsmitglieder, siehe unter http://koordinationsrat. de/ueber-uns (zuletzt abgerufen am 15.03.2023).
[79] OVG Berlin, Urteil vom 04.11.1998 – 7 B 4.98, DVBl 1999, 554.
[80] *Maleki*, ZRP 2019, 19 (20).
[81] OVG Münster, Urteil vom 02.12.2003 – 19 A 997/02, NWVBl 2004, 224 (226 f.).
[82] OVG Münster, Urteil vom 09.11.2017 – 19 A 997/02, juris, Rn. 33.
[83] OVG Münster, Urteil vom 09.11.2017 – 19 A 997/02, juris, Leitsatz; *Maleki*, ZRP 2019, 19 (20).

nicht als Religionsgemeinschaften eingeordnet werden, weil sie nur Teilaufgaben ihnen übergeordneter Religionsgemeinschaften erfüllen und damit das Merkmal der Erfüllung allseitiger durch den Glauben gestellter Aufgaben nicht gegeben sei.[84]

Die genaue Einordnung als Religionsgemeinschaft oder religiöser Verein wirkt sich auf die verfassungsrechtliche Rechtfertigung vereinsrechtlicher Maßnahmen, wie im Fall von Vereinsverboten, aus. Während Verbote religiöser Vereine nach Art. 9 Abs. 2 GG und § 3 Abs. 1 VereinsG gerechtfertigt sein können, sind für Verbote extremistischer Religionsgemeinschaften die verfassungsimmanenten Schranken der Religionsfreiheit nach Art. 4 Abs. 1, Abs. 2 GG zu wahren.[85] In den ersten beiden Entscheidungen zu verfassungs- oder völkerverständigungswidrigen, islamistisch-extremistischen Vereinen wog das Bundesverwaltungsgericht die Rechtsstellung der Adressaten nicht genauer ab. In der Kalifatsstaat-Entscheidung ordnete das Bundesverwaltungsgericht 2002 ohne nähere begriffliche Auseinandersetzung mit den verschiedenen Termini den Verein als ausländische Religionsgemeinschaft ein.[86] In der Al Aqsa-Entscheidung ging das Bundesverwaltungsgericht 2004 ohne weitere Erörterung von einem religiösen Verein aus.[87]

In der Entscheidung zum Verbot des ausländischen Vereins Hizb ut Tahrir setzte sich das Bundesverwaltungsgericht 2006 erstmals mit der begrifflichen Unterscheidung zwischen Religionsgemeinschaft und religiösem Verein auseinander und übertrug die verfassungsrechtlichen Tatbestandsmerkmale einer Religionsgemeinschaft auf den Islam und islamische Gruppierungen. Zum Merkmal der allseitigen Aufgabenerfüllung führte das Gericht aus, dass es nicht genügt, sein politisches Handeln am Islam auszurichten, wenn darüber hinaus wesentliche Bestandteile islamischer Religionsausübung, wie das wöchentliche Freitagsgebet, nicht praktiziert werden.[88] Neben dem Schwerpunkt der Tätigkeit des Vereins stellte es zudem auf das äußere Erscheinungsbild und den geistigen Gehalt der Gruppierung ab. Auch das Selbstverständnis des Vereins als politische Partei konnte Indiz für die Einordnung als Religionsgemeinschaft oder als religiöser Verein sein. Im Ergebnis ordnete das Gericht die in Rede stehende Gruppierung Hizb ut Tahrir als religiösen Verein ein, ließ dabei aber, weil es auch die Möglichkeit des Verbots einer Religionsgemeinschaft bejahte, den verfassungsrechtlichen Status religiöser Vereine unkommentiert.[89]

Mit einer allmählich wachsenden terminologischen Sensibilität ließen die Verwaltungsgerichte in den weiteren Entscheidungen die genaue Einordnung des jeweiligen verbotenen Vereins als Religionsgemeinschaft oder religiösen Verein entweder offen,

---

[84] OVG Münster, Urteil vom 02.12.2003 – 19 A 997/02, NWVBl 2004, 224 (227).
[85] Siehe dazu ausführlich in diesem Kapitel A. I.–III.
[86] BVerwG, Urteil vom 27.11.2002 – 6 A 4/02, Buchholz 402.45 VereinsG Nr. 35, Rn. 19.
[87] BVerwG, NVwZ 2005, 1435 (1435).
[88] BVerwG, NVwZ 2006, 694 (694).
[89] *Michael*, JZ 2007, 146 (148).

äußerten dann aber Zweifel an deren Einordnung als Religionsgemeinschaften[90] oder bewerteten sie direkt als religiöse Vereine.[91]

Eine terminologische Verengung dahingehend, dass islamistisch-extremistische Vereine, die verboten werden sollen, als religiöser Verein und nicht als (privatrechtliche) Religionsgemeinschaft definiert werden, ist als nicht sachgerecht abzulehnen. Es ist nicht von vornherein auszuschließen, dass auch ein Moscheeverein die Kriterien für die Einordnung als Religionsgemeinschaft erfüllen kann. Moscheevereine können je nach konkretem Einzelfall als religiöser Verein nach Art. 9 Abs. 2 GG oder als Religionsgemeinschaft nach Art. 4 Abs. 1, Abs. 2 GG unter jeweiligen Rückgriff auf § 3 Abs. 1 VereinsG für inländische Moscheevereine oder §§ 14, 15 VereinsG für ausländische Moscheevereine verboten werden.

3. Zwischenergebnis

Der Grundrechtsschutz und damit auch die dogmatische Frage, welche Schrankenregelung es bei welcher Organisationsform zu beachten gilt, unterscheidet sich je nach Einordnung als privatrechtliche Religionsgemeinschaft, Körperschaft des öffentlichen Rechts oder religiöser Verein. Mit Blick auf den hier gewählten Untersuchungsgegenstand der islamistisch-extremistischen Vereine kommt es für eine genaue Einordnung als privatrechtliche Religionsgemeinschaft oder religiösen Verein auf den konkreten Einzelfall an. Als Kriterien zur Einordnung eines (islamischen Moschee-) Vereins oder Dachverbands als Religionsgemeinschaft wurden der Schwerpunkt der Tätigkeit, das äußere Erscheinungsbild, der geistige Gehalt und das Selbstverständnis des Vereins angeführt.

Sowohl *Poscher* als auch die Verwaltungsgerichte tendieren dazu, islamische Vereinigungen, die verboten werden sollen, aufgrund ihres verbotswürdigen Verhaltens als religiösen Verein und nicht als Religionsgemeinschaft einzuordnen. Das Problem der Schrankenregelung relativiert sich aber nicht aufgrund einer begrifflichen Verengung auf den religiösen Verein, sondern bei dogmatisch richtiger Schrankenanwendung aufgrund der für beide Organisationsformen (religiöser Verein und privatrechtliche Religionsgemeinschaft) bestehenden Verbotsmöglichkeiten.

Islamische Religionsgemeinschaften genießen den spezielleren Schutz der religiösen Vereinigungsfreiheit nach Art. 4 Abs. 1, Abs. 2 GG und Art. 137 Abs. 2 WRV i. V. m. Art. 140 GG und können im Wege der verfassungsimmanenten Schranken nach Art. 4 Abs. 1, Abs. 2 GG verboten werden. Das Verbot islamistisch-extremistischer Vereine als religiöse Vereine war schon vor Aufhebung des Religionsprivilegs im Rahmen der verfassungsunmittelbaren Schranken nach Art. 9 Abs. 2 GG möglich.

---

[90] Im Einzelnen BVerwGE 153, 211 (227) (Farben für Waisenkinder e.V.); BayVGH, Urteil vom 24.01.2007 – 4 A 06.52, KirchE 49, 55 (64) (Multi-Kultur-Haus e.V.).
[91] BVerwG, NVwZ 2014, 1573 (1576) (DawaFFM); BVerwG, NVwZ 2006, 694 (694) (Hizb ut Tahrir).

VII. Zusammenfassung mit Übersicht

Die in der Schrankenproblematik beim Verbot privatrechtlicher Religionsgemeinschaften vertretenen Ansichten mäandern zwischen dogmatischer Stringenz und lösungsorientierten Ansätzen. Das Bundesverwaltungsgericht entschied sich in einer Reihe von Urteilen für den den Gesetzgeber schonenden, pragmatischen Ansatz und optiert für die Anwendbarkeit des Art. 9 Abs. 2 GG, obwohl dies gegen die Grundrechtskonkurrenz und den Grundsatz der Spezialität verstößt.

Für die vorbehaltlose Gewährleistung der religiösen Vereinigungsfreiheit spricht die verfassungssystematische Stringenz. Die Hürden bei der Umsetzung sollten nicht zum Anlass für Lösungen außerhalb des etablierten Systems der Grundrechtskonkurrenzen genommen werden. Privatrechtliche Religionsgemeinschaften genießen den Schutz der religiösen Vereinigungsfreiheit nach Art. 4 Abs. 1, Abs. 2 GG und Art. 137 Abs. 2 WRV i. V. m. Art. 140 GG, in die nur im Rahmen der verfassungsimmanenten Schranken nach Art. 4 Abs. 1, Abs. 2 GG eingegriffen werden kann. Verbote von Religionsgemeinschaften sind darum nur bei der Betroffenheit von Rechtsgütern mit Verfassungsrang oder Grundrechten Dritter denkbar.

Zur Ausgestaltung des Vorrangs des Gesetzes bei verfassungsimmanenten Schranken bedarf es einer einfachgesetzlichen Eingriffsbefugnis. Für ausländische Religionsgemeinschaften kann auf die Verbotsnormen §§ 14, 15 VereinsG zurückgegriffen werden, für inländische Religionsgemeinschaften ist § 3 Abs. 1 VereinsG heranzuziehen und dahingehend verfassungskonform auszulegen, dass nur Verbote gerechtfertigt werden können, die mit der Verletzung von Rechtsgütern mit Verfassungsrang oder Grundrechten Dritter begründet werden.

	Privatrechtliche Religionsgemeinschaft		Öffentlich-rechtliche Religionsgemeinschaft	Religiöser Verein	
Schutzbereich	Art. 4 Abs. 1, Abs. 2 GG, Art. 137 Abs. 2 Satz 1 WRV i. V. m. Art. 140 GG		Art. 4 Abs. 1, Abs. 2 GG, Art. 137 Abs. 5 WRV i. V. m. Art. 140 GG	inländisch	ausländisch
				Art. 9 Abs. 1 GG	Art. 2 Abs. 1 GG
Eingriff	Verbot				
Rechtfertigung	Art. 4 Abs. 1, Abs. 2 GG i. V. m.		erst nach Aberkennung des Körperschaftsstatus, dann wie privatrechtliche Religionsgemeinschaft	Art. 9 Abs. 2 GG i. V. m.	
	inländisch	ausländisch		inländisch	ausländisch
	§ 3 Abs. 1 VereinsG	§§ 14, 15 VereinsG		§ 3 Abs. 1 VereinsG	§§ 14, 15 VereinsG

Abbildung 2: Grundrechtliche Schutzgehalte nach Organisationsstrukturen

B. Das „Wie" des Verbietens – Islamistisch-extremistische Vereine als neues Anwendungsfeld der Verbotstatbestände

Vereinigungen sind nach Art. 9 Abs. 2 GG i. V. m. § 3 Abs. 1 Alt. 2 und 3 VereinsG auch zu verbieten, wenn sie sich gegen die verfassungsmäßige Ordnung oder gegen den Gedanken der Völkerverständigung richten. Beide Verbotsgründe sind Schutzgüter mit Verfassungsrang. Nach Darstellung der Entwicklung beider Verbotstatbestände werden neue Begründungsmuster zur Erweiterung des bisherigen Begriffsverständnisses erarbeitet. Nach der Aufhebung des Religionsprivilegs 2001 kam es zu einer Vielzahl von Vereinsverboten gegen extremistische religiöse Vereine und privatrechtliche Religionsgemeinschaften, die größtenteils vor den Verwaltungsgerichten behandelt worden.

I. Die Entwicklung der Verbotstatbestände der Verfassungs- und Völkerverständigungswidrigkeit

Historisch betrachtet sind die beiden Verbotstatbestände des Sichrichtens gegen die verfassungsmäßige Ordnung oder gegen die Völkerverständigung ein Novum. Sie wurden als Lehre aus der Weimarer Republik erst 1949 mit der Neukonzeption der Vereinigungsfreiheit eingeführt. Zuvor konnten Vereine nur wegen Strafgesetzwidrigkeit verboten werden.[92]

Der Verfassungskonvent auf Herrenchiemsee erhielt vom 10. bis 24. August 1948 die vage Aufgabe eine demokratische Verfassung föderativen Typs mit Grund- und Menschenrechten zu schaffen, die später vom Parlamentarischen Rat beschlossen werden sollte.[93] Einem der drei zur Vorbereitung eines Verfassungsentwurfs gebildeten Unterausschüsse (Unterausschuss I für Grundsatzfragen) oblag die Erarbeitung des neuen Grundrechtekatalogs. Unter Rückgriff auf die bestehenden Normierungen zur Vereinigungsfreiheit in den Landesverfassungen Bayerns (Art. 114 Abs. 2 BV)[94] und Bremens (Art. 17 Abs. 2 LFHB)[95] erarbeitete die Grundrechts-Kommission des Unterausschusses I, bestehend aus Fritz Baade, Gert Feine und Hans Nawiasky, eine Vorlage zur Regelung der Vereinigungsfreiheit im Grundgesetz. Ohne weitere Erläuterungen schlugen sie eine Formulierung unter Aufnahme neuer Verbotstatbestände

---

[92] BVerfGE 149, 160 (163 f.); *J. Gerlach*, Die Vereinsverbotspraxis der streitbaren Demokratie, 2012, S. 83; *Planker*, Das Vereinsverbot gem. Art. 9 Abs. 2 GG/§§ 3 ff. VereinsG, 1994, S. 68.

[93] *Bucher*, in: Deutscher Bundestag (Hrsg.), Der Parlamentarische Rat 1948–1949, Bd. 2, 1981, S. 67.

[94] „Vereine und Gesellschaften, die rechts- oder sittenwidrige Zwecke verfolgen oder solche Mittel gebrauchen oder die darauf ausgehen, die staatsbürgerlichen Freiheiten zu vernichten oder gegen Volk, Staat oder Verfassung Gewalt anzuwenden, können verboten werden."

[95] „Durch Gesetz sind Vereinigungen zu verbieten, die die Demokratie oder eine Völkerverständigung gefährden."

vor, die zunächst der Ausschuss und später auch das Verfassungskonvent unverändert übernahm:[96]

„Alle haben das Recht, Vereine und Gesellschaften zu bilden.
Vereinigungen, die rechts- oder sittenwidrige Zwecke verfolgen oder die Demokratie oder die Völkerverständigung gefährden, sind verboten."[97]

An die Arbeit des Verfassungskonvents schloss sich die Arbeit des Parlamentarischen Rates an. Der Herrenchiemseer Entwurf der Vereinigungsfreiheit wurde im Ausschuss für Grundsatzfragen des Parlamentarischen Rates, der sich am 15. September 1948 konstituierte, weiter behandelt. In der sechsten Sitzung am 5. Oktober 1948 stellte Georg August Zinn die neue, über die Vorgängerregelung des Art. 124 WRV hinausgehende Konzeption der Vereinigungsfreiheit vor und begründete die Aufnahme der zusätzlichen Verbotsvorbehalte, namentlich sich gegen die verfassungsmäßige Ordnung oder gegen die Völkerverständigung zu richten, mit fehlenden Hoch- und Landesverratsvorschriften.[98] In der 25. Sitzung vom 24. November 1948 wurde die Fassung des Redaktionsausschusses diskutiert und zur Vereinheitlichung der Formulierung dahingehend geändert, dass statt ‚sind unzulässig' die Variante ‚sind verboten' gewählt wurde.[99] Die daraufhin vom Ausschuss für Grundsatzfragen sowie vom Hauptausschuss des Parlamentarischen Rates im Dezember 1948 angenommene Fassung lautete im Ergebnis wie folgt:

„Alle haben das Recht, Vereine und Gesellschaften zu bilden.
Vereinigungen, deren Zwecke oder deren Tätigkeit den Strafgesetzen zuwiderlaufen, oder die sich gegen die verfassungsmäßige Ordnung oder gegen den Gedanken der Völkerverständigung richten, sind verboten."[100]

II. Die Verbotstatbestände im Einzelnen

Die beiden 1949 eingeführten und damit vergleichsweise jungen Verbotstatbestände ermöglichen Maßnahmen gegen Vereine, die sich gegen die verfassungsmäßige Ordnung oder gegen die Völkerverständigung richten. Nach der Aufhebung des Religionsprivilegs[101] im Jahr 2001 und der Erweiterung der Verbotsmöglichkeiten gegen

---

[96] *Bucher*, in: Deutscher Bundestag (Hrsg.), Der Parlamentarische Rat 1948–1949, Bd. 2, 1981, S. 581; *Sachs*, in: Can/Azrak u. a. (Hrsg.), Özgürlükler Düzeni Olarak Anayasa – Verfassung als Freiheitsordnung, 2006, S. 356.

[97] *Bucher*, in: Deutscher Bundestag (Hrsg.), Der Parlamentarische Rat 1948–1949, Bd. 2, 1981, S. 222.

[98] *Pikart/Werner*, in: Deutscher Bundestag (Hrsg.), Der Parlamentarische Rat 1948–1949, Bd. 5/I, 1993, S. 123.

[99] *Pikart/Werner*, in: Deutscher Bundestag (Hrsg.), Der Parlamentarische Rat 1948–1949, Bd. 5/II, 1993, S. 685.

[100] *Pikart/Werner*, in: Deutscher Bundestag (Hrsg.), Der Parlamentarische Rat 1948–1949, Bd. 5/II, 1993, S. 786 (Ausschuss für Grundsatzfragen), S. 804 (Hauptausschuss).

[101] Siehe dazu Erster Teil Kapitel 1 B. II. 1.

Ausländervereine in § 14 VereinsG[102] werden Vereinsverbote mittlerweile verstärkt zur Bekämpfung neuartiger Gefährdungsphänomene durch religiösen Fundamentalismus, wie dem organisierten Islamismus und islamistischen Terrorismus eingesetzt. Im Zuge dessen entwickelten die Verwaltungsgerichte die Voraussetzungen der beiden Verbotsgründe weiter.

1. Die verfassungsmäßige Ordnung

Das bisherige Tatbestandsverständnis des Verbotsgrundes des Sichrichtens gegen die verfassungsmäßige Ordnung wurde primär von der Rechtspraxis geprägt. Den Entscheidungen lagen Verbote rechts-, links- und ausländerextremistischer Vereine zugrunde. Die Erweiterung der Begründungsansätze auf islamistisch-extremistische Vereine und Religionsgemeinschaften musste vor allem die Grenzen zwischen legitimer Darstellung und Werbung für religiöse Auffassungen in Abgrenzung zu einer unzulässigen religiös verbrämten Gerichtetheit gegen die verfassungsmäßige Ordnung definieren.

a) Bisheriges Begriffsverständnis

Weder im vorbereitenden Herrenchiemsee Verfassungskonvent noch im Parlamentarischen Rat war die Begriffsbestimmung für den Verbotstatbestand der verfassungsmäßigen Ordnung Gegenstand eingehender Beratung oder Auseinandersetzung.[103] Auch in der Begründung zum Vereinsgesetz von 1964 verpasste es der Gesetzgeber den Begriff der verfassungsmäßigen Ordnung oder den der freiheitlich-demokratischen Grundordnung zu konkretisieren.

Die Bestimmungen in Art. 9 Abs. 2 GG, Art. 18 Satz 1 GG und Art. 21 Abs. 2 GG bilden die verfassungsrechtliche Grundlage für die wehrhafte Demokratie.[104] Der Begriff der verfassungsmäßigen Ordnung aus Art. 9 Abs. 2 GG kann darum mit dem Begriff der freiheitlich-demokratischen Grundordnung, wie er in Art. 18 und 21 GG verwendet wird, paraphrasiert werden.[105] Das hat zur Folge, dass das Begriffsver-

---

[102] BGBl. 2002 I S. 361.
[103] BVerfGE 149, 160 (163 f.).
[104] BVerfGE 144, 20 (164); *Klamt*, Die Europäische Union als Streitbare Demokratie, 2012, S. 171 ff.
[105] *Albrecht*, in: Albrecht/Roggenkamp (Hrsg.), Vereinsgesetz Kommentar, 2014, § 3 VereinsG, Rn. 38; *Bauer*, in: Dreier (Hrsg.), Grundgesetz, 3. Aufl. 2013, Art. 9, Rn. 57; *Cornils*, in: Epping/Hillgruber (Hrsg.), BeckOK Grundgesetz, 51. Edition, Stand 15.05.2022, Art. 9, Rn. 26; *Dörig*, jM 2016, 203 (205); *J. Heinrich*, Vereinigungsfreiheit und Vereinigungsverbot, 2005, S. 85; *Höfling*, in: Sachs (Hrsg.), Grundgesetz, 9. Aufl. 2021, Art. 9, Rn. 46; *Kemper*, in: Mangoldt/Klein u.a. (Hrsg.), Grundgesetz, 7. Aufl. 2018, Art. 9, Rn. 77; *Kingreen/Poscher*, Grundrechte, 37. Aufl. 2021, Rn. 946; *Merten*, in: Isensee/Kirchhof (Hrsg.), Handbuch des Staatsrechts der Bundesrepublik Deutschland, 3. Aufl. 2009, § 165, Rn. 78; *Roth*, in: Schenke/Graulich u.a. (Hrsg.), Sicherheitsrecht des Bundes, 2. Aufl. 2019, § 3 VereinsG, Rn. 50; Schnorr (Hrsg.), Öffentliches Vereinsrecht, 1965, § 3, Rn. 13.

ständnis in Art. 9 Abs. 2 GG enger ist als das der in Art. 2 Abs. 1 GG oder in Art. 20 Abs. 3 GG zugrunde gelegten Auslegung. Mit der verfassungsmäßigen Ordnung wird in Art. 9 Abs. 2 GG allein der Kern elementarer Verfassungsgrundsätze umschrieben. In Abgrenzung dazu wird in Art. 2 Abs. 1 GG die gesamte Rechtsordnung verstanden; in Art. 20 Abs. 3 GG steht der Begriff Synonym für die gesamte Verfassung.[106]

In der Rechtsprechung dient das SRP-Urteil des Bundesverfassungsgerichts als Ausgangspunkt für die Ausformung des Begriffs der freiheitlich-demokratischen Grundordnung aus Art. 21 Abs. 2 GG. Darin wird die freiheitlich-demokratische Grundordnung als rechtsstaatliche Herrschaftsordnung beschrieben, der insbesondere „die Achtung vor den im Grundgesetz konkretisierten Menschenrechten, […] die Volkssouveränität, die Gewaltenteilung, die Verantwortlichkeit der Regierung, die Gesetzmäßigkeit der Verwaltung, die Unabhängigkeit der Gerichte, das Mehrparteienprinzip und die Chancengleichheit für alle politischen Parteien mit dem Recht auf verfassungsmäßige Bildung und Ausübung einer Opposition" als grundlegende Prinzipien zugerechnet werden.[107]

Als weiterer Anhaltspunkt findet sich im Verfassungsschutzrecht eine einfachgesetzliche Legaldefinition des Begriffs der freiheitlich-demokratischen Grundordnung, welcher eine erhebliche Parallelität zum in der höchstgerichtlichen Rechtsprechung zugrunde gelegten Begriffsverständnis aufweist, vgl. § 4 Abs. 2 BVerfSchG:

„Zur freiheitlichen demokratischen Grundordnung im Sinne dieses Gesetzes zählen:
a) das Recht des Volkes, die Staatsgewalt in Wahlen und Abstimmungen und durch besondere Organe der Gesetzgebung, der vollziehenden Gewalt und der Rechtsprechung auszuüben und die Volksvertretung in allgemeiner, unmittelbarer, freier, gleicher und geheimer Wahl zu wählen,
b) die Bindung der Gesetzgebung an die verfassungsmäßige Ordnung und die Bindung der vollziehenden Gewalt und der Rechtsprechung an Gesetz und Recht,
c) das Recht auf Bildung und Ausübung einer parlamentarischen Opposition,
d) die Ablösbarkeit der Regierung und ihre Verantwortlichkeit gegenüber der Volksvertretung,
e) die Unabhängigkeit der Gerichte,
f) der Ausschluß jeder Gewalt- und Willkürherrschaft und
g) die im Grundgesetz konkretisierten Menschenrechte."

---

[106] BVerfGE 6, 32 (3. Ls); *Huster/Rux*, in: Epping/Hillgruber (Hrsg.), BeckOK Grundgesetz, 51. Edition, Stand 15.05.2022, Art. 20, Rn. 165; kritisch dazu *Scholz*, in: Dürig/Herzog u. a. (Hrsg.), Grundgesetz, Lfg. 96 November 2021, Art. 9, Rn. 127, der zu Bedenken gibt, dass der Verfassungsgeber sich offensichtlich für eine begriffliche Differenzierung entschied und die verfassungsmäßige Ordnung in Art. 9 Abs. 2 GG darum weiter versteht und darunter auch die Grundsätze des Sozialstaatsprinzips, des Bundesstaatsprinzips und den Bestand der BRD fasst, sowie *Jarass*, in: Jarass/Pieroth (Hrsg.), Grundgesetz, 16. Aufl. 2020, Art. 9, Rn. 19, der bei der Auslegung des Begriffs der verfassungsmäßigen Ordnung in Art. 9 Abs. 2 wie in Art. 20 Abs. 3 GG die gesamte Verfassung heranziehen will.
[107] BVerfGE 2, 1 (2. Ls).

Auch wenn diese Aufzählung der elementaren Verfassungsgrundsätze nicht unmittelbar auf die Verbotsvoraussetzung der verfassungsmäßigen Ordnung in Art. 9 Abs. 2 GG übertragbar ist, so hilft die Wertung des damaligen Gesetzgebers dennoch, das Begriffsverständnis zu erhöhen.

Zuletzt trat das Bundesverfassungsgericht der zunehmenden Unbestimmtheit der beiden Begriffe in seinem NPD II-Urteil entgegen und fasst die freiheitlich-demokratische Grundordnung mittlerweile mit drei zentralen, für den Verfassungsstaat unentbehrlichen Grundprinzipien zusammen: die Würde des Menschen, das Demokratieprinzip und das Rechtsstaatsprinzip.[108] Die Vereinsverbots-Rechtsprechung des Bundesverwaltungsgerichts, in der der Begriff der verfassungsmäßigen Ordnung nach Art. 9 Abs. 2 GG konkretisiert wird, deckt sich damit insoweit, als dass die drei Grundprinzipien der Definition des Bundesverfassungsgerichts auch Bestandteil der Begriffsbestimmung des Bundesverwaltungsgerichts sind.[109] Die Begriffsmerkmale der freiheitlich-demokratischen Grundordnung gehen in denen der verfassungsmäßigen Ordnung in Gänze auf.[110]

Ein Verein handelt demnach gegen die verfassungsmäßige Ordnung, wenn er sich gegen die Menschenwürde, gegen das Demokratieprinzip, einschließlich seiner differenzierten Ausprägungen, oder gegen den Rechtsstaat, im Einzelnen die Gewaltenteilung, die Gesetzmäßigkeit der Verwaltung oder gegen die Unabhängigkeit der Justiz richtet.[111]

b) Übertragung auf islamistisch-extremistische Vereine

Während Verbote wegen Verfassungs- und Völkerverständigungswidrigkeit vormals vor allem rechtsextremistische Vereine betrafen, weil diese nationalsozialistische Publikationen verbreitet haben,[112] werden sie nach der Aufhebung des Religionsprivilegs nun auch zur Begründung von Verboten islamistischer Vereine verwendet, weil sie die Vernichtung bestimmter Völker und den Einsatz von Gewalt befürworten.

---

[108] BVerfGE 144, 20 (20 f.); *van Ooyen*, in: Möllers/van Ooyen (Hrsg.), Jahrbuch Öffentliche Sicherheit 2018/2019, 2019, S. 301 ff.

[109] BVerwG, NVwZ 2014, 1573 (1576); BVerwG, NVwZ 2013, 870 (871); BVerwG, NVwZ-RR 2011, 14 (14 f.); BVerwG, NVwZ-RR 2009, 803 (804); BVerwGE 134, 275 (292 f.); BVerwG, NVwZ-RR 2000, 70 (71); BVerwG, NVwZ 1997, 66 (67); BVerwG, Urteil vom 13.05.1986 – 1 A 12/82, Buchholz 402.45 VereinsG Nr. 8, Rn. 17.

[110] *Michael*, JZ 2002, 482 (486) und *Schiffbauer*, JZ 2019, 130 (134) sprechen sich dafür aus, dass das Begriffsverständnis zur freiheitlich-demokratischen Grundordnung enger als das der verfassungsmäßigen Ordnung ist.

[111] *Cornils*, in: Epping/Hillgruber (Hrsg.), BeckOK Grundgesetz, 51. Edition, Stand 15.05.2022, Art. 9, Rn. 26; *Kannengießer*, in: Schmidt-Bleibtreu/Hofmann u. a. (Hrsg.), Grundgesetz, 15. Aufl. 2022, Art. 9, Rn. 19.

[112] So auch BVerwG, NVwZ-RR 2009, 803; BVerwG, NVwZ 2000, 70; BVerwG, NVwZ-RR 2000, 70: BVerwG, NVwZ 1997, 66; BVerwG, Urteil vom 13.05.1986 – 1 A 12/82, Buchholz 402.45 VereinsG Nr. 8.

B. Das „Wie" des Verbietens 169

Als am 8. Dezember 2001 das Religionsprivileg gestrichen wurde,[113] verfügte der damalige Bundesinnenminister noch am selben Tag das Verbot der Vereinigung Kalifatsstaat,[114] welche auch Anlass für die Gesetzesänderung war. Das Bundesverwaltungsgericht bestätigte das Verbot der Vereinigung einschließlich bestimmter Teilorganisationen am 27. November 2002.[115] Der islamistisch-jihadistische Verein wurde verboten, weil er sich aggressiv-kämpferisch gegen die verfassungsmäßige Ordnung richtete und die innere Sicherheit und sonstige Belange der BRD gefährdete. Indem der Verein den Willen Allahs und den Koran als alleinige Grundlage einer staatlichen Herrschaftsordnung anerkannte, sprach er sich gegen die Selbstbestimmung des Volkes und gegen die rechtsstaatliche Ordnung des Grundgesetzes aus. Mit der Ansicht, dass es außerhalb der islamischen Religion keinen Staat geben kann und der Kalifatsstaat als einzig legitimer, real existierender Staat mit eigenem Herrschaftsanspruch und der Scharia als Rechtssystem akzeptiert wird, richtete sich der Verein gegen das Gewaltmonopol der Staatsorgane der Bundesrepublik Deutschland.[116]

Der Bayerische Verwaltungsgerichtshof begründete das Verbot des islamistisch-jihadistischen Vereins Multi-Kultur-Haus e.V. in seiner Entscheidung vom 24. Januar 2007 ebenfalls mit dessen verfassungsfeindlichen Zielen. Das Multi-Kultur-Haus e.V. setzte sich für die gewaltsame Schaffung eines weltumspannenden Gottesstaates mit Gottesrecht als einzig anzuerkennender Rechtsquelle ein und forderte seine Mitglieder zur aktiven Bekämpfung der Demokratie auf. Damit richtete er sich gegen die freiheitlich-demokratische Grundordnung und das Demokratieprinzip.[117] Indem er zu Gewalt gegen Ungläubige aufrief, stellte er sich gegen das Rechtsstaatsprinzip und missachtete bewusst die im Grundgesetz konkretisierten Menschenrechte, vor allem das Recht auf Leben und körperliche Unversehrtheit.[118]

Am 13. März 2013 verbot das Bundesinnenministerium mehrere salafistische Vereine, darunter DawaFFM und seine Teilorganisationen Internationaler Jugendverein – Dar al Schabab e.V. und DawaTeam Islamische Audios. Des Weiteren wurde An-Nussrah als Teilorganisation der im Juni 2012 aufgelösten Vereinigung Millatu Ibrahim verboten. Die Verbotsbehörde begründete ihre Verfügung mit Bestrebungen der Vereine gegen die freiheitlich-demokratische Grundordnung, indem sie die De-

---

[113] BGBl. 2001 I 3319.

[114] Auch genannt ICCB (Cemaat ve Cemiyetler Birligi), was übersetzt für Verband der Islamischen Vereine und Gemeinden e.V. steht.

[115] BVerwG, Urteil vom 27.11.2002 – 6 A 4/02, Buchholz 402.45 VereinsG Nr. 35; das Bundesverfassungsgericht nahm die Verfassungsbeschwerde mangels Erfolgsaussichten nicht zur Entscheidung an, vgl. BVerfG, Beschluss vom 02.10.2003 – 1 BvR 536/03, juris.

[116] BVerwG, Urteil vom 27.11.2002 – 6 A 4/02, Buchholz 402.45 VereinsG Nr. 35, Rn. 37, 40; weitere Vereine, die die Etablierung eines islamischen Gottesstaats anstrebten, vgl. BVerwGE 141, 100 (112f.); 135, 302 (306f.); *W. Bock*, NVwZ 2007, 1250 (1251).

[117] BayVGH, Urteil vom 24.01.2007 – 4 A 06.52, KirchE 49, 55 (59); so auch *Albrecht*, in: Albrecht/Roggenkamp (Hrsg.), Vereinsgesetz Kommentar, 2014, § 3, Rn. 44; *Groh*, in: Groh (Hrsg.), Vereinsgesetz, 2012, § 3, Rn. 14.

[118] BayVGH, Urteil vom 24.01.2007 – 4 A 06.52, KirchE 49, 55 (60).

mokratie durch ein salafistisches System und den Rechtsstaat durch die Scharia ersetzen wollten.[119] Das Bundesverwaltungsgericht bestätigte das Verbot des DawaFFM mit Entscheidung vom 14. Mai 2014.[120]

Die DawaFFM-Entscheidung ist aus zweierlei Perspektive bedeutend: Einerseits stellt das Gericht die Betroffenheit der religiösen Vereinigungsfreiheit auch für religiöse Vereine fest, andererseits konkretisiert es deutlich die Auslegung des Verbotstatbestandes in Bezug auf einen salafistischen Verein. Hatte es das Gericht in der Hizb-ut-Tahrir-Entscheidung vom 25. Januar 2006 noch offengelassen,[121] legt es sich nun hinsichtlich der Betroffenheit der religiösen Vereinigungsfreiheit nicht nur für Religionsgemeinschaften, sondern auch für religiöse Vereine fest. Ein Verbot religiöser Vereine ist folglich wie im Fall von (privatrechtlichen) Religionsgemeinschaften nur möglich, wenn es zur Erreichung des mit ihm bezweckten Schutzes der Verfassungsgüter und Grundrechte Dritter unerlässlich ist.[122] Im Rahmen dessen dürfen die staatlichen Verbotsbehörden die Glaubensinhalte des Vereins zwar aufgrund des dem entgegenstehenden religiös-weltanschaulichen Neutralitätsgebotes nicht als richtig oder falsch bewerten. Sie können aber die Auswirkungen des tatsächlichen, auf diesen Glaubenssätzen beruhenden Verhaltens des Vereins und seiner Mitglieder auf Staat und Gesellschaft nach staatlichem Recht beurteilen.[123] Konkret geht es um eine Abgrenzung zwischen legitimer Glaubensausübung auf der einen Seite, darunter fällt auch das Werben für den islamischen Glauben, z.B. durch die Verteilung von Koranen oder Koranübersetzungen,[124] und religiös verbrämter Propaganda für den Heiligen Krieg (Jihad) auf der anderen Seite.[125]

Hinsichtlich der Weiterentwicklung etablierter Begründungsansätze in Bezug auf islamistisch-extremistische Vereine arbeitete das Gericht die Widersprüche zwischen der hier in Frage stehenden salafistischen Werteordnung und derjenigen des Grundgesetzes heraus. Die Anwendung der in der Scharia vorgesehenen Strafen missachtet eine Reihe von Grundrechten, namentlich das Recht auf Leben und körperliche Unversehrtheit nach Art. 2 Abs. 2 Satz 1 GG, die Religionsfreiheit nach Art. 4 Abs. 1,

---

[119] *Bundesministerium des Innern*, Bundesinnenminister geht konsequent gegen salafistische Strukturen in Deutschland vor, Pressemitteilung vom 13. März 2013, abrufbar unter https://www.bmi.bund.de/SharedDocs/pressemitteilungen/DE/2013/03/vereinsverbot.html (zuletzt abgerufen am 15.03.2023); ausführlich zum Netzwerk Millatu Ibrahim siehe *Said*, Islamischer Staat, 2015, S. 118 ff., 131.

[120] BVerwG, NVwZ 2014, 1573.

[121] BVerwG, NVwZ 2006, 694 (695); so auch kritisiert von *Michael*, JZ 2007, 146 (148); ausführlich zur Hizb-ut-Tahrir-Entscheidung in diesem Kapitel unter A. IV. und VI.2.

[122] BVerwG, NVwZ 2014, 1573 (1576); BVerfGK 2, 22 (24); a.A. *W. Roth*, GSZ 2019, 177.

[123] BVerwG, NVwZ 2014, 1573 (1577); so auch *Schmieder*, VBlBW 4/2002, 146 (150 f.),

[124] *Bundesministerium des Innern*, Organisationsverbot des Bundesministeriums des Innern gegen die Vereinigung „Die wahre Religion" alias „LIES! Stiftung"/„Stiftung LIES", 15.11.2016, S. 2.

[125] *Dörig*, jM 2016, 203 (208).

Abs. 2 GG und die Gleichberechtigung von Frauen und Männern nach Art. 3 Abs. 2 Satz 1 GG.[126]

c) Zwischenergebnis

Aus der Rechtsprechung zu den Verboten der Vereine Kalifatsstaat, Multi-Kultur-Haus e.V. und DawaFFM lässt sich ableiten, unter welchen Voraussetzungen islamistisch-extremistische Vereine wegen des Sichrichtens gegen die verfassungsmäßige Ordnung verboten werden können. Strebt ein Verein langfristig die Einführung eines islamistischen Staats- und Gesellschaftssystems an, indem er die Grundrechte und insbesondere die Menschenwürde, die Gleichberechtigung von Mann und Frau und die Religionsfreiheit missachtet, richtet er sich gegen die verfassungsmäßige Ordnung.

2. Der Gedanke der Völkerverständigung

Auf den Verbotsgrund des Sichrichtens gegen den Gedanken der Völkerverständigung wurde zur Rechtfertigung eines Vereinsverbotes bis zur Erweiterung der Begründungsansätze auf islamistisch-extremistische Vereine nur selten zurückgegriffen. Das Begriffsverständnis wurde bis 2001 darum primär von der Literatur bestimmt.

a) Bisheriges Begriffsverständnis

Der Verbotsgrund des Handelns gegen den Gedanken der Völkerverständigung ist Ausdruck der Völkerrechtsfreundlichkeit des Grundgesetzes.[127] Ein Verein handelt gegen die Völkerverständigung, wenn er sich die Störung des Friedens unter den Völkern zum Ziel gesetzt hat. Im Einzelnen liegen tatbestandserfüllende Umstände vor, wenn der Verein eine durch Art. 26 Abs. 1 GG verbotene Tätigkeit erfüllt (z. B. Führung eines Angriffskrieges) oder eine vergleichbar schwerwiegende völkerrechtswidrige Tätigkeit vornimmt, z. B. Völkermord, Ablehnung der Friedenssicherung, Aufstachelung zum Angriffskrieg (§ 80a StGB), die auch Art. 24 Abs. 2 und 3 GG zugrundeliegende friedliche Verständigung der Völker bekämpft oder Straftaten gegen ausländische Staaten begeht (§§ 102–104 StGB).[128] Neben Art. 26 Abs. 1 GG orientiert sich der Begriff der Völkerverständigung auch an den in der EMRK und

---

[126] BVerwG, NVwZ 2014, 1573 (1577).

[127] *Winkler*, in: von Münch/Kunig (Hrsg.), Grundgesetz, 7. Aufl. 2021, Art. 9, Rn. 93; *Roth*, in: Schenke/Graulich u.a. (Hrsg.), Sicherheitsrecht des Bundes, 2. Aufl. 2019, § 3 VereinsG, Rn. 89.

[128] *Albrecht*, in: Albrecht/Roggenkamp (Hrsg.), Vereinsgesetz Kommentar, 2014, § 3, Rn. 51 f.; *Cornils*, in: Epping/Hillgruber (Hrsg.), BeckOK Grundgesetz, 51. Edition, Stand 15.05.2022, Art. 9, Rn. 28; *Dörig*, jM 2016, 203 (206); *Kannengießer*, in: Schmidt-Bleibtreu/Hofmann u.a. (Hrsg.), Grundgesetz, 15. Aufl. 2022, Art. 9, Rn. 18; *Scholz*, in: Dürig/Herzog u.a. (Hrsg.), Grundgesetz, Lfg. 96 November 2021, Art. 9, Rn. 131.

UN-Charta niedergelegten Zielen und Grundsätzen. Das weite Begriffsverständnis zielt nicht nur auf ein friedliches Miteinander der Völker, sondern ermöglicht auch, dass Tätigkeiten, die sich gegen elementare, unverzichtbare Regeln des Völkerrechts, bspw. die staatlichen Grundrechte auf Selbsterhaltung, Unabhängigkeit und Gleichheit richten oder durch die Gruppierungen mit solchen Zielen unterstützt werden, umfasst sein können.[129]

b) Übertragung auf islamistisch-extremistische Vereine

Die Entscheidung des Bundesverwaltungsgerichts zum Verbot des palästinensisch-islamistischen Vereins Al Aqsa e.V. aus Aachen, welcher am 31. Juli 2002 als Ausländerverein verboten worden war, war für die tatbestandliche Auslegung und Anwendung des Verbotsgrundes des Handelns gegen den Gedanken der Völkerverständigung richtungsweisend.[130] Der Verbotsgrund der Völkerverständigungswidrigkeit ist erfüllt, wenn sich der Verein gegen eine friedliche Konfliktlösung zwischen Völkern oder Staaten richtet. Die das Verbot rechtfertigenden Vereinsaktivitäten können dabei nicht nur die Beziehung der Bundesrepublik Deutschland zu fremden Staaten, sondern auch die Beziehungen zwischen fremden Staaten zum Gegenstand haben.[131] Indem der Verein über einen langen Zeitraum und in einem beträchtlichen Umfang Spendengelder für verschiedene HAMAS-Sozialvereine sammelte, mit denen die Familien von Selbstmordattentätern (sog. Märtyrerfamilien) unterstützt wurden, sekundierte er die völkerverständigungsfeindliche Widerstandsbewegung HAMAS, die Gewalt in das Verhältnis des palästinensischen und des israelischen Volkes hineinträgt.[132] In der Folgezeit entstanden zwei Nachfolgevereine, die heute nicht mehr existieren. Der Bremer Hilfswerk e.V. löste sich nach Einleitung eines vereinsrechtlichen Ermittlungsverfahrens am 18. Januar 2005 selbst auf. Der YATIM-Kinderhilfe e.V. wurde am 30. August 2005 verboten.

Auf der Al Aqsa-Entscheidung aufbauend bestätigte das Bundesverwaltungsgericht in zwei weiteren Entscheidungen die Verbote der Spendensammelvereine Internationale Humanitäre Hilfsorganisation e.V. (im Folgenden IHH)[133] und Farben für Waisenkinder e.V.[134] und präsiserte weiter die Voraussetzungen für Verbote von Unterstützervereinen wegen Völkerverständigungswidrigkeit.

---

[129] *Bauer*, in: Dreier (Hrsg.), Grundgesetz, 3. Aufl. 2013, Art. 9, Rn. 58; *Groh*, in: Groh (Hrsg.), Vereinsgesetz, 2012, § 3, Rn. 19; *Höfling*, in: Sachs (Hrsg.), Grundgesetz, 9. Aufl. 2021, Art. 9, Rn. 47; *Kemper*, in: von Mangoldt/Klein u. a. (Hrsg.), Grundgesetz, 7. Aufl. 2018, Art. 9, Rn. 78.

[130] BVerwG, NVwZ 2005, 1435; siehe auch die Entscheidung zum einstweiligen Rechtschutz BVerwG, Beschluss vom 16.07.2003 – 6 VR 10/02, 6 A 10/02, juris; *Vormeier*, jurisPR-BVerwG 10/2005 Anm. 1, D.

[131] BVerwG, NVwZ 2005, 1435 (1436).

[132] BVerwG, NVwZ 2005, 1435 (1436).

[133] BVerwG, NVwZ-RR 2012, 648; bestätigt durch BVerfGE 149, 160 (203).

[134] BVerwGE 153, 211.

IHH sammelte von 2006 bis 2010 wie zuvor auch der Al Aqsa e.V. für die HAMAS-Sozialvereine Islamic Society und Salam Spenden in Höhe von 2,4 Millionen Euro.[135] Farben für Waisenkinder e.V. war ein in Deutschland ansässiger Spendensammelverein, der von 2007 bis 2013 über 3 Millionen Euro für die Shahid Stiftung („Märtyrer Stiftung") sammelte, bei der es sich um eine karitative Einrichtung der Hisbollah (oder Hizb Allah) im Libanon handelte. Die Hisbollah ist eine völkerverständigungswidrige Gruppierung, weil sie wie die HAMAS Israel das Existenzrecht abspricht und zu dessen gewaltsamer Beseitigung aufruft. Die Shahid Stiftung ist Teil des sozialen Netzwerkes und damit des einheitlichen, untrennbaren Gefüges der Hisbollah, die Waisenkinder und Familien von Hisbollah-Kämpfern unterstützt.[136]

Zur Erfüllung des Verbotsgrundes der Völkerverständigungswidrigkeit genügt es, dass die Spendensammelvereine Organisationen (wie HAMAS oder Hisbollah) oder mit ihnen untrennbar verbundene Sozialvereine (wie Islamic Society der HAMAS oder Shahid Stiftung der Hisbollah) unterstützen, die sich ihrerseits gegen den Gedanken der Völkerverständigung richten. Die Unterstützungsleistung kommt in diesen Fällen trotz ihrer humanitären Zielsetzung unmittelbar völkerverständigungsfeindlichen Organisationen und mittelbar ihren militärischen und terroristischen Teilen zugute.[137] Die terroristischen, politischen und sozialen Aktivitäten der HAMAS sowie der Hisbollah sind derart miteinander verbunden, dass die Unterstützung der karitativen Arbeit der Sozialvereine einer Unterstützung der terroristischen Handlungen der Organisationen gleichkommt.[138] Die Zuwendungen und Hilfeleistungen stellen dann gleichzeitig eine Unterstützung des militärischen Handelns der Gruppierung dar, mit der Folge, dass das soziale Engagement auch der völkerverständigungsfeindlichen Gruppierung zugerechnet und ihre Akzeptanz in der Bevölkerung erhöht wird. Außerdem entlastet dies die Gruppierung finanziell, die ihre eingesparten Mittel in die militärischen und terroristischen Aktivitäten investieren kann.[139]

Während die ersten drei vorgestellten Entscheidungen zu Verboten von Spendensammelvereinen ergingen, wurden mit den Entscheidungen zu den Vereinen Hizb ut Tahrir und DawaFFM Vereine wegen ihrer eigenen Völkerverständigungswidrigkeit verboten.

Am 10. Januar 2003 wurde der palästinenisch-islamistische Verein Hizb ut Tahrir als ausländischer Verein nach §§ 15 Abs. 1 Satz 1, 14 Abs. 1 Satz 1 i.V.m. § 3 Abs. 1 VereinsG wegen Verstoßes gegen den Gedanken der Völkerverständigung und der

---

[135] BVerwG, NVwZ-RR 2012, 648 (651).
[136] BVerwGE 153, 211 (217ff., 222).
[137] BVerfGE 149, 160 (3.c. Ls); BVerwGE 153, 211 (Ls); BVerwG, NVwZ-RR 2012, 648 (651); *W. Neumann*, jurisPR-BVerwG 23/2012 Anm. 6, A.
[138] Für die HAMAS siehe BVerwG, NVwZ 2005, 1435 (1437); BVerwG, NVwZ-RR 2012, 648 (649); für die Hisbollah siehe BVerwGE 153, 211 (216f.).
[139] BVerwG, NVwZ 2005, 1435 (1437); BVerwG, NVwZ-RR 2012, 648 (649); *W. Neumann*, jurisPR-BVerwG 23/2012 Anm. 6, D.; so später auch beim Verbot Farben für Waisenkinder e.V. siehe BVerwGE 153, 211 (216f.); *Berlit*, jurisPR-BVerwG 9/2016 Anm. 2, D.

Befürwortung von Gewalt zur Durchsetzung politischer Belange verboten. Das Bundesverwaltungsgericht bestätigte das Verbot und nutzte die Entscheidung zur Konkretisierung der Voraussetzungen eines Verbots von Religionsgemeinschaften nach Art. 9 Abs. 2 GG, obwohl es den Verein selbst mangels universeller Religionspflege als religiösen Verein und nicht als Religionsgemeinschaft einordnete.[140] Der Verein richtete sich mit einer Vielzahl öffentlicher Äußerungen zum israelisch-palästinensischen Konflikt, u. a. in einer von ihm herausgegebenen Zeitschrift, gegen die Verständigung zweier Völker. Er verneinte das Existenzrecht eines Staates und rief zu dessen gewaltsamer Beseitigung, auch durch das Töten von Menschen, auf.[141] Dieses Verhalten negiert den Ansatz der Völkerverständigung derart, dass es trotz des zusätzlichen Schutzes durch die religiöse Vereinigungsfreiheit das Verbot der Religionsgemeinschaft rechtfertigt.

In der DawaFFM-Entscheidung sah das Gericht den Verbotsgrund als erfüllt an, weil die Tätigkeiten des Vereins der friedlichen Überwindung der Interessensgegensätze von Völkern zuwiderliefen.[142] Der Verein verhielt sich völkerverständigungswidrig, indem er mit Gewalt gegen deutsche Einrichtungen und deutsche Staatsbürger im islamischen Ausland drohte, den gewaltsamen Heiligen Krieg (sog. Jihad) in Palästina, Afghanistan, Tschetschenien und auf den Philippinen befürwortete und durch Spendenaufrufe unterstützte und die Vernichtung von Christen, Juden, Schiiten und sonstigen andersgläubiger Menschen und Völkern befürwortete.[143]

c) Zwischenergebnis

Aus der die Verbote der Vereine Al Aqsa e.V., Internationale Humanitäre Hilfsorganisation e.V. und Farben für Waisenkinder e.V. bestätigende Rechtsprechung lässt sich eine neue Fallgruppe für Verbote wegen Völkerverständigungswidrigkeit entwickeln. Unterstützervereine bzw. Spendensammelvereine sind wegen des Sichrichtens gegen den Gedanken der Völkerverständigung zu verbieten, wenn sie eine völkerverständigungsfeindliche Organisation oder einen untrennbar mit einer solchen verbundenen Sozialverein durch Hilfeleistungen und finanzielle Zuwendungen unterstützen und dadurch mittelbar deren terroristische und militante Tätigkeiten fördern.

In Ergänzung zu den bereits für den Verbotsgrund des Sichrichtens gegen die verfassungsmäßige Ordnung getroffenen Aussagen hat die Rechtsprechung zu den Verboten der Vereine Hizb ut Tahrir und DawaFFM wegen Völkerverständigungswidrig-

---

[140] BVerwG, NVwZ 2006, 694 (695); die erhobene Verfassungsbeschwerde wurde vom Bundesverfassungsgericht nicht zur Entscheidung angenommen, vgl. BVerfG, NVwZ 2008, 670; nachgehend ebenfalls EGMR, Entscheidung vom 12.06.2012 – 31098/08, juris.
[141] BVerwG, NVwZ 2006, 694 (695); siehe auch *Groh*, in: Groh (Hrsg.), Vereinsgesetz, 2012, § 3, Rn. 20; *Wache*, in: Erbs/Kohlhaas u.a. (Hrsg.), Strafrechtliche Nebengesetze, VereinsG, 240. EL April 2022, § 3, Rn. 16.
[142] BVerwG, NVwZ 2014, 1573 (1579 f.).
[143] BVerwG, NVwZ 2014, 1573 (1580 f.).

keit die oben herausgearbeitete Fallgruppe weiter präzisiert. Verneint der Verein das Existenzrecht eines Staates und trägt durch die Befürwortung des Heiligen Krieges (sog. Jihad) zwischen Völkern Gewalt in das Verhältnis von Staaten, ist die unter B. II. 1. b. beschriebene Grenze zur verbotsrelevanten religiös verbrämten Propaganda erreicht.

3. Sich richten

Der Verein muss die verfassungsmäßige Ordnung und die Völkerverständigung explizit beeinträchtigen oder beseitigen wollen. Es genügt nicht, die Verfassungsordnung Deutschlands oder anderer Staaten zu kritisieren oder politische und völkerrechtliche Kontakte mit bestimmten Ländern abzulehnen.[144] Die Aktivitäten des Vereins müssen sich im Gesamtbild, verbunden mit einem entsprechenden Handlungswillen,[145] unmittelbar gegen die staatlichen Strukturen und ihre grundlegenden Prinzipien richten.

Wie beim Verbotsgrund der Strafgesetzwidrigkeit[146] bedarf es auch an dieser Stelle der Beachtung des Grundsatzes der Verhältnismäßigkeit auf Tatbestandsseite und als besondere Ausprägung dessen des Gebots der restriktiven Auslegung der Verbotstatbestände. Ein Verbot muss durch die zuzurechnenden Tätigkeiten oder Äußerungen islamistisch-extremistischer Vereine zur Wahrung der angegriffenen Rechtsgüter unerlässlich erscheinen, um der Intensität und Schwere des Eingriffs durch ein Vereinsverbot in die (religiöse) Vereinigungsfreiheit gerecht zu werden.[147]

---

[144] *Jarass*, in: Jarass/Pieroth (Hrsg.), Grundgesetz, 16. Aufl. 2020, Art. 9, Rn. 19 f.; *Scholz*, in: Dürig/Herzog u. a. (Hrsg.), Grundgesetz, Lfg. 96 November 2021, Art. 9, Rn. 128; *Winkler*, in: von Münch/Kunig (Hrsg.), Grundgesetz, 7. Aufl. 2021, Art. 9, Rn. 89, 94.

[145] Strittig in Bezug auf das Sichrichten gegen die verfassungsmäßige Ordnung, für einen subjektiven Tatbestand *Albrecht*, in: Albrecht/Roggenkamp (Hrsg.), Vereinsgesetz Kommentar, 2014, § 3, Rn. 45; *Deres*, VerwRdSch 1992, 421 (427); *Schnorr*, Öffentliches Vereinsrecht, 1965, § 3, Rn. 18; *Wache*, in: Erbs/Kohlhaas u. a. (Hrsg.), Strafrechtliche Nebengesetze, VereinsG, 240. EL April 2022, § 3, Rn. 15; für einen objektiven Tatbestand *Roth*, in: Schenke/Graulich u. a. (Hrsg.), Sicherheitsrecht des Bundes, 2. Aufl. 2019, § 3 VereinsG, Rn. 78 ff., 106.

[146] Siehe Zweiter Teil Kapitel 6 B. II. 3. c) bb) (2) (e).

[147] BVerfGE 149, 160 (2./3. Ls); BVerwGE 153, 211 (232 ff.); BVerwG, NVwZ 2014, 1573 (1579, 1581); BVerwG, NVwZ-RR 2012, 648 (650); BVerwG, NVwZ 2006, 694 (696); BVerwG, NVwZ 2005, 1435 (1440); BVerwG, Urteil vom 27.11.2002 – 6 A 4/02, Buchholz 402.45 VereinsG Nr. 35, Rn. 45 ff.; BayVGH, Urteil vom 24.01.2007 – 4 A 06.52, KirchE 49, 55 (64 f.); *Albrecht*, in: Albrecht/Roggenkamp (Hrsg.), Vereinsgesetz Kommentar, 2014, § 3, Rn. 56; *Groh*, in: Groh (Hrsg.), Vereinsgesetz, 2012, § 3, Rn. 20; *Winkler*, in: von Münch/Kunig (Hrsg.), Grundgesetz, 7. Aufl. 2021, Art. 9, Rn. 91; *W. Roth*, GSZ 2019, 89 (93 f.); *Schiffbauer*, in: Reichert (Hrsg.), Handbuch Vereins- und Verbandsrecht, 14. Aufl. 2018, S. 1259, Rn. 112; *Scholz*, in: Dürig/Herzog u. a. (Hrsg.), Grundgesetz, Lfg. 96 November 2021, Art. 9, Rn. 128; *Wache*, in: Erbs/Kohlhaas u. a. (Hrsg.), Strafrechtliche Nebengesetze, VereinsG, 240. EL April 2022, § 2, Rn. 17.

a) Aggressiv-kämpferische Haltung gegen die verfassungsmäßige Ordnung

Für den Verbotstatbestand der Verfassungsfeindlichkeit muss der verfassungsmäßigen Ordnung mit einer aggressiv-kämpferischen Haltung entgegengetreten werden. Zu dessen Verwirklichung bedarf es aber keiner Gewalttätigkeiten oder Rechtsverletzungen. Das Bundesverwaltungsgericht hat ebendiese aktiv-kämpferische Abwehrhaltung wiederum in einer Reihe von Entscheidungen konkretisiert.

Nach der Kalifatsstaat-Entscheidung genügt es für das Tatbestandsmerkmal der aggressiv-kämpferischen Gerichtetheit gegen die verfassungsmäßige Ordnung auch ohne konkreten Aufruf zur Gewalt, wenn der Verein seine Mitglieder fortlaufend antidemokratisch indoktriniert, durch die Vermittlung der kanonischen Pflicht, gegen die Ungläubigen den Heiligen Krieg (sog. Jihad) zu führen, bzw. Gewalt legitimiert, indem er etwa in seiner Vereinszeitung regelmäßig zur Bekämpfung von Juden und führender türkischer Politiker aufruft.[148] Für die Wahrung des Grundsatzes der restriktiven Auslegung der Verbotstatbestände müssen die verfassungsfeindlichen Bestrebungen des Vereins untrennbarer Teil des Gedankengutes des Vereins insgesamt sein.[149]

In der DawaFFM-Entscheidung, in der sich das Bundesverwaltungsgericht erstmals in dieser Ausführlichkeit mit den Kriterien der Zurechnung und Prägung auseinandersetzte, kam es darauf an, dass der Verein nicht nur für seine Glaubensinhalte, etwa dass Gottes Gesetze den staatlichen Gesetzen vorgehen, warb, sondern unter Leugnung des staatlichen Gewaltmonopols diese Überzeugungen auch umsetzen wollte, indem er Selbstjustiz und Gewalt hinnahm, rechtfertigte und zum Teil sogar dazu aufrief.[150] Das Bundesverwaltungsgericht stellte fest, dass der Verein und seine Akteure durch ein fanatisches Freund-Feind-Denken durchdrungen wurden, indem jederzeit mit Gewalt gegen den Feind, der in den Ungläubigen und in der Demokratie als der „bekannteste Teufel unserer Zeit"[151] gesehen wurde, zu rechnen war.[152] Kann die bloße Glaubenspflege jederzeit in gewaltsame Umsetzungsakte umschlagen, sind die durch den Verbotsgrund geschützten Rechtsgüter permanent gefährdet. Mildere Maßnahmen als die Auflösung des Vereins werden im Fall einer solchen permanenten Gefährdung auch mit Blick auf die religiöse Vereinigungsfreiheit abgelehnt.

---

[148] BVerwG, Urteil vom 27.11.2002 – 6 A 4/02, Buchholz 402.45 VereinsG Nr. 35, Rn. 42, 44.

[149] BVerwG, Urteil vom 27.11.2002 – 6 A 4/02, Buchholz 402.45 VereinsG Nr. 35, Rn. 46.

[150] BVerwG, NVwZ 2014, 1573 (1579); *Dörig*, jM 2016, 203 (205 f.); *Körting*, DVBl. 2014, 1028 (1029); *W. Neumann*, jurisPR-BVerwG 20/2014 Anm. 3, D.; *Steinberg*, NVwZ 2016, 1745 (1751).

[151] BVerwG, NVwZ 2014, 1573 (1579).

[152] BVerwG, NVwZ 2014, 1573 (1579); ähnlich auch *Berlit*, jurisPR-BVerwG 9/2016 Anm. 2, D.; *Dörig*, jM 2016, 203 (207).

b) Fortlaufende Untergrabung des Gedankens der Völkerverständigung

Im Gegensatz zum Verbotsgrund der Verfassungsfeindlichkeit bedarf es für ein Verbot wegen Völkerverständigungswidrigkeit keiner aggressiv-kämpferischen Gerichtetheit. In der Al-Aqsa-Entscheidung stellte das Bundesverwaltungsgericht klar, dass es genügt, wenn ein Verein den Gedanken der Völkerverständigung schwerwiegend, ernst und nachhaltig fortlaufend zu untergraben sucht.[153]

Anknüpfungspunkt für die Verhältnismäßigkeitserwägungen stellt beim Verbotsgrund der Völkerverständigungswidrigkeit der subjektive Tatbestand dar. Dies arbeitet das Bundesverwaltungsgericht am deutlichsten in seiner IHH-Entscheidung heraus:

„Dem verfassungsrechtlichen Grundsatz der Verhältnismäßigkeit ist bei der Interpretation der subjektiven Voraussetzungen des Verbotstatbestands Rechnung zu tragen. Insbesondere wirkt das Erfordernis, dass sich der unterstützende Verein mit der völkerverständigungswidrigen Betätigung der HAMAS identifizieren muss, um als gegen den Gedanken der Völkerverständigung gerichtet eingestuft zu werden, der Gefahr eines unverhältnismäßigen Verbotserlasses entgegen."[154]

In den drei Entscheidungen zu den Spendensammelvereinen etablierte das Bundesverwaltungsgericht dafür folgende Kriterien:

Um die Gerichtetheit gegen den Gedanken der Völkerverständigung eines Spendensammelvereins bejahen zu können, muss dieser die völkerverständigungsfeindliche Organisation (in den besprochenen Fällen HAMAS oder Hisbollah) und die diesen untrennbar zuzuordnenden Sozialvereinen (in den besprochenen Fällen Islamic Society, Salam Verein oder Shahid Stiftung) über einen langen Zeitraum und in einem beträchtlichen Umfang wissentlich mit Spenden und humanitären Hilfsleistungen unterstützen und sich mit der Ideologie und den terroristischen Gewalttaten der völkerverständigungsfeindlichen Organisation identifizieren.[155] Zieht sich die Völkerverständigungswidrigkeit damit wie ein roter Faden durch das Gesamtbild des Vereins, erfüllt das Verbot die Anforderungen an eine restriktive Auslegung des Verbotstatbestandes und ist verhältnismäßig.

c) Zurechnung und Prägung

Die verfassungs- und völkerverständigungsfeindlichen Bestrebungen ergeben sich in der Regel aus den Zwecken und Tätigkeiten des Vereins, seiner Organe und Mitglieder. Tätigkeiten der Organe und Mitglieder müssen dem Verein zugerechnet werden können und geeignet sein, den Charakter des Vereins insgesamt zu prägen.

---

[153] BVerwG, NVwZ 2005, 1435 (1438 f.); *Dörig*, jM 2016, 203 (205 f.); *Vormeier*, jurisPR-BVerwG 10/2005 Anm. 1, C.; a.A. *Schiffbauer*, JZ 2019, 130 (135).

[154] BVerwG, NVwZ-RR 2012, 648 (650).

[155] BVerwGE 153, 211 (216 f.); BVerwG, NVwZ-RR 2012, 648 (649); *W. Neumann*, jurisPR-BVerwG 23/2012 Anm. 6, C.; BVerwG, NVwZ 2005, 1435 (1439).

Es werden insbesondere Publikationen und Texte des in Rede stehenden Vereins, wie Satzung, Flugblätter oder Vereinszeitung, aber auch Bücher oder Audiokassetten bewertet, die in den Vereinsräumen entweder für Religionsstunden und Schulungen und damit zu Unterrichtszwecken oder zur Verbreitung und Akquise verwendet werden.[156] Äußerungen, etwa als Prediger in den Freitagsgebeten,[157] auf Tagungen, (Islam-)Seminaren, bei Vorträgen oder auch in Rundfunk- oder Fernsehsendungen, sind zur Darlegung der Gerichtetheit ebenfalls geeignet. In der DawaFFM-Entscheidung zog das Bundesverwaltungsgericht Videos auf einem vom Verein betriebenen YouTube-Kanal, Rollenspiele mit Kindern, in denen die Demokratie negiert wurde, sowie Bittgebete und Kampflieder (sog. Nashids), in denen die Vernichtung Andersgläubiger befürwortet wurde, heran, um die verbotsrelevante Prägung zu belegen.[158] Das Auftreten der Vereinsorgane und -mitglieder in der Öffentlichkeit oder die Grundeinstellung der Funktionsträger können dem Verein zugerechnet werden, wenn die Mehrheit der Mitglieder das Verhalten billigt oder widerspruchslos hinnimmt und das Gesamtbild des Vereins von einer verfassungs- oder völkerverständigungsfeindlichen Grundausrichtung bestimmt ist.[159] Vergleichbare Zurechnungsprobleme bei Tätigkeiten durch einzelne Mitglieder, wie beim Verbotsgrund der Strafgesetzwidrigkeit, sind bei den Verbotsgründen der Verfassungs- und Völkerverständigungswidrigkeit noch nicht virulent geworden.

d) Eingriffsschwelle

Zudem könnte wiederum das Festlegen einer konkreten Eingriffsschwelle für Vereinsverbote wegen Verfassungs- oder Völkerverständigungswidrigkeit als Kriterium zur Wahrung der Verhältnismäßigkeit und insbesondere des Grundsatzes der restriktiven Auslegung der Verbotstatbestände in Betracht kommen.

Die Heranziehung des polizei- und sicherheitsrechtlichen Gefahrbegriffs der konkreten Gefahr – wie es für Vereinsverbote wegen Strafgesetzwidrigkeit diskutiert wurde[160] – ist für Verbote wegen Verfassungsfeindlichkeit oder Völkerverständigungswidrigkeit ungeeignet, da sich hier der Wahrscheinlichkeitsmaßstab und die Schutzrichtung wesentlich unterscheiden. Es kommt hinzu, dass je nach Rang des zu schützenden Rechtsguts und Ausmaß der zu erwartenden Verletzung die Anforderungen an die Eingriffsschwelle im Sinne eines beweglichen Systems der Gefahrbegriffe

---

[156] BayVGH, Urteil vom 24.01.2007 – 4 A 06.52, KirchE 49, 55 (61).
[157] BayVGH, Urteil vom 24.01.2007 – 4 A 06.52, KirchE 49, 55 (62).
[158] BVerwG, NVwZ 2014, 1573 (1577 ff.); *Dörig*, jM 2016, 203 (205).
[159] BVerwG, NVwZ 2014, 1573 (1576 f.); *Dörig*, jM 2016, 203 (206); *Kingreen/Poscher*, Grundrechte, 37. Aufl. 2021, Rn. 948; *Roth*, in: Schenke/Graulich u. a. (Hrsg.), Sicherheitsrecht des Bundes, 2. Aufl. 2019, § 3 VereinsG, Rn. 68; *W. Roth*, GSZ 2019, 89 (93); *Schiffbauer*, in: Reichert (Hrsg.), Handbuch Vereins- und Verbandsrecht, 14. Aufl. 2018, S. 1258, Rn. 109; *Winkler*, in: von Münch/Kunig (Hrsg.), Grundgesetz, 7. Aufl. 2021, Art. 9, Rn. 94.
[160] Vgl. dazu beim Verbot wegen Strafgesetzwidrigkeit unter Zweiter Teil Kapitel 6 B. II. 3. c) cc) (5) (b) (aa) (Eingriffsschwelle).

divergieren.¹⁶¹ Im Sinne einer verhältnismäßigen Abwägung sind dem Schutz der verfassungsmäßigen Ordnung und des Gedankens der Völkerverständigung geringere Grenzen zu setzen als dem Schutz der Rechtsordnung durch den Verbotsgrund der Strafgesetzwidrigkeit. Für ein Verbot von Vereinen genügt es, dass sie *sich* gegen die verfassungsmäßige Ordnung oder den Gedanken der Völkerverständigung *richten*. Sie müssen diese nicht gefährden. In Abgrenzung zu anderen abwehrrechtlichen Maßnahmen wurde das Instrument des Vereinsverbots bewusst als eines des präventiven Verfassungsschutzes konzipiert, das dem frühzeitigen und situationsunabhängigen Schutz der verfassungsmäßigen Ordnung, dem Bestand des Staates und dem Gedanken der Völkerverständigung dient und weder eine Gefährdung noch eine Potentialität im Sinne konkreter Indizien noch eine zeitliche oder räumliche Nähe voraussetzt.¹⁶²

Michael schlägt unter Beachtung der Wesensunterschiede zwischen Polizei- und Vereinsrecht und der verschiedenen Verbotsgründe mit der „nachhaltigen Gefahr" einen neuen Gefahrbegriff vor.¹⁶³ Die neue Gefahrdogmatik begründet sich im Gegensatz zur konkreten Gefahr nicht auf eine einzeln bestimmbare Situation, bei der in naher Zukunft mit einer Rechtsgutverletzung zu rechnen ist, sondern auf ein ausdauerndes und dauerhaftes Zusammenwirken verfassungs- bzw. völkerverständigungsfeindlicher Akteure. Die Eingriffsschwelle zum Erlass eines Vereinsverbots soll erreicht sein, wenn das Handeln der Vereinsorgane und -mitglieder über einen langen Zeitraum die freiheitlich-demokratische Grundordnung bzw. den Gedanken der Völkerverständigung zu zersetzen geeignet ist und darum schließlich zur Gefährdung des Schutzgutes führt.¹⁶⁴

Dass dieser Vorschlag wenig zielführend ist, zeigt sich vor allem daran, dass offenbleibt, inwieweit ein solcher neuer Gefahrbegriff einen inhaltlichen Mehrwert im Vergleich zur Auslegung des unbestimmten Tatbestandsmerkmals des Sichrichtens schaffen kann. Zwar scheint mit der Einführung eines neuen Gefahrbegriffs vermeintlich eine konkrete Eingriffsschwelle und damit eine klare Handlungsvorgabe für die Verbotsbehörden geschaffen worden zu sein. Auf den zweiten Blick offenbart sich jedoch, dass der Begriff des Sichrichtens lediglich um einen weiteren unbe-

---

¹⁶¹ Zum beweglichen System der Gefahrbegriffe nach Walter Wilburg (*Wilburg*, Die Elemente des Schadensrechts, 1941), vgl. für das Haftungsrecht *Deutsch*, in: Bydlinski/Krejci u.a. (Hrsg.), Das bewegliche System im geltenden und künftigen Recht, 1986, S. 45 ff.; für das Vereinsrecht *Michael*, in: Häberle/Morlok u.a. (Hrsg.), Festschrift für Dimitris Th. Tsatsos, 2003, S. 387.

¹⁶² BVerfGE 149, 160 (198 f.); *Michael*, in: Häberle/Morlok u.a. (Hrsg.), Festschrift für Dimitris Th. Tsatsos, 2003, S. 385; *Schiffbauer*, JZ 2019, 130 (134); *Seifert*, DÖV 1961, 81 (85).

¹⁶³ *Michael*, in: Häberle/Morlok u.a. (Hrsg.), Festschrift für Dimitris Th. Tsatsos, 2003, S. 403 f.

¹⁶⁴ *Michael*, in: Häberle/Morlok u.a. (Hrsg.), Festschrift für Dimitris Th. Tsatsos, 2003, S. 405.

stimmten Rechtsbegriff ergänzt wird, der wiederum genau wie die anderen Tatbestandsmerkmale durch Auslegung konkretisiert werden muss. *Michael* führt nicht aus, wie lange wie viele Vereinsorgane und -mitglieder wie oft ihre verfassungs- bzw. völkerverständigungsfeindlichen Ziele untermauern müssen, bis die Schwelle zum Eingreifen überschritten ist und die Verbotsverfügung rechtmäßig wäre. Die Einführung eines neuen Tatbestandsmerkmals in Form einer Eingriffsschwelle mittels eines Gefahrbegriffs stellt darum keinen qualitativen Gewinn bezüglich einer verhältnismäßigen Konkretisierung der Verbotstatbestände und Vorhersehbarkeit behördlichen Handelns dar und wäre mit Blick auf die unterschiedlichen Vereine mit ihren unterschiedlichen Handlungsschwerpunkten wenig zielführend.

e) Zwischenergebnis

Auch bei der Prüfung der Verbotsvoraussetzungen der Verfassungsfeindlichkeit oder Völkerverständigungswidrigkeit muss auf Tatbestandsebene der Grundsatz der Verhältnismäßigkeit und als dessen eigenständige Ausprägung die Maxime der restriktiven Auslegung von Verbotstatbeständen beachtet werden. Die Nichtbeachtung dieses Grundsatzes kann zur Unverhältnismäßigkeit des Vereinsverbotes führen. Aus der mittlerweile gefestigten Rechtsprechung zu den Verboten von religiösen Vereinen und Religionsgemeinschaften konnten Kriterien herausgebildet werden, die zur Wahrung des Grundsatzes der restriktiven Auslegung der Verbotstatbestände geeignet sind.

Die aggressiv-kämpferische Haltung eines religiösen Vereins oder einer Religionsgemeinschaft gegen die verfassungsmäßige Ordnung erfordert im Lichte der restriktiven Auslegung des Verbotsgrundes,

(1) dass der Verein religiös verbrämte Propaganda für den Heiligen Krieg (sog. Jihad) verbreitet und auf die konkrete Umsetzung der Scharia hinarbeitet, indem er Vereinsmitglieder und/oder Dritte fortlaufend antidemokratisch indoktrinieren, sie zur Gewaltbereitschaft radikalisieren und Kämpfer für den bewaffneten Heiligen Krieg (sog. Jihad) rekrutieren will, und
(2) ein konkreter Umsetzungswille erkennbar ist, d. h. die dauerhafte Gefahr besteht, dass die bloße Glaubenspflege jederzeit in gewaltsame Umsetzungsakte umschlagen kann.

Ein Verbot von Unterstützer- bzw. Spendensammelvereinen entspricht dem Gebot der restriktiven Auslegung der Verbotstatbestände, wenn sie

(1) wissentlich völkerverständigungsfeindliche Organisationen
(2) über einen langen Zeitraum und in einem beträchtlichen Umfang unterstützen und
(3) sich mit den islamistisch-extremistischen Ideologien und Zielen der Organisationen identifizieren.

Die Festlegung einer konkreten Eingriffsschwelle durch Einführung eines neuen (nachhaltigen) Gefahrbegriffs ist untauglich, um die Ziele der Vereinsverbote als Maßnahmen der wehrhaften Demokratie zu erreichen und das Handeln der Verbotsbehörden vorhersehbarer zu gestalten.

III. Zusammenfassung

Die Analyse der bisher ergangenen Urteile des Bundesverwaltungsgerichts zu islamistisch-extremistischen Vereinen hat gezeigt, dass es beim Verbot von Religionsgemeinschaften und religiösen Vereinen einige Besonderheiten gibt. Die religiösen Vereine sind neben der Vereinigungsfreiheit zusätzlich durch die Religionsfreiheit und im speziellen durch die religiöse Vereinigungsfreiheit geschützt. Zunächst in der Hizb-ut-Tahrir-Entscheidung von 2006 noch offengelassen, hielt das Bundesverwaltungsgericht in seiner DawaFFM-Entscheidung von 2014 fest, dass die religiöse Vereinigungsfreiheit nicht nur für Religionsgemeinschaften, sondern auch für religiöse Vereine erheblich ist.

Ein Vereinsverbot darf sich nicht gegen bestimmte Glaubensinhalte richten, sondern muss sich aufgrund der religiös-weltanschaulichen Neutralität des Staates allein mit dem verfassungsfeindlichen Handeln der Vereinigung begründen lassen. Für ein Verbot nicht ausreichend ist die legitime Werbung für und die Verbreitung des islamischen Glaubens oder die Verteilung von Koranen oder Koranübersetzungen. Die Grenze zu verbotsfähigen Tätigkeiten findet sich aber in der religiös verbrämten Propaganda für den Heiligen Krieg (sog. Jihad) und der Befolgung der Scharia.

Im Rahmen seiner Al-Aqsa-Entscheidung hatte das Bundesverwaltungsgericht die seltene Möglichkeit, den Verbotsgrund der Völkerverständigungswidrigkeit zu konkretisieren. Ihr kommt deswegen grundsätzliche Bedeutung zu. Ein völkerverständigungsfeindliches Handeln bezieht sich nicht nur auf friedliche Beziehungen Deutschlands zu anderen Staaten, sondern auch auf den Frieden zwischen fremden Völkern. In den Entscheidungen zu Spendensammelvereinen bestätigte das Bundesverwaltungsgericht und zuletzt auch das Bundesverfassungsgericht, dass Vereine im Inland verboten werden können, wenn sie durch Spenden für soziale Zwecke mittelbar zur Verwirklichung völkerverständigungsfeindlicher Aktivitäten einer als terroristisch-militant einzustufenden Organisation beitragen, sie Kenntnis davon haben und sich mit den Gewalttaten identifizieren.

Islamistisch-extremistische Vereine werden folglich entweder verboten, weil sie die Grenze von legitimer Werbung für den Islam hin zu religiös verbrämter Propaganda für den Heiligen Krieg (sog. Jihad) und die Scharia überschreiten (so bei den Verboten von Kalifatsstaat, Multi-Kultur-Haus e.V., DawaFFM und Hizb ut Tahrir) oder weil sie mittelbar völkerverständigungsfeindliche Organisationen unterstützen (so bei den Verboten der Vereine Al Aqsa e.V., Internationale Humanitäre Hilfsorganisation e.V., Farben für Waisenkinder e.V.).

Es kommt nicht darauf an, dass der Verein oder seine Vereinsmitglieder selbst handeln. Es genügt, dass Dritte, dem Verein zuzurechnende Handlungen oder Äußerungen vornehmen (z.B. die Äußerungen der Prediger in den Freitagsgebeten) oder dass der Verein durch sein Verhalten Dritte zur Gewalt aufruft (z.B. indem er deren Gewalt religiös legitimiert) oder die Ausübung von Gewalt (z.B. durch finanzielle Zuwendungen, Spenden oder personelle Mittel) unterstützt.

Als Konsequenz aus dem zusätzlichen Schutz religiöser Vereine und Religionsgemeinschaften durch die religiöse Vereinigungsfreiheit kann ein islamistisch-extremistischer Verein nur als ultima ratio verboten werden. Das bedeutet im Rahmen der verfassungsimmanenten Schranken des Art. 4 Abs. 1, Abs. 2 GG nur, wenn sich dies für den Schutz von Verfassungsgütern und Grundrechte Dritter als unerlässlich erweist. Auch bei den Verbotsgründen der Verfassungs- und Völkerverständigungswidrigkeit gilt es, den Grundsatz der Verhältnismäßigkeit und als dessen Ausprägung den eigenständigen Grundsatz der restriktiven Auslegung von Verbotstatbeständen zu beachten.

C. Reichweite der Wirkung der Verbote islamistisch-extremistischer Vereine

Die Reichweite der Verbotswirkung bei Verboten islamistisch-extremistischer Vereine lässt sich hinsichtlich der Erstreckung auf Teil- und Ersatzorganisationen nach § 3 Abs. 3 VereinsG und § 8 VereinsG untersuchen sowie hinsichtlich der Ausweitung der Grundrechtsverwirkung nach Art. 18 GG auf die religiöse Vereinigungsfreiheit nach Art. 4 Abs. 1, Abs. 2 GG i. V. m. Art. 137 Abs. 2 WRV und Art. 140 GG.

I. Reichweite der Verbote nach § 3 Abs. 3 VereinsG und § 8 VereinsG

Im Gegensatz zu den verbotenen Rockervereinen, bei denen eine Erweiterung des jeweiligen Verbots auf Teil- oder Ersatzorganisationen bisher eher ungewöhnlich war, erstreckt sich das Verbot eines islamistisch-extremistischen Vereins oftmals auch auf weitere Vereine als Teilorganisationen und Teilvereine oder später auf Ersatzorganisationen.

1. Das Verbot von Teilorganisationen und Teilvereinen nach § 3 Abs. 3 VereinsG

Ein Vereinsverbot erstreckt sich nach § 3 Abs. 3 VereinsG auf alle in den verbotenen Verein eingegliederten Teil- und Unterorganisationen, die nach dem Gesamtbild der tatsächlichen Verhältnisse als Gliederung des Vereins erscheinen.[165]

Das Bundesverwaltungsgericht äußerte sich erstmals in seiner Kalifatsstaat-Entscheidung zu Teilorganisationen von Religionsgemeinschaften. Mit dem Verein Kalifatsstaat wurde die dazugehörige Stiftung Diener des Islam als dessen Vermögensverwalterin und weitere Teilorganisationen verboten.[166] Auch beim Verbot von DawaFFM wurde mit dem Internationalen Jugendverein – Dar al Schabab e.V. ein

---

[165] Siehe zum Tatbestand des § 3 Abs. 3 VereinsG unter Zweiter Teil Kapitel 6 C. I.
[166] BVerwG, Urteil vom 27.11.2002 – 6 A 4/02, Buchholz 402.45 VereinsG Nr. 35, Rn. 1; später wurden noch einmal 16 weitere Teilorganisationen verboten, vgl. *Bundesministerium des Innern*, Schily verbietet weitere Teilorganisationen des ‚Kalifatsstaates', Pressemitteilung

Spendensammelverein als Teilorganisation mitverboten.[167] Zwischen DawaFFM und Dar al Schabab e.V. existierten erhebliche personelle und finanzielle Verflechtungen, insbesondere wurde bei Spendenaufrufen von DawaFFM ein Spendenkonto von Dar al Schabab e.V. angegeben. DawaFFM hatte Zugriff auf dieses Konto, sodass weitgehende Kontroll- und Weisungsbefugnisse gegenüber Dar al Schabab e.V. nachgewiesen werden konnten.[168]

2. Das Verbot von Ersatzorganisationen nach § 8 VereinsG

Nach § 8 Abs. 1 VereinsG ist es zudem verboten, Nachfolgervereine zu bilden oder fortzuführen, die die verfassungsfeindlichen oder völkerverständigungswidrigen Bestrebungen eines verbotenen Vereins an dessen Stelle weiterverfolgen. Der Umgang mit sog. Ersatzorganisationen wurde 1964 im VereinsG erstmals näher geregelt.[169] Für Ersatzorganisationen verbotener Vereine gilt eigens der Verbotsgrundsatz. Sie sind nicht auf Grundlage der Verbotsverfügung gegen den ursprünglichen Verein verboten, sondern müssen in einer zweiten Verbotsverfügung untersagt werden, vgl. § 8 Abs. 2 VereinsG.[170] Beim Verbot einer Ersatzorganisation ist ein vereinfachtes Ermittlungsverfahren möglich, sodass sich der Prüfungsmaßstab der Verbotsbehörde auf die Feststellung des Ersatzcharakters der Organisation beschränkt. Auf eine erneute bzw. eigenständige Prüfung, ob die Ersatzorganisation für sich betrachtet einen Verbotsgrund erfüllt, kommt es nicht an.[171] Eine parallele Regelung findet sich für Parteien in § 33 PartG.

In den vergangenen Jahren gab es immer wieder islamistisch-extremistische Vereinigungen, die als Ersatzorganisationen verboten wurden. Tauhid Germany wurde am 26. März 2015 als Ersatzorganisation des Vereins Millatu Ibrahim verboten.[172] Das Kultur- und Bildungszentrum Ingolstadt e.V. wurde als Nachfolgorganisation des Islamischen Zentrums Ingolstadt e.V. untersagt,[173] das zuvor als Teilorganisation des Vereins Kalifatsstaat mitverboten worden war.[174] Der Bayerische Verwaltungsgerichtshof bejahte in seiner Entscheidung vom 27. Januar 2016 die Natur des Kultur- und Bildungszentrums Ingolstadt e.V. als Ersatzorganisation, weil sie die Räume des Islamischen Zentrums Ingolstadt e.V. weiterbetrieb, mit der Merkez Moschee die gleichnamige Vorgängermoschee nutzte, eine personelle Teilidentität zwischen den Mitgliedern des Vorgängervereins und der Ersatzorganisation festgestellt werden

---

vom 19.09.2002; vgl. auch *Droste*, Handbuch des Verfassungsschutzrechts, 2007, 755 (760 lfd. Nr. 24 ff.); *Riedl*, Policy-Timing nach 9/11, 2015, S. 129.

[167] BVerwG, NVwZ 2014, 1573 (1573).
[168] BVerwG, NVwZ 2014, 1573 (1582).
[169] *Seifert*, DÖV 1964, 685 (688).
[170] *Schnorr*, Die Polizei 1965, 48 (49).
[171] BayVGH, Urteil vom 27.01.2016 – 4 A 13.2447, juris, Rn. 37.
[172] BAnz AT 26.03.2015 B1.
[173] BAnz AT 22.10.2013 B12.
[174] BAnz 2001, 24865; BayVGH, Urteil vom 27.01.2016 – 4 A 13.2447, juris, Rn. 1.

konnte und die inhaltliche Ausrichtung und Ideologie des Kalifatsstaats und des Islamischen Zentrums Ingolstadt e.V. unverändert weitergeführt wurde.[175] Am 16. Februar 2016 wurde der Islamische Förderverein Bremen als Ersatzorganisation des Kultur und Familien Verein Bremen verboten.[176]

3. Zwischenergebnis

Im Vergleich zu den Ergebnissen bei Verboten von Rockervereinen als Teilvereine besteht in Bezug auf Verbote islamistisch-extremistischer Vereine kein Bedarf zur Anpassung bzw. Weiterentwicklung des gesetzlichen Rahmens von Teil- und Ersatzorganisationen in §§ 3, 8 VereinsG. Islamistisch-extremistische Vereine werden aufgrund ihrer spezifischen Vereinsstrukturen auch als Teil- oder Ersatzorganisationen eines anderen islamistisch-extremistischen Vereins verboten. Vereine, die als Spendensammelstelle für einen anderen verbotsfähigen Verein eingesetzt werden, sind nach § 3 Abs. 3 VereinsG dessen Teilorganisationen. Vereine, die in den Räumlichkeiten des Vorgängervereins bei personeller Teilidentität die inhaltliche Arbeit und Ideologie des Vorgängervereins an dessen Stelle weiterführen, sind nach § 8 Abs. 1 VereinsG als Ersatzorganisation zu verbieten. Die Feststellung der Natur der Ersatzorganisation genügt zur Begründung des Verbots. Einer eigenständigen Prüfung von Verbotsgründen bedarf es nicht.

II. Die Möglichkeit der Verwirkung der Vereinigungsfreiheit nach Art. 18 GG

Ein Verbot religiöser Vereine oder Religionsgemeinschaften tangiert die allgemeine und religiöse Vereinigungsfreiheit. *Schmieder* und *Michael* werfen darum die Frage auf, ob ein solches Verbot zur Verwirkung der religiösen Vereinigungsfreiheit als Bestandteil der Religionsfreiheit führen kann, ohne dass Art. 4 Abs. 1, Abs. 2 GG und Art. 137 Abs. 2 WRV i. V. m. Art. 140 GG Bestandteil des Katalogs verwirkungsfähiger Grundrechte nach Art. 18 GG sind.[177]

Die Verwirkung von Grundrechten, wie sie in Art. 18 GG vorgesehen ist, stellt ein weiteres Instrument zur Abwehr von Gefahren gegen die Verfasstheit des Staates und die freiheitlich-demokratische Grundordnung dar:[178]

---

[175] BayVGH, Urteil vom 27.01.2016 – 4 A 13.2447, juris, Rn. 41–43.

[176] *Senator für Inneres Bremen*, Innensenator Mäurer verbietet salafistische Nachfolgeorganisation des „Kultur & Familien Verein e.V.", abrufbar unter https://www.senatspressestelle.bremen.de/sixcms/detail.php?gsid=bremen146.c.163420.de&asl=bremen02.c.732.de (zuletzt abgerufen am 15.03.2023).

[177] So *Michael*, JZ 2002, 482 (485); *Schmieder*, VBlBW 4/2002, 146 (150 f.).

[178] *Bucher*, in: Deutscher Bundestag (Hrsg.), Der Parlamentarische Rat 1948–1949, Bd. 2, 1981, S. 46; *Brenner*, in: von Mangoldt/Klein u. a. (Hrsg.), Grundgesetz, 7. Aufl. 2018, Art. 18, Rn. 9; *Wache*, in: Erbs/Kohlhaas u. a. (Hrsg.), Strafrechtliche Nebengesetze, VereinsG, 240. EL April 2022, § 1, Rn. 11 f.

„Wer die Freiheit der Meinungsäußerung, insbesondere die Pressefreiheit (Artikel 5 Abs. 1), die Lehrfreiheit (Artikel 5 Abs. 3), die Versammlungsfreiheit (Artikel 8), die Vereinigungsfreiheit (Artikel 9), das Brief-, Post- und Fernmeldegeheimnis (Artikel 10), das Eigentum (Artikel 14) oder das Asylrecht (Artikel 16a) zum Kampfe gegen die freiheitliche demokratische Grundordnung mißbraucht, verwirkt diese Grundrechte. Die Verwirkung und ihr Ausmaß werden durch das Bundesverfassungsgericht ausgesprochen."

Missbraucht ein Grundrechtsträger eines der aufgezählten Grundrechte, kann dessen Verwirkung vom Bundesverfassungsgericht ausgesprochen werden. Die allgemeine Vereinigungsfreiheit ist Teil der Aufzählung, sodass sie verwirkt werden kann. Die religiöse Vereinigungsfreiheit ist dagegen nicht im Katalog des Art. 18 GG zu finden.[179]

Verbote religiöser Vereine nach Art. 9 Abs. 2 GG oder von Religionsgemeinschaften nach Art. 4 Abs. 1, Abs. 2 GG und die Verwirkung von Grundrechten nach Art. 18 GG erfassen verschiedene Adressatenkreise. Religiöse Vereine und Religionsgemeinschaften können verboten werden, ohne dass die darin organisierten Individuen ihre religiöse Vereinigungsfreiheit insgesamt verlieren. Vereinsverbote betreffen die kollektive Freiheit zur Vereinigung, während Art. 18 GG die individuelle Vereinigungsfreiheit natürlicher Personen zum Gegenstand hat.[180] Das organisierte Individuum kann unbeschadet eines Verbots seiner religiösen Vereinigung seine Religionsfreiheit und auch seine religiöse Vereinigungsfreiheit in jeder sonstigen Form weiter ausüben und sich innerhalb der Grenzen des Verbots von Ersatzorganisationen nach § 8 VereinsG auch neu organisieren. Das Verbot einer religiösen Vereinigung zielt nicht auf die Beschränkung individueller religionsbezogener Grundrechte, sondern auf die Abwehr der Gefahren, die von der vereinsmäßigen Organisiertheit für die verfassungsmäßige Ordnung oder den Gedanken der Völkerverständigung ausgeht.[181]

Dies wiederum weist gleichzeitig auf eine Kehrseite der Verbote islamistisch-extremistischer Vereine als Maßnahme der Terrorismusabwehr hin. Durch die Verbote sollen verfassungs- bzw. völkerverständigungsfeindliche Strukturen aufgelöst bzw. verhindert werden. Dadurch kommt es zwar zu einer Fragmentierung der islamistisch-extremistischen Bewegung, die jedoch kaum Auswirkungen auf die Entwick-

---

[179] *Michael*, JZ 2002, 482 (484); *Schmieder*, VBlBW 4/2002, 146 (150); *Würtenberger*, ZevKR 1973, 67 (77).

[180] BVerwGE 4, 188 (189); *Brenner*, in: von Mangoldt/Klein u. a. (Hrsg.), Grundgesetz, 7. Aufl. 2018, Art. 18, Rn. 78; *Dürig/Klein*, in: Dürig/Herzog u. a. (Hrsg.), Grundgesetz, Lfg. 96 November 2021, Art. 18, Rn. 25; *Roth*, in: Schenke/Graulich u. a. (Hrsg.), Sicherheitsrecht des Bundes, 2. Aufl. 2019, § 1 VereinsG, Rn. 29; *Scholz*, in: Dürig/Herzog u. a. (Hrsg.), Grundgesetz, Lfg. 96 November 2021, Art. 9, Rn. 121; *von Feldmann*, DÖV 1965, 29 (30).

[181] *Schmieder*, VBlBW 4/2002, 146 (151).

lung des Salafismus und des radikalen Islamismus in Deutschland haben.[182] An dieser Stelle werden die Grenzen des Instruments des Vereinsverbots deutlich.[183]

D. Zusammenfassung

Die Streichung des Religionsprivilegs definierte die Grenzen des Pluralismus in der Gesellschaft neu und erforderte eine Neuschreibung des Verhältnisses von religiöser Vereinigungsfreiheit und Vereinsrecht. Aufgrund der Betroffenheit mehrerer Grundrechte beim Verbot religiöser Vereine und Religionsgemeinschaften ist die Rechtfertigung der Grundrechtseingriffe über mehrere Grundrechtsschranken denkbar. Vorgestellt wurden die vertretenen Ansichten einer Rechtfertigung über den einfachen Gesetzesvorbehalt nach Art. 136 Abs. 1 WRV i.V.m. Art. 140 GG, über die verfassungsimmanenten Schranken nach Art. 4 Abs. 1, Abs. 2 GG oder über eine unmittelbare oder mittelbare Anwendung des Art. 9 Abs. 2 GG. Das Bundesverwaltungsgericht hat sich für den pragmatischen Weg der Anwendbarkeit des Art. 9 Abs. 2 GG als verfassungsunmittelbare Verbotsregelung entschieden. Vorzugswürdig und verfassungsdogmatisch stringent ist jedoch die Heranziehung der verfassungsimmanenten Schranken nach Art. 4 Abs. 1, Abs. 2 GG, da die religiöse Vereinigungsfreiheit nach Art. 4 Abs. 1, Abs. 2 GG und Art. 137 Abs. 2 Satz 1 WRV i.V.m. Art. 140 GG im Wege der Grundrechtskonkurrenz der allgemeinen Vereinigungsfreiheit als spezielles Grundrecht vorgeht. Aufgrund des Vorrangs des Gesetzes ist auf die einfachgesetzliche Verbotsnorm des § 3 Abs. 1 VereinsG als Ermächtigungsgrundlage zurückzugreifen. Aufgrund der verfassungsunmittelbaren Regelung der Verbotsgründe in Art. 9 Abs. 2 GG ist die einfachgesetzliche Regelung in § 3 Abs. 1 VereinsG materiell-rechtlich auf den Regelungsgehalt des Art. 9 Abs. 2 GG beschränkt. Zusätzlich ist § 3 Abs. 1 VereinsG verfassungskonform auszulegen, sodass Religionsgemeinschaften nur bei der Betroffenheit von Rechtsgütern mit Verfassungsrang oder Grundrechten Dritter verboten werden können. Eine gesetzgeberische Klärung wäre trotz der Möglichkeit der verfassungskonformen Auslegung wünschenswert. Vorgeschlagen wird die Aufnahme einer neuen auf Religionsgemeinschaften konkret zugeschnittenen Ermächtigungsgrundlage bzw. zumindest die Streichung des Verweises auf Art. 9 Abs. 2 GG in § 3 Abs. 1 VereinsG.

In der Weiterentwicklung des Begriffsverständnisses der beiden Verbotsgründe auf neue kollektive Bedrohungspotentiale, wie islamistisch-extremistische Vereine und Religionsgemeinschaften hat die Rechtsprechung Fallgruppen herausgebildet, nach denen die Verbotsgründe der Verfassungs- und Völkerverständigungswidrigkeit vor-

---

[182] So Schliephack, in: *Siewert/Künder*, Gegenwärtige Entwicklungen und Trends des Terrorismus erkennen, 12. November 2018, abrufbar unter https://www.kas.de/veranstaltungsberichte/detail/-/content/gegenwartige-entwicklungen-und-trends-des-terrorismus-erkennen (zuletzt abgerufen am 15.03.2023).

[183] Siehe dazu auch Dritter Teil Kapitel 12.

liegen können. Ein Verein richtet sich demnach gegen die verfassungsmäßige Ordnung, wenn er religiös verbrämte Propaganda für den Heiligen Krieg (sog. Jihad) verbreitet und durch konkrete Umsetzungsakte und einen konkreten Umsetzungswillen die Errichtung eines Gottesstaates unter Geltung der Scharia verwirklicht sehen will. Spendensammelvereine können wegen Völkerverständigungswidrigkeit verboten werden, wenn sie über einen langen Zeitraum und in beträchtlichen Umfang wissentlich die völkerverständigungswidrigen Tätigkeiten Dritter unterstützen und sich mit deren Ideologien und Zielen identifizieren.

Die Strukturen islamistisch-extremistischer Vereine ermöglichen es oft einen Verein als Gesamtverein und diesem unterstellte oder unterstützende Teilorganisationen nach § 3 Abs. 3 VereinsG mit zu verbieten. Vereine, die verbotene Vorgängervereine durch bestehende personelle (Teil-)Identität und Fortführung der inhaltlichen Arbeit und Ideologie „weiterleben" lassen, sind nach § 8 Abs. 1 VereinsG als deren Ersatzorganisation zu verbieten. Nach Art. 18 GG kann man seine allgemeine Vereinigungsfreiheit nach Art. 9 Abs. 1 GG im Missbrauchsfall verwirken. Die speziellere religiöse Vereinigungsfreiheit ist davon nicht umfasst. Der Adressatenkreis des Verwirkungsvorbehalts nach Art. 18 GG unterscheidet sich von dem des Vereinsverbotsrechts dahingehend, dass mit ihm das individuelle verfassungsfeindliche Handeln natürlicher und juristischer Personen abgewehrt werden soll, während ein Verein gerade wegen seines durch die Organisiertheit erhöhten Gefährdungspotentials verboten wird.

E. Übersicht – Tatbestandsmerkmale der Verbotsgründe nach Art. 9 Abs. 2 GG bzw. § 3 Abs. 1 VereinsG

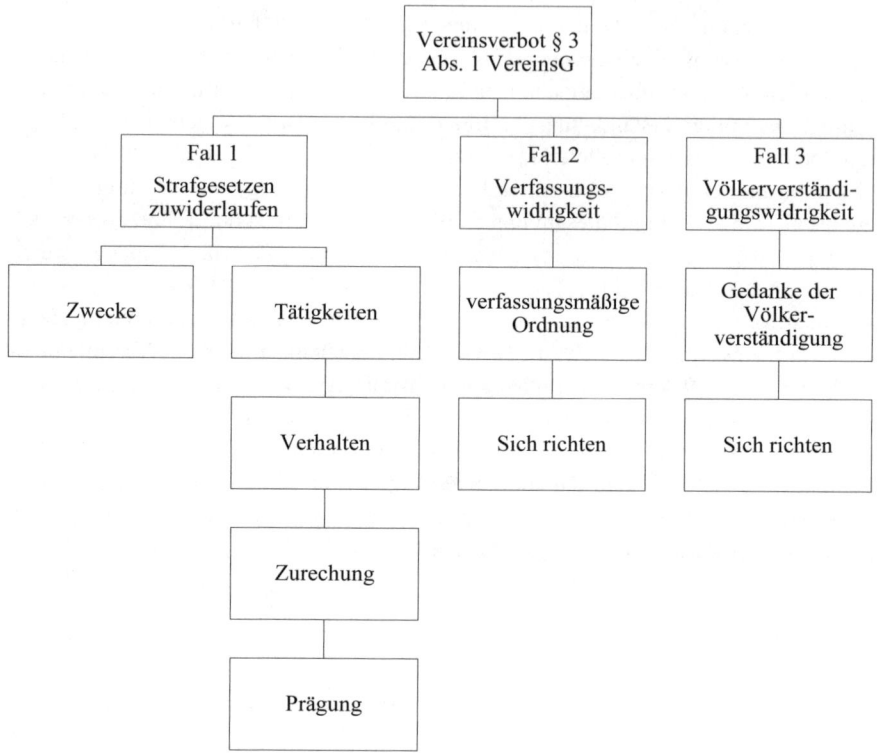

Abbildung 3: Verbotsgründe nach Art. 9 Abs. 2 GG bzw. § 3 Abs. 1 VereinsG

Kapitel 8

Verfassungsmäßigkeit der Zuständigkeitsregelungen nach § 3 Abs. 2 VereinsG

Die Aufnahme einer Verbotskompetenz für den Bundesinnenminister in die Zuständigkeitsregelung wurde bei der Einführung des Vereinsgesetzes im Jahr 1964 als eine der bedeutendsten Neuregelungen im Vereinsrecht gewertet. Durch § 4 VereinsG bekamen die Verbotsbehörden erstmals eigene Ermittlungsbefugnisse.

A. Verbotszuständigkeit

Die Regelung der Zuständigkeit für Vereinsverbote war nach der Neugründung der Bundesrepublik Deutschland eine Herausforderung. Formal lag die Verbotskompetenz bei den Innenministern der Bundesländer, dennoch versuchte der Bundesgesetzgeber bereits vor der Neuregelung des Vereinsrechts, der Bundesregierung Handlungsmöglichkeiten für das Verbot von Vereinen einzuräumen. Mit dem Vereinsgesetz wurde 1964 eine zunächst nicht unumstrittene Zuständigkeitsaufteilung zwischen Bund und Ländern beschlossen, durch die der Bundesinnenminister neben den Landesinnenministern als Verbotsbehörde mit einer gleichrangigen Verbotskompetenz ausgestattet wurde.

I. Verbotszuständigkeit der Länder

Vor Einführung des Vereinsgesetzes lag die alleinige Kompetenz, Vereine verbieten und auflösen zu können, bei den Exekutiven der Länder.[1] Die Landesinnenminister stimmten sich beim Verbot von Vereinen jedoch nicht untereinander ab. Mangels einheitlichen Vorgehens war die Wirksamkeit insbesondere solcher Verbote eingeschränkt, die Vereine adressierten, die in mehr als einem Bundesland tätig waren.[2]

Als indirekte Lösung erhielt die Bundesregierung über das Strafrecht und die Verwaltungsgerichtsbarkeit eine Exekutivbefugnis (nach *Willms* ein sog. Exekutiversatz[3]). Nach § 129a StGB a. F. konnte die Bundesregierung beantragen, das (Landes-)

---

[1] *Willms*, NJW 1957, 1617 (1618).
[2] *Grundmann*, Das fast vergessene öffentliche Vereinsrecht, 1999, S. 34; *Willms*, NJW 1957, 1617 (1618).
[3] *Willms*, NJW 1957, 1617 (1618).

Verbot einer Vereinigung nach Art. 9 Abs. 2 GG feststellen zu lassen.[4] Das entsprechende Verfahren vor dem Bundesverwaltungsgericht war in §§ 9 Abs. 1 lit. d), 77 f. BVerwGG geregelt.[5] Die Entscheidung des Bundesverwaltungsgerichts entfaltete für alle Verwaltungsgerichte Bindungswirkung und begründete die Strafbarkeit der Personen, die die Vereinigung fortsetzten, unabhängig davon, ob sie sich in Ländern aufhielten, die das Verbot nach Art. 9 Abs. 2 GG bisher vollzogen hatten.

Durch dieses Verfahren entstand für die Landesregierungen der mittelbare Zwang, ein von ihnen nicht initiiertes Vereinsverbot zu vollziehen.[6] Auch wenn das Verfahren nach § 129a StGB a. F. i. V. m. §§ 9 Abs. 1 lit. d), 77 f. BVerwGG kaum praktische Bedeutung erlangte,[7] gab es Bedenken, dass die Regelung zu einer rechtlichen Beseitigung der Verbotskompetenz der Länder führen könnte.[8] Das BVerwGG wurde mit Inkrafttreten der Verwaltungsgerichtsordnung (VwGO) 1960 aufgehoben.[9] Da die Möglichkeit, Feststellungsanträge zu stellen, allerdings primär aus § 129a StGB a. F. folgte, blieb diese zunächst weiterhin bestehen und wurde erst mit der Einführung des Vereinsgesetzes 1964 ersatzlos gestrichen.[10]

II. Zuständigkeitsteilung zwischen Bund und Ländern

Mit dem Vereinsgesetz von 1964 wurde die Zuständigkeit neu verteilt. Der Bundesinnenminister erhielt eine eigene Verbotskompetenz, die zu Kontroversen hinsichtlich ihrer Vereinbarkeit mit dem Grundsatz der Verwaltungszuständigkeit der Länder nach Art. 30, 83 GG führte. Nachfolgend wird der Rahmen für die Zuständigkeitsabgrenzung zwischen Bund und Ländern skizziert.

---

[4] § 129a StGB a. F. (Verbotene Vereinigungen), eingefügt durch Gesetz von 30.08.1951, BGBl. 1951 I 739 (Erstes Strafrechtsänderungsgesetz), lautete in seiner damaligen Fassung wie folgt: „Hat das Bundesverwaltungsgericht oder das oberste Verwaltungsgericht eines Landes festgestellt, dass eine Vereinigung gemäß Artikel 9 Abs. 2 des Grundgesetzes verboten ist, so wird jeder, der die Vereinigung fortführt, den organisatorischen Zusammenhalt auf andere Weise weiter aufrechterhält, sich an ihr als Mitglied beteiligt oder sie sonst unterstützt, mit Gefängnis bestraft, soweit nicht in anderen Vorschriften eine schwere Strafe angedroht ist. § 129 Abs. 3 und 4 gilt entsprechend. Das Bundesverwaltungsgericht entscheidet auf Antrag der Bundesregierung, das oberste Verwaltungsgericht eines Landes auf Antrag der Landesregierung."

[5] BGBl. 1952 I 625.

[6] *Willms*, NJW 1957, 1617 (1618).

[7] *Felske*, Kriminelle und terroristische Vereinigungen – §§ 129, 129a StGB, 2001, S. 305.

[8] *Willms*, NJW 1957, 1617 (1618).

[9] Vgl. § 195 Abs. 2 Nr. 1 VwGO; BGBl. 1960 I 17 (41).

[10] *Koehler*, Gesetz über das Bundesverwaltungsgericht, 1952, § 77, S. 81; Deutscher Bundestag, Gesetz zur Regelung des öffentlichen Vereinsrechts (Vereinsgesetz), 1964, abrufbar im Internet:, BGBl. 1964 I 593 (598).

1. Verfassungsmäßigkeit der Zuständigkeitsregelung

Die Neuregelung sieht sowohl die obersten Landesbehörden bzw. die nach Landesrecht zuständigen Behörden (§ 3 Abs. 2 Satz 1 Nr. 1 VereinsG) als auch den Bundesminister des Innern (§ 3 Abs. 2 Satz 1 Nr. 2 VereinsG) als Verbotsbehörden vor. Der Bundesinnenminister ist ermächtigt, Vereine und Teilvereine, deren Organisation oder Tätigkeit sich über das Gebiet eines Bundeslandes hinaus erstreckt, zu verbieten.

Als die Bundesregierung am 24. Mai 1962 dem Bundestag den Entwurf eines neuen Vereinsgesetzes vorlegte, begründete sie die Neuregelung der Zuständigkeiten mit den Unzulänglichkeiten, die die alte Kompetenzverteilung mit sich bringe sowie der Entwicklung des Verbandswesens hin zu größeren Organisationen, durch die ein unabweisbares Bedürfnis nach einheitlichen überregionalen Vereinsverboten entstanden sei.[11] Das regionale Verbotssystem habe sich nicht bewährt und die Zuständigkeitsverteilung müsse sich an die örtlichen Maßstäbe anpassen.[12] Was der damalige Bundesinnenminister Hermann Höcherl in der ersten Lesung des Gesetzentwurfs im Parlament am 27. Juni 1962 „ein Kernstück der Konzeption und eine wesentliche Bedingung dafür, daß das Vereinsgesetz die ihm gestellten Aufgaben wirksam erfüllen kann"[13], nannte und auch in der Literatur als wohl bedeutendste Bestimmung des neuen Gesetzes eingestuft wurde,[14] führte jedoch hinsichtlich der Fragen um die Einschränkung der Verbotszuständigkeit der Länderregierungen und die Verfassungsmäßigkeit der Verbotszuständigkeit des Bundes zu Kontroversen.

Die vereinsrechtliche Verbotskompetenz der Länder ist historisch gewachsen und spiegelt den Grundsatz der Länderzuständigkeit bei der Ausführung von Bundesgesetzen nach Art. 30, 83 GG wider. Die Verbotskompetenz des Bundes in § 3 Abs. 2 Satz 1 Nr. 2 VereinsG ist in keiner in der Verfassung normierten Ausnahmen von diesem Grundsatz vorgesehen. Eine solche Ausnahme hätte sich etwa aus Art. 9 Abs. 2 GG ergeben können. Die Bundesregierung begründete die Verbotskompetenz auf Bundesebene darum mit einer stillschweigenden Ermächtigung.[15] Eine solche sei durch die Dampfkesselentscheidung des Bundesverfassungsgerichts[16] bestätigt worden. Die in dieser Entscheidung aufgestellten Kriterien zur Annahme einer ungeschriebenen und stillschweigenden Verwaltungszuständigkeit des Bundes seien erfüllt. Dem Bund kann demnach ausnahmsweise die Ausführung der Bundesgesetze auf Gebieten obliegen, die nicht zur bundeseigenen Verwaltung nach Art. 86 ff. GG gehören, bei denen die Landesverwaltung keine reibungslose und vollständige Aus-

---

[11] BT Drs. IV/430, S. 13 f.
[12] BT Drs. IV/430, S. 13 f.
[13] Deutscher Bundestag, 36. Sitzung am 27. Juni 1962, BT Drs. IV/1479, S. 1525 (1. Lesung VereinsG).
[14] *Seifert*, DÖV 1964, 685 (687); *von Feldmann*, DÖV 1965, 29 (31).
[15] BT Drs. IV/430, S. 14.
[16] BVerfGE 11, 6.

führung erreicht und eine solche einheitliche Verwaltungspraxis auch nicht durch Art. 84 GG realisierbar ist.[17]

Zwar ist die ungeschriebene und stillschweigende Bundeszuständigkeit, auf die § 3 Abs. 2 Satz 1 Nr. 2 VereinsG gestützt wird, umstritten, ihre Kritiker konnten sich bis heute aber nicht durchsetzen.[18] Allen voran der Bundesrat widersprach bereits in seiner Stellungnahme zum Gesetzentwurf der Bundesregierung der Annahme einer Verbotszuständigkeit des Bundes.[19] Das Vereinsverbot sei eine Verwaltungsmaßnahme, für die mangels eindeutiger (geschriebener) Verwaltungszuständigkeit des Bundes der Grundsatz der Verwaltungszuständigkeit der Länder greife, vgl. Art. 30, 83 GG. In der Literatur lehnte man die Regelung ebenfalls ab, weil keine Notwendigkeit zur Annahme einer ausnahmsweisen ungeschriebenen Bundeskompetenz bestünde.[20] Eine einheitliche Verwaltungspraxis könne auch durch die Aufsicht des Bundes nach Art. 84 Abs. 3 und Abs. 4 GG oder durch Einzelweisungen des Bundes an die betroffenen Länder nach Art. 84 Abs. 5 GG gewährleistet werden.

Diesen Bedenken wird entgegengehalten, dass der Grundsatz der Verwaltungszuständigkeit der Länder durchaus Ausnahmen kennt und zulässt.[21] Nach Art. 87 Abs. 3 Satz 1 GG hat der Bund das Recht, oberste Bundesbehörden auf Gebieten seiner Gesetzgebungskompetenz einzurichten. Darum soll auch möglich sein, „bestehende Behörden in oberster Instanz mit dem Vollzug von Bundesgesetze[n] zu betrauen."[22] Die ungeschriebene Bundeskompetenz für überregionale Vereinsverbote wurde zudem vom Bundesverwaltungsgericht bestätigt,[23] dessen Auffassung sich das Bundesverfassungsgericht anschloss.[24] Mit Urteil vom 18. Oktober 1988 erkannte das Bundesverwaltungsgericht die Begründung der Bundesregierung an. Es führte hierzu aus, dass die Bundeszuständigkeit zur Ausführung eines Bundesgesetzes einen in der Verfassung vorgesehenen stillschweigenden Ausnahmefall darstellt, der im Falle von überregionalen Vereinsverboten anzunehmen ist.[25] Mit Beschluss vom 31. Juli 1989 nahm das Bundesverfassungsgericht das Verfahren zur Verfassungsmäßigkeit der Zuständigkeitsregelung mangels Erfolgsaussichten nicht zur

---

[17] BVerfGE 11, 6 (17 f.).
[18] Übersicht zum Streitstand in: *Schnorr*, Öffentliches Vereinsrecht, 1965, § 3, Rn. 26.
[19] BT Drs. IV/430, Anlage 2.
[20] *Von Feldmann*, DÖV 1965, 29 (32 f.); allgemein zur Zulässigkeit der stillschweigenden Verwaltungszuständigkeit des Bundes, *Kölble*, DÖV 1963, 660.
[21] *Albrecht*, in: Albrecht/Roggenkamp (Hrsg.), Vereinsgesetz Kommentar, 2014, § 3, Rn. 69 ff.; *Petzold*, NJW 1964, 2281 (2282); *Scholz*, in: Dürig/Herzog u. a. (Hrsg.), Grundgesetz, Lfg. 96 November 2021, Art. 9, Rn. 133; *Schnorr*, RdA 1964, 317 (317); *Seifert*, DÖV 1964, 685 (687).
[22] *Schnorr*, Öffentliches Vereinsrecht, 1965, § 3, Rn. 26.
[23] BVerwGE 55, 175 (176); diese Entscheidung bestätigend in: BVerwGE 134, 275 (277 f.); 61, 218 (220 f.).
[24] BVerfG, Beschluss vom 31.07.1989 – 1 BvR 1558/88, juris.
[25] BVerwGE 80, 299 (302 f.).

Entscheidung an und bestätigte somit indirekt die Verfassungsmäßigkeit des § 3 Abs. 2 Satz 1 Nr. 2 VereinsG.[26]

2. Abgrenzung der Bundes- und Länderzuständigkeit

Verbotsbehörde ist entweder die oberste Landesbehörde oder die nach Landesrecht zuständige Behörde für Vereine und Teilvereine, deren erkennbare Organisation und Tätigkeit sich auf das Gebiet eines Landes beschränken (§ 3 Abs. 2 Satz 1 Nr. 1 VereinsG) oder der Bundesminister des Innern für Vereine und Teilvereine, deren Organisation oder Tätigkeit sich über das Gebiet eines Landes hinaus erstreckt (§ 3 Abs. 2 Satz 1 Nr. 2 VereinsG).

Die Auslegung, wer im konkreten Fall zuständig ist, richtet sich maßgeblich nach dem Merkmal der Erkennbarkeit der Vereinsorganisation und/oder der Vereinstätigkeit. Die Vereinsorganisation und -tätigkeit beschränkt sich erkennbar auf ein Land bzw. erstreckt sich über das Gebiet eines Landes, wenn sie offenkundig, d. h. im Zeitpunkt des Verbotes ohne intensivere Nachforschungen, feststellbar ist.[27] Die Vereinsorganisation umfasst allen voran die Organisationsstruktur des Vereins. Teilt der Verein seine Organisation (Vereinssitz, Vereinsheim, Wohnsitz der Vereinsmitglieder) auf mehrere Bundesländer auf, ist er überregional organisiert.[28] Eine überregionale Vereinstätigkeit setzt zudem ein über das Gebiet eines Bundeslandes hinausgehendes, nicht ganz unbedeutendes Verhalten voraus.[29]

Für eine Länderzuständigkeit müssen sich Vereinsorganisation *und* -tätigkeit auf ein Bundesland beschränken. Zur Begründung der Bundeszuständigkeit genügt bereits die Überregionalität der Vereinsorganisation *oder* der Vereinstätigkeit. Die zuständigkeitsbegründende Vereinsorganisation und -tätigkeit ist getrennt vom verbotsrelevanten Verhalten des Vereins zu bewerten, d. h. für die Begründung der Zuständigkeit genügt jede Vereinstätigkeit. Es ist nicht notwendig, dass die überregionale Tätigkeit einen Verbotstatbestand nach Art. 9 Abs. 2 GG i. V. m. § 3 Abs. 1 VereinsG erfüllt.[30]

Der Tatbestand der Norm wurde vom Bundesrat kritisiert. Dieser nahm das Gesetzgebungsverfahren zur Änderung des Vereinsgesetzes 2017 zum Anlass, um auf Probleme mit der Tatbestandsauslegung, insbesondere mit dem Merkmal der Erkenn-

---

[26] BVerfG, Beschluss vom 31.07.1989 – 1 BvR 1558/88, juris, 1. Orientierungssatz.

[27] *Albrecht*, in: Albrecht/Roggenkamp (Hrsg.), Vereinsgesetz Kommentar, 2014, § 3, Rn. 64; *Groh*, in: Groh (Hrsg.), Vereinsgesetz, 2012, § 3, Rn. 24.

[28] *Albrecht*, in: Albrecht/Roggenkamp (Hrsg.), Vereinsgesetz Kommentar, 2014, § 3, Rn. 71.

[29] OVG Rheinland-Pfalz, Urteil vom 17.01.2017 – 7 C 10326/16, juris, Rn. 28; BVerwGE 134, 275 (277f.); 80, 299 (302f.); a.A. *Groh*, in: Groh (Hrsg.), Vereinsgesetz, 2012, § 3, Rn. 24f., die zusätzlich eine rechtliche Relevanz der Vereinstätigkeit fordert.

[30] BVerwGE 134, 275 (277f.).

barkeit, hinzuweisen.[31] Die fehlende hinreichende Konkretisierung, woran Organisation und Tätigkeit eines Vereins erkennbar sind, führt zu einer unklaren Zuständigkeitsregelung, die, wie im Verfahren vor dem OVG Rheinland-Pfalz, zur Aufhebung des jeweiligen Vereinsverbots aus formellen Gründen führen kann.[32] Der rheinland-pfälzische Innenminister verbot den Hells Angels MC Bonn, obwohl der Verein neben seiner Tätigkeit in Rheinland-Pfalz auch in Nordrhein-Westfalen agierte.[33] Das OVG Rheinland-Pfalz hob die Verbotsverfügung wegen formeller Rechtswidrigkeit auf und begründete die Entscheidung damit, dass ein *Tätigkeitsschwerpunkt* in einem Bundesland nicht genügt, wenn sich gleichzeitig weitere Vereinsaktivitäten „andauernd und nicht unerheblich über das Gebiet von Rheinland-Pfalz hinaus erstrecken".[34]

Die Entscheidung des OVG Rheinland-Pfalz ist im Ergebnis nicht zu beanstanden. Allerdings erwachsen daraus grundlegende Probleme in der Zuständigkeitsverteilung. Es kommt an dieser Stelle auf die Auslegung des Begriffs „Tätigkeitsschwerpunkt" an und darauf, ob im Einzelfall Art und Umfang der Vereinstätigkeit Anlass dazu geben, ein nicht nur unerhebliches Vereinsverhalten anzunehmen.[35] Die höchstrichterliche Rechtsprechung hat den Begriff des Tätigkeitsschwerpunkts in diesem Sinne noch nicht verwendet.[36] In der Literatur wird ihm zur Abgrenzung der Verbotskompetenz zwischen Land und Bund zentrale Bedeutung zugesprochen.[37] Der Innenminister des Bundeslandes, in dem der Verein hauptsächlich organisiert und tätig ist, ist für das Vereinsverbot zuständig, wenn der Verein in keinem anderen Bundesland eine nicht nur unerhebliche Vereinsaktivität aufzuweisen hat. Insofern ist der Begriff Tätigkeits*schwerpunkt* irreführend, wenn sich die Tätigkeit des Vereins gleichzeitig auf ein weiteres Bundesland in nicht andauerndem und nicht nur unerheblichem Umfang erstreckt.[38]

3. Zwischenergebnis

Die Zuständigkeitsregelung in § 3 Abs. 2 Satz 1 Nr. 2 VereinsG ist mit der Verfassung vereinbar. Zwar gründet die Verwaltungskompetenz weder auf einer ausdrücklichen Regelung in Art. 9 Abs. 2 GG noch ist sie dem Bereich der bundeseigenen Verwaltung nach Art. 86 ff. GG zuzuordnen. Die Verbotszuständigkeit des Bundesinnenmi-

---

[31] BR Drs. 416/16 (2.); so auch *Groh*, in: Groh (Hrsg.), Vereinsgesetz, 2012, § 3, Rn. 25, die keine Rechtsstruktur in der rechtsanwendenden Praxis erkennen kann.
[32] BR Drs. 416/16 (2.); OVG Rheinland-Pfalz, Urteil vom 17.01.2017 – 7 C 10326/16, juris.
[33] OVG Rheinland-Pfalz, Urteil vom 17.01.2017 – 7 C 10326/16, juris, Rn. 43.
[34] OVG Rheinland-Pfalz, Urteil vom 17.01.2017 – 7 C 10326/16, juris, Rn. 35.
[35] Im Ergebnis so auch die Bundesregierung in ihrer Gegenäußerung zu der Stellungnahme des Bundesrates, siehe BT Drs. 18/9947.
[36] BVerwGE 134, 275 (277 f.); 80, 299 (302 f.).
[37] *Albrecht*, in: Albrecht/Roggenkamp (Hrsg.), Vereinsgesetz Kommentar, 2014, § 3, Rn. 67; *Groh*, in: Groh (Hrsg.), Vereinsgesetz, 2012, § 3, Rn. 25.
[38] OVG Rheinland-Pfalz, Urteil vom 17.01.2017 – 7 C 10326/16, juris, Rn. 35.

nisters leitet sich jedoch aus einer ungeschriebenen stillschweigenden Verwaltungskompetenz ab, die den Bund zur einheitlichen Ausführung von Bundesgesetzen ermächtigt, wenn dies im Einzelfall und so auch beim Verbot überregional tätiger Vereine durch die Länder nicht gewährleistet werden kann.

Der Tatbestand zur Zuständigkeitsverteilung zwischen Ländern und Bund ist hinreichend konkretisiert. Der Bundesinnenminister ist zuständig, wenn ein Verein überregional in nicht nur unerheblichem Ausmaß tätig ist. Dabei kommt es auf eine nachvollziehbare Auslegung zentraler Tatbestandsmerkmale wie der Erkennbarkeit und den Tätigkeitsschwerpunkt an. Von einem Tätigkeits*schwerpunkt* kann nicht mehr gesprochen werden, wenn der Verein über das Gebiet eines Bundeslandes hinaus andauernd und nicht unerheblich aktiv ist.

B. Ermittlungsbefugnisse der Verbotsbehörden

Im Vorfeld eines Vereinsverbots bedarf es naturgemäß eines Ermittlungsverfahrens, in welchem das Vorliegen eines Verbotstatbestandes geprüft wird. Bis zur Neuregelung des Vereinsgesetzes im Jahr 1964 waren die Ermittlungen gegen Vereine Aufgabe der Strafjustiz. Die Verbotsbehörden hatten keine eigenen Ermittlungsbefugnisse und handelten darum auf Grundlage des in Anklageschriften und Strafurteilen aufbereiteten Tatsachenmaterials.[39] Mit dem Wegfall des § 90a StGB[40] und der Umwandlung bestehender Straftatbestände wie § 90b StGB[41] verlor die Strafjustiz zentrale Ermittlungsbefugnisse, die mit der Einführung des § 4 VereinsG auf die Verbotsbehörden und damit auf die Innenministerien von Bund und Ländern übergingen.

---

[39] BT Drs. IV/430; *Seifert*, DÖV 1964, 685 (688).
[40] § 90a StGB a. F. wurde dem StGB durch StrRÄndG v. 30.08.1951, BGBl. 1951 I 739 hinzugefügt und im Zuge des 8. StrRÄndG v. 25.06.1968, BGBl. 1968 I 741 wieder aufgehoben: „Wer eine Vereinigung gründet, deren Zwecke oder deren Tätigkeit sich gegen die verfassungsmäßige Ordnung oder gegen den Gedanken der Völkerverständigung richten, oder wer die Bestrebungen einer solchen Vereinigung als Rädelsführer oder Hintermann fördert, wird mit Gefängnis bestraft. In besonders schweren Fällen kann auf Zuchthaus bis zu fünf Jahren erkannt werden. Daneben kann Polizeiaufsicht zugelassen werden. Ist die Vereinigung eine politische Partei im räumlichen Geltungsbereich dieses Gesetzes, so darf die Tat erst verfolgt werden, nachdem das Bundesverfassungsgericht festgestellt hat, dass die Partei verfassungswidrig ist.".
[41] § 90b StGB a. F. wurde von einem Organisationsdelikt in ein Ungehorsamsdelikt umgewandelt, d.h. erst das Zuwiderhandeln gegen ein Vereinsverbot wurde bestraft, vgl. *Seifert*, DÖV 1964, 685 (688). Mit dem 8. StrRÄndG v. 25.06.1968, BGBl. 1968 I 741 fiel auch § 90b StGB a. F. weg: „(1) Wer eine Vereinigung, die unanfechtbar verboten ist, weil sie sich gegen die verfassungsmäßige Ordnung oder den Gedanken der Völkerverständigung richtet, fortführt, ihren organisatorischen Zusammenhalt auf andere Weise aufrechterhält oder für sie eine Ersatzorganisation schafft, wird mit Gefängnis bestraft. Der Versuch ist strafbar."

Das Vereinsgesetz von 1964 legte damit erstmals eigene Ermittlungsbefugnisse für die Verbotsbehörden fest, denen seitdem die Pflicht des ersten Zugriffs obliegt.[42] Die in § 4 VereinsG vorgesehenen erweiterten Ermittlungsbefugnisse sind für die Aufklärung eines möglicherweise verbotsrelevanten Sachverhalts unerlässlich und dienen der Vorbereitung eines zielführenden vereinsrechtlichen Verbotsverfahrens.[43] Die Verbotsbehörden sind ermächtigt, für ihre Ermittlungen die Hilfe der für die Wahrung der öffentlichen Sicherheit und Ordnung zuständigen Behörden und Polizei in Anspruch zu nehmen.

Die Heranziehung der Ermittlungsergebnisse sog. Hilfsbehörden für die eigene Verbotsentscheidung wird in verwaltungsgerichtlichen Verfahren, z.B. von Motorradclubs gegen ihre Verbotsverfügungen,[44] regelmäßig kritisiert. Sie halten es zur Erfüllung der eigenständigen Ermittlungstätigkeit der Verbotsbehörde nicht für ausreichend, wenn zur Erlangung von Informationen auf dritte Behörden zurückgegriffen wird. Neben dem eindeutigen Wortlaut des § 4 Abs. 1 Satz 1 VereinsG, der die Inanspruchnahme anderer Behörden vorsieht, führt das Bundesverwaltungsgericht in seiner Entscheidung vom 29. Januar 2013 die Regelung des § 26 Abs. 1 Satz 2 Nr. 1 VwVfG an, der zur Erfüllung des Amtsermittlungsgrundsatzes nach § 24 Abs. 1 VwVfG die Einholung von Auskünften jeder Art und damit auch Informationen anderer Behörden (auch Strafbehörden) als zulässiges Beweismittel zur Ermittlung des Sachverhalts anerkennt.[45]

Die jeweils zuständige Verbotsbehörde kann auf Antrag bei dem Verwaltungsgericht, in dessen Bezirk die Handlung vorzunehmen ist, im Rahmen des Ermittlungsverfahrens die richterliche Zeugenvernehmung, die Beschlagnahme von Beweismitteln oder Durchsuchungen von Räumen, Sachen oder Personen veranlassen. Für die richterliche Vernehmung von Zeugen gelten gem. § 4 Abs. 3 VereinsG i.V.m. § 98 VwGO die zivilprozessualen Vorschriften, für die Beschlagnahme von Beweismitteln und Durchsuchungen sind gem. § 4 Abs. 4 VereinsG die Vorschriften der Strafprozessordnung anwendbar. Bei Gefahr in Verzug kann die jeweils zuständige Behörde die Beschlagnahme oder Durchsuchung selbst anordnen, § 4 Abs. 5 VereinsG.

Die Ausübung der Ermittlungsbefugnisse können dem betroffenen Verein in seiner durch Art. 9 Abs. 1 GG geschützten Vereinigungsfreiheit verletzen.[46] Die Erweiterung der Befugnisse bedingt folglich auch eine Erweiterung des Schutzes der betroffenen Vereine gegen ungerechtfertigte Eingriffe. Die Ermittlungsbefugnisse müssen

---

[42] *Seifert*, DÖV 1964, 685 (688).

[43] *Grundmann*, Das fast vergessene öffentliche Vereinsrecht, 1999, S. 54ff. behandelt ausführlich die Frage der Ermittlungsbefugnisse und die Frage der Verbotszuständigkeit.

[44] U.v. BVerwG, NVwZ 2013, 521 (523); OVG Schleswig-Holstein, Urteil vom 19.06.2012 – 4 KS 2/10, juris, Rn. 26.

[45] BVerwG, NVwZ 2013, 521 (523).

[46] *Von Feldmann*, DÖV 1965, 29 (33) hält Eingriffe durch Ermittlungsbefugnisse in die Vereinigungsfreiheit vor Erlass einer Verbotsverfügung für unzulässig; a.A. *Schnorr*, Die Polizei 1965, 48 (51); *Seifert*, DÖV 1964, 685 (688).

in rechtsstaatlicher Weise ausgeübt werden.[47] Sie sind ihren jeweiligen zivil- und strafprozessualen Pendants nachgebildet, sodass die betroffenen Vereine im vergleichbaren Umfang geschützt werden, z. B. kann die Vernehmung von Zeugen nur von einem Richter durchgeführt werden und alle weiteren Ermittlungsbefugnisse sind von einer richterlichen Anordnung abhängig.[48]

C. Zusammenfassung

Die Regelung einer Verbotskompetenz für den Bundesinnenminister wurde bei Einführung des Vereinsgesetzes im Jahr 1964 damit begründet, dass sich immer mehr Vereine bundesweit organisierten und man denen durch die auf das jeweilige Bundesland beschränkte Wirkung des Vereinsverbots nicht effektiv begegnen konnte. Der Streit um die Verfassungsmäßigkeit der Verbotszuständigkeit des Bundes ist mittlerweile beigelegt und eine ungeschriebene Zuständigkeitsregelung höchstgerichtlich anerkannt. Weder die Verbotszuständigkeit noch die originären Ermittlungsbefugnisse der Verbotsbehörden, die 1964 erstmals in § 4 VereinsG aufgenommen wurden, sind aktuell reformbedürftig. Das schon damals zum Tragen kommende Bedürfnis nach mehr Zentralisierung in der deutschen Sicherheitsarchitektur ist auch heute immer wieder Gegenstand aktueller sicherheitsrechtlicher Diskussionen.[49]

---

[47] *Albrecht*, in: Albrecht/Roggenkamp (Hrsg.), Vereinsgesetz Kommentar, 2014, § 4, Rn. 4.
[48] *Schnorr*, Öffentliches Vereinsrecht, 1965, § 4, Rn. 2.
[49] Vgl. Antrag der FDP, *Lindner*, Terrorismus effektiv bekämpfen, Verantwortlichkeiten klären – Einsetzung einer Kommission zur Reform der föderalen Sicherheitsarchitektur – Föderalismuskommission III, BT Drs. 19/7424.

Kapitel 9

Das Kennzeichenverbot nach § 9 VereinsG

Als Nebenfolge eines Vereinsverbots verbietet § 9 VereinsG die weitere Verwendung der Kennzeichen des verbotenen Vereins. Mit der letzten Reform im Jahr 2017 wurde § 9 Abs. 3 VereinsG und damit das Verbot wesentlich gleicher Kennzeichen geändert. § 9 Abs. 3 VereinsG steht beispielhaft für Regelungen im Lichte des neuen erweiterten Sicherheitsbegriffs,[1] nach dem präventiv-vorbeugende Maßnahmen als repressiv-sanktionierende konzipiert werden. Nach einer Prüfung der Verfassungsmäßigkeit des Verwendungsverbotes – das Bundesverfassungsgericht verhielt sich mit Beschluss vom 9. Juli 2020 dazu – wird dem Gesetzgeber ein Reformvorschlag unterbreitet, mit dem unter Wahrung der Vereinigungsfreiheit, das Verbot der Verwendung von Kennzeichen verbotener Rockervereine durch nicht verbotene Schwestervereine erreicht werden kann.

A. Überblick zu den Regelungen des Kennzeichenverbots

§ 9 VereinsG normiert das Verbot der öffentlichen Verwendung von Kennzeichen eines verbotenen Vereins und dessen Ersatzorganisationen. Durch ein derartiges Verbot sollen Kennzeichen verbotener Vereine aus dem öffentlichen Erscheinungsbild verbannt werden.[2] Der aktuelle Normtext ist der Folgende:

„(1) Kennzeichen des verbotenen Vereins dürfen für die Dauer der Vollziehbarkeit des Verbots nicht mehr
1. öffentlich, in einer Versammlung oder
2. in Schriften, Ton- oder Bildträgern, Abbildungen oder Darstellungen, die verbreitet werden oder zur Verbreitung bestimmt sind,
verwendet werden. Ausgenommen ist eine Verwendung von Kennzeichen im Rahmen der staatsbürgerlichen Aufklärung, der Abwehr verfassungswidriger Bestrebungen und ähnlicher Zwecke.

(2) Kennzeichen im Sinne des Absatzes 1 sind insbesondere Fahnen, Abzeichen, Uniformstücke, Parolen und Grußformen. Den in Satz 1 genannten Kennzeichen stehen solche gleich, die ihnen zum Verwechseln ähnlich sind.

---

[1] Zu den Elementen des alten und neuen (erweiterten) Sicherheitsbegriffes siehe *Gusy*, VerwArch 2010, 309 (311); *M. Möllers*, Wörterbuch der Polizei, 3. Aufl. 2018, S. 699.
[2] BT Drs. 18/9758, S. 6; BT Drs. 14/7386, S. 49; *Schnorr*, Öffentliches Vereinsrecht, 1965, § 9, Rn. 1.

(3) Absatz 1 gilt entsprechend für Kennzeichen eines verbotenen Vereins, die in im Wesentlichen gleicher Form von anderen nicht verbotenen Teilorganisationen oder von selbständigen Vereinen verwendet werden. Ein Kennzeichen eines verbotenen Vereins wird insbesondere dann in im Wesentlichen gleicher Form verwendet, wenn bei ähnlichem äußerem Gesamterscheinungsbild das Kennzeichen des verbotenen Vereins oder Teile desselben mit einer anderen Orts- oder Regionalbezeichnung versehen wird.

(4) Diese Vorschriften gelten auch für die Verwendung von Kennzeichen einer Ersatzorganisation für die Dauer der Vollziehbarkeit einer Verfügung nach § 8 Abs. 2 Satz 1."

§ 9 VereinsG enthält drei Tatbestandsvarianten, nach denen die Verwendung eines Kennzeichens verboten ist. § 9 Abs. 1 VereinsG verbietet die öffentliche Verwendung von Kennzeichen eines verbotenen Vereins für die Dauer der Vollziehbarkeit des Verbots. Kennzeichen, wie Fahnen, Abzeichen, Uniformstücke, Parolen und Grußformeln (vgl. § 9 Abs. 2 Satz 1 VereinsG), dürfen dann nicht mehr öffentlich, in einer Versammlung oder durch andere Kommunikationsmittel verbreitet werden. Nach § 9 Abs. 2 Satz 2 VereinsG ist seit 2002 zudem die Verwendung solcher Kennzeichen untersagt, die denen des Satzes 1 zum Verwechseln ähnlich sind. In der Fassung von 1964[3] erweiterte § 9 Abs. 3 VereinsG das Verwendungsverbot auf Kennzeichen von Ersatzorganisationen. Seitdem war die Norm zuletzt zwei Mal Gegenstand von Novellierungen, die im Folgenden vorgestellt werden.

Das Kennzeichenverbot dient der Abwehr abstrakter Gefahren.[4] Die polizeirechtliche Maßnahme ist dem strafrechtlichen Kennzeichenverbot nachgebildet. Nach § 86a StGB steht das Verwenden von Kennzeichen verfassungswidriger Organisationen unter Strafe.[5] Zudem wird das öffentlich-rechtliche (präventive) Kennzeichenverbot durch § 20 VereinsG ergänzt, wonach das Verwenden von Kennzei-

---

[3] Die Fassung 1964 enthielt folgende Regelungen: „§ 9 Kennzeichenverbot, (1) Kennzeichen des verbotenen Vereins dürfen für die Dauer der Vollziehbarkeit des Verbots nicht mehr 1. öffentlich, in einer Versammlung oder 2. in Schriften, Schallaufnahmen, Abbildungen oder Darstellungen, die verbreitet werden oder zur Verbreitung bestimmt sind, verwendet werden. Ausgenommen ist eine Verwendung von Kennzeichen im Rahmen der staatsbürgerlichen Aufklärung, der Abwehr verfassungswidriger Bestrebungen und ähnlicher Zwecke. (2) Kennzeichen im Sinne des Absatzes 1 sind insbesondere Fahnen, Abzeichen, Uniformstücke, Parolen und Grußformen. (3) Diese Vorschriften gelten auch für die Verwendung von Kennzeichen einer Ersatzorganisation für die Dauer der Vollziehbarkeit einer Verfügung nach § 8 Abs. 2 Satz 1."

[4] OLG Hamburg, Urteil vom 07.04.2014 – 1-31/13, NStZ 2014, 656 (659); *Groh*, in: Groh (Hrsg.), Vereinsgesetz, 2012, § 20, Rn. 23; *Roth*, in: Schenke/Graulich u.a. (Hrsg.), Sicherheitsrecht des Bundes, 2. Aufl. 2019, § 20 VereinsG, Rn. 2.

[5] „(1) Mit Freiheitsstrafe bis zu drei Jahren oder mit Geldstrafe wird bestraft, wer 1. im Inland Kennzeichen einer der in § 86 Abs. 1 Nr. 1, 2 und 4 bezeichneten Parteien oder Vereinigungen verbreitet oder öffentlich, in einer Versammlung oder in von ihm verbreiteten Schriften (§ 11 Abs. 3) verwendet oder 2. Gegenstände, die derartige Kennzeichen darstellen oder enthalten, zur Verbreitung oder Verwendung im Inland oder Ausland in der in Nummer 1 bezeichneten Art und Weise herstellt, vorrätig hält, einführt oder ausführt. (2) Kennzeichen im Sinne des Absatzes 1 sind namentlich Fahnen, Abzeichen, Uniformstücke, Parolen und Grußformen. Den

chen eines verbotenen Vereins, einer verbotenen Partei oder einer Ersatzorganisation strafbewehrt ist und mit Freiheitsstrafe von bis zu einem Jahr oder Geldstrafe geahndet werden kann. § 20 VereinsG stellt einen (repressiven) Auffangtatbestand für Verstöße gegen das Vereinsgesetz dar, die nicht vom Vereinigungsstrafrecht des Strafgesetzbuchs erfasst werden.[6]

B. Die Reformen des Kennzeichenverbots seit 2001

§ 9 VereinsG wurde infolge der Terroranschläge vom 11. September 2001 reformiert. Mit dem Terrorismusbekämpfungsgesetz führte der Gesetzgeber zwei Neuregelungen zur Verwendung verwechslungsfähiger und wesentlich gleicher Kennzeichen nicht verbotener Vereine ein. Dies diente der Klarstellung der Reichweite eines Kennzeichenverbots und der Einführung eines Verwendungsverbots wesentlich gleicher Kennzeichen nicht verbotener Vereine. Letzteres wurde 2017 angepasst.

I. Terrorismusbekämpfungsgesetz vom 9. Januar 2002

Mit Artikel 9 des Terrorismusbekämpfungsgesetzes vom 9. Januar 2002 wurde das Vereinsgesetz unmittelbar nach der Aufhebung des Religionsprivilegs mit dem ersten Anti-Terror-Paket vom 4. Dezember 2001 geändert.[7] Der Gesetzgeber „*effektivierte*" das Verbot der öffentlichen Verwendung von Kennzeichen verbotener Vereine.[8] Durch die Einführung zwei neuer Tatbestandsvarianten in § 9 Abs. 2 Satz 2 und Abs. 3 VereinsG sollen Kennzeichen verbotener Vereine konsequent aus der Öffentlichkeit verbannt werden:[9]

„(2) 2 Den in Satz 1 genannten Kennzeichen stehen solche gleich, die ihnen zum Verwechseln ähnlich sind.

(3) Absatz 1 gilt entsprechend für Kennzeichen eines verbotenen Vereins, die in im Wesentlichen gleicher Form von anderen nicht verbotenen Teilorganisationen oder von selbständigen, die Zielrichtung des verbotenen Vereins teilenden Vereinen verwendet werden."[10]

§ 9 Abs. 2 Satz 2 VereinsG entspricht der schon bestehenden Formulierung des § 86a Abs. 2 Satz 2 StGB, der die Verwendung ähnlicher Kennzeichen verfassungswidriger Organisationen untersagt. Der neue Satz 2 harmonisiert die Reichweite der beiden

---

in Satz 1 genannten Kennzeichen stehen solche gleich, die ihnen zum Verwechseln ähnlich sind. (3) § 86 Abs. 3 und 4 gilt entsprechend."

[6] *Roth*, in: Schenke/Graulich u. a. (Hrsg.), Sicherheitsrecht des Bundes, 2. Aufl. 2019, § 20 VereinsG, Rn. 1–3.
[7] BGBl. 2002 I 361 (367).
[8] BT Drs. 14/7386, S. 37.
[9] BT Drs. 14/7386, S. 48.
[10] BT Drs. 14/7386, S. 8.

Vorschriften und erweitert quantitativ das bisherige präventive Kennzeichenverbot als Nebenfolge von Vereinsverboten inländischer Vereine nach § 9 Abs. 1 VereinsG. Nach dem sog. Ähnlichkeitsprinzip gelten nunmehr auch solche Kennzeichen als verboten, die den Kennzeichen des verbotenen Vereins zum Verwechseln ähnlich sehen.[11]

§ 9 Abs. 3 VereinsG regelte in der Fassung von 2002 das Verbot der Verwendung von wesentlich gleichen Kennzeichen nicht verbotener Teilorganisationen oder selbstständiger Vereine, die die Zielrichtung des verbotenen Vereins teilen. Die Neuregelung sollte der Klarstellung über die Reichweite des Kennzeichenverbots nach § 9 Abs. 1 VereinsG bei nicht verbotenen Vereinen dienen. Der vorherige Regelungsgehalt des Kennzeichenverbots richtete sich laut Gesetzesbegründung bereits an jedermann und damit auch an Mitglieder nicht verbotener Vereine, die Kennzeichen verbotener Vereine weiterverwenden. Die Neuregelung stelle darum keine über die Bestandsregelung des § 9 Abs. 1 VereinsG hinausgehende Einschränkung der Vereinigungsfreiheit dar.[12] Sie sei aber notwendig gewesen, da der Eindruck entstanden sei, wesentlich gleiche Kennzeichen nicht verbotener Schwestervereine, die sich nur durch den Zusatz anderer Orts- und Untergliederungsbezeichnungen unterschieden (wie es bei den verschiedenen Ortsgruppen der Motorradclubs üblich ist), könnten trotz gleichem Erscheinungsbild und gleicher Zielsetzung weitergeführt werden.

Zudem wurden die Vereinsverbotsgründe in § 14 VereinsG neugefasst und erweitert. Nun können auch gewalttätige und terroristische Ausländervereine und ausländische Vereine verboten werden, die in Deutschland durch Spenden oder durch die Rekrutierung von Kämpfern unterstützt werden.[13]

II. Zweites Gesetz zur Änderung des Vereinsgesetzes vom 10. März 2017

Nach der vermeintlichen Klarstellung des Gesetzgebers zur Reichweite des Kennzeichenverbots durch das Terrorismusbekämpfungsgesetz führte eine Reihe verwaltungs-, instanz- und obergerichtlicher Entscheidungen zu neuer Rechtsunsicherheit hinsichtlich der Anwendung und Auslegung des Verbotstatbestands. Infolge eines intendierten Prozesses vor dem Landgericht Bochum durch Mitglieder der Rockerbewegung Bandidos MC lehnte der 3. Strafsenat des Bundesgerichtshofs am 9. Juli 2015 sog. Kuttenverbote für Schwestervereine innerhalb eines Motorradclubs als Dachorganisation ab. Am 10. März 2017 wurde daraufhin das Vereinsgesetz, insbesondere die Regelung des § 9 Abs. 3 VereinsG, erneut geändert und das Kennzeichenverbot nun noch ausdrücklicher auch auf nicht verbotene Schwestervereine verbotener Rockervereine zugeschnitten.

---

[11] *Von Mutius/Nolte*, in: von Mutius/Nolte (Hrsg.), Das vereinsrechtliche Kennzeichenverbot als Instrument zur internationalen Terrorismusbekämpfung, 2003, S. 13.
[12] BT Drs. 14/7386, S. 48 f.
[13] BT Drs. 14/7386, S. 49.

1. Entwicklung bis zur Gesetzesänderung

Die Änderung des Vereinsgesetzes 2002 diente – obwohl sie im Rahmen des Terrorismusbekämpfungsgesetzes verabschiedet wurde[14] – dazu, die Verwendung von Kennzeichen nicht verbotener inländischer, nicht terroristischer oder extremistischer Vereine zu verbieten. Die sog. Kuttenverbote von nicht verbotenen Schwestervereinen eines verbotenen Rockervereins innerhalb eines Motorradclubs als Dachorganisation waren jahrelang und sind bis heute Gegenstand der Rechtsprechung.

a) Problemdarstellung

Die Ortsgruppen (sog. Charter oder Chapter[15]) von weltweit agierenden Motorradclubs, wie dem Hells Angels MC oder dem Bandidos MC, nutzen einheitliche Embleme, Wappen und Schriftzüge. Sie dienen als Erkennungszeichen und sind Ausdruck ihrer Zugehörigkeit und Identität.[16] Der Hells Angels MC verwendet beispielsweise einen behelmten Totenkopf mit gelb-roten rechtsschwingenden Engelsflügeln (sog. Death Head).[17] Der Bandidos MC ist durch die Figur eines dicken Mexikaners einheitlich erkennbar, der einen Poncho und Sombrero trägt und mit einer Machete und einem Revolver ausgestattet ist (sog. Fat Mexican).[18]

Diese Symbole werden zusammen mit mehreren Schriftzügen als Aufnäher (sog. Patches[19]) unter anderem auf Lederjacken oder Lederwesten als Vereinskluft (sog. Kutten) getragen. Oberhalb des Totenkopfes bzw. des Mexikaners ist als sog. Top-Rocker der Name des Motorradclubs angebracht; unterhalb steht als sog. Bottom-Rocker die Regionalbezeichnung. Rechts der jeweiligen Figur findet sich der Schriftzug „MC" für Motorcycle Club; links des Mexikaners auf der Bandidos-Kutte ist zusätzlich ein Patch mit „1%" angebracht, der für die eigene Kategorisierung als Einprozenter[20] steht.

Nach der Neuregelung des Kennzeichenverbots durch das Terrorismusbekämpfungsgesetz gab es eine Vielzahl strafgerichtlicher Entscheidungen zur Verwendung der Rockerkutten. Alle Ortsgruppen des jeweiligen weltweit agierenden Motorrad-

---

[14] BT Drs. 14/7368, S. 37.
[15] Siehe zur Erklärung Glossar.
[16] *Focus Online*, Focus vom 16.03.2017, abrufbar unter https://www.focus.de/politik/deutschland/ausdruck-der-verachtung-symbolverbot-fuer-acht-rocker-gruppierungen-in-kraft_id_6801623.html (zuletzt abgerufen am 15.03.2023).
[17] https://hells-angels.com/our-club/history/ (zuletzt abgerufen am 15.03.2023); *von Mutius/Nolte*, in: von Mutius/Nolte (Hrsg.), Das vereinsrechtliche Kennzeichenverbot als Instrument zur internationalen Terrorismusbekämpfung, 2003, S. 4.
[18] BGHSt 61, 1 (2); LG Bochum, Urteil vom 28.10.2014 – 6 KLs-47 Js 176/14-4/14, juris, Rn. 38.
[19] Siehe zur Erklärung Glossar.
[20] Siehe zur Erklärung Glossar.

clubs verwenden dieselben Aufnäher mit dem sog. Top-Rocker (Name des Motorradclubs) und dem Vereinsemblem (Totenkopf oder Mexikaner).

Die deutschen Ableger der Motorradclubs organisieren sich als rechtlich selbständige Ortsgruppen. Wird eine Ortsgruppe als regionaler Rockerverein und mit ihm die Verwendung seiner Kennzeichen verboten, ist fraglich, ob die anderen, nicht verbotenen, selbständigen Ortsgruppen in Deutschland ihre identischen – weil von der weltweiten Bewegung vorgegebenen – Kennzeichen weiterverwenden dürfen oder ob diese Verwendung nun einen strafbewehrten Verstoß gegen das Kennzeichenverbot nach §§ 9, 20 Abs. 1 Satz 1 Nr. 5 VereinsG darstellt.

Die Hells-Angels-Kennzeichen (behelmter Totenkopf und stilisierter Namensschriftzug) wurden nach den Verboten des Hells Angels MC Germany aus Hamburg 1983 und des Hells Angels MC Düsseldorf 2000 von den nicht verbotenen Hells Angels-Vereinen weiterverwendet. Gleiches geschah im Umgang mit den Vereinsemblemen des Bandidos MC. Die Figur des Mexikaners und der Bandidos-Schriftzug wurden nach den Verboten des Bandidos MC Aachen 2012 und des Bandidos MC Probationary Neumünster 2010 von den übrigen nicht verbotenen Bandidos-Vereinen weiterverwendet. Aufgrund ebenfalls rechtskräftiger Verbote sind neben dem Hells Angels MC und dem Bandidos MC auch die Motorradclubs Gremium MC, Chicanos MC, Mongols MC, Commando 81 Borderland, Red Devils MC, Diablos MC, Schwarze Schar MC, Satudarah Maluku MC, Clan 81 Germany und Osmanen Germania vom Verbot der Weiterverwendung der Kennzeichen betroffen.[21]

b) Lösungsansätze aus der Rechtsprechung

Die gerichtliche Auseinandersetzung mit der Thematik führte aufgrund der unterschiedlichen Konzeptionen der Kutten zunächst zu einer unübersichtlichen Rechtsprechung, die der Bundesgerichtshof Mitte 2015 vorläufig beendete. Als zentrale Fragen wurden diskutiert, inwieweit die Anordnung der einzelnen Aufnäher ein zulässiges Unterscheidungsmerkmal für die Verwendung der Kutten darstellt und ob die einzelnen Aufnäher oder die Kutte insgesamt als Kennzeichen einzuordnen sind.

Zunächst lehnten mehrere Instanzgerichte eine Strafbarkeit wegen Verstoßes gegen das Kennzeichenverbot ab, wenn die von den nicht verbotenen Schwestervereinen verwendeten Kennzeichen neben den Verbotenen noch eine individuelle Ortsbezeichnung auf der Kutte trugen.[22] Aufgrund der individuellen Ortsbezeichnung seien die verwendeten Kennzeichen nicht mit denen verbotener Rockervereine identisch oder zum Verwechseln ähnlich. Dagegen bestätigte das OVG Rheinland-Pfalz die

---

[21] Zu den einzelnen Verboten siehe Anhang 1 – Verbotene Rockervereine.

[22] LG Cottbus, Beschluss vom 28.02.2002 – 26 Qs 464/01, StraFo 2002, 407; LG Berlin, Beschluss vom 02.10.2002 – 537 Qs 104/02, StraFo 2003, 30; LG Verden, Beschluss vom 11.08.2003 – 1 Qs 161/03, ZVR-Online Dok. Nr. 8/2015, Rn. 2; vgl. auch *Gubitz*, in: von Mutius/Nolte (Hrsg.), Das vereinsrechtliche Kennzeichenverbot als Instrument zur internationalen Terrorismusbekämpfung, 2003, S. 31 ff.; *Rau/Zschieschack*, NStZ 2008, 131 (133).

polizeirechtliche Sicherstellung einer Kutte mit Hells-Angels-Kennzeichen (behelmter Totenkopf und stilisierter Namensschriftzug). Die auf der Vorderseite angebrachte Ortsbezeichnung stehe dem nicht entgegen, da es sich bei den verbotenen Kennzeichen auf der Rückseite um einzeln zu bewertende Kennzeichen handele (sog. Einzelbetrachtungslehre).[23] Auch das OLG Celle bestätigte eine Geldstrafe gegen den Präsidenten des Hells Angels MC Hannover, dessen behelmter Totenkopf-Aufnäher, den er wiederum auf der Rückseite seiner Lederweste trug, identisch i. S. d. § 9 Abs. 1 Satz 1 VereinsG mit dem Vereinswappen des verbotenen Hells Angels MC Düsseldorf und zum Verwechseln ähnlich i. S. d. § 9 Abs. 2 Satz 2 VereinsG mit dem Vereinswappen des verbotenen Hells Angels MC Hamburg war.[24] Wie bei der Entscheidung des OVG Rheinland-Pfalz war die Ortsbezeichnung auf der Vorderseite der Weste aufgenäht, sodass sie nicht zusammen mit dem verbotenen Kennzeichen wahrgenommen werden konnte und als zur Unterscheidung der Kennzeichen untauglich eingestuft wurde.

Das OLG Hamburg griff den Urteilsspruch auf und kehrte die Einzelbetrachtungslehre um. Es ordnete die von einem Mitglied des Hells Angels MC Harbour City öffentlich auf einer ärmellosen Jeansweste getragenen Hells Angels-Kennzeichen als identische Kennzeichen des verbotenen Hamburger Hells Angels MC i. S. d. § 9 Abs. 1 Satz 1 VereinsG ein, obwohl der Ortszusatz „Harbour City" nicht auf der Vorderseite der Kutte angebracht war, sondern hier zusammen mit den anderen verbotenen Kennzeichen auf der Rückseite.[25] Dieser Umstand hätte dem OVG Rheinland-Pfalz und dem OLG Celle noch im Wege einer Gesamtbetrachtung der Kennzeichenverwendung auf der Rückseite einer Kutte als ausreichendes Unterscheidungsmerkmal zwischen der Verwendung verbotener oder eigener, nicht verbotener Kennzeichen genügt.

Auf die neu eingeführten Tatbestandsvarianten in § 9 Abs. 2 Satz 2 oder Abs. 3 VereinsG griffen die Gerichte wegen der signifikanten Übereinstimmung mit den Originalkennzeichen nicht zurück.[26] In einer parallelen Entscheidung legte das OLG Hamburg als Ausgangspunkt für die Bewertung der Verwechslungsgefahr von Rocker-Kennzeichen nach § 9 Abs. 2 Satz 2 VereinsG fest, dass jedes Symbol einzeln mit dem Originalkennzeichen verglichen werden muss. Nicht erst die zusammengesetzten Kennzeichen oder die Gesamtschau sämtlicher auf einer Seite abgebildeten

---

[23] OVG Rheinland-Pfalz, Urteil vom 22.03.2005 – 12 a 12101/04, juris, Rn. 18 f.; vergleichbarer Ansatz in BayObLG, Beschluss vom 23.09.2003 – 4 St RR 104/03, BeckRS 2003, 09557.

[24] OLG Celle, Beschluss vom 19.03.2007 – 32 Ss 4/07, NStZ 2008, 150 (160); zustimmend *Rau/Zschieschack*, NStZ 2008, 131 (133).

[25] OLG Hamburg, Urteil vom 07.04.2014 – 1-31/13, NStZ 2014, 656 (658).

[26] OVG Rheinland-Pfalz, Urteil vom 22.03.2005 – 12 a 12101/04, juris, Rn. 18; OLG Hamburg, Urteil vom 07.04.2014 – 1-31/13, NStZ 2014, 656 (659); zustimmend *Stegbauer*, NStZ 2014, 621 (622 f.); kritisch *Albrecht/Braun*, NJOZ 2014, 1481 (1483 f.); *Braun*, DPolBl. 2015, 26 (26).

Kennzeichen sollten dem Kennzeichenbegriff nach § 9 VereinsG unterfallen.[27] Indem das OLG Hamburg die Kennzeichen unabhängig von der Platzierung der individuellen Ortsbezeichnung für identisch oder ähnlich aussehend hielt, entwickelte es die Einzelbetrachtungslehre konsequent fort.

In der Literatur wurden die Entscheidungen zum Teil mit Unverständnis hinsichtlich des zugrunde gelegten Kennzeichenbegriffs und der damit einhergehenden Bewertung der Aufnäher als einzelne Kennzeichen aufgenommen.[28] Auch die Auslegung der Verbotsvarianten nach § 9 Abs. 1 Satz 1 und Abs. 2 Satz 2 VereinsG führten zu Kritik. Die bestätigten Verstöße seien eine unsachgemäße Inkriminierung nicht verbotener Vereine und ihrer Mitglieder, die mit Strafverfolgungsmaßnahmen auf Grundlage verwaltungsakzessorischen Nebenstrafrechts nach § 20 Abs. 1 Satz 1 Nr. 5 VereinsG zu rechnen hätten.[29] Die 2002 eingeführte Regelung des § 9 Abs. 3 VereinsG, die als zusätzliche Anforderung eine gleiche Zielsetzung zwischen den verbotenen und nicht verbotenen Vereinen fordert, müsse für die Verwendung von gleichen oder ähnlichen Kennzeichen von Schwestervereinen verbotener Rockervereinen vorrangig sein.[30]

Das LG Bochum befand als nächstes Gericht über das Verwendungsverbot von Kennzeichen auf Rockerkutten. Zwei Mitglieder des Bandidos MC aus den Ortsgruppen Unna und Bochum hatten ihre Kutten gezielt vor einer Polizeistation getragen.[31] Das Gericht bestätigte zunächst die Einschätzung des OLG Hamburg, dass es sich bei den Vereinsemblemen – Mexikaner-Aufnäher und Bandidos-Schriftzug – um einzeln zu bewertende Kennzeichen handele.[32] In seiner weiteren Entscheidungsfindung setzte es die Grundsätze einer Einzelbetrachtung jedoch nicht um. Das Gericht lehnte einen Verstoß gegen das Kennzeichenverbot ab und verneinte alle drei Tatbestandsalternativen. Es entschied, dass es sich bei den verwendeten Kennzeichen der beiden Bandidos-Mitglieder aus Unna und Bochum nicht um identische Kennzeichen der verbotenen Bandidos-Vereine aus Aachen und Neumünster handele, weil die in Rede stehenden Kennzeichen kein, einem bestimmten Ortsverband zugeordnetes Alleinstellungsmerkmal aufwiesen.[33] Die Kennzeichen würden vielmehr weltweit einheitlich von allen Rockervereinen der jeweiligen Rockerbewegung verwendet

---

[27] OLG Hamburg, Urteil vom 07.04.2014 – 1-20/13, juris, Rn. 7, 11; so auch in OLG Hamburg, Urteil vom 07.04.2014 – 1-31/13, NStZ 2014, 656 (657); a.A. *Albrecht/Braun*, NJOZ 2014, 1481 (1482).

[28] *Albrecht*, HRRS 2015, 167 (169 f.).

[29] *Albrecht/Braun*, NJOZ 2014, 1481 (1483); *Stegbauer*, NStZ 2014, 621 (622).

[30] *Albrecht*, HRRS 2015, 167 (171); *Albrecht/Braun*, NJOZ 2014, 1481 (1483); *Braun*, DPolBl. 2015, 26 (27); *Rau/Zschieschack*, NStZ 2008, 131 (134); *Stegbauer*, NStZ 2014, 621 (622); a.A. *D. Bock*, JZ 2016, 158 (159 f.).

[31] LG Bochum, Urteil vom 28.10.2014 – 6 KLs-47 Js 176/14-4/14, juris, Rn. 55.

[32] LG Bochum, Urteil vom 28.10.2014 – 6 KLs-47 Js 176/14-4/14, juris, Rn. 93, 97; a.A. *Albrecht/Braun*, NJOZ 2014, 1481 (1483).

[33] LG Bochum, Urteil vom 28.10.2014 – 6 KLs-47 Js 176/14-4/14, juris, Rn. 99.

werden. Ein zum Verwechseln ähnliches Kennzeichen nach § 9 Abs. 2 Satz 2 VereinsG lehnte das Gericht aufgrund des Ortszusatzes ab.[34] Eine wesentliche Gleichheit nach § 9 Abs. 3 VereinsG habe mangels Übereinstimmung mit den verbotsrelevanten Zielen der verbotenen Vereine nicht vorgelegen.[35]

Mit der Entscheidung des LG Bochum waren die bisherigen Maßstäbe aus der Rechtsprechung endgültig ad absurdum geführt. Schließlich gab der Bundesgerichtshof dem LG Bochum am 9. Juli 2015 im Ergebnis recht und erteilte der Auslegung des OLG Hamburg eine deutliche Absage.[36] Diese grundlegende Entscheidung wurde notwendig, weil nach dem Urteil des OLG Hamburg bundesweit zahlreiche Staatsanwaltschaften angekündigt hatten, Verstöße gegen das vereinsrechtliche Kennzeichenverbot zu ahnden.[37] Auch der Bundesgerichtshof bestätigte zunächst die Einzelbetrachtungslehre und stimmte darin überein, dass es nicht auf ein Zusammenspiel von Vorder- und Rückseite der Kutte oder auf die Anordnung aller Abzeichen auf der Rückseite ankomme.[38] Ein strafbewehrter Verstoß gegen das Kennzeichenverbot nach § 9 Abs. 1 VereinsG scheitere jedoch daran, dass die beiden Kuttenträger die Aufnäher nicht als Kennzeichen der verbotenen Vereine trugen, sondern wie sich durch die Verwendung des Ortszusatzes aus dem Gesamtzusammenhang der Kennzeichenverwendung ergebe, als eigene Kennzeichen ihrer eigenen Vereine. Insofern seien die Kennzeichen wesentlich gleich im Sinne des § 9 Abs. 3 VereinsG, für ein Verwendungsverbot fehle es aber in der Strafnorm des § 20 Abs. 1 Satz 1 Nr. 5 VereinsG an einem tauglichen Verweis auf den Verbotstatbestand des § 9 Abs. 3 VereinsG, sodass eine Strafbarkeit bereits an dem Grundsatz nulla poena sine lege nach Art. 103 Abs. 2 GG scheitere.[39]

Die Entscheidung des Bundesgerichtshofs ist – wie schon zuvor die Entscheidung des LG Bochum – in sich widersprüchlich. Indem der Gerichtshof nach vordergründiger Bestätigung der Einzelbetrachtungslehre einen Verstoß gegen das Kennzeichenverbot mit Verweis auf das subjektive Element ablehnte, nimmt er über eine Hintertür doch eine Gesamtbetrachtung der Kennzeichen vor. Würde man die Einzelbetrachtung der Kennzeichen konsequent zu Ende führen, müsste der Bundesgerichtshof zu dem Ergebnis kommen, dass die Kennzeichen (hier Mexikaner und stilisierter Bandidos-Schriftzug) zu entfernen sind. Die Verwendung des Ortszusatzes, ob auf Vorder- oder Rückseite, bliebe davon unberührt.

---

[34] LG Bochum, Urteil vom 28.10.2014 – 6 KLs-47 Js 176/14-4/14, juris, Rn. 128.
[35] LG Bochum, Urteil vom 28.10.2014 – 6 KLs-47 Js 176/14-4/14, juris, Rn. 143.
[36] BGHSt 61, 1.
[37] *Rütters*, jurisPR-StrafR 15/2014 Anm. 1, D.
[38] BGHSt 61, 1 (5 f.); zustimmend *Albrecht*, jurisPR-StrafR 23/2015 Anm. 4, D.; *Eisele*, NJW 2015, 3590 (3593); ablehnend *Becker*, NStZ 2016, 86 (92).
[39] BGHSt 61, 1 (10, 12).

2. Einführung eines Verwendungsverbots wesentlich gleicher Kennzeichen

Der Gesetzgeber fühlte sich missverstanden und reagierte auf die Entscheidung des Bundesgerichtshofs, indem er den Tatbestand des § 9 Abs. 3 VereinsG minimierte und den fehlenden Verweis in § 20 Abs. 1 Satz 2 VereinsG aufnahm. Am 19. Januar 2017 wurde das Änderungsgesetz verabschiedet und am 10. März 2017 im Bundesgesetzblatt verkündet.[40] Während in § 9 Abs. 3 i. V. m. Abs. 1 VereinsG a. F. die Verwendung wesentlich gleicher Kennzeichen nur verboten werden konnte, wenn der nicht verbotene Verein die Zielrichtung des verbotenen Vereins teilte, kann nach der neuen Fassung jede Verwendung wesentlich gleicher Kennzeichen eines nicht verbotenen Vereins aufgrund eines ähnlichen äußeren Gesamterscheinungsbildes verboten werden:

§ 9 Abs. 3 VereinsG a. F.	§ 9 Abs. 3 VereinsG n. F.
(3) Absatz 1 gilt entsprechend für Kennzeichen eines verbotenen Vereins, die in im Wesentlichen gleicher Form von anderen nicht verbotenen Teilorganisationen oder von selbständigen, ~~die Zielrichtung des verbotenen Vereins teilenden~~ Vereinen verwendet werden.	(3) Absatz 1 gilt entsprechend für Kennzeichen eines verbotenen Vereins, die in im Wesentlichen gleicher Form von anderen nicht verbotenen Teilorganisationen oder von selbständigen Vereinen verwendet werden. <u>Ein Kennzeichen eines verbotenen Vereins wird insbesondere dann in im Wesentlichen gleicher Form verwendet, wenn bei ähnlichem äußerem Gesamterscheinungsbild das Kennzeichen des verbotenen Vereins oder Teile desselben mit einer anderen Orts- oder Regionalbezeichnung versehen wird.</u>

Die Streichung des subjektiven Elements soll der Praxistauglichkeit dienen und den effektiveren Einsatz von Kennzeichenverboten gegen Rockervereine ermöglichen.[41] Dabei hatte der Gesetzgeber speziell die Verwendung der Kennzeichen verbotener Rockervereine durch selbstständige Schwestervereine, bei denen die jeweilige Orts- und Untergliederungsbezeichnung ausgetauscht wird, im Auge.[42] Kritiker sehen in der Einführung eines solchen umfassenden Kennzeichenverbots die befürchtete Bemakelung der Rockerkennzeichen im Vereinsgesetz.[43] Da es nur noch auf objektive Elemente zur Abgrenzung, ob ein Verein ein Kennzeichen eines verbotenen Vereins in wesentlich gleicher Form verwendet, ankomme, führe die Neuregelung in der Konsequenz dazu, dass nicht verbotene Vereine und deren nicht verbotene Betätigungen in das Kennzeichenverbot einbezogen werden können.

---

[40] BGBl. 2017 I 419.
[41] BT Drs. 18/9758, S. 6.
[42] BT Drs. 18/9758, S. 7.
[43] *Albrecht*, HRRS 2015, 167 (175 f.); *Deutscher Bundestag*, Wortprotokoll der 98. Sitzung – Öffentliche Anhörung, Protokoll-Nr. 18/98, 12.12.2016.

III. Zusammenfassung

Seit Verabschiedung im Jahr 1964 wurde das Vereinsgesetz kaum reformiert. Zwei der seltenen Änderungen betrafen jedoch die Erweiterung des Tatbestands des § 9 VereinsG. Mit dem Terrorismusbekämpfungsgesetz 2002 führte man zwei neue Tatbestandsvarianten ein, nach denen nun auch die Verwendung von zum Verwechseln ähnlichen Kennzeichen und wesentlich gleichen Kennzeichen untersagt wurde. Nachdem diese Änderungen zu mehr Rechtsunsicherheit als der damit beabsichtigten Rechtssicherheit führte und die Instanzgerichte unterschiedlichste Auffassungen hinsichtlich der Anwendung vertraten, sorgte das Urteil des Bundesgerichtshofs zunächst für eine Zäsur. Mit seiner Auslegung bestätigte er zwar den gesetzgeberischen Willen, dass die Kennzeichen eines verbotenen Rockervereins, der Teil eines weltweit agierenden Motorradclubs war, von den nicht verbotenen Schwestervereinen nicht weiterverwendet werden dürfen. Innerhalb eines Motorradclubs seien die Kennzeichen der nicht verbotenen Vereine denen der verbotenen Vereine wesentlich ähnlich. Ein strafbewehrtes Verbot ließ er aber an der fehlenden geteilten Zielsetzung und an dem fehlenden Verweis in § 20 VereinsG scheitern.

Mit dem Änderungsgesetz von 2017 reagierte der Gesetzgeber unmittelbar auf die Rechtsprechung des Bundesgerichtshofs. Er fügte den fehlenden Verweis in § 20 Abs. 1 Satz 2 VereinsG ein und strich die subjektive Voraussetzung einer geteilten Zielsetzung aus dem Tatbestand, sodass nunmehr allein das objektive Gesamterscheinungsbild der Kennzeichen für die Weiterverwendung relevant ist.

C. Verfassungsmäßigkeit des Verwendungsverbots wesentlich gleicher Kennzeichen

Die Gesetzesänderung rief geteilte Reaktionen hervor. Die drei Motorradclubs Gremium MC, Hells Angels MC und Bandidos MC legten Verfassungsbeschwerden vor dem Bundesverfassungsgericht ein, über welche per Beschluss vom 9. Juli 2020 entschieden wurde. Das Bundesverfassungsgericht bestätigte die Gesetzesänderung per Nichtannahmebeschluss der Verfassungsbeschwerden. Die Reform des Kennzeichenverwendungsverbots wirft aber auch nach der Entscheidung des Bundesverfassungsgerichts und dies ist nicht zuletzt wegen der knappen Begründung weiterhin Fragen hinsichtlich der Verfassungsmäßigkeit vereinsrechtlicher Annexmaßnahmen auf, die selbst kein Vereinsverbot darstellen. Während die Gesetzesänderung von der Rechtsprechung angenommen wurde, fiel die Einschätzung der Literatur kritisch aus.

I. Reaktionen auf Gesetzesänderung

Die Einschätzung der Neuregelung divergiert. In der Sachverständigenanhörung vom 12. Dezember 2016 wurde das Gesetz von Vertretern der Praxis begrüßt,[44] während *Battis* es als „untauglichen Versuch" bewertete, bestimmte Kennzeichen aus der Öffentlichkeit zu verbannen.[45] *Battis* und *Groh* sehen verfassungsrechtliche Probleme auf der Eingriffs- und Rechtfertigungsebene von Meinungs- und Vereinigungsfreiheit.[46]

Der Rockerverein Gremium MC Konstanz reichte am 14. September 2017, vertreten durch den Rechtsanwalt Dr. Gerhard Härdle, Verfassungsbeschwerde gegen das Zweite Gesetz zur Änderung des Vereinsgesetzes vom März 2017 ein.[47] Im Februar 2018 taten es ihm der Hells Angels MC Stuttgart, vertreten durch Prof. Dr. Sönke Gerhold, sowie der Bandidos MC Gelsenkirchen, vertreten durch Prof. Dr. Kathrin Groh, gleich. In einer Pressemitteilung begründen sie die Verfassungsbeschwerden damit,

dass die Regelung in § 9 Abs. 3 VereinsG „einen verfassungsrechtlich nicht vorgesehenen und überdies völlig unverhältnismäßigen Eingriff in die Vereinigungsfreiheit der betroffenen Vereine und Mitglieder (Art. 9 Abs. 1 GG) [vorsieht], denen identitätsstiftende Symbole (sozusagen die „Markenzeichen") ohne rechtsstaatliche Legitimation genommen werden".[48]

Parallel dazu provozierte ein Mitglied des Bandidos MC Bochum erneut einen Prozess vor dem LG Bochum, indem er im Oktober 2017 mit seiner Kutte und seinem Rechtsanwalt vor dem Polizeipräsidium Bochum erschien.[49] Das Landgericht lehnte die Eröffnung des Hauptverfahrens zunächst mit der Begründung ab, dass die neue Regelung des § 9 Abs. 3 VereinsG nicht anwendbar sei, wenn die Kennzeichen des nicht verbotenen Schwestervereins in der speziellen Konzeption, d.h. unter Verwendung einer spezifischen Ortsbezeichnung, schon vor dem Verbot des Rockervereins im Einsatz waren. Eine solche einschränkende Auslegung gebiete sich für das neben-

---

[44] *Deutscher Bundestag*, Wortprotokoll der 98. Sitzung – Öffentliche Anhörung, Protokoll-Nr. 18/98, 12.12.2016, S. 16 ff.; *Knape*, Die Polizei 4/2017, 120.

[45] *Deutscher Bundestag*, Wortprotokoll der 98. Sitzung – Öffentliche Anhörung, Protokoll-Nr. 18/98, 12.12.2016, S. 13.

[46] *Deutscher Bundestag*, Wortprotokoll der 98. Sitzung – Öffentliche Anhörung, Protokoll-Nr. 18/98, 12.12.2016, S. 13–16.

[47] *Härdle*, Verfassungsbeschwerde gegen das Zweite Gesetz zur Änderung des Vereinsgesetzes, 14. September 2017, abrufbar unter https://www.hdccc.de/der-gremium-mc-konstanz-hat-am-14-9-2017-beim-bundesverfassungsgericht-beschwerde-gegen-das-colour-verbot-ein gereicht/ (zuletzt abgerufen am 15.03.2023).

[48] *Dittmann*, Bandidos und Hells Angels ziehen gemeinsam vors Bundesverfassungsgericht, abrufbar unter https://www.welt.de/vermischtes/article173977742/Hells-Angels-und-Bandidos-Rocker-ziehen-wegen-Kuttenverbots-vor-Bundesverfassungsgericht.html (zuletzt abgerufen am 15.03.2023).

[49] LG Bochum, Urteil vom 07.11.2018 – II-1 KLs 47 Js 248/17-22/17, juris, Rn. 10.

strafrechtliche Kennzeichenverbot nach § 20 Abs. 1 Nr. 5 VereinsG in Abgrenzung zur polizeirechtlichen Regelung des § 9 Abs. 3 VereinsG.[50]

Das OLG Hamm teilte diese Rechtsauffassung nicht und ließ die Anklage wegen des Verdachts einer Straftat durch Verwenden von Kennzeichen verbotener Organisationen nach § 20 Abs. 1 Satz 1 Nr. 5, Satz 2 VereinsG i.V.m. § 9 Abs. 3 VereinsG nach sofortiger Beschwerde der Staatsanwaltschaft Bochum zur Hauptverhandlung zu.[51] In dieser änderte das LG Bochum seine Auffassung und bestätigte am 7. November 2018 den Verstoß gegen das Verwendungsverbot von Kennzeichen eines verbotenen Vereins gem. §§ 9 Abs. 2, Abs. 3, 20 Abs. 1 Satz 1 Nr. 5, Satz 2 VereinsG. Das Bandidos-Mitglied wurde zu einer Geldstrafe verurteilt.[52]

Der Bundesgerichtshof bestätigte das Urteil des LG Bochum und wies die Revision am 2. Mai 2019 als unbegründet ab.[53] Er führte aus, dass die Norm aufgrund des klaren Wortlauts und des eindeutigen gesetzgeberischen Willens nicht restriktiv ausgelegt werden könne.[54] Vom Tatbestand des § 9 Abs. 3 VereinsG solle insbesondere die Verwendung von Kennzeichen durch nicht verbotene Schwestervereine innerhalb eines Motorradclubs umfasst sein, wenn eine Ortsgruppe bereits verboten wurde. Als obiter dictum stellte er weiterhin fest, dass er die Neuregelung nicht für verfassungswidrig hält.[55]

In der Literatur wurde die Neuregelung entgegen der Rechtsauffassung der Strafgerichte kritisiert. Die Verfassungsmäßigkeit der novellierten Norm wurde mit verschiedenen Begründungsansätzen, im Einzelnen wegen Verstoßes gegen die Vereinigungsfreiheit[56] oder gegen das Bestimmtheitsgebot,[57] einer Verletzung des Grundsatzes der Normenklarheit[58] oder des Vorwurfs der symbolischen Gesetzgebung[59] angezweifelt.[60]

---

[50] LG Bochum, Beschluss vom 22.03.2018 – II-1 KLs 47 Js 248/17-22/17, unveröffentlicht; OLG Hamm, Beschluss vom 12.07.2018 – III-2 Ws 69/18, 2 Ws 69/18, juris, Rn. 9f.; wohl basierend auf BGHSt 61, 1 (9f.).

[51] OLG Hamm, Beschluss vom 12.07.2018 – III-2 Ws 69/18, 2 Ws 69/18, juris, Rn. 25; kritisch *Albrecht*, jurisPR-StrafR 22/2018 Anm. 4, C., der in der Entscheidung des OLG eine unzulässige Überdehnung des Schutzzwecks des vereinsrechtlichen Kennzeichenverbots erkennt und sich wiederum für eine restriktive Auslegung des Tatbestands ausspricht.

[52] LG Bochum, Urteil vom 07.11.2018 – II-1 KLs 47 Js 248/17-22/17, juris, Rn. 28ff.

[53] BGH, Beschluss vom 02.05.2019 – 3 StR 47/19, juris.

[54] BGH, Beschluss vom 02.05.2019 – 3 StR 47/19, juris, Rn. 4.

[55] BGH, Beschluss vom 02.05.2019 – 3 StR 47/19, juris, Rn. 6.

[56] *Albrecht*, jurisPR-StrafR 22/2018 Anm. 4, A., D.; *Albrecht*, Verschärftes Kennzeichenverbot: Das Chaos kann kommen, abrufbar unter: http://www.lto.de/recht/hintergruende/h/verschaerfung-kennzeichenverbot-vereinsrecht-chaos-polizei-behoerden-rocker-motorradclubs/ (zuletzt abgerufen am 15.03.2023); *El-Ghazi*, StV 2018, 116 (121f.).

[57] *Burczyk*, CILIP 2017, 87 (89); *Nolte*, DVBl. 2002, 573 (576).

[58] *Meglalu*, JR 2018, 223 (231).

[59] *Feltes/Reiners*, KrimJ 2018, 295.

[60] Schon vor der Neuregelung des § 9 Abs. 3 VereinsG gab es hinsichtlich eines allgemeinen Kuttenverbots verfassungsrechtliche Bedenken, vgl. *Albrecht/Braun*, NJOZ 2014, 1481

Mit Beschluss vom 9. Juli 2020 verband das Bundesverfassungsgericht die drei Verfassungsbeschwerden miteinander und nahm sie nicht zur Entscheidung an.[61] Das Gericht ließ offen, ob das Kennzeichenverbot nach § 9 Abs. 3 VereinsG an der Vereinigungs- oder an der Meinungsfreiheit zu messen ist, da die Norm jedenfalls mit dem Grundgesetz vereinbar sei. Es spräche aber viel dafür, die Kennzeichenverbote in erster Linie an Art. 9 GG zu messen.[62] Das Kennzeichenverbot stelle einen erheblichen Grundrechtseingriff dar, gerade wenn wie hier das öffentliche Tragen der Kennzeichen auf den Kutten fundamentale Bedeutung für den Bestand und die Selbstdarstellung der Motorradclubs hat. Die hier betroffenen Motorradclubs regeln sehr genau, wie und zu welchen Bedingungen ihre Kennzeichen in der Öffentlichkeit getragen werden dürfen. Das verhindert allerdings, worauf das Gericht explizit hinweist, auch, dass von der Verbotsnorm unbeteiligte Dritte betroffen wären.[63]

Der Eingriff in die Vereinigungsfreiheit sei jedoch gerechtfertigt, denn die Gründe für die Änderung des § 9 Abs. 3 VereinsG wögen schwer. Er setzt voraus, dass die Vereinigung, deren Kennzeichen benutzt werden, verboten wurde und damit einen der Verbotsgründe erfüllt, ihm also der organisierte Verstoß gegen Strafgesetze, eine kämpferisch-aggressive Ausrichtung gegen die verfassungsmäßige Ordnung oder gegen den Gedanken der Völkerverständigung nachgewiesen wurde. Damit diene das Kennzeichenverbot dem Schutz von äußerst wichtigen Rechtsgütern.[64]

II. Vereinbarkeit mit der Vereinigungsfreiheit in Art. 9 Abs. 1 GG

Das Bundesverfassungsgericht hält § 9 Abs. 3 VereinsG für verhältnismäßig und damit für verfassungskonform. In der Begründung seiner Nichtannahmeentscheidung werden in der gebotenen Kürze die zentralen verfassungsrechtlichen Fragen zur Vereinbarkeit des § 9 Abs. 3 VereinsG mit Art. 9 Abs. 1 GG aufgeworfen und entschieden. Eine tiefgründende Auseinandersetzung, etwa zur Reichweite des Schutzbereichs und der Frage, ob das Tragen von Kennzeichen Teil der von Art. 9 Abs. 1 GG geschützten Vereinsbetätigung ist, bleibt aus. Das Gericht hat sich auch nicht mit der Frage beschäftigt, inwieweit das Verwendungsverbot nach § 9 Abs. 3 VereinsG als von einem Vereinsverbot entkoppelter Eingriff in die Vereinigungsfreiheit eigenständig von Art. 9 Abs. 2 GG gerechtfertigt werden kann.

(1482 f.); *von Mutius/Nolte*, in: von Mutius/Nolte (Hrsg.), Das vereinsrechtliche Kennzeichenverbot als Instrument zur internationalen Terrorismusbekämpfung, 2003, S. 8.

[61] BVerfG, Beschluss vom 09.07.2020 – 1 BvR 2067/17, 1 BvR 423/18, 1 BvR 424/18, juris.

[62] BVerfG, Beschluss vom 09.07.2020 – 1 BvR 2067/17, 1 BvR 423/18, 1 BvR 424/18, juris, Rn. 26 f.

[63] BVerfG, Beschluss vom 09.07.2020 – 1 BvR 2067/17, 1 BvR 423/18, 1 BvR 424/18, juris, Rn. 37.

[64] BVerfG, Beschluss vom 09.07.2020 – 1 BvR 2067/17, 1 BvR 423/18, 1 BvR 424/18, juris, Rn. 39.

Der Beschluss steht nur vordergründig im Widerspruch zu dem hier gefundenen Ergebnis, dass die Norm aufgrund des klaren Wortlauts nicht im ausreichenden Maß restriktiv ausgelegt werden kann und darum nicht mehr verhältnismäßig ist. Auch die Verfasserin kommt zu dem Schluss, dass die vom Bundesverfassungsgericht eng nach dem Willen des Gesetzgebers ausgelegte Variante, dass Schwestervereine ihre den verbotenen Rockervereinen wesentlich ähnliche Kennzeichen nicht weiterverwenden dürfen, verhältnismäßig und damit verfassungskonform ist. Die aktuelle Ausgestaltung des Verwendungsverbots in § 9 Abs. 3 VereinsG ermöglicht aufgrund des klaren Wortlauts auch eine sehr viel weitergehende Auslegung, bei deren Umsetzung die Grenzen der Verhältnismäßigkeit überschritten wären. Diese ebenfalls denkbare Konstellation, dass völlig unbeteiligte Vereine von § 9 Abs. 3 VereinsG betroffen sein können, bewertet das Bundesverfassungsgericht indes nicht.

1. Verwendung von Kennzeichen als von der Vereinigungsfreiheit geschützte Vereinsbetätigung

Die Regelung des Verwendungsverbots nach § 9 Abs. 3 i.V.m. Abs. 1 VereinsG adressiert jede grundrechtsberechtige natürliche und juristische Person und nicht nur die verbotenen Vereine, die nicht verbotenen Drittvereine und ihre (ehemaligen) Vereinsmitglieder.[65] Innerhalb des Schutzbereiches der Vereinigungsfreiheit ist zwischen der Vereinsentstehung und -begründung einerseits und dem sich zeitlich daran anschließenden Vereinsbestehen und der -betätigung andererseits zu unterscheiden. Das Kennzeichenverbot kann nur in die Vereinigungsfreiheit nach Art. 9 Abs. 1 GG eingreifen, wenn das Tragen von Kennzeichen als Teil der Vereinsbetätigung Bestandteil des Schutzbereiches der Vereinigungsfreiheit ist.

Wie bereits im ersten Teil unter Kapitel 2. A. ausgeführt, schützt die Vereinigungsfreiheit im Rahmen der Vereinsautonomie die Gründung sowie den Beitritt zu einem Verein, aber auch das Fernbleiben von einem Verein. Zudem umfasst der Schutzbereich auch die Organisations- und Betätigungsfreiheit, wobei zur Abgrenzung zwischen der internen und externen Vereinsbetätigung unterschieden wird. Die interne Vereinsbetätigung ist als Teilgarantie von der Vereinigungsfreiheit mit umfasst und schützt unter anderen die Freiheit zur Selbstbestimmung und Organisation des Vereinslebens, das Verfahren zur Willensbildung sowie das Führen eines Vereinsnamens.[66] Im Rahmen der externen Vereinsbetätigung gilt es für die Betroffenheit der

---

[65] *Albrecht*, in: Albrecht/Roggenkamp (Hrsg.), Vereinsgesetz Kommentar, 2014, § 9, Rn. 3; *Roth*, in: Schenke/Graulich u. a. (Hrsg.), Sicherheitsrecht des Bundes, 2. Aufl. 2019, § 9 VereinsG, Rn. 13; *Schnorr*, Öffentliches Vereinsrecht, 1965, § 9, Rn. 1 f.; *Wache*, in: Erbs/Kohlhaas u. a. (Hrsg.), Strafrechtliche Nebengesetze, VereinsG, 240. EL April 2022, § 9, Rn. 4.

[66] BVerfG, NJW 2015, 612 (612); BVerfGE 30, 227 (241); 50, 290 (354); 80, 244 (253); *Bauer*, in: Dreier (Hrsg.), Grundgesetz, 3. Aufl. 2013, Art. 9, Rn. 44; *Kemper*, in: von Mangoldt/Klein u. a. (Hrsg.), Grundgesetz, 7. Aufl. 2018, Art. 9, Rn. 40; *Winkler*, in: von Münch/Kunig (Hrsg.), Grundgesetz, 7. Aufl. 2021, Art. 9, Rn. 56 ff.; a.A. *Michael*, in: Häberle/Morlok

Vereinigungsfreiheit zwischen der Betätigung, die mit einer Einzelperson vergleichbar ist und der vereinsspezifischen Betätigung zu differenzieren. Die Grenzen der durch die Vereinigungsfreiheit geschützten Vereinsbetätigung liegen darin, dass ein Zusammenhang zwischen der Tätigkeit der Vereinigung und der assoziativen Komponente der Vereinigungsfreiheit bestehen muss. Das ist nicht der Fall, wenn eine Vereinigung wie jedermann am Rechtsverkehr teilnimmt. Der Grundrechtsschutz für die Vereinigung beschränkt sich dann auf den einer Einzelperson. Die Vereinigungsfreiheit kann nicht zur Erweiterung des Schutzes einer sonst verbotenen individuellen Betätigung führen.[67]

Die Vereinigungsfreiheit gewährleistet folglich den vereinsspezifischen Kernbereich des Vereinsbestandes und der Vereinstätigkeit.[68] Davon umfasst sind alle nach außen wirkenden Betätigungen, die zur Sicherung des Bestehens notwendig sind, wie vereinssichernder Außenkontakt der Mitglieder und jegliche damit verbundene werbewirksame Selbstdarstellung der Vereinigung.[69]

Ein Verein stellt sich selbst dar, indem er sich unter Verwendung seines Vereinsnamens und seiner Vereinsembleme öffentlich zur Schau stellt. Auch wenn das Führen eines Vereinsnamens von der Rechtsprechung und der Literatur als Teil der internen Vereinsbetätigung eingeordnet wurde, kann es Außenwirkung entfalten, wenn der

---

u. a. (Hrsg.), Festschrift für Dimitris Th. Tsatsos, 2003, S. 392, nach dem nur der Bestand der Vereinigungen geschützt wird.

[67] BVerfG, Beschluss vom 09.07.2020 – 1 BvR 2067/17, 1 BvR 423/18, 1 BvR 424/18, juris, Rn. 28; BVerfG, NJW 2015, 612 (612 f.); BVerfG, NJW 2000, 1251 (1251); BVerfGE 54, 237 (251); *Cornils*, in: Epping/Hillgruber (Hrsg.), BeckOK Grundgesetz, 51. Edition, Stand 15.05.2022, Art. 9, Rn. 13; *Höfling*, in: Sachs (Hrsg.), Grundgesetz, 9. Aufl. 2021, Art. 9, Rn. 20 f.; *Jarass*, in: Jarass/Pieroth (Hrsg.), Grundgesetz, 16. Aufl. 2020, Art. 9, Rn. 9; *Merten*, in: Isensee/Kirchhof (Hrsg.), Handbuch des Staatsrechts der Bundesrepublik Deutschland, 3. Aufl. 2009, § 165, Rn. 52.

[68] BVerfGE 30, 227 (241); 80, 244 (253); *Merten*, in: Isensee/Kirchhof (Hrsg.), Handbuch des Staatsrechts der Bundesrepublik Deutschland, 3. Aufl. 2009, § 165, Rn. 51; *Winkler*, in: von Münch/Kunig (Hrsg.), Grundgesetz, 7. Aufl. 2021, Art. 9, Rn. 47 f.

[69] BVerfG, Beschluss vom 09.07.2020 – 1 BvR 2067/17, 1 BvR 423/18, 1 BvR 424/18, juris, Rn. 28; BVerfGE 84, 372 (380); *Bauer*, in: Dreier (Hrsg.), Grundgesetz, 3. Aufl. 2013, Art. 9, Rn. 45; *Cornils*, in: Epping/Hillgruber (Hrsg.), BeckOK Grundgesetz, 51. Edition, Stand 15.05.2022, Art. 9, Rn. 12; *Höfling*, in: Sachs (Hrsg.), Grundgesetz, 9. Aufl. 2021, Art. 9, Rn. 19 f.; *Merten*, in: Isensee/Kirchhof (Hrsg.), Handbuch des Staatsrechts der Bundesrepublik Deutschland, 3. Aufl. 2009, § 165, Rn. 52 (für Merten sind Mitgliederkontakte und -werbung sogar Aspekte der internen Vereinsbetätigung); *von Mutius/Nolte*, in: von Mutius/Nolte (Hrsg.), Das vereinsrechtliche Kennzeichenverbot als Instrument zur internationalen Terrorismusbekämpfung, 2003, S. 10 f.; *Rinken*, in: Denninger/Hoffmann-Riem u. a. (Hrsg.), AK-GG, 2001, Art. 9, Rn. 53; *Schaks*, in: Stern/Sodan u. a. (Hrsg.), Das Staatsrecht der Bundesrepublik Deutschland. Die einzelnen Grundrechte, Band IV, 2. Aufl. 2022, § 116, S. 524; *Scholz*, in: Dürig/Herzog u. a. (Hrsg.), Grundgesetz, Lfg. 96 November 2021, Art. 9, Rn. 43, 82 f.; *von Münch*, in: Kahl/Waldhoff u. a. (Hrsg.), Bonner Kommentar zum Grundgesetz, 101. Lieferung 09.2002, Art. 9, Rn. 47; *Winkler*, in: von Münch/Kunig (Hrsg.), Grundgesetz, 7. Aufl. 2021, Art. 9, Rn. 59.

C. Verfassungsmäßigkeit des Verwendungsverbots wesentlich gleicher Kennzeichen

Verein seinen Namen als Teil eines Wappens oder Logos z. B. an seinem Vereinsheim anbringen lässt, ihn durch Aufkleber an Fahrzeugen oder als Aufnäher an Uniformen bzw. Lederwesten nach außen trägt.[70] Für die Kennzeichenqualität eines Vereinsnamens kommt es zudem auf eine bestimmte Formgebung an, durch die der Name als einheitliches Erkennungszeichen mit Wiedererkennungswert verwendet wird.[71] Erkennungsmerkmale eines Vereins sind sowohl der Vereinsname, Abkürzungen als auch das Vereinsemblem und -logo. Sie können darum als Kennzeichen eingeordnet werden.[72]

Ob die Verwendung der Kennzeichen von Rockervereinen zur Mitgliederwerbung dient, mag man zumindest im Fall des Hells Angels MC bezweifeln dürfen. Auf ihrer Internetseite antworten sie sinngemäß auf die Frage, wie man Mitglied werden kann, dass man nicht verstehe, worum es bei den Hells Angels geht, wenn man diese Frage stellt. Wenn man wirklich interessiert sei, soll man mit einem Mitglied der ortsansässigen Hells Angels sprechen.[73] Das OLG Hamburg sah den Zweck im Tragen der Vereinswappen und der Vereinskluft in der „Wiedererkennung und Solidarisierung der Mitglieder untereinander und der Abgrenzung zu allen Außenstehenden".[74] Dennoch kann nicht ausgeschlossen werden, dass z. B. durch das Tragen einer Lederweste mit Aufnähern des Vereinsnamens und des Vereinslogos, wie den behelmten Totenkopf des Hells Angels MC oder den Mexikaner des Bandidos MC, zumindest mittelbar für den Verein geworben wird. Die Vereinsmitglieder „outen" sich durch das Tragen der Kennzeichen. Interessenten können dadurch aufmerksam gemacht werden und durch Gespräche mit Vereinsmitgliedern für eine Mitgliedschaft gewonnen werden.

Die Verwendung eines Vereinsnamens und eines Vereinsemblems stellt auch ein vereinsspezifisches Verhalten dar. Ähnlich wie die Firma eines Kaufmanns oder eines Handelsgeschäfts nach §§ 17 ff. HGB hat auch der Name eines Vereins identitätsstiftende Bedeutung. Bei der Verwendung eines Vereinsnamens oder -emblems handeln die Vereinsmitglieder nicht wie jedermann als Einzelperson, sondern vereinsspezifisch als Mitglieder eines bestimmten Vereins.[75] Das Tragen von Kennzeichen ist

---

[70] OLG Hamburg, Urteil vom 07.04.2014 – 1-31/13, NStZ 2014, 656 (657 ff.).

[71] BGHSt 61, 1 (5 f.).

[72] *Albrecht*, in: Albrecht/Roggenkamp (Hrsg.), Vereinsgesetz Kommentar, 2014, § 9, Rn. 16; *Roth*, in: Schenke/Graulich u. a. (Hrsg.), Sicherheitsrecht des Bundes, 2. Aufl. 2019, § 9, Rn. 7; *Wache*, in: Erbs/Kohlhaas u. a. (Hrsg.), Strafrechtliche Nebengesetze, VereinsG, 240. EL April 2022, § 9, Rn. 3.

[73] Auszug aus der Antwort auf der Homepage der Hells Angels („How do I join the club? If you have to ask, you probably will not understand the answer. [...] Each Charter varies in their requirements, but if you are really interested you should talk to a member in your area. If you have to ask where the nearest Charter is... you are not ready to join our Motorcycle Club."), abrufbar unter http://hells-angels.com/faqcontact/ (zuletzt abgerufen am 15.03.2023).

[74] OLG Hamburg, Urteil vom 07.04.2014 – 1-31/13, NStZ 2014, 656 (657 f.).

[75] So auch BVerfG, Beschluss vom 09.07.2020 – 1 BvR 2067/17, 1 BvR 423/18, 1 BvR 424/18, juris, Rn. 29; OLG Hamburg, Urteil vom 07.04.2014 – 1-31/13, NStZ 2014, 656 (659);

darum als Teil der Vereinsbetätigung Bestandteil des Schutzbereiches der Vereinigungsfreiheit.

2. Eingriff durch Verwendungsverbot

Das Änderungsgesetz 2017, welches das Verwendungsverbot wesentlich gleicher Kennzeichen regelt, verkürzt die Freiheit zur Vereinigung.[76] Die Verwendung von Kennzeichen dient der Selbstdarstellung und zumindest mittelbar auch der Mitgliederwerbung. Beides sind Aspekte des Kernbereichs der vereinsspezifischen Selbstbestimmung und als Bestandteil und Mindestmaß des Rechts der freien Assoziation zu wahren.[77] Das Änderungsgesetz schränkt das öffentliche Auftreten unter Verwendung der Vereinskennzeichen und damit vereinsspezifische Aktivitäten ein.

Auch die Grenze einer bloßen gesetzlichen Ausgestaltung ist aufgrund der Intensität der Beeinträchtigung überschritten. Zur Ausübung der Vereinigungsfreiheit bedarf es eines Mindestmaßes an gesetzlichen Regelungen der Organisation und Willensbildung.[78] Die Regelung des Verwendungsverbots von wesentlich gleichen Kennzeichen durch nicht verbotene Teilorganisationen oder selbständige Vereine dient nicht der Konkretisierung von Organisation, Funktionsfähigkeit oder Verfahren einer Vereinigung innerhalb der vom Gesetzgeber vorgesehenen Rechtsformen, worum es sich im Kern bei einer Inhaltsbestimmung zur Vereinigungsfreiheit zu handeln hat.

3. Rechtfertigung des Verwendungsverbots

Der eigenständige Eingriff in die Vereinigungsfreiheit durch das Kennzeichenverwendungsverbot nach § 9 Abs. 3 VereinsG ist als mildere Maßnahme von der verfassungsunmittelbaren Schrankenregelung in Art. 9 Abs. 2 GG mitumfasst. Einer materiellen Verfassungsmäßigkeit steht jedoch die Unverhältnismäßigkeit der Regelung

---

Albrecht, VerwArch 2019, 506 (527); *Albrecht/Braun*, NJOZ 2014, 1481 (1483); *Braun*, DPolBl. 2015, 26 (27); *Groh*, Stellungnahme als Sachverständige zum Gesetzentwurf der Bundesregierung, 11. Dezember 2016, A-Drs. 18 (4)726 E, S. 4 f.; *von Mutius/Nolte*, in: von Mutius/Nolte (Hrsg.), Das vereinsrechtliche Kennzeichenverbot als Instrument zur internationalen Terrorismusbekämpfung, 2003, S. 11; a.A. wohl OLG Hamm, Beschluss vom 12.07.2018 – III-2 Ws 69/18, 2 Ws 69/18, juris, Rn. 36, welches zunächst nur die Betroffenheit der Meinungsfreiheit und allgemeinen Handlungsfreiheit aufzählt.

[76] BVerfG, Beschluss vom 09.07.2020 – 1 BvR 2067/17, 1 BvR 423/18, 1 BvR 424/18, juris, Rn. 30.

[77] BVerfGE 50, 290 (355); *von Mutius/Nolte*, in: von Mutius/Nolte (Hrsg.), Das vereinsrechtliche Kennzeichenverbot als Instrument zur internationalen Terrorismusbekämpfung, 2003, S. 12.

[78] *Jarass*, in: Jarass/Pieroth (Hrsg.), Grundgesetz, 16. Aufl. 2020, Art. 9, Rn. 13, 22; *Kannengießer*, in: Schmidt-Bleibtreu/Hofmann u.a. (Hrsg.), Grundgesetz, 15. Aufl. 2022, Art. 9, Rn. 12; *Schaks*, in: Stern/Sodan u.a. (Hrsg.), Das Staatsrecht der Bundesrepublik Deutschland. Die einzelnen Grundrechte, Band IV, 2. Aufl. 2022, § 116, S. 530 f.; *Winkler*, in: von Münch/Kunig (Hrsg.), Grundgesetz, 7. Aufl. 2021, Art. 9, Rn. 61.

entgegen. Würde man den Verbotstatbestand, wie es das Bundesverfassungsgericht hält, eng am Willen des Gesetzgebers auslegen und damit vor allem das Verbot der Verwendung von Kennzeichen nicht verbotener Schwestervereine als umfasst ansehen, hielte sich die Norm in den Grenzen der Verhältnismäßigkeit. Aufgrund des klaren Wortlauts des § 9 Abs. 3 VereinsG ist die Auslegung der Verbotsnorm aber nicht auf diese Variante beschränkt. Indem auch völlig unbeteiligte Vereine von § 9 Abs. 3 VereinsG betroffen sein können, kann der Tatbestand nicht mehr verfassungskonform restriktiv ausgelegt werden.

a) Schrankenvorbehalt für § 9 Abs. 3 VereinsG

Eingriffe in die Vereinigungsfreiheit sind gerechtfertigt, wenn sie im Rahmen der verfassungsunmittelbaren Schranke des Art. 9 Abs. 2 GG liegen.[79] Der Schrankenvorbehalt ist klar formuliert. Beeinträchtigungen der Vereinigungsfreiheit sind verfassungsrechtlich nicht zu beanstanden, wenn es sich um Verbote gegen Vereine handelt, deren Zwecke oder Tätigkeiten den Strafgesetzen zuwiderlaufen, sie sich gegen die verfassungsmäßige Ordnung oder gegen den Gedanken der Völkerverständigung richten.

Das Änderungsgesetz beinhaltet kein Verbot von Vereinen, sondern das Verbot der Verwendung wesentlich gleicher Kennzeichen infolge eines Vereinsverbots. In § 9 VereinsG sind drei Varianten geregelt, nach denen die Verwendung von Kennzeichen verboten sein kann. Je nachdem welche Variante einschlägig ist, differenziert die zur Rechtfertigung dieser Eingriffe heranzuziehende Schrankenregelung. Nach § 9 Abs. 1 Satz 1 VereinsG dürfen die Kennzeichen eines Vereins infolge seines Verbots nicht mehr verwendet werden. Nach § 9 Abs. 2 Satz 2 VereinsG stehen dem solche Kennzeichen gleich, die den Kennzeichen des verbotenen Vereins zum Verwechseln ähnlich sind. In beiden Fällen handelt es sich um eine streng akzessorische Nebenfolge eines Verbots strafgesetz- oder verfassungswidriger Vereine, welche bislang ohne Weiteres als Minusmaßnahme von der verfassungsunmittelbaren Schranke nach Art. 9 Abs. 2 GG mitumfasst werden.[80]

Die hier infrage stehende Regelung in § 9 Abs. 3 VereinsG verbietet dagegen die Verwendung von Kennzeichen nicht verbotener Vereine, die den Kennzeichen des verbotenen Vereins wesentlich gleich sind. Dies stellt einen eigenständigen Eingriff in die Vereinigungsfreiheit dieser Vereine dar, ohne dass er als Nebenfolge eines Vereinsverbots verfügt wurde. Das Verbot wesentlich gleicher Kennzeichen nicht verbotener Vereine führt darum zur Entkopplung des Kennzeichenverbots vom Ver-

---

[79] Siehe dazu ausführlich unter Erster Teil Kapitel 1 B. I. 3.
[80] *Roth*, in: Schenke/Graulich u. a. (Hrsg.), Sicherheitsrecht des Bundes, 2. Aufl. 2019, § 3, Rn. 156; *von Feldmann*, Vereinigungsfreiheit und Vereinigungsverbot, 1970, S. 110; *von Mutius/Nolte*, in: von Mutius/Nolte (Hrsg.), Das vereinsrechtliche Kennzeichenverbot als Instrument zur internationalen Terrorismusbekämpfung, 2003, S. 12 f.

einsverbot.[81] Ein Eingriff in die Vereinigungsfreiheit durch ein solches Kennzeichenverwendungsverbot ist darum nicht automatisch von einem Vereinsverbot nach Art. 9 Abs. 2 GG mitgedeckt, sondern eigenständig zu rechtfertigen.

Das Bundesverfassungsgericht bestätigte in einer Entscheidung, der ein Eingriff in die Namensführung von Vereinen zugrunde lag, dass es „dem Gesetzgeber nicht verwehrt sein darf, der Betätigung des Vereins Schranken zu ziehen, die zum Schutz anderer Rechtsgüter von der Sache her geboten sind."[82] Hinsichtlich der konkreten Herleitung einer solchen Schranke gibt es diverse Ansätze: Einerseits wird vertreten, dass Art. 9 Abs. 2 GG die einzige verfassungsmäßige Begrenzungsmöglichkeit der Vereinigungsfreiheit darstellen soll und einem Vereinsverbot mildere Maßnahmen folglich ebenfalls nur unter Rückgriff auf Art. 9 Abs. 2 GG gerechtfertigt sein können.[83] *Scholz* schlägt in Konkretisierung dessen ein über Art. 9 Abs. 2 GG hinausgehendes, größeres Schrankengefüge in Form eines Stufensystems vor, indem je nach Gewährleistungsgehalt der Vereinigungsfreiheit verschiedene Einschränkungsmöglichkeiten gerechtfertigt sein können.[84] Andererseits wird angenommen, dass bei Eingriffen in die Vereinigungsfreiheit durch andere Maßnahmen als das Verbot eines Vereins aufgrund der verfassungsunmittelbaren Formulierung der Schrankenregelung solche Maßnahmen durch kollidierendes Verfassungsrecht selbständig zu rechtfertigen sind.[85]

---

[81] *Albrecht*, VerwArch 2019, 506 (532); *Burczyk*, CILIP 2017, 87 (88); *Groh*, in: Deutscher Bundestag, Wortprotokoll der 98. Sitzung – Öffentliche Anhörung, Protokoll-Nr. 18/98, 12.12.2016, S. 15; *Groh*, Stellungnahme als Sachverständige zum Gesetzentwurf der Bundesregierung, 11. Dezember 2016, A-Drs. 18 (4)726 E, S. 3 f.; *Wissenschaftlicher Dienst des Deutschen Bundestages*, Fragen zum Umfang des Kennzeichenverbots nach dem Vereinsgesetz, 3. Mai 2017, WD 3 – 3000 – 088/17, 3. Mai 2017, S. 7; a.A. BGH, Beschluss vom 02.05.2019 – 3 StR 47/19, juris, Rn. 7.

[82] BVerfGE 30, 227 (243).

[83] BVerfG, Beschluss vom 09.07.2020 – 1 BvR 2067/17, 1 BvR 423/18, 1 BvR 424/18, juris, Rn. 32; BVerfGE 80, 244 (254); *Braun*, in: Albrecht/Roggenkamp (Hrsg.), Vereinsgesetz Kommentar, 2014, Art. 9, Rn. 24; *Hesse*, Grundzüge des Verfassungsrechts der Bundesrepublik Deutschland, 20. Aufl. 1995, S. 180; *Höfling*, in: Sachs (Hrsg.), Grundgesetz, 9. Aufl. 2021, Art. 9, Rn. 41; *Jarass*, in: Jarass/Pieroth (Hrsg.), Grundgesetz, 16. Aufl. 2020, Art. 9, Rn. 22; *Kemper*, in: von Mangoldt/Klein u.a. (Hrsg.), Grundgesetz, 7. Aufl. 2018, Art. 9, Rn. 79.

[84] *Scholz*, in: Dürig/Herzog u.a. (Hrsg.), Grundgesetz, Lfg. 96 November 2021, Art. 9, Rn. 113–114.

[85] BVerfGE 39, 334 (367); *Albrecht*, VerwArch 2019, 506 (528); *Bauer*, in: Dreier (Hrsg.), Grundgesetz, 3. Aufl. 2013, Art. 9, Rn. 59, 61; *Braun*, in: Albrecht/Roggenkamp (Hrsg.), Vereinsgesetz Kommentar, 2014, Art. 9, Rn. 36, der verfassungsimmanente Schranken bei Eingriffen in die Vereinsbetätigung heranzieht, wenn sie im Konflikt mit anderen Rechtsgütern von Verfassungsrang (etwa die öffentliche Sicherheit) stehen; *Cornils*, in: Epping/Hillgruber (Hrsg.), BeckOK Grundgesetz, 51. Edition, Stand 15.05.2022, Art. 9, Rn. 31; *J. Heinrich*, Vereinigungsfreiheit und Vereinigungsverbot, 2005, S. 66; *von Mutius/Nolte*, in: von Mutius/Nolte (Hrsg.), Das vereinsrechtliche Kennzeichenverbot als Instrument zur internationalen Terroris-

Ob der historische Verfassungsgeber mit der verfassungsunmittelbaren Formulierung der Schrankenregelung in Art. 9 Abs. 2 GG im Umkehrschluss eine darüberhinausgehende vorbehaltlose und damit nicht beschränkbare Freiheit zur Vereinigung erreichen wollte, ist unklar und nicht überliefert.[86] Eine solche Lesart darf bezweifelt werden und wurde auch weder in der Herrenchiemsee Konferenz noch im Parlamentarischen Rat ausdrücklich angesprochen. Auch das Bundesverfassungsgericht ging bisher von zu schützenden *Rechtsgütern*[87] bzw. *überragenden Rechtsgütern*[88] und nicht von *Rechtsgütern mit Verfassungsrang* aus. Wenn bei Eingriffen in die Vereinigungsfreiheit durch Vereinsverbot „nur" der Vorbehalt des Art. 9 Abs. 2 GG zu beachten ist, können die Maßstäbe für mildere Maßnahmen nicht strenger sein. Obwohl es nicht ausdrücklich von Art. 9 Abs. 2 GG vorgesehen ist, können darum neben dem Vereinsverbot auch sonstige, vergleichsweise mildere Eingriffe, etwa durch Betätigungsverbote oder ein von einem Vereinsverbot entkoppeltes Kennzeichenverbot verfassungsrechtlich gerechtfertigt sein.[89]

Der Eingriff in die Vereinigungsfreiheit durch das Verwendungsverbot wesentlich gleicher Kennzeichen eines verbotenen Vereins durch einen nicht verbotenen Verein, wie es in § 9 Abs. 3 i.V.m. Abs. 1 VereinsG vorgesehen ist, ist darum, wie auch das Bundesverfassungsgericht im Beschluss vom 9. Juli 2020 bestätigte, als mildere Maßnahme durch die verfassungsunmittelbare Schranke nach Art. 9 Abs. 2 GG gedeckt. Das Kennzeichenverbot ist laut Bundesverfassungsgericht nur formell an das Vereinsverbot geknüpft und dient materiell dazu, das Verbot durchzusetzen.[90]

b) Verhältnismäßigkeit und Gebot der restriktiven Auslegung als Schranken-Schranken

Erkennt man die Beschränkbarkeit der Vereinigungsfreiheit durch andere Maßnahmen als das Verbot von Vereinen an, gilt es wiederum, die Interessen des Gemeinwohls mit der Schwere des Eingriffs in die Vereinigungsfreiheit in Ausgleich zu bringen. Für die Wahrung der Verhältnismäßigkeit ist zwischen der Verdrängung von

---

musbekämpfung, 2003, S. 14; *Schaks*, in: Stern/Sodan u.a. (Hrsg.), Das Staatsrecht der Bundesrepublik Deutschland. Die einzelnen Grundrechte, Band IV, 2. Aufl. 2022, § 116, S. 534.

[86] *Sachs*, in: Can/Azrak u.a. (Hrsg.), Özgürlükler Düzeni Olarak Anayasa – Verfassung als Freiheitsordnung, 2006, S. 357.

[87] BVerfGE 30, 227 (243).

[88] BVerfG, Beschluss vom 09.07.2020 – 1 BvR 2067/17, 1 BvR 423/18, 1 BvR 424/18, juris, Rn. 46.

[89] Siehe dazu unter Erster Teil Kapitel 1 B. I. 3.; *Jarass,* in: Jarass/Pieroth (Hrsg.), Grundgesetz, 16. Aufl. 2020, Art. 9, Rn. 22, nach dem eine Rechtfertigung solcher Eingriffe sogar durch die Schranke des Art. 9 Abs. 2 GG möglich sein soll; *Kannengießer*, in: Schmidt-Bleibtreu/Hofmann u.a. (Hrsg.), Grundgesetz, 15. Aufl. 2022, Art. 9, Rn. 18; *Scholz*, in: Dürig/Herzog u.a. (Hrsg.), Grundgesetz, Lfg. 96 November 2021, Art. 9, Rn. 118.

[90] BVerfG, Beschluss vom 09.07.2020 – 1 BvR 2067/17, 1 BvR 423/18, 1 BvR 424/18, juris, Rn. 32.

Kennzeichen verbotener Vereine aus dem öffentlichen Bild und dem Recht an einer uneingeschränkten Vereinsbetätigung und Selbstdarstellung durch die freie Wahl der Mittel abzuwägen.

aa) Ziel des Gesetzes

Der Gesetzgeber wollte mit der Neuregelung 2017 das Verbot der Verwendung von Kennzeichen verbotener Vereine durch ihre Schwestervereine durchsetzen.[91] Das entsprach, wie er im Entwurf des Änderungsgesetzes betonte, auch schon bei der Reform 2002 seinem Willen, als er mit § 9 Abs. 3 VereinsG einen damals neuen Absatz einführte.[92] Demnach sollte die Verwendung von wesentlich gleichen Kennzeichen durch nicht verbotene Teilorganisationen oder selbständige Drittvereine verboten sein, die die Zielrichtung des verbotenen Vereins teilen. Da die Rechtsprechung die Kennzeichenverwendung durch nicht verbotene Schwestervereine weiterhin aufgrund des Gesamtzusammenhangs der Verwendung für rechtmäßig hielt, sah sich der Gesetzgeber 2017 zu einer Klarstellung gezwungen und strich das subjektive Kriterium, dass der nicht verbotene Verein die Zielsetzung des verbotenen Vereins teilen muss. Der Gesetzgeber erweckte damit den Eindruck, die Verwendung wesentlich gleicher Kennzeichen durch nicht verbotene (Schwester-)Vereine sei schon vor der Novelle in dieser Form unzulässig gewesen. Der Novelle käme insofern nur eine Klarstellungsfunktion, aber kein eigener tatsächlicher Regelungsgehalt zu.

Mit dem Regelungsziel, das der Gesetzgeber bei Artikel 9 des Terrorismusbekämpfungsgesetzes vom 9. Januar 2002 verfolgte,[93] diente das Änderungsgesetz von 2017 in der Gesamtschau einer *„Effektivierung"* und Klarstellung der Reichweite des Verbots der öffentlichen Verwendung von Kennzeichen verbotener Vereine.[94] Kennzeichen verbotener Vereine sollen konsequent aus der Öffentlichkeit verdrängt werden, damit keine Machtdemonstrationen oder andere öffentlichkeitswirksame Auftritte mehr stattfinden können.[95] Dadurch sollten abstrakte Gefahren abgewehrt werden und sich das Sicherheitsgefühl der Öffentlichkeit erhöhen.[96]

bb) Geeignetheit

Die Regelung ist geeignet, wenn damit der verfolgte Zweck erreicht werden kann bzw. dieser zumindest gefördert wird. Das Verbot, wesentlich gleiche Kennzeichen eines verbotenen Vereins weiterverwenden zu dürfen, ist zur Zweckerreichung nicht

---

[91] BT Drs. 18/9758, S. 7.
[92] BT Drs. 18/9758, S. 7.
[93] BGBl. 2002 I 361 (367).
[94] BT Drs. 14/7386, S. 37.
[95] BT Drs. 14/7386, S. 48.
[96] BVerfG, Beschluss vom 09.07.2020 – 1 BvR 2067/17, 1 BvR 423/18, 1 BvR 424/18, juris, Rn. 33; *Bley*, DPolBl. 3/2015, 21 (21); *Keller*, DPolBl. 3/2015, 11 (13); *Stenger/Bertolini*, Kriminalistik 2018, 588 (589).

völlig ungeeignet. Dürfen wesentlich gleiche Kennzeichen verbotener Vereine nicht mehr verwendet werden, verschwinden sie als Sinnbild für potenzielle Bedrohungen aus der öffentlichen Wahrnehmung. Wären die Kennzeichen verbotener Vereine in einem ähnlichen Gesamterscheinungsbild weiterhin präsent, liefe laut Bundesverfassungsgericht der Versuch, fundamental gegen die Rechtsordnung verstoßende, organisierte Aktivitäten zu unterbinden, weitgehend leer.[97] Darüber hinaus kommt dem Gesetzgeber diesbezüglich ein weiter Entscheidungsspielraum zu.

cc) Erforderlichkeit

Als milderes Mittel wurden bisher temporäre und lokale Kuttentrageverbote, wie auf der Cranger Kirmes im Ruhrgebiet,[98] ausgesprochen, um die gegenseitige Provokation zwischen verfeindeten Bewegungen und die Gefährdung unbeteiligter Dritter abzuwenden. Ebendiese Behelfsmaßnahmen sollen durch die Neuregelung des Kennzeichenverbots in § 9 Abs. 3 VereinsG dauerhaft und bundesweit vermieden werden. Ein temporäres und lokales Trageverbot wäre demnach eine mildere Maßnahme, aber zur Erreichung des Ziels nicht gleich geeignet. Dem Gesetzgeber ist darum mit seiner Einschätzung, dass weniger einschneidende, aber gleichermaßen wirksame Mittel nicht ersichtlich sind, recht zu geben.[99]

dd) Angemessenheit

Das beabsichtigte Gesetzesziel darf schließlich nicht außer Verhältnis zur Schwere des Eingriffs in die Vereinigungsfreiheit stehen. Auch bei der Auslegung des Tatbestands nach § 9 Abs. 3 VereinsG ist dabei der Grundsatz der restriktiven Auslegung als Ausprägung der Verhältnismäßigkeit zu wahren.

---

[97] BVerfG, Beschluss vom 09.07.2020 – 1 BvR 2067/17, 1 BvR 423/18, 1 BvR 424/18, juris, Rn. 34.

[98] OVG NRW, Beschluss vom 06.08.2015 – 5 B 908/15, juris; *Burczyk*, CILIP 2017, 87 (90); *LTO-Redaktion*, OVG NRW bestätigt „Kuttenverbot" auf Cranger Kirmes, 7. August 2015, abrufbar unter https://www.lto.de/recht/nachrichten/n/ovg-nrw-5b908-15-rocker-kutten-cranger-kirmes/ (zuletzt abgerufen am 15.03.2023); *Poll*, Kuttenverbot auf Cranger Kirmes: Rocker-Streit befürchtet, 1. August 2019, abrufbar unter https://www.waz.de/staedte/herne-wanne-eickel/kuttenverbot-auf-cranger-kirmes-rocker-streit-befuerchtet-id226653347.html (zuletzt abgerufen am 15.03.2023); *RP Online*, Sterkrader Fronleichnamskirmes: Stadt Oberhausen verbietet Rockerkutten auf der Kirmes, 16. Juni 2017, abrufbar unter https://rp-online.de/nrw/panorama/oberhausen-verbietet-rockerkutten-auf-der-sterkrader-fronleichnamskirmes-2017_aid-17839821 (zuletzt abgerufen am 15.03.2023).

[99] BT Drs. 18/9758, S. 8; BVerfG, Beschluss vom 09.07.2020 – 1 BvR 2067/17, 1 BvR 423/18, 1 BvR 424/18, juris, Rn. 35.

(1) Notwendigkeit der restriktiven Auslegung

Es besteht grundsätzlich Einigkeit darüber, dass aufgrund der Signifikanz der verfassungsunmittelbaren Formulierung der Schranken der Vereinigungsfreiheit erhöhte Anforderungen an die Rechtfertigung von Eingriffen und die dadurch zu schützenden Rechtsgüter zu stellen sind.[100] Als Konsequenz dessen werden die Tatbestände des Vereinsgesetzes, wie das Vereinsverbot nach § 3 Abs. 1 VereinsG, zur Wahrung der Verhältnismäßigkeit restriktiv ausgelegt.[101] Noch in seiner Entscheidung vom 12. Januar 2017 führt der Bundesgerichtshof dem zustimmend aus, dass es hinsichtlich des Kennzeichenverbots aufgrund der weiten Fassung „mit Rücksicht auf verfassungsrechtliche Anforderungen – nicht zuletzt mit Blick auf das Grundrecht der Vereinigungsfreiheit aus Art. 9 Abs. 1 GG – einer am Schutzzweck der Norm orientierten einschränkenden Auslegung" bedarf.[102]

In seinem jüngsten Beschluss vom 2. Mai 2019 zur Revision gegen das Urteil des LG Bochum lehnte der Bundesgerichtshof – in Widerspruch zu seinen früheren Entscheidungen[103] – eine restriktive Auslegung des Merkmals des *Verwendens* in § 9 Abs. 3 VereinsG ab. Darauf käme es „aufgrund des eindeutigen Wortlauts und des unmissverständlich zum Ausdruck gekommenen gesetzgeberischen Willens" nicht an.[104] Der Bundesgerichtshof begründete dieses Vorgehen damit, dass der Gesetzgeber mit seiner Neuregelung Fälle der Kennzeichenverwendung durch nicht verbotene Schwestervereine von der neuen Verbotsnorm ausdrücklich erfasst wissen wollte. Das Bundesverfassungsgericht verhält sich in seinem Beschluss vom 9. Juli 2020 nicht dazu.

Dem Willen des Gesetzgebers und der Ansicht des Bundesgerichtshofs unbenommen ist der Tatbestand der Verbotsnorm zur Wahrung der Vereinigungsfreiheit restriktiv auszulegen.[105] Der Wortlaut des § 9 Abs. 3 VereinsG mag infolge der Streichung des subjektiven Elements nun ein auslegungsbedürftiges Tatbestandsmerkmal weniger haben, doch ist er mitnichten so klar formuliert, dass sich eine Auslegung gänzlich erübrigt. Die vom Gesetzgeber aufgenommene Erklärung des Tatbestandsmerkmals „in im Wesentlichen gleicher Form", die laut Bundesgerichtshof als Legaldefinition verstanden werden soll,[106] führt nur bedingt zur Klarstellung des Tatbestands. Sowohl der Begriff des wesentlich gleichen Kennzeichens als auch der Verwendung,

---

[100] BVerfGE 30, 227 (243); *Bauer*, in: Dreier (Hrsg.), Grundgesetz, 3. Aufl. 2013, Art. 9, Rn. 59, 61; *von Mutius/Nolte*, in: von Mutius/Nolte (Hrsg.), Das vereinsrechtliche Kennzeichenverbot als Instrument zur internationalen Terrorismusbekämpfung, 2003, S. 15; *Wissenschaftlicher Dienst des Deutschen Bundestages*, Fragen zum Umfang des Kennzeichenverbots nach dem Vereinsgesetz, 3. Mai 2017, WD 3 – 3000 – 088/17, 3. Mai 2017, S. 5.
[101] Vgl. Kapitel 3 C. IV. 2. b.
[102] BGH, Urteil vom 12.01.2017 – 3 StR 364/16, juris, Rn. 11.
[103] BGHSt 61, 1 (8 f.); BGH, Urteil vom 12.01.2017 – 3 StR 364/16, juris, Rn. 11.
[104] BGH, Beschluss vom 02.05.2019 – 3 StR 47/19, juris, Rn. 4.
[105] So auch *Albrecht*, jurisPR-StrafR 24/2019 Anm. 4, C.
[106] BGH, Beschluss vom 02.05.2019 – 3 StR 47/19, juris, Rn. 3.

C. Verfassungsmäßigkeit des Verwendungsverbots wesentlich gleicher Kennzeichen 223

der sich im Übrigen bereits aus § 9 Abs. 1 VereinsG ergibt, sind nicht abschließend beschrieben und müssen darum Gegenstände einer weiterführenden Auslegung sein. Eine beschränkende Auslegung ist dabei verfassungsrechtlich und somit auch für den Tatbestand des Kennzeichenverwendungsverbots in § 9 Abs. 3 VereinsG geboten.

(2) Grenzen der restriktiven Auslegung

Eine verfassungswahrende restriktive Auslegung ist nur möglich, wenn der Gesetzgeber durch die Normgestaltung einen Spielraum zur Auslegung des Tatbestands gelassen hat. Hat er die Norm hinreichend eindeutig und klar bestimmt, so dass der Wortlaut und der erkennbare Wille des Gesetzgebers in Widerspruch mit einer verfassungskonformen Auslegung stehen, sind deren Grenzen erreicht.[107]

Der genaue Wortlaut des § 9 Abs. 3 Satz 1 VereinsG lautet, dass § 9 Abs. 1 VereinsG entsprechend für Kennzeichen eines verbotenen Vereins gilt, „die in im Wesentlichen gleicher Form von anderen nicht verbotenen Teilorganisationen oder von selbständigen Vereinen verwendet werden." Zur Erklärung des Terminus der wesentlich gleichen Kennzeichen schließt sich in § 9 Abs. 3 Satz 2 VereinsG eine Legaldefinition an: „Ein Kennzeichen eines verbotenen Vereins wird insbesondere dann in im Wesentlichen gleicher Form verwendet, wenn bei ähnlichem äußerem Gesamterscheinungsbild das Kennzeichen des verbotenen Vereins oder Teile desselben mit einer anderen Orts- oder Regionalbezeichnung versehen wird."

(a) Der Wille des Gesetzgebers

Der Gesetzgeber will mit der Legaldefinition in § 9 Abs. 3 VereinsG klarstellen, dass Kennzeichen verbotener Rockervereine nicht weiterverwendet werden dürfen. Auch dann nicht, wenn nicht verbotene Schwestervereine (z. B. von Ortsgruppen des Hells Angels MC oder des Bandidos MC) zusätzlich individuelle Orts- oder Regionalbezeichnungen benutzen, um sich von den verbotenen Vereinen abzugrenzen. Dieses Regelungsziel hat der Gesetzgeber eindeutig und klar in der Begründung des Änderungsgesetzes formuliert.[108]

Der beschriebene Anwendungsfall birgt tatbestandlich zwei Besonderheiten, die zugleich Grundlage für eine verfassungskonforme Auslegung sind.

Erstens sind die Ortsgruppen innerhalb eines Motorradclubs Teil einer Gesamtstruktur. Es handelt sich zwar um rechtlich selbständige Vereine, die jedoch nicht voneinander losgelöst existieren. Sie sind vielmehr Teil einer Gesamtbewegung. Dies wird durch ein einheitliches Auftreten, eine einheitliche Vereinsstruktur, bundesweit

---

[107] BVerfGE 8, 28 (34 f.); 8, 71 (78 f.); 18, 97 (111); 34, 165 (200); 48, 40 (46 f.); 52, 357 (368 f.); 54, 277 (299); *Stern*, Grundbegriffe und Grundlagen des Staatsrechts, Strukturprinzipien der Verfassung, Band I, 2. Aufl. 1984, § 4, S. 136.
[108] BT Drs. 18/9758, S. 7.

gleiche Verhaltensregeln, gegenseitige Unterstützung sowie eine einheitliche Vereinsnamensgestaltung und einheitliche Kennzeichen unterstrichen.

Zweitens sind die von allen Ortsgruppen eines Motorradclubs verwendeten Kennzeichen nicht wesentlich gleich, sondern in der Regel identisch oder zum Verwechseln ähnlich. Das Verbot der Verwendung dieser Kennzeichen ist darum wegen der großen Übereinstimmung mit den Originalkennzeichen in der Regel bereits von § 9 Abs. 1 VereinsG umfasst.[109] Die Gerichte untersagen ihre Weiterverwendung ohne Rückgriff auf die 2002 und 2017 eingeführten Tatbestandsalternativen nach § 9 Abs. 2 Satz 2 oder Abs. 3 VereinsG bereits nach § 9 Abs. 1 VereinsG.[110]

Die in der Reform eingefügte Legaldefinition in Satz 2 lässt keinen Zweifel daran, dass sie Fälle wie den beschriebenen ausdrücklich umfassen will und umfasst.[111] Legt man den Tatbestand des § 9 Abs. 3 VereinsG dahingehend aus, dass gänzlich unbeteiligte Drittvereine, die durch keine übergeordnete Gesamtstruktur mit dem verbotenen Verein verbunden sind, von § 9 Abs. 3 VereinsG nicht adressiert werden und der Begriff des wesentlich gleichen Kennzeichens keine Erweiterung des bestehenden Kennzeichenbegriffs nach § 9 Abs. 1, Abs. 2 Satz 2 VereinsG darstellt, ist eine verfassungswahrende, weil restriktive Auslegung des Tatbestands denkbar.

(b) Der Wortlaut der Norm

Der Wortlaut der Norm lässt allerdings derart eindeutig auch andere Verwendungsverbote zu, dass die Grenzen einer restriktiven Auslegung überschritten werden. Dies wird allein durch den Zusatz *insbesondere* in Satz 2 deutlich.

§ 9 Abs. 1 VereinsG verbietet die Verwendung von Kennzeichen verbotener Vereine als Nebenfolge des Vereinsverbots. Die Reichweite des Kennzeichenverbots beschränkte sich vor der Gesetzesänderung auf identische oder ähnliche Kennzeichen des verbotenen Vereins sowie auf wesentlich gleiche Kennzeichen nicht verbotener Vereine, wenn sie die Zielrichtung des verbotenen Vereins teilen. Durch den angepassten Tatbestand ist jetzt auch die Verwendung wesentlich gleicher Kennzeichen nicht verbotener Vereine verboten, die in keinerlei Beziehung zu dem verbotenen Verein stehen. Dadurch verändert sich die Reichweite des Kennzeichenverbots signifikant.

Nach dem allgemeinen Sprachgebrauch ist die Formulierung *wesentlich gleich* weiter zu verstehen als *zum Verwechseln ähnlich*. Andernfalls würde die Tatbestandsvariante des § 9 Abs. 2 Satz 2 VereinsG den Regelungsgehalt des neuen § 9 Abs. 3

---

[109] Alle Ortsgruppen eines Motorradclubs verwenden zur Wiedererkennung, Identifikation und Markenbildung einheitlich gestaltete Symbole.

[110] OVG Rheinland-Pfalz, Urteil vom 22.03.2005 – 12 a 12101/04, juris, Rn. 18; OLG Hamburg, Urteil vom 07.04.2014 – 1-31/13, NStZ 2014, 656 (659); zustimmend *Stegbauer*, NStZ 2014, 621 (622 f.); kritisch *Albrecht/Braun*, NJOZ 2014, 1481 (1483 f.); *Braun*, DPolBl. 2015, 26 (26).

[111] BGH, Beschluss vom 02.05.2019 – 3 StR 47/19, juris, Rn. 4.

C. Verfassungsmäßigkeit des Verwendungsverbots wesentlich gleicher Kennzeichen

VereinsG schon abdecken.[112] Bei *wesentlich gleichen* Kennzeichen kann man nicht mehr von *den* Kennzeichen *des* verbotenen Vereins sprechen. Es handelt sich vielmehr um Kennzeichen eines nicht verbotenen Vereins, deren Verwendung verboten wird, weil sie den Kennzeichen des verbotenen Vereins wesentlich gleichen. Das ist ein erheblicher Unterschied, der dazu führt, dass Vereine, die nicht verboten wurden, unter Umständen ihre Kennzeichen allein aufgrund eines ähnlichen äußerem Gesamterscheinungsbildes nicht weiterverwenden dürfen. § 9 Abs. 3 Satz 2 VereinsG konkretisiert diese Variante allein dahingehend, dass Orts- oder Regionalbezeichnungen kein taugliches Mittel zur Abgrenzung der eigenen Kennzeichen von den Kennzeichen des verbotenen Vereins darstellen – was der Bundesgerichtshof in seinen Entscheidungen vor der Änderung 2017 noch ausdrücklich anders sah.[113]

Der Wortlaut führt zu einer erheblichen Erweiterung des Kennzeichenverbots. Nach § 9 Abs. 3 VereinsG ist die Verwendung *eigener* Kennzeichen *nicht verbotener* Vereine umfasst, die eine wesentlich gleiche Form zu den Kennzeichen verbotener Vereine aufweisen. Dabei handelt es sich nicht mehr nur um eine bloße Ausgestaltung oder Konkretisierung der bestehenden Nebenfolge eines Vereinsverbots. In diesem Fall liegt die eigentliche Bedeutung des Tatbestands des § 9 Abs. 3 VereinsG in der Entkopplung des Verwendungsverbots vom Vereinsverbot und damit in der Auflösung der Akzessorietät dieser beiden vereinsrechtlichen Maßnahmen.[114] Dies wird zusätzlich dadurch unterstrichen, dass die vorangegangene Regelung in § 9 Abs. 3 VereinsG, also das Verwendungsverbot für Ersatzorganisationen, nicht ersetzt wurde, sondern in § 9 Abs. 4 VereinsG weiterbesteht. Das Verwendungsverbot in § 9 Abs. 3 VereinsG stellt damit einen eigenständigen Eingriff in die Vereinigungsfreiheit der nicht verbotenen Vereine dar, der mangels Vereinsverbot der eigenständigen Rechtfertigung bedarf.

Mit dem Kennzeichenverwendungsverbot des § 9 Abs. 1 VereinsG sollen Kennzeichen verbotener Vereine aus dem öffentlichen Raum verbannt werden, die für Vereine stehen, die sich entweder strafgesetz-, verfassungs- oder völkerverständigungswidrig verhalten haben und daraufhin verboten wurden. Nach der Regelung des § 9 Abs. 2 Satz 2 VereinsG sind davon auch zum Verwechseln ähnliche Kennzeichen umfasst, um auch nachgebildete oder entlehnte Kennzeichen zu verbannen, mit de-

---

[112] *Roth*, in: Schenke/Graulich u. a. (Hrsg.), Sicherheitsrecht des Bundes, 2. Aufl. 2019, § 9, Rn. 36.

[113] BGHSt. 61, 1 (10); BGH, Urteil vom 12.01.2017 – 3 StR 364/16, juris, Rn. 12.

[114] *Albrecht*, VerwArch 2019, 506 (532); *Burczyk*, CILIP 2017, 87 (88); *Groh*, in: Deutscher Bundestag, Wortprotokoll der 98. Sitzung – Öffentliche Anhörung, Protokoll-Nr. 18/98, 12.12.2016, S. 15; *Groh*, Stellungnahme als Sachverständige zum Gesetzentwurf der Bundesregierung, 11. Dezember 2016, A-Drs. 18 (4)726 E, S. 3 f.; *Wissenschaftlicher Dienst des Deutschen Bundestages*, Fragen zum Umfang des Kennzeichenverbots nach dem Vereinsgesetz, 3. Mai 2017, WD 3 – 3000 – 088/17, 3. Mai 2017, S. 7; a.A. BGH, Beschluss vom 02.05.2019 – 3 StR 47/19, juris, Rn. 7.

nen dem verbotenen Verein nachgeeifert wird.[115] Eine über den Tatbestand des § 9 Abs. 2 Satz 2 VereinsG hinausgehende materiell-rechtliche Erweiterung des Verwendungsverbots, wie sie § 9 Abs. 3 VereinsG vorsieht, wäre im Rahmen der Zweck-Mittel-Abwägung nur verhältnismäßig gewesen, wenn sie sich auf die vom Willen des Gesetzgebers vorgesehene Variante des Verwendungsverbots für Schwestervereins, also in einer Gesamtstruktur eingebundener Vereine, beschränkt hätte.[116]

Für die Angemessenheit der Regelung kann angeführt werden, dass sich das Verwendungsverbot nicht auf die Namensführung der Vereine auswirkt, als dass sie ihren Vereinsnamen weiterverwenden können. Ein allgemeines Verbot der Namensführung besteht nicht.[117] Darüber hinaus überwiegt in der Abwägung jedoch das Interesse an der Wahrung der Vereinigungsfreiheit nicht verbotener Vereine.

Vom Schutz der Vereinigungsfreiheit ist nach Art. 9 Abs. 1 GG auch der Kernbereich vereinsspezifischer Betätigung mitumfasst, d.h. jedes vereinsspezifische Verhalten wie die werbewirksame Selbstdarstellung und das Verwenden eines Vereinsnamens und eines Vereinszeichens.[118] Das Verbot der Verwendung wesentlich gleicher Kennzeichen, wie es in § 9 Abs. 3 VereinsG ausgestaltet ist, führt dazu, dass nicht nur die Verwendung *der* Kennzeichen *des* verbotenen Vereins verboten ist, sondern auch die Verwendung der Kennzeichen nicht verbotener Vereine. § 9 Abs. 3 VereinsG ist nach der Streichung des subjektiven Elements ein rein objektiver Tatbestand. Vor der Reform war nicht verbotenen Vereinen die Verwendung der Kennzeichen des verbotenen Vereins nur untersagt, wenn sie auch die Zielrichtung des verbotenen Vereins teilten. Nach der Reform wird allein auf das Gesamterscheinungsbild der Kennzeichen abgestellt. Sind die Kennzeichen eines nicht verbotenen Vereins, der in keinerlei Zusammenhang mit dem verbotenen Verein steht, nur zufällig wesentlich gleich, so ist ihm die Verwendung infolge der Neuregelung verboten, obwohl er selbst nicht verboten oder verbotsrelevant tätig wurde und auch in keiner irgendwie gearteten Beziehung zum verbotenen Verein steht.

Zudem divergieren die Anforderungen an die Rechtfertigung von Eingriffen in die Vereinigungsfreiheit je nach der Schutzwürdigkeit des adressierten Rechtsgutes. Das strafrechtliche Kennzeichenverbot nach § 86a StGB verbietet die Verwendung verfassungswidriger Kennzeichen. Mit dem Verbot verfassungswidriger Vereine wird

---

[115] *Roth*, in: Schenke/Graulich u.a. (Hrsg.), Sicherheitsrecht des Bundes, 2. Aufl. 2019, § 9, Rn. 9.

[116] *Albrecht*, jurisPR-StrafR 24/2019 Anm. 4, C.; *Groh*, Stellungnahme als Sachverständige zum Gesetzentwurf der Bundesregierung, 11. Dezember 2016, A-Drs. 18 (4)726 E, S. 3 f.; a.A. BGH, Beschluss vom 02.05.2019 – 3 StR 47/19, juris, Rn. 7; *B. Heinrich*, NStZ 2019, 739 (742); *Roth*, in: Schenke/Graulich u.a. (Hrsg.), Sicherheitsrecht des Bundes, 2. Aufl. 2019, § 9, Rn. 41a.

[117] BGHSt 61, 1 (5 f.) und *Roth*, in: Schenke/Graulich u.a. (Hrsg.), Sicherheitsrecht des Bundes, 2. Aufl. 2019, § 9, Rn. 36 führen für die Rockerkennzeichen aus, dass nur die konkrete Formgebung durch die der Name des Vereins als stilisierter Schriftzug im sog. Top-Rocker auf der Kutte zum signifikanten Erkennungszeichen des verbotenen Vereins wurde, verboten ist.

[118] Siehe zum Schutzbereich ausführlich in diesem Kapitel unter C. II. 1.

die verfassungsmäßige Ordnung und damit ein Rechtsgut mit Verfassungsrang geschützt. Ein Rechtsgut mit Verfassungsrang wiegt in der Abwägung höher als die mit dem Verbot von Vereinen wegen Strafgesetzwidrigkeit verfolgten Ziele. Im Rahmen der Abwehr abstrakter Gefahren sollen Verletzungen aller Rechtsgüter verhindert werden, die auch strafrechtlich geschützt werden. Der Schutz der „einfachen" Rechtsordnung erfordert im Gegensatz zum Schutz verfassungsrechtlicher Rechtsgüter einen noch höheren Begründungsaufwand, dem in diesem Fall nicht genügt werden kann.

(3) Zwischenergebnis

Das Gebot der restriktiven Auslegung als selbständiges Prinzip des Grundsatzes der Verhältnismäßigkeit wird als konsistentes Instrument in der Auslegung vereinsrechtlicher Verbotsmaßnahmen auch für den Tatbestand des vereinsrechtlichen Kennzeichenverbots herangezogen. Eine restriktive und damit verfassungskonforme Auslegung scheitert jedoch an dem klaren Wortlaut der Neuregelung, der wohlmöglich auch über das vom Willen des Gesetzgebers angestrebte Regelungsziel hinausgeht. Der Wille des Gesetzgebers, die Verwendung von Kennzeichen durch Schwestervereine innerhalb eines Motorradclubs zu verbieten, steht für sich genommen nicht im Widerspruch zur Verfassung. Das Verwendungsverbot von identischen oder ähnlichen Kennzeichen eines verbotenen Vereins durch nicht verbotene Teilorganisationen oder selbständige Drittvereine ist als Nebenfolge eines Vereinsverbots bereits über die Tatbestände nach § 9 Abs. 1, Abs. 2 Satz 2 VereinsG möglich.

Der Wortlaut des § 9 Abs. 3 VereinsG ist allerdings derart eindeutig formuliert, dass er keinen Raum für eine auf diesen Anwendungsfall einschränkende und damit verfassungswahrende Lesart bietet. Die Konzeption des Absatzes und insbesondere die Erweiterung des Verwendungsverbots auf wesentlich gleiche Kennzeichen nicht verbotener Vereine führt zu einer Entkopplung des Kennzeichenverwendungsverbots vom Vereinsverbot. Der Eingriff in die Vereinigungsfreiheit von Vereinen, die selbst nicht verboten wurden, steht außer Verhältnis zu dem mit der Regelung verfolgten Ziel der Gefahrenabwehr. § 9 Abs. 3 VereinsG ist in seiner jetzigen Form unverhältnismäßig und darum verfassungswidrig.

III. Kein Einzelfallgesetz

Nach Art. 19 Abs. 1 Satz 1 GG schließt der Verfassungsgeber gesetzliche Individualmaßnahmen aus und verbietet grundrechtsbeschränkende Gesetze, die nicht allgemein sind, sondern nur für den Einzelfall gelten.[119] Als historisches Beispiel für ein

---

[119] *Enders*, in: Epping/Hillgruber (Hrsg.), BeckOK Grundgesetz, 51. Edition, Stand 15.05.2022, Art. 19, Rn. 1 f.; *Ernst/Kerkemeyer*, in: von Münch/Kunig (Hrsg.), Grundgesetz, 7. Aufl. 2021, Art. 19, Rn. 22.

Einzelfallgesetz gilt Bismarcks Sozialistengesetz, welches am 21. Oktober 1878 die sozialdemokratischen Aktivitäten als gemeingefährliche Bestrebungen verbot.[120]

Das Änderungsgesetz zielt laut der Gesetzesbegründung zwar ausdrücklich auf die Bekämpfung von „Vereinigungen, insbesondere im Bereich der kriminellen Rockergruppierungen".[121] Der Gesetzestext ist jedoch allgemein formuliert („Kennzeichen eines verbotenen Vereins") und beschränkt sich nicht nur auf Kennzeichen organisiert krimineller Rockergruppierungen.[122] Auch in der Gesetzesbegründung zur Aufhebung des Religionsprivilegs nahm der Gesetzgeber zur Erklärung des Anlasses der Regelung auf fundamentalistisch-islamistische Vereinigungen Bezug.[123] Das Bundesverwaltungsgericht stellte dennoch fest, dass es sich um ein abstrakt-generelles Regelwerk handelt und es genügt, dass in der Gesetzesbegründung noch weitere Fallgruppen benannt werden, auf deren Bekämpfung das Gesetz abzielt.[124]

Die Anwendung des neuen Kennzeichenverbots nach § 9 Abs. 3 VereinsG ist schon allein im Rahmen der in dieser Arbeit untersuchten Beispiele denkbar. Ein Verbot der Kennzeichen und Symbole islamistisch-extremistischer Vereine wird bereits zum Teil als milderes Mittel zu Vereinsverboten diskutiert.[125]

IV. Betroffenheit weiterer Grundrechte

Neben einer Verletzung der Freiheit zur Vereinigung berufen sich die Beschwerdeführer außerdem auf ihre Meinungsfreiheit nach Art. 5 Abs. 1 GG[126]. Auch eine Verletzung der Versammlungsfreiheit nach Art. 8 Abs. 1 GG, des Grundrechts auf Eigentum nach Art. 14 Abs. 1 GG[127] oder der allgemeinen Handlungsfreiheit nach Art. 2 Abs. 1 GG kommt durch die Beschlagnahme der Kutten in Betracht. Die Bearbeiterin beschränkte sich bei der Prüfung der Verfassungsmäßigkeit auf die Vereinigungsfreiheit nach Art. 9 Abs. 1 GG.

---

[120] RGBl. 1878 S. 351; *Huber*, in: Huber (Hrsg.), Dokumente zur deutschen Verfassungsgeschichte, 3. Aufl. 1986, Band 2, Nr. 287, S. 464 ff.; *Grundmann*, Das fast vergessene öffentliche Vereinsrecht, 1999, S. 29.
[121] BT Drs. 18/9758, S. 6.
[122] *Groh*, Stellungnahme als Sachverständige zum Gesetzentwurf der Bundesregierung, 11. Dezember 2016, A-Drs. 18 (4)726 E, S. 7; *Knape*, Die Polizei 4/2017, 120 (120).
[123] BT Drs. 14/7026, S. 6.
[124] BVerwG, Urteil vom 27.11.2002 – 6 A 4/02, Buchholz 402.45 VereinsG Nr. 35, Rn. 35.
[125] *Steinberg*, NVwZ 2016, 1745 (1752), der z.B. die Verwendung der Vollverschleierung als Kennzeichen salafistischer Vereine in bestimmten Umgebungen verbieten will.
[126] Dazu BVerfG, Beschluss vom 09.07.2020 – 1 BvR 2067/17, 1 BvR 423/18, 1 BvR 424/18, juris, Rn. 42.
[127] BVerfG, Beschluss vom 09.07.2020 – 1 BvR 2067/17, 1 BvR 423/18, 1 BvR 424/18, juris, Rn. 47 ff.

V. Zusammenfassung

Das Verwenden von Kennzeichen wird als Teil des vereinsspezifischen Kernbereichs der Vereinstätigkeit von der Vereinigungsfreiheit nach Art. 9 Abs. 1 GG mitgeschützt. Die Vereinigungsfreiheit schützt neben der Vereinsgründung auch den Vereinsbestand und die Vereinsbetätigung. Das Zweite Änderungsgesetz stellt einen Eingriff in dieses von der Vereinigungsfreiheit geschützte Verhalten dar. Die verfassungsunmittelbare Schrankenregelung in Art. 9 Abs. 2 GG rechtfertigt nicht nur die ebendort genannten Eingriffe in die Vereinigungsfreiheit durch Vereinsverbot. Sie umfasst auch nicht genannte, mildere Eingriffe, wie Betätigungsverbote oder von einem Vereinsverbot entkoppelte Kennzeichenverbote. Das Verwendungsverbot nach § 9 Abs. 3 VereinsG greift unverhältnismäßig in die Vereinigungsfreiheit nicht verbotener Vereine ein, die sich auch nicht in einer Gesamtstruktur mit dem verbotenen Verein wiederfinden. Der Tatbestand kann aufgrund des klaren Wortlauts der Norm, insbesondere durch die Erweiterung des Verwendungsverbots auf wesentlich gleiche Kennzeichen, nicht verfassungskonform ausgelegt werden.

Die Entscheidung des Bundesverfassungsgerichts vom 9. Juli 2020 bestätigt dieses Ergebnis dahingehend, dass die Kennzeichenverwendungsverbote für den konkreten, vom Gesetzgeber vorgesehenen Fall, dass in einer Gesamtstruktur eingebundene Schwestervereine verbotener Rockervereine innerhalb eines Motorradclubs wesentlich gleiche Kennzeichen nicht weiterverwenden dürfen, verhältnismäßig und im Ergebnis verfassungsmäßig sind. Das Gericht stellt fest, dass der Eingriff in die Rechte der Vereinigungen schwer wiegt weil sie ganz erheblich in ihrem Recht auf Selbstdarstellung in der Zugehörigkeit zur jeweiligen Vereinigung beschränkt werden. Dass die betroffenen Vereine sehr genau regeln, wer zu welchen Bedingungen die Kennzeichen in der Öffentlichkeit verwenden darf, führe dazu, dass unbeteiligte Dritte vom Verbot aus § 9 Abs. 3 VereinsG nicht betroffen seien.[128] Mit anderen Worten hält das Bundesverfassungsgericht § 9 Abs. 3 VereinsG beschränkt auf die nach der hier vorgenommenen restriktiven Auslegung für möglich gehaltene Konstellation für verfassungskonform. Die Verfassungskonformität der über den Willen des Gesetzgebers hinausgehende, ebenfalls durch den klaren Wortlaut der Norm möglichen Konstellation, dass auch gänzlich unbeteiligte Vereine vom Verwendungsverbot des § 9 Abs. 3 VereinsG betroffen sein können, prüft das Gericht nicht.

D. Reformvorschlag

Das mit dem Änderungsgesetz verfolgte Ziel des Gesetzgebers, die Verwendung von Kennzeichen verbotener Rockervereine auch für nicht verbotene Schwestervereine

---

[128] BVerfG, Beschluss vom 09.07.2020 – 1 BvR 2067/17, 1 BvR 423/18, 1 BvR 424/18, juris, Rn. 37.

zu untersagen, ist unter Zugrundelegung der von der Rechtsprechung entwickelten Einzelbetrachtungslehre bereits nach § 9 Abs. 1, Abs. 2 Satz 2 VereinsG möglich.

Das Verwendungsverbot von Kennzeichen verbotener Vereine adressiert nicht nur die ehemaligen Mitglieder des verbotenen Vereins, sondern jedermann. Auch unbeteiligten Einzelpersonen, nicht verbotenen Teilorganisationen und selbständigen Vereinen ist bereits nach § 9 Abs. 1 VereinsG die Verwendung von Kennzeichen verbotener Vereine untersagt. Zur genaueren Bestimmung der Kennzeichen eines Vereins ist die sog. Einzelbetrachtungslehre anzuwenden. Im Fall der von Rockervereinen verwendeten Kennzeichen bedeutet dies, dass alle verwendeten Symbole und Schriftzüge einzeln zu bewerten sind. Der vom Hells Angels MC verwendete behelmte Totenkopf als Vereinsemblem stellt genauso ein einzelnes Kennzeichen dar wie der ebenfalls verwendete stilisierte Namensschriftzug als sog. Top-Rocker auf den von den Mitgliedern getragenen Kutten.

Unter Zugrundelegung dieser Ergebnisse ergibt sich hinsichtlich der Kennzeichenverwendung von Rockervereinen ein eigentlich eindeutiges Bild. Die Verwendung der Kennzeichen der verbotenen Rockervereine ist auch im Fall der Verwendung durch die Schwestervereine vom Verbot nach § 9 Abs. 1 oder § 9 Abs. 2 Satz 2 VereinsG umfasst. Dass die Kennzeichenverwendung durch Schwestervereine bisher nicht einheitlich verboten ist, liegt vor allem an der uneinheitlichen Tatbestandsauslegung der Instanzgerichte und des Bundesgerichtshofs.[129] Die Rechtsprechung vertritt die Auffassung, dass der Tatbestand und insbesondere der Verwendungsbegriff des § 9 Abs. 1 VereinsG mit Blick auf die Vereinigungsfreiheit eng auszulegen sind. Die Verwendung von Kennzeichen verbotener Vereine muss dem Schutzzweck der Norm zuwiderlaufen, um den Tatbestand des Kennzeichenverwendungsverbots zu erfüllen.[130]

Es existieren eine Vielzahl von Vorschlägen, mittels welcher Kriterien der Tatbestand restriktiv auszulegen ist. Ein oft vertretener Ansatz macht das Verwendungsverbot vom Gesamtzusammenhang der Kennzeichenverwendung abhängig. Der mit dem Gebrauch des Kennzeichens verbundene Aussagegehalt muss anhand „aller maßgeblichen Umstände"[131] des Falls ermittelt werden. Läuft die Verwendung des Kennzeichens dem Schutzzweck der Norm nicht zuwider, ist der Tatbestand des Kennzeichenverwendungsverbots nicht erfüllt.[132] Wann der Gesamtzusammenhang, d. h. wie die Kennzeichen verwendet werden, einem Verwendungsverbot bei Rockervereinen entgegensteht, wurde in der Rechtsprechung unterschiedlich ausgelegt. Das OLG Hamburg ließ eine zusätzliche Regional- oder Ortsbezeichnung neben den ver-

---

[129] Siehe dazu in diesem Kapitel ausführlich B. II. 1. b).
[130] BGH, Urteil vom 12.01.2017 – 3 StR 364/16, juris, Rn. 11.
[131] BGHSt 61, 1 (8); BGH, Urteil vom 12.01.2017 – 3 StR 364/16, juris, Rn. 11.
[132] BGHSt 61, 1 (8 f.); BGH, Urteil vom 12.01.2017 – 3 StR 364/16, juris, Rn. 11.

botenen Kennzeichen nicht ausreichen,[133] der Bundesgerichtshof vor der Gesetzesänderung 2017 dagegen schon.[134]

Das Kriterium des Gesamtzusammenhangs geht auf die Grundsätze der Auslegung des strafrechtlichen Kennzeichenverbots zurück. In der Rechtsprechung und Literatur zu § 86a StGB finden sich diverse weitere Vorschläge zur Einschränkung des Tatbestands. Mit § 86a Abs. 3 StGB i. V. m. § 86 Abs. 3 StGB existiert eine Sozialadäquanzklausel, die den Anwendungsbereich des strafrechtlichen Kennzeichenverbots beschränkt. Eine vergleichbare Regelung sieht auch § 9 Abs. 1 Satz 2 VereinsG vor. Danach ist eine „Verwendung von Kennzeichen im Rahmen der staatsbürgerlichen Aufklärung, der Abwehr verfassungswidriger Bestrebungen und ähnlicher Zwecke" ausgenommen. Entgegen *Fischer*[135] reicht diese allein als Tatbestandsbegrenzung jedoch nicht aus. Von der Literatur wird darüber hinaus das Erfordernis eines Bekenntnisses des Verwenders zu den Zielen des verbotenen Vereins diskutiert.[136]

Die Rechtsprechung verlangt im Rahmen der Auslegung des § 86a StGB eine Restriktion in den Fällen, in denen der Gebrauch der Kennzeichen entweder offenkundig kontrovers und eindeutig kritisch war[137] oder wenn ein konkreter Hinweis den Bezug zu dem jeweiligen verbotenen Verein herstellte.[138] Ein objektives Kriterium, wie die offenkundige Gegnerschaft, kann auch für das vereinsrechtliche Kennzeichenverbot herangezogen werden. Demnach ist weder der Tatbestand des strafrechtlichen noch der des vereinsrechtlichen Kennzeichenverbots nach § 86a StGB oder §§ 9 Abs. 3 i. V. m. 20 Abs. 1 Satz 1 Nr. 5 VereinsG erfüllt, wenn sich aus dem Gesamtzusammenhang ergibt, dass die Verwendung des Kennzeichens dem Schutzzweck der Norm ersichtlich nicht zuwiderläuft. Dabei kommt es auf den mit der Verwendung verbundenen Aussagegehalt an. Verwenden Vereine die Kennzeichen verbotener Vereine offenkundig kontrovers und kritisch, ist diese Art der Verwendung nicht vom Kennzeichenverwendungsverbot umfasst. Sind die äußeren Umstände der Verwendung nicht eindeutig, ist der Tatbestand des Verwendungsverbotes erfüllt.[139]

---

[133] OLG Hamburg, Urteil vom 07.04.2014 – 1-31/13, NStZ 2014, 656 (658).

[134] BGHSt 61, 1 (10); BGH, Urteil vom 12.01.2017 – 3 StR 364/16, juris, Rn. 12.

[135] *Fischer*, in: Fischer (Hrsg.), Strafgesetzbuch, 70. Aufl. 2023, § 86a, Rn. 19; dieser hinsichtlich der Ausnahmen durch Sozialadäquanz aber insgesamt kritisch.

[136] *Paeffgen*, in: Kindhäuser/Neumann u. a. (Hrsg.), StGB Kommentar, 5. Aufl. 2017, § 86a, Rn. 14; *Sternberg-Lieben*, in: Schönke/Schröder (Hrsg.), StGB, 30. Aufl. 2019, § 86a, Rn. 6.

[137] BGHSt 51, 244 (Ls.); 25, 30 (34 f.); *Ellbogen*, in: Heintschel-Heinegg (Hrsg.), BeckOK StGB, 53. Edition, Stand 01.05.2022, § 86a, Rn. 32 ff.

[138] OLG Nürnberg, Beschluss vom 18.03.2008 – 2 St OLG Ss 12/08, juris, Leitsatz; ablehnend BGHSt 52, 364 (371).

[139] Für das strafrechtliche Kennzeichenverbot siehe BVerfG, Nichtannahmebeschluss vom 23.03.2006 – 1 BvR 204/03, juris, Rn. 22; BGHSt 52, 364 (371) m. w. N.; für das vereinsrechtliche Kennzeichenverbot siehe BGHSt 61, 1 (9 f.); OLG Hamm, Beschluss vom 12.07.2018 – III-2 Ws 69/18, 2 Ws 69/18, juris, Rn. 36; siehe auch *Wissenschaftlicher Dienst des Deutschen Bundestages*, Fragen zum Umfang des Kennzeichenverbots nach dem Vereinsgesetz, 3. Mai 2017, WD 3 – 3000 – 088/17, 3. Mai 2017, S. 6.

Im Ergebnis handelt es sich bei der Frage, wann der Gesamtzusammenhang der Kennzeichenverwendung einem Verwendungsverbot der Kennzeichen verbotener Vereine entgegensteht, um eine Einzelfallentscheidung. Nichtsdestotrotz ist es dem Gesetzgeber unbenommen, durch einen Zusatz in § 9 VereinsG das Kriterium des Gesamtzusammenhangs zunächst als geschriebene Voraussetzung der Kennzeichenverwendung in den Tatbestand aufzunehmen und durch eine Begriffsbestimmung näher ausgestalten.

Zur Klarstellung des einschränkenden Merkmals des Gesamtzusammenhangs der Verwendung wird rechtspolitisch die Einführung eines zusätzlichen § 9 Abs. 1 Satz 3 und Satz 4 VereinsG vorgeschlagen:

„Ausgenommen ist des Weiteren eine Verwendung von Kennzeichen, wenn sich aus dem Gesamtzusammenhang des Gebrauchs des Kennzeichens eine offenkundige und eindeutige Abkehr von den verbotsrelevanten Zielen und Verhaltensweisen des verbotenen Vereins und seiner Mitglieder ergibt. Nicht ausreichend ist der Versuch einer Abgrenzung vom verbotenen Verein mittels individueller Orts- oder Regionalbezeichnung."

Aufgrund der festgestellten Verfassungswidrigkeit ist zudem § 9 Abs. 3 VereinsG zu streichen.

E. Zusammenfassung

Das Vereinsgesetz wurde seit seiner Einführung 1964 nur geändert, wenn es um die Einschränkung der Vereinigungsfreiheit ging. Während die Regelungen zum Vereinsverbot wegen ihrer verfassungsunmittelbaren Verankerung in Art. 9 Abs. 2 GG kaum Gegenstand von Novellen sein konnten, beschäftigte sich der Gesetzgeber mit dem Kennzeichenverbot als Nebenfolge des Vereinsverbots seit 2001 mehrere Male. Die erste Änderung 2001 führte zu einer sachlichen als auch personellen Ausweitung. Neben dem Verbot, die Kennzeichen des verbotenen Vereins zu verwenden, wurden auch die Verwendung zum Verwechseln ähnlicher und wesentlich gleicher Kennzeichen verboten. Zudem stellte der Gesetzgeber klar, dass die Norm jedermann und damit auch nicht verbotene Teilorganisationen und selbständige Drittvereine adressiert.

Das Verwendungsverbot wesentlich gleicher Kennzeichen war 2017 erneut Gegenstand einer klarstellenden und verschärfenden Gesetzesänderung. Vor der Anpassung bedurfte es einer gleichen Zielrichtung zwischen dem nicht verbotenen und dem verbotenen Verein, dessen Kennzeichen er in wesentlich gleicher Form verwendete. Dieses subjektive Element wurde gestrichen, sodass nunmehr die Verwendung aller wesentlich gleicher Kennzeichen untersagt ist. Durch Wegfallen des Erfordernisses, dass zwischen dem verbotenen Verein und dem das Kennzeichen verwendenden, nicht verbotenen Verein eine Verbindung bestehen muss, wurde das Kennzeichenverbot vom Vereinsverbot entkoppelt. Als vereinsrechtliche Maßnahme ist die Verwendung wesentlich gleicher Kennzeichen aller, d. h. auch bisher gänzlich unbehelligter

Vereine, verboten. Das stellt einen selbständigen und unverhältnismäßigen Eingriff in die Vereinigungsfreiheit der nicht verbotenen Vereine dar. Das Kennzeichenverbot verstößt in der Form des § 9 Abs. 3 VereinsG gegen die Vereinigungsfreiheit.

Rechtspolitisch wird neben der Streichung des § 9 Abs. 3 VereinsG die Konkretisierung des Tatbestands des Kennzeichenverwendungsverbots in § 9 Abs. 1 VereinsG vorgeschlagen. Das bisher ungeschriebene Kriterium des Gesamtzusammenhangs, nach dem je nach konkretem Einzelfall die Verwendung der Kennzeichen dem Schutzzweck der Norm nicht entgegenstehen kann, sollte positiv in § 9 Abs. 1 VereinsG festgeschrieben werden. Zudem kann der Gesetzgeber in einem zweiten Satz das Kriterium des Gesamtzusammenhangs näher ausgestalten und den Zusatz einer Regional- oder Ortsbezeichnung als ungenügend ausschließen.

Dritter Teil: Exkurs und Ausblick

Kapitel 10

Weitere Maßnahmen gegen Vereinsmitglieder am Beispiel des Waffenrechts

Aufgrund der abschließend in der Verfassung normierten Verbotsgründe ist der einfache Gesetzgeber in seinen Handlungsspielräumen beschränkt, insbesondere kann er ohne Verfassungsänderung keine neuen Verbotsgründe einführen. Als Erweiterung des Instrumentenkastens im Umgang mit Bedrohungspotentialen durch Vereinigungen kommt darum der Entzug von Waffenscheinen und Waffenbesitzkarten wegen der Zugehörigkeit zu näher zu bestimmenden Vereinen in Betracht. Anknüpfungspunkt für außerhalb des Vereinsgesetzes zur Verfügung stehende Maßnahmen ist in solchen Fällen die Mitgliedschaft im jeweiligen Verein. Die Vereinszugehörigkeit eines Mitglieds als Prognosegrundlage für dessen individuelle waffenrechtliche Unzuverlässigkeit spiegelt die Zurechenbarkeit des Verhaltens und der Tätigkeiten der Mitglieder zu ihrem Verein im Rahmen eines Vereinsverbotes. Während für ein Vereinsverbot das Verhalten der Vereinsmitglieder dem Verein zugerechnet wird, kann als Kehrseite der Medaille das „Verhalten" des Vereins, also dessen Strukturmerkmale, den Vereinsmitgliedern im Rahmen einer Zuverlässigkeitsprognose zugerechnet werden. Auch wenn das Bundesverwaltungsgericht weiter betont, dass sich die Zuverlässigkeitsprognose auf die konkret betroffene Person beziehen muss, ist eine Veränderung in der Auslegung des unbestimmten Rechtsbegriffs der Zuverlässigkeit hinsichtlich eines verstärkten Fokus auf das soziale Umfeld des Antragstellers bzw. Erlaubnisinhabers unter Heranziehung deren Gruppenzugehörigkeit als entscheidendes personenbezogenes Merkmal erkennbar.

A. Einführung ins WaffG

Das Waffengesetz enthält diverse Tatbestände, auf Grundlage derer waffenrechtliche Anordnungen gegen Einzelpersonen erlassen werden können, die mit der Gruppenzugehörigkeit der betroffenen Person begründet werden. Durch die Neuregelung des Waffenrechts Anfang der 2000er Jahre und die nachfolgenden Reformen des Waffengesetzes wurde der Katalog der Unzuverlässigkeitstatbestände in § 5 WaffG kontinuierlich ausgebaut und die Anforderungen an die Voraussetzungen der waffenrechtlichen Unzuverlässigkeit systematisch gesenkt.

Kapitel 10: Weitere Maßnahmen gegen Vereinsmitglieder

I. Die Systematik des WaffG nach 2002

Das Waffenrecht wurde in den vergangenen Jahren vielfach verändert und verschärft. Als Ausgangspunkt dient die umfassende Neuregelung des Waffenrechts,[1] die am 1. April 2003 in Kraft trat und eine gänzlich neue Systematik im Waffenrecht einführte. Die Regeln zur gewerbsmäßigen Herstellung, zum Handel mit Waffen und Munition sowie die damit einhergehende sicherheitstechnische Zulassung, d.h. die Produktsicherheit von Schusswaffen, wurde in ein neues Beschussgesetz überführt. Das Waffengesetz regelt seitdem ausschließlich den privaten Umgang mit Waffen und Munition, also das Führen und Schießen sowie den Erwerb und Besitz von Schusswaffen und Munition.

Das Waffengesetz ist ein traditionell restriktives Recht, sodass folgerichtig der Umgang mit Waffen nach § 1 Abs. 1 WaffG nur unter Berücksichtigung der öffentlichen Sicherheit und Ordnung ermöglicht werden soll. Im Waffengesetz wird zwischen erlaubnisfreien, erlaubnispflichtigen und verbotenen Waffen unterschieden. Eine waffenrechtliche Erlaubnis nach § 2 Abs. 2 WaffG setzt Volljährigkeit, Zuverlässigkeit, persönliche Eignung, Sachkunde, Bedürfnis und Haftpflichtversicherung voraus (vgl. § 4 Abs. 1 WaffG).[2] Sie kann nachträglich zurückgenommen oder widerrufen werden, wenn Tatsachen bekannt werden oder im Nachhinein eintreten, die zur Versagung führen (vgl. § 45 Abs. 1 und Abs. 2 WaffG).

II. Die Regelung der Zuverlässigkeit nach § 5 WaffG

Zentraler Anknüpfungspunkt für die Erteilung sowie für die spätere Rücknahme oder den Widerruf ist das Kriterium der fehlenden Zuverlässigkeit[3] nach § 4 Abs. 1 Nr. 2 Alt. 1 i.V.m. § 5 WaffG. Die Zuverlässigkeit des Antragstellers oder Erlaubnisinhabers ist ein verhaltensbedingtes persönliches Merkmal und wird vermutet, solange

---

[1] Gesetz zur Neuregelung des Waffenrechts (WaffRNeuRegG) vom 11. Oktober 2002, BGBl. 2002 I 3970.

[2] Das Waffengesetz unterscheidet zwischen privaten und gewerblichen Erlaubnisarten. In § 10 WaffG ist die Erlaubnis zum Erwerb und Besitz von Waffen (sog. Waffenbesitzkarte nach Abs. 1), die Erlaubnis zum Erwerb von Munition (sog. Munitionserwerbsschein nach Abs. 3 Satz 2), die Erlaubnis zum Führen einer Waffe (sog. Waffenschein nach Abs. 4 Satz 1) sowie die Erlaubnis zum Schießen (sog. Schießerlaubnisschein nach Abs. 5) geregelt. Darüber hinaus sieht § 13 Abs. 1 WaffG den Jagdschein, § 21 Abs. 1 die Waffenherstellungserlaubnis und die Waffenhandelserlaubnis, § 26 Abs. 1 WaffG die Erlaubnis zur nichtgewerbsmäßigen Waffenbearbeitung und § 32 Abs. 6 WaffG den Europäischen Feuerwaffenpass vor. Ausführlich zur Erlaubnissystematik siehe *Heller/Soschinka u.a.*, Waffenrecht, 4. Aufl. 2020, Rn. 645 ff.; *Gerster*, in: Lisken/Denninger (Hrsg.), Handbuch des Polizeirechts, 7. Aufl. 2021, I. Teil VIII: Waffenrecht, Rn. 603, 605.

[3] Allgemein zur Zuverlässigkeit *Eifert*, JuS 2004, 565; *Schwabenbauer/Kling*, VerwArch 2010, 231.

kein Versagungsgrund nachgewiesen werden kann.[4] Kann ein solcher nachgewiesen werden und besitzt der Antragsteller oder spätere Inhaber die notwendige Zuverlässigkeit nicht oder nicht mehr, ist z. B. nach § 45 WaffG die waffenrechtliche Erlaubnis zurückzunehmen oder zu widerrufen oder nach § 41 WaffG der Waffenbesitz oder -erwerb zu verbieten. Genau wie beim Vereinsverbot[5] besteht auch in diesem Fall kein Ermessen auf Rechtsfolgenseite seitens der Waffenbehörde.[6]

Der Zuverlässigkeitsbegriff in § 5 WaffG gilt für das gesamte Waffengesetz.[7] Die Regelungssystematik der Versagungsgründe sieht zwei Stufen von Unzuverlässigkeit vor. § 5 Abs. 1 WaffG normiert Gründe der *absoluten* Unzuverlässigkeit, d. h. die Unzuverlässigkeit wird unwiderlegbar vermutet, und § 5 Abs. 2 WaffG enthält Gründe, die *in der Regel* zur Unzuverlässigkeit führen.[8] Die Norm nennt eine Vielzahl von Tatbeständen, durch die der unbestimmte Rechtsbegriff der Unzuverlässigkeit konkretisiert wird und nach denen die Regelvermutung der Zuverlässigkeit durch die Waffenbehörde widerlegt werden kann.[9] Die für Vereinsmitglieder relevanten Varianten sind § 5 Abs. 2 Nr. 2 lit. a) WaffG, § 5 Abs. 1 Nr. 2 WaffG und § 5 Abs. 2 Nr. 3 WaffG.

1. Regelunzuverlässigkeit bei Mitgliedschaft in einem verbotenen Verein

§ 5 Abs. 2 Nr. 2 lit. a) WaffG knüpft zur Versagung der Zuverlässigkeit an Vereinsverbote an:

„Die erforderliche Zuverlässigkeit besitzen in der Regel Personen nicht, die Mitglied in einem Verein, der nach dem Vereinsgesetz als Organisation unanfechtbar verboten wurde oder der einem unanfechtbaren Betätigungsverbot nach dem Vereinsgesetz unterliegt, waren, wenn seit Beendigung der Mitgliedschaft zehn Jahre noch nicht verstrichen sind."

Mitglieder eines verbotenen Vereins besitzen regelmäßig nicht die erforderliche Zuverlässigkeit für eine waffenrechtliche Erlaubnis. Dieser Versagungsgrund adressiert vor allem Mitglieder von Rockervereinen, rechtsextremistischen oder islamis-

---

[4] *Gerster*, in: Lisken/Denninger (Hrsg.), Handbuch des Polizeirechts, 7. Aufl. 2021, I. Teil VIII: Waffenrecht, Rn. 618 ff.; *König/Papsthart*, in: König/Papsthart (Hrsg.), Waffengesetz, 2. Aufl. 2012, § 5, Rn. 2.

[5] Siehe dazu Erster Teil Kapitel 3 C. IV. 2. b).

[6] OVG Rheinland-Pfalz, Urteil vom 28.06.2018 – 7 A 11748/17, juris, Rn. 26; *Gade*, in: Gade (Hrsg.), Waffengesetz, 3. Aufl. 2022, § 5, Rn. 1; *Papsthart*, in: Steindorf (Hrsg.), Waffenrecht, 11. Aufl. 2022, § 5, Rn. 12.

[7] *Brunner*, in: Adolph/Brunner u. a., Waffenrecht, 82. EL Oktober 2019, § 5, Rn. 9.

[8] Allgemein zur Auslegung des Tatbestands in § 5 WaffG siehe *König/Papsthart*, in: König/Papsthart (Hrsg.), Waffengesetz, 2. Aufl. 2012, § 5, Rn. 2; *Gerster*, in: Lisken/Denninger (Hrsg.), Handbuch des Polizeirechts, 7. Aufl. 2021, I. Teil VIII: Waffenrecht, Rn. 619 f.; für die Auslegung des § 5 Abs. 1 WaffG siehe *Gade*, in: Gade (Hrsg.), Waffengesetz, 3. Aufl. 2022, § 5, Rn. 2 ff., 18; *Heller/Soschinka u. a.*, Waffenrecht, 4. Aufl. 2020, Rn. 758d, 760; für die Auslegung des § 5 Abs. 2 WaffG siehe BVerwG, DÖV 2008, 922; *Liebler*, jurisPR-BVerwG 24/2008 Anm. 5, B.

[9] *Brunner*, in: Adolph/Brunner u. a., Waffenrecht, 82. EL Oktober 2019, § 5, Rn. 4, 11.

tisch-extremistischen Vereinen, die verboten wurden.[10] Das VG Hamburg bestätigte die gegen ein ehemaliges Mitglied des 2011 verbotenen rechtsextremistischen Vereins „Hilfsorganisation für nationale politische Gefangene und deren Angehörige e.V."[11] verfügte Untersagung, tatsächliche Gewalt über Waffen auszuüben, diese zu erwerben sowie den Widerruf aller waffenrechtlichen Erlaubnisse.[12] Die Vermutung der Unzuverlässigkeit wurde mit der dreijährigen Vereinsmitgliedschaft begründet. Ein Ausnahmefall zur Regelvermutung, etwa dass sich der Erlaubnisinhaber schon vor dem Verbot aktiv und sichtbar für Dritte gegen den Verein, dessen Ziele und Tätigkeiten ausspracht, lag nicht vor.[13]

2. Absolute Unzuverlässigkeit bei negativer Verhaltensprognose

Ein neuer durch die Rechtsprechung entwickelter Weg, der aus einer Vereinszugehörigkeit von Einzelpersonen deren waffenrechtliche Unzuverlässigkeit ableitet, setzt bei der Generalklausel der Zuverlässigkeitsprüfung nach § 5 Abs. 1 Nr. 2 lit. a) und c) WaffG an:[14]

„Die erforderliche Zuverlässigkeit besitzen Personen nicht, bei denen Tatsachen die Annahme rechtfertigen, dass sie
a) Waffen oder Munition missbräuchlich oder leichtfertig verwenden werden,
b) [...],
c) Waffen oder Munition Personen überlassen werden, die zur Ausübung der tatsächlichen Gewalt über diese Gegenstände nicht berechtigt sind."

Die Regelung in § 5 Abs. 1 Nr. 2 WaffG verlangt zur Feststellung der Unzuverlässigkeit die Aufstellung einer Verhaltensprognose, nach der bei verständiger Würdigung aller objektivierbaren Umstände und Ereignisse eine gewisse Wahrscheinlichkeit bestehen muss, dass der Antragsteller oder Erlaubnisinhaber in seinem zukünftigen Umgang mit Waffen nicht (mehr) vertrauenswürdig ist.[15] Die Konkretisierung unter Buchstabe a) knüpft dabei an das Verhalten des Antragstellers selbst an, Buchstabe c) an das Verhalten Dritter.

3. Regelunzuverlässigkeit bei verfassungsfeindlicher Betätigung

Nach § 5 Abs. 2 Nr. 3 WaffG führen individuelle oder kollektive verfassungsfeindliche Bestrebungen zur waffenrechtlichen Unzuverlässigkeit:[16]

---

[10] BT Drs. 14/7758, S. 54; *Papsthart*, in: Steindorf (Hrsg.), Waffenrecht, 11. Aufl. 2022, § 5, Rn. 47.
[11] BVerwG, NVwZ 2013, 870.
[12] VG Hamburg, Urteil vom 10.06.2013 – 4 K 647/13, GewArch 2014, 357 (357).
[13] VG Hamburg, Urteil vom 10.06.2013 – 4 K 647/13, GewArch 2014, 357 (358).
[14] *Gade*, in: Gade (Hrsg.), Waffengesetz, 3. Aufl. 2022, § 5, Rn. 11a.
[15] BT Drs. 14/7758, S. 54.
[16] *Beaucamp*, DÖV 2018, 709 mit Zweifeln an der Verfassungsmäßigkeit dieses Unzuverlässigkeitstatbestands.

A. Einführung ins WaffG

„Die erforderliche Zuverlässigkeit besitzen in der Regel Personen nicht, *bei denen Tatsachen die Annahme rechtfertigen* [Änderung aus zweitem Änderungsgesetz[17]], dass sie in den letzten fünf Jahren
a) Bestrebungen einzeln verfolgt haben, die
   aa) gegen die verfassungsmäßige Ordnung gerichtet sind,
   bb) gegen den Gedanken der Völkerverständigung, insbesondere gegen das friedliche Zusammenleben der Völker, gerichtet sind oder
   cc) *durch Anwendung von Gewalt oder darauf gerichtete Vorbereitungshandlungen auswärtige Belange der Bundesrepublik Deutschland gefährden,* [Änderung aus erstem Änderungsgesetz[18]]
b) *Mitglied in einer Vereinigung waren, die solche Bestrebungen verfolgt oder verfolgt hat* [Änderung aus drittem Änderungsgesetz[19]], oder
c) eine solche Vereinigung *unterstützt* haben." [Änderung aus erstem Änderungsgesetz[20]]

Die Unzuverlässigkeitstatbestände in § 5 WaffG wurden bereits durch die Neuregelung des Waffengesetzes verschärft.[21] Daraufhin folgten drei weitere Änderungsgesetze, in denen die Tatbestände und insbesondere § 5 Abs. 2 Nr. 3 WaffG wiederum zugunsten der öffentlichen Sicherheit und Ordnung angepasst wurden.

Im *ersten Änderungsgesetz*[22] wurden die Anforderungen an das Verhalten des Antragstellers herabgesetzt. Nicht erst die Verfolgung verfassungsfeindlicher Bestrebungen, sondern auch die Unterstützung dieser sollte zur waffenrechtlichen Unzuverlässigkeit führen können. Zudem konnte waffenrechtlich bedenkliches Verhalten durch Aufnahme des Buchstaben cc) nun auch bei Gefährdung der auswärtigen Belange Deutschlands angenommen werden.[23]

Im *zweiten Änderungsgesetz*,[24] welches am 7. Juli 2017 in Kraft trat, wurden der Normtatbestand in § 5 Abs. 2 Nr. 3 WaffG um den Zusatz „bei denen Tatsachen die Annahme rechtfertigen, dass" ergänzt und die Anforderungen an die Annahme der Unzuverlässigkeit abgesenkt.[25] Damit wandte sich der Gesetzgeber von dem Erfordernis ab, dass tatsächlich verfassungsfeindliche Bestrebungen verfolgt oder unterstützt werden müssen und wählte einen risikointoleranteren Ansatz, um den Schutz

---

[17] Zweites Gesetz zur Änderung des Waffengesetzes und weiterer Vorschriften (2. WaffRÄndG) vom 30. Juni 2017, BGBl. 2017 I 2133.

[18] Gesetz zur Änderung des Waffengesetzes und weiterer Vorschriften (WaffRÄndG) vom 26. März 2008, BGBl. 2008 I 426.

[19] Drittes Gesetz zur Änderung des Waffengesetzes und weiterer Vorschriften (3. WaffRÄndG) vom 17. Februar 2020, BGBl. 2020 I 166.

[20] Gesetz zur Änderung des Waffengesetzes und weiterer Vorschriften (WaffRÄndG) vom 26. März 2008, BGBl. 2008 I 426.

[21] BT Drs. 14/7758, S. 50.

[22] Gesetz zur Änderung des Waffengesetzes und weiterer Vorschriften (WaffRÄndG) vom 26. März 2008, BGBl. 2008 I 426.

[23] BT Drs. 16/7717, S. 5, 19.

[24] Zweites Gesetz zur Änderung des Waffengesetzes und weiterer Vorschriften (2. WaffRÄndG) vom 30. Juni 2017, BGBl. 2017 I 2133.

[25] BT Drs. 18/12397, S. 5.

der Allgemeinheit erhöhen zu können. Bereits ein tatsachenbegründeter Verdacht bzw. bloße Zuverlässigkeitszweifel sollte erlaubnisschädlich sein, um dem Schutzzweck des Waffenrechts, also keine Risiken durch Waffenbesitz in Kauf nehmen zu müssen, gerecht zu werden.[26]

Auch das *dritte Änderungsgesetz*,[27] welches im Oktober 2019 durch die Bundesregierung in das parlamentarische Gesetzgebungsverfahren eingebracht[28] und am 13. Dezember 2019 in der Fassung der Beschlussempfehlung[29] des Ausschusses für Inneres und Heimat in zweiter und dritter Lesung angenommen wurde, wurde genutzt, um eine Regelungslücke zu schließen und die Anwendbarkeit des Unzuverlässigkeitstatbestands auszuweiten.[30] Nach der Vorgängerregelung wurden Personen in der Regel für unzuverlässig gehalten, wenn Tatsachen die Annahme rechtfertigten, dass sie (einzeln oder als Mitglied einer Vereinigung) verfassungsfeindliche Bestrebungen verfolgten oder unterstützten. Nicht umfasst war die Variante, dass die in Rede stehende Person zwar Mitglied eines verfassungsfeindlichen (nicht verbotenen) Vereins ist, ihr aber keine konkreten Aktivitäten nachgewiesen werden konnten. Mit der Neuregelung in Buchstabe b) führte nun bereits allein die Mitgliedschaft in einem verfassungsfeindlichen Verein zur Regelunzuverlässigkeit.[31]

Das Änderungsgesetz erweiterte zudem den Unzuverlässigkeitstatbestand an anderer Stelle: Im Rahmen des Gesetzgebungsverfahrens schlug der Bundesrat eine Verschärfung des Unzuverlässigkeitstatbestands wegen verfassungsfeindlicher Bestrebungen vor, nach der es für die Tatbestandserfüllung der Unzuverlässigkeit genügen sollte, dass der Betroffene als Extremist bei einer Verfassungsschutzbehörde abgespeichert wurde.[32] Der Vorschlag fand Anklang, auch wenn er nicht wie geplant in

---

[26] BT Drs. 18/12397, S. 13.
[27] Drittes Gesetz zur Änderung des Waffengesetzes und weiterer Vorschriften (3. WaffRÄndG) vom 17. Februar 2020, BGBl. 2020 I 166.
[28] BT Drs. 19/13839.
[29] BT Drs. 19/15875.
[30] Fassung bis zur Neuregelung vom 17. Februar 2020: „Die erforderliche Zuverlässigkeit besitzen in der Regel Personen nicht, bei denen Tatsachen die Annahme rechtfertigen, dass sie einzeln oder als Mitglied einer Vereinigung Bestrebungen verfolgen oder unterstützen oder in den letzten fünf Jahren verfolgt oder unterstützt haben, die
a) gegen die verfassungsmäßige Ordnung oder
b) gegen den Gedanken der Völkerverständigung, insbesondere gegen das friedliche Zusammenleben der Völker, gerichtet sind, oder
c) durch Anwendung von Gewalt oder darauf gerichtete Vorbereitungshandlungen auswärtige Belange der Bundesrepublik Deutschland gefährden."
[31] BT Drs. 19/15875, S. 36.
[32] BT Drs. 19/13839, S. 129; der Formulierungsvorschlag in einem neuen § 5 Abs. 2 Nr. 3 lit. a) WaffG lautete: „Die erforderliche Zuverlässigkeit besitzen in der Regel Personen nicht, über die personenbezogene Daten zur Erfüllung der Aufgaben der Verfassungsschutzbehörden von Bund und Ländern nach § 3 Absatz 1 und § 10 Absatz 1 Nummer 1 des Bundesverfassungsschutzgesetzes oder aufgrund entsprechender landesgesetzlicher Vorschriften durch die Verfassungsschutzbehörden des Bundes oder der Länder gespeichert sind."

einem neuen § 5 Abs. 2 Nr. 3 lit. a) WaffG, sondern abgewandelt in § 5 Abs. 5 Satz 1 Nr. 4 WaffG aufgenommen wurde. Demnach hat die zuständige Waffenbehörde bei jeder Zuverlässigkeitsprüfung eine Regelanfrage bei der zuständigen Verfassungsschutzbehörde zu stellen:

„Die zuständige Behörde hat im Rahmen der Zuverlässigkeitsprüfung folgende Erkundigungen einzuholen: 4. die Auskunft der für den Wohnsitz der betroffenen Person zuständigen Verfassungsschutzbehörde, ob Tatsachen bekannt sind, die Bedenken gegen die Zuverlässigkeit nach Absatz 2 Nummer 2 und 3 begründen; liegt der Wohnsitz der betroffenen Person außerhalb des Geltungsbereichs dieses Gesetzes, ist das Bundesamt für Verfassungsschutz für die Erteilung der Auskunft zuständig."[33]

Der neue § 5 Abs. 5 Satz 3 WaffG führt zusätzlich eine Nachberichtspflicht ein, d. h. dass die Verfassungsschutzbehörden auch nachträglich erlangte Kenntnisse an die Waffenbehörden weiterleiten müssen, damit die erteilte Waffenerlaubnis gegebenenfalls zurückgenommen oder widerrufen werden kann.[34]

B. Der Entzug waffenrechtlicher Erlaubnisse wegen Vereinsmitgliedschaft

Der Entzug von Waffenscheinen wegen der Zugehörigkeit zu einem gewaltbereiten Verein dient der Erweiterung des Instrumentenkastens im Umgang mit Bedrohungspotentialen durch Vereinigungen. Sowohl Mitgliedern von Rockervereinen als auch Anhängern der islamistisch-extremistischen Szene wird aufgrund ihrer Zugehörigkeit zu einer Gruppe oder Bewegung die waffenrechtliche Zuverlässigkeit abgesprochen. Mitgliedern oder Unterstützern von Rockervereinen, die den sog. Outlaw Motorcycle Gangs zugerechnet werden, wird ihre waffenrechtliche Zuverlässigkeit nach dem absoluten Unzuverlässigkeitstatbestand gem. § 5 Abs. 1 WaffG abgesprochen. Anhänger islamistisch-extremistischer Vereine können regelunzuverlässig nach § 5 Abs. 2 Nr. 3 WaffG sein.

I. Absolute Unzuverlässigkeit bei Mitgliedschaft in Rockerverein

Zunächst wurde die waffenrechtliche Unzuverlässigkeit mit der Gruppenzugehörigkeit und dem Ausüben einer zentralen Funktion im Verein begründet. In der Weiterentwicklung dieser Rechtsprechung wurde das Kriterium der Amtsausübung fallen gelassen. Zur Feststellung der waffenrechtlichen Unzuverlässigkeit genügt mittlerweile allein die Mitgliedschaft in einem Rockerverein, solange ein Kausalzusammenhang zwischen der waffenrechtlichen Unzuverlässigkeit und Gruppenzugehörig-

---

[33] BGBl. 2020 I 166 (167).
[34] BT Drs. 19/15875, S. 37.

keit nachgewiesen werden kann. Diese weite Auslegung des Tatbestands des § 5 WaffG ist zur Wahrung der Belange des Waffengesetzes geboten.

1. Unzuverlässigkeit bei Ausübung eines Amtes

Der Bayerische Verwaltungsgerichtshof erließ 2013 parallel vier Entscheidungen, in denen Mitgliedern von Rockervereinen, die eine herausgehobene Stellung innehatten, ihre waffenrechtlichen Erlaubnisse wegen absoluter Unzuverlässigkeit nach § 5 Abs. 1 Nr. 2 lit. a) und lit. c) WaffG entzogen wurden. Damit bestätigte das Gericht die Verwaltungspraxis der bayerischen Waffenbehörden.[35] Im Einzelnen waren der Präsident des Bandidos MC Regensburg,[36] der Präsident des Bandidos MC Passau,[37] der Vizepräsident des Bandidos MC Passau[38] und der Präsident des Gremium MC Bamberg[39] betroffen.

Für die Prognoseentscheidung ließ der Bayerische Verwaltungsgerichtshof eine hinreichende, auf Lebenserfahrung beruhende Bewertung konkreter Tatsachen genügen. Tatsachen müssen die plausible Annahme rechtfertigen, dass der Betroffene in Zukunft Waffen oder Munition missbräuchlich oder leichtfertig verwendet (§ 5 Abs. 1 Nr. 2 lit. a) WaffG) oder er Waffen oder Munition Personen überlässt, die zur Ausübung der tatsächlichen Gewalt über diese Gegenstände nicht berechtigt sind (§ 5 Abs. 1 Nr. 2 lit. c) WaffG). Ein unverantwortlicher Umgang ist zu bejahen, wenn mangelndes Potential für gewaltfreie Konfliktlösungen festgestellt werden kann. Dazu genügen eine aggressive Grundhaltung und Auftritte in Gruppen, von denen Gewalt ausgeht.[40] Der Bayerische Verwaltungsgerichtshof zieht zur Bewertung Erkenntnisse über die Rockerbewegungen Bandidos MC, Hells Angels MC und Gremium MC sowie allgemein über die Organisierte Kriminalität heran.[41] Personen, die sich regelmäßig in einem Milieu bewegen, in dem Straftaten begangen werden und deren Ortsgruppe Teil eines weltweit agierenden Netzwerks ist, können keine positive waffenrechtliche Prognose erwarten.[42]

---

[35] *Unkroth*, KommP BY 2014, 18 (19 f.).
[36] BayVGH, Urteil vom 10.10.2013 – 21 BV 12.1280, juris, Rn. 61; VG Regensburg, Urteil vom 08.05.2012 – RN 4 K 12.156, BeckRS 2015, 42571.
[37] BayVGH, Urteil vom 10.10.2013 – 21 B 12.964, juris.
[38] BayVGH, Urteil vom 10.10.2013 – 21 B 12.960, juris.
[39] Später auch Präsident des Gremium MC Nürnberg, VGH München, Urteil vom 10.10.2013 – 21 BV 13.429, juris, Rn. 33.
[40] BayVGH, Urteil vom 10.10.2013 – 21 BV 12.1280, juris, Rn. 27, 29; BayVGH, Urteil vom 10.10.2013 – 21 B 12.964, juris, Rn. 18, 20; BayVGH, Urteil vom 10.10.2013 – 21 B 12.960, juris, Rn. 28, 30; VGH München, Urteil vom 10.10.2013 – 21 BV 13.429, juris, Rn. 30, 32.
[41] BayVGH, Urteil vom 10.10.2013 – 21 BV 12.1280, juris, Rn. 31; BayVGH, Urteil vom 10.10.2013 – 21 B 12.964, juris, Rn. 22; BayVGH, Urteil vom 10.10.2013 – 21 B 12.960, juris, Rn. 32; VGH München, Urteil vom 10.10.2013 – 21 BV 13.429, juris, Rn. 34.
[42] BayVGH, Urteil vom 10.10.2013 – 21 BV 12.1280, juris, Rn. 61, 67 f.; BayVGH, Urteil vom 10.10.2013 – 21 B 12.964, juris, Rn. 48, 56 f.; BayVGH, Urteil vom 10.10.2013 – 21 B

Mit den Entscheidungen wurden erstmals waffenrechtliche Erlaubnisse wegen absoluter Unzuverlässigkeit nach § 5 Abs. 1 Nr. 2 lit. a) und lit. c) WaffG entzogen, die allein mit der Gruppenzugehörigkeit und einer zentralen Funktion des Betroffenen in seinem Verein begründet wurden.

2. Kausalzusammenhang zwischen Unzuverlässigkeit und Mitgliedschaft

Das Bundesverwaltungsgericht bestätigte die Entscheidung des Bayerischen Verwaltungsgerichtshofs zum Widerruf der Waffenbesitzkarte des Präsidenten des Bandidos MC Regensburg. Nicht die herausgehobene Stellung als Funktionsträger, sondern bereits die Mitgliedschaft in einem Rockerverein rechtfertige die Annahme der waffenrechtlichen Unzuverlässigkeit.[43] Die Gruppenzugehörigkeit sei als personenbezogenes Merkmal ein relevanter Aspekt, der zur waffenrechtlichen Unzuverlässigkeit führen könne, wenn zwischen der waffenrechtlichen Unzuverlässigkeit und der Gruppenzugehörigkeit eine kausale Verbindung bestünde.[44] Zur Abgrenzung von Verhaltensweisen, die regelmäßig innerhalb einer Gruppierung vorkommen, für die waffenrechtliche Bewertung aber irrelevant seien, müssten in der Gruppierung bestimmte Strukturmerkmale gegeben sein. Denn gerade die Zugehörigkeit zu dieser Gruppe müsse der Prognose Rechnung tragen, dass der Betroffene künftig unzuverlässig mit Waffen umgehen werde.[45]

Infolge dieser zentralen Leitentscheidung verkündete der bayerische Innenminister *Joachim Herrmann*, dass allen Mitgliedern der in den Urteilen aufgezählten sog. Outlaw Motorcycle Gangs die waffenrechtlichen Erlaubnisse entzogen oder neue Anträge abgelehnt werden. Das betrifft laut der Pressemitteilung vor allem die Mitglieder des Hells Angels MC, Bandidos MC, Gremium MC und Trust MC.[46] Der baden-württembergische Innenminister *Reinhold Gall* zog nach und kündigte ebenfalls an, allen Mitgliedern von Rockerbewegungen die Waffenbesitzerlaubniskarten

---

12.960, juris, Rn. 58, 67 f.; VGH München, Urteil vom 10.10.2013 – 21 BV 13.429, juris, Rn. 59, 64 f.

[43] BVerwG, NJW 2015, 3594 (3595); schon kritisch *Unkroth*, KommP BY 2014, 18 (21).

[44] Zustimmend *Brunner*, in: Adolph/Brunner u. a., Waffenrecht, 82. EL Oktober 2019, § 5, Rn. 33; *Gade*, in: Gade (Hrsg.), Waffengesetz, 3. Aufl. 2022, § 5, Rn. 11a; *Spitzlei/Hautkappe*, DÖV 2018, 973 (976); kritisch dazu *Albrecht*, NJOZ 2015, 1473 (1476), der die Prognose, dass die Zugehörigkeit zu einer Gruppe für die Annahme der Unzuverlässigkeit ausreiche, für „*hochgradig unseriös*" hält.

[45] BVerwG, NJW 2015, 3594 (3595); Anm. zur Entscheidung bei *Unkroth*, KommP BY 2015, 299 (300 f.); *W. Neumann*, jurisPR-BVerwG 13/2015 Anm. 5.

[46] *Herrmann*, Mitglieder von Rockerclubs erhalten keine Waffenerlaubnisse mehr, 28.01.2015, abrufbar unter https://www.stmi.bayern.de/med/pressemitteilungen/pressearchiv/2015/33/index.php (zuletzt abgerufen am 15.03.2023).

und die Waffenscheine entziehen zu wollen.[47] Auch in Niedersachsen wurden daraufhin Waffenverbotsverfahren geprüft.[48]

Daran schloss sich wiederum eine lange Reihe verwaltungsgerichtlicher Entscheidungen an, die die Argumentationslinien des Bayerischen Verwaltungsgerichtshofs und des Bundesverwaltungsgerichts verstetigten, konkretisierten und weiterentwickelten.

Für die Erstellung der Prognose sind der Gesetzeszweck des Waffengesetzes sowie die individuellen Verhaltenspotentiale entscheidend. Das Waffengesetz regelt gemäß § 1 Abs. 1 WaffG den Umgang mit Waffen oder Munition unter Berücksichtigung der Belange der öffentlichen Sicherheit und Ordnung. Es zielt darauf ab, jedes mit dem Waffenbesitz verbundene Sicherheitsrisiko für das Leben und die Gesundheit von Menschen möglichst gering zu halten (sog. bereits risikovermeidender Ansatz[49]). Missbräuchlichen Umgang mit Waffen gilt es einzudämmen und die Bevölkerung vor den Folgen einer nicht ordnungsgemäßen Verwendung zu schützen.[50]

Zur Bestimmung der Unzuverlässigkeit kommt es maßgeblich auf das individuelle Verhalten des Betroffenen an, auch wenn dieses durchaus durch sein soziales Umfeld mitbestimmt wird. Der Bewertung der Verhaltenspotentiale wird ein herabgesetzter Wahrscheinlichkeitsmaßstab zugrunde gelegt.[51] Es genügt die *hinreichende*, auf Lebenserfahrung beruhende Wahrscheinlichkeit, dass der Waffeninhaber oder Antragsteller zukünftig regelwidrig mit Waffen umgeht. Eines konkreten Nachweises, dass der Betroffene mit an Sicherheit grenzender Wahrscheinlichkeit ein solches Verhalten verwirklichen wird, bedarf es nicht.[52] Erst recht muss auch noch kein Fehlverhalten tatsächlich verwirklicht worden sein. Nach dem Gebot der Risikominimierung als Ausdruck der präventiven Gefahrenvorsorge muss kein Restrisiko hingenommen werden.[53]

Trotz eines solchen niedrigen Bewertungsmaßstabs ist die Prognose an konkreten Tatsachen zu messen. Prognoseentscheidungen sind auf der Grundlage einer tatsachenorientierten Prognosebasis zu treffen. Weist der Verein bestimmte Strukturmerkmale auf, z. B. kann der Rockerclub als sog. Outlaw Motorcycle Gang bzw. Oneper-

---

[47] *Redaktion beck-aktuell*, Baden-Württemberg will allen Rockerbanden Waffen entziehen, becklink 2000429, 1. Juli 2015.
[48] *Rocker Blog*, NOZ vom 02.07.2015, veröffentlicht unter https://www.rocker-blog.to/tag/kriminelle-rockergruppen/ (zuletzt abgerufen am 15.03.2023).
[49] BT Drs. 19/15875, S. 36.
[50] BT-Drs. 14/7758, S. 1; OVG Rheinland-Pfalz, Urteil vom 28.06.2018 – 7 A 11748/17, juris, Rn. 29; HessVGH, Urteil vom 07.12.2017 – 4 A 814/17, juris, Rn. 32; VG Hamburg, Urteil vom 10.06.2013 – 4 K 647/13, GewArch 2014, 357 (358); *Gade*, jM 2018, 467 (473); *Stenger/Bertolini*, Kriminalistik 2018, 588 (592).
[51] OVG Rheinland-Pfalz, Urteil vom 28.06.2018 – 7 A 11748/17, juris, Rn. 29.
[52] BVerwG, NJW 2015, 3594 (3595); VG Düsseldorf, Urteil vom 12.10.2016 – 22 K 2135/15, juris, Rn. 32.
[53] VG Ansbach, Urteil vom 13.08.2019 – AN 16 K 18.01864, juris, Rn. 37; VG Karlsruhe, Urteil vom 18.10.2018 – 12 K 6041/17, juris, Rn. 19; *Gade*, jM 2018, 467 (473).

center[54] eingeordnet werden, ist die Annahme gerechtfertigt, dass sich das Vereinsmitglied zukünftig waffenrechtlich unzuverlässig verhält.[55] Zentrale Merkmale von Rockerbewegungen, die diese insbesondere von anderen Vereinen, Gruppierungen und Sportgruppen unterscheiden, sind der streng hierarchische Aufbau, die internen Regeln und der Ehrenkodex, der hohe Loyalitätsdruck und die Gehorsamspflicht, die starke Kameradschaft und Verbundenheit sowie das restriktive jahrelange Aufnahmeverfahren. In den Rockerclubs gibt es eine ausgeprägte Waffenaffinität und Tradition zur Bewaffnung, sodass es üblich ist, dass in den Vereinsheimen Waffenarsenale zur Abwehr von Übergriffen durch rivalisierende Rockervereine vorgehalten werden.[56] Des Weiteren ist die Praxis der gewaltsamen Austragung von Gebiets- und Konkurrenzkämpfen mit rivalisierenden Rockerbewegungen, die Nähe einzelner Mitglieder zur Organisierten Kriminalität[57], die Tendenz zur vereinsübergreifenden Unterstützung aufgrund der bundesweiten Vernetzung der einzelnen Vereine in einer übergeordneten Struktur sowie eine geringe Bereitschaft zur Zusammenarbeit mit der Polizei und Strafverfolgungsbehörden für die Rockerclubs charakteristisch.[58] Die Tatsachenfeststellung muss sich von pauschalen Annahmen, Spekulationen und hypothetischen Erwägungen unterscheiden. Lediglich auf kriminalistische Alltagserfahrung gestützte, einzelfallunabhängige Vermutungen reichen zur Begründung nicht aus.[59]

Ist der Beitritt in einen Verein freiwillig, ist davon auszugehen, dass das Vereinsmitglied sich an die Gruppe bindet, weil er mit deren Zielsetzung, Idealen, Werten und durch die Satzung gegebenen Regeln einverstanden ist.[60] Auch wenn der Betroffene bisher strafrechtlich nicht in Erscheinung getreten ist, ist davon auszuge-

---

[54] Zu den Begrifflichkeiten siehe Glossar.
[55] BVerwG, NJW 2015, 3594 (3595).
[56] *Bley*, Rockerkriminalität, 2014, S. 57 ff.
[57] Als typische Deliktsfelder werden Aktivitäten im Rotlichtmilieu, Betäubungsmitteldelikte und Kapitaldelikte benannt, vgl. BayVGH, Urteil vom 10.10.2013 – 21 BV 12.1280, juris, Rn. 45, aber auch *BKA*, Organisierte Kriminalität, Bundeslagebild 2018, August 2019, S. 20 f.; *Unkroth*, KommP BY 2014, 18 (18).
[58] BVerwG, NJW 2015, 3594 (3595); OVG Rheinland-Pfalz, Urteil vom 28.06.2018 – 7 A 11748/17, juris, Rn. 37; BayVGH, Urteil vom 10.10.2013 – 21 BV 12.1280, juris, Rn. 33, 36, 43 f., 52; BayVGH, Urteil vom 10.10.2013 – 21 B 12.964, juris, Rn. 24, 27, 34 f., 43; BayVGH, Urteil vom 10.10.2013 – 21 B 12.960, juris, Rn. 34, 37, 44 f., 53; VGH München, Urteil vom 10.10.2013 – 21 BV 13.429, juris, Rn. 36, 46 f., 54, 58; siehe auch u. v. VG Karlsruhe, Beschluss vom 14.03.2016 – 4 K 5120/15, juris; VG Ansbach, Beschluss vom 26.01.2016 – AN 14 S 14.01102, juris, Rn. 18; VG München, Urteil vom 13.01.2016 – M 7 K 14.4728, juris, Rn. 22 f.; siehe auch *Mörsel*, Kriminalistik 2018, 594; *Prondzinksi*, DPolBl 2015, 18; *Spitzlei/Hautkappe*, DÖV 2018, 973 (974); *Stenger/Bertolini*, Kriminalistik 2018, 588 (588).
[59] BVerfGE 103, 142 (142); kritisch zur Erkenntnisfindung in der Tatsachenfeststellung siehe *Albrecht*, Kriminalistik 2018, 357 (357 f.); *Braun*, DPolBl. 2015, 32 (33 f.); deutliche Stellungnahmen gegen Albrecht siehe *Mörsel*, Kriminalistik 2018, 594; *Stenger/Bertolini*, Kriminalistik 2018, 588 (589).
[60] OVG Rheinland-Pfalz, Urteil vom 28.06.2018 – 7 A 11748/17, juris, Rn. 33; VG Karlsruhe, Urteil vom 18.10.2018 – 12 K 6041/17, juris, Rn. 21.

hen, dass er sich gegen die wesensimmanenten Tendenzen seines Vereins im Zweifel nicht erwehren kann.[61] Die kausale Verbindung liegt demnach in den durch die Strukturmerkmale des Vereins bedingten Konsequenzen, dass sich der Betroffene im Zweifel nicht gegen vereinstypische Praxen stellen kann und damit zukünftig wahrscheinlich waffenrechtlich unzuverlässig handelt.

Eine waffenrechtliche Unzuverlässigkeit ist anzunehmen, wenn der Betroffene Mitglied in einer Gruppe bzw. einem Verein ist, dessen charakteristischen Strukturmerkmale dazu führen können, dass er in Zukunft aufgrund seiner Mitgliedschaft regelwidrig mit Waffen umgehen wird.

3. Keine restriktive Auslegung waffenrechtlicher Tatbestandsmerkmale

Zur Wahrung der Verhältnismäßigkeit ist im Unterschied zu der Auslegung der vereinsrechtlichen Verbotsgründe[62] eine restriktive Auslegung der waffenrechtlichen Tatbestandsmerkmale nicht geboten. Alle Versuche seitens der Kläger oder der Verwaltungsgerichte, die Auslegung des waffenrechtlichen Unzuverlässigkeitsbegriffs zu verengen, schlugen fehl.[63]

Der Kläger in dem der Entscheidung vom VG München vom 13. Januar 2016 zugrundeliegenden Verfahren rügt die Verletzung seiner Vereinigungsfreiheit. Dass er durch den Bescheid zum Entzug seines Waffenscheins faktisch zum Austritt aus seinem Verein gezwungen werde, widerspreche dem Grundsatz der Verhältnismäßigkeit. Zur Wahrung dessen sei es zumindest geboten, dass er vor Entzug des Waffenscheins die Möglichkeit des freiwilligen Austritts erhalte.[64] Das VG München setzte sich mit dieser Rüge nicht auseinander. Im Übrigen scheint das Argument auch nicht plausibel, da der Kläger vor dem Widerruf angehört wurde. Es bestätigte, wie bisher alle anderen Verwaltungsgerichte,[65] mit Ausnahme des VG

---

[61] BVerwG, NJW 2015, 3594 (3595).

[62] Siehe zur Auslegung der vereinsrechtlichen Verbotsgründe Erster Teil Kapitel 3 C. IV. 2. b).

[63] Kritisch dazu *Albrecht*, der in der Gruppenzugehörigkeit als Prognosegrundlage die Schwelle zu einer möglichen Diskriminierung und Stigmatisierung überschritten sieht, vgl. *Albrecht*, NJOZ 2015, 1473 (1479) sowie *Braun*, der in der Summe der grundrechtsverkürzenden Maßnahmen gegen strafrechtlich unbelastete Anhänger nicht verbotener Vereine in Bezug auf deren Vereinigungsfreiheit ein grundlegendes verfassungsrechtliches Dilemma erkennt. Solche Eingriffe seien nur zu rechtfertigen, wenn das kriminelle Verhalten von Schwestervereinen dem betroffenen Verein zugerechnet werden kann, vgl. *Braun*, DPolBl. 2015, 32 (34).

[64] VG München, Urteil vom 13.01.2016 – M 7 K 14.4728, juris, Rn. 6.

[65] OVG Rheinland-Pfalz, Urteil vom 28.06.2018 – 7 A 11748/17, juris; BayVGH, Beschluss vom 01.03.2018 – 21 ZB 16.754, juris; HessVGH, Urteil vom 07.12.2017 – 4 A 814/17, juris; BayVGH, Beschluss vom 29.03.2017 – 21 CS 16.2322, juris; OVG Rheinland-Pfalz, Beschluss vom 27.11.2015 – 7 B 10844, BeckRS 2015, 55459; VG Ansbach, Urteil vom 13.08.2019 – AN 16 K 18.01864, juris; VG Freiburg, Urteil vom 02.07.2019 – 3 K 5562/18, juris; VG Stuttgart, Urteil vom 25.06.2019 – 5 K 5926/16, juris; VG Karlsruhe, Urteil vom 13.12.2018 – 12 K 5670/16, juris; VG Karlsruhe, Urteil vom 18.10.2018 – 12 K 6041/17, juris;

Frankfurt,[66] die Lesart des Bayerischen Verwaltungsgerichtshof und des Bundesverwaltungsgerichts.

Das VG Frankfurt urteilte erstmalig und als einziges Gericht zugunsten des Klägers und stufte den Widerruf des Waffenscheins des Vizepräsidenten des Outlaws MC Friedberg als rechtswidrig ein.[67] Die Annahmen, die nach den Urteilen des Bayerischen Verwaltungsgerichtshofs für Bandidos MC und Gremiums MC gälten, könnten nicht ohne Weiteres auf den Outlaws MC übertragen werden. Das Gericht entwickelte konkrete, zukunftsbezogene Anhaltspunkte, mit der die kausale Verbindung zwischen der Unzuverlässigkeit und der Gruppenzugehörigkeit begründet werden kann und stellte zudem erhöhte Anforderungen an die Bestimmung der Strukturmerkmale. Dazu wurden vier Bewertungskriterien herangezogen:[68]

(1) Qualität und Quantität der zurechenbaren Straftaten
Die vier seit 2012 bundesweit durch Mitglieder der Outlaws MC begangenen Straftaten, von denen keine dem Bereich der Organisierten Kriminalität zugeordnet werden konnte, genügten nicht, um eine auf kriminelle Handlungen ausgerichtete Struktur und Gebundenheit der Mitglieder bejahen zu können.

(2) Verbindung zu konkurrierenden OMCGs
Die Tendenz zu und Teilnahme an Macht- und Gebietsstreitigkeiten müsse durch eine nachgewiesene Verbindung zu anderen OMCGs belegt werden. Andernfalls lasse sich keine kriminelle Ausrichtung der Ortsgruppe bzw. derartige Verhaltenspotentiale bei dem Betroffenen ableiten. Die betroffene Ortsgruppe sei bisher nicht erkennbar in Gebietsstreitigkeiten verwickelt gewesen.

(3) Einbindung in die Gesamtorganisation
Über die Innenstruktur der betroffenen Ortsgruppe hinaus sollte die Qualität der Vernetzung zwischen den Ortsgruppen innerhalb der Gesamtorganisation anhand einer Nähebeziehung gemessen werden. Die Einbindung einer Ortsgruppe in eine übergeordnete Gesamtorganisation habe zwar eine weitergehende Vernetzung zur Konsequenz. Eine solche führe in größeren Netzwerken ohne Nachweis einer darüberhinausgehenden Nähebeziehung in Form der Prägung durch das unmittelbare soziale Umfeld zu einer uferlosen Ausweitung des Tatbestands.

(4) Anforderungen an Loyalität und Ehrenkodex

VG Karlsruhe, Urteil vom 22.08.2018 – 4 K 3040/16, juris; VG Freiburg, Urteil vom 24.07.2018 – 9 K 8114/17, juris; *VG Osnabrück*, Pressemitteilung zu den Entscheidungen mit Az. 6 A 262/15, 6 A 264/15, 13.02.2018; VG Aachen, Beschluss vom 18.11.2016 – 6 L 815/16, juris; VG Ansbach, Beschluss vom 26.10.2016 – AN 14 S 16.00462, juris; VG Düsseldorf, Urteil vom 12.10.2016 – 22 K 2135/15, juris; VG Karlsruhe, Beschluss vom 14.03.2016 – 4 K 5120/15, juris; VG München, Urteil vom 09.03.2016 – M 7 K 15.5177, juris; VG Osnabrück, Beschluss vom 08.02.2016 – 6 B 56/15, juris; VG Ansbach, Beschluss vom 26.01.2016 – AN 14 S 14.01102, juris; VG München, Urteil vom 13.01.2016 – M 7 K 14.4728, juris.

66 VG Frankfurt, Urteil vom 16.11.2016 – 5 K 4670/15.F, juris.
67 VG Frankfurt, Urteil vom 16.11.2016 – 5 K 4670/15.F, juris, Rn. 13 f.
68 VG Frankfurt, Urteil vom 16.11.2016 – 5 K 4670/15.F, juris, Rn. 16; zustimmend *Spitzlei/Hautkappe*, DÖV 2018, 973 (976), die anderenfalls die Gefahr einer uferlosen Ausdehnung des § 5 WaffG sehen.

Über einen floskelhaften Ehrenkodex und den einheitlichen Auftritt nach außen hinaus bedürfe es innerhalb der Verbandsstruktur konkreter, strukturbezogener Vorkehrungen oder Handlungen, durch die belegt werde, dass die betroffene Ortsgruppe in Szenestreitigkeiten einbezogen oder deren Unterstützung angefordert werde.

Der Versuch des VG Frankfurt einer restriktiven Auslegung des Tatbestandsmerkmals der Unzuverlässigkeit konnte sich in den Folgeinstanzen nicht durchsetzen. Der Hessische Verwaltungsgerichtshof, bestätigt durch das Bundesverwaltungsgericht,[69] hob die Entscheidung unter Verweis auf zahlreiche strafrechtlich relevante Vorfälle, die besondere Loyalität innerhalb eines Chapters und des Clubs sowie die hierarchische Struktur innerhalb aller OMCGs, auf.[70] Die Mitgliedschaft und Übernahme einer Führungsaufgabe bei dem Outlaws MC Friedberg genügten für die Prognose, dass der Kläger zukünftig waffenrechtlich unzuverlässig handeln könnte.[71] Der Outlaws MC gehört neben den Hells Angels MC, Bandidos MC und Gremium MC zu den in Deutschland tätigen OMCGs. Den Mitgliedern des Outlaws MC ist, wie den anderen OMCGs und deren Mitgliedern, ein hohes Konfliktpotential zu eigen, welches unter Missachtung des staatlichen Gewaltmonopols mit einer aggressiven und gewaltgeneigten Grundhaltung ausgetragen wird.[72]

Auch die weiteren vorgeschlagenen Kriterien einer restriktiven Auslegung überzeugen nicht. *Spitzlei/Hautkappe* fordern, dass die waffenrechtliche Zuverlässigkeit nur abgesprochen werden kann, wenn der Betroffene einen zentralen Beitrag für seinen Rockerverein geleistet hat.[73] *Sponsel/Albrecht* verlangen die Erstellung eines individuellen Präventiv-Prognose-Gutachtens.[74] In dem Verfahren vor dem VG Karlsruhe wird seitens des Klägers über eine regionale Beschränkung der Zurechnung diskutiert. Dem nicht verbotenen Verein und seinen Mitgliedern soll demnach das strafgesetzwidrige Verhalten seiner Schwestervereine nur zugerechnet werden können, wenn die Ortsgruppen innerhalb einer bestimmten Region in Erscheinung treten.[75]

4. Weite Auslegung waffenrechtlicher Tatbestandsmerkmale

Eine restriktive Auslegung, unabhängig davon welche konkreten Kriterien man zur Beschränkung des Tatbestands zugrunde legt, ist nicht nur abzulehnen. Aufgrund des hohen Schutzguts, welches durch unzuverlässigen Waffengebrauch gefährdet wird, ist vielmehr sogar eine weite Auslegung des waffenrechtlichen Tatbestandes geboten.

---

[69] BVerwG, NJW 2018, 2812; *Buchberger*, GSZ 2019, 41 (42).
[70] HessVGH, Urteil vom 07.12.2017 – 4 A 814/17, juris.
[71] HessVGH, Urteil vom 07.12.2017 – 4 A 814/17, juris, Rn. 34.
[72] HessVGH, Urteil vom 07.12.2017 – 4 A 814/17, juris, Rn. 40 f.
[73] *Spitzlei/Hautkappe*, DÖV 2018, 973 (973).
[74] *Sponsel/Albrecht*, Kriminalistik 2017, 252; kritisch: VG Freiburg, Urteil vom 02.07.2019 – 3 K 5562/18, juris, Rn. 31.
[75] VG Karlsruhe, Urteil vom 18.10.2018 – 12 K 6041/17, juris, Rn. 6, 35.

B. Der Entzug waffenrechtlicher Erlaubnisse wegen Vereinsmitgliedschaft

In der verwaltungsgerichtlichen Weiterführung der Leitentscheidung des Bundesverwaltungsgerichts werden sowohl die Rockerbewegungen zu den sog. Outlaw Motorcycle Gangs bzw. zu den sog. Onepercentern als auch die Betroffenen zu den Rockergruppen zugeordnet.

a) Der Grundsatz der weiten Auslegung als Ausprägung der Verhältnismäßigkeit

Beim Entzug waffenrechtlicher Erlaubnisse oder der Verfügung von Waffenbesitzverboten bedarf es zur Feststellung der Unzuverlässigkeit nur der hinreichenden Wahrscheinlichkeit, dass sich der Betroffene zukünftig regelwidrig verhalten könnte. Das Bundesverwaltungsgericht lehnt ausdrücklich erhöhte Anforderungen an die geforderte Prognose ab und begründet dies mit dem Präventionscharakter des Waffengesetzes, dessen Regelungskonzept die Umsetzung grundrechtlicher Schutzpflichten sei.[76] Wer sich einer gewaltbereiten Gruppierung anschließe, solle seinen Idealen und Vorstellungen nicht mit einer legalen Waffe Nachdruck verleihen können.[77] Personen, die nach ihrem Verhalten nicht (mehr) das Vertrauen in ihre Zuverlässigkeit im Umgang mit Waffen verdienten, seien darum die entsprechenden Erlaubnisse zu entziehen.[78]

Das OVG Rheinland-Pfalz beschreibt den Bewertungsmaßstab zutreffend für den hier vorliegenden Bereich der Gefahrenabwehr wie folgt:

„Je gewichtiger das gefährdete Rechtsgut ist und je weitreichender es durch die jeweiligen Handlungen beeinträchtigt würde, desto geringere Anforderungen dürfen an den Grad der Wahrscheinlichkeit gestellt werden, mit der auf eine drohende Verletzung geschlossen werden kann, und desto weniger fundiert dürfen gegebenenfalls die Tatsachen sein, die auf die Gefährdung des Rechtsguts schließen lassen. Gerade hierdurch wird dem Grundsatz der Verhältnismäßigkeit genügt."[79]

Auch das VG Ansbach bringt es auf den Punkt, indem es einen Verstoß gegen den Grundsatz der Verhältnismäßigkeit angesichts des hohen Gewichts des gefährdeten Rechtsguts ablehnt.[80] Der unterschiedliche Maßstab zur Beurteilung der Tatbestands-

---

[76] VG Freiburg, Urteil vom 02.07.2019 – 3 K 5562/18, juris, Rn. 29; VG Stuttgart, Urteil vom 25.06.2019 – 5 K 5926/16, juris, Rn. 26; VG Karlsruhe, Urteil vom 22.08.2018 – 4 K 3040/16, juris, Rn. 42; OVG Rheinland-Pfalz, Urteil vom 28.06.2018 – 7 A 11748/17, juris, Rn. 26; HessVGH, Urteil vom 07.12.2017 – 4 A 814/17, juris, Rn. 32; VG Karlsruhe, Beschluss vom 14.03.2016 – 4 K 5120/15, juris, Rn. 41; BVerwG, NJW 2015, 3594 (3595 f.); BayVGH, Urteil vom 10.10.2013 – 21 BV 12.1280, juris, Rn. 28; siehe auch *Gade*, in: Gade (Hrsg.), Waffengesetz, 3. Aufl. 2022, § 5, Rn. 20.

[77] *Spitzlei/Hautkappe*, DÖV 2018, 973 (973).

[78] BVerwG, NJW 2015, 3594 (3595); BVerwGE 101, 24 (32); VG Hamburg, Urteil vom 10.06.2013 – 4 K 647/13, GewArch 2014, 357 (358); *Papsthart*, in: Steindorf (Hrsg.), Waffenrecht, 11. Aufl. 2022, § 5, Rn. 8; *Heller/Soschinka u. a.*, Waffenrecht, 4. Aufl. 2020, Rn. 758b.

[79] OVG Rheinland-Pfalz, Urteil vom 28.06.2018 – 7 A 11748/17, juris, Rn. 29; *Buchberger*, GSZ 2019, 41 (44).

[80] VG Ansbach, Urteil vom 13.08.2019 – AN 16 K 18.01864, juris, Rn. 39.

merkmale lässt sich mit den Unterschieden zwischen VereinsG und WaffG begründen. Während die Gefahrenschwelle im Vereinsgesetz höher ist, ist sie im Waffengesetz maximal niedrig angesetzt. Zur Begründung eines Vereinsverbots bedarf es zwar auch noch keines verwirklichten Schadens, d. h. der Verein und seine Mitglieder müssen noch keine zurechenbaren Straftaten verwirklicht haben, damit ein Vereinsverbot wegen Strafgesetzwidrigkeit verfügt wird bzw. ein Verein muss die verfassungsmäßige Ordnung oder den Gedanken der Völkerverständigung noch nicht verletzt haben, um ein Verbot wegen Sichrichtens gegen ebendiese Schutzgüter zu begründen. Dennoch müssen die Verbotsbehörden ausreichend belastende und beweisbare Umstände und Indizien feststellen, mit der sie die Erfüllung eines Verbotstatbestands belegen können.[81] Die Eingriffsschwelle liegt damit höher. Durch die verfassungsunmittelbar festgelegten Verbotsgründe, unter denen einzig ein Vereinsverbot begründet werden kann, sind dem Vereinsrecht enge Grenzen gesetzt. Der Rückgriff auf alternative Maßnahmen, wie der Entzug von Waffenscheinen wegen der Zugehörigkeit zu einem gewaltbereiten Verein, dient der Erweiterung des Instrumentenkastens im Umgang mit Bedrohungspotentialen durch Vereinigungen.

b) Einordnung von Rockerbewegungen als sog. Outlaw Motorcycle Gangs

Die Bezeichnung Outlaw Motorcycle Gangs[82] steht für überregional in Erscheinung tretende, polizeilich bedeutsame Rockerbewegungen (auch Motorradclubs), die von den sonstigen Motorradclubs abzugrenzen sind. In den deutschen Sicherheitsbehörden wird der Begriff der Outlaw Motorcycle Gangs oft im Zusammenhang mit Organisierter Kriminalität und Rockerkriminalität verwendet. Mit Rockerkriminalität wird strafrechtlich relevantes Verhalten von einzelnen oder mehreren Mitgliedern von Rockergruppen beschrieben, deren Tatmotivation im engen Zusammenhang mit ihrer Gruppenzugehörigkeit steht.[83] Die Definition für Outlaw Motorcycle Gangs ermöglicht eine dynamische Zuschreibung von bereits etablierten, aber auch weiterhin neu entstehenden Rockergruppierungen. Die bekanntesten kriminalitätsrelevanten Rockergruppierungen, die als sog. Outlaw Motorcycle Gangs eingeordnet werden, sind Hells Angels MC, Bandidos MC, Gremium MC und Outlaws MC.[84] Neben diesen regelmäßig vom Verfassungsschutz besonders Benannten existieren und wirken unzählige weitere Gruppierungen in Deutschland; als Auswahl namentlich Mongols

---

[81] *Unkroth*, KommP BY 2015, 299 (300).

[82] Für Begriff siehe auch Glossar.

[83] *BKA*, Organisierte Kriminalität, Bundeslagebild 2018, August 2019, S. 20 ff.; *Brunner*, in: Adolph/Brunner u. a., Waffenrecht, 82. EL Oktober 2019, § 5, Rn. 34; *Unkroth*, KommP BY 2015, 299 (299); *Vahldieck*, Rocker- und Bandenkriminalität als Problem der Inneren Sicherheit in Deutschland, BKA-Herbsttagung vom 19.–20. Oktober 2010, abrufbar unter https://www.bka.de/SharedDocs/Downloads/DE/Publikationen/Herbsttagungen/2010/herbsttagung2010vahldieckLangfassung.html?nn=54308 (zuletzt abgerufen am 15.03.2023).

[84] U.v. HessVGH, Urteil vom 07.12.2017 – 4 A 814/17, juris, Rn. 40.

MC, Rock Machine MC, bis zu ihrem bundesweiten Verbot Satudarah Maluku MC, Trust MC und Ghost Gang MC.[85]

c) Zuordnung von zugehörigen oder nahestehenden Personen

Als zweite Komponente werden auch bei der Bewertung der diesen Gruppierungen zugehörigen oder nahestehenden Personen keine starren oder engen Kriterien angelegt. Das OVG Rheinland-Pfalz ließ etwa die Ehrenmitgliedschaft beim Gremium MC Ludwigshafen genügen.[86] Dem VG Osnabrück genügte die Mitgliedschaft in einem Unterstützerverein[87] und das VG Ansbach akzeptierte in der Gesamtbetrachtung, dass der Betroffene sog. Prospect[88] bei einer Ortsgruppe des Hells Angels MC war. Noch weiter ging das VG Düsseldorf, welches weder eine eigene Mitgliedschaft noch eine Anwartschaft verlangte. Ein enger Kontakt zum Rockermilieu, in diesem Fall zum Präsidenten des Rockervereins Ghost Gang MC X, genügte, um die waffenrechtliche Zuverlässigkeit zu widerrufen.[89] In dieser Entscheidung kam der Umstand hinzu, dass der Betroffene zuvor auch selbst strafrechtlich mehrmals in Erscheinung getreten war und an einer gewaltvollen Auseinandersetzung zwischen der Ghost Gang MC X und einem zweiten Rockerverein teilgenommen hatte. Auch müssen weder der Kläger noch die Ortsgruppe, der er angehört, strafrechtlich oder waffenrechtlich in Erscheinung getreten sein. Die relevanten charakteristischen Strukturmerkmale können auch von der gesamten Rockerbewegung abgeleitet werden.[90]

5. Zusammenfassung

Die Rechtsprechung des Bayerischen Verwaltungsgerichtshofs sowie deren Bestätigung und Weiterentwicklung durch das Bundesverwaltungsgericht läuteten eine Wende in der Auslegung des Tatbestands der Zuverlässigkeitsregelung in § 5 WaffG ein. Ein Zuverlässigkeitsmangel wird nun bereits mit der Mitgliedschaft in einer Ortsgruppe einer Rockerbewegung begründet, die den sog. Outlaw Motorcycle Gangs zugeordnet werden kann. Dazu bedarf es einer kausalen Verbindung zwischen

---

[85] VG Düsseldorf, Urteil vom 12.10.2016 – 22 K 2135/15, juris; *Bayerisches Staatsministerium des Innern, für Sport und Integration, Abteilung Verfassungsschutz*, Verfassungsschutzbericht 2018, Mai 2019, S. 297 ff.; *Landesamt für Verfassungsschutz Hessen*, Verfassungsschutzbericht 2018, veröffentlicht im August 2019, S. 223; *Spitzlei/Hautkappe*, DÖV 2018, 973 (974 f.); *Unkroth*, KommP BY 2015, 299 (299).

[86] OVG Rheinland-Pfalz, Urteil vom 28.06.2018 – 7 A 11748/17, juris, Rn. 12.

[87] VG Osnabrück, Beschluss vom 08.02.2016 – 6 B 56/15, juris, Rn. 34; in der Hauptsache bestätigt, vgl. *VG Osnabrück*, Pressemitteilung zu den Entscheidungen mit Az. 6 A 262/15, 6 A 264/15.

[88] Für Begriff siehe Glossar; VG Ansbach, Urteil vom 13.08.2019 – AN 16 K 18.01864, juris, Rn. 23.

[89] VG Düsseldorf, Urteil vom 12.10.2016 – 22 K 2135/15, juris, Rn. 38, 53.

[90] VG Karlsruhe, Beschluss vom 14.03.2016 – 4 K 5120/15, juris, Rn. 31; VG München, Urteil vom 09.03.2016 – M 7 K 15.5177, juris, Rn. 24.

Gruppenzugehörigkeit und Unzuverlässigkeit, die sich wiederum aus bestimmten Strukturmerkmalen der Rockerbewegung ableiten lässt.

Bei der Auslegung des waffenrechtlichen Zuverlässigkeitsbegriffs bedarf es zur Wahrung der Verhältnismäßigkeit keiner restriktiven Auslegung. Zur Verwirklichung des Gesetzeszwecks des Waffengesetzes ist vielmehr eine weite Auslegung geboten. Auch wenn das Bundesverwaltungsgericht weiter betont, dass sich die Prognose auf die konkret betroffene Person beziehen muss, stellt auch dessen Auslegung verstärkt auf das soziale Umfeld des Antragstellers oder Erlaubnisinhabers ab und zieht dessen Gruppenzugehörigkeit als entscheidendes personenbezogenes Merkmal heran. Eine waffenrechtliche Erlaubnis kann auch entzogen werden, wenn keine sonstigen Tatsachen für die Unzuverlässigkeit sprechen und der Betroffene bislang weder straf- noch waffenrechtlich auffällig war. Eine solche Auslegung betrifft alle Mitglieder von Ortsgruppen der in Deutschland bekannten sog. Outlaw Motorcycle Gangs, aber auch deren Unterstützer und Anwärter.

II. Regelunzuverlässigkeit bei Anhängern der islamistisch-extremistischen Szene

Das VG Minden bestätigte am 27. Oktober 2015 den Widerruf einer Waffenbesitzkarte nach § 5 Abs. 2 Nr. 3 lit. a) WaffG, weil der Betroffene als Anhänger der salafistischen Szene Bestrebungen gegen die verfassungsmäßige Ordnung unterstützte.[91] Um das Verhalten des Betroffenen als zurechenbare Unterstützungshandlung zu qualifizieren, legte das VG Minden einen auffällig niedrigen Maßstab an. Jedes Tätigwerden von Nichtmitgliedern inkriminierter Vereinigungen, welches sich positiv auf die Aktionsmöglichkeiten, die innere Organisation, den Zusammenhalt und den Fortbestand der Vereinigungen auswirke und damit ihr Gefährdungspotential stärke, reiche zur Erfüllung des Unzuverlässigkeitstatbestands aus. Dazu bedarf es laut dem VG Minden weder der Mitgliedschaft noch eines aktiven (z.B. finanziellen) Beitrags. Es genüge vielmehr, dass der Betroffene an den Veranstaltungen der zu diesem Zeitpunkt nicht verbotenen Vereine „Ansaar C.",[92] „Helfen in Not"[93] sowie an der

---

[91] VG Minden, Urteil vom 27.10.2015 – 8 K 1220/15, juris.

[92] „Ansaar C." wird dem Verein „Ansaar E1. e.V." alias „Ansaar International e.V." zugeordnet, der zur Zeit der Entscheidung des VG Minden unter staatsschutzmäßiger Beobachtung stand, vgl. LT NRW Drs. 16/7654, S. 2; *Verfassungsschutz Nordrhein-Westfalen*, Verfassungsschutzbericht über das Jahr 2013, veröffentlicht am 16.05.2014, S. 271 f. und gegen den 2019 Ermittlungen zur Vorbereitung eines Verbotsverfahrens eingeleitet wurden, vgl. *Naber/Pfahler*, Welt vom 10.04.2019, abrufbar unter https://www.welt.de/politik/article191723547/Ansaar-International-Der-Spendenverein-des-islamischen-Netzwerks.html (zuletzt abgerufen am 15.03.2023); *Sieckmeyer*, Westdeutsche Zeitung vom 10.04.2019, abrufbar unter https://www.wz.de/nrw/duesseldorf/razzia-in-duesseldorf-das-steckt-hinter-dem-verein-ansaar-internatio nal_aid-38024145 (zuletzt abgerufen am 15.03.2023).

[93] Den Verein „Helfen in Not e.V." stufte die Landesregierung NRW bereits vor der Entscheidung des VG Minden als extremistisch ein, vgl. LT NRW Drs. 16/7654, S. 2; *Verfassungs-*

B. Der Entzug waffenrechtlicher Erlaubnisse wegen Vereinsmitgliedschaft 255

ersten LIES-Veranstaltung des Vereins Die wahre Religion alias „LIES! Stiftung/ Stiftung LIES"[94] teilnahm.[95] Alle drei Vereine standen zu diesem Zeitpunkt als extremistische, gewaltaffine salafistische Netzwerke unter Beobachtung des nordrhein-westfälischen Verfassungsschutzes. Nach einer wertenden Gesamtschau stehe das betroffene Nichtmitglied durch die Teilnahme an Veranstaltungen in einer inneren Nähe und Verbundenheit zu den in Rede stehenden Vereinen, was den Schluss rechtfertige, dass es deren verfassungsfeindliche Bestrebungen unterstütze. Einen darüberhinausgehenden Waffenbezug und Anhaltspunkte für einen zukünftigen Missbrauch von Waffen lehnte das VG Minden als zusätzliches tatbestandsbeschränkendes Kriterium ausdrücklich ab.[96]

Das VG Braunschweig bestätigte am 19. September 2018 in zwei parallelen Entscheidungen Verbote zum Waffenbesitz und -erwerb wegen waffenrechtlicher Unzuverlässigkeit nach § 5 Abs. 2 Nr. 3 lit. a) WaffG, weil die Kläger durch das Verbreiten von Kennzeichen der in Deutschland als Verein verbotenen Terrororganisation sog. Islamischer Staat[97] verfassungsfeindliche Bestrebungen unterstützten.[98] Indem beide Kläger Bilder mit Kämpfern der Terrororganisation als Profilbilder in sozialen Netz-

---

schutz Nordrhein-Westfalen, Verfassungsschutzbericht über das Jahr 2013, veröffentlicht am 16.05.2014, S. 271.

[94] Der Verein „Die wahre Religion" alias „LIES! Stiftung/Stiftung LIES" wurde bereits 2013 vom Verfassungsschutz Nordrhein-Westfalen als salafistisches Netzwerk eingestuft, vgl. *Verfassungsschutz Nordrhein-Westfalen*, Verfassungsschutzbericht über das Jahr 2013, veröffentlicht am 16.05.2014, S. 270 f. und wurde mittlerweile vom Bundesinnenministerium verboten, siehe *Bundesministerium des Innern*, Bekanntmachung eines Vereinsverbots gegen die Vereinigung Die wahre Religion, BAnz AT 15.11.2016 B1; *Bundesministerium des Innern*, Pressemitteilung zum Vereinsverbot der Vereinigung „Die wahre Religion (DWR)" alias „Stiftung LIES", 15.11.2016, abrufbar unter https://www.bmi.bund.de/SharedDocs/pressemitteilungen/DE/2016/11/vereinsverbot-dwr.html (zuletzt abgerufen am 15.03.2023); *Bundesministerium des Innern*, Organisationsverbot des Bundesministeriums des Innern gegen die Vereinigung „Die wahre Religion" alias „LIES! Stiftung"/„Stiftung LIES", 15.11.2016.

[95] VG Minden, Urteil vom 27.10.2015 – 8 K 1220/15, juris, Rn. 31, 36.

[96] VG Minden, Urteil vom 27.10.2015 – 8 K 1220/15, juris, Rn. 40; *Beaucamp* hält die Absage an eine restriktive Auslegung des § 5 Abs. 2 Nr. 3 WaffG für nicht verfassungskonform. Er verlangt als zusätzliches Kriterium den Nachweis einer spezifischen waffenbezogenen Gefahr, vgl. *Beaucamp*, DÖV 2018, 709 (712).

[97] Der Verein „Islamischer Staat" (alias „Islamischer Staat im Irak" („ad-Dawla al-Islamiya fil-Iraq") alias „Islamischer Staat im Irak und in Groß-Syrien" („ad-Dawla al-Islamiya fil-Iraq wash-Sham")) wurde am 12. September 2014 vom Bundesinnenministerium verboten, vgl. *Bundesministerium des Innern*, Bekanntmachung eines Vereinsverbots gegen die Vereinigung sogenannter Islamischer Staat, BAnz AT 12.09.2014 B1; *Bundesministerium des Innern*, De Maizière verbietet Betätigung der Terrororganisation „Islamischer Staat" in Deutschland, 12.09.2014, abrufbar unter http://www.bmi.bund.de/SharedDocs/Pressemitteilungen/DE/2014/09/verbot-islamischer-staat.html;jsessionid=EA9F9EAC73CA807957AF57CD916C67E8.2_cid295?nn=3314802 (zuletzt abgerufen am 15.03.2023).

[98] VG Braunschweig, Urteil vom 19.09.2018 – 5 A 193/16, juris; VG Braunschweig, Urteil vom 19.09.2018 – 5 A 194/16, juris.

werken hochluden, machten sie sich gem. §§ 20, 3 Abs. 1, 15 Abs. 1 VereinsG strafbar. Auch das VG Braunschweig legte den Unzuverlässigkeitstatbestand weit aus und lehnte zusätzliche qualitative Kriterien an das zu bewertende Verhalten, mit welchem die Unzuverlässigkeit des Betroffenen begründet wurde, mit dem Regelungszweck des Waffengesetzes kategorisch ab.[99]

Der deutliche Unterschied in der Anzahl von Entscheidungen zum Entzug waffenrechtlicher Erlaubnisse von Mitgliedern von Rockervereinen und Anhängern der islamistisch-extremistischen Szene lässt sich damit begründen, dass Anhänger islamistisch-extremistischer Vereine seltener waffenrechtliche Erlaubnisse beantragen, weil ihnen der Nachweis der Bedürftigkeit nach § 8 WaffG in der Regel nicht gelingen dürfte. Über diese beiden Untersuchungsgruppen hinaus existiert bisher kaum Rechtsprechung zum Unzuverlässigkeitstatbestand nach § 5 Abs. 2 Nr. 3 lit. a) WaffG.[100]

C. Zusammenfassung

Der Unzuverlässigkeitstatbestand nach § 5 Abs. 2 Nr. 2 lit. a) WaffG normiert eine über das VereinsG hinausgehende Folge für die Mitglieder eines verbotenen Vereins, indem ihnen infolge eines Vereinsverbots die waffenrechtliche Zuverlässigkeit abgesprochen werden kann. Darüber hinaus haben sich zwei weitere Tatbestände aus dem Katalog der Unzuverlässigkeitsgründe etabliert, nach denen Mitglieder und Unterstützer nicht verbotener Vereine aufgrund ihrer Mitgliedschaft oder ihrer Vereinsnähe als waffenrechtlich unzuverlässig eingestuft werden können.

Einerseits wird eine solche Annahme nach § 5 Abs. 1 Nr. 2 lit. a) und lit. c) WaffG mit den Strukturmerkmalen des jeweiligen Vereins und dem Kausalzusammenhang zwischen der Mitgliedschaft und der waffenrechtlichen Unzuverlässigkeit begründet. Nach der Leitentscheidung des Bundesverwaltungsgerichts vom 28. Januar 2015 betraf diese Auslegungslinie vorrangig Mitglieder von Rockervereinen, die einer sog. Outlaw Motorcycle Gang zugerechnet werden konnten. Die Gruppenzugehörigkeit eines Vereinsmitglieds als Prognosegrundlage für dessen individuelle waffenrechtliche Unzuverlässigkeit spiegelt die Zurechenbarkeit des Verhaltens und der Tätigkeiten der Vereinsmitglieder zu ihrem Verein. Während für ein Vereinsverbot das Verhalten der Vereinsmitglieder dem Verein zugerechnet wird, kann als Kehrseite der Medaille das „Verhalten" des Vereins, also dessen Strukturmerkmale, den Vereinsmitgliedern zugerechnet werden.

Andererseits werden, wenn auch nur in wenigen Einzelfällen, Anhänger islamistisch-extremistischer Vereine wegen ihrer Unterstützung der verfassungsfeindlichen Bestrebungen der Vereine nach § 5 Abs. 2 Nr. 3 lit. a) WaffG als waffenrechtlich un-

---

[99] VG Braunschweig, Urteil vom 19.09.2018 – 5 A 193/16, juris, Rn. 21, 29; VG Braunschweig, Urteil vom 19.09.2018 – 5 A 194/16, juris, Rn. 30, 43.
[100] VG Minden, Urteil vom 27.10.2015 – 8 K 1220/15, juris, Rn. 31.

zuverlässig eingestuft. Auch die Unterstützung nicht verbotener, aber als verfassungsfeindlich eingestufter Vereine genügt zur Erfüllung des Unzuverlässigkeitstatbestands.

Kapitel 11

Die Reichsbürgerbewegung als Exkurs und Ausblick

Ein weiteres in den letzten Jahren relevanter gewordenes Gefährdungsphänomen ist die Reichsbürgerbewegung. Die Reichsbürger können exemplarisch für eine in vielschichtiger Form in Erscheinung tretende Bewegung herangezogen werden, innerhalb der einzelne Gruppen auch die Merkmale des Vereinsbegriffs erfüllen. Die Verhaltensweisen und Tätigkeiten der Reichsbürgervereinigungen lassen sich ebenfalls unter die Verbotsgründe subsumieren, sodass ein Vorgehen gegen Reichsbürgervereinigungen mittels Vereinsverboten mehr als tauglich erscheint. Nachdem die Einordnung als Reichsbürger bislang vorrangig nur Auswirkungen auf die waffenrechtliche Zuverlässigkeit der in Rede stehenden Person hatte, wurde Anfang 2020 mit dem Verbot des Vereins „Geeinte deutsche Völker und Stämme (GdVuSt)" und ihrer Teilorganisation „Osnabrücker Landmark" erstmals vereinsrechtlich gegen eine Reichsbürgervereinigung vorgegangen.

A. Das Phänomen der Reichsbürger

Die Anfänge der heutigen Reichsbürgerbewegung gehen auf Wolfgang Gerhard Günter Ebel aus Berlin-Zehlendorf zurück, der am 12. September 1985 dem Regierenden Bürgermeister Berlins eine Ernennungsurkunde überreichte, nach der er sich selbst zum Generalbevollmächtigten des Deutschen Reiches ernannt hatte und die „Kommissarische Reichsregierung (KRR)" gründete.[1] Seitdem hat sich eine vielschichtige, ernstzunehmende und gefährliche Bewegung entwickelt,[2] die lange kaum von der Öffentlichkeit wahrgenommen wurde und erst seit wenigen Jahren im Fokus

---

[1] *Hermann*, „Reichsbürger" und Souveränisten, 2. Aufl. 2018, S. 12 f.; *Rathje*, „Wir sind wieder da", Die „Reichsbürger": Überzeugungen, Gefahren und Handlungsstrategien, 2014, S. 8 f.; *Speit*, in: Speit (Hrsg.), Reichsbürger, 2018, S. 11.

[2] Siehe als Übersicht zur Reichsbürgerbewegung den Tagungsband der Fachtagung der Fachhochschule Polizei Sachsen-Anhalt vom 8. Oktober 2014, vgl. *Ministerium für Inneres und Sport des Landes Sachsen-Anhalt*, Reichsbürger, Sonderlinge oder Teil der rechtsextremen Bewegung?, 2015; *Ginsburg*, Die Reise ins Reich, 2. Aufl. 2018; *Röpke*, 2018 Jahrbuch rechte Gewalt, 2018; *Wilking*, „Reichsbürger", 3. Aufl. 2017. Ginsburg und Röpke stellen beide die Querverbindungen zwischen der Reichsbürgerbewegung und der rechtsextremistischen Szene in Deutschland dar.

steht.³ Ihre Hochburg liegt laut bayerischen Verfassungsschutzbericht 2021 mit 4.605 Anhängern in Bayern.⁴ Darüber hinaus ist sie vor allem in Brandenburg und Sachsen-Anhalt aktiv.⁵ Bundesweit zählt die seit Jahren wachsende Bewegung im Jahr 2021 laut Verfassungsschutzbericht 21.000 Personen (2020: 20.000; 2019: 19.000; 2018: 19.000; 2017: 16.500), wovon ca. 1.150 Akteure zugleich dem rechtsextremistischen Spektrum zugerechnet werden (2020: 1.000; 2019: 950; 2018: 950 Akteure).⁶ Seit der Gründung der KRR durch Ebel haben sich zahlreiche Reichsregierungen abgespalten, die z. B. Ebels Unterordnung unter die Alliierten ablehnten.⁷ Am 22. November 2016 erklärte der damalige Bundesinnenminister *Thomas de Maizière*, dass die Reichsbürger von den Verfassungsschutzämtern des Bundes und der Länder beobachtet werden.⁸

Die Reichsbürgerbewegung ist eine organisatorisch und ideologisch heterogene Szene, in der eine Vielzahl von Akteuren verschieden konnotierte Ideologien vertritt.⁹ Mittlerweile existieren laut *Rathje* rund 40 Reichsregierungen und Reichsbürgerorganisationen.¹⁰ Sie alle eint die Ablehnung der Existenz der Bundesrepublik Deutschland. Bei der 1945 entstandenen Bundesrepublik handele es sich um keinen souveränen, völkerrechtlich anerkannten Staat, sondern um ein Staatskonstrukt der Alliierten bzw. um eine Firma „BRD GmbH".¹¹ Sie negieren die bestehende staatliche Ordnung, ihre Repräsentanten und die Verfassung und vertreten geschichts- und gebietsrevisionistisches, völkisches, rechtsextremistisches und antisemitisches Gedankengut.¹²

---

³ *Freitag*, in: Backes (Hrsg.), Jahrbuch Extremismus & Demokratie (E & D), 2014, S. 155.

⁴ *Bayerisches Staatsministerium des Innern, für Sport und Integration, Abteilung Verfassungsschutz*, Verfassungsschutzbericht 2021, veröffentlicht im Mai 2022, S. 233; letzter Höchststand war im Jahr 2018 mit 4.200 Anhängern erreicht, vgl. *Bayerisches Staatsministerium des Innern, für Sport und Integration, Abteilung Verfassungsschutz*, Verfassungsschutzbericht 2018, veröffentlicht im Mai 2019, S. 175.

⁵ *Janz/Speit*, in: Speit (Hrsg.), Reichsbürger, 2018, S. 116.

⁶ *Bundesamt für Verfassungsschutz*, Verfassungsschutzbericht 2021, veröffentlicht am 07.06.2022, S. 103; *Bundesamt für Verfassungsschutz*, Verfassungsschutzbericht 2020, veröffentlicht am 15.06.2021, S. 113; *Bundesamt für Verfassungsschutz*, Verfassungsschutzbericht 2019, veröffentlicht am 09.07.2020, S. 103; *Bundesamt für Verfassungsschutz*, Verfassungsschutzbericht 2018, veröffentlicht am 27.06.2019, S. 95.

⁷ *Rathje*, Reichsbürger, Selbstverwalter und Souveränisten, 2017, S. 12.

⁸ *Redaktion beck-aktuell*, „Reichsbürger" im Visier des Verfassungsschutzes, Pressemitteilung vom 23. November 2016, becklink 2005011.

⁹ U.v. *Caspar/Neubauer*, KommJur 2017, 361 (361); *Pfahl-Traughber*, in: M. Möllers, Wörterbuch der Polizei, 3. Aufl. 2018, S. 1862; *Speit*, in: Speit (Hrsg.), Reichsbürger, 2018, S. 8, 13; *Spitzlei/Hautkappe*, DÖV 2018, 973 (973); *Wagner*, NZG 2019, 46 (53).

¹⁰ *Rathje*, Reichsbürger, Selbstverwalter und Souveränisten, 2017, S. 12.

¹¹ Ausführlich zu den einzelnen Narrativen und Argumentationslinien, siehe *Caspar/Neubauer*, LKV 2012, 529 (532 ff.); *Speit*, in: Speit (Hrsg.), Reichsbürger, 2018, S. 8.

¹² *Goertz*, der kriminalist 2019, 6 (7); ausführlich zum Antisemitismus in der Reichsbürgerszene, siehe *Rathje*, in: Speit (Hrsg.), Reichsbürger, 2018, S. 133 ff.

Eine abschließende Analyse der Personalstruktur existiert für die Reichsbürgerbewegung bislang nicht.[13] Es wird gemeinhin nach vier Milieus differenziert:

- *Rechtsextreme Reichsbürger*,[14] die das Dritte Reich in den Grenzen von 1937 oder 1939 wiederherstellen wollen,
- *Reichsbürger*, die aktuell in einem Deutschen Reich zu leben glauben (je nach vertretener Reichsidee in den Grenzen von 1871, 1914 oder 1937),[15]
- *Selbstverwalter*,[16] die eigene, unabhängige Reiche und Scheinstaaten gründen und
- *Souveränisten*, die die BRD nicht als souveränen Staat anerkennen und darum die Souveränität Deutschlands wiedererlangen wollen.[17]

Typische Aktivitäten von Anhängern der Reichsbürgerbewegung sind die Beantragung eines Staatsangehörigkeitsausweis (sog. gelber Schein) zur Bestätigung ihrer Staatsangehörigkeit im Deutschen Reich nach Staatsangehörigkeitsgesetz von 1913 und die Auseinandersetzung mit der Justiz und Verwaltung, indem sie bestehende Verpflichtungen (etwa aus Steuer- oder Bußgeldbescheiden) mit haltlosen Gegenforderungen abzuwehren versuchen.[18] Selbstverwalter erklären ihre Grundstücke zu eigenen Staatsgebieten und gründen darauf Schein- bzw. Fantasiestaaten.[19] Neben Beleidigungen, Bedrohungen und Nötigungen zählen auch Urkundenfälschung, Amtsanmaßung, Widerstand gegen Vollstreckungsbeamte, Fahren ohne Fahrerlaubnis und illegaler Waffenbesitz zu den wiederkehrenden, strafrechtlich relevanten Verhaltensweisen der Reichsbürger.[20]

---

[13] *Pfahl-Traughber*, in: *M. Möllers*, Wörterbuch der Polizei, 3. Aufl. 2018, S. 1863; *Speit*, in: Speit (Hrsg.), Reichsbürger, 2018, S. 10.

[14] *Freitag*, in: Backes (Hrsg.), Jahrbuch Extremismus & Demokratie (E & D), 2014, S. 165 ff.

[15] Ausführlich zur argumentativen Herleitung des Fortbestandes eines Deutschen Reiches, siehe *Caspar/Neubauer*, LKV 2012, 529 (529 ff.); *Caspar/Neubauer*, in: Wilking (Hrsg.), „Reichsbürger", 3. Aufl. 2017, S. 102 ff.

[16] Ausführlich zum Phänomen der Selbstverwalter, siehe *Caspar/Neubauer*, in: Wilking (Hrsg.), „Reichsbürger", 3. Aufl. 2017, S. 118 ff.; *Goertz*, der kriminalist 2019, 6 (6 ff.).

[17] *Hermann*, „Reichsbürger" und Souveränisten, 2. Aufl. 2018, S. 8; *Rathje*, Reichsbürger, Selbstverwalter und Souveränisten, 2017, S. 45 ff.

[18] Ausführlich zu den typischen Verhaltensweisen und Aktivitäten, siehe *Bayerisches Staatsministerium des Innern, für Sport und Integration, Abteilung Verfassungsschutz*, Verfassungsschutzbericht 2018, veröffentlicht im Mai 2019, S. 179 ff.; *Landesamt für Verfassungsschutz Baden-Württemberg*, „Reichsbürger" und „Selbstverwalter" in Baden-Württemberg, Mai 2019, S. 18 ff.; *Ministerium für Inneres und Sport des Landes Sachsen-Anhalt*, „Reichsbürger", „Reichsregierungen" und „Selbstverwalter", 2. Aufl. 2018, S. 22 ff.; *Caspar/Neubauer*, in: Wilking (Hrsg.), „Reichsbürger", 3. Aufl. 2017, S. 94; *Goertz*, der kriminalist 2019, 6 (8 f.); *Rathje*, Reichsbürger, Selbstverwalter und Souveränisten, 2017, S. 25 f.

[19] *Goertz*, der kriminalist 2019, 6 (7).

[20] *Bundesamt für Verfassungsschutz*, Verfassungsschutzbericht 2018, veröffentlicht am 27.06.2019, S. 96.

B. Vereinsrecht und Reichsbürger

Die Reichsbürgerbewegung stellt für sich keinen Verein und damit keinen klassischen Adressaten vereinsrechtlicher Maßnahmen dar. Innerhalb der Reichsbürgerbewegung existieren jedoch kleinteiligere Strukturen und Gruppierungen, die als Vereine nach § 2 Abs. 1 VereinsG eingeordnet werden können und deren Gefährdungspotential darum auch mit Vereinsverboten nach § 3 Abs. 1 VereinsG begegnet werden kann. Mit dem Verbot und der Auflösung des Vereins „Geeinte deutsche Völker und Stämme (GdVuSt)" und ihrer Teilorganisation „Osnabrücker Landmark" wurde am 19. Februar 2020 auf Bundesebene erstmals vereinsrechtlich gegen eine Reichsbürgervereinigung vorgegangen.

I. Übertragbarkeit des Vereinsbegriffs auf die Reichsbürgerbewegung

Innerhalb der Reichsbürgerbewegung haben sich eine Vielzahl von Reichsbürgervereine herausgebildet, die die Tatbestandsmerkmale des Vereinsbegriffs im Sinne des § 2 Abs. 1 VereinsG erfüllen.

1. Vereinsstrukturen in der Reichsbürgerbewegung

Im Verfassungsschutzbericht des Bundes werden für das Jahr 2021 rund 30 länderübergreifend tätige Gruppierungen gezählt (2018: 20).[21] Darunter nennt der Bericht die Vereinigungen „Bismarcks Erben" bzw. „Väterländischer Hilfsdienst", „Königreich Deutschland", die „Verfassungsgebende Versammlung" und den „Staatenbund Deutsches Reich"[22].[23] Die Vereinigung „Staatenbund Deutsches Reich" erkennt auch Gliedstaaten an, die wiederum selbst Vereinigungen der Reichsbürgerszene bilden. Die Vereinigung „Freistaat Preußen"[24] und die Vereinigung „Provinz Brandenburg – Freistaat Preußen"[25] erkennen die Bundesrepublik Deutschland nicht als souveränen

---

[21] *Bundesamt für Verfassungsschutz*, Verfassungsschutzbericht 2021, veröffentlicht am 07.06.2022, S. 110; *Bundesamt für Verfassungsschutz*, Verfassungsschutzbericht 2018, veröffentlicht am 27.06.2019, S. 103; *Pfahl-Traughber*, in: M. Möllers, Wörterbuch der Polizei, 3. Aufl. 2018, S. 1862 geht von mindestens zehn Gruppierungen aus; *Rathje*, Reichsbürger, Selbstverwalter und Souveränisten, 2017, S. 12 spricht von 40 Organisationen; für eine ausführliche Aufzählung einzelner Gruppierungen und Projekten siehe *Rathje*, „Wir sind wieder da", Die „Reichsbürger": Überzeugungen, Gefahren und Handlungsstrategien, 2014, S. 6 oder auch *Speit*, in: Speit (Hrsg.), Reichsbürger, 2018, S. 13 f.

[22] Staatenbund Deutsches Reich, Startseite, abrufbar unter https://staatenbund-deutsches reich.info (zuletzt abgerufen am 15.03.2023).

[23] *Bundesamt für Verfassungsschutz*, Verfassungsschutzbericht 2021, veröffentlicht am 07.06.2022, S. 110.

[24] Freistaat Preußen, Startseite, abrufbar unter https://freistaat-preussen.world/ (zuletzt abgerufen am 15.03.2023).

[25] Provinz Brandenburg, Startseite, abrufbar unter http://provinz-brandenburg.org/unserauftrag/ (zuletzt abgerufen am 15.03.2023).

B. Vereinsrecht und Reichsbürger 263

Staat an, dafür aber den Freistaat Preußen, der nach dem Zweiten Weltkrieg völkerrechtswidrig aufgelöst worden sei.[26]

Vereinigungen aus dem Milieu „Kommissarische Reichsregierungen (KRR)" bzw. „Exilregierungen" sind innerhalb der Reichsbürgerbewegung oft dem Rechtsextremismus zuzuordnen. Die lange dominierende Vereinigung „Exilregierung Deutsches Reich" wurde 2004 in Hannover gegründet. Mittlerweile existieren Abspaltungen, wie die „Exil-Regierung Deutsches Reich", die in Brandenburg aktiv ist.[27] Zur Unterstützung der Arbeit dieser Vereinigungen stellen zwei überregional aktive Vereinigungen Fantasiedokumente, wie Staatsangehörigkeitsausweise, Heimatscheine oder Führerscheine, aus oder bieten Schulungen und Seminare an.[28] Als Teil des Präsidiums des „Staatenverbundes Deutsches Reich" agiert der „Reichsverband Deutscher Recht Konsulenten".[29] Der „Verband Deutscher Rechtssachverständiger und Rechtskonsulenten 1871"[30] ist für die Vereinigung „Kommissarische Reichsregierung" im Einsatz.

Die Vereinigung „Deutsche Polizei Hilfswerk (DPHW)" galt zeitweise als reichsideologische Polizei zur Durchsetzung vieler Reichsprojekte. Sie traten in Polizeiuniformen auf und agierten durch Nötigungen, Körperverletzungen und Bedrohungen. Nach Hausdurchsuchungen wegen des Verdachts der Gründung einer kriminellen Vereinigung nach § 129 StGB verlor die Gruppe zuletzt an Bedeutung.[31] Die Vereinigung „Germaniten" versteht sich als Justizopferhilfe und hilft Reichsbürgern beim Verhindern ihrer Vollstreckungen.[32]

Die Vereinigung „Deutsches Kolleg – Schwert und Schuld des Deutschen Geistes" ist nach eigenen Angaben eine 1994 gegründete „geistige Verbindung reichstreuer Deutscher".[33] Sie wollen ein Viertes Reich errichten und haben dazu 1999 einen

---

[26] *Ministerium des Innern und für Kommunales des Landes Brandenburg, Abteilung Verfassungsschutz*, Verfassungsschutzbericht 2018, veröffentlicht am 26.04.2019, S. 127 f.

[27] Exil-Regierung Deutsches Reich, Startseite, verantwortlich Alexander Schlowak, abrufbar unter http://friedensvertrag.org/ (zuletzt abgerufen am 15.03.2023); *Ministerium des Innern und für Kommunales des Landes Brandenburg, Abteilung Verfassungsschutz*, Verfassungsschutzbericht 2018, veröffentlicht am 26.04.2019, S. 126.

[28] *Bayerisches Staatsministerium des Innern, für Sport und Integration, Abteilung Verfassungsschutz*, Verfassungsschutzbericht 2018, veröffentlicht im Mai 2019, S. 182.

[29] Reichsverband Deutscher Recht Konsulenten, Startseite, abrufbar unter https://www.deutsche-recht-konsulenten.de (zuletzt abgerufen am 15.03.2023).

[30] Verband Deutscher Rechtssachverständiger und Rechtskonsulenten 1871, Startseite, abrufbar unter https://rechtssachverstaendiger.de/ (zuletzt abgerufen am 15.03.2023).

[31] *Rathje*, Reichsbürger, Selbstverwalter und Souveränisten, 2017, S. 27; *Rathje*, „Wir sind wieder da", Die „Reichsbürger": Überzeugungen, Gefahren und Handlungsstrategien, 2014, S. 22 ff.; *Schulze*, in: Wilking (Hrsg.), „Reichsbürger", 3. Aufl. 2017, S. 200.

[32] *Caspar/Neubauer*, LKV 2017, 1 (2).

[33] Deutsches Kolleg, Über das DK, abrufbar unter https://reichstr.eu/ (zuletzt abgerufen am 15.03.2023).

Reichsverfassungsentwurf veröffentlicht.[34] Das Netzwerk aus Reichsbürgern hat laut *Wikipedia* etwa 50 feste Mitglieder mit Sitz in Würzburg und ist auch heute noch aktiv.[35] Die Vereinigung „Reichsbewegung – Neue Gemeinschaft von Philosophen" verfolgt die Wiedererstehung des Deutschen Reiches in den Grenzen von 1871. Sie verschickte 2012 Drohungen an Moscheen und jüdische Gemeinden und rief „alle raum-, wesens- und kulturfremdem Ausländer" zur Ausreise auf, sonst würden sie „standesrechtlich erschossen" werden.[36] Weitere bekannte Organisationen sind „Fürstentum Germania",[37] „Germanitien", „Geschäftsführende Deutsche Reichsregierung", „Republik Freies Deutschland", „Selbstverwaltung Deutsches Reich", „Volks-Bundesrath" und „Volksdeutschland".[38] Neben dieser Vielzahl von Vereinigungen existieren auch von Reichsbürgern gegründete Parteien, wie die „Interim Partei Deutschland (IPD)"[39] und die „Deutsche Nationalversammlung (Partei)".[40] Die „Vereinigung Einiges Deutschland" wollte sogar als Partei zur Bundestagswahl antreten.[41]

In Bayern hat sich die Reichsbürgerbewegung laut Verfassungsschutzbericht in den letzten Jahren zunehmend dynamisch entwickelt. Es existieren zahlreiche Kleinstgruppen, die das Landesamt weit überwiegend als sicherheitsgefährdend einstuft. Im Einzelnen nennt der Bericht die Vereinigungen „Volksstaat Bayern", „Deutscher Heimatbund/Heimatbund der Menschen", „Heimatgemeinde Gemeinde Chiemgau" sowie „Verfassungsgebende Versammlung".[42] Die Darstellung der Strukturen und Vereinigungen innerhalb der Reichsbürgerszene ist nicht abschließend.

2. Reichsbürgervereine als Vereine im Sinne des § 2 Abs. 1 VereinsG

Die Reichsbürgerbewegung ist kein uniformer Zusammenschluss mehrerer Personen, in dem durch eine dauerhafte und organisierte Willensbildung freiwillig ein gemeinsamer Zweck verfolgt wird. Die Bewegung ist mit anderen Worten kein Verein, sondern allenfalls eine Gesinnungsgemeinschaft, in der die selben gesellschaftlichen

---

[34] Deutsches Kolleg, Reichsverfassungsentwurf (RVerfG99), abrufbar unter https://brd-ende.com/1999/11/rverfe99/ (zuletzt abgerufen am 15.03.2023).

[35] Wikipedia, Deutsches Kolleg, abrufbar unter https://de.wikipedia.org/wiki/Deutsches_Kolleg (zuletzt abgerufen am 15.03.2023); *Begrich/Speit*, in: Speit (Hrsg.), Reichsbürger, 2018, S. 27.

[36] *Speit*, in: Speit (Hrsg.), Reichsbürger, 2018, S. 9.

[37] *Wilking*, in: Speit (Hrsg.), Reichsbürger, 2018, S. 99 ff.

[38] *Pfahl-Traughber*, in: M. Möllers, Wörterbuch der Polizei, 3. Aufl. 2018, S. 1863.

[39] *R. Scholz*, Interim Partei Deutschland: Rechtsextrem oder einfach durchgeknallt?, 19.01.2019, abrufbar unter https://www.endstation-rechts.de/news/interim-partei-deutschland-rechtsextrem-oder-einfach-durchgeknallt (zuletzt abgerufen am 15.03.2023); *Janz/Speit*, in: Speit (Hrsg.), Reichsbürger, 2018, S. 130.

[40] *Speit*, in: Speit (Hrsg.), Reichsbürger, 2018, S. 13.

[41] BVerfG, Beschluss vom 25.07.2017 – 2 BvC 4/17, juris.

[42] *Bayerisches Staatsministerium des Innern, für Sport und Integration, Abteilung Verfassungsschutz*, Verfassungsschutzbericht 2018, veröffentlicht im Mai 2019, S. 187 ff.

B. Vereinsrecht und Reichsbürger

und politischen Anschauungen mit verschiedenen ideologischen Schwerpunkten herrschen.[43] Reichsbürger treten als Einzelpersonen, in Projekten, virtuellen Netzwerken, Unterstützergruppen, losen Gruppierungen oder festen Zusammenschlüssen auf.[44] Die vorangehend vorgestellten Vereinigungen innerhalb der Reichsbürgerbewegung, also die einzelnen Splittergruppen und Organisationen, erfüllen allerdings die Voraussetzungen des Vereinsbegriffs.

Ein Verein liegt entsprechend der einzelnen Begriffsmerkmale nach § 2 Abs. 1 VereinsG vor, wenn sich mehrere Personen zur Erfüllung eines gemeinsamen Zwecks freiwillig zusammenschließen und dadurch einer dauerhaften und organisierten Willensbildung unterwerfen.[45] Exemplarisch werden die Begriffsmerkmale auf die Vereinigung „Volksstaat Bayern" übertragen. In der Vereinigung „Volksstaat Bayern" haben sich laut bayerischen Verfassungsschutzbericht 30 Personen freiwillig mit dem Ziel zusammengeschlossen, den „nach Ende der Nachkriegsordnung am 27. April 2018" bestehenden „Volksstaat Bayern" wiederherzustellen.[46] Der Verein gründete sich im Jahr 2015 und ist in seinem Wirken damit auf Dauerhaftigkeit angelegt. Die Binnenorganisation des Vereins sieht Vereinsorgane in Form einer sog. „Administrativen Regierung" und diverse Ämter vor. Laut eigener Homepage wurde eine „Administrative Regierung" gebildet und in ihr „bestallte Vertreter" zu Verantwortlichen berufen, z. B. gibt es Zuständige für den sog. „Bereich des Innern", den sog. „Bereich des Äußeren" und den sog. „Bereich des Besonderen".[47] Des Weiteren existiert ein sog. „Staatsamt für Verkehrswesen" und ein sog. „Staatsamt für Völkerrecht".[48] Der Verein stellt Reichsbürgerdokumente aus und ruft durch Fax-Schreiben an Sicherheitsbehörden diese dazu auf, ihre Weisungsgebundenheit gegenüber dem „Volksstaat Bayern" anzuerkennen.[49] Die beschriebene Vereinsstruktur und ihr Vorgehen nach außen zeigt, dass das Vereinsleben ein ausreichendes Maß an organisierter Willensbildung aufweist.

Da die Anforderungen an den öffentlich-rechtlichen Vereinsbegriff niedrig sind, um eine Vielzahl von Formen des Zusammenschlusses mehrerer Personen mit einer gemeinsamen Zielsetzung darunter fassen zu können, ist davon auszugehen, dass die Mehrzahl der unter I. beschriebenen Gruppierungen und Organisationen auch ohne

---

[43] *Groh*, in: Groh (Hrsg.), Vereinsgesetz, 2012, § 2, Rn. 9; *Schnorr*, Öffentliches Vereinsrecht, 1965, § 2, Rn. 22; *Vormbaum*, JR 2017, 503 (507).

[44] VG München, Urteil vom 08.05.2019 – M 7 K 17.2106, juris, Rn. 30; *Vormbaum*, JR 2017, 503 (504).

[45] Siehe ausführlich zum Vereinsbegriff unter Zweiter Teil Kapitel 5.

[46] *Bayerisches Staatsministerium des Innern, für Sport und Integration, Abteilung Verfassungsschutz*, Verfassungsschutzbericht 2018, veröffentlicht im Mai 2019, S. 187.

[47] Volksstaat Bayern, Administrative Regierung, abrufbar unter https://volksstaat-bayern.info/administrative-regierung/bestallte-vertreter (zuletzt abgerufen am 15.03.2023).

[48] Volksstaat Bayern, Ämter, abrufbar unter https://volksstaat-bayern.info/administrative-regierung/bestallte-vertreter (zuletzt abgerufen am 15.03.2023).

[49] *Bayerisches Staatsministerium des Innern, für Sport und Integration, Abteilung Verfassungsschutz*, Verfassungsschutzbericht 2018, veröffentlicht im Mai 2019, S. 188.

Einzelfallprüfung die Merkmale des Vereinsbegriffes erfüllen. Als Vereine im Sinne des Vereinsgesetzes sind sie taugliche Adressaten vereinsrechtlicher Maßnahmen, wie Vereins- oder Kennzeichenverbote, oder waffenrechtlicher Maßnahmen, die sich mit ihrer Zugehörigkeit zur Reichsbürgerbewegung bzw. zu einzelnen Reichsbürgervereinen begründen lassen.

II. Möglichkeit von Vereinsverboten innerhalb der Reichsbürgerbewegung

Während Einzelpersonen hauptsächlich polizei-, ordnungswidrigkeiten- oder strafrechtlich begegnet wird,[50] sind gegen Reichsbürgervereine auch vereinsrechtliche Maßnahmen, insbesondere Vereinsverbote möglich. Die Ideologie, die in der Reichsbürgerszene vertreten wird, ist – wenn sie in die Tat umgesetzt wird – grundsätzlich geeignet, jeden Verbotstatbestand zu erfüllen.

1. Strafgesetzwidrigkeit

Die angedrohten Erschießungen Andersgläubiger bzw. von Menschen ohne deutsche Staatsbürgerschaft durch die Vereinigung „Reichsbewegung – Neue Gemeinschaft von Philosophen" laufen den Strafgesetzen zuwider, vgl. Art. 9 Abs. 2 GG i.V.m. § 3 Abs. 1 VereinsG.[51] Gleiches gilt für die Aktivitäten der Vereinigung „Deutsche Polizei Hilfswerk" sowie die Mitglieder einer Gruppierung um Burghard Bangert, gegen die wegen geplanter Anschläge gegen Juden, Polizisten und Asylsuchenden kurzzeitig wegen der Bildung einer terroristischen Vereinigung nach § 129a StGB ermittelt wurde.[52] Im Gegensatz zu den Straftatbeständen nach §§ 129, 129a StGB genügt es für ein Vereinsverbot nach Art. 9 Abs. 2 GG i.V.m. § 3 Abs. 1 VereinsG, dass die

---

[50] *Leppert/Kretschmann*, Die Polizei 2017, 286 beschreiben insoweit polizeirechtliche Maßnahmen, wie Feststellung der Identität (z.B. §§ 11 ff. BbgPolG), Platzverweisung (§ 16 BbgPolG), Festhalten von Störern (§ 164 StPO) und wiederkehrende Verhaltensmuster, die straf- oder ordnungsrechtlich etwa als Widerstand gegen Vollstreckungsbeamte (§ 113 StGB), Urkundenfälschung (§ 267 StGB), Verschaffen von falschen amtlichen Ausweisen (§ 276 StGB), Benutzung von Wappen (§ 124 OWiG) oder Verunglimpfung des Staates und seiner Symbole (§ 90a StGB) geahndet werden können; siehe auch *Vormbaum*, JR 2017, 503, der insoweit noch auf Hochverrat (§ 81 StGB), Bildung krimineller Vereinigungen (§ 129 StGB), Amtsanmaßung (§ 132 StGB), Volksverhetzung (§ 130 StGB), Verwenden von Kennzeichen verfassungswidriger Organisationen (§ 86a StGB), Beleidigung, Nötigung und Bedrohung (§§ 185, 240 f. StGB) eingeht; siehe auch *Caspar/Neubauer*, KommJur 2017, 361 (365); *Caspar/Neubauer*, in: Wilking (Hrsg.), „Reichsbürger", 3. Aufl. 2017, S. 165 ff.; *Wetzel*, in: Ministerium für Inneres und Sport des Landes Sachsen-Anhalt (Hrsg.), Reichsbürger, Sonderlinge oder Teil der rechtsextremen Bewegung?, 2015, S. 33 ff.

[51] *Rathje*, „Wir sind wieder da", Die „Reichsbürger": Überzeugungen, Gefahren und Handlungsstrategien, 2014, S. 21 f.; *Speit*, in: Speit (Hrsg.), Reichsbürger, 2018, S. 5.

[52] *Janz/Speit*, in: Speit (Hrsg.), Reichsbürger, 2018, S. 118 ff.; *Rathje*, Reichsbürger, Selbstverwalter und Souveränisten, 2017, S. 28; *Vormbaum*, JR 2017, 503 (507).

Zwecke und Tätigkeiten des Vereins den Strafgesetzen zuwiderlaufen, ohne dass dem Verbotsverfahren ein Ermittlungsverfahren vorausgehen muss.[53] Die Verbotsbehörden können gegen strafgesetzwidrige Vereine strafverfahrensunabhängig einschreiten. Das Vereinsverbot ist ein Instrument des präventiven Verfassungsschutzes, dessen Voraussetzungen bereits erfüllt sind, wenn ein Verein durch das ihm zurechenbare strafgesetzwidrige Verhalten seiner Mitglieder geprägt wird.[54] Eine konkrete Gefahren- oder Eingriffsschwelle existiert nicht. Art. 9 Abs. 2 GG schafft damit einen Verbotstatbestand, der über den Straftatbestand des § 129 StGB hinausgeht und eine weitere Möglichkeit darstellt, strafgesetzwidriges Verhalten in koordinierter Form zu sanktionieren.[55]

2. Verfassungsfeindlichkeit

Alle Anhänger der Reichsbürgerbewegung eint die Ablehnung der Existenz bzw. der Souveränität Deutschlands.[56] Indem sie etwa den Fortbestand eines Deutschen Reiches vertreten, erkennen sie die Staatsgrenzen nicht an und richten sich gegen die aktuelle verfassungsmäßige Ordnung, die von Art. 9 Abs. 2 GG ebenfalls umfasst ist.[57] *Hüllen*, *Homburg* und *Krüger* analysieren unter Heranziehung anerkannter „Strukturmerkmale extremistischer Doktrinen" die Reichsbürgerbewegung und ihre Ideologie und grenzen sie als extremistische Bewegung von legitimen Systemkritikern ab. Typische Strukturmerkmale sind ein dogmatischer Absolutheitsanspruch, eine identitäre Gesellschaftskonzeption, ein dualistischer Rigorismus, holistische Steuerungsabsichten und eine Einstellung zur fundamentalen Verwerfung.[58]

Extremisten und als solche auch die Anhänger der Reichsbürgerbewegung halten ihre Überzeugungen für die einzig wahren und allgemeingültigen. Insoweit beanspruchen sie für ihre Weltsicht eine Absolutheit, die in letzter Konsequenz keinen Raum für Andersdenkende lässt.[59] Unabhängig davon, ob sie den Fortbestand eines Deutschen Reiches oder die Neugründung eines Scheinstaates verfolgen, melden sie

---

[53] *Vormbaum*, JR 2017, 503 (507), der darum eine Strafbarkeit nach §§ 129, 129a StGB bei Reichsbürgervereinigungen, deren Zwecke und Tätigkeiten darin liegen, ein Deutsches Reich fortzuführen, ablehnt; siehe zur ausführlichen Darstellung des Verbotsgrundes der Strafgesetzwidrigkeit Zweiter Teil Kapitel 6 B.
[54] BVerfG, Nichtannahmebeschluss vom 02.07.2019 – 1 BvR 1099/16, juris, Rn. 29; *Bannenberg/R. Schmidt*, Kriminalistik 2019, 563 (564 f.).
[55] *Kemper*, in: von Mangoldt/Klein u. a. (Hrsg.), Grundgesetz, 7. Aufl. 2018, Art. 9, Rn. 48; *Scholz*, in: Dürig/Herzog u. a. (Hrsg.), Grundgesetz, Lfg. 96 November 2021, Art. 9, Rn. 123.
[56] Zur Ideologie der Reichsbürger u. v. *Hüllen/Homburg u. a.*, in: Wilking (Hrsg.), „Reichsbürger", 3. Aufl. 2017, S. 14, 18; *Rathje*, Reichsbürger, Selbstverwalter und Souveränisten, 2017, S. 46; *Vormbaum*, JR 2017, 503 (504).
[57] Siehe zur ausführlichen Darstellung des Verbotsgrundes des Sichrichtens gegen die verfassungsmäßige Ordnung Zweiter Teil Kapitel 7 B. II 1.
[58] *Hüllen/Homburg u. a.*, in: Wilking (Hrsg.), „Reichsbürger", 3. Aufl. 2017, S. 29 ff.
[59] *Hüllen/Homburg u. a.*, in: Wilking (Hrsg.), „Reichsbürger", 3. Aufl. 2017, S. 30.

durch die von ihnen angestrebte Beseitigung und Überwindung der bestehenden Ordnung einen ganzheitlichen Steuerungsanspruch über die Gesellschaft an. Indem etwa die „Exil-Regierung Deutsches Reich" die Bundesrepublik Deutschland in Vorträgen als „unsouverän" und „illegitim" bzw. als „BRD GmbH" diffamiert, verdeutlichen die Mitglieder ihre Ablehnung der aktuellen Verfasstheit der Gesellschaft als demokratischen Verfassungsstaat mit einer freiheitlich-demokratischen Grundordnung.[60] Stattdessen konstruieren sie zum Teil eine identitäre Gesellschaft, in der der Gruppe eine größere Bedeutung als dem einzelnen Menschen zukommt. Der Mensch wird nicht als eigenständiges und souveränes Individuum gesehen, sondern hat sich als Bestandteil eines Kollektivs unterzuordnen. Indem beispielsweise die Vereinigung „NeuDeutschland" in ihrer konstitutionellen Wahlmonarchie nur Personen aus dem „dritten Stand" ein Wahlrecht zuerkennen wollte, hätte sich ihr Staatsmodell gegen abweichende Meinungen und im Ergebnis gegen den Pluralismus als Bestandteil einer offenen Gesellschaft gerichtet.[61] Nicht nur die Bildung abgrenzbarer Eliten – so bilden etwa die „Exil-Regierung Deutsches Reich" sowie der „Freistaat Preußen" ihre Gemeinschaftsordnung auf Basis ethnischer Identitäten[62] – auch die aktive Konstruktion von Feindbildern, etwa unter Rückgriff auf Verschwörungstheorien oder antisemitischer Annahmen, ist ein weiteres Strukturmerkmal extremistischer Strömungen.[63]

Hüllen, *Homburg* und *Krüger* orientieren sich am politikwissenschaftlichen Extremismusbegriff und nicht am für Vereinsverbote relevanten normativen Extremismusbegriff, der sich aus dem verfassungsrechtlichen Begriffsverständnis der verfassungsmäßigen Ordnung bzw. der freiheitlich-demokratischen Grundordnung sowie einfachgesetzlich aus den Verfassungsschutzgesetzen herleitet. Zur Erfüllung der Voraussetzungen eines Vereinsverbotes nach Art. 9 Abs. 2 GG muss sich der Verein gegen die Menschenwürde, gegen das Demokratieprinzip, einschließlich seiner differenzierten Ausprägungen, oder gegen den Rechtsstaat, im Einzelnen die Gewaltenteilung, die Gesetzmäßigkeit der Verwaltung oder gegen die Unabhängigkeit der Gerichte richten.[64] Ohne an dieser Stelle eine vertiefte Prüfung der Ansätze der Reichsbürgerbewegung im Lichte des Verbotstatbestands leisten zu können, dürften bereits die antisemitischen und rechtsextremistischen Annahmen der Reichsbürger zu Bedenken hinsichtlich der Wahrung der verfassungsmäßige Ordnung führen. Auch die

---

[60] *Hüllen/Homburg u. a.*, in: Wilking (Hrsg.), „Reichsbürger", 3. Aufl. 2017, S. 31 ff.

[61] *Hüllen/Homburg u. a.*, in: Wilking (Hrsg.), „Reichsbürger", 3. Aufl. 2017, S. 30.

[62] *Hüllen/Homburg u. a.*, in: Wilking (Hrsg.), „Reichsbürger", 3. Aufl. 2017, S. 32; Freistaat Preußen, Staatsangehörigkeitsausweis des Staates Freistaat Preußen, abrufbar unter https://freistaat-preussen.world/bekanntmachungen/staatliche-dokumente/staatsangehoerigkeitsausweis (zuletzt abgerufen am 15.03.2023).

[63] *Hüllen/Homburg u. a.*, in: Wilking (Hrsg.), „Reichsbürger", 3. Aufl. 2017, S. 31 f.

[64] *Cornils*, in: Epping/Hillgruber (Hrsg.), BeckOK Grundgesetz, 51. Edition, Stand 15.05.2022, Art. 9, Rn. 26; *Kannengießer*, in: Schmidt-Bleibtreu/Hofmann u. a. (Hrsg.), Grundgesetz, 15. Aufl. 2022, Art. 9, Rn. 19; siehe ausführlich dazu Zweiter Teil Kapitel 7 B. II 1.

Autoren sehen insoweit mit Blick auf eine mögliche Beobachtung durch den Verfassungsschutz Überschneidungen.[65]

3. Völkerverständigungswidrigkeit

Eine Vielzahl von Reichsbürgern vertritt in Abgrenzung zu den Selbstverwaltern den Ansatz, ein deutsches Reich bestünde je nach Reichsidee in den Grenzen von 1871, 1914 oder 1937 fort. Diverse Landesämter für Verfassungsschutz und auch das Bundesamt für Verfassungsschutz stufen diesen Ansatz als gebietsrevisionistisch und darum völkerverständigungswidrig im Sinne des Art. 9 Abs. 2 GG[66] ein.[67] Er richtet sich unmittelbar gegen die territoriale Integrität der Nachbarstaaten Deutschlands, die ihre Staatsgebiete in den nach 1945 bzw. nach der Wiedervereinigung 1990 akzeptierten Grenzen definieren. Die Vereinigung „Exil-Regierung Deutsches Reich" erklärt etwa auf ihrer Homepage folgendes zu den Staatsgrenzen:

„Der Begriff Wiedervereinigung ist demnach irreführend, da nur zwei Teile Deutschlands, die Bundesrepublik Deutschland (Westdeutschland) und die Deutsche Demokratische Republik (Mitteldeutschland), vereinigt wurden, Ostdeutschland aber immer noch besetzt ist und deutsche Staaten wie Österreich, Luxemburg oder Liechtenstein immer noch eigene Kleinstaaten sind."[68]

Wie auch bei anderen Phänomenen, etwa des Links- oder Ausländerextremismus bzw. bei islamistisch-extremistischen Vereinen, wird auch bei den Reichsbürgervereinigungen der Nachweis einer aggressiv-kämpferischen Haltung bzw. der fortlaufenden Untergrabung am schwierigsten sein. Um einen Verein wegen Bestrebungen gegen die verfassungsmäßige Ordnung oder den Gedanken der Völkerverständigung verbieten zu können, müssen dessen Aktivitäten im Gesamtbild verbunden mit einem entsprechenden Handlungswillen explizit auf die Beeinträchtigung oder Beseitigung

---

[65] *Hüllen/Homburg u. a.*, in: Wilking (Hrsg.), „Reichsbürger", 3. Aufl. 2017, S. 35 f.

[66] Siehe zur ausführlichen Darstellung des Verbotsgrundes des Sichrichtens gegen den Gedanken der Völkerverständigung Zweiter Teil Kapitel 7 B. II 2.

[67] *Bundesamt für Verfassungsschutz*, „Reichsbürger" und „Selbstverwalter", Dezember 2018, S. 10; *Landesamt für Verfassungsschutz Hessen*, Verfassungsschutzbericht 2018, veröffentlicht im August 2019, S. 114; *Ministerium für Inneres und Sport des Landes Sachsen-Anhalt*, „Reichsbürgerbewegung" und „Selbstverwalter", abrufbar unter https://mi.sachsen-anhalt.de/verfassungsschutz/themenfelder/reichsbuergerbewegung/ (zuletzt abgerufen am 15.03.2023); *Ministerium für Inneres und Europa Mecklenburg-Vorpommern*, „Reichsbürger und Selbstverwalter" in Mecklenburg-Vorpommern, Bürgerinformation, April 2018.

[68] Exil-Regierung Deutsches Reich, 3. Oktober 2016 – der wahre Volkstrauertag!, abrufbar unter http://friedensvertrag.org/index.php/aktuelles/493-3-oktober-2016-%E2%80%93-der-wahre-volkstrauertag (zuletzt abgerufen am 15.03.2023); siehe auch *Goertz*, der kriminalist 2019, 6 (7).

der Verfassungsordnung Deutschlands gerichtet sein. Systemkritische Ansichten allein genügen nicht.[69]

Die Reichsbürgerbewegung wird insgesamt für gewaltbereit, militant und waffenaffin gehalten. Die Selbstverwalter Adrian Ursache aus Reuden, Sachsen-Anhalt, und Wolfgang Plan aus Georgensmünd, Bayern, haben im Rahmen einer Zwangsräumung bzw. einer Hausdurchsuchung zur Beschlagnahmung von Waffen vor dem Einsatz ihrer Waffen nicht Halt gemacht. In beiden Fällen wurden Menschen verletzt bzw. getötet.[70] Mitglieder der Vereinigung „Deutsche Polizei Hilfswerk (DPHW)" hielten am 23. November 2012 einen Gerichtsvollzieher in Sachsen mittels körperlicher Gewalt fest.[71] In der Folgezeit kam es zu vergleichbaren Nachahmungen, bei denen Gerichtsvollzieher tätlich und verbal angegriffen wurden.[72] Auch die geplanten Aktivitäten der Vereinigung „Reichsbewegung – Neue Gemeinschaft von Philosophen" sowie der Mitglieder der Gruppierung um Burghard Bangert zeigen ein Gewaltpotential.[73]

Aufgrund der Vielzahl handelnder Akteure ist eine generelle Bewertung ihres Gefährdungspotentials momentan schwierig.[74] Die Einschätzungen zur Gefährlichkeit der Anhänger der Reichsbürgerbewegung divergieren und sind vom jeweiligen Einzelfall abhängig. In den meisten Fällen beschränken sich die Reichsbürger darauf, die Legitimität der verfassungsmäßigen Ordnung verbal abzulehnen.[75] Wie dargestellt gibt es aber auch Anhaltspunkte, dass zumindest Teile der Anhänger und Vereinigungen innerhalb der Reichsbürgerbewegung bereit sind, sich durch die Ausübung von Gewalt und Zwang aktiv-kämpferisch gegen die verfassungsmäßige Ordnung zu richten und in Rechte Dritter einzugreifen. Insbesondere nach den Zwischenfällen um die Selbstverwalter Ursache und Plan änderte sich die Einschätzung zulasten der Anhänger der Reichsbürgerbewegung und ihr Radikalisierungs- und damit Bedrohungspotential wird nunmehr höher eingeschätzt.[76]

---

[69] Siehe zu dem Begriffsverständnis des Sichrichtens ausführlich unter Zweiter Teil Kapitel 7 B. II 3.

[70] *Caspar/Neubauer*, LKV 2017, 1 (2); *Goertz*, der kriminalist 2019, 6 (9 f.); *Speit*, in: Speit (Hrsg.), Reichsbürger, 2018, S. 7 f.; *Rathje*, Reichsbürger, Selbstverwalter und Souveränisten, 2017, S. 27 f.

[71] *Caspar/Neubauer*, in: Wilking (Hrsg.), „Reichsbürger", 3. Aufl. 2017, S. 98; *Rathje*, „Wir sind wieder da", Die „Reichsbürger": Überzeugungen, Gefahren und Handlungsstrategien, 2014, S. 22; *Schulze*, in: Wilking (Hrsg.), „Reichsbürger", 3. Aufl. 2017, S. 200; gegen die DPHW wurden nach dem Vorfall Ermittlungen wegen der Bildung einer kriminellen Vereinigung nach § 129 StGB eingeleitet.

[72] *Janz/Speit*, in: Speit (Hrsg.), Reichsbürger, 2018, S. 123 f.

[73] *Hermann*, „Reichsbürger" und Souveränisten, 2. Aufl. 2018, S. 25 f.

[74] *Caspar/Neubauer*, LKV 2017, 1 (2); *Goertz*, der kriminalist 2019, 6 (10).

[75] *Vormbaum*, JR 2017, 503 (506).

[76] *Freitag*, in: Backes (Hrsg.), Jahrbuch Extremismus & Demokratie (E & D), 2014, S. 167 f.; *Wille*, GreifRecht 27/2019, 21 (31 f.).

4. Verbot des Vereins „Geeinte deutsche Völker und Stämme"

Mit Verfügung vom 19. Februar 2020 wurde mit dem Verein „Geeinte deutsche Völker und Stämme (GdVuSt)" und der Teilorganisation „Osnabrücker Landmark" durch den Bundesinnenminister erstmals eine Reichsbürgervereinigung verboten und aufgelöst.[77] Das Verbot wurde mit allen drei Verbotsgründen begründet, d. h. die Zwecke und Tätigkeiten des Vereins „Geeinte deutsche Völker und Stämme" liefen den Strafgesetzen zuwider und er richtete sich gegen die verfassungsmäßige Ordnung und gegen den Gedanken der Völkerverständigung.[78] Er fiel durch rassistische, antisemitistische, geschichtsrevisionistische und demokratieintolerante Äußerungen und teils drastische Drohungen seiner Mitglieder auf. Diese leugneten die Legitimität der Bundesrepublik Deutschland und strebten ein eigenes „naturstaatliches" Rechtssystem an. Die Bundesrepublik Deutschland sei die „niedrigste Staatsform" und ein bloßes „Handelskonstrukt". Die Vereinsmitglieder schreckten auch vor der Begehung von Straftaten nicht zurück.[79] Laut Verfassungsschutzbericht 2021 setzt der Verein „Geeinte deutsche Völker und Stämme" seine Aktivitäten trotz Verbot fort. Die Hauptprotagonistin bietet weiterhin kostenpflichtige Seminare an und ist durch zahlreiche Schreiben an Behörden aktiv.[80]

III. Zusammenfassung

Bisher gab es kaum Anhaltspunkte, dass das Instrument der Vereinsverbote für Vereinigungen der Reichsbürgerbewegung erwogen wurde. Der öffentliche Diskurs beschränkte sich weitestgehend auf verfassungsschutzrechtliche Maßnahmen, wie die Beobachtung der Szene und einzelner Vereinigungen. Eine erste Prüfung der Verbotsvoraussetzungen hat jedoch gezeigt, dass Vereinsverbote als Maßnahme gegen Reichsbürger durchaus geeignet sein können. Reichsbürgervereinen mit Vereinsverboten zu begegnen, hat die Vorteile, dass ihre Strukturen („ihr Reich/Staat") aufgelöst werden, ihr Vermögen beschlagnahmt und ihre Betätigungen (z. B. Internetauftritte, Seminare) untersagt werden können sowie auch ihre Außenwirkung durch Kennzeichenverbote beschränkt werden kann. Dass diese Erkenntnis zunehmend auch die

---

[77] Deutsche Völker, Startseite, verantwortlich Heike Werding, vor dem Verbot abrufbar unter https://deutsche-voelker.de/ (zuletzt abgerufen am 24.02.2020).

[78] *Bundesministerium des Innern*, Bundesinnenminister Seehofer verbietet mit „Geeinte deutsche Völker und Stämme" erstmals Reichsbürgervereinigung, abrufbar unter https://www.bmi.bund.de/SharedDocs/pressemitteilungen/DE/2020/03/verbot-reichbuergervereinigung.html (zuletzt abgerufen am 15.03.2023).

[79] *Bundesministerium des Innern*, Bundesinnenminister Seehofer verbietet mit „Geeinte deutsche Völker und Stämme" erstmals Reichsbürgervereinigung, abrufbar unter https://www.bmi.bund.de/SharedDocs/pressemitteilungen/DE/2020/03/verbot-reichbuergervereinigung.html (zuletzt abgerufen am 15.03.2023).

[80] *Bundesamt für Verfassungsschutz*, Verfassungsschutzbericht 2021, veröffentlicht am 07.06.2022, S. 106 f.

Sicherheitsbehörden haben, wird durch das erste Verbot einer Reichsbürgervereinigung unterstrichen.

Anhänger der Reichsbürgerbewegung gruppieren sich in Vereinigungen und Organisationen, die die Anforderungen an den öffentlichen Vereinsbegriff nach § 2 Abs. 1 VereinsG erfüllen. Annahmen, Ideologie und Bestrebungen einzelner Reichsbürgervereinigungen weisen zudem Überschneidungen zu den Verbotstatbeständen in Art. 9 Abs. 2 GG i. V. m. § 3 Abs. 1 VereinsG auf. Die Ansätze der Reichsbürger kollidieren mit den Prinzipien der freiheitlich-demokratischen Grundordnung, indem sie die verfassungsmäßige Ordnung des demokratischen Rechtsstaates delegitimieren.

Die Beweisführung, dass Reichsbürgervereine innerhalb der Reichsbürgerbewegung verbotsrelevante Bestrebungen verfolgen, wird wegen der Heterogenität und Dynamik der Bewegung sowie der einzelnen Strömungen innerhalb der Reichsbürgerideologie herausfordernd für die Sicherheitsbehörden sein. Für konkrete Verbote ist eine Einzelfallprüfung der Vereinigungen, ihrer Bestrebungen und Tätigkeiten unerlässlich. Bei den vorangehend genannten Vereinigungen sind, wie aufgezeigt, durchaus Anknüpfungspunkte für eine solche Prüfung durch die Verbotsbehörden erkennbar.

C. Waffenrecht und Reichsbürger

Ein weiterer zentraler Anknüpfungspunkt im Vorgehen gegen Reichsbürger stellt das Waffenrecht dar. Insgesamt wurden bundesweit bis 2018 noch 910 Szeneangehörige mit waffenrechtlichen Erlaubnissen identifiziert (2017: 1.100).[81] Niedersachsen ordnete durch seinen damaligen Innenminister *Boris Pistorius* im November 2016 als erstes Bundesland die systematische Entwaffnung aller Anhänger der Reichsbürgerszene an.[82] Im Juni 2017 beschloss die Innenministerkonferenz, dass Anhängern der Reichsbürgerbewegung grundsätzlich die erforderliche waffenrechtliche Zuverlässigkeit fehlt und ihnen darum die waffenrechtliche Erlaubnis widerrufen werden soll.[83] Daraufhin leitete man unter anderem auch in Baden-Württemberg[84] und Bayern Widerrufsverfahren gegen alle als Reichsbürger identifizierten Waffenerlaubnisinhaber ein, worauf etwa in Bayern 379 Erlaubnisse widerrufen und 670 Waffen ent-

---

[81] *Bundesamt für Verfassungsschutz*, Verfassungsschutzbericht 2018, veröffentlicht am 27.06.2019, S. 96 f.

[82] *Ministerium des Innern und für Sport Niedersachsen*, Waffenrecht, Waffenrechtliche Unzuverlässigkeit von sog. „Reichsbürgern", RdErl. d. MI v. 15.11.2016 – 22.13-12240/P5 N2 (Nds. MBl. 2017 S. 211); *Hermann*, „Reichsbürger" und Souveränisten, 2. Aufl. 2018, S. 25; *Janz/Speit*, in: Speit (Hrsg.), Reichsbürger, 2018, S. 117.

[83] *Innenministerkonferenz*, Sammlung der zur Veröffentlichung freigegebenen Beschlüsse der 206. Sitzung der Ständigen Konferenz der Innenminister und -senatoren der Länder, 16.06.2017, S. 6.

[84] *Janz/Speit*, in: Speit (Hrsg.), Reichsbürger, 2018, S. 118.

zogen wurden.⁸⁵ Laut Verfassungsschutzbericht 2021 wurde bis Ende 2021 mindestens 1.050 Reichsbürgern und Selbstverwaltern die waffenrechtliche Erlaubnis entzogen. Bei etwa 500 Personen steht der Entzug noch aus.⁸⁶

Obwohl die Reichsbürgerbewegung seit der Neugründung der Bundesrepublik Deutschland bzw. spätestens seit der Gründung der ersten Kommissarischen Reichsregierung durch Günter Ebel 1985 existiert, spielte sie in der verwaltungsgerichtlichen Praxis mit ersten vereinzelten Entscheidungen seit 2013 bisher eine untergeordnete Rolle. Nachdem die Bewegung seit 2016 vom Verfassungsschutz beobachtet wird und die Waffenbehörden mit dem systematischen Entzug waffenrechtlicher Erlaubnisse begonnen haben, mehrten sich seit 2017 zunächst die Entscheidungen im einstweiligen Rechtsschutz. 2019 ergingen mehrere Entscheidungen in der Hauptsache. Dabei spiegelt die Entwicklung der Rechtsprechung auch den zunehmenden Erkenntnisgewinn über die Bewegung wider. Während die ersten Entscheidungen zurückhaltender waren und der waffenrechtliche Zuverlässigkeitsbegriff nach § 5 Abs. 1 Nr. 2 WaffG noch vorsichtiger ausgelegt wurde, hat sich mittlerweile insbesondere durch die Rechtsprechung der bayerischen Verwaltungsgerichte eine Argumentationslinie verfestigt, nach der sowohl Anhängern als auch Sympathisanten der Reichsbürgerbewegung waffenrechtliche Erlaubnisse wegen ihrer Unzuverlässigkeit entzogen werden.

Personen, die der Ideologie der Reichsbürgerbewegung folgen, sind wie Mitglieder der Rockergruppierungen nach § 5 Abs. 1 Nr. 2 lit. a)–c) WaffG waffenrechtlich absolut unzuverlässig.⁸⁷ Zur Feststellung der Unzuverlässigkeit bedarf es auch hier einer tatsachenbasierten Prognose, dass der Betroffene durch sein zukünftiges Verhalten waffenrechtswidrig agieren könnte. Zentraler Streitpunkt in der verwaltungsgerichtlichen Auseinandersetzung ist die Frage, welches Verhalten als heranzuziehende Tatsachen ausreicht, um die Annahme der waffenrechtlichen Unzuverlässigkeit zu rechtfertigen.

---

⁸⁵ *Bayerisches Staatsministerium des Innern, für Sport und Integration, Abteilung Verfassungsschutz*, Verfassungsschutzbericht 2018, veröffentlicht im Mai 2019, S. 186.
⁸⁶ *Bundesamt für Verfassungsschutz*, Verfassungsschutzbericht 2021, veröffentlicht am 07.06.2022, S. 109.
⁸⁷ BayVGH, Beschluss vom 25.01.2018 – 21 CS 17.2310, juris, Rn. 14; BayVGH, Beschluss vom 15.01.2018 – 21 CS 17.1519, juris, Rn. 12; BayVGH, Beschluss vom 12.12.2017 – 21 CS 17.1332, juris, Rn. 11; VG München, Urteil vom 17.09.2019 – M 7 K 17.6121, juris, Rn. 28; VG München, Gerichtsbescheid vom 01.08.2019 – M 7 K 17.5043, juris, Rn. 30; VG München, Urteil vom 21.05.2019 – M 7 K 17.2544, juris, Rn. 25; VG München, Urteil vom 21.05.2019 – M 7 K 17.2777, juris, Rn. 26; VG München, Urteil vom 08.05.2019 – M 7 K 17.1354, juris, Rn. 28 f.; VG Neustadt, Urteil vom 07.01.2019 – 5 K 836/18, juris, Rn. 37; VG Gießen, Beschluss vom 18.06.2018 – 9 L 9756/17.GI, juris, Rn. 26; VG Gießen, Beschluss vom 08.05.2018 – 9 L 8875/17.GI, juris, Rn. 27; VG Minden, Urteil vom 29.11.2016 – 8 K 1965/16, juris, Rn. 40 ff.; *Brunner*, in: Adolph/Brunner u. a. (Hrsg.), Waffenrecht, 82. EL Oktober 2019, § 5, Rn. 35, 41; *Gade*, jM 2018, 467 (473).

I. Erste Rechtsprechungsphase

In den ersten Entscheidungen von 2013 bis 2016 stufte man die Verwendung der Ansätze und Ideen, die typischerweise der Reichsbürgerbewegung zuzuordnen sind, z. B. in der Auseinandersetzung mit Behörden, für waffenrechtliche Maßnahmen noch als ungenügend ein. Laut einer Entscheidung des VG Gera genügten bloße Sympathiebekundungen mit der Reichsbürgerbewegung nicht für eine Unzuverlässigkeitsprognose, solange nicht konkrete Äußerungen bzw. Handlungen feststellbar seien. In der viel beachteten Entscheidung differenzierte das Gericht zwischen überzeugten Reichsbürgern und bloßen Sympathisanten.[88] Der in Rede stehende Selbstverwalter hatte einen Strafantrag unter Verwendung eines Briefkopfes gestellt, auf dem „X.G., Staatliche Selbstverwaltung nach UN-Resolution 56/83 und § 1 BGB" stand. Außerdem hatte er eine Klage zur „staatlichen Selbstverwaltung" vor dem Internationalen Strafgerichtshof in Den Haag unterzeichnet und mehrere Infoveranstaltungen, die Ansätze der Reichsbürger zum Gegenstand haben sollten, geplant.[89] Dabei handelte es sich nach Ansicht des VG Gera um Meinungskundgaben, die erkennen ließen, dass der Kläger „möglicherweise der sog. Reichsbürgerbewegung zumindest nahesteht".[90] Derartige Sympathiebekundungen reichten jedoch als Tatsache für die waffenrechtliche Prognose nicht aus, solange keine weiteren Umstände hinzutreten, durch die sich eine mangelnde Rechtstreue belegen ließe.[91]

Dagegen hielt das VG Ansbach die Faxe eines Waffenbesitzers an sein Finanzamt, in denen er mit der Todesstrafe drohte, für ausreichend, um dessen waffenrechtliche Unzuverlässigkeit zu rechtfertigen.[92] Er sprach dem Finanzamt das Steuer- und Vollstreckungsrecht ab, sodass die Ankündigung, eine öffentlich-rechtliche Forderung zu vollstrecken, als Plünderung in einem besetzten Gebiet zu verstehen sei, worauf die Todesstrafe stehe.[93] Das VG Cottbus ließ das strafbewehrte Verhalten eines Erlaubnisinhabers genügen, weil dieser durch sein Verhalten zeigt, dass er „die Existenz der Bundesrepublik Deutschland als Staat verneint und damit sogleich die darin bestehende Rechtsordnung offensiv ablehnt."[94] Er machte sich mehrmals wegen Fahren ohne Fahrerlaubnis strafbar und stellte Strafantrag gegen einen Polizisten wegen Amtsanmaßung. Er begründete sein Vorgehen damit, dass die Bundesrepublik Deutschland und die Polizei GmbHs seien und er sich darum nicht an die staatlichen Strukturen oder an die Rechtsordnung gebunden fühle.[95]

---

[88] *Spitzlei/Hautkappe*, DÖV 2018, 973 (981); *M. Roth*, NVwZ 2018, 1722 (1773 f.).
[89] VG Gera, Urteil vom 16.09.2015 – 2 K 525/14 Ge, ThürVBl. 2016, 73 (73).
[90] VG Gera, Urteil vom 16.09.2015 – 2 K 525/14 Ge, ThürVBl. 2016, 73 (75).
[91] VG Gera, Urteil vom 16.09.2015 – 2 K 525/14 Ge, ThürVBl. 2016, 73 (75).
[92] VG Ansbach, Urteil vom 17.01.2013 – 5 K 12.00008, juris.
[93] VG Ansbach, Urteil vom 17.01.2013 – 5 K 12.00008, juris, Rn. 23.
[94] VG Cottbus, Urteil vom 20.09.2016 – VG 3 K 305/16, juris, Rn. 19.
[95] VG Cottbus, Urteil vom 20.09.2016 – VG 3 K 305/16, juris, Rn. 20.

In der ersten Argumentationslinie der Verwaltungsgerichte zeichnete sich folglich eine Tendenz ab, dass neben einer bloßen Nähe zur Reichsbürgerbewegung oder der Verwendung typischer Reichsbürger-Argumente, weitere Umstände zur Begründung der tatsachenbasierten Prognose hinzutreten mussten, damit die Annahme der waffenrechtlichen Unzuverlässigkeit gerechtfertigt werden konnte. Derartige Umstände konnten in der Gewaltverherrlichung bzw. Drohung mit der Todesstrafe unter Rückgriff auf das Widerstandsrecht aus Art. 20 Abs. 4 GG[96] oder in strafbewehrten Verhalten liegen.[97] Die Auseinandersetzung mit Behörden unter Verwendung reichsbürgerlicher Briefköpfe wurde als bloße Sympathiebekundung für die Reichsbürgerbewegung eingestuft. Das Äußern abstruser politischer Auffassungen, so das VG Gera, lässt den Schluss eines zukünftig waffenrechtswidrigen Verhaltens nicht zu.[98]

II. Zweite Rechtsprechungsphase

Im Rahmen der Eilverfahren ließen es die Gerichte zunächst offen, ob Sympathiebekundungen hinsichtlich der Reichsbürgerbewegung für sich genommen bereits die Prognose einer waffenrechtlichen Unzuverlässigkeit rechtfertigen oder ob weitere Umstände hinzutreten müssen, um Zweifel an der Rechtstreue begründen zu können.[99]

Mittlerweile hat sich eine Argumentationslinie etabliert, nach der auch die Auseinandersetzung mit Behörden unter Verwendung reichsbürgerschaftlichen Gedankenguts oder klassischer Reichsbürgerargumente die Annahme der waffenrechtlichen Unzuverlässigkeit rechtfertigen kann, wenn sich der Betroffene nicht glaubhaft von der Reichsbürgerbewegung distanzieren kann. Demnach stufen die Verwaltungsgerichte Personen, die durch ihr Verhalten Tatsachen schaffen, nach denen die Annahme gerechtfertigt ist, dass sie zur sog. Reichsbürgerbewegung gehören, nach § 5 Abs. 1 Nr. 2 WaffG als waffenrechtlich unzuverlässig ein. Waffenrechtliche Erlaubnisse sind zu entziehen, wenn eine Zugehörigkeit zu der sog. Reichsbürgerbewegung nachgewiesen werden kann oder sich der Betroffene die Reichsbürgerideologie verbindlich zu eigen macht.[100] Der Bayerische Verwaltungsgerichtshof bestätigte mit Beschluss

---

[96] VG Ansbach, Urteil vom 17.01.2013 – 5 K 12.00008, juris, Rn. 23; *Caspar/Neubauer*, KommJur 2017, 361 (365); *Caspar/Neubauer*, in: Speit (Hrsg.), Reichsbürger, 2018, S. 90.

[97] VG Cottbus, Urteil vom 20.09.2016 – VG 3 K 305/16, juris, Rn. 20; a.A. hinsichtlich dem Hinzutreten weiterer Umstände, siehe VG Minden, Urteil vom 29.11.2016 – 8 K 1965/16, juris, Rn. 43.

[98] VG Gera, Urteil vom 16.09.2015 – 2 K 525/14 Ge, ThürVBl. 2016, 73 (75).

[99] VG München, Beschluss vom 08.06.2017 – M 7 S 17.933, juris, Rn. 27.

[100] BayVGH, Beschluss vom 25.01.2018 – 21 CS 17.2310, juris, Rn. 14; BayVGH, Beschluss vom 15.01.2018 – 21 CS 17.1519, juris, Rn. 12; BayVGH, Beschluss vom 12.12.2017 – 21 CS 17.1332, juris, Rn. 11; VG München, Urteil vom 17.09.2019 – M 7 K 17.6121, juris, Rn. 28; VG München, Gerichtsbescheid vom 01.08.2019 – M 7 K 17.5043, juris, Rn. 30; VG München, Urteil vom 21.05.2019 – M 7 K 17.2544, juris, Rn. 25; VG München, Urteil vom 21.05.2019 – M 7 K 17.2777, juris, Rn. 26; VG München, Urteil vom 08.05.2019 – M 7 K

vom 22. August 2019 die zuvor durch die Unterinstanzen entwickelte Rechtsprechungslinie[101] wie folgt:

„Wer der „Ideologie der Reichsbürgerbewegung" folgend die Existenz und Legitimation der Bundesrepublik Deutschland negiert und die auf dem Grundgesetz fußende Rechtsordnung generell nicht als für sich verbindlich anerkennt, gibt ausreichend Anlass zu der Befürchtung, dass er auch die Regelungen des Waffengesetzes nicht strikt befolgen wird."[102]

Tatsachen, mit denen die Prognose begründet werden kann, sind etwa die Beantragung eines Staatsangehörigenausweises unter Berufung auf das Reichs- und Staatsangehörigkeitsgesetz von 1913,[103] die Rückgabe des Personalausweises[104] oder Kündigung des Personalausweisvertrages,[105] Gefährderansprachen oder Schreiben an Behörden, in denen Reichsbürger-Argumente verwendet werden, z.B. im Widerspruchsverfahren gegen widerrufene waffenrechtliche Erlaubnisse[106] oder in einem Schreiben an das Polizeiverwaltungsamt.[107]

Zuletzt versuchte das VG Neustadt a.d. Weinstraße in seiner Entscheidung vom 7. Januar 2019 die Lesart des Zuverlässigkeitstatbestands enger zu ziehen. Im Kern ging es, wie auch im Verfahren vor dem VG Gera, um die Frage, ob die einmalige Verwendung historischer Bezeichnungen (hier etwa Königreich Bayern, Großher-

---

17.1354, juris, Rn. 28 f.; VG Neustadt, Urteil vom 07.01.2019 – 5 K 836/18, juris, Rn. 37; VG Gießen, Beschluss vom 18.06.2018 – 9 L 9756/17.GI, juris, Rn. 26; VG Gießen, Beschluss vom 08.05.2018 – 9 L 8875/17.GI, juris, Rn. 27; VG Minden, Urteil vom 29.11.2016 – 8 K 1965/16, juris, Rn. 40 ff.

[101] VG München, Urteil vom 17.09.2019 – M 7 K 17.6121, juris, Rn. 30; VG München, Gerichtsbescheid vom 01.08.2019 – M 7 K 17.5043, juris, Rn. 32; VG München, Urteil vom 21.05.2019 – M 7 K 17.2544, juris, Rn. 27; VG München, Urteil vom 21.05.2019 – M 7 K 17.2777, juris, Rn. 28; VG München, Urteil vom 08.05.2019 – M 7 K 17.1354, juris, Rn. 31; VG München, Urteil vom 08.05.2019 – M 7 K 17.2106, juris, Rn. 25; VG Neustadt, Urteil vom 07.01.2019 – 5 K 836/18, juris, Rn. 38; VG Gießen, Beschluss vom 18.06.2018 – 9 L 9756/17.GI, juris, Rn. 29; VG Gießen, Beschluss vom 08.05.2018 – 9 L 8875/17.GI, juris, Rn. 30; BayVGH, Beschluss vom 05.10.2017 – 21 CS 17.1300, BayVBl. 2018, 166; VG München, Beschluss vom 25.07.2017 – M 7 S 17.1813, juris, Rn. 26.

[102] BayVGH, Beschluss vom 22.08.2019 – 21 CS 18.2518, juris, Rn. 20; BayVGH, Beschluss vom 12.12.2017 – 21 CS 17.1332, juris, Rn. 13.

[103] BayVGH, Beschluss vom 16.01.2019 – 21 C 18.578, juris, Rn. 16; BayVGH, Beschluss vom 22.08.2019 – 21 CS 18.2518, juris, Rn. 3; VG München, Urteil vom 17.09.2019 – M 7 K 17.6121, juris, Rn. 32; VG München, Gerichtsbescheid vom 01.08.2019 – M 7 K 17.5043, juris, Rn. 34; VG München, Urteil vom 21.05.2019 – M 7 K 17.2777, juris, Rn. 30; VG München, Urteil vom 08.05.2019 – M 7 K 17.1354, juris, Rn. 33; VG Gießen, Beschluss vom 18.06.2018 – 9 L 9756/17.GI, juris, Rn. 30; VG Gießen, Beschluss vom 08.05.2018 – 9 L 8875/17.GI, juris, Rn. 32; VG München, Beschluss vom 08.06.2017 – M 7 S 17.933, juris.

[104] BayVGH, Beschluss vom 22.08.2019 – 21 CS 18.2518, juris; VG München, Urteil vom 17.09.2019 – M 7 K 17.6121, juris.

[105] VG München, Beschluss vom 25.07.2017 – M 7 S 17.1813, juris, Rn. 27.

[106] VG Cottbus, Urteil vom 20.09.2016 – VG 3 K 305/16, juris.

[107] VG München, Beschluss vom 23.05.2017 – M 7 S 17.408, juris, Rn. 32.

zogtum Hessen und Preußen) ausreicht, um das Gedankengut der Reichsbürgerbewegung aktiv nach außen hin zu vertreten, wenn darüber hinaus keine weiteren Hinweise auf die politischen Überzeugungen des Betroffenen existieren.[108] Das VG Neustadt a.d. Weinstraße lehnte dies, wie zu seiner Zeit das VG Gera, als ungenügend ab. Das OVG Rheinland-Pfalz hob die Entscheidung am 23. Oktober 2019[109] unter Rückgriff auf die etablierte Argumentationslinie der bayerischen Verwaltungsgerichte wieder auf.

III. Differenzierung zwischen handelnden Akteuren

Immer wieder thematisieren die Gerichte die Unbestimmtheit des Reichsbürgerbegriffs und die Heterogenität der Reichsbürgerbewegung. Das VG München führt unter vielen dazu aus, dass weniger die Zugehörigkeit (in Form von Mitgliedschaft) zur Reichsbürgerbewegung für die waffenrechtliche Prognose entscheidend ist, als vielmehr die tatsächlich nach außen getragene politische Grundhaltung.[110] Dabei wird übersehen, dass hier zwei Konstellationen unterschieden werden müssen. Die Reichsbürgerbewegung selbst ist aufgrund ihrer Vielschichtigkeit keine einzelne Gruppierung. Sie setzt sich vielmehr aus einer Vielzahl von Akteuren und Beteiligungsformen zusammen. Es gilt mit Blick auf den genauen Unzuverlässigkeitstatbestand in § 5 WaffG zu differenzieren, ob eine Einzelperson mit Reichsbürgerideologie handelt bzw. eine oder mehrere Personen als Mitglied/er einer Reichsbürgervereinigung tätig wird/werden.

Handelt eine Einzelperson mit Reichsbürgerideologie, ohne dabei der Reichsbürgerbewegung als Vereinigung zugeordnet werden zu können – weil es *die* Reichsbürgergruppierung nicht gibt –, begründet sich ihre waffenrechtliche Unzuverlässigkeit unabhängig einer Gruppenzugehörigkeit. Negiert ein Erlaubnisinhaber die Existenz der Bundesrepublik Deutschland und die Gültigkeit der Rechtsordnung, ist er nach § 5 Abs. 1 Nr. 2 WaffG absolut waffenrechtlich unzuverlässig. Das ist auch der Fall, wenn er sich selbst nicht als Reichsbürger definiert oder sich glaubhaft von einzelnen Thesen der Reichsbürgerbewegung distanzieren kann.[111]

---

[108] VG Neustadt, Urteil vom 07.01.2019 – 5 K 836/18, juris, Rn. 38; so zuvor auch schon OVG Bautzen, Beschluss vom 03.12.2018 – 3 B 379/18, NVwZ-RR 2019, 415 (416).

[109] OVG Rheinland-Pfalz, Urteil vom 23.10.2019 – 7 A 10555/19.OVG, juris; Pressemitteilung des OVG Koblenz Nr. 29/2019 vom 24.10.2019.

[110] VG München, Beschluss vom 08.06.2017 – M 7 S 17.933, juris, Rn. 30; so auch VGH Baden-Württemberg, Beschluss – 1 S 1470/17, VBlBW. 2018, 150 (Rn. 27 f.); VG Köln, Urteil vom 07.12.2017 – 20 K 8930/17, juris, Rn. 26 ff.

[111] OVG Rheinland-Pfalz, Beschluss vom 03.12.2018 – 7 B 11152/18, NVwZ-RR 2019, 814 (816); VG München, Gerichtsbescheid vom 01.08.2019 – M 7 K 17.5043, juris, Rn. 32; VG München, Urteil vom 21.05.2019 – M 7 K 17.2544, juris, Rn. 27; VG München, Urteil vom 08.05.2019 – M 7 K 17.1354, juris, Rn. 31; VG München, Urteil vom 08.05.2019 – M 7 K 17.2106, juris, Rn. 25.

Handelt/Handeln eine oder mehrere Person/en als Mitglied/er einer Reichsbürgervereinigung, müssen die vom Bundesverwaltungsgericht etablierten Kriterien zugrunde gelegt werden, nach denen die Zugehörigkeit zu einer Gruppe als Wesensmerkmal zur waffenrechtlichen Unzuverlässigkeit nach § 5 Abs. 2 Nr. 3 WaffG führen kann.[112] Die Gruppierung muss bestimmte Strukturmerkmale aufweisen, die die Annahme rechtfertigen, dass der Betroffene wegen seiner Mitgliedschaft in der Gruppierung zukünftig waffenrechtswidrig handeln wird (kausale Verbindung). Erfüllt die Reichsbürgervereinigung diese Voraussetzungen, kann die Zugehörigkeit zu dieser Vereinigung zur Begründung der waffenrechtlichen Unzuverlässigkeit geeignet sein. Genau wie bei der waffenrechtlichen Rechtsprechung zu den sog. Outlaw Motorcycle Gangs[113] kann die Gruppenzugehörigkeit ein taugliches Wesens- bzw. Persönlichkeitsmerkmal des Betroffenen sein.

IV. Zusammenfassung

Die Waffenbehörde entscheidet in einer Gesamtwürdigung aller Umstände über den konkreten Einzelfall. Die Gruppenzugehörigkeit kann als Wesensmerkmal zur Annahme einer waffenrechtlichen Unzuverlässigkeit führen. Handelt eine Einzelperson außerhalb eines Reichsbürgervereins unter Verwendung der Reichsbürgerideologie, ist die Zuordnung zur Reichsbürgerbewegung für die Annahme der Unzuverlässigkeit nicht relevant. Ausschlaggebend ist dann bereits, dass der Betroffene die Existenz der Bundesrepublik Deutschland und die Gültigkeit der Gesetze ablehnt. Innerhalb dieser Fallgruppe darf unter Heranziehung der mittlerweile etablierten Grundsätze der Rechtsprechung bezweifelt werden, dass das VG Gera in einer erneuten Befassung mit einem vergleichbaren Fall zu demselben Ergebnis kommen würde. Die Verwendung eines reichsbürgerschaftlichen Briefkopfes ließ das Gericht nicht genügen, während eine Vielzahl von Gerichten in späteren Entscheidungen in vergleichbaren Fällen zu einem anderen Ergebnis kam. Als Mitglied einer Reichsbürgervereinigung kann einem Waffenscheininhaber hingegen allein wegen dieser Gruppenzugehörigkeit die waffenrechtliche Unzuverlässigkeit abgesprochen und der Waffenschein entzogen werden.

---

[112] BVerwG, NJW 2015, 3594.
[113] Ausführlich dazu siehe Dritter Teil Kapitel 10 B. I.

Kapitel 12

Rechtspolitische Vorschläge zur Fortentwicklung des Vereinsrechts

Die eingangs aufgestellte These, dass sich im öffentlichen Vereinsrecht als besonderes Gefahrenabwehrrecht aus sicherheitsrechtlicher Perspektive ein Wandel feststellen lässt, wurde mit der Untersuchung bestätigt. Dieser tritt nicht so offenbar wie im Strafrecht zu Tage, da die Bedeutung des öffentlichen Vereinsrechts insbesondere in Abgrenzung zu anderen ordnungsrechtlichen Instrumentarien seit jeher unterschätzt wird. Doch zeigt die vorangegangene Auswertung der verwaltungsgerichtlichen Rechtsprechung zu Vereinsverboten, dass die Anzahl von Verfügungen vereinsrechtlicher Maßnahmen beachtlich gestiegen ist und das Vereinsverbot eines der zentralen Instrumente in der Gefahrenabwehr gegen strafgesetzwidrige, verfassungsfeindliche und völkerverständigungswidrige Vereinigungen darstellt.

In der Arbeit wurden zwei Phänomene ausgewählt, die bei Einführung des öffentlichen Vereinsgesetzes im Jahr 1964 noch nicht existierten. Die ersten in Deutschland aktiven sog. Outlaw Motorcycle Gangs waren Gremium MC und Hells Angels MC. Gremium MC wurde 1972 in Mannheim gegründet. Der Hells Angels MC existiert seit 1973 in Deutschland. Der Islamismus als Bedrohungsquelle und mit ihm islamistisch-extremistische Vereine beschäftigen die Sicherheitsbehörden erst seit der Jahrtausendwende. Die Übertragung vereinsrechtlicher Tatbestände auf diese Gefährdungsphänomene hat einerseits Grenzen, andererseits ungenutzte Spielräume offenbart.

Die Vereinigungsfreiheit stellt bereits wegen der verfassungsunmittelbaren Regelung der Beschränkungsmöglichkeiten ein hohes Schutzgut dar. Beschränkungen der Vereinigungsfreiheit müssen sich darum am Maßstab der restriktiven Auslegung als Ausprägung des Grundsatzes der Verhältnismäßigkeit messen lassen. Gleichzeitig wurde aufgezeigt, dass der Einsatz vereinsrechtlicher Maßnahmen insbesondere bei der vertikalen Zurechnung verbotswürdigen Verhaltens unter Schwestervereinen ausgebaut werden kann. Zur Fortentwicklung des Vereinsrechts werden die rechtspolitischen Vorschläge im Folgenden noch einmal zusammengefasst.

A. Notwendigkeit zur Weiterentwicklung des Vereinsrechts

Das Vereinsrecht ist in Bewegung. Der Gesetzgeber ist seit der Jahrtausendwende mehrmals tätig geworden. Die Verbotstatbestände für ausländische Vereine und Ausländervereine in § 14 VereinsG wurden erweitert und das Kennzeichenverbot nach § 9 VereinsG ausgebaut. Darüber hinaus wurde der Zuverlässigkeitstatbestand in § 5 WaffG im Rahmen der individuellen Einzelfallbewertung dahingehend erweitert, dass auch die Gruppenzugehörigkeiten von Personen stärker zur Bewertung der personenbezogenen Zuverlässigkeit herangezogen werden kann. Die Verbotsbehörden, d. h. der Bundesinnenminister sowie die sechzehn Landesinnenministerien, nutzen im Fall der Rockervereine seit 2010 (vgl. Anhang 1) und im Fall der islamistisch-extremistischen Vereine seit der Jahrtausendwende (vgl. Anhang 2) verstärkt die Instrumente des Vereinsrechts. Verwaltungsgerichte, die ordentlichen Gerichte und zuletzt sogar das Bundesverfassungsgericht setzen sich immer öfter mit den angefochtenen Verbotsverfügungen auseinander.

Die Anzahl der ausgewerteten verwaltungsgerichtlichen Entscheidungen haben gezeigt, dass vereinsrechtliche Maßnahmen oder andere Maßnahmen, wie der Entzug von waffenrechtlichen Erlaubnissen, taugliche Instrumente im Vorgehen gegen kriminelle Vereine und extremistische Vereine darstellen. Sie zeigen auch ihre Wirkung. Die Präsenz der Rockerclubs in der Öffentlichkeit ist zurückgegangen und die Bürger nehmen einen aktiven, sich wehrenden Staat wahr. Die zahlreichen Verbote in der islamistisch-extremistischen Szene führten zur Verunsicherung und Fragmentierung der Strukturen.[1] Das Bundesamt für Verfassungsschutz attestierte den Maßnahmen im Verfassungsschutzbericht von 2018 ihre Wirkung. Es hält Vereinsverbote für ein geeignetes Mittel, „um die organisatorischen und finanziellen Möglichkeiten von Islamisten zu beschränken. Wenngleich sich dadurch extremistische Gesinnungen nicht ändern, werden Strukturen und Kommunikationswege doch nachhaltig gestört."[2] Im Verfassungsschutzbericht von 2021 stellt es fest, dass sich die salafistische und jihadistische Szene infolge staatlicher Maßnahmen verändert hat. Sie sei heterogener geworden. Die überregionalen Strukturen seien weniger sichtbar und rückläufig. Das Personenpotential sei zuletzt zurückgegangen.[3]

Diesem den Maßnahmen zugeschriebene Erfolg steht diametral der Umstand entgegen, dass sich der Rechtsrahmen seit 1964 bis auf die Verbotstatbestände in § 14

---

[1] So *Schliephack*, in: Siewert/Künder, Gegenwärtige Entwicklungen und Trends des Terrorismus erkennen, 12. November 2018, abrufbar unter https://www.kas.de/veranstaltungsberichte/detail/-/content/gegenwartige-entwicklungen-und-trends-des-terrorismus-erkennen (zuletzt abgerufen am 15.03.2023).

[2] *Bundesamt für Verfassungsschutz*, Verfassungsschutzbericht 2018, veröffentlicht am 27.06.2019, S. 204.

[3] *Bundesamt für Verfassungsschutz*, Verfassungsschutzbericht 2021, veröffentlicht am 07.06.2022, S. 179.

VereinsG und den Bereich der Kennzeichenverbote in § 9 VereinsG kaum weiterentwickelt hat. Insbesondere bei der Auslegung der verfassungsunmittelbar festgelegten Verbotstatbestände sowie bei der Rechtfertigung von Eingriffen in die religiöse Vereinigungsfreiheit durch Verbote von Religionsgemeinschaften stoßen Rechtsanwender teilweise an Grenzen, die nur durch eine stete Fortentwicklung des Rechtsrahmens gelöst werden können. Der Bundesrat plädierte zuletzt 2016 im Rahmen des zweiten Änderungsgesetzes des Vereinsgesetzes dafür, das öffentliche Vereinsrecht im Hinblick auf die Bedürfnisse der Praxis zu prüfen und fortzuentwickeln. Das Vereinsgesetz hätte, wie das Versammlungsgesetz, schon lange überarbeitet werden sollen.[4]

B. Keine Neuregelung des Schrankenvorbehalts in Art. 9 Abs. 2 GG

Ein Grund für die Hemmungen des Gesetzgebers, stärker gestalterisch tätig zu werden, liegt in der seltenen verfassungsunmittelbaren Regelung der Schranken der Vereinigungsfreiheit in Art. 9 Abs. 2 GG. Neben der Vereinigungsfreiheit enthält nur das Grundrecht der Unverletzlichkeit der Wohnung in Art. 13 Abs. 7 Halbsatz 1 GG eine Schranke, die sich unmittelbar aus dem Grundgesetz ergibt. Sie stellen eine unmittelbare Ermächtigungsgrundlage für Rechtsanwender dar, welche ohne weitere einfachgesetzliche Befugnisregelung anwendbar ist.

Diese ungewöhnliche Regelungsstruktur zur Beschränkbarkeit der Vereinigungsfreiheit führte seit der Verfassungsgebung zu Unklarheiten und Herausforderungen in der Rechtsanwendung. Das wurde im Rahmen dieser Arbeit bei der Übertragung der Verbotstatbestände auf die hier untersuchten Gruppierungen mit ihren Besonderheiten in der Organisationsstruktur und ihrem diffusen Gefahrenpotential deutlich. Grenzen der momentanen Auslegung der Verbotstatbestände und der Rechtsanwendung zeigten sich sowohl bei Vereinsverboten als auch bei Kennzeichenverboten. Darüber hinaus wird der Einsatz vereinsrechtlicher Maßnahmen zum Teil durch die Mitbetroffenheit speziellerer Grundrechte, wie der religiösen Vereinigungsfreiheit im Fall eines Verbots inländischer Religionsgemeinschaften, zusätzlich beschränkt.

Sind die Schranken eines Grundrechts unmittelbar in der Verfassung geregelt, bindet dies den Gesetzgeber dahingehend, dass er keine einfachgesetzlichen Regelungen erlassen kann (z.B. im VereinsG), die die Vorgaben des Art. 9 Abs. 2 GG materiell-rechtlich erweitern. Die Aufnahme weiterer Verbotsgründe ist unzulässig. Zur Erweiterung der Verbotsmöglichkeiten bedürfte es einer Verfassungsänderung entweder dahingehend, dass die neuen Verbotsgründe unmittelbar in Art. 9 Abs. 2 GG aufgenommen würden, oder dass die Grundrechtsschranke neugestaltet würde, z.B. in Form eines einfachen Gesetzesvorbehalts.

---

[4] *Bundesrat*, Stellungnahme des Bundesrates zum Entwurf eines Zweiten Gesetzes zur Änderung des Vereinsgesetzes, BR Drs. 416/16 (Zu Nummer 3).

Der Ruf nach einer grundlegenden Reform des Vereinsgesetzes lässt die Frage offen, ob davon auch die Grundrechtsschranke in Art. 9 Abs. 2 GG umfasst sein soll.[5] Zumindest im Rahmen der in dieser Arbeit beleuchteten Untersuchungsgegenstände bedarf es keiner solchen „großen" Lösung in Form einer Verfassungsänderung.

Die Arbeit hat gezeigt, dass die in Art. 9 Abs. 2 GG vorgesehenen Verbotsgründe genügend Handlungsspielraum bieten, um einer Vielzahl zum Teil auch heterogener Gefährdungsphänomene begegnen zu können. Zwar dürften die Mütter und Väter des Grundgesetzes bei der Festlegung der Verbotsgründe naturgemäß vorrangig die ihnen bekannten demokratiegefährdenden politischen Strömungen im Sinn gehabt haben. Gleichwohl hat diese Arbeit gezeigt, dass die Übertragung der Verbotstatbestände auf „neue" Bedrohungsquellen durch Auslegung gelingt, solange als Korrektiv der Grundsatz der restriktiven Auslegung der Tatbestände beachtet wird.

Die aufgezeigten „Baustellen" liegen vielmehr bei der Festlegung der genauen Reichweite, d.h. welche Vereine in welchem Umfang verboten werden können und welche Reichweite die Annexmaßnahmen zum Verbot haben. Zu Tage trat dies bei der Übertragung des Vereinsbegriffs auf islamistisch-extremistische Vereine. Die stete Weiterentwicklung des Vereinsbegriffs wird auch durch die Entscheidung des Bundesverwaltungsgerichts zu der Internetplattform linksunten.indymedia verdeutlicht, die als Verein im Sinne des § 2 Abs. 1 VereinsG eingestuft wurde.[6] Probleme in der Rechtsanwendung wurden auch bei mehrstufigen Organisationsstrukturen deutlich. Rechtlich selbständige Schwestervereine innerhalb eines Motorradclubs können nicht ohne Reform der Regelung zu Verboten von Teilvereinen mitverboten werden. Gleiches gilt für das Verbot der Verwendung von Kennzeichen für Schwestervereine eines verbotenen Rockervereins. Im Fall der Schrankenproblematik für Verbote inländischer Religionsgemeinschaften bieten bestehende Regelungsstrukturen angemessene Lösungsmöglichkeiten, wie diese Arbeit aufgezeigt hat. Zur Klarstellung und Erhöhung der Rechtssicherheit sollte im Rahmen einer Reform des Vereinsgesetzes aber wie ausgeführt eine Änderung des § 3 Abs. 1 VereinsG in Erwägung gezogen werden.

Diese aufgezeigten Herausforderungen lassen sich mit einer Reform des Vereinsgesetzes in Ausgestaltung des bestehenden, von der Verfassung vorgegebenen Handlungsrahmen lösen. Richtig ist, dass dabei der materiell-rechtliche Gehalt der verfassungsunmittelbaren Schrankenregelung nicht überschritten werden darf. Innerhalb dieser Schranken ist die Gesetzgebung nicht gehindert, wenn nicht sogar dazu aufgerufen, die verfassungsunmittelbare Schrankenregelung, sofern geboten, innerhalb der materiell-rechtlichen Vorgaben zu konkretisieren.

---

[5] *Bundesrat*, Stellungnahme des Bundesrates zum Entwurf eines Zweiten Gesetzes zur Änderung des Vereinsgesetzes, 23. September 2016, BR Drs 416/16, S. 1; *Battis*, in: *Deutscher Bundestag*, Wortprotokoll der 98. Sitzung – Öffentliche Anhörung, 12. Dezember 2016, S. 14.

[6] BVerwG, Pressemitteilung „Klagen gegen Verbot der Vereinigung „linksunten.indymedia" bleiben erfolglos", Nr. 5/2020 vom 30.01.2020, abrufbar unter https://www.bverwg.de/pm/2020/5 (zuletzt abgerufen am 15.03.2023).

Im Vereinsgesetz finden sich bereits Beispiele für eine verfassungskonforme einfachgesetzliche Ausgestaltung des Art. 9 Abs. 2 GG. Bevor das Vereinsgesetz 1964 verabschiedet wurde, war zunächst unklar, ob das Verbot nach Art. 9 Abs. 2 GG verfassungsunmittelbar besteht oder es einer für das Verbot konstitutiven Verfügung bedarf. Um die Notwendigkeit einer Verbotsverfügung klarzustellen, nahm man im Vereinsgesetz einfachgesetzlich das Verbotsmonopol für die jeweils zuständige Verbotsbehörde nach § 1 Abs. 2 i. V. m. § 3 Abs. 1 VereinsG auf. Eine weitere Regelung zur Ausgestaltung des Vereinsverbots enthält § 3 Abs. 4 VereinsG, der die Bekanntmachung eines Verbots im Bundesanzeiger festlegt. Beiden Regelungen kommt ein über Art. 9 Abs. 2 GG hinausgehender Regelungsgehalt zu, ohne dass dadurch der materiell-rechtliche Rahmen der Schrankenregelung unzulässig erweitert würde. Aus genau dieser Überlegung heraus kommt auch § 3 Abs. 1 VereinsG ein eigener Regelungsgehalt zu, um als Ermächtigungsgrundlage die Anforderungen der verfassungsimmanenten Schranken der religiösen Vereinigungsfreiheit beim Verbot inländischer Religionsgemeinschaften zu wahren.

Der Erhalt der verfassungsunmittelbaren Schrankenregelung ist auch in Anbetracht der gesellschaftlichen Relevanz der Vereinigungsfreiheit sachgerecht. Die Vereinigungsfreiheit ist ein wichtiges Grundrecht, dessen Bedeutung für das gesellschaftliche Leben nicht hoch genug bewertet werden kann. Die Vereinigungsfreiheit stellt die elementare Äußerungsform für Gruppen dar und verkörpert das Prinzip freier sozialer Gruppenbildung.

C. Zusammenfassung der Ergebnisse und Reformvorschläge zur Weiterentwicklung des Vereinsrechts

Im Hinblick auf das Vereinsrecht ist eine derartige Unsicherheit und ein Bedürfnis nach Konkretisierung und Klarstellung des rechtsanwenderischen Handlungsspielraums durch die Gesetzgebung festzustellen, dass eine Reform zwingend erscheint. Eine Reform des Vereinsgesetzes ist notwendig, um Inhalt und Umfang der Schrankenregelung des Art. 9 Abs. 2 GG für die Verbotsbehörden und die das Recht auslegenden Gerichte zu konkretisieren. Bei der Gegenüberstellung des Rechtsrahmens, bestehend aus Vereinigungsfreiheit in Art. 9 Abs. 1 und Abs. 2 GG und Vereinsgesetz, und der Rechtsanwendung der Verbotsbehörden und Gerichte ergaben sich konkrete Felder, in denen Korrektur- und Handlungsbedarf besteht. Die vom Bundesverwaltungsgericht entwickelten Lösungen, wie etwa zur Schrankenregelung bei Verboten inländischer Religionsgemeinschaften, sind nicht tragfähig.

I. Entwicklung der Vereinigungsfreiheit und des Vereinsrechts

Die Entwicklung der verfassungsrechtlichen Vereinigungsfreiheit auf der einen und des öffentlich-rechtlichen Vereinsrechts auf der anderen Seite bedingten weniger einander, als dass sie durch den jeweiligen politischen Zeitgeist geprägt wurden. Ihren Ursprung fand die Vereinigungsfreiheit in der zweiten Hälfte des 19. Jahrhunderts, als eine Phase der Liberalisierung anbrach, die mit Ausnahme der beiden Weltkriege bis zum Ende des 20. Jahrhunderts währte.

Das öffentliche Vereinsrecht wurde in den letzten beiden Jahrzehnten insbesondere durch die aktuellen Bedrohungen der freiheitlichen Demokratie geprägt. Die lange Phase der Liberalisierung hat spätestens mit den Terroranschlägen am 11. September 2001 ein Ende gefunden. Dies lässt sich auch anhand der Entwicklung des Vereinsgesetzes nachzeichnen. Es ist bezeichnend, dass das Vereinsgesetz seit seiner Einführung 1964 erst zweimal geändert wurde und beide Änderungen zeitlich nach den Terroranschlägen im Jahr 2001 liegen. Mit den beiden Änderungsgesetzen wollte der Gesetzgeber Möglichkeiten für ein effektiveres Vorgehen gegen bestimmte Gruppierungen schaffen, denen er anderweitig nicht Herr zu werden glaubte. Beide Änderungsgesetze führten daher denklogisch zu weiteren Einschränkungen der Vereinigungsfreiheit.

Die erste Änderung vom 4. Dezember 2001 durch das Terrorismusbekämpfungsgesetz diente der Ausweitung des betroffenen Kreises an Vereinigungen, die Adressat vereinsrechtlicher Maßnahmen werden konnten. Seit der Aufhebung des Religionsprivilegs können auch inländische Religionsgemeinschaften verboten werden, wovon die Verbotsbehörden insbesondere bei privatrechtlichen, fundamentalistisch-islamistischen Vereinigungen Gebrauch machen. In der zweiten Änderung vom 17. März 2017 passte der Gesetzgeber die Regelung zu Kennzeichenverboten an und schuf damit die Möglichkeit eines bundesweiten Verbots von Rockerkutten der sog. Outlaw Motorcycle Gangs.

II. Verhältnismäßigkeitserwägungen auf Tatbestandsseite

Die Einkleidung der Prüfung der Verhältnismäßigkeit von Vereinsverboten war bislang verfassungsdogmatisch herausfordernd. Die Herausforderung lag in der klaren Trennung zwischen Tatbestands- und Rechtsfolgenebene. Die Arbeit hat gezeigt, dass Verhältnismäßigkeitserwägungen für Vereinsverbote auf Tatbestandsseite bei der Auslegung des Verbotsgrundes anzustellen sind. Dabei wurden Fallgruppen herausgearbeitet, bei denen zur Erfüllung der Anforderungen der tatbestandlichen Verhältnismäßigkeitsprüfung der Grundsatz zur restriktiven Auslegung der Tatbestandsmerkmale beachtet werden muss. Auf Rechtsfolgenseite sind wegen des klaren Wortlauts des Art. 9 Abs. 2 GG keine zusätzlichen Erwägungen zur Verhältnismäßigkeit anzustellen. Es liegt eine gebundene Entscheidung vor.

1. Die restriktive Auslegung des Verbotstatbestands der Strafgesetzwidrigkeit

Die Auswertung der Rechtsprechung zu verbotenen Rockervereinen hat gezeigt, dass sich die Anforderungen an die Begründung solcher Verbote verändert haben. Nach

C. Zusammenfassung der Ergebnisse

den in der Grundsatzentscheidung von 1988 vom Bundesverwaltungsgericht entwickelten Kriterien wurde eine charakterliche Prägung des Vereins als strafgesetzwidrig bejaht, wenn alle oder der Großteil der Vereinsmitglieder strafrechtlich in Erscheinung getreten sind, eine Vielzahl von Straftatbeständen erfüllt wurden bzw. der Verein seine straffälligen Vereinsmitglieder strukturell unterstützt hat. Seitdem wurden in der Rechtsprechung weitere Konstellationen anerkannt, so dass auch das strafgesetzwidrige Verhalten kleiner Gruppen oder einzelner Vereinsmitglieder den Charakter des Vereins hinreichend prägen kann.

Bei den Verboten von Rockervereinen bildete sich in den vergangenen Jahren eine neue Fallgruppe heraus, wonach Vereine wegen einzelner Straftaten einzelner Vereinsorgane oder -mitglieder verboten wurden. Das Individualverhalten der Vereinsmitglieder ist dem Verein nach § 3 Abs. 5 VereinsG zuzurechnen, wobei es darauf ankommt, inwieweit eine einzelne Straftat den Charakter des Vereins als strafgesetzwidrig prägen kann. Aus der restriktiven Auslegung dieser Verbotsvoraussetzungen lassen sich qualitative Kriterien ableiten, nach denen der Eingriff in die Vereinigungsfreiheit durch ein Verbot wegen einer einzelnen Straftat gerechtfertigt sein kann. Das Verhalten (1.) mehrerer Vereinsmitglieder oder Dritter oder eines zentralen Vereinsorgans muss (2.) im ausschließlichen Interesse des Vereins (3.) den Tatbestand einer erheblichen und schwerwiegenden Tat erfüllen, welche der Verein (4.) im Vorfeld oder nachträglich billigt und unterstützt. Unter Beachtung dieser Kriterien ist ein Verbot eines Vereins wegen einzelner Straftaten tatbestandlich von Art. 9 Abs. 2 GG i.V.m. § 3 Abs. 1 VereinsG gedeckt. Es bedarf keiner (verfassungs-)rechtlichen Anpassung der Regelungen in Art. 9 Abs. 2 GG i.V.m. § 3 Abs. 1 VereinsG.

2. Die restriktive Auslegung der Verbotstatbestände der Verfassungs- oder Völkerverständigungswidrigkeit

Die verfassungskonforme Auslegung des § 3 Abs. 1 VereinsG wurde auch mit Blick auf die Verbotsgründe des Sichrichtens gegen die verfassungsmäßige Ordnung bzw. gegen den Gedanken der Völkerverständigung untersucht. Es ergab sich insofern ein ähnliches Bild, da auch diese Tatbestände restriktiv auszulegen sind. Auch für die Auslegung dieser beiden Verbotsgründe wurden daher Kriterien zur Wahrung der Verhältnismäßigkeit erarbeitet. Während die restriktive Auslegung des Verbotstatbestands der Strafgesetzwidrigkeit bei Rockervereinen vor allem mit Verhältnismäßigkeitserwägungen begründet wurde, stützt sie sich bei Verboten von religiös-extremistischen Vereinen und Religionsgemeinschaften zusätzlich auf die Betroffenheit der Religionsfreiheit und spezieller noch der religiösen Vereinigungsfreiheit.

Ein (religiös-extremistischer) Verein kann im Lichte der restriktiven Auslegung aufgrund seiner aggressiv-kämpferischen Haltung gegen die verfassungsmäßige Ordnung verboten werden, wenn er (1) religiös verbrämte Propaganda für die Errichtung eines Gottesstaats und den Heiligen Krieg (oder sog. Jihad) verbreitet oder auf die konkrete Umsetzung hinarbeitet, indem er Vereinsmitglieder und/oder Dritte fortlaufend antidemokratisch indoktrinieren, sie zur Gewaltbereitschaft radikalisieren und Kämpfer für den bewaffneten Heiligen Krieg rekrutieren will. Als zusätzliches Kriterium bedarf es (2) eines konkreten Umsetzungswillens, d. h. es muss die dauerhafte Gefahr bestehen, dass die bloße Glaubenspflege jederzeit in gewaltsame Umsetzungsakte umschlagen kann. Ein Verbot von Unterstützer- bzw. Spendensammelvereinen ist in verfassungskonformer Auslegung des Tatbestands möglich, wenn der Verein (1) wissentlich völkerverständigungsfeindliche Organisationen (2) über einen langen Zeitraum und in einem beträchtlichen Umfang unterstützt und sich (3) mit den islamistisch-extremistischen Ideologien und Zielen der Organisationen identifiziert. Auch für diese beiden Verbotsgründe besteht folglich kein Reformbedarf.

3. Erweiterung der Verbotsstruktur auf Schwestervereine als Teilvereine

Ein Vereinsverbot wirkt nur über das Verbot des Vereins selbst hinaus, wenn innerhalb des verbotenen Vereins nach § 3 Abs. 3 VereinsG Teilorganisationen und Teilvereine mitverboten werden können (vertikale Verbotswirkung). Wird nicht der Gesamtverein, sondern nur ein Teilverein verboten, hat dies im Moment keine Konsequenzen für andere Untergliederungen des Gesamtvereins (horizontale Verbotswirkung). Bei Motorradclubs beschränkt sich die Reichweite des Vereinsverbots aufgrund ihrer dezentralen Struktur daher in der Regel auf die einzelnen Ortsgruppen. Insoweit stößt das Instrument des Vereinsverbots hier momentan an seine Grenzen.

Soll die Reichweite eines Verbots erweitert werden und sich das Verbot eines Teilvereins auf gleichrangige Teilvereine erstrecken lassen, wird der folgende Absatz als neu einzufügender Absatz 4 der aktuellen Verbotsregelung des § 3 VereinsG vorgeschlagen:

„(4) Ein Verbot nach Absatz 1 erstreckt sich, wenn es nicht ausdrücklich beschränkt wird, auf alle selbständigen Vereine, die in dieselbe übergeordnete Bewegung oder Organisation wie der verbotene Verein eingegliedert sind (sog. Teilvereine) und nach dem Gesamtbild der tatsächlichen Verhältnisse als vergleichbare und zusammenhängende Gliederungen dieser übergeordneten Bewegung oder Organisation erscheinen (Schwestervereine)."

Zur verfassungskonformen Auslegung des neuen Tatbestands ist es notwendig, dass die gleichrangigen Teilvereine Schwestervereine innerhalb eines Gesamtvereins sind und insoweit eine Identität zu einem übergeordneten Gesamtverein besteht. Zudem muss dem nicht verbotenen Teilverein das verbotsrelevante Verhalten seines verbotenen Schwestervereins zugerechnet werden können.

4. Schrankenregelung im Fall eines Verbots inländischer Religionsgemeinschaften

Im Rahmen der Arbeit wurde die Frage untersucht, welche verfassungsrechtlichen Anforderungen an die Beschränkbarkeit der religiösen Vereinigungsfreiheit zu stellen sind und welche Schrankenregelung im Fall eines Verbots einer Religionsgemeinschaft heranzuziehen ist. Für die rechtsanwendende Praxis wurde deutlich, dass die mit Vereinsverboten einhergehenden Eingriffe in die Vereinigungsfreiheit zum Teil ungenügend begründet werden.

Dogmatisch konsequent ist aufgrund der Grundrechtsspezialität der religiösen Vereinigungsfreiheit die Heranziehung der verfassungsimmanenten Schranken des Art. 4 Abs. 1, Abs. 2 GG. Zur Wahrung des Vorbehalts des Gesetzes im Rahmen der Ausgestaltung der verfassungsimmanenten Schranken kann auf § 3 Abs. 1 VereinsG als einfachgesetzliche Eingriffsgrundlage zurückgegriffen werden, wenn die Norm verfassungskonform ausgelegt wird. § 3 Abs. 1 VereinsG darf als Eingriffsgrundlage einerseits nicht den Regelungsgehalt des Art. 9 Abs. 2 GG unzulässig ausweiten oder überschreiten und ist andererseits aufgrund der verfassungsimmanenten Schranken des Art. 4 Abs. 1, Abs. 2 GG auf Grundrechte Dritter oder Rechtsgüter mit Verfassungsrang beschränkt. Der Klammerzusatz in Satz 1 (Artikel 9 Abs. 2 des Grundgesetzes) dient nur als Hinweis auf die verfassungsunmittelbare Regelung in Art. 9 Abs. 2 GG und steht dem Rückgriff auf § 3 Abs. 1 VereinsG nicht entgegen.

Zur Klarstellung und abschließenden Lösung des nunmehr knapp zwanzig Jahr andauernden Schrankenstreits wird die Ausgestaltung der Verbotsregelung als konkrete Eingriffsbefugnis für Verbote inländischer Religionsgemeinschaften empfohlen. Zum einen sollte der Klammerzusatz gestrichen werden und zum anderen § 3 Abs. 1 VereinsG um eine auf Verfassungsgüter und Grundrechte Dritter beschränkte Eingriffsbefugnis ergänzt werden. Folgende Formulierung von § 3 Abs. 1 VereinsG wird vorgeschlagen:

„Ein Verein darf erst dann als verboten (Artikel 9 Abs. 2 des Grundgesetzes) behandelt werden, wenn durch Verfügung der Verbotsbehörde festgestellt ist, daß seine Zwecke oder seine Tätigkeit den Strafgesetzen zuwiderlaufen oder daß er sich gegen die verfassungsmäßige Ordnung oder den Gedanken der Völkerverständigung richtet. Religionsgemeinschaften und Weltanschauungsgemeinschaften i. S. d. Art. 137 Abs. 2 und Abs. 7 Weimarer Reichsverfassung in Verbindung mit Art. 140 des Grundgesetzes können verboten werden, wenn sich ihre Zwecke oder ihre Tätigkeiten gegen die freiheitliche demokratische Grundordnung im Sinne des Grundgesetzes richten oder wenn der Schutz der Grundrechte Dritter dies erfordert."[7]

5. Verbotszuständigkeit und Ermittlungsbefugnisse

Es bestehen keine verfassungsrechtlichen Bedenken hinsichtlich der Verbotskompetenz des Bundes und der Befugnisse der Verbotsbehörden. Die Zuständigkeitsverteilung in Form einer ungeschriebenen stillschweigenden Verwaltungskompetenz ist verfassungsmäßig. Die Ermittlungsbefugnisse der Verbotsbehörden werden auch gewahrt, wenn Informationen von Hilfsbehörden zur Sachverhaltsermittlung herangezogen werden.

III. Verwendungsverbot wesentlich gleicher Kennzeichen

Die durch das zweite Änderungsgesetz eingeführte neue Regelung in § 9 Abs. 3 VereinsG greift unverhältnismäßig in das Grundrecht der Vereinigungsfreiheit ein und ist

---

[7] Satz 2 nach *Michael*, JZ 2002, 482 (491).

daher verfassungswidrig. Eine verfassungskonforme restriktive Auslegung des Tatbestands scheitert am eindeutigen Wortlaut der Norm.

Das vom Gesetzgeber mit der Regelung intendierte Ziel, die Verwendung von gleichen oder ähnlichen Kennzeichen durch Schwestervereine innerhalb eines Motorradclubs zu verbieten, ist für sich genommen mit der Verfassung vereinbar. Die Verwendung der Kennzeichen verbotener Rockervereine durch nicht verbotene Schwestervereine ist tatbestandlich unter Anwendung der Einzelbetrachtungslehre bereits von § 9 Abs. 1 oder Abs. 2 Satz 2 VereinsG umfasst. Der Verwendungsbegriff nach § 9 Abs. 1 VereinsG ist zur Wahrung der Verhältnismäßigkeit des Eingriffs in die Vereinigungsfreiheit restriktiv auszulegen, wobei sich als ungeschriebenes Kriterium der Gesamtzusammenhang der Verwendung etabliert hat.

Zur Klarstellung des gesetzgeberischen Willens wird vorgeschlagen, das Kriterium des Gesamtzusammenhangs ausdrücklich als Voraussetzung der Kennzeichenverwendung in den Tatbestand des § 9 Abs. 1 VereinsG aufzunehmen und in einem zweiten Schritt durch eine Begriffsbestimmung näher auszugestalten. Die Regelung könnte in Ergänzung des § 9 Abs. 1 VereinsG als Satz 3 und Satz 4 wie folgt lauten:

„Ausgenommen ist des Weiteren eine Verwendung von Kennzeichen, wenn sich aus dem Gesamtzusammenhang des Gebrauchs des Kennzeichens eine offenkundige und eindeutige Abkehr von den verbotsrelevanten Zielen und Verhaltensweisen des verbotenen Vereins und seiner Mitglieder ergibt. Nicht ausreichend ist der Versuch einer Abgrenzung vom verbotenen Verein mittels individueller Orts- oder Regionalbezeichnung."

IV. Waffenrechtliche Unzuverlässigkeit wegen Gruppenzugehörigkeit

Ein im Waffenrecht etablierter Ansatz ist die Bewertung der waffenrechtlichen Zuverlässigkeit unter Berücksichtigung der Zugehörigkeit in potenziell verbotswürdigen Vereinigungen. Mitglieder von Rockervereinen, die zu den sog. Outlaw Motorcycle Gangs gehören, werden mittlerweile in waffenrechtlicher Hinsicht nach § 5 Abs. 1 Nr. 2 a) und c) WaffG als *absolut unzuverlässig* eingeordnet. Anhänger der islamistisch-extremistischen Szene sind nach § 5 Abs. 2 Nr. 3 lit. a) WaffG *in der Regel* waffenrechtlich unzuverlässig. Die Zugehörigkeit zu einer bestimmten Vereinigung wird auch zur Begründung weiterer verwaltungsrechtlicher Maßnahmen gegen Einzelpersonen fruchtbar gemacht. Der Zuverlässigkeitsbegriff ist im Besonderen Verwaltungsrecht eine feststehende Tätigkeitsvoraussetzung[8] und bietet Spielraum für zahlreiche Maßnahmen gegen Mitglieder eines nicht verbotenen, aber potenziell verbotswürdigen Vereins. Beispiele dafür sind die nach § 35 Abs. 1 GewO zur Gewerbeuntersagung führende Unzuverlässigkeit (etwa bei einer Bewachungserlaubnis[9]) oder die Versagung der Gaststättenerlaubnis wegen Unzuverlässigkeit gem. § 4 Abs. 1 GastG.

---

[8] *Eifert*, JuS 2004, 565.
[9] VG Regensburg, Beschluss vom 16.03.2018 – RN 5 S 17.1323, juris.

V. Vereinsverbot als taugliches Mittel gegen neue Bedrohungspotentiale

Die Arbeit zeigt am Beispiel der Reichsbürgerbewegung auf, dass Vereinsverbote auch gegen weitere Bedrohungspotentiale ein taugliches Mittel darstellen können. Am 19. März 2020 sprach der Bundesinnenminister ein Verbot gegen den Verein „Geeinte deutsche Völker und Stämme" aus. Mit dieser Verfügung wurde erstmals eine Reichsbürgervereinigung verboten.[10]

Ein weiterer potenzieller Anwendungsbereich sind die neuartigen rockerähnlichen Vereinigungen. Im Fokus dieser Arbeit standen der Hells Angels MC, der Bandidos MC sowie der Gremium MC. Bei diesen Motorradclubs handelt es sich um die tradierten, alteingesessenen und weltweit agierenden Rockerbewegungen. Das dürfte auch der Grund sein, weswegen sich behördliche Maßnahmen meist gegen sie und nicht gegen neuere Erscheinungsformen richten. Das BKA erkennt seit 2014 einen Trend zur Gründung neuer, rockerähnlicher Gruppierungen, die sich nach dem Vorbild der Motorradclubs organisieren und strukturieren sowie deren Geschäftsfelder übernehmen wollen.[11] Sie tragen Namen wie „United Tribuns", „Black Jackets" oder „Bahoz". Dabei handelt es sich um Gruppierungen, die Charakteristika von Motorradclubs aufweisen, gleichzeitig aber auch Wesenselemente von Clans und Rechtsextremisten vereinen. Dass bei rockerähnlichen Gruppierungen ein vergleichbares Bedrohungspotential besteht und daher auch die Mittel des Vereinsrechts zum Einsatz kommen können, hat das Verbot der rockerähnlichen Gruppierung Osmanen Germania BC im Juli 2018 gezeigt.[12]

---

[10] *Bundesministerium des Innern*, Bundesinnenminister Seehofer verbietet mit „Geeinte deutsche Völker und Stämme" erstmals Reichsbürgervereinigung, 19.03.2020, abrufbar unter https://www.bmi.bund.de/SharedDocs/pressemitteilungen/DE/2020/03/verbot-reichbuerger vereinigung.html (zuletzt abgerufen am 15.03.2023).

[11] *BKA*, Organisierte Kriminalität, Bundeslagebild 2014, veröffentlicht 2014, S. 17; *Bannenberg/R. Schmidt*, Kriminalistik 2019, 563 (565 f.).

[12] *Bundesministerium des Innern*, Wer den Rechtsstaat ablehnt, kann keine Nachsicht erwarten, Verbot der rockerähnlichen Gruppierung „Osmanen Germania BC", 10.07.2018, abrufbar unter https://www.bmi.bund.de/SharedDocs/pressemitteilungen/DE/2018/07/verbot-osmanen.html (zuletzt abgerufen am 15.03.2023).

Kapitel 13

Zentrale Thesen der Arbeit

Das öffentliche Vereinsrecht ist Sicherheitsrecht. Die Abwehr von Gefahren ist in den Bereichen der Organisierten Kriminalität und des islamistischen Terrorismus im Rahmen der streitbaren Demokratie eine Aufgabe des öffentlichen Rechts. Der veränderte Einsatz vereinsrechtlicher Mittel ist Bestandteil der sicherheitsrechtlichen Neuausrichtung und des Paradigmenwechsels in der Rechtsetzung hin zu mehr Sicherheit nach den Terroranschlägen des 11. Septembers 2001.

Das Vereinsrecht ist ein scharfes Schwert. Aufgrund der Schwere der Eingriffe in die allgemeine und spezielle religiöse Vereinigungsfreiheit durch Vereinsverbote, aber auch durch mildere Maßnahmen, sind erhöhte Anforderungen an die Auslegung der Tatbestände zur Beschränkung der Vereinigungsfreiheit zu stellen. Die Beachtung subsidiärer Auslegungsregeln, insbesondere der Grundsatz der restriktiven Auslegung, muss als Ausprägung des Verhältnismäßigkeitsprinzips vor allem im grundrechtssensitiven Bereich des Sicherheitsrechts Beachtung finden.

Die einfachgesetzliche Legaldefinition des Vereinsbegriffs nach § 2 Abs. 1 VereinsG dient als Ausgangspunkt für das Begriffsverständnis des Vereinigungsbegriffs in Art. 9 GG. Der Vereinsbegriff ist insgesamt weit auszulegen, um den gefahrenabwehrrechtlichen Zweck des Vereinigungsverbotsrechts zu erfüllen.

Die Auslegung der Verbotstatbestände und Übertragung auf neuartige Gefährdungsphänomene hat sich in den letzten zwei Jahrzehnten vor allem durch die stete Fortentwicklung der Rechtsprechung erheblich weiterentwickelt.

Vereinsverbote sind gebundene Entscheidungen. Der Verbotsbehörde kommt bei Vorliegen des Tatbestands eines Verbotsgrunds auf Rechtsfolgenseite kein Ermessen hinsichtlich des Erlasses einer Verbotsverfügung zu. Zur Wahrung der Verfassungsmäßigkeit sind Erwägungen zur Verhältnismäßigkeit auf Tatbestandsseite anzustellen. Die restriktive Auslegung der Tatbestandsmerkmale als Ausprägung der Verhältnismäßigkeit ist ein verfassungsrechtlich abzuleitendes Prinzip von eigenständiger Bedeutung.

Hinsichtlich der in dieser Arbeit beleuchteten Untersuchungsgegenstände haben sich drei Fallgruppen herausgebildet, bei denen unter Beachtung der aufgestellten Kriterien der Verbotsgrund in der Regel erfüllt ist. Im Einzelnen handelt es sich dabei um einzelne Straftaten, die dem Verein zugerechnet werden, um religiös verbrämte Propaganda für den Heiligen Krieg (sog. Jihad) und um Spendensammelvereine, die völkerverständigungswidrige Organisationen unterstützen.

Die momentane Reichweite eines Vereinsverbots erstreckt sich im Fall eines verbotenen Gesamtvereins auf dessen Teilvereine (vertikale Verbotswirkung). Wird innerhalb eines Gesamtvereins nur ein Teilverein verboten, hat dies bisher keine Folgen für den Gesamtverein oder die anderen Teilvereine (horizontale Verbotswirkung). Soll sich die Wirkung eines Vereinsverbots auf gleichrangige Teilvereine erstrecken, müsste die Verbotsregelung reformiert werden. Ein entsprechender Vorschlag wird unterbreitet.

Obwohl das Staatskirchenrecht auf die Artikel der Weimarer Reichsverfassung und damit auf eine lange Verfassungstradition zurückgeht, gibt es bis heute offene Fragen zu Umfang und Grenzen etwa der religiösen Vereinigungsfreiheit. Die religiöse Vereinigungsfreiheit wird lex specialis nach Art. 4 Abs. 1 GG und Art. 137 Abs. 2 Satz 1 WRV i. V. m. Art. 140 GG gewahrt. Eingriffe in die religiöse Vereinigungsfreiheit müssen den verfassungsimmanenten Schranken des Art. 4 Abs. 1, Abs. 2 GG genügen. Zur Wahrung des Vorbehalts des Gesetzes kann – verfassungskonform ausgelegt – § 3 Abs. 1 VereinsG als taugliche Eingriffsbefugnis herangezogen werden.

Sowohl die Kennzeichenverbote als auch der Entzug waffenrechtlicher Erlaubnisse adressieren selbst nicht in Erscheinung getretene Mitglieder von nicht verbotenen Vereinen. Beides sind die Vereinigungsfreiheit verkürzende Maßnahmen, die als mildere Maßnahme zu von Art. 9 Abs. 2 GG vorgesehenen Vereinsverboten gerechtfertigt sein müssen.

Die Neuregelung zur Erweiterung des Kennzeichenverwendungsverbots auf wesentlich gleiche Kennzeichen in § 9 Abs. 3 VereinsG ist unverhältnismäßig und daher verfassungswidrig. Der mit der Regelung vom Gesetzgeber intendierte Anwendungsfall ist bereits von § 9 Abs. 1, Abs. 2 Satz 2 VereinsG umfasst. Zur Klarstellung wird die Konkretisierung des Tatbestands der Kennzeichenverwendung durch die positive Regelung des Gesamtzusammenhangs als einschränkendes Merkmal des Verwendungsbegriffs inklusive einer Rückausnahme vorgeschlagen.

Die Rechtsprechung zur waffenrechtlichen Unzuverlässigkeit ist ein Beispiel für die Fortentwicklung der Wirkdimension des Waffengesetzes durch die Verwaltungsgerichte – insbesondere auch dann, wenn die Wirkdimension des Vereinsgesetzes an Grenzen stößt.

Zusammenfassend bleibt festzuhalten, dass die Abwehr von Gefahren, die sowohl von Einzelpersonen als auch von Vereinigungen ausgehen können, sich nicht auf einzelne Maßnahmen oder Rechtsgebiete beschränken lässt. Es ist vielmehr im Sinne einer Gesamtstrategie die Heranziehung aller ordnungs-, verkehrs-, vereins-, gaststätten-, gewerbe-, finanz-, bau- sowie waffenrechtlichen Möglichkeiten geboten. Dennoch ist offensichtlich, dass das Vereinsrecht in diesem Rahmen eine zentrale Rolle einnimmt. Vereinsverbote stellen eine der Säulen der wehrhaften Demokratie dar. Zweifellos muss sich der Staat gegen Bedrohungen und Gefahren angemessen wehren können. Das Ringen um Umfang und Grenzen eines wehrhaften Staates zählt zu den grundlegenden Aufgaben eines Rechtsstaates.

Die Vorzeichen, unter denen vereinsrechtliche Maßnahmen verfügt werden, haben sich im Vergleich zur Zeit der Verabschiedung des Vereinsgesetzes im Jahr 1964 erheblich verändert. Blickte man in der Nachkriegszeit auf vermeintlich klare Gefahrenquellen, sehen sich die Sicherheitsbehörden heute dezentralen, diffusen und heterogenen Bedrohungslagen konfrontiert. Das Vereinsgesetz wurde bisher im Wesentlichen durch die Anwendungspraxis der Verbotsbehörden und die Rechtsprechung weiterentwickelt. Der dadurch entstandene Reformbedarf erinnert an die Zeit nach Verabschiedung des Grundgesetzes im Jahr 1949 und die offenen Fragen zur Umsetzung von Vereinsverboten, als die verfassungsunmittelbare Schrankenregelung des Art. 9 Abs. 2 GG die einzige Norm des Vereinigungsverbotsrechts darstellte. Bis zur Einführung des Vereinsgesetzes sollten 15 Jahre vergehen, in denen der Umgang mit dem Vereinsverbot unklar und die Rechtslage unsicher war. *Willms* appellierte 1957 an den Gesetzgeber, dass „gesetzliche Mängel, die weder von der Justiz noch von der Exekutive ausgeräumt werden können," nur durch Eingreifen des Gesetzgebers behoben werden können.[1] Die Aussage ist heute wieder gültig. Eine Reform des Vereinigungsverbotsrechts ist angezeigt, um mit den vereinsrechtlichen Maßnahmen auch den Gefährdungspotentialen begegnen zu können, an die der Gesetzgeber 1964 noch nicht denken konnte.

---

[1] *Willms*, NJW 1957, 1617 (1619).

Glossar zu den Begrifflichkeiten der Rockerbewegungen

Bottom Rocker	Aufnäher (Patch) mit entsprechender Regionalbezeichnung, regelmäßig unterhalb des jeweiligen Vereinsemblems angebracht
Chapter/Charter	Rechtlich selbständige Ortsgruppen der weltweit auftretenden, übergeordneten → Rockerbewegungen (Motorradclubs), bei dem Hells Angels MC werden die Ortsgruppen Charter, sonst überall und damit auch bei den Bandidos, Chapter genannt
Colour	Gesamtheit der Embleme und stilisierten Schriftzüge, die alle Mitglieder einer Ortsgruppe in der Regel in einer bestimmten Anordnung auf der Rückseite der → Kutten tragen (Top Rocker, Center Patch mit Emblem, Bottom Rocker)
Death Head	Vereinsemblem des Hells Angels MC in Form eines behelmten Totenkopfes mit gelb-roten rechtsschwingenden Engelsflügeln
Einprozenter	Siehe → Onepercenter
Fat Mexican	Vereinsemblem des Bandidos MC in Form eines dicken Mexikaners, der einen Poncho und Sombrero trägt und mit einer Machete und einem Revolver ausgestattet ist
Full Member	Übersetzt Vollmitglied, Mitglied einer Ortsgruppe innerhalb der → Rockerbewegung (Motorradclub)
Hangaround	Übersetzt interessierter Anwärter
Kutte	Vereinskluft in → Motorradclubs in Form einer Jeans- oder Lederjacke oder -weste, die zum Tragen der → Colour verwendet wird
MC	Abkürzung für Motorcycle Club/Motorradclub
Motorradclub	Überregional in Erscheinung tretende → Rockerbewegung
Mother Chapter	Gründungschapter
Onepercenter	Übersetzt Einprozenter, die American Motorcyclist Association (AMA) bezeichnete in einer Stellungnahme 99 Prozent aller Rocker als rechtschaffen und 1 Prozent als gesetzlos; mittlerweile führen die Motorradclubs den Begriff selbst als Eigenbezeichnung
Outlaw Motorcycle Gangs (OMCGs)	Überregional in Erscheinung tretende, polizeilich bedeutsame Rockerbewegungen (auch Motorradclub)
Patch	Aufnäher mit den Vereinsemblemen und Schriftzügen der → Rockerbewegung, die auf den → Kutten getragen werden
Patch-Over	Übernahme eines zunächst eigenständigen Motorradclubs durch einen meist größeren und überregional agierenden Club inklusive der entsprechenden Vereinsembleme (→ Patches) unter Aufgabe der eigenen Symbolik

President/Vice President	Vorsitzender und Stellvertreter einer Ortsgruppe
Prospect	Übersetzt ernsthafter Anwärter auf Mitgliedschaft in einem → Chapter oder als Gruppe auf Neugründung eines Chapters
Road-Captain	Tourenmanager, der die Motorradausfahrten der Ortsgruppe organisiert
Rockerbewegung	Die für diese Arbeit bedeutendsten Rockerbewegungen sind die → Motorradclubs Hells Angels MC, Bandidos MC und Gremium MC
Schwesterverein	Nicht verbotener Verein (→ Charter/Chapter), der derselben weltweiten → Rockerbewegung angehört (Hells Angels MC, Bandidos MC, Gremium MC), wie bereits verbotene Vereine
Secretary	Übersetzt Schriftführer/Geschäftsführer der Ortsgruppe
Sergeant at Arms	Übersetzt Vereinsordner bzw. Waffenwart
Supporterclub	Unterstützerverein
Treasurer	Übersetzt Kassenwart der Ortsgruppe
Top Rocker	Oberhalb des Vereinsemblems angebrachter Schriftzug mit dem Namen der Rockerbewegung

Anhang 1 – Verbotene Rockervereine

	Verein	Verbotsverfügung vom	Verbotsbehörde	Veröffentlichung	Rechtsprechung
1.	Hells Angels Hamburg	21.10.1983	Bundesinnenminister	MBl. NRW. 1983, 2454	BVerwGE 80, 299–312
2.	War Angels MC München	11.04.1988	Innenministerium Bayern	MBl. NRW. 1988, 474	BayVGH, Urteil vom 21.08.1989 – 4 A 88.1000, NJW 1990, 62
3.	Gremium MC Mannheim, Karlsruhe, Konstanz, Ludwigsburg, Rastatt	10.11.1988	Innenministerium Baden-Württemberg	GABl. Baden-Württemberg 1988, 1178 f.	VGH Mannheim, Urteil vom 16.01.1992 – 1 S 3626/88, NVwZ-RR 1993, 25
4.	Hells Angels Düsseldorf	11.12.2000	Innenministerium Nordrhein-Westfalen	BAnz 2001, 1582	OVG Münster, Beschluss vom 14.05. 2001 – 5 B 274/01.AK, BeckRS 2005, 24714
5.	Chicanos MC Barnim (Untergruppe der Bandidos)	18.08.2009	Innenministerium Brandenburg	BAnz 2009, 2958	OVG Berlin-Brandenburg, 05.02.2010 – 1 S 8.10, Pressemitteilung 02/2010 OVG Berlin-Brandenburg
6.	Hells Angels Flensburg	21.04.2010	Innenministerium Schleswig-Holstein	BAnz 2010, 1774	OVG Schleswig-Holstein, Urteil vom 19.06.2012 – 4 KS 2/10, BeckRS 2012, 52184
7.	Bandidos MC Neumünster	21.04.2010	Innenministerium Schleswig-Holstein	BAnz 2010, 1774	OVG Schleswig-Holstein, Urteil vom 13.11.2012 – 4 KS 1/10, BeckRS 2012, 212375
8.	Mongols MC Bremen	19.05.2011	Innensenator Bremen	BAnz AT 19.06.2013 B10	OVG Bremen, Urteil vom 10.06.2014 – 1 D 126/11, BeckRS 2014, 55454
9.	Hells Angels MC Borderland Pforzheim, zusammen mit Supporter-Club Commando 81 Borderland	06.06.2011	Innenministerium Baden-Württemberg	BAnz 2011, 2418	VGH Baden-Württemberg, Beschluss vom 09.01.2012 – 1 S 2823/11, BeckRS 2012, 45891
10.	Hells Angels Frankfurt	29.09.2011	Innenministerium Hessen	BAnz 2011, 3655	HessVGH, Urteil vom 21.02.2013 – 8 C 2118/11, juris; BVerwG, Beschluss vom 19.11.2013 – 6 B 25/13, BeckRS 2014, 45387

Anhang 1 – Verbotene Rockervereine

11.	Hells Angels Westend	29.09.2011	Innenministerium Hessen	BAnz 2011, 3656	HessVGH, Urteil vom 21.02.2013 – 8 C 2134/11, BeckRS 2013, 48800; BVerwG, Beschluss vom 19.11.2013 – 6 B 26/13, juris; BVerfGE 149, 160-221
12.	Hells Angels Kiel	18.01.2012	Innenministerium Schleswig-Holstein	BAnz 2012, 614	OVG Schleswig-Holstein, Urteil vom 26.02.2014 – 4 KS 1/12, BeckRS 2014, 47925
13.	Hells Angels Cologne zusammen mit dem Supporter-Club Red Devils MC Cologne	18.04.2012	Innenministerium Nordrhein-Westfalen	BAnz AT 23.10.2012 B10	
14.	Bandidos Aachen zusammen mit den Supporter-Clubs Chicanos MC Aachen, Alsdorf und Düren, dem X-Team Aachen und dem Diablos MC Heinsberg	23.04.2012	Innenministerium Nordrhein-Westfalen	BAnz AT 23.10.2012 B9	
15.	Hells Angels Berlin City	24.05.2012	Senatsverwaltung für Inneres Berlin	BAnz AT 30.05.2012 B1	
16.	Hells Angels Bremen	06.06.2013	Innensenator Bremen	BAnz AT 19.06.2013 B9	
17.	Gremium MC Regionalverband Sachsen (bestehend aus 4 Chaptern) sowie Gremium MC Chapter in Brandenburg	28.05.2013	Bundesinnenminister	BAnz AT 03.07.2013 B1	BVerwGE 154, 22-49
18.	Hells Angels MC Oder City & Oder City Kurmark	30.05.2013	Innenministerium Brandenburg	BAnz AT 03.07.2013 B2	OVG Berlin-Brandenburg, Urteil vom 29.09.2020 – OVG 1 A 3.13, juris

19.	Schwarze Schar MC Wismar und Schwarze Jäger Wismar	20.12.2013	Innenministerium Mecklenburg-Vorpommern	BAnz AT 08.01.2014 B3	
20.	Hells Angels MC Göttingen	24.10.2014	Innenministerium Niedersachsen	BAnz AT 27.10.2014 B9	OVG Lüneburg, Urteil vom 13.04.2016 – 11 KS 272/14, BeckRS 2016, 45429
21.	Satudarah MC	19.01.2015	Bundesinnenminister	BAnz AT 24.02.2015 B1	BVerwG, Urteil vom 04.11.2016 – 1 A 5/15, BeckRS 2016, 113752
22.	Hells Angels Bonn	10.03.2016	Innenministerium Rheinland-Pfalz	BAnz AT 17.03.2016 B6	OVG Rheinland-Pfalz, Urteil vom 17.01.2017 – 7 C 10326/16, BeckRS 2017, 104482
23.	Hells Angels Bonn	11.11.2016	Bundesinnenminister	BAnz AT 22.11.2016 B1	BVerwG, Urteil vom 13.12.2018 – 1 A 14/16, NVwZ-RR 2019, 512
24.	Hells Angels MC Concrete City und die Teilorganisation Clan 81 Germany	22.09.2017	Innenministerium Nordrhein-Westfalen	BAnz AT 18.10.2017 B1	OVG Nordrhein-Westfalen, Urteil vom 27.09.2021 – 5 D 91/17, BeckRS 2021, 28674 BVerwG, Urteil vom 21.01.2022 – 6 B 1/22, BeckRS 2022, 3522
25.	Osmanen Germania	19.06.2018	Bundesinnenminister	BAnz AT 10.07.2018 B1	
26.	Gremium MC Southgate	12.03.2021	Innenministerium Baden-Württemberg	BAnz AT 01.04.2021 B17	
27.	Bandidos MC Hohenlimburg/Witten und die Teilorganisation Los Compadres Hagen	15.04.2021	Innenministerium Nordrhein-Westfalen	BAnz AT 15.04.2021 B1	Klage vor OVG NRW anhängig
28.	Bandidos MC Federation West Central als Gesamtverein mit 38 Chaptern	12.07.2021	Bundesinnenminister	BAnz AT 12.07.2021 B1	
29.	United Tribuns Gesamtverein mit 13 Chaptern	02.08.2022	Bundesinnenminister	BAnz AT 14.09.2022 B1	

Anhang 2 – Verbotene islamistisch-extremistische Vereine

Anhang 2 – Verbotene islamistisch-extremistische Vereine

	Verein	Verbotsverfügung vom	Verbotsbehörde	Veröffentlichung	Rechtsprechung
1.	Kalifatsstaat einschl. Teilorganisationen	08.12.2001	Bundesinnenminister	BAnz 2001, 24865	BVerwG, Urteil vom 27.11.2002 – 6 A 4/02, Buchholz 402.45 VereinsG Nr. 35; BVerfG, Beschluss vom 02.10.2003 – 1 BvR 536/03, NJW 2004, 47
2.	Al Aqsa e.V.	31.07.2002	Bundesinnenminister	BAnz 2002, 18349	BVerwG, Urteil vom 03.12.2004 – 6 A 10/02, NVwZ 2005, 1435
3.	Hizb ut Tahrir	10.01.2003	Bundesinnenminister	BAnz 2003, 581	BVerwG, Urteil vom 25.01.2006 – 6 A 6/05, NVwZ 2006, 694
4.	Yeni Akit GmbH	22.02.2005	Bundesinnenminister	BAnz 2005, 2797	
5.	Bremer Hilfswerk e.V.	18.01.2005 (Selbstauflösung)			
6.	YATIM-Kinderhilfe e.V. Essen	30.08.2005	Bundesinnenminister	BAnz 2005, 13394	
7.	E. Xani Presse- und Verlags-GmbH	30.08.2005	Bundesinnenminister	BAnz 2005, 13393 f.	BVerwG, Beschluss vom 18.10.2005 – 6 VR 5/05, NVwZ 2006, 214
8.	Multi-Kultur-Haus Ulm e.V.	19.12.2005	Innenministerium Bayern	BAnz 2005, 17107	BayVGH, Urteil vom 24.01.2007 – 4 A 06.52, KirchE 49, 55
9.	Al-Manar TV	29.10.2008	Bundesinnenminister	BAnz 2008, 4060	
10.	Internationale Humanitäre Hilfsorganisation e.V.	23.06.2010	Bundesinnenminister	BAnz 2010, 2402	BVerwG, Urteil vom 18.04.2012 – 6 A 2/10, NVwZ-RR 2012, 648; BVerfGE 149, 160
11.	Taiba, Arabisch-Deutscher Kulturverein e.V.	28.05.2010	Behörde für Inneres Hamburg	BAnz 2010, 2954	
12.	Millatu Ibrahim	29.05.2012	Bundesinnenminister	BAnz AT 14.06.2012 B1	

Anhang 2 – Verbotene islamistisch-extremistische Vereine

13.	An-Nussrah	25.02.2013	Bundesinnenminister	BAnz AT 13.03.2013 B1	
14.	DawaFFM einschl. Teilorganisation Internationale Jugendverein Dar al Schabab e.V.	25.02.2013	Bundesinnenminister	BAnz AT 13.03.2013 B2	BVerwG, NVwZ 2014, 1573
15.	DawaTeam Islamische Audios	25.02.2013	Bundesinnenminister	BAnz AT 13.03.2013 B3	
16.	Kultur- und Bildungszentrum Ingolstadt	17.09.2013	Innenministerium Bayern	BAnz AT 22.10.2013 B12	VGH München, Urteil vom 27.01.2016 – 4 A 13.2447, KirchE 2016, 32
17.	Farben für Waisenkinder e.V.	02.04.2014	Bundesinnenminister	BAnz AT 08.04.2014 B1	BVerwGE 153, 211
18.	Sog. Islamischer Staat alias Islamischer Staat im Irak	12.09.2014	Bundesinnenminister	BAnz AT 12.09.2014 B1	
19.	Tauhid Germany alias Tauhid Deutschland als Team Tauhid Media	26.02.2015	Bundesinnenminister	BAnz AT 26.03.2015 B1	
20.	Kultur & Familien Verein e.V.	23.03.2015	Innensenator Bremen	BAnz AT 01.04.2015 B11	
21.	Islamisches Bildungs- und Kulturzentrum Mesdschid Sahabe e.V.	11.12.2015	Innenministerium Baden-Württemberg	BAnz AT 23.12.2015 B14	
22.	Islamischer Förderverein Bremen e.V. (Ersatzorganisation des Kultur & Familienverein e.V.)	16.02.2016	Innensenator Bremen		
23.	Die wahre Religion (DWR)	25.10.2016	Bundesinnenminister	BAnz AT 15.11.2016 B1	

24.	Fussilet 33 e.V.	20.02.2017	Senatsverwaltung für Inneres Berlin	BAnz AT 28.02.2017 B1
25.	DIK Hildesheim e.V.	14.03.2017	Innenministerium Niedersachsen	BAnz AT 23.03.2017 B8
26.	Almadinah Islamischer Kulturverein e.V.	16.03.2017	Innenministerium Hessen	BAnz AT 30.03.2017 B8
27.	Ansaar International e.V. und acht Teilorganisationen	22.03.2021	Bundesinnenminister	BAnz AT 05.05.2021 B1
28.	Deutsche Libanesische Familie e.V.	15.04.2021	Bundesinnenminister	BAnz AT 19.05.2021 B1
29.	Menschen für Menschen e.V.	15.04.2021	Bundesinnenminister	BAnz AT 19.05.2021 B1
30.	Gib Frieden e.V.	15.04.2021	Bundesinnenminister	BAnz AT 19.05.2021 B1
31.	Islamischer Kulturverein Nuralislam	10.03.2022	Innenministerium Nordrhein-Westfalen	

Literaturverzeichnis

Abou Taam, Marwan/Dantschke, Claudia/Kreutz, Michael/Sarhan, Aladdin, Kontinuierlicher Wandel, Organisation und Anwerbungspraxis der salafistischen Bewegung, HSFK-Reportreihe „Salafismus in Deutschland", Nr. 2/2016
Adamski, Heiner, Abschaffung des Religionsprivilegs, Gegenwartskunde (50) 2001, 483 ff.
Adomeit, Klaus, Rechtstheorie für Studenten, Normlogik, Methodenlehre, Rechtspolitologie, 3. Auflage, Heidelberg 1990
Ahlsdorf, Michael, Alles über Rocker, Die Gesetze, die Geschichte, die Maschinen, 5. Auflage, Mannheim 2017
Alberts, Hans, Das Verbot von Weltanschauungs- und Religionsgemeinschaften, ZRP 1996, 60 ff.
Albrecht, Florian, Das neue vereinsrechtliche Kennzeichenverbot zeigt (Verbannungs-)Wirkung!, jurisPR-StrafR 22/2018 Anm. 4
ders., Die Neuregelung des „Kuttenverbots" in § 20 Abs. 1 Nr. 5 i. V. m. § 9 Abs. 3 VereinsG ist verfassungskonform, jurisPR-StrafR 24/2019 Anm. 4
ders., Strafbarkeit wegen Verwendens der Kennzeichen eines verbotenen Vereins durch das Tragen sog. Rockerkutten, jurisPR-StrafR 23/2015 Anm. 4
ders., Verbot der Hells Angels-Charters in Deutschland, Eine kriminologische und vereinsrechtliche Analyse, MschrKrim (95) 2012, 115 ff.
ders., Das Verbot von Rockervereinen, Grundlagen des Vereinsverbots, DPolBl. 2015, 29 ff.
ders., Der Streit um die Rockerkutten, Zugleich Anmerkung zu OLG Hamburg, Urt. v. 07.04.2014 – 1 – 31/13 (Rev) und LG Bochum, Urt. v. 28.10.2014 – II-6 KLs-47 Js 176/14-4/14, HRRS 2015, 167 ff.
ders., Waffenrecht und Lebensführungsschuld, Zur waffenrechtlichen (Un-)Zuverlässigkeit der Mitglieder so genannter 1 %-er Motorradclubs, NJOZ 2015, 1473 ff.
ders., Anmerkungen zu den „Strukturmerkmalen" sog. Outlaw Motorcycle Gangs, Kriminalistik 2018, 357 ff.
ders., Neue Kennzeichenverbote nach dem Vereinsgesetz: Grundrechtsverletzung oder notwendige Verteidigung des Rechtsstaates?, VerwArch 2019, 506 ff.
Albrecht, Florian/Braun, Frank, Bekämpfung der Rockerkriminalität, Möglichkeiten und Grenzen der Verwendung von Rockersymbolen, NJOZ 2014, 1481 ff.
Albrecht, Florian/Roggenkamp, Jan Dirk (Hrsg.), Vereinsgesetz Kommentar, München 2014
Anschütz, Gerhard, Die Verfassung des Deutschen Reiches vom 11. August 1919, 14. Auflage, Berlin 1933
Apelt, Willibalt, Geschichte der Weimarer Reichsverfassung, München 1946
Aulehner, Josef, Polizeiliche Gefahren- und Informationsvorsorge, Grundlagen, Rechts- und Vollzugsstrukturen, dargestellt auch im Hinblick auf die deutsche Beteiligung an einem Europäischen Polizeiamt (EUROPOL), Berlin 1998
Bachof, Otto, Beurteilungsspielraum, Ermessen und unbestimmter Rechtsbegriff im Verwaltungsrecht, JZ 1955, 97 ff.

Backes, Uwe, Organisationen 2017, in: Backes, Uwe/Gallus, Alexander/Jesse, Eckhard/Thieme, Tom (Hrsg.), Jahrbuch Extremismus & Demokratie (E & D), 30. Jahrgang, Baden-Baden 2018, 125 ff.

Bader, Jochen, Outlaw Motorcycle Clubs, Überlegungen zum Thema Hells Angels, Bandidos und Konsorten und zugleich eine kleine Milieukunde, Kriminalistik 2011, 227 ff.

Bader, Johann/Ronellenfitsch, Michael (Hrsg.), BeckOK VwVfG, mit Verwaltungs-Vollstreckungsgesetz und Verwaltungszustellungsgesetz, München

Badura, Peter, Das Staatskirchenrecht als Gegenstand des Verfassungsrechts, Die verfassungsrechtlichen Grundlagen des Staatskirchenrechts, in: Listl, Joseph/Pirson, Dietrich (Hrsg.), Handbuch des Staatskirchenrechts der Bundesrepublik Deutschland, Band 2, 2. Auflage, Berlin 1995, 211 ff.

Bandidos MC, 20 Years on the Top: Two Decades Bandidos MC in Germany, abrufbar im Internet: http://www.bandidosmc.com/bandidos-mc/article.asp

dass., About, abrufbar im Internet: https://www.bandidosmcunitedstates.com/the-bandidos

Bannenberg, Britta/Schmidt, Ralf, Aktuelle Entwicklungen im Rockermilieu, Kriminalistik 2019, 563 ff.

Baudewin, Christian, Das Vereinsverbot, Allgemeiner Überblick, NVwZ 2013, 1049 ff.

Bayer, Klaus, Das Grundrecht der Religions- und Gewissensfreiheit, Unter besonderer Berücksichtigung des Minderheitenschutzes, Baden-Baden 1997

Bayerisches Staatsministerium des Innern, für Sport und Integration, Abteilung Verfassungsschutz, Verfassungsschutzbericht 2018, München 2019

dass., Verfassungsschutzbericht 2021, München 2022

Beaucamp, Guy, Die waffenrechtliche Unzuverlässigkeit nach § 5 Abs. 2 Nr. 3 WaffG, DÖV 2018, 709 ff.

Becker, Christian, Vereinsrechtliches Kennzeichenverbot – „Bandidos", Besprechung des BGH-Urteils vom 09.07.2015 3 StR 33/15, NStZ 2016, 86 ff.

Begrich, David/Speit, Andreas, „Heiliges Deutsches Reich", Reichsidee und Reichsideologie der extremen Rechten, in: Speit, Andreas (Hrsg.), Reichsbürger, Die unterschätzte Gefahr, Bonn 2018, 22 ff.

Belling, Detlev, Das Selbstbestimmungsrecht der Kirchen, AfkKR 2004, 497 ff.

Berlit, Uwe-Dietmar, Verbot eines Spendensammelvereins wegen Völkerverständigungswidrigkeit, Anmerkung zu BVerwG, Urteil vom 16.11.2015 – 1 A 4/15, jurisPR-BVerwG 9/2016 Anm. 2

Bernhardt, Rudolf, Die Auslegung völkerrechtlicher Verträge insbesondere in der neueren Rechtsprechung internationaler Gerichte, Köln 1971

Bier, Wolfgang, Anmerkung zu BVerwG 6. Senat, Urteil vom 25.01.2006 – 6 A 6/05, jurisPR-BVerwG 12/2006 Anm. 5 2006

BKA, Organisierte Kriminalität, Bundeslagebild 2014, Wiesbaden 2014

dass., Rockerkriminalität, 2019, abrufbar im Internet: https://www.bka.de/DE/UnsereAufgaben/Deliktsbereiche/Rockerkriminalitaet/rockerkriminalitaet_node.html

dass., Organisierte Kriminalität, Bundeslagebild 2018, Wiesbaden 2019

dass., Organisierte Kriminalität, Bundeslagebild 2020, Wiesbaden 2021

Blanke, Hermann-Josef, Deutsche Verfassungen, Dokumente zu Vergangenheit und Gegenwart, Paderborn 2003

Bley, Rita, Rockerkriminalität, Erste empirische Befunde, Frankfurt am Main 2014

dies., Rockerkriminalität – Präventionsansätze, DPolBl. 2015, 21 ff.

Bock, Dennis, Anmerkung zu BGH, Urteil v. 9.7.2015 – 3 StR 33/15 (LG Bochum), JZ 2016, 158 ff.

Bock, Wolfgang, Der Islam in der aktuellen Entscheidungspraxis des Öffentlichen Rechts, NVwZ 2007, 1250 ff.
Bohnen, Anja-Isabel, Das Selbstbestimmungsrecht der Religionsgesellschaften gemäß Artikel 137 Absatz 3 Satz 1 der Weimarer Reichsverfassung, Eine Untersuchung der staatskirchenrechtlichen Systematik in der Zeit der Weimarer Republik, Trier 2009
Braun, Frank, Bandidos-Mitgliedschaft rechtfertigt den Widerruf waffenrechtlicher Erlaubnisse, Anmerkung zur Entscheidung des BVerwG vom 28.01.15, DPolBl. 2015, 32 ff.
ders., Zur polizeilichen Praxis sogenannter „Kuttenverbote", Vereinsrechtliche Kennzeichenverbote, DPolBl. 2015, 26 ff.
Brenz, Jan, Das Polizeirecht als ein durch den Verhältnismäßigkeitsgrundsatz bestimmtes System von Abwägungsentscheidungen, Berlin 2018
Brieger, Stefan, Die Vereinsverbotspraxis im vereinten Deutschland und der Einfluss machtpolitischer Kalküle, in: Backes, Uwe/Gallus, Alexander/Jesse, Eckhard/Thieme, Tom (Hrsg.), Jahrbuch Extremismus & Demokratie (E & D), 30. Jahrgang, Baden-Baden 2018, 55 ff.
Brinktrine, Ralf, Verwaltungsermessen in Deutschland und England, Eine rechtsvergleichende Untersuchung von Entscheidungsspielräumen der Verwaltung im deutschen und englischen Verwaltungsrecht, Heidelberg 1998
Buchberger, Elisabeth, Versagung und Widerruf des Kleinen Waffenscheins eines Mitglieds in einem „Chapter" des Motorradclubs „Outlaws MC Germany", GSZ 2019, 41 ff.
Bucher, Peter, Das Verfassungskonvent auf Herrenchiemsee, in: Deutscher Bundestag (Hrsg.), Der Parlamentarische Rat 1948–1949, Akten und Protokolle, Boppard am Rhein 1981
Buchheister, Joachim, Entwicklungslinien im Versammlungsrecht, LKV 2016, 160 ff.
Bull, Hans Peter/Mehde, Veith, Allgemeines Verwaltungsrecht mit Verwaltungslehre, 9. Auflage, Heidelberg 2015
Bundesamt für Verfassungsschutz, Salafistische Bestrebungen in Deutschland, 2012
dass., Verfassungsschutzbericht 2017, Berlin 2018
dass., „Reichsbürger" und „Selbstverwalter", "Staatsfeinde, Geschäftemacher, Verschwörungstheoretiker", Köln 2018
dass., Salafismus in Deutschland, Missionierung und Jihad, Köln 2019
dass., Verfassungsschutzbericht 2018, Berlin 2019
dass., Verfassungsschutzbericht 2019, Berlin 2020
dass., Verfassungsschutzbericht 2020, Berlin 2021
dass., Verfassungsschutzbericht 2021, Berlin 2022
Bundesministerium des Innern, Schily verbietet weitere Teilorganisationen des ‚Kalifatsstaates' 2002, abrufbar im Internet: http://presseservice.pressrelations.de/pressemitteilung/bmi-pressemitteilung-schily-verbietet-weitere-teilorganisationen-des-kalifatsstaates-104764.html
dass., Schily verbietet zwei extremistische Vereine 2005, abrufbar im Internet: http://presseservice.pressrelations.de/pressemitteilung/schily-verbietet-zwei-extremistische-vereine-202751.html
dass., Bundesinnenminister geht konsequent gegen salafistische Strukturen in Deutschland vor, Verbot der salafistischen Vereine „DawaFFM" und „Islamische Audios" 2013, abrufbar im Internet:
dass., Bekanntmachung eines Vereinsverbots gegen die Vereinigung sogenannter Islamischer Staat, alias Islamischer Staat im Irak (ad-Dawla al-Islamiya fil-Iraq) alias Islamischer Staat im Irak und in Groß-Syrien (ad-Dawla al-Islamiya fil-Iraq wash-Sham), 2014
dass., De Maizière verbietet Betätigung der Terrororganisation „Islamischer Staat" in Deutschland 2014, abrufbar im Internet: http://www.bmi.bund.de/SharedDocs/Pressemitteilungen/

DE/2014/09/verbot-islamischer-staat.html;jsessionid=EA9F9EAC73CA807957AF57CD916C67E8.2_cid295?nn=3314802
dass., Strategie der Bundesregierung zur Extremismusprävention und Demokratieförderung, 2016
dass., Bekanntmachung eines Vereinsverbots gegen die Vereinigung Die wahre Religion, Bekanntmachung im Bundesanzeiger, 2016
dass., Organisationsverbot des Bundesministeriums des Innern gegen die Vereinigung „Die wahre Religion" alias „LIES! Stiftung"/„Stiftung LIES", Eckpunkte der Verbotsverfügung, 15.11.2016, abrufbar im Internet:
dass., Pressemitteilung zum Vereinsverbot der Vereinigung „Die wahre Religion (DWR)" alias „Stiftung LIES" 2016, abrufbar im Internet: http://www.bmi.bund.de/SharedDocs/Pressemitteilungen/DE/2016/11/vereinsverbot-dwr.html
dass., Wer den Rechtsstaat ablehnt, kann keine Nachsicht erwarten, Verbot der rockerähnlichen Gruppierung „Osmanen Germania BC" 2018, abrufbar im Internet: https://www.bmi.bund.de/SharedDocs/pressemitteilungen/DE/2018/07/verbot-osmanen.html
dass., Bundesinnenminister Horst Seehofer verbietet PKK-Verlag, Vereinigungen „Mezopotamien Verlag und Vertrieb GmbH" sowie die „MIR Multimedia GmbH" wurden verboten 2019, abrufbar im Internet: https://www.bmi.bund.de/SharedDocs/pressemitteilungen/DE/2019/02/verbot-pkk-verlag.html
dass., Bundesinnenminister Seehofer verbietet mit „Geeinte deutsche Völker und Stämme" erstmals Reichsbürgervereinigung 2020, abrufbar im Internet: https://www.bmi.bund.de/SharedDocs/pressemitteilungen/DE/2020/03/verbot-reichbuergervereinigung.html
dass., Betätigungsverbot für Terrororganisation „Hizb Allah" in Deutschland 2020, abrufbar im Internet: https://www.bmi.bund.de/SharedDocs/pressemitteilungen/DE/2020/04/betaetigungsverbot-hizb-allah.html
Bundesrat, Bekämpfungsstrategie „Rockerkriminalität – Rahmenkonzeption", Bund-Länder-Projektgruppe des Unterausschusses „Führung, Einsatz und Kriminalitätsbekämpfung" des Bundesrates, 2010
dass., Stellungnahme des Bundesrates zum Entwurf eines Zweiten Gesetzes zur Änderung des Vereinsgesetzes, 2016
Bundesregierung, Entwurf eines Vereinsgesetzes, Bonn 1962
Bundestag, Entwurf eines Gesetzes zur Änderung des Strafgesetzbuches, der Strafprozeßordnung und anderer Gesetze, (Verbrechensbekämpfungsgesetz), 1994
Burczyk, Dirk, Rocker: Kuttenverbot in Kraft getreten, CILIP 2017, 87 ff.
BVerwG, Pressemitteilung „Verbot eines Hells-Angels-Clubs bestätigt", Nr. 91/2018, veröffentlicht am 14.12.2018 unter https://www.bverwg.de/pm/2018/91 2018, abrufbar im Internet:
Caspar, Christa/Neubauer, Reinhard, Durchs wilde Absurdistan – oder: Wie „Reichsbürger" den Fortbestand des Deutschen Reiches beweisen wollen, LKV 2012, 529 ff.
dies., Begegnungen mit einer Parallelwelt – Empfehlungen zum Umgang mit „Reichsbürgern" in der kommunalen Praxis, KommJur 2017, 361 ff.
dies., Durchs wilde Absurdistan: Was zu tun ist, wenn „Reichsbürger" und öffentliche Verwaltung aufeinandertreffen, in: Wilking, Dirk (Hrsg.), „Reichsbürger", Ein Handbuch, 3. Auflage, Potsdam 2017, 93 ff.
dies., „Ich mach' mir die Welt, wie sie mir gefällt" – „Reichsbürger" in der real existierenden Bundesrepublik Deutschland, LKV 2017, 1 ff.

dies., Reichsbürger contra öffentliche Verwaltung, Erfahrungen und Argumentationen in der praktischen Auseinandersetzung, in: Speit, Andreas (Hrsg.), Reichsbürger, Die unterschätzte Gefahr, Bonn 2018, 79 ff.

Coomann, Benjamin/Lukas, Tim, Der Islamismus als Gegenstand oberinstanzlicher Gerichtsbarkeit und journalisitischer Berichterstattung in Deutschland, Kriminalistik 2019, 502 ff.

Czermak, Gerhard/Hilgendorf, Eric, Religions- und Weltanschauungsrecht, Eine Einführung, 2. Auflage, Berlin 2018

Delius, Hans, Das preußische Vereins- und Versammlungsrecht, unter besonderer Berücksichtigung des Gesetzes vom 11. März 1850, Berlin 1891

Denninger, Erhard/Hoffmann-Riem, Wolfgang u. a. (Hrsg.), AK-GG, Kommentar zum Grundgesetz für die Bundesrepublik Deutschland, Neuwied/Kriftel

Deres, Michael, Die Praxis des Vereinsverbotes – eine Darstellung der materiellen Voraussetzungen, VerwRdSch 1992, 421 ff.

Deutsch, Erwin, Die Elemente des Schadensrechts und das Bewegliche System, in: Bydlinski, Franz/Krejci Heinz/Schilcher, Bernd/Steininger, Viktor (Hrsg.), Das bewegliche System im geltenden und künftigen Recht, Wien 1986, 43 ff.

Deutscher Bundestag, Stand der rechtlichen Gleichstellung des Islam in Deutschland, BT Drs. 16/5033, Berlin 2007

dass., Wortprotokoll der 98. Sitzung – Öffentliche Anhörung, Innenausschuss Berlin, Protokoll Nr. 18/98, 2016

Diehl, Jörg, Bandidos und Hells Angels: Friedensschluss der Kuschelrocker, Spiegel Online vom 26.05.2010

Dienstbühl, Dorothee, Attraktivität von Outlaw Motorcycle Clubs auf extremistische Gruppen, DPolBl 2015, 8 ff.

Dörig, Harald, Zum Verbot islamistischer Vereinigungen und von Unterstützervereinen, jM 2016, 203 ff.

Dörr, Oliver/Schmalenbach, Kirsten, Vienna Convention on the Law of Treaties, A Commentary, 2. Auflage, Berlin/Heidelberg 2018

dpa, Zwei Vereine der Hells Angels und Bandidos nun verboten, FAZ vom 29.04.2010

Dreier, Horst (Hrsg.), Grundgesetz, Kommentar, 3. Auflage, Tübingen 2013

Droste, Bernadette, Handbuch des Verfassungsschutzrechts, Stuttgart 2007

Dürig, Günter/Herzog, Roman u. a. (Hrsg.), Grundgesetz, Kommentar, München

Eifert, Martin, „Zuverlässigkeit" als persönliche Tätigkeitsvoraussetzung im Besonderen Verwaltungsrecht, JuS 2004, 565 ff.

Eisele, Jörg, Vereinsrechtliches Kennzeichenverbot und Bestimmtheitsgrundsatz – „Bandidos", Anm. zu BGH, Urt. v. 9.7.2015 – 3 StR 33/15, NJW 2015, 3590 ff.

El-Ghazi, Mohamad, Das neue strafbewehrte Kennzeichenverbot – oder die nächste Runde im Kampf um die Rockerkutte, StV 2018, 116 ff.

Epping, Volker, Grundrechte, 9. Auflage, Berlin 2021

Epping, Volker/Hillgruber, Christian (Hrsg.), BeckOK Grundgesetz, München

Erbs, Georg/Kohlhaas, Max u. a. (Hrsg.), Strafrechtliche Nebengesetze, Kommentar, München

Etzrodt, Wolf, Der Grundrechtsschutz der negativen Vereinigungsfreiheit, Frankfurt am Main 1980

Eyermann, Erich/Fröhler, Ludwig/Geiger, Harald/Happ, Michael/Rennert, Klaus/Schmidt, Jörg, Verwaltungsgerichtsordnung, Kommentar, 16. Auflage, München 2022

Fabian Dittmann, Bandidos und Hells Angels ziehen gemeinsam vors Bundesverfassungsgericht 2022, abrufbar im Internet: https://www.welt.de/vermischtes/article173977742/Hells-

Angels-und-Bandidos-Rocker-ziehen-wegen-Kuttenverbots-vor-Bundesverfassungsgericht. html

Felske, Karsten, Kriminelle und terroristische Vereinigungen – §§ 129, 129a StGB, Reformdiskussion und Gesetzgebung seit dem 19. Jahrhundert, Baden-Baden 2001

Feltes, Thomas/Reiners, Paul, Polizeiliche Maßnahmen gegen Hells Angels und andere „Outlaw Motorcycle Gangs" (OMCG), Inszenierte Repression am Rande der Legalität?, KrimJ 2018, 295 ff.

Fezer, Karl-Heinz, Markenrecht, 4. Auflage, München 2009

Fischer, Thomas (Hrsg.), Strafgesetzbuch, mit Nebengesetzen, 70. Auflage, München 2023

Focus Online, Symbolverbot für acht Rocker-Gruppierungen in Kraft, Focus vom 16.03.2017

Frauens, Jana, Verbot der Hells Angels, Eine Analyse der Wirksamkeitseffekte strafrechtlicher Verbotsnormen am Beispiel des Hamburger Charters, Frankfurt am Main 2011

Freiherr v. Campenhausen, Axel, Religionsfreiheit, in: Isensee, Josef/Kirchhof, Paul (Hrsg.), Handbuch des Staatsrechts der Bundesrepublik Deutschland, Band VII: Freiheitsrechte, 3. Auflage, Heidelberg/Hamburg 2009, 597 ff.

Freitag, Jan, „Reichsbürger" – eine Bedrohung für die Demokratie oder lächerliche Verschwörungstheoretiker? Das Beispiel Brandenburgs, in: Backes, Uwe (Hrsg.), Jahrbuch Extremismus & Demokratie (E & D), Baden-Baden 2014, 155 ff.

Frotscher, Werner/Pieroth, Bodo, Verfassungsgeschichte, Von der nordamerikanischen Revolution bis zur Wiedervereinigung Deutschlands, 18. Auflage, München 2019

Gade, Gunther, Neuere Entwicklungen im Waffenrecht, jM 2018, 467 ff.

ders. (Hrsg.), Waffengesetz, Kommentar, 3. Auflage, München 2022

Garbert, Matthias, Salafismus als politische Herausforderung, in: Backes, Uwe/Gallus, Alexander/Jesse, Eckhard (Hrsg.), Jahrbuch Extremismus & Demokratie (E & D), 29. Jahrgang 2017, Baden-Baden 2017, 54 ff.

Gastroph, Claus, Die politischen Vereinigungen, Inhalt und grenzen der Vereinigungsfreiheit des Art. 9 des Grundgesetzes im politischen Bereich in der Verfassungsstruktur der Bundesrepublik Deutschland, Berlin 1970

Gerlach, Jens, Entscheidungsspielräume der Verwaltung, Bucerius Law School 2018

Gerlach, Julia, Die Vereinsverbotspraxis der streitbaren Demokratie, Verbieten oder Nicht-Verbieten?, Baden-Baden 2012

Gern, Alfons, Die Rangfolge der Auslegungsmethoden von Rechtsnormen, VerwArch 1989, 415 ff.

Ginsburg, Tobias, Die Reise ins Reich, Unter Reichsbürgern, 2. Auflage, Berlin 2018

Goehrke, Fritz, Das Reichsvereinsgesetz vom 19. April 1908, 2. Auflage, Dortmund 1908

Goertz, Stefan, In Europa und Deutschland verübte und verhinderte islamistische Anschläge, Kriminalistik 2019, 491 ff.

ders., „Reichsbürger" und „Selbstverwalter" sowie die „Identitäre Bewegung Deutschland", Die aktuelle Analyse der deutschen Verfassungsschutzbehörden, der kriminalist 2019, 6 ff.

Gremium MC, History since 1972, abrufbar im Internet: http://www.gremium-mc.com/d/history.html

dass., World Chapter Gremium MC World, abrufbar im Internet: http://www.gremium-mc.com/d/chapters.html

Groh, Kathrin, Das Religionsprivileg des Vereinsgesetzes, KritV (85) 2002, 39 ff.

dies., Selbstschutz der Verfassung gegen Religionsgemeinschaften, Vom Religionsprivileg des Vereinsgesetzes zum Vereinigungsverbot, Berlin 2004

dies. (Hrsg.), Vereinsgesetz, NomosKommentar, Baden-Baden 2012 *dies.*, Stellungnahme als Sachverständige zum Gesetzentwurf der Bundesregierung, Entwurf eines Zweiten Gesetzes zur Änderung des Vereinsgesetzes BT-Drs. 18/9758 u. BT-Drs. 18/9947, 2016

Grundmann, Cornelia, Das fast vergessene öffentliche Vereinsrecht, Eine Analyse der neueren Entwicklungen des öffentlichen Vereinsrechts, Baden-Baden 1999

Gubitz, Michael, Strafrechtliche Implikationen des neu gefassten Kennzeichenverbots, in: von Mutius, Albert/Nolte, Martin (Hrsg.), Das vereinsrechtliche Kennzeichenverbot als Instrument zur internationalen Terrorismusbekämpfung, Kiel 2003, 31 ff.

Gusy, Christoph, Vom neuen Sicherheitsbegriff zur neuen Sicherheitsarchitektur, VerwArch 2010, 309 ff.

Hain, Karl-E., Unbestimmter Rechtsbegriff und Beurteilungsspielraum – ein dogmatisches Problem rechtstheoretisch betrachtet, in: Grote, Rainer (Hrsg.), Die Ordnung der Freiheit, Festschrift für Christian Starck zum siebzigsten Geburtstag, Tübingen 2007, 35 ff.

Härdle, Gerhard, Verfassungsbeschwerde gegen das Zweite Gesetz zur Änderung des Vereinsgesetzes, abrufbar im Internet: https://www.bikersnews.de/szene/politik/gremium+mc+reicht+verfassungsbeschwerde+ein_171010.html

Hau, Wolfgang/Poseck, Roman (Hrsg.), BeckOK BGB, München

Heckel, Johannes, Das Staatskirchenrechtliche Schriftum der Jahr 1930 und 1931, VerwArch 1932, 280 ff.

Heinrich, Bernd, Öffentliches Verwenden von Kennzeichen eines verbotenen Vereins, NStZ 2019, 739 ff.

Heinrich, Jens, Vereinigungsfreiheit und Vereinigungsverbot, Dogmatik und Praxis des Art. 9 Abs. 2 GG: eine Betrachtung unter besonderer Berücksichtigung der Verbotsverfügungen, Baden-Baden 2005

Heintschel-Heinegg, Bernd von (Hrsg.), BeckOK StGB

Heller, Robert/Soschinka, Holger/Rabe, Stephan, Waffenrecht, Handbuch für die Praxis, 4. Auflage, München 2020

Hells Angels MC, Hells Angels MC Germany Charter, abrufbar im Internet: http://hells-angels.com/area/germany/

Hemmeling, Axel, Erfurter „Hells Angels" steigen in der Hierarchie auf, 14.12.2021, abrufbar im Internet: https://www.mdr.de/nachrichten/thueringen/mitte-thueringen/erfurt/hells-angels-rocker-motorrad-club-aktiv-100.html

Herdegen, Matthias, Völkerrecht, 21. Auflage, München 2022

Hermann, Melanie, „Reichsbürger" und Souveränisten, Basiswissen und Handlungsstrategien, 2. Auflage, Berlin 2018

Herrmann, Joachim, Mitglieder von Rockerclubs erhalten keine Waffenerlaubnisse mehr 2015, abrufbar im Internet: https://www.stmi.bayern.de/med/pressemitteilungen/pressearchiv/2015/33/index.php

Hesse, Konrad, Grundzüge des Verfassungsrechts der Bundesrepublik Deutschland, 20. Auflage, Heidelberg 1995

Hillers, Roswitha, Wesen, Bedeutung, Reichweite und Grenzen von unbestimmten Rechtsbegriffen und Generalklauseln in Gesetzen, VerwRdSch 1989, 116 ff.

Höfling, Wolfram, Offene Grundrechtsinterpretation, Grundrechtsauslegung zwischen amtlichem Interpretationsmonopol und privater Konkretisierungskompetenz, Berlin 1988

Hofmann, Hans/Lukosek, Sandra/Schulte-Rudzio, Florentine, Das Gewicht der Sicherheit als Herausforderung des liberalen Verfassungsstaates – Sicherheit als Staatsaufgabe, Staatsziel, grundrechtliche Gewährleistung?, GSZ 2020, 233 ff.

Huber, Ernst Rudolf, Der Kampf um Einheit und Freiheit 1830 bis 1850, Band II, in: ders. (Hrsg.), Deutsche Verfassungsgeschichte seit 1789, 3. Auflage, Stuttgart 1988

ders., Deutsche Verfassungsdokumente 1803–1850, in: ders. (Hrsg.), Dokumente zur deutschen Verfassungsgeschichte, 3. Auflage, Stuttgart 1990a

ders., Deutsche Verfassungsdokumente 1851–1900, in: ders. (Hrsg.), Dokumente zur deutschen Verfassungsgeschichte, 3. Auflage, Stuttgart 1990b

ders., Deutsche Verfassungsdokumente 1900–1918, in: ders. (Hrsg.), Dokumente zur deutschen Verfassungsgeschichte, 3. Auflage, Stuttgart 1990c

ders., Deutsche Verfassungsdokumente 1919–1933, in: ders. (Hrsg.), Dokumente zur deutschen Verfassungsgeschichte, 3. Auflage, Stuttgart 1990d

Hueck, Ingo, Der Staatsgerichtshof zum Schutze der Republik, Tübingen 1996

Hüllen, Michael/Homburg, Heiko/Krüger, Yasemin, „Reichsbürger" zwischen zielgerichtetem Rechtsextremismus und Staatsverdrossenheit, in: Wilking, Dirk (Hrsg.), „Reichsbürger", Ein Handbuch, 3. Auflage, Potsdam 2017, 13 ff.

Innenministerkonferenz, Sammlung der zur Veröffentlichung freigegebenen Beschlüsse der 206. Sitzung der Ständigen Konferenz der Innenminister und -senatoren der Länder, Dresden 2017

Isensee, Josef, Das Grundrecht auf Sicherheit, Zu den Schutzpflichten des freiheitlichen Verfassungsstaates, Berlin 1983

Jacob, Thomas/Lau, Marcus, Beurteilungsspielraum und Einschätzungsprärogative, Zulässigkeit und Grenzen administrativer Letztentscheidungsmacht am Beispiel des Naturschutz- und Wasserrechts, NVwZ 2015, 241 ff.

Janz, Carsten/Speit, Andreas, „Wir sind im Krieg", Waffen innerhalb der Szene, in: Speit, Andreas (Hrsg.), Reichsbürger, Die unterschätzte Gefahr, Bonn 2018, 115 ff.

Jarass, Hans, Die Bedeutung des einfachen Rechts für die Bestimmung verfassungsrechtlicher Begriffe, DÖV 2019, 457 ff.

Jarass, Hans/Pieroth, Bodo (Hrsg.), Grundgesetz, Kommentar, 16. Auflage, München 2020

Jaschke, Hans-Gerd, Streitbare Demokratie und Innere Sicherheit, Grundlagen, Praxis und Kritik, Wiesbaden 1991

Jauernig, Othmar (Hrsg.), BGB Kommentar, 18. Auflage, München 2021

Joecks, Wolfgang/Miebach, Klaus (Hrsg.), Münchener Kommentar zum Strafgesetzbuch, 4. Auflage, München 2021

dies. (Hrsg.), Münchener Kommentar zum Strafgesetzbuch, Nebenstrafrecht I VereinsG, 4. Auflage, München 2022

Jurina, Josef, Die Religionsgemeinschaften mit privatrechtlichem Rechtsstatus, in: Listl, Joseph/Pirson, Dietrich (Hrsg.), Handbuch des Staatskirchenrechts der Bundesrepublik Deutschland, Band 1, 2. Auflage, Berlin 1994, 689 ff.

Kahl, Wolfgang/Waldhoff, Christian u. a. (Hrsg.), Bonner Kommentar zum Grundgesetz, Heidelberg 2022

Käsehagen, Nina, Die gegenwärtige salafistische Szene in Deutschland, Prediger und Anhänger, Berlin 2018

Keller, Christoph, Polizeiliche Maßnahmen zur Bekämpfung der Rockerkriminalität, Bekämpfungsstrategien – präventive und repressive Ansätze, DPolBl. 2015, 11 ff.

Kilz, Hans Werner/Prantl, Heribert, Otto Schily ist Otto Schily, Der Bundesinnenminister will Freiheit durch Sicherheit garantieren und sieht sich in dieser Rolle als ein „liberaler Grüner in der SPD"., Süddeutsche Zeitung vom 17.05.2010

Kindhäuser, Urs/Neumann, Ulfried u. a. (Hrsg.), StGB Kommentar, 5. Auflage, Baden-Baden 2017

Kingreen, Thorsten/Poscher, Ralf, Grundrechte, 37. Auflage, Heidelberg 2021
Kirchhof, Paul, Die Kirchen und Religionsgemeinschaften als Körperschaften des öffentlichen Rechts, in: Listl, Joseph/Pirson, Dietrich (Hrsg.), Handbuch des Staatskirchenrechts der Bundesrepublik Deutschland, Band 1, 2. Auflage, Berlin 1994, 651 ff.
Klamt, Martin, Die Europäische Union als Streitbare Demokratie, Rechtsvergleichende und europarechtliche Dimensionen einer Idee, München 2012
Kment, Martin/Vorwalter, Sebastian, Beurteilungsspielraum und Ermessen, JuS 2015, 193 ff.
Knape, Michael, Änderung des Vereinsgesetzes, Die Polizei 2017, 120 ff.
Koehler, Alexander (Hrsg.), Gesetz über das Bundesverwaltungsgericht, Berlin 1952
Kölble, Josef, Zur Lehre von den – stillschweigend – zugelassenen Verwaltungszuständigkeiten des Bundes, DÖV 1963, 660 ff.
König, Achim-Volker/Papsthart, Christian (Hrsg.), Waffengesetz, Nomos Kommentar, 2. Auflage, Baden-Baden 2012
Kopp, Ferdinand/Ramsauer, Ulrich (Hrsg.), Verwaltungsverfahrensgesetz, Kommentar, 22. Auflage, München 2021
Körting, Ehrhart, Die Glaubensfreiheit nach Art. 4 Abs. 1 GG und der Salafismus, DVBl. 2014, 1028 ff.
Kotulla, Michael, Deutsches Verfassungsrecht 1806–1918, Eine Dokumentensammlung nebst Einführungen, 1. Band: Gesamtdeutschland, Anhaltische Staaten und Baden, Berlin, Heidelberg 2006
ders., Thüringische Verfassungsurkunden. Vom Beginn des 19. Jahrhunderts bis heute, Berlin 2015
Kraetzer, Ulrich, Salafisten, Bedrohung für Deutschland?, Gütersloh 2014
Lackner, Karl/Kühl, Kristian (Hrsg.), StGB, Kommentar, 29. Auflage, München 2018
Lameyer, Johannes, Streitbare Demokratie, Eine verfassungshermeneutische Untersuchung, Berlin 1978
Landesamt für Verfassungsschutz Baden-Württemberg, „Reichsbürger" und „Selbstverwalter" in Baden-Württemberg, Eine Handreichung für Beschäftigte im öffentlichen Dienst, Stuttgart 2019
Landesamt für Verfassungsschutz Hessen, Verfassungsschutzbericht 2018, Wiesbaden 2019
Lechner, Hans/Zuck, Rüdiger, Bundesverfassungsgerichtsgesetz, Kommentar, 8. Auflage 2019
Leppert, Marga/Kretschmann, Jan, „Reichsbürger", Rechtliche Bewertung des polizeilichen Einschreitens, Die Polizei 2017, 286 ff.
Liebler, Stefan, Regelvermutung der waffenrechtlichen Unzuverlässigkeit nach § 5 Abs. 2 WaffG, jurisPR-BVerwG 24/2008 Anm. 5
Lindner, Christian, Terrorismus effektiv bekämpfen, Verantwortlichkeiten klären – Einsetzung einer Kommission zur Reform der föderalen Sicherheitsarchitektur– Föderalismuskommission III, Berlin 2019
Lisken, Hans/Denninger, Erhard (Hrsg.), Handbuch des Polizeirechts, Gefahrenabwehr, Strafverfolgung, Rechtsschutz, 7. Auflage, München 2021
LKA Baden-Württemberg, Sicherheitsbericht des Landes Baden-Württemberg 2018, Stuttgart 2019
LTO-Redaktion, OVG NRW bestätigt „Kuttenverbot" auf Cranger Kirmes, Rocker müssen „unsichtbar" bleiben, 07.08.2015, abrufbar im Internet: https://www.lto.de/recht/nachrichten/n/ovg-nrw-5b908-15-rocker-kutten-cranger-kirmes/
Maciejewski, Karim, Von der Auslegung unbestimmter Rechtsbegriffe im bundesstaatlichen Finanzausgleich, Unter besonderer Berücksichtigung der „laufenden Einnahmen" des Artikels 106 Absatz 3 Satz 4 GG, Berlin 2007

Maleki, Navideh, Ein mögliches Islamgesetz in Deutschland, ZRP 2019, 19 ff.

Malkewitz, Gerhard, Zum Begriff der restriktiven Auslegung : zu 2 Beschlüssen des BVerfG in NJW 71, 1029 und 1033, NJW 1971, 2287 ff.

Maurer, Hartmut/Waldhoff, Christian, Allgemeines Verwaltungsrecht, 20. Auflage, München 2020

Meglalu, Saber, Vorgeschobene Gesetzeszwecke und derGrundsatz der Normenwahrheit am Beispiel desneuen Vereinsrechts (»Kuttengesetz«), JR 2018, 223 ff.

Merten, Detlef, § 165 Vereinsfreiheit, in: Isensee, Josef/Kirchhof, Paul (Hrsg.), Handbuch des Staatsrechts der Bundesrepublik Deutschland, Band VII: Freiheitsrechte, 3. Auflage, Heidelberg/Hamburg 2009, 1035–1073

Michael, Lothar, Verbote von Religionsgemeinschaften, JZ 2002, 482 ff.

ders., Die „nachhaltige" Gefahr als Eingriffsschwelle für Vereins- und Parteiverbote, Ein Beitrag zum Gefahrenbegriff in der „wehrhaften" Demokratie, in: Häberle, Peter/Morlok, Martin/Vassilios, Skouris (Hrsg.), Festschrift für Dimitris Th. Tsatsos, Baden-Baden 2003, 383 ff.

ders., Anmerkung zu BVerwG, Urteil vom 25.1.2006 – 6 A 6/05, JZ 2007, 146 ff.

Middelschulte, Christiane, Unbestimmte Rechtsbegriffe und das Bestimmtheitsgebot, Eine Untersuchung der verfassungsrechtlichen Grenzen der Verwendung sprachlich offener Gesetzesformulierungen, Hamburg 2007

Ministerium des Innern des Landes Nordrhein-Westfalen, Innenminister Reul verbietet Erkrather Hells Angels 2017, abrufbar im Internet: https://www.land.nrw/de/pressemitteilung/innenminister-reul-verbietet-erkrather-hells-angels-charter

Ministerium des Innern und für Kommunales des Landes Brandenburg, Abteilung Verfassungsschutz, Verfassungsschutzbericht 2018, Potsdam 2019

Ministerium des Innern und für Sport Niedersachsen, Waffenrecht, Waffenrechtliche Unzuverlässigkeit von sog. „Reichsbürgern", Runderlass des nds. Innenministers, Hannover 2017

Ministerium für Inneres und Europa Mecklenburg-Vorpommern, „Reichsbürger und Selbstverwalter" in Mecklenburg-Vorpommern, Bürgerinformation, Schwerin 2018

Ministerium für Inneres und Sport des Landes Sachsen-Anhalt, „Reichsbürger", „Reichsregierungen" und „Selbstverwalter", Informationen und Handlungsempfehlungen zur „Reichsbürgerszene", 2. Auflage, Magdeburg 2018

dass., „Reichsbürgerbewegung" und „Selbstverwalter", 2019, abrufbar im Internet: https://mi.sachsen-anhalt.de/verfassungsschutz/themenfelder/reichsbuergerbewegung/

Mizdalski, Florian, Zur restriktiven Auslegung der Urheberschranken vor dem Hintergrund von Art. 5 GG, Frankfurt am Main 2011

Möllers, Christoph, § 3 Methoden, in: Hoffmann-Riem, Wolfgang/Schmidt-Aßmann, Eberhard/Voßkuhle, Andreas (Hrsg.), Grundlagen des Verwaltungsrechts, Band I, Methoden, Maßstäbe, Aufgaben, Organisation, 2. Auflage, München 2012, 179 ff.

Möllers, Martin (Hrsg.), Wörterbuch der Polizei, 3. Auflage, München 2018

Mörsel, Michael, Rocker und Strukturmerkmale, Anmerkungen eines Ermittlers zu Florian Albrecht in: Kriminalistik 6/2018, S. 357–362, Kriminalistik 2018, 594 ff.

Möstl, Markus, Die staatliche Garantie für die öffentliche Sicherheit und Ordnung, Sicherheitsgewährleistung im Verfassungsstaat, im Bundesstaat und in der Europäischen Union, Tübingen 2002

Muckel, Stefan, Religiöse Freiheit und staatliche Letztentscheidung, Die verfassungsrechtlichen Garantien religiöser Freiheit unter veränderten gesellschaftlichen Verhältnissen, Berlin 1997

Muckel, Stefan/Traub, Thomas, Religiöse Vereine und Gesellschaften, in: Pirson, Dietrich/Rüfner, Wolfgang/Germann, Michael/Muckel, Stefan (Hrsg.), Handbuch des Staatskirchenrechts der Bundesrepublik Deutschland, Band 1, 3. Auflage, Berlin 2021, 1103 ff.

Müller-Volbehr, Jörg, Neue Minderheitenreligionen – aktuelle verfassungsrechtliche Probleme, JZ 1981, 41 ff.

Naber, Ibrahim/Pfahler, Lennart, Der Spendenverein des islamistischen Netzwerks, Welt vom 10.04.2019

Neumann, Werner, Verbot einer islamistischen Vereinigung, Anmerkung zu BVerwG v. 14.05.2014 – 6 A 3/13, jurisPR-BVerwG 20/2014 Anm. 3

ders., Vereinsverbot wegen Unterstützung einer terroristischen Organisation, Anmerkung zu BVerwG 6. Senat, Urteil vom 18.04.2012 – 6 A 2/10, jurisPR-BVerwG 23/2012 Anm. 6

ders., Waffenrechtliche Zuverlässigkeit von Mitgliedern einer Rockervereinigung, jurisPR-BVerwG 13/2015 Anm. 5

Neureither, Georg, Recht und Freiheit im Staatskirchenrecht, Das Selbstbestimmungsrecht der Religionsgemeinschaften als Grundlage des staatskirchenrechtlichen Systems der Bundesrepublik Deutschland, Berlin 2001

Nolte, Martin, Die Anti-Terror-Pakete im Lichte des Verfassungsrechts, DVBl. 2002, 573 ff.

Obermayer, Klaus, Die Schranken des Grundrechts der Religionsfreiheit, Anmerkungen zu einigen aktuellen Problemen, ZevKR 1982, 253 ff.

Oster, Jan, Normative Ermächtigungen im Regulierungsrecht, Eine vergleichende Untersuchung behördlicher Entscheidungsspielräume in der deutschen und amerikanischen Netzinfrastrukturregulierung, Baden-Baden 2010

Ott, Sieghart, Zur politischen Betätigung von Religionsgesellschaften und Weltanschauungsgemeinschaften, Bemerkung zum Urteil des BVerwG vom 23.3.1971, DÖV 1971, 763 ff.

Pache, Eckhard, Tatbestandliche Abwägung und Beurteilungsspielraum, Zur Einheitlichkeit administrativer Entscheidungsfreiräume und zu deren Konsequenen im verwaltungsgerichten Verfahren – Versuch einer Modernisierung, Tübingen 2001

Petzold, Kurt, Rechtsstaatliches Verfahren für verfassungswidrige Vereine – das neue Vereinsgesetz, NJW 1964, 2281 ff.

Piepenstock, Wolfgang, Politische Vereinigungen unter dem Grundgesetz, Berlin 1971

Pieroth, Bodo/Kingreen, Thorsten, Das Verbot von Religions- und Weltanschauungsgemeinschaften, NVwZ 2001, 841 ff.

Pikart, Eberhard/Werner, Wolfram, Ausschuss für Grundsatzfragen, Band 5/I, 1993, in: Deutscher Bundestag (Hrsg.), Der Parlamentarische Rat 1948–1949, Akten und Protokolle, Boppard am Rhein 1981a

dies., Ausschuss für Grundsatzfragen, Band 5/II, 1993, in: Deutscher Bundestag (Hrsg.), Der Parlamentarische Rat 1948–1949, Akten und Protokolle, Boppard am Rhein 1981b

Planker, Markus, Das Vereinsverbot gem. Art. 9 Abs. 2 GG/§§ 3 ff. VereinsG, Eine systematische Darstellung von Tatbestand und Rechtsfolge, Bonn 1994

ders., Das Vereinsverbot – einsatzbereites Instrument gegen verfassungsfeindliche Glaubensgemeinschaften, DÖV 1997, 101 ff.

ders., Das Vereinsverbot in der verwaltungsgerichtlichen Rechtsprechung, NVwZ 1998, 113 ff.

Poll, Karoline, Kuttenverbot auf Cranger Kirmes: Rocker-Streit befürchtet, 01.08.2019, abrufbar im Internet: https://www.waz.de/staedte/herne-wanne-eickel/kuttenverbot-auf-cranger-kirmes-rocker-streit-befuerchtet-id226653347.html

Poscher, Ralf, Vereinsverbote gegen Religionsgemeinschaften?, Die Abschaffung des Religionsprivilegs im Vereinsgesetz als Akt unbewußter symbolischer Gesetzgebung, KritV (85) 2002, 298 ff.

Posser, Herbert/Wolff, Heinrich Amadeus (Hrsg.), BeckOK VwGO
Prondzinksi, Peter von, Achtung – Eigensicherung ist angezeigt!, DPolBl 2015, 18 ff.
Radtke, Henning, Das Verbot von Religionsgemeinschaften nach der Abschaffung des vereinsrechtlichen „Religionsprivilegs", ZevKR (50) 2005, 95 ff.
Rathje, Jan, „Wir sind wieder da", Die „Reichsbürger": Überzeugungen, Gefahren und Handlungsstrategien, Berlin 2014
dass., Reichsbürger, Selbstverwalter und Souveränisten, Vom Wahn des bedrohten Deutschen, Münster 2017
dass., Die vermeintlichen „Mächte im Hintergrund", Antisemitismus im Milieu von Reichsbürgern, Selbstverwaltern und Souveränisten, in: Speit, Andreas (Hrsg.), Reichsbürger, Die unterschätzte Gefahr, Bonn 2018, 133 ff.
Rau, Ingo/Zschieschack, Frank, Zur Strafbarkeit sog. Kutten der Hells Angels, Zugleich Anmerkung zum Beschluss des OLG Celle, NStZ 2008, 159, NStZ 2008, 131 ff.
Redaktion beck-aktuell, Baden-Württemberg will allen Rockerbanden Waffen entziehen 2015, abrufbar im Internet: https://portal1.dbtg.de/,DanaInfo=beck-online.beck.de,SSL+Dokument?VPath=bibdata%2Freddok%2Fbecklink%2F2000429.htm&readable=Parallelfundstellen&IsSearchRequest=True&HLWords=on#
dass., „Reichsbürger" im Visier des Verfassungsschutzes 2016, abrufbar im Internet:
Reichert, Bernhard (Hrsg.), Handbuch Vereins- und Verbandsrecht, 14. Auflage, Köln 2018
Riedl, Jasmin, Policy-Timing nach 9/11, Die strategische Nutzung politischer Zeit, Baden-Baden 2015
Rocker Blog, Niedersachsen prüft „Entwaffnung" von Rockergruppen, Waffenverbotsverfahren gegen Rocker, NOZ vom 02.07.2015
Röpke, Andrea, 2018 Jahrbuch rechte Gewalt, Chronik des Hasses, Hintergründe, Analysen und die Ereignisse 2017, München 2018
Roth, Maximilian, Waffenrechtliche Unzuverlässigkeit bei Reichsbürgern, NVwZ 2018, 1722 ff.
Roth, Wolfgang, Keine Privilegierung von Religions- und Weltanschauungsgemeinschaften bei Vereinsverboten, GSZ 2019, 177 ff.
ders., Vereinsrechtliche Verbote von Religions- und Weltanschauungsgemeinschaften, GSZ 2019, 89 ff.
RP Online, Sterkrader Fronleichnamskirmes: Stadt Oberhausen verbietet Rockerkutten auf der Kirmes, 16.06.2017, abrufbar im Internet: https://rp-online.de/nrw/panorama/oberhausen-verbietet-rockerkutten-auf-der-sterkrader-fronleichnamskirmes-2017_aid-17839821
Rudroff, Natalie, Das Vereinigungsverbot nach Art. 9 Abs. 2 GG und dessen verwaltungsrechtliche Auswirkungen, Köln 1995
Rütters, Stefan, Verwechslungsgeeignetheit von Symbolen mit Kennzeichen verbotener Organisationen und Anforderungen an einen darauf bezogenen Irrtum, jurisPR-StrafR 15/2014 Anm. 1
Sachs, Michael, Verbot einer Religionsgemeinschaft („Kalifatsstaat") – BVerwG, NVwZ 2003, 986, JuS 2004, 12 ff.
ders., Fragen des Vereinigungsverbots in Deutschland, in: Can, Osman/Azrak, Ülkü/Sabuncu, Yavuz/Depenheuer, Otto/Sachs, Michael (Hrsg.), Özgürlükler Düzeni Olarak Anayasa – Verfassung als Freiheitsordnung, Festschrift für Fazil Saglam zum 65. Geburtstag, Ankara 2006, 349 ff.
ders., Verfassungsrecht II, Grundrechte, 3. Auflage, Berlin 2017
ders., Grundrechte: Vereinigungsverbote, Zwingendes Vereinigungsverbot und Grundsatz der Verhältnismäßigkeit, JuS 2019, 409 ff.

ders. (Hrsg.), Grundgesetz, Kommentar, 9. Auflage, München 2021
Säcker, Franz Jürgen/Rixecker, Roland u. a. (Hrsg.), Münchener Kommentar zum BGB, 9. Auflage, München 2021
Said, Behnam, Islamischer Staat, IS-Miliz, al-Qaida und die deutschen Brigaden, Bonn 2015
Salzmann, Rainer, Die CDU/CSU im Parlamentarischen Rat, Sitzungsprotokolle der Unionsfraktion, Stuttgart 1981
Savigny, Friedrich Karl von, System des heutigen römischen Rechts, Band 1, Berlin 1840
Schenke, Wolf-Rüdiger/Graulich, Kurt u. a. (Hrsg.), Sicherheitsrecht des Bundes, 2. Auflage, München 2019
Scherb, Armin, Präventiver Demokratieschutz als Problem der Verfassungsgebung nach 1945, Frankfurt am Main 1987
Schiffbauer, Björn, Über Freiheit und Verbote von Vereinigungen, Zu BVerfG, Beschluss v. 13.7.2018 – 1 BvR 1474/12, 670/13, 57/14, JZ 2019, 130 ff.
Schiller, Gernot, Kompetenzrechtliche Aspekte eines Verbots von Religionsgemeinschaften, ZevKR 2003, 257 ff.
Schlaich, Klaus/Korioth, Stefan, Das Bundesverfassungsgericht, Stellung, Verfahren, Entscheidungen: ein Studienbuch, 12. Auflage, München 2021
Schmid, Christian J., Rockerclubs, Eine posttraditionale Vergemeinschaftungsform in der Organisationsgesellschaft, in: Eisewicht, P./Grenz, T./Pfadenhauer, M. (Hrsg.), Techniken der Zugehörigkeit, Karlsruhe 2012, 213 ff.
Schmidt, Rainer, Das Verbot von Religions- und Weltanschauungsgemeinschaften nach Grundgesetz und Vereinsgesetz nach Fall des Religionsprivilegs, Hamburg 2012
Schmidt, Thorsten Ingo, Die Analogie im Verwaltungsrecht, VerwArch 2006, 139 ff.
Schmidt-Bleibtreu, Bruno/Hofmann, Hans u. a. (Hrsg.), Grundgesetz, Kommentar, 15. Auflage, Köln 2022
Schmidt-Salzer, Joachim, Vorkonstitutionelle Gesetze, verfassungskonforme Auslegung und ungeschriebene unbestimmte Rechtsbegriffe, DÖV 1969, 97 ff.
Schmieder, Sandra, Der Schutz religiös-weltanschaulicher Vereinigungen, Die Abschaffung des Religionsprivilegs, VBlBW (23) 2002, 146 ff.
Schnorr, Gerhard, Der Regierungsentwurf eines neuen Vereinsgesetzes und seine Bedeutung für das Arbeitsrecht, RdA 1962, 169 ff.
ders., Das neue Vereinsgesetz, RdA (17) 1964, 317 ff.
ders., Das neue Vereinsgesetz und die Aufgaben der Polizei, Die Polizei (56) 1965, 48 ff.
ders. (Hrsg.), Öffentliches Vereinsrecht, Kommentar zum Vereinsgesetz, Köln 1965
Schoch, Friedrich, Der unbestimmte Rechtsbegriff im Verwaltungsrecht, Jura 2004, 612 ff.
Scholz, Robert, Interim Partei Deutschland: Rechtsextrem oder einfach durchgeknallt?, 19.01.2019, abrufbar im Internet: https://www.endstation-rechts.de/news/interim-partei-deutschland-rechtsextrem-oder-einfach-durchgeknallt.html
Schönke, Adolf/Schröder, Horst (Hrsg.), StGB, Kommentar, 30. Auflage, München 2019
Schreiber, Christoph, Sachenrecht, 7. Auflage, Stuttgart/München/Hannover/Berlin/Weimar/Dresden 2018
Schulze, Alexander, Die „Reichsbürger"-Bewegung in Sachsen, in: Wilking, Dirk (Hrsg.), „Reichsbürger", Ein Handbuch, 3. Auflage, Potsdam 2017, 197 ff.
Schulze-Fielitz, Helmuth, Neue Kriterien für die verwaltungsgerichtliche Kontrolldichte bei der Anwendung unbestimmter Rechtsbegriffe, JZ 1993, 772 ff.
Schuster, Rudolf/Liebig, Werner, Alle deutschen Verfassungen, Teil A: Von der Paulskirchenverfassung bis zum Grundgesetz und den DDR-Verfassungen, München 1985

Schwabenbauer, Thomas/Kling, Michael, Gerichtliche Kontrolle administrativer Prognoseentscheidungen am Merkmal der Zuverlässigkeit, VerwArch 2010, 231 ff.

Seifert, Karl-Heinz, Zum Verbot politischer Parteien, DÖV 1961, 81 ff.

ders., Das neue Vereinsgesetz, DÖV 1964, 685 ff.

Senator für Inneres Bremen, Innensenator Mäurer verbietet salafistische Nachfolgeorganisation des „Kultur & Familien Verein e.V.", abrufbar im Internet: https://www.senatspresse stelle.bremen.de/sixcms/detail.php?gsid=bremen146.c.163420.de&asl=bremen02.c.732.de

Senatsverwaltung für Inneres und Sport, Hintergründe zu den Angehörigen des salafistischen Spektrums in Berlin, Lageanalyse, 2017

Sieckmeyer, Dieter, Razzia in Düsseldorf: Das steckt hinter dem Verein Ansaar International, Verdacht auf Terror-Unterstützung, Westdeutsche Zeitung vom 10.04.2019

Siewert, Norman/Künder, Nikola, Gegenwärtige Entwicklungen und Trends des Terrorismus erkennen, 12. November 2018, abrufbar im Internet: https://www.kas.de/veranstaltungs berichte/detail/-/content/gegenwartige-entwicklungen-und-trends-des-terrorismus-erkennen

Smend, Rudolf, Staat und Kirche nach dem Bonner Grundgesetz, ZevKR 1951, 4 ff.

Solte, Ernst-Lüder, Die Organisationsstruktur der übrigen als öffentliche Körperschaften verfaßten Religionsgemeinschaften und ihre Stellung im Staatskirchenrecht, in: Listl, Joseph/ Pirson, Dietrich (Hrsg.), Handbuch des Staatskirchenrechts der Bundesrepublik Deutschland, Band 1, 2. Auflage, Berlin 1994, 417 ff.

Speit, Andreas, Reichsbürger – eine facettenreiche, gefährliche Bewegung, Einleitung, in: ders. (Hrsg.), Reichsbürger, Die unterschätzte Gefahr, Bonn 2018, 7 ff.

Spitzlei, Thomas/Hautkappe, Christoph, Individuelle waffenrechtliche Unzuverlässigkeit infolge der Zugehörigkeit zu einem Kollektiv?, DÖV 2018, 973 ff.

Sponsel, Rudolf/Albrecht, Florian, Bestimmung waffenrechtlicher Zuverlässigkeit mittels eines Präventiv-Prognose-Gutachtens, Kriminalistik 2017, 252 ff.

Stegbauer, Andreas, Zur Strafbarkeit der Verwendung von „Hells Angels"-Zeichen, – Zugleich Besprechung des Urteils des OLG Hamburg v. 7.4.2014 – 1-31/13 Rev, NStZ 2014, 621 ff.

Steinberg, Rudolf, Zum rechtlichen Umgang mit dem Salafismus in Deutschland, NVwZ 2016, 1745 ff.

Steindorf, Joachim (Hrsg.), Waffenrecht, 11. Auflage, München 2022

Stenger, Andreas/Bertolini, Stefan, Strukturerkenntnisse zu Rocker- und rockerähnlichen Gruppierungen, Normative Basis für waffenbehördliche Entscheidungen über waffenrechtliche Unzuverlässigkeit (Eine Erwiderung auf Florian Albrecht, Kriminalistik 6/18, S. 357–362), Kriminalistik 2018, 588 ff.

Stern, Klaus, Grundbegriffe und Grundlagen des Staatsrechts, Strukturprinzipien der Verfassung, Band I, 2. Auflage, München 1984

Stern, Klaus/Sodan, Helge/Möstl, Markus, Das Staatsrecht der Bundesrepublik Deutschland. Die einzelnen Grundrechte, Band IV, 2. Auflage, München 2022

Tillmann, Hans, Staat und Vereinigungsfreiheit im 19. Jahrhundert, Von der Paulskirche zum Reichsvereinsgesetz von 1908, Gießen 1976

Unkroth, Frank, Rockerkriminalität und waffenrechtliche Zuverlässigkeit, Zu den Berufungsurteilen des Bayerischen Verwaltungsgerichtshofs vom 10. Oktober 2013, KommP BY 2014, 18 ff.

ders., Waffenrechtliche Konsequenzen der Rockerkriminalität, Zur fehlenden waffenrechtlichen Zuverlässigkeit der Mitglieder kriminalitätsrelevanter Rockerclubs, KommP BY 2015, 299 ff.

Unruh, Peter, Religionsverfassungsrecht, 4. Auflage, Baden-Baden 2018

Vahldieck, Heino, Rocker- und Bandenkriminalität als Problem der Inneren Sicherheit in Deutschland, Gewaltphänomene Strukturen, Entwicklungen und Reaktionsbedarf, 2010
van Ooyen, Robert, Rechtspolitik durch verfassungsgerichtliche Maßstabsverschiebung: die „neue" Definition der freiheitlichen demokratischen Grundordnung im NPD II-Urteil, in: Möllers, Martin/van Ooyen, Robert (Hrsg.), Jahrbuch Öffentliche Sicherheit 2018/2019, Frankfurt am Main 2019, 301 ff.
Veelken, Sebastian, Das Verbot von Weltanschauungs- und Religionsgemeinschaften, Münster 1999
Verdross, Alfred/Simma, Bruno, Universelles Völkerrecht, Theorie und Praxis, 3. Auflage, Berlin 1984
Verfassungsschutz Nordrhein-Westfalen, Verfassungsschutzbericht über das Jahr 2013, Düsseldorf 2014
VG Osnabrück, Pressemitteilung zu den Entscheidungen mit Az. 6 A 262/15, 6 A 264/15 2018, abrufbar im Internet:
Volk, Thomas, Neo-Salafismus in Deutschland, Berlin 2014, Ausgabe 155
ders., Islam – Islamismus, Eine Klärung in aufgeregten Zeiten, Berlin 2015, Ausgabe 164
von Feldmann, Peter, Nochmals: das neue Vereinsgesetz, DÖV 1965, 29 ff.
ders., Vereinigungsfreiheit und Vereinigungsverbot, Das Vereinigungsverbotsverfahren im System der Verfassungsschutzvorkehrungen des Grundgesetzes, Köln 1970
von Mangoldt, Hermann/Klein, Friedrich u. a. (Hrsg.), Grundgesetz, Kommentar, 7. Auflage, München 2018
von Münch, Ingo/Kunig, Philipp (Hrsg.), Grundgesetz, Kommentar, 7. Auflage, München 2021
von Mutius, Albert/Nolte, Martin, Das vereinsrechtliche Kennzeichenverbot zwischen internationaler Terrorismusbekämpfung und nationaler Vereinsfreiheit, in: dies. (Hrsg.), Das vereinsrechtliche Kennzeichenverbot als Instrument zur internationalen Terrorismusbekämpfung, Kiel 2003, 1 ff.
Vormbaum, Moritz, »Reichsbürger« und Strafrecht, JR 2017, 503 ff.
Vormeier, Jürgen, Anmerkung zu BVerwG 6. Senat, Urteil vom 03.12.2004 – 6 A 10/02, juris-PR-BVerwG 10/2005 Anm. 1
Voßkuhle, Andreas/Kaiser, Anna Bettina, Funktionen der Grundrechte, JuS 2011, 411 ff.
Wagner, Jürgen, Die Entwicklungen im Vereinsrecht, NZG 2019, 46 ff.
Walter, Bernd, Rocker, DPolBl 2015, 35 ff.
Wetzel, Gerhard, Zum praktischen Umgang mit der Reichsbürger-Bewegung – Aspekte der Strafbarkeit und Strafverfolgung, in: Ministerium für Inneres und Sport des Landes Sachsen-Anhalt (Hrsg.), Reichsbürger, Sonderlinge oder Teil der rechtsextremen Bewegung?, Tagungband zur Fachtagung am 8. Oktober 2014, Fachhochschule Polizei Sachsen-Anhalt, Magdeburg 2015, 33 ff.
Wikipedia, Bandidos, abrufbar im Internet: https://de.wikipedia.org/wiki/Bandidos
Wilburg, Walter, Die Elemente des Schadensrechts, Marburg 1941
Wilking, Dirk, Reichsbürger in den Regionen, Die Auseinandersetzung mit Mischszenen auf der kommunalen Ebene, in: Speit, Andreas (Hrsg.), Reichsbürger, Die unterschätzte Gefahr, Bonn 2018, 99 ff.
Wille, Jessica, Von Reichsbürgern und Chemtrails: Verschwörungstheorien 2.0, GreifRecht 2019, 21 ff.
Willms, Günther, Das Vereinigungsverbot des Art. 9 Abs. 2 GG und seine Vollziehung, NJW 1957, 1617 ff.
Wissenschaftlicher Dienst des Deutschen Bundestages, Fragen zum Umfang des Kennzeichenverbots nach dem Vereinsgesetz, 3. Mai 2017, WD 3 – 3000 – 088/17, Berlin

dass., Maßnahmen des Bundes zur Terrorismusbekämpfung seit 2001, 6. März 2015, WD 3 – 3000 – 044/15, Berlin

dass., Zur Verwirkung von Grundrechten nach Art. 18 GG, 3. Juli 2019, WD 3 – 3000 – 169/19, Berlin

Wolff, Hans J./Bachof, Otto/Stober, Rolf/Kluth, Winfried, Verwaltungsrecht I, 13. Auflage, München 2017

Wolter, Jürgen (Hrsg.), SK-StGB, Band IV, Systematischer Kommentar zum Strafgesetzbuch, 9. Auflage, Köln 2017

Würtenberger, Thomas, Zur Interpretation von Art. 4, 9 und 140 GG i. V. m. Art. 137 WRV, Zugleich eine Anmerkung zur Entscheidung des BVerwG I C 54.66 vom 23.3.1971, ZevKR 1973, 67 ff.

Zöller, Mark A., Terrorismusstrafrecht, Ein Handbuch, Heidelberg 2009

Stichwortverzeichnis

Aggressiv-kämpferische Haltung 169, 176, 212, 244, 269
Ahmadiyya Muslim Jamaat 158
Al Aqsa 161, 172 f., 177
Anwaltsliste 105
Ausführungsgesetz 42 f., 135, 154
Auslegung
- Auslegungsmethoden /-regeln 47 ff., 92 f., 112 ff., 231
- Extensive Auslegung 53 f., 79, 85, 97 ff., 116, 135, 244, 250 ff.
- Grundrechtsorientierte Auslegung 57 f., 118 ff.
- Restriktive Auslegung 54 ff., 106, 116, 120 ff., 175 ff., 219 ff., 248 ff., 284 ff.
- Verfassungskonforme Auslegung 135 ff., 154 ff., 186, 283

Bandidos 65 f., 106 f., 131 f., 202 ff., 210 f., 244 f.
Betätigungsverbot 30, 70, 111, 119, 219
Beurteilungsspielräume 47 ff.
Binnenorganisation 129 f., 137
Bundesinnenminister 44, 190 ff.
Bundesvereinsgesetz 38, 46, 89, 115

DawaFFM 78, 169 f., 173 f., 176 ff., 182 f.
Doppelgrundrecht 19 f.

Eingriffsschwelle 120 f., 178 ff., 252
Einzelbetrachtungslehre 205 ff., 230, 288
Einzelfallgesetz 227 f.
Einzelperson 106, 122, 149, 214 f., 237, 240, 266, 277
Entscheidungsspielräume 47 ff.
Ermächtigungsgrundlage 146 f., 152 ff., 281 ff.
Ermittlungsbefugnisse 195 ff., 287

Ersatzorganisation 182 ff., 199 ff.
Extremismus 67 ff., 263, 268 f.

Frankfurter Grundrechtegesetz 13 ff.
Freiheitlich-demokratische Grundordnung 67, 116 f., 152 ff., 166 ff., 184 f., 268

Gebietskämpfe 113
Gefahrenabwehr 27, 32, 43, 75, 89, 97, 117 ff., 251, 279
Gesamtbetrachtung 205 ff., 253
Gesamtverein 82, 127 ff., 134 ff., 286
Gesamtzusammenhang 52, 207, 230 ff., 288
Gesellschaft s. Verein
Gesetzesvorbehalt 144 f., 148 f., 153 ff.
Gremium MC 66 f., 81 ff., 103, 108 ff., 128 ff., 209 f., 244 ff.
Gruppenzugehörigkeit s. Vereinszugehörigkeit

Hells Angels 64 f., 91, 94, 101 ff., 106 ff., 113 f., 122 f., 129 ff., 203 ff., 209 f., 230, 253
Herrenchiemsee Konferenz 164 ff., 219
Hizb ut Tahrir 148, 161 f., 170, 173 f.

Islam 67, 84, 160 ff.
Islamismus 67 ff.
- jihadistisch 67 f., 69, 169
- salafistisch 68 ff., 169 f., 254 f.

Jihad 69, 170, 174 ff., 180 f.

Kalifatsstaat 147 ff., 161, 169, 176, 182 f.
Kennzeichenverbot 30, 59 f., 199 ff., 209 ff., 287 f.
Körperschaft des öffentlichen Rechts 157 f.
Kuttenverbot s. Kennzeichenverbot

Machtdemonstration 113, 220
Meinungsfreiheit 210, 212, 228
Minusmaßnahme 217
Moscheeverein 68, 160 ff.
Motorradclub s. Rockerverein

Ordnungswidrigkeiten 96 f.
Organisierte Kriminalität 64 ff., 247, 252
Ortsgruppen 63 ff., 82 f., 103, 128 ff., 137, 203 f.

Parteienfreiheit 25
Parteiverbot 19, 30, 117
Paulskirchenverfassung 13 f., 37, 150
Prägung 49, 102 ff., 110 ff., 177 f.
Prävention, s. Gefahrenabwehr

Rechtsfortbildung 95, 155
Reform 133 ff., 201 ff., 229, 282 ff.
Regionalverband 82, 108 f., 123
Reichsbürger 75, 259 ff.
Reichsvereinsgesetz 38 ff., 41 f., 58, 79, 90, 115
religiöser Verein 32 f., 159, 161 ff., 170, 185
Religionsfreiheit 33 f., 144 f., 148 f., 152 ff., 285
Religionsgemeinschaft 21 f., 32 ff., 143 ff., 155, 157 ff., 286 f.
Religionsprivileg 22, 32, 67, 143 ff., 164 ff., 201, 284
Rockerbewegung s. Rockerverein
Rocker/-vereine 61 ff., 81 ff., 128 ff., 202 ff., 243 ff., 252 f., 286, Glossar

Salafisten 68 ff., 169 f., 254 f., 280
Satudarah Maluku 82, 104, 128 ff., 253
Schrankenvorbehalt 143 ff., 217 ff., 281 ff.
Schwesterverein 126, 133 ff., 135 ff., 199 ff., 286
Spendensammelverein 172 f., 177, 183, 286
Strafgesetzwidrigkeit 89 ff., 266 f., 284 f.
 – Strafgesetzwidrige Zwecke 91 ff.
 – Strafgesetzwidrige Tätigkeit 95 ff.
Streitbare Demokratie, s. wehrhafte Demokratie

Tätigkeitsschwerpunkt 194 f.
Teilorganisation 126 ff., 182 f., 202, 286

Teilverein 44, 126 ff., 182 f., 286
Terrorismusbekämpfungsgesetz 201 ff., 284

Unbestimmte Rechtsbegriffe 47 ff., 57 f.
Unterstützerverein 70, 132
Unzuverlässigkeit s. Zuverlässigkeit

Verbot
 – Verbotsbehörde 43 f., 57 f., 112, 136 f., 189 ff., 195 ff.
 – Verbotskompetenz s. Verbotszuständigkeit
 – Verbotstatbestände 18 f., 29, 89 ff., 164 ff., 188
 – Verbotsverfügung 19, 43 f., 56 ff., 98 f., 126 f., 154
 – Verbotswirkung 126 ff., 133 ff., 182 ff., 286, 292
 – Verbotszuständigkeit 44, 189 ff., 287
Verein
 – Ausländerverein 20, 44 f., 59, 153 f., 280
 – ausländischer Verein 20, 44 f., 128, 147, 173, 280
 – Vereinsbegriff 20 f., 75 ff., 262 ff.
 – Vereinsbetätigung 23 ff., 213 ff.
 – Vereinsbezug 108, 120, 123 f.
 – Vereinsemblem 204, 214 f.
 – Vereinsfreiheit 20, 23, 39, 42 ff., 154
 – Vereinsmitglieder 100 f., 237 ff.
 – Vereinsname 30 f., 76, 136 ff., 213 ff., 224 ff.
 – Vereinsorgane 93 ff., 99 ff., 102
 – Vereinsorganisation 23 f., 73, 193
 – Vereinssatzung 59, 76, 91 ff.
 – Vereinstätigkeit 24, 34, 94, 110, 193 f., 214
 – Vereinszugehörigkeit 237, 240, 243 ff., 288
 – Vereinszweck 18, 89, 91 ff.
Vereinigung s. Verein
Vereinigungsfreiheit
 – allgemeine Vereinigungsfreiheit 18 ff., 184 f., 212 ff., 283 f.
 – Entwicklung 11 ff., 283 f.
 – religiöse Vereinigungsfreiheit 31 ff., 143 ff., 154 f.
Verfassungsfeindlichkeit/ Verfassungswidrigkeit 143, 157, 164 ff., 176 ff., 188, 267 ff., 285 f.

Verfassungsimmanente Schranke 30, 145 ff., 152 ff., 182, 287
Verfassungsmäßige Ordnung 166 ff., 176 f., 254 f.
Verfassungsunmittelbarkeit/ verfassungsunmittelbare Schranke 19, 29 f., 56, 135, 146 f., 149 ff., 152 ff., 216 ff., 279, 281 ff.
Verhältnismäßigkeit 56 ff., 106, 111, 118 ff., 175, 219 ff., 248, 251, 279, 284 ff.
Versammlungsfreiheit 16, 185, 228
Verwendungsverbot s. Kennzeichenverbot
Verwirkung der Grundrechte 19, 30, 117, 184 ff.
Völkerverständigungswidrigkeit 143, 164 ff., 171 ff., 188, 269 f., 285 f.

Waffen
– Waffenbesitzkarte/ Waffenbesitzerlaubniskarte 237, 245
– Waffenerlaubnis 272 f., 243
– Waffengesetz 26, 49, 237 ff.
– Waffenschein 237, 248 f.
wehrhafte Demokratie 58, 116 ff., 121, 166, 292
Weimarer Reichsverfassung 16 f., 26, 34, 116, 144 f., 149 ff., 164

Zurechnung 99 ff., 112 f., 115, 136 f., 177 f.
Zuverlässigkeit 48 f., 237 ff., 243 ff., 254 ff., 272 f., 288

Beiträge zum Sicherheitsrecht und zur Sicherheitspolitik

herausgegeben von
Jan-Hendrik Dietrich, Klaus Ferdinand Gärditz und Kurt Graulich

Die Schriftenreihe *Beiträge zum Sicherheitsrecht und zur Sicherheitspolitik* (SRSP) hat es sich zum Ziel gesetzt, die bestehende Fragmentierung der wissenschaftlichen Perspektiven auf die „Sicherheit" zu überwinden. Als Reaktion auf die Gefahren des internationalen Terrorismus und die dynamische Entwicklung der Informationstechnologie bildet das Sicherheitsrecht das Fundament für eine moderne, vernetzte Sicherheitsarchitektur und übersetzt das seit jeher zentrale politische Paradigma „Sicherheit" im Rechtsstaat in Gesetzgebung. Als ein Recht der Schnittmenge vereint es unterschiedliche Teilrechtsgebiete wie etwa das Polizei- und Ordnungsrecht, das Recht der Nachrichtendienste, das Wehrrecht, das Versammlungsrecht, das Recht der IT-Sicherheit, das Sicherheitsgewerberecht, das Waffenrecht oder auch das Recht des Bevölkerungsschutzes und der Katastrophenhilfe. Zugleich stellt es die Konfliktschlichtungsressource dar, Staatsaufgabe und Grundrechtsschutz zu einem vertretbaren sowie fortwährend neu zu verhandelnden Ausgleich zu bringen. Für die darüber zu führenden Diskurse bietet die Reihe ein interdisziplinäres Forum. Sie steht Qualifikationsschriften und anderen Monografien aus den Rechts-, Gesellschafts- und Politikwissenschaften ebenso offen wie thematisch geschlossenen Sammelbänden. Neben Beiträgen mit verfassungs-, europa- oder völkerrechtlichen Bezügen sollen auch Arbeiten unter Einbeziehung der (sicherheits-)politischen Gestaltungsprozesse einen Platz finden.

ISSN: 2568-731X
Zitiervorschlag: SRSP

Alle lieferbaren Bände finden Sie unter *www.mohrsiebeck.com/srsp*

Mohr Siebeck
www.mohrsiebeck.com